Escapades en Camping-car

France 2010

Vous souhaitez donner votre avis sur nos publications ou nous faire part de vos expériences ?
Rendez-vous sur www.votreaviscartesetguides.michelin.fr
Nous vous en remercions par avance.

Édito

Ont contribué à la réalisation de ce guide :
- **Édition et rédaction** : Michel Bonduelle, Michel Chaput, Marylène Duteil, Alexandra Forterre, Sylvie Gillet, Françoise Klingen, Sybille d'Oiron, Hélène Payelle, Sophie Pothier, Chloé Tassel, Amaury de Valroger, Stéphanie Vinet
- **Cartographie** : André Prévault, Sandrine Tourari
- **Conception couverture** : Laurent Muller
- **Maquette intérieure** : Jean-Luc Cannet
- **Régie publicitaire & partenariat** :
michelin-cartesetguides-btob@fr.michelin.com
Le contenu des pages de publicité insérées dans ce guide n'engage que la responsabilité des annonceurs.
- **Remerciements** : Jutta Chaput, Ulrich Cros

- **Parution 2010**

- **Contacts** :
Michelin Cartes et Guides, 46 avenue de Breteuil - 75324 Paris Cedex 07
01 45 66 12 34 – Fax 01 45 66 15 75

www.cartesetguides.michelin.fr
www.Viamichelin.fr

Escapades en **Camping-car**

France 2010

Encore plus mobile !

Le camping-car offre toutes les libertés : partir quand on veut, même à la dernière minute, aller et venir au gré du temps, d'un lieu à un autre, rester totalement indépendant.

Les structures d'accueil se multiplient, les bornes de service sont en nette augmentation dans les campings et les communes, et des initiatives privées fleurissent, proposant avec le stationnement, la découverte en toute convivialité des produits des propriétaires, producteurs de vins, de fromages, fermes-auberges…

Les camping-cars deviennent de plus en plus performants, de plus en plus confortables, et ils s'engagent à respecter au mieux l'environnement.

Pour accompagner cette évolution et vous donner encore plus de confort et de mobilité, Michelin a créé pour vous ce guide : **Escapades en Camping-car**.

Ce nouveau compagnon de voyage vous propose **100 circuits de découverte**, parcourant toutes les régions de France. **12 échappées-belles** à vélo ou à pied agrémentent cette nouvelle édition.

Au menu : des circuits de **3 à 7 jours**, n'excédant pas 450 km, un découpage par journée, **l'essentiel des étapes** culturelles, naturelles, de loisirs et de gastronomie, une **carte** pour faciliter votre déplacement, et surtout, pour chaque escapade, une **sélection d'aires de service et de stationnement**, de campings, de haltes chez le particulier, de bonnes tables et de produits du terroir.

Un guide tout en un pour encore plus de mobilité.

Bonne route !

Michel Chaput
*Camping-cariste
et inspecteur de guides touristiques Michelin*

Escapades en **Camping-car**
France 2010

More mobile than ever!

Motorhomes and camper vans give you an unparalleled sense of freedom: to go and leave as you please, even on impulse, travel from place to place as the weather changes, always remaining totally independent.

This is why Michelin created **Escapades en Camping-car**, so that you can make the best of the extra comfort and mobility.

This travel companion offers 100 discovery-trips across every region of France.

In this guide you will find 3 to 7 day-long trips, never exceeding 450 km and detailed on a day-by-day basis, with all the essential cultural, natural, recreational, and gastronomic stops along the way; a map which will make your travelling easier; a selection of service areas, parking and camping sites, fine restaurants and local producers for each trip.

An all-in-one guide for even more mobility.

Noch mehr Freiheit!

Das Reisemobil bietet absolute Unabhängigkeit: fortfahren wann immer man will, sogar in der letzten Minute, kommen und gehen wohin man will, von einem Ort zum anderen und das bei jedem Wetter.

Um Ihnen noch mehr Komfort und Freiheit zu ermöglichen, hat Michelin für Sie diesen Führer geschaffen: **Escapades en Camping-car**.

Dieser neue Reisebegleiter bietet Ihnen 100 Entdeckungsreisen in allen Regionen Frankreichs an.

Auf dem Plan stehen Ausflüge von 3 bis 7 Tagen, mit höchstens 450 km. Die Tagestouren informieren über die wesentlichen Kultursehenswürdigkeiten, Naturdenkmäler und die Angebote für Freizeit und Gastronomie. Eine Landkarte erleichtert die Reise, denn für jedes Ausflugsziel bieten wir eine Auswahl an Adressen mit Serviceeinrichtungen und Parkplätzen, Campingplätzen, sowie Übernachtungsmöglichkeiten bei Privatpersonen, Adressen für gute Küche und Produkte der Region.

Ein Führer, der alles in einem bietet, für noch mehr Freiheit.

Sommaire

Mode d'emploi   pp. 10 - 13

Symboles   pp. 14 - 16

Avant le départ   pp. 18 - 20

Pendant le voyage   pp. 22 - 29

Les escapades   pp. 30 - 453

Index des localités   pp. 454 - 471

ALSACE

1 - L'Alsace des vignobles	p. 30
2 - De part et d'autre du Rhin	p. 36

AQUITAINE

3 - De la pointe de Grave au bassin d'Arcachon	p. 40
4 - Le vignoble bordelais	p. 44
5 - Les Landes, entre dunes et pins	p. 50
6 - Les Landes, entre armagnac et foie gras	p. 54
7 - Terres et traditions basques	p. 58
8 - À la découverte du Béarn	p. 62
9 - L'Agenais et ses pruneaux	p. 66
10 - Du Périgord vert au Périgord noir	p. 70

AUVERGNE

11 - Au pays des Bourbon et du saint-pourçain	p. 74
12 - Le secret des eaux minérales	p. 78
13 - De la Grande Limagne aux monts du Forez	p. 82
14 - Au pays des volcans et des lacs	p. 86
15 - Au cœur du Cantal	p. 90
16 - Le Puy-en-Velay et la Haute-Loire volcanique	p. 94

BOURGOGNE

17 - Dijon et la route des grands crus	p. 98
18 - Au sud de la Bourgogne	p. 102
19 - Au cœur du Morvan	p. 108
20 - L'Yonne, du Sénonais à l'Auxerrois	p. 112

BRETAGNE

21 - Vers la Côte d'Émeraude	p. 116
22 - Abers, bruyères et enclos	p. 122
23 - Le tour de la Cornouaille historique	p. 126
24 - Le golfe du Morbihan	p. 130

CENTRE

25 - Châteaux de la Loire autour de Tours	p. 134
26 - Châteaux de la Loire autour de Blois	p. 140
27 - Orléanais, Sologne et Sancerrois	p. 144
28 - L'ouest du Berry et la Brenne	p. 148
29 - Au cœur du Berry	p. 152
30 - À cheval entre Perche et Eure-et-Loir	p. 156

CHAMPAGNE-ARDENNE

31 - La côte des Bars, art et Champagne	p. 160
32 - Au pays des grands lacs	p. 164
33 - Fortifications en Ardenne	p. 168
34 - Balade au sud de la Haute-Marne	p. 174
35 - Le vignoble champenois	p. 178

Sommaire

CORSE
36 - Escapade en Balagne et Niolo — p. 182
37 - Le Cap Corse et le Nebbio — p. 186
38 - La Corse du sud — p. 190

FRANCHE-COMTÉ
39 - Au cœur du Doubs et du Haut-Jura — p. 194
40 - Paysage de la montagne jurassienne — p. 198
41 - Le pays d'Arbois, de caves en fruitières — p. 202

ÎLE-DE-FRANCE
42 - Au cœur de la Seine-et-Marne — p. 206
43 - Découverte des Yvelines — p. 210

LANGUEDOC-ROUSSILLON
44 - Refuge dans les Cévennes — p. 216
45 - Grottes, cirques, chaos et avens cévenols — p. 220
46 - Art roman et baroque de Catalogne — p. 224
47 - Sur les traces des chevaliers cathares — p. 228
48 - Balade gourmande en Bas-Languedoc — p. 232

LIMOUSIN
49 - Le Limousin au carrefour de l'Histoire — p. 236
50 - Le plateau de Millevaches — p. 240
51 - Au fil de la Dordogne — p. 244
52 - De Brive-la-Gaillarde aux portes du Périgord — p. 248

LORRAINE
53 - En passant par la Lorraine — p. 252
54 - Entre Meuse et Moselle — p. 256
55 - Souvenirs de guerre — p. 260
56 - La forêt des Vosges — p. 264
57 - Stations thermales des Vosges — p. 268

MIDI-PYRÉNÉES
58 - Les gorges du Tarn et les grands causses — p. 272
59 - Le sud aveyronnais — p. 276
60 - Villes roses entre Tarn et Garonne — p. 280
61 - Eaux thermales des Pyrénées — p. 284
62 - En route pour le Pays de cocagne — p. 288
63 - Il était une fois à Foix… — p. 294
64 - Bastides et gastronomie d'Armagnac — p. 298
65 - Les grands sites du Quercy — p. 302

NORD-PAS-DE-CALAIS
66 - Le multiple visage des Flandres — p. 306
67 - Évasion sur la Côte d'Opale — p. 310

NORMANDIE

68 - La presqu'île du Cotentin	p. 314
69 - Le sud de la Manche	p. 318
70 - Caen, Bayeux et le Bessin	p. 322
71 - Des Alpes Mancelles à la Suisse normande	p. 326
72 - La Côte fleurie et le pays d'Auge	p. 330
73 - Côte d'Albâtre et pays de Caux	p. 334
74 - L'estuaire de la Seine	p. 338

PAYS DE LA LOIRE

75 - Douceur angevine et Saumurois	p. 342
76 - Au fil de la Sarthe et de la Mayenne	p. 346
77 - La Vendée et le Marais poitevin	p. 350
78 - Sur les pas des gabelous	p. 354

PICARDIE

79 - Vallées picardes entre Amiens et la côte	p. 358
80 - Le temps des cathédrales	p. 364
81 - Terres de bâtissseurs	p. 370

POITOU CHARENTES

82 - Douceurs du Poitou	p. 374
83 - Découverte des Deux-Sèvres	p. 378
84 - L'air du large entre La Rochelle et l'île de Ré	p. 382
85 - Balade en Charentes	p. 386

PROVENCE-ALPES-CÔTE D'AZUR

86 - De la cité des Papes à la Camargue	p. 390
87 - Merveilles naturelles du Vaucluse	p. 394
88 - Marseille au centre !	p. 400
89 - Antibes et l'arrière-pays varois	p. 404
90 - Les Hautes-Alpes de Vauban	p. 408
91 - Petits pays entre Alpes et Provence	p. 412
92 - La Haute-Provence, de la Durance au Verdon	p. 416

RHÔNE-ALPES

93 - Lyon et les étangs de la Dombes	p. 420
94 - Des monts du Forez au Pilat	p. 424
95 - L'Ardèche et ses merveilles	p. 428
96 - Balade au cœur de la Drôme	p. 432
97 - Vive le Beaujolais !	p. 436
98 - Le Vercors et l'Oisans	p. 440
99 - Chambéry, Aix-les-Bains et le lac du Bourget	p. 444
100 - À l'assaut du Mont-Blanc	p. 448

Mode d'emploi
How to use this guide
Gebrauchsanweisung

Pour chaque escapade
La description de l'itinéraire, avec carte et photos
For each trip, an itinerary description with map and photos
Für jeden Ausflug : Die Beschreibung der Reiserouten mit Landkarte und Photos

- Le titre de l'escapade
  Trip title
  Titel des Ausflugs

- Une carte avec l'itinéraire et les étapes localisées
  Map, your itinerary and main overnight stays
  Eine Landkarte mit Reiserouten und Rastorten

- Un aperçu de l'escapade
  Trip overview
  Übersicht über den Ausflug

- La région
  The region
  Die Gegend

- Ville de départ
  Durée
  Kilométrage
  Town of departure
  Duration
  Mileage
  Ausgangspunkt
  Dauer
  Länge in km

- Un découpage par journée
  Day-by-day details
  Tagestouren

- Les points intéressants du parcours : patrimoine, musée, artisanat, gastronomie, nature
  Points of interest along the way : architecture, museums, crafts, gastronomy, wildlife
  Sehenswürdigkeiten auf der Strecke: Kulturgut, Museum, Handwerk, Gastronomie, Natur

- Un conseil pratique
  Tips
  Praktischer Ratgeber

Voyagez en toute tranquillité avec votre camping-car

Enfin un contrat d'assistance adapté à vos attentes !

Star Mobil Services
ASSISTANCE AUX CAMPING-CARS

24h/24 et 7j/7
appelez-nous au **03 29 39 62 80**
depuis l'étranger **+33 3 29 39 62 80**

L'assurance d'être écouté, informé, rassuré et aidé par un technicien 24h/24 et 7j/7 en France et dans le monde entier.
Une assistance sur porteur, cellule et tous les équipements de votre camping-car.

Nos partenaires :

Renseignez-vous :

BP 16 - 88151 THAON LES VOSGES
Tél. 03 29 39 62 80
www.starmobilservices.fr
starmobilservices@hotmail.fr

Star Mobil Services
ASSISTANCE AUX CAMPING-CARS
Avec vous partout,
avec vous toujours.

Mode d'emploi
How to use this guide / Gebrauchsanweisung

Pour chaque escapade

Un carnet pratique proposant une sélection d'adresses : aires de service, campings, haltes chez le particulier et les bonnes adresses de Bib

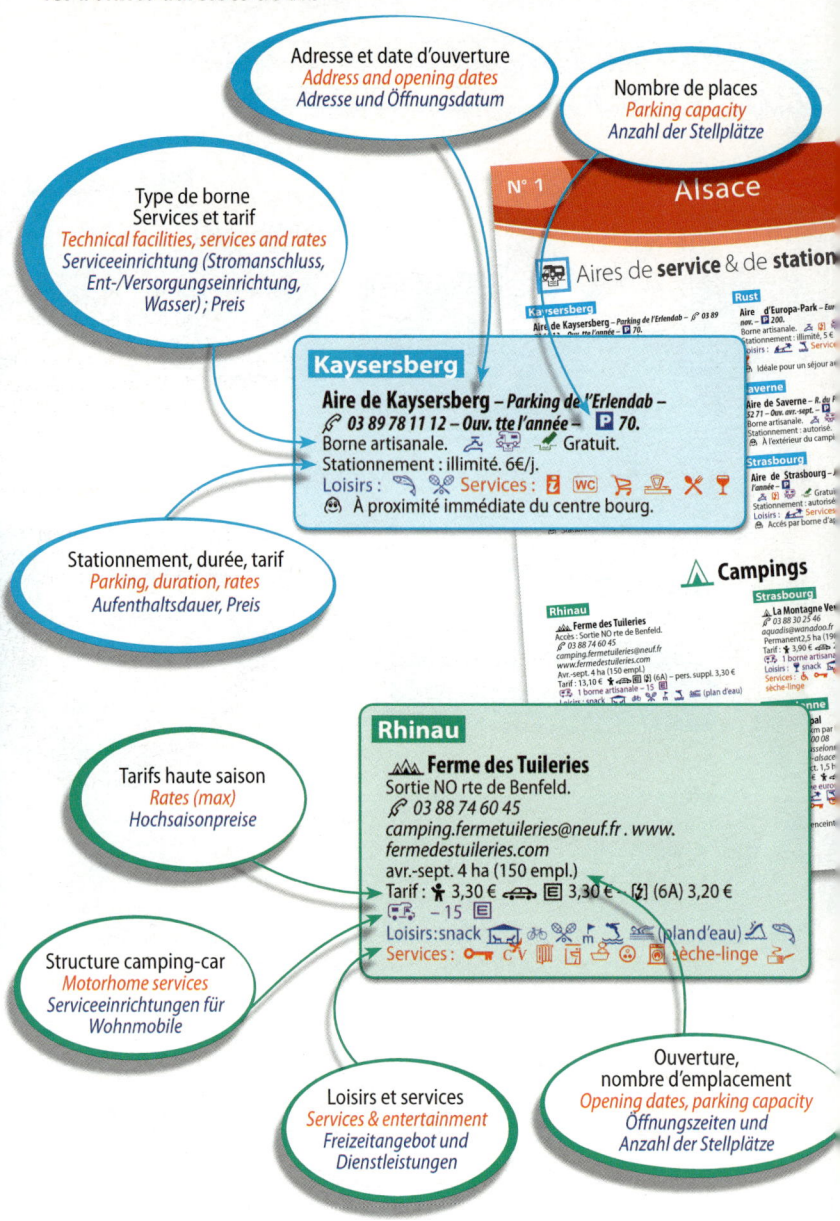

- Adresse et date d'ouverture / *Address and opening dates* / Adresse und Öffnungsdatum
- Nombre de places / *Parking capacity* / Anzahl der Stellplätze
- Type de borne, Services et tarif / *Technical facilities, services and rates* / Serviceeinrichtung (Stromanschluss, Ent-/Versorgungseinrichtung, Wasser) ; Preis
- Stationnement, durée, tarif / *Parking, duration, rates* / Aufenthaltsdauer, Preis
- Tarifs haute saison / *Rates (max)* / Hochsaisonpreise
- Structure camping-car / *Motorhome services* / Serviceeinrichtungen für Wohnmobile
- Loisirs et services / *Services & entertainment* / Freizeitangebot und Dienstleistungen
- Ouverture, nombre d'emplacement / *Opening dates, parking capacity* / Öffnungszeiten und Anzahl der Stellplätze

12

For each trip, a convenient address selection :

🚐 Service areas, ⛺ campings, 🏠 guest houses and 🐥 Bib's selection.

Für jeden Ausflug, ein praktisches Handbuch mit einer Auswahl an Adressen :

🚐 Serviceeinrichtungen, ⛺ Campingplätze, 🏠 Übernachtungsmöglichkeiten bei Privatpersonen und 🐥 die vom Bib empfohlenen Adressen.

Pour le sens des symboles voir p. 14   Conventional signs, p. 14   Zeichenerklärung s.S.14

Signification des symboles

Les symboles

Catégories *Categories* **Kategorien**
Camping : de très confortable jusqu'à simple mais convenable
Camping from very comfortable to simple but suitable
Komfortabel bis einfach, aber ordentlich

Agrément & Tranquillité *Peaceful atmosphere & setting* **Besonders schöne & ruhige Lage**
Camping très agréable pour le cadre, la qualité et la variété des services proposés
Particularly pleasant setting, quality and range of services available
Landschaftlich schöne Lage, gutes und vielfältiges Serviceangebot

Terrain très tranquille, isolé – tranquille surtout la nuit
Remote, isolated - at night particularly calm
Ruhig, abgelegen – nachts besonders ruhig

Sélections particulières *Special features* **Besondere Merkmale**
Camping équipé pour les séjours d'hiver
Equipped for winter camping
Campingplatz für Wintercamping ausgestattet

Structure adaptée à l'accueil des enfants
Child-friendly facility
Kinderfreundliches Konzept

Situation & fonctionnement *Location & services* **Lage & Dienstleistungen**
Présence d'un gardien
Presence of a guard
Wachpersonal

Accès interdit aux chiens
Dogs prohibited
Für Hunde verboten

Parking obligatoire pour les voitures en dehors des emplacements
Cars must be parked away from pitches
Parken nur auf Parkplätzen außerhalb der Stellplätze

Cartes bancaires
Credit cards accepted
Kreditkarten werden akzeptiert

Chèques-vacances
« Chèques-vacances » accepted
« Chèques-vacances » werden akzeptiert

Confort *Comfort* **Komfort**
Sanitaire moderne
Site with modern facilities
Moderne Sanitäreinrichtungen

Installations chauffées
Heated facilities
Beheizte sanitäre Anlagen

Accessibles aux handicapés
Sanitary installations for the physically handicapped
Sanitäre Einrichtungen für Körperbehinderte

Lavabos en cabines individuelles
Individual wash rooms
Individuelle Waschräume

Salle de bains pour bébés
Baby changing facilities
Wickelraum

Distributeurs d'eau chaude
Warm water
Warmwasser

Conventional Signs / Zeichenerklärung

Services / Facilities / Dienstleistungen

Eau potable / *Drinking water* / Trinkwasser	Laverie / *Laundry – washing machines* / Waschmaschinen
Électricité / *Electricity* / Stromanschluss	Téléphone / *Telephone* / Öffentliches Telefon
Vidange eaux grises / *Waste water change* / Grauwasserentleerung	Borne internet / *Internet point* / Internetanschluss
Vidange eaux noires (cassettes) / *Mobil toilet disposal* / Entsorgung Mobiltoilette	Wifi / *Wifi* / Wifi
Borne / *Site equipped for camper* / Versorgungsanschluss für Wohnmobil	Supermarché / *Supermarket* / Supermarkt
5 — Nombre d'emplacements / *Number of pitches* / Anzahl der Stellplätze	Commerce traditionnel / *Food shop* / Lebensmittelgeschäft
À savoir / *Worth knowing* / Wissenswertes	Restaurant / *Restaurant* / Restaurant
Formule Stop accueil camping-car FFCC / *Special price for camper on the site* / Sonderpreis für Wohnmobil auf dem Campingplatz	Plats à emporter / *Take away meals* / Fertiggerichte zum Mitnehmen
Centre d'information / *Tourist information* / Informationsstelle	
WC Public / *Public toilets* / Öffentliche Toiletten	
Bar – Café / *Bar – Coffee-house* / Bar – Café	

Tarif en € / *Charges in €* / Preise in €
Redevance journalière / *Daily charge* / Tagespreise

5 € Par personne / *Per Person* / Pro Person	6 € Pour l'emplacement (tente/caravane) / *Per pitch (tent/caravan/camper)* / Platzgebühr (Zelt/Wohnwagen/Reisemobil)
2 € Pour le véhicule / *Per vehicle* / Pro Fahrzeug	6,50 € (4A) Pour l'électricité (nombre d'ampères) / *Electricity (by number of amperes)* / Stromverbrauch (Anzahl der Ampere)

Redevance forfaitaire / *Rates included* / Pauschalgebühren

25 € (10A) Emplacement pour 1 ou 2 personnes, véhicule et électricité compris / *Pitch for 1 or 2 persons including vehicle and electricity* / Stellplatz für 1 oder 2 Personen, Fahrzeug und Strom inklusiv

Signification des symboles
Conventional Signs Zeichenerklärung

Les symboles

Loisirs Recreational facilities Freizeitmöglichkeiten

Jeux pour enfants / *Playground* / Kinderspielplatz	Location de vélos / *Cycle hire* / Fahrradverleih
Club pour enfants / *Children's club* / Kinderfreizeitklub	Centre équestre / *Riding* / Reitzentrum
Animations diverses / *Miscellaneous activities* / Diverse Freizeitangebote	Ski nordique / *Cross-country skiing, Langlauf*
Salle d'animations / *Recreation room* / Freizeitraum	Pistes de ski alpin / *Alpine ski pistes* / Pisten für Abfahrtslauf
Salle de remise en forme / *Fitness room* / Fitnessraum	Téléphérique / *Cable car* / Kabinenbahn
Sauna / *Sauna* / Sauna	
Tennis / *Tennis courts open air* / Tennisplatz	
Tennis couvert / *Tennis court covered* / Hallentennisplatz	
Baignade / *Bathing allowed* / Baden erlaubt	
Piscine / *Swimming pool* / Freibad	
Piscine couverte / *Swimming pool covered* / Hallenbad	
Tobogan / *Water slide* / Wasserrutschbahn	
Sports nautiques / *Water sports* / Wassersport	
Canoë/Kayak / *Canoe/Cajak* / Kanu/Kajak	
Pêche / *Fishing* / Angeln	
Mini-golf / *Mini golf* / Minigolfplatz	
Tir à l'arc / *Archery* / Bogenschiessen	

16

Avant le départ

Les vérifications

Avant de partir, vous devez bien vérifier l'état de votre camping-car. C'est une question de sécurité et de confort. Quelques conseils en forme de check-list !

Le porteur

☑ **Les pneus**

Ils sont un des organes de sécurité essentiels de votre véhicule. Vous devez régulièrement leur porter toute votre attention et en particulier lorsque vous préparez votre véhicule avant de partir.

Le pneumatique doit tout d'abord être adapté à votre véhicule. Il existe des gammes spécifiques destinées aux campings cars avec un marquage CP sur le flanc du pneumatique.

Avant de partir, contrôlez le bon état des pneumatiques, leur usure, et vérifiez la pression. Il est par ailleurs recommandé de faire vérifier leur état tous les ans pour les pneumatiques de plus de 5 ans après la date de fabrication qui pourra vous être indiquée par un spécialiste, et de changer les pneumatiques d'un âge supérieur à 10 ans. En cas de changement de deux pneumatiques, il est recommandé de faire monter les pneumatiques neufs à l'arrière du véhicule.

Dans tous les cas, la pression recommandée est de 5,5 bars sur l'essieu moteur, pression mesurée à froid, quelle que soit la charge du véhicule en respectant le PTAC.

Sur l'essieu avant, conformez-vous aux préconisations de gonflage du constructeur indiquées sur le véhicule le plus souvent dans la porte conducteur.

☞ *Pour ces pressions, des valves métalliques sont impératives.*

☑ **Sont également à contrôler**
- Le niveau d'huile
- Le liquide des freins
- Le frein à main
- Le liquide du lave-glaces
- Les balais d'essuie-glace
- Les serrures
- La batterie
- Les phares
- Les clignotants

☞ *Pour plus de sécurité, une partie de ces contrôles (comme celui des plaquettes de freins) peut être faite par votre garagiste.*

☞ *Penser à se munir d'un kit d'ampoules de rechange.*

☞ *En cas de panne, vous devez disposer d'un gilet et d'un triangle de signalisation. Pensez-y !*

18

PUR PLAISIR ?

Pas seulement ! La technologie innovante des essieux et châssis AL-KO est synonyme de confort de conduite dynamique et tenue de route à toute épreuve.

Centre de gravité abaissé | Voie élargie
| Roues indépendantes pour des vacances 100 % plaisir, y compris dans les virages les plus serrés.

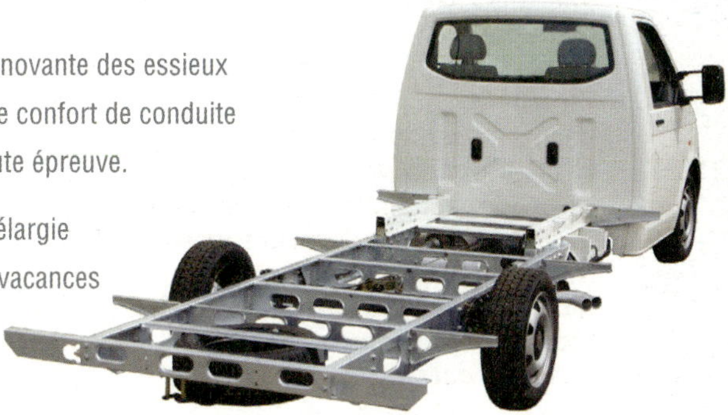

 Avant le départ, n'oubliez pas de graisser votre essieu AL-KO 1 fois par an ou tous les 20 000 km !

Pour en savoir plus sur le châssis AL-KO, connectez-vous sur notre site : www.al-ko.fr

Châssis amc
QUALITY FOR LIFE

Avant le départ

Les vérifications

La cellule

✔ Circuit d'eau
Eau propre : rincer et faire le plein.
Eaux usées : verser un produit de nettoyage et de désinfection. Pour éviter les mauvaises odeurs, préférer les produits du commerce ou le vinaigre plutôt que l'eau javellisée.

✔ Électricité
Faire fonctionner tous les postes électriques du véhicule. Si vous avez des panneaux solaires, vérifiez qu'ils sont propres. Leur efficacité en dépend.

✔ Extincteur
S'assurer que la date de validité de l'extincteur n'est pas dépassée.

✔ Fermeture
Contrôler la fermeture des ouvrants (lanterneaux, baies, portillons, portes et placards). Vérifier qu'il n'y a pas de fuite aux portes, lanterneaux et baies vitrées.

✔ Gaz
Vérifier le contenu des bouteilles de gaz (surtout en période hivernale) et le fonctionnement de tous les appareils à gaz. Avant le départ, fermer l'arrivée générale du gaz.
☞ **Les tuyaux à gaz doivent être changés régulièrement.**
Vérifier la date de péremption.

✔ Hiver
Si vous partez en hiver, assurez-vous de la qualité du liquide dans le circuit de refroidissement ainsi que celle de l'huile moteur qui doit être adaptée aux températures hivernales.
Vérifiez l'état de la batterie.

Contrôlez le bon fonctionnement du chauffage et de tous les accessoires participant à la bonne visibilité.
Ne pas oublier de prendre les chaînes et apprendre à les mettre en place avant le départ ! Penser également à emporter des plaques de « désenlisement » et une pelle.

✔ Surcharge
Les camping-cars sont limités en charge utile. Le **poids total** du camping-car chargé (PTAC) ne doit pas dépasser **3,5 t** (sauf pour les véhicules classés poids lourds). Il est notifié dans les documents de bord et à l'extérieur sur la porte du conducteur. Une surcharge du véhicule ou une mauvaise répartition des charges sont susceptibles de mettre en jeu la sécurité des usagers. Pour information, une pression de 5,5 bars sur l'essieu arrière moteur correspond à une charge maximale par pneu de 1120 kg pour un pneumatique Michelin Agilis Camping 225/70R15 CP. Une situation de sous gonflage peut être dangereuse : par exemple, une sous-pression de 0,5 bar pour un Michelin Agilis Camping 225/70R15 CP équivaut à une surcharge de 100 kg environ.
☞ **Le PTAC correspond au poids à vide plus la charge utile.**

✔ Dans vos bagages
Penser à emporter un nécessaire à pharmacie et une trousse de secours aux premiers soins d'urgence ! Si vous voyagez avec un **animal domestique**, n'oubliez pas son **carnet de santé**. Il vous sera demandé dans les campings.

✔ Juste avant le départ
Ne pas oublier de rentrer le **marchepied** (si vous n'avez pas de système d'alerte sonore). Rabattre les **antennes** (TV, parabole).

FIAT DUCATO CAMPING-CAR
L'EXCELLENCE N'A PAS DE LIMITE.

Sièges pivotants et coulissants. À table en 10 secondes.

Cabine pré-découpée et renforcée en usine. Plus de robustesse, plus grande longévité.

160 Multijet Power et boîte de vitesses robotisée avec fonction UP. Une facilité de conduite à toute épreuve, même en montée.

Voie élargie + 19 cm. Possibilité d'y placer un lit.

Des pneus renforcés spécifiques camping-cars. Pas de déformation, même en cas d'immobilisation prolongée.

Châssis large et abaissé. Un accès plus pratique, une meilleure stabilité sur route.

FIAT DUCATO. LE CAMPING-CAR CONÇU POUR VOUS ET POUR VOUS OFFRIR UN UNIVERS DE SERVICES.

Fiat Ducato Camping-Car a été conçu en collaboration avec les principaux carrossiers et équipementiers, pour répondre parfaitement à vos exigences et vos attentes. Afin de vous apporter une réponse encore plus adaptée, nous avons mis en place un réseau exclusif, pour des vacances sans souci et un voyage en toute sécurité. Qui d'autre peut vous en offrir autant ?

www.fiatcampingcar.com

Fiat Camper Services
00800-34281111 *
Ou appeler le : +39 0244412160**

Les caractéristiques et les équipements d'origine Fiat Camper sont au choix des équipementiers.
* Numéro Vert Universel : appel gratuit depuis un poste fixe. Depuis un téléphone mobile, les coûts varient en fonction des tarifs appliqués par votre opérateur téléphonique. ** Coût d'un appel international vers l'Italie.

Pendant le voyage

Bien conduire

Conduire un camping-car n'est pas difficile. Tout titulaire du permis auto a la possibilité de le faire. Toutefois intégraux, capucines et autres profilés présentent des particularités dont vous devez tenir compte afin de prendre la route dans de bonnes conditions.

On s'attache !
Est-il utile de rappeler que les passagers doivent impérativement boucler leur ceinture de sécurité, qu'ils voyagent dans la cabine ou en cellule (si celle-ci en est équipée) ? De même, les effets personnels et les vivres doivent être rangés, pendant le voyage, dans des placards fermés.

Une bonne marge de distance
L'inertie au freinage demeure plus importante avec un camping-car que sur une voiture, en raison du poids en mouvement, et ce malgré les systèmes de freinage sophistiqués actuels (ABS, EPS, etc.).
Préservez ainsi toujours une marge de distance confortable par rapport aux véhicules qui vous précèdent.

Surveiller le gabarit
Pensez aux autres véhicules : afin que la **largeur** de votre camping-car ne les gêne pas, veillez à bien tenir votre droite.
Sur les petites routes de campagne, soyez vigilants au moment où vous croisez tracteurs, cars et autres camions. Vous devez ralentir et vous déporter encore plus sur la droite. Vigilance accrue lorsque vous doublez un cycliste !

Gardez en tête la **hauteur** du véhicule. Le mieux est encore de noter les dimensions de votre véhicule et son PTAC sur un papier fixé sur le tableau de bord.

En **montagne**, pensez aux routes à encorbellement, surtout si vous roulez en capucine. Les véhicules les plus imposants risquent en effet d'accrocher les parois. Mais rassurez-vous ! Nos circuits ont pris en compte ce risque.
☞ *Lors de la descente des cols, utilisez au maximum votre frein moteur.*

En ville, des mésaventures du même type peuvent se produire avec certains **balcons en encorbellement**.

Sur l'autoroute, méfiez-vous des **barrières de péage**. Certains couloirs réservés aux voitures sont parfois équipés de barre de hauteur.
Attention également aux **branches basses** des arbres.

Au moment de doubler et de se rabattre, vous devez bien avoir en tête la **longueur** de votre camping-car. Certains véhicules ayant un porte-à-faux important peuvent rencontrer des difficultés lors des manœuvres de stationnement et d'accès sur les ferries ou les bacs.

Contrer les appels d'air
Si vous conduisez une grande capucine ou un intégral, pour éviter les appels d'air généré en dépassement, vous devez compenser par un léger mouvement du volant en sens inverse.

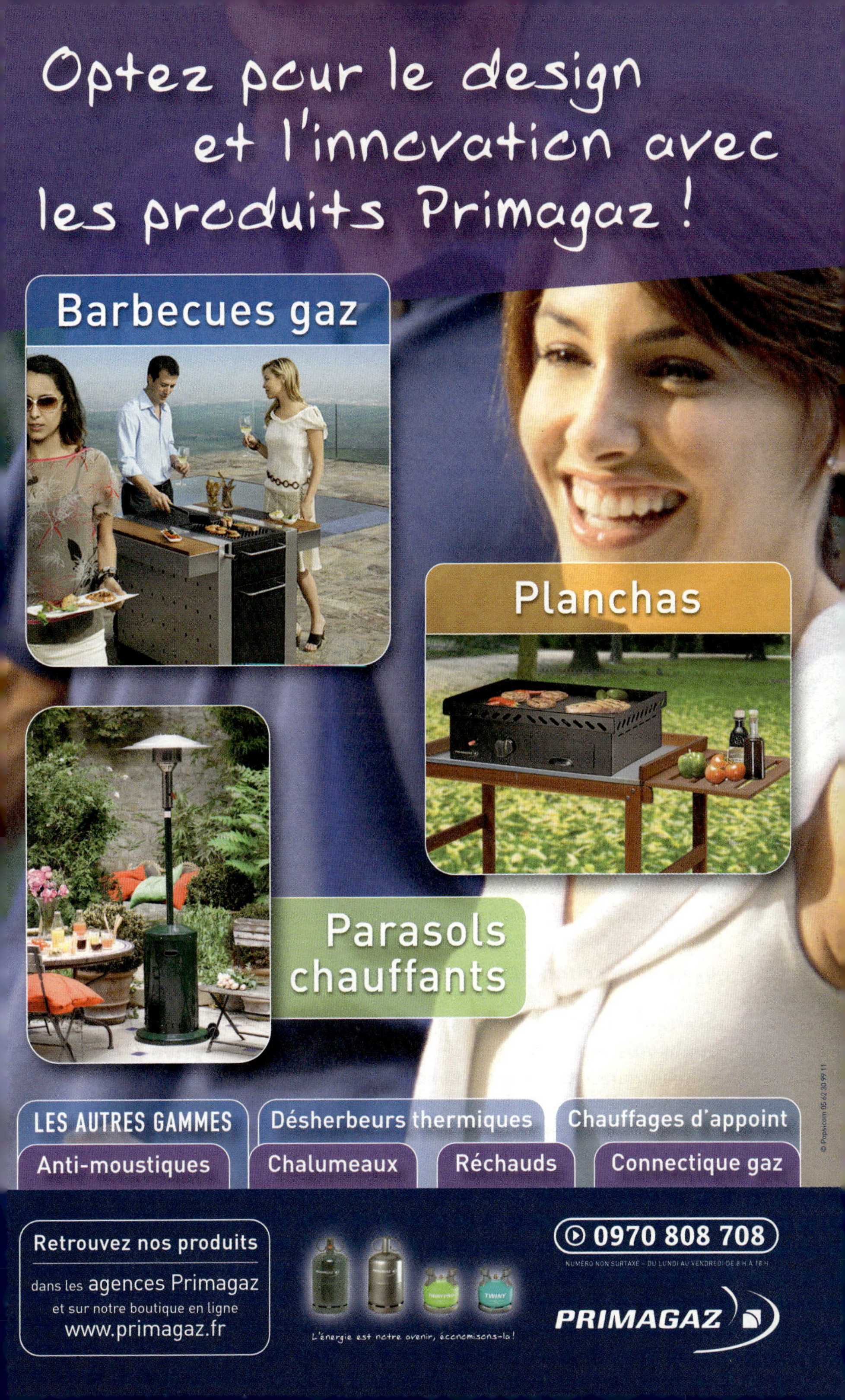

Optez pour le design et l'innovation avec les produits Primagaz !
Barbecues gaz
Planchas
Parasols chauffants
LES AUTRES GAMMES
Désherbeurs thermiques
Chauffages d'appoint
Anti-moustiques
Chalumeaux
Réchauds
Connectique gaz
Retrouvez nos produits
dans les agences Primagaz
et sur notre boutique en ligne
www.primagaz.fr
TWINY
L'énergie est notre avenir, économisons-la !
0970 808 708
NUMÉRO NON SURTAXÉ – DU LUNDI AU VENDREDI DE 8 H À 18 H
PRIMAGAZ

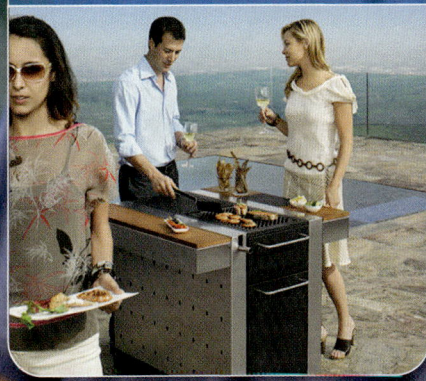

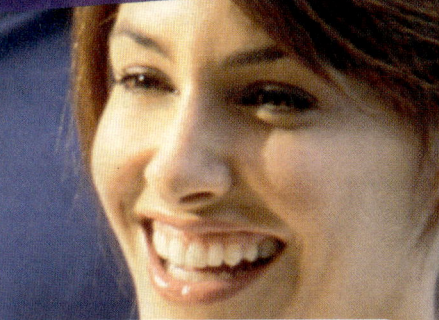

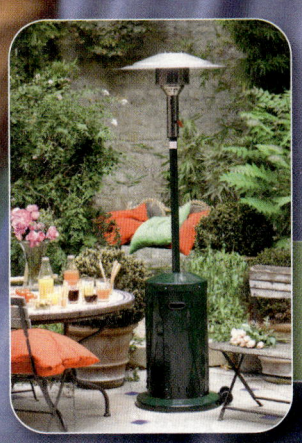

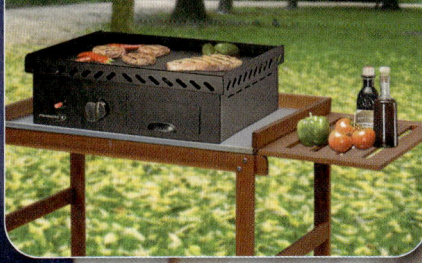

Pendant le voyage

Se garer avant d'entrer dans le centre-ville

La circulation dans les villes et les villages nécessite une grande prudence. Soyez attentifs aux nombreuses barres de hauteur qui limitent parfois les accès. Et avant de pénétrer dans le vieux quartier de telle cité médiévale aux ruelles étroites, prenez vos précautions.

☞ *Vous trouverez dans « Le conseil de Bib » les lieux où se garer facilement avant d'entrer dans des centres-villes impraticables.*

Évaluer le terrain

Lorsque vous sortez des routes aménagées, vous devez ne pas sous-estimer le poids de votre camping-car et évaluer la praticabilité du terrain.

Sur un camping-car, l'essentiel du poids se trouvant concentré vers la partie arrière, mieux vaut, pour éviter le patinage des roues, faire une reconnaissance à pied.

Le stationnement

Aire de St-Pourçain-sur-Sioule © M. Chaput / MICHELIN

Le stationnement des camping-cars est régi par le code de la circulation routière, le code de l'urbanisme et le code des collectivités territoriales.
Vous devez connaître et respecter leurs règles.

Stationnement sur la voie publique

En ville, garez-vous sur les parkings extérieurs au centre-ville ou sur les parkings réservés aux camping-cars, en faisant attention de ne pas empiéter sur d'autres places, ni sur la voie publique.

☞ *Si la sécurité ou l'ordre public l'exigent, les maires sont en droit de prescrire des mesures plus rigoureuses en matière de stationnement.*

Stationnement sur le domaine privé

Si vous voulez stationner sur une propriété privée, vous devez en demander l'autorisation aux propriétaires.

Il est interdit de stationner sur les rivages de la mer, dans des sites classés ou inscrits et leur proximité, dans un rayon de moins de 200 m d'un point d'eau captée pour la consommation, dans les bois, forêts, parcs classés comme espaces boisés à conserver.

LES PLUS BEAUX DETOURS DE FRANCE

Les 100 "Plus Beaux Détours" de France

Les destinations préférées* des camping-caristes !

*Un tiers des personnes attestant de 5 détours visités sont des camping-caristes

LE SITE **www.plusbeauxdetours.com**

diaporamas, informations pratiques détaillées, réservations de séjours en ligne.

LE GUIDE présentation des villes, adresses utiles, plan détaillé avec emplacement des parkings et des aires d'accueil et de service pour camping-car.

Pour obtenir le guide ▼

☐ Je désire recevoir le guide 2010 des "Plus Beaux Détours" de France. Je joins un chèque de 6 euros à l'ordre des Plus Beaux Détours de France pour la participation aux frais d'envoi et renvoie ce coupon* à l'adresse suivante :
Les Plus Beaux Détours de France – 26 rue de l'Etoile – 75017 Paris

Nom : ....
Prénom : ....
Adresse (en lettres capitales) : ....
Code postal : .... Ville : ....
Courriel : ....

☐ Merci de cocher cette case si vous ne souhaitez pas recevoir d'autres informations concernant Les "Plus Beaux Détours" de France. Conformément à la loi "Informatique et Libertés" du 6 janvier 1978, vous disposez d'un droit d'accès, de modification, de rectification et de suppression des données vous concernant en vous adressant aux Plus Beaux Détours.

*Ce coupon peut également être dupliqué ou recopié sur papier libre.

Pendant le voyage

Les structures d'accueil adaptées

Borne artisanale à Turquant © M. Chaput / MICHELIN
Ci-dessous, exemple de borne industrielle / © M. Chaput / MICHELIN

Aires de service

Leur première vocation est de proposer ces services :
La vidange des eaux grises (eaux ménagères)
La vidange des eaux noires (WC chimiques)
L'alimentation en eau potable
Le dépôt des ordures
Et accessoirement, l'approvisionnement en électricité.
En plus de ces services, l'aire peut proposer un stationnement.

L'eau et les vidanges peuvent être fournies par l'intermédiaire d'une borne artisanale ou d'une borne de type industriel : Flot bleu, Raclet, Eurorelais, etc.
La gratuité de l'aire de service dépend en grande partie de l'activité touristique de la région.
Il faut donc s'attendre à payer pour le stationnement et / ou les services.
Ces prix, indiqués dans nos adresses, varient entre 1,50 et 6 € pour les services, et entre 2 et 10 € pour le stationnement.

Aires de stationnement

Il s'agit de lieux publics autorisés pour le stationnement, situés ou non, à proximité d'une aire de service.
Le stationnement peut être limité dans le temps à certains endroits (24h/48h). Il peut être gratuit ou payant.
L'aménagement de ces aires peut aller du plus sommaire à très confortable (aménagement de loisirs, grands espaces).

Campings

Tous les camping-cars peuvent stationner dans un camping, mais tous les campings ne sont pas encore équipés de structures spécifiques, même si leur nombre est en forte augmentation.
Certains campings proposent des formules adaptées aux camping-caristes comme la formule Stop Accueil Camping-Car FFCC : une nuitée non renouvelable, prix : 8 à 13 €, départ demandé avant 10h, services camping-car compris.
☞ **La majorité des campings sélectionnés offrent des structures adaptées aux camping-cars.**

Les initiatives personnelles

Certains agriculteurs, éleveurs, vignerons, fermes-auberges ou châtelains par exemple, vous invitent à stationner gratuitement sur leur propriété pendant une nuit, et à découvrir leurs produits et leur savoir-faire. Cette formule d'accueil est signée **France Passion** et signalisée sous ce nom.

Savoir vivre !

Respecter la nature et l'environnement, respecter les autres, se comporter toujours comme un « invité » : invité des communes et des particuliers. C'est à ce prix que le tourisme en camping-car pourra se développer et avoir la réputation qu'il mérite !

RESPECT

C'est le nom donné à la charte de bonne conduite des camping-caristes, éditée par le Sicverl.
En respectant ces valeurs, vous permettez de renforcer le bon accueil des camping-cars dans les communes.

Pour le bon usage du Camping-car

- **R**especter la nature
- **E**viter le regroupement
- **S**tationner dans des lieux appropriés
- **P**rivilégier le commerce local
- **E**tre courtois et discret
- **C**ommuniquer avec autrui
- **T**enir l'ensemble de ces engagements

Sur la route

Pendant les déplacements en groupe, éviter de former des files, pour ne pas perturber le trafic.

Ne pas effectuer la vidange des eaux noires ou grises pendant le déplacement. Le faire uniquement dans les endroits réservés à cet effet et dans le respect de la nature et des principes écologiques.

 *Il est interdit de vidanger des WC chimiques dans un réseau de tout-à-l'égout.*

À l'arrêt

Pour le stationnement de nuit, utiliser de préférence les aires d'accueil prévues à cet effet.

Ne pas stationner en travers des parkings.

 *Occuper l'espace de stationnement sur la voie publique avec des chaises, des tables ou tout autre équipement personnel est interdit.*

À l'arrêt, de jour comme de nuit, éviter de stationner en obstruant la vue des monuments, des fenêtres d'habitation ou des commerces.

Eviter les bruits excessifs dus à la voix, à la télévision, la radio ou au moteur. De même, utiliser le générateur d'électricité seulement en cas de nécessité absolue, et dans ce cas, l'éloigner des autres véhicules et des habitations voisines.

Utiliser les toilettes du véhicule !

Déposer vos ordures ménagères dans des conteneurs appropriés. Ne les dispersez pas !

Bürstner S. A.

Sommaire des VOIES VERTES

Voie verte en Alsace — p. 32-33

Voie verte en Aquitaine — p. 46-47

Voie verte en Bourgogne — p. 104-105

Voie verte en Bretagne — p. 118-119

Voie verte en Centre — p. 136-137

Voie verte en Champagne-Ardenne — p. 170-171

Voie verte en Île-de-France — p. 212-213

Voie verte en Midi-Pyrénées — p. 290-291

Voies vertes en Picardie — p. 360-361

p. 366-367

Voie verte en Provence — p. 396-397

Voie verte en Rhône-Alpes — p. 450-451

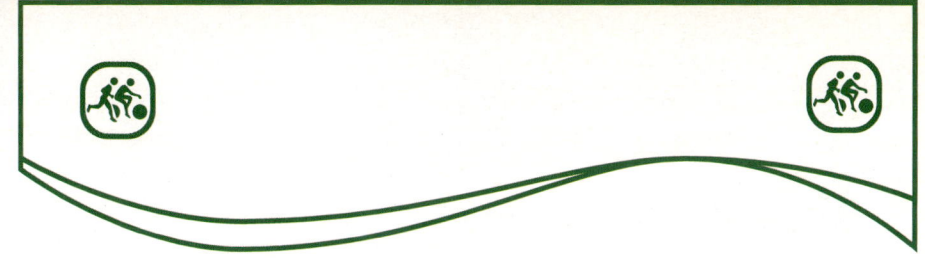

Stop Voies Vertes

On ne peut plus les ignorer : les Voies Vertes figurent sur les nouvelles cartes départementales routières Michelin ! Elles comptent 6 000 km en France aujourd'hui et leur réseau s'étend chaque année. Elles prolongent en pleine nature les pistes cyclables que l'on connaît en ville ou en périphérie d'agglomération. Ces chemins balisés, évidemment interdits aux motorisés, ont une grande originalité : leur ouverture non seulement aux cyclistes mais aussi aux promeneurs, joggeurs, randonneurs. Et lorsqu'ils sont asphaltés, ces parcours s'offrent même aux adeptes du roller comme aux personnes à mobilité réduite.

Nouvelles pistes de promenade tout public, nouvelles façons de découvrir les paysages et le patrimoine français, les Voies Vertes croisent à de nombreux endroits les escapades proposées dans ce guide. Camping-caristes, vous saisirez là l'occasion de très beaux, de très verts et actifs suppléments de voyage, accessibles à pied, bien sûr, mais bien plus librement à vélo, loisir que vous pratiquez souvent.

En plus des circuits, des aires de service et de stationnement, nous avons donc parsemé cette édition 2010 de 12 suggestions d'« échappées belles ». Empruntez-les sans hésiter, pour une sortie aller-retour d'une demi-journée ou lors d'une évasion plus ambitieuse. Elles sont sans risque, paisibles, attrayantes, mieux encore, sans dénivelé et donc sans effort ou presque. Normal, elles évoluent le plus souvent sur les traces d'une ancienne voie ferrée désaffectée ou sur le chemin de halage d'un de ces somptueux canaux dont la France est si riche. Pour un exercice physique minimum, nous vous garantissons le souvenir d'une découverte, rare et intimiste, de paysages aux beautés insoupçonnées.

Vive les Voies Vertes !

N° 1 Alsace

L'**Alsace** des vignobles

Généreuse, l'Alsace des vignobles l'est par la diversité de ses **cépages.** Elle l'est aussi par l'opulence de ses villages fleuris et de ses vignes qui dégringolent des contreforts vosgiens, comme par le rayonnement de **Strasbourg** et de **Colmar.** Généreuse, elle l'est surtout pour l'accueil extraordinaire que **ses vignerons** vous réserveront. Ici, le caveau est avant tout un lieu où l'on prend le temps d'expliquer la vigne et le caractère si original du vin.

➲ *Départ de Strasbourg*
➲ *7 jours*
280 km

Tourisme sur l'Ill en bateau à Strasbourg

Jours 1 et 2

Ce tour des vins commence à **Strasbourg**, tout à la fois métropole intellectuelle et économique, religieuse et culturelle. Vous êtes ici au centre de l'Histoire. Pour vous en imprégner : musées (Arts décoratifs, Art moderne et contemporain, Beaux-Arts…), cathédrale, églises et palais de l'Europe. À la fin de l'année, Strasbourg, blotti dans le froid, s'illumine comme un conte de fées pour le marché de Noël. En été, vous goûterez volontiers la verdure dans l'un des nombreux parcs de la ville : l'Orangerie, la Citadelle, le Contade… En matière de gastronomie, faites confiance aux *winstubs* : vins et plats régionaux vous y attendent (choucroute, *flammekueche*). Pour digérer, promenez-vous en bateau sur l'Ill. Et pour finir, la cité ancienne vous fait passer de pont en place et vous amène à la **Petite France**, avec ses airs de village de poupées.

Noël à Strasbourg devant la cathédrale.

Le conseil de Bib

▶ Utilisez les transports en commun pour la découverte de Strasbourg. Stationnement recommandé au P+R d'Elsau.

Jour 3

Quittez Strasbourg au nord par la D 263. Prochaine étape, **Haguenau** qui a su garder les traces de son passé fortifié. Vous y visiterez son Musée historique. **Bouxwiller**, ancienne cité princière, semble blottie au pied du Batsberg, repaire de sorcières bien connu. Puis c'est **Saverne** qui vous invite à découvrir son château et son port de plaisance. Vous pourrez y faire étape.

Jour 4

Les premiers effluves de vins vous attendent à **Molsheim**, dont les coteaux avoisinants produisent le riesling. Après la visite d'**Obernai** et de ses maisons anciennes aux teintes dorées, rien ne vous empêche de vous promener dans les vignobles environnants et sur le **mont Ste-Odile**. La visite du couvent rivalise avec la vue sur la **Forêt-Noire** et le **Mur païen**.

Jour 5

Même si vous y arrivez en dehors de la Foire aux vins, la ville de **Barr** vous délectera de ses spécialités : le sylvaner et

le gewurztraminer. Une étape à **Gertwiller**, ville célèbre pour ses pains d'épice et vous poursuivrez la **route des vignobles**, en vous arrêtant aux ruines de l'**abbaye d'Andlau** gardée par une ourse de pierre. Fortifications à **Sélestat**, nids de cigognes et château à **Ribeauvillé** sont également au programme.

Jour 6

Première étape du jour, la perle du vignoble : **Riquewihr**, terre du riesling. Vous en conviendrez, le vin ne s'apprécie que si sa région d'origine vaut le coup ; il fallait donc bien un château et un village médiéval pour agrémenter les vignes entourant **Kaysersberg**, des vieilles maisons à balcons de bois à **Niedermorschwihr** et des tours massives pour protéger **Turckheim**. Du pur alsacien pour **Colmar**, capitale du vignoble dont ni la visite de la vieille ville, ni la Petite Venise ne sauraient vous laisser indifférent.

Jour 7

Le retour vers Strasbourg se fait par la vallée du Rhin, fleuve aux crues autrefois terribles, dont les eaux vous ramènent aujourd'hui doucement de cette « ivresse » touristique.

L'emblème de l'Alsace : la cigogne.

Alsace

Strasbourg direct, par la Voie Verte du Val de la Bruche

➲ *De Molsheim à Strasbourg : 21 km*
➲ *De Molsheim à Wasselonne : 14 km*

Avec 300 km de pistes, la capitale alsacienne est aujourd'hui la plus cyclable des villes de France. Plutôt que d'aller vous y perdre avec votre véhicule, pourquoi ne pas la rejoindre à vélo ? Depuis Molsheim, une jolie Voie Verte de 20 km vous conduit sans danger des vignobles du Riesling au cœur de la Petite France…

Molsheim, où vous laisserez votre camping-car sans problème de parking, garde une forte empreinte automobile : c'est ici que, dans la première partie du siècle dernier (1909), les usines Bugatti vinrent s'installer pour produire certaines des plus belles voitures du monde. La promenade du Val de Bruche est, elle, chargée d'une histoire bien plus ancienne. Elle emprunte le halage de la rivière naguère canalisée par Vauban pour amener à Strasbourg les pierres nécessaires à l'édification de sa citadelle. C'est une modeste voie d'eau, bien sûr, comme la piste qui la borde, mais aussi une authentique coulée verte aujourd'hui. Elle n'a pas tardé à s'imposer comme le rendez-vous

Échappées belles

roller et jogging favori des Strasbourgeois, vous le constaterez tant à l'aller qu'au retour… Agréablement ombragée, sans dénivelé ou presque, elle déroule son ruban d'asphalte, large de 2 m, dans un paysage alsacien pittoresque : la plaine humide du Ried, ses maisons à colombages, ses bourgs typiques et leurs décors à la Hansi.

À mi-parcours, ne manquez pas un mini détour par Hangenbieten, à 200 mètres à peine de la piste : un authentique village de carte postale dont il faut bien profiter car, la plaine d'Alsace ne tarde pas, ensuite, à s'urbaniser.

À partir d'Eckbolsheim, la piste cyclable entre en ville, abordant Strasbourg plein sud-ouest, par le quartier de la Montagne Verte. La Voie Verte n'est plus, ici, qu'une piste cyclable urbaine, mais heureusement, la récompense est au bout du guidon. Quelques coups de pédale encore et la flèche de la cathédrale annonce le centre historique. Les ponts couverts, la Maison Kammerzell, la place Kléber, l'entrelacs des placettes et des ruelles de la vieille ville sont à vous. Tout ici est accessible aux vélos, même les sens interdits…

Envie de remettre ça au lendemain de votre échappée strasbourgeoise ? Toujours depuis Molsheim, une autre Voie Verte, aperçue peut-être au départ de l'autre sortie, vous offre la possibilité d'une jolie balade de 14 km jusqu'à Wasselonne, passage obligé – là aussi – de votre circuit camping-car.

Suivant de près ou de loin le cours de la petite rivière Mossig, la piste a été réalisée, cette fois, sur le tracé d'une ancienne voie ferrée. Aucun souci de dénivelé, donc. Elle vous promènera sans effort sous les coteaux des Vosges, égrenant pour votre plaisir une bonne demi-douzaine de petits villages traditionnels.

Le conseil de Bib

▶ L'AF3V agit pour le développement des aménagements et des itinéraires sécurisés en France. www.af3v.org

Canal de la Bruche

N° 1 Alsace

 ## Aires de service & de stationnement

Kaysersberg
Aire de Kaysersberg – *Parking de l'Erlendab* – 03 89 78 11 12 – *Ouv. tte l'année* – P 70.
Borne artisanale. Gratuit.
Stationnement : 6 €/j.
Loisirs : Services :
☺ À proximité immédiate du centre-bourg. Paiement par horodateur.

Ribeauvillé
Aire de Ribeauvillé – *Rte de Guémar, face à l'espace culturel* – 03 89 73 20 09 – *Ouv. tte l'année* – P 15.
Borne artisanale. Payant 2 €.
Stationnement : 2 €/j.
Loisirs : Services :
☺ Stationnement payant de 9h-19h

Rust
Aire d'Europa-Park – *Europa-Park-Str. 2* – *Avr.- mi-nov.* – P 200.
Borne artisanale.
Stationnement : autorisé
Loisirs : Services :
☺ Idéal pour un séjour au parc d'attractions

Saverne
Aire de Saverne – *R. du Père-Liebermann* – 03 88 71 52 71 – *Ouv. avr.-sept.* – P
Borne artisanale. Gratuit.
Stationnement : autorisé en centre ville
☺ À l'extérieur du camping municipal

Strasbourg
Aire du Jardin des deux Rives – *Jardin des deux Rives - r. des Cavaliers* – *Ouv. tte l'année* – P
Payant 2.50 €.
Stationnement : illimité
Loisirs : Services :
☺ Accès par borne d'appel

Nothalten
Sohler Philippe – *80a, rte des Vins* – 03 88 92 49 89 – *Ouv. tte l'année sf pendant les vendanges* – P
Borne artisanale. Payant 2 €.
Stationnement : 24 h.
Services :
☺ Visite de cave et vente de vins de la propriété. Très bon accueil.

 ## Campings

Rhinau
Ferme des Tuileries
1 r. des Tuileries, sortie nord-ouest, rte de Benfeld.
03 88 74 60 45
Avr.-sept. 4 ha (150 empl.)
Tarif : 14,10 € (6A) – pers. suppl. 3,50 €
1 borne artisanale 2 €
Loisirs : snack (plan d'eau)
Services : sèche-linge

Sélestat
Municipal les Cigognes
R. de la Brigade Alsace-Lorraine.
03 88 92 03 98
De mi-avr. à fin sept. 0,7 ha (48 empl.)
Tarif (prix 2009) : 14,75 € (16A) – pers. suppl. 3,70 €
Services :

Strasbourg
La Montagne Verte
2 r. Robert-Forrer
03 88 30 25 46 Permanent 2,5 ha (190 empl.)
Tarif : 18,40 € (6A) – pers. suppl. 4 €
1 borne artisanale – 15
Loisirs : snack
Services : sèche-linge

Wasselonne
Municipal
R. des Sapins, 1 km par D 224 rte de Wangenbourg.
03 88 87 00 08
De mi-avr. à mi-oct. 1,5 ha (100 empl.)
Tarif (prix 2009) : 15,20 € (10A) – pers. suppl. 3,80 €
– 10 15,20 €
Loisirs :
Services : sèche-linge

Haltes chez le **particulier**

Châtenois

Domaine Edelweiss
Rte de Scherwiller
P 4.
Ce domaine familial vous fera découvrir les vins produits sur la propriété : Alsace Pinot noir (vin rosé) et un excellent Crémant d'Alsace (blanc) souvent primé en concours. Dégustation et vente.

Dambach-la-Ville

Domaine Beck Didier
28, rte des vins – ℘ 03 88 92 40 17 – Fermé en oct.
P 5.
Cette exploitation est l'héritière d'un savoir-faire acquis par plusieurs générations. La viticulture raisonnée et les vendanges manuelles sont les deux grands atouts du domaine. Visite des caves et dégustation au caveau familial.

Ottrott

Domaine Fritz-Schmitt
1, r. des Châteaux – ℘ 03 88 95 98 06 – Ouv. tlj.
P 4.
Vignerons indépendants installés au cœur du village, les propriétaires vous proposent de découvrir leur spécialité : le rouge d'Ottrott mais aussi les autres cépages alsaciens (Sylvaner, Pinot blanc, Riesling…). Dégustation au caveau familial.

 **Le conseil de Bib**

▶ À inscrire sur votre agenda : sept. (1er dim.) – Ribeauvillé – Fête des Ménétriers.

Les bonnes **adresses** de Bib

Kaysersberg

Pâtisserie Lœcken
46 r. du Gén.-de-Gaulle – ℘ 03 89 47 34 35 - tlj sf lun. 8h-18h30 (19h en été) - fermé 2 sem. en janv. et 25 déc.
Cette superbe bâtisse à pans de bois du 16e s. abrite une pâtisserie. Chocolats maison, carte de thés provenant du monde entier et cafés torréfiés sur place. On propose également d'autres bons produits alsaciens : foies gras, eaux-de-vie et confitures artisanales.

Verrerie d'Art de Kaysersberg
30 r. du Gén.-de-Gaulle – ℘ 03 89 47 14 97 – boutique : lun. 14h-18h, mar.-sam.10h-12h30, 14h-18h, dim. 14h18h ; atelier : mar.-sam. 10h-12h15, 14h-17h45, dim. 14h-17h45.
Située dans le centre historique de Kaysersberg, cette verrerie d'art ouvre au public les portes de son atelier de fabrication artisanale. Les maîtres verriers font découvrir les différentes opérations de leur travail : cueillage, soufflage et façonnage à la main.

Strasbourg

La Choucrouterie
20 r. St-Louis – ℘ 03 88 36 52 87 - www.choucrouterie.com - fermé 5-18 août, sam. midi et dim. midi - 13/33 €. Ce relais de poste du 18e s. fut la dernière fabrique de chou en saumure de Strasbourg : dans un décor de bric et de broc, on ripaille et on rit à la fois… Repas animés, dîners-spectacles ou repas et théâtre, à vous de choisir… Autour des menus alsaciens ou d'un verre de blanc.

Au Paradis du Pain d'Épices
14 r. des Dentelles, Petite France – Strasbourg – ℘ 03 88 32 33 34 - www.paindesoleil.com - tlj sf lun. mat. 9h-19h. Des parfums d'orange, de miel, de cannelle et de cardamome embaument cette petite boutique aménagée dans une maison à colombages datant de 1643. C'est que le pain d'épice est ici roi : tendre ou croquant, sucré, salé et même glacé, il se décline à l'infini et nous replonge dans notre enfance. Le pain d'Amour, le Verdi ou le pain de Soleil comptent parmi les incontournables du magasin.

Un Noël en Alsace
10 r. des Dentelles – Strasbourg – ℘ 03 88 32 32 32 - www.nœlenalsace.fr - tlj sf dim. mat. 10h-12h30, 13h30-19h (à partir de juil. : dim. 14h-18h) - fermé janv.-fév. Dans cette maison du 16e s. au cœur de la Petite France, c'est Noël tous les jours ! Guirlandes, petits personnages en bois, étoiles scintillantes, boules multicolores, tout est là pour parfaire votre décor de Noël.

Riss
35 r. du 22-Novembre – Strasbourg – ℘ 03 88 32 29 33 - patisserie.riss@wanadoo.fr - tlj sf dim. 8h-18h45, lun. 13h30-18h30 - fermé j. fériés. Fondée dans les années 1930, cette maison est devenue une institution pour les Strasbourgeois friands de chocolats. Grand passionné, Jean-François Hollaender marie les saveurs, oppose les consistances, joue avec les couleurs pour un résultat des plus délicats. Ne manquez pas sa spécialité : la truffe au scotch-whisky

N° 2 — Alsace

De part et d'autre du **Rhin**

Histoire, loisirs ou nature : c'est la variété qui fait le charme de cette **escapade franco-allemande le long du Rhin.** Vous aurez l'occasion de goûter à l'Alscace gastronomique, de découvrir les paysages vallonnés et enchanteurs de la **Forêt noire** et de comprendre la richesse d'une région frontalière que l'Histoire s'est longtemps disputée.

➲ **Départ de Mulhouse**
➲ **6 jours**
260 km

La Petite Venise de Colmar arrosée par la Lauch.

Jour 1

En arrivant à **Mulhouse**, vous entrez tout à la fois dans une ancienne république indépendante, un centre industriel et une ville de musées. Et vous aurez grandement de quoi occuper votre première journée ! Pour vous y retrouver, les « sentiers » pédestres vous emmènent dans le **vieux Mulhouse** ou dans le **Nouveau Quartier**. Vous pourrez vous amuser à y chercher les murs peints qui évoquent l'histoire de la ville. Promenades également, mais dans la nature, avec les **parcs** et **jardins** qui ponctuent la ville. Le soir, les lieux de nuit de cette ville étudiante vous laissent le choix des armes : cuisine locale, bars à bière et à whiskies, salles de concerts ou discothèques. Pour terminer votre découverte de la « ville aux cent cheminées », visitez l'un ou l'autre des musées industriels, parmi la **Cité de l'Automobile**, la **Cité du Train**, le **musée EDF Électropolis**, le **musée de l'Impression sur étoffes** ou le **musée du Papier peint**.

Jour 2

En quittant Mulhouse, longez le Rhin pour découvrir l'étonnante église d'**Ottmarsheim**, et,

Le conseil de Bib

▶ Faites étape au camping de Mulhouse et utilisez les transports en commun pour la visite de la ville.

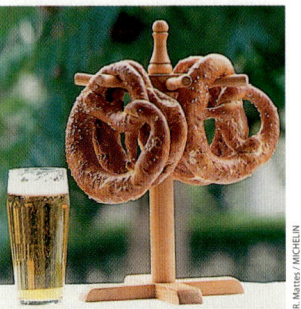

Bretzel et bière.

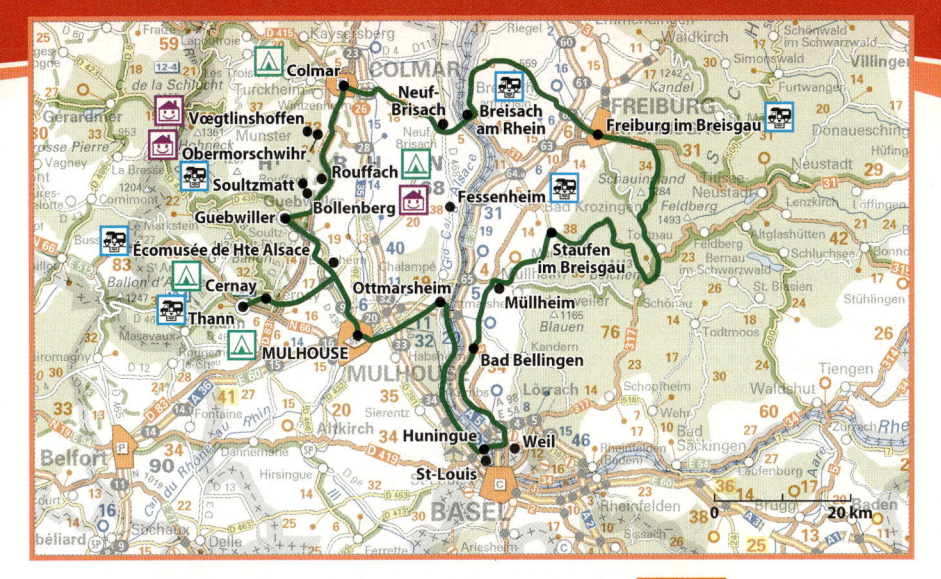

dans un autre registre, son bief et ses écluses, puis les richesses naturelles de la **Petite Camargue alsacienne**. Six sentiers balisés permettent d'observer les oiseaux de la réserve.

Jour 3

Traversez ensuite la frontière pour sillonner le **Markgräflerland**, en suivant la route badoise du Vin, depuis **Weil am Rhein**. En parcourant les superbes villages d'**Efringen-Kirchen**, **Bad Bellingen**, **Müllheim**, **Sulzburg** et **Staufen**, ne manquez pas de visiter une cave et de faire honneur à la gastronomie locale. Après avoir profité du panorama du **Schauinsland**, gagnez les environs de **Freiburg im Breisgau** pour y passer la nuit.

Jour 4

Visitez la belle **cathédrale de Freiburg** et promenez-vous dans la vieille ville où vous trouverez aisément de quoi déjeuner, avant d'explorer les collines du Kaiserstuhl. Puis passez la douane (aujourd'hui virtuelle), pour parcourir les remparts de **Neuf-Brisach**, ancienne place forte de Vauban, dont les rues à angle droit lui donnent un aspect très sobre. Rejoignez ensuite **Colmar** pour profiter de son ambiance nocturne.

Jour 5

Colmar est une ville typiquement alsacienne, où il fait bon flâner dans les rues aussi bien que sur les canaux. En période de Noël, impossible de manquer le marché. Après le déjeuner, saluez les jolies maisons à colombages et rejoignez **Guebwiller**, petite ville riche en architecture d'où est originaire l'inventeur du bleu Deck.

Jour 6

En revenant vers Mulhouse, initiez-vous au patrimoine rural et industriel local à l'**écomusée d'Alsace**, où l'on passe facilement toute la journée. 70 maisons paysannes, minutieusement démontées et méticuleusement remontées, ont servi à créer ce musée en plein air qui résume l'Alsace traditionnelle. Retour le soir à Mulhouse.

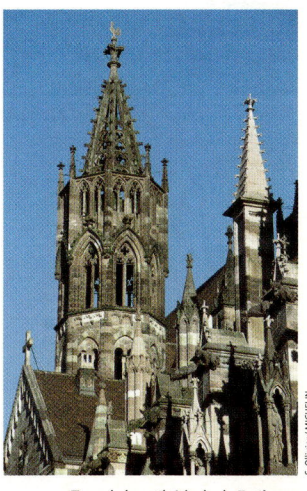

Le conseil de Bib

▶ À Biesheim, tout près de la frontière, à hauteur de Neuf-Brisach, je vous conseille une promenade en barque sur le Giessen.

Tour de la cathédrale de Freiburg.

N° 2 — Alsace

Aires de service & de stationnement

Breisach am Rhein
Aire de Breisach am Rhein – *Josef-Bueb-strasse* – *Fermé 31 août- 4 sept.* – P 80.
Borne artisanale. Payant 1 €.
Stationnement : 6 €/j.
Loisirs : Services :
Proche du centre ville (500m)

Fessenheim
Aire de Fessenheim – *Proche de la piscine municipale et du centre-bourg* – 03 89 48 60 02 – *Ouv. tte l'année sauf gel* – P 15.
Borne flot bleu. Payant 1,50 €.
Stationnement : illimité
Loisirs : Services :
Piste cyclable à proximité

Freiburg im Breisgau
Aire de Fribourg – *Bissierstrasse* – *Ouv. tte l'année* – P 80.
Payant.
Stationnement : 7 €/j.
Loisirs : Services :
Transport en commun pour le centre ville

Soultzmatt
Aire de Soultzmatt – *Entrée du bourg par N83* – 03 89 47 00 01 – *Ouv. tte l'année* – P
Borne eurorelais. Payant 2 €.
Stationnement : autorisé
Services :
Fermé en période de gel

Thann
Aire de Thann – *Pl. du Bugert* – 03 89 38 53 00 – *Ouv. tte l'année* – P 20.
Borne flot bleu. Gratuit.
Stationnement : autorisé
Loisirs : Services :
Fermé samedi matin : jour de marché

Ungersheim
Aire de l'écomusée d'Alsace – 03 89 74 44 74 – *Ouv. mars-déc.* – P 15.
Borne artisanale. Gratuit.
Stationnement : 5,50 €/j.
Services :
Idéal pour apprécier la visite de l'écomusée

Campings

Cernay
Les Acacias
R. René-Guibert, sortie rte de Belfort puis à dr
03 89 75 56 97
De mi-avr. à mi-oct. 3,5 ha (204 empl.)
Tarif (prix 2009) : 15,50 € (5A) – pers. suppl. 3,50 €
1 borne artisanale
Loisirs :
Services :

Colmar
L'Ill
2 km à l'est par D 415, rte de Fribourg, à Horbourg, bord de l'Ill.
03 89 41 15 94
Fermé de mi-janv. à fin mars 2,2 ha (200 empl.)
Tarif (prix 2009) : 18,20 € (10A) – pers. suppl. 3,50 €
Loisirs : snack
Services :

Mulhouse
L'Ill
1 r. Pierre-de-Coubertin, au SO de la ville, par A 36, sortie Dornach.
03 89 06 20 66
De déb. avr. à fin oct. 5 ha (210 empl.)
Tarif (prix 2009) : 15 € (5A) – pers. suppl. 3,70 €
1 borne eurorelais 16 11 € –
Loisirs :
Services :
cadre boisé en bordure de rivière

Rouffach
Municipal
Au S. du bourg, près du stade et de la piscine.
03 89 49 78 13
Mai-sept. 0,4 ha (30 empl.)
Tarif : 2 € 2 € – (10A) 2,50 €
1 borne PIV 3 €
Loisirs :
Services :

Carnet pratique

Haltes chez le **particulier**

Obermorschwihr

Le Vignoble
2, r. Principale, 6 km au sud de Colmar par la N 83. – Ouv. avr.-oct.
P 6.
Exploitation viticole familiale avec un petit camping qui accueille aussi les camping-cars. Découverte des produits de la ferme : vins d'Alsace, crémants et alcools élaborés à partir des fruits cultivés sur place.

Vœgtlinshoffen

Domaine Gilbert Muller
29, r. Roger-Fremeaux – Ouv. tte l'année.
P 5.
M. et Mme Muller se feront un plaisir de vous faire découvrir leur vignoble. Dégustation au caveau de produits de qualité. Une excellente halte de repos et de découverte.

Westhalten

Domaine de Bollenberg
Lieu-dit Bollenberg – ℘ 03 89 49 67 10 – Ouv. tte l'année
P 9.
Cette grande maison érigée au cœur du domaine viticole du Bollenberg concentre le meilleur de l'Alsace : un accueil attentionné, un décor chaleureux et une appétissante cuisine du terroir composée essentiellement avec des produits de l'exploitation. Bœuf gros sel façon « Maman Meyer », choucroute royale, pavé de pied de porc, etc : tous les gourmets trouveront ici leur bonheur, et n'oublieront pas d'accompagner leur plat avec le vin de la propriété.

Les bonnes **adresses** de Bib

Châtenois

Distillerie Artisanale Legoll
Rte de Villé, Val-de-Ville - ℘ 03 88 85 66 90 - www.legoll.com - tlj sf w.-end 8h30-11h30, 14h-17h30, j. fériés sur RV.
René et Nicole Legoll travaillent les fruits provenant des meilleures régions de production. Selon une méthode ancienne, la distillation s'effectue dans des alambics à repasses pour garantir une qualité optimale. Mirabelle, kirsch et poire Williams constituent les recettes phare de la maison.

Colmar

Le Caveau St-Pierre
24 r. de la Herse (Petite Venise) - ℘ 03 89 41 99 33 - www.lecaveausaintpierre-colmar.com - fermé 15 janv.-10 fév. et 2 sem. en nov. - réserv. conseillée - 15,50/26,90 €.
Un petit coin de paradis que cette maison du 16e s. à laquelle on accède par une jolie passerelle en bois enjambant la Lauch. Décor rustique fidèle à la tradition alsacienne et terrasse les pieds dans l'eau. Plats du terroir.

Fortwenger
32 r. des Marchands - ℘ 03 89 41 06 93 - www.fortwenger.fr - 9h30-12h30, 13h30-19h, sam. 9h30-12h30, 13h30-18h30, dim. 10h-12h30, 13h30-18h - fermé 1er janv. et 25-26 déc.
C'est à Gertwiller que Charles Fortwenger fonda en 1768 sa fabrique de pain d'épices mais c'est dans le magasin de Colmar que vous trouverez un large choix de savoureux produits accommodés de multiples façons : chocolat, miel, sucre glace, anis, cannelle, etc. Également, spécialités régionales et souvenirs.

Illhaeusern

À la Truite
17 r. du 25-Janvier - ℘ 03 89 71 83 51 - fermé mar. soir et merc. - formule déj. 10 € - 19/41 €.
Cette maisonnette des années 1950, au bord de l'eau, déploie sa terrasse le long de la rivière en été. Vous y serez bien accueilli et vous vous installerez dehors ou dans une salle colorée pour savourer une cuisine simple et sans chichis. Formule intéressante à déjeuner.

Mulhouse

Wistuwa zum Saüwadala
13 r. de l'Arsenal - ℘ 03 89 45 18 19 - www.restaurant-sauwadala.com - fermé lun. midi et dim. - 14,20/26,50 €.
La façade de ce restaurant situé au cœur du vieux Mulhouse est si typique que vous ne pourrez la rater. Collection de cochons en réduction (clin d'œil à l'enseigne), chopes de bière au plafond et nappes vichy composent le cadre de cette sympathique adresse. On y sert une cuisine aux accents alsaciens.

Marché du Canal Couvert
Quai de la Cloche - ℘ 03 89 32 69 57 - www.marchedemulhouse.com - mar., jeu. et sam. 7h-17h.
Cette imposante halle abrite l'un des plus grands marchés de l'Est de la France. Chaque mardi, jeudi et samedi, elle accueille près de 350 commerçants (commerces de bouche et étals de mercerie-textile-bazar).

N° 3

Aquitaine

De la **pointe de Grave** au **Bassin d'Arcachon**

*De la pointe de Grave jusqu'au bassin d'Arcachon, l'**océan atlantique** et les **lacs d'eau douce** vous cernent de tous côtés. Les **plages de sable fin**, les **dunes** et les **pins**, les bateaux colorés, les **parcs à huîtres** et **les phares** s'égrènent le long de ce circuit dont le point d'orgue est la spectaculaire **dune du Pilat**… La notion de grands espaces prend ici tout son sens !*

➲ **Départ de Soulac-s.-Mer**
➲ **4 jours 230 km**

La dune du Pilat vue depuis les parcs à huîtres du bassin d'Arcachon.

Jour 1

Profitez de la fraîcheur matinale pour vous promener dans **Soulac-sur-Mer**. Vous visiterez

Chaussée des Pieds marins à Arcachon.

la basilique N.-D.-de-la-Fin-des-Terres et déambulerez le long du boulevard du Front-de-Mer. La belle vue sur le **phare de Cordouan** vous conduira tout naturellement à prendre le petit train touristique pour rejoindre la **pointe de Grave** et le **Verdon-sur-Mer**, où vous pourrez découvrir le musée du Phare. La traversée pour la visite du **phare de Cordouan**, distant de 9 km en mer, dépend des marées. Il faudra donc prévoir à l'avance cette excursion et penser à réserver votre place sur le bateau.

Jour 2

Quittez Soulac par la N 215 en direction de **Vensac**. Alphonse Daudet est bien loin, mais il y a ici un moulin réputé, dans lequel les plus jeunes découvriront les secrets de la fabrication de la farine à l'ancienne. Le reste de la journée, profitez des plages et des lacs d'**Hourtin-Carcans** ou de **Lacanau**. Au programme : baignade, balade à pied, à vélo ou à cheval, pêche ou sports nautiques. Vous pouvez aussi observer la faune et la flore à la réserve naturelle de l'**étang**

40

de Cousseau, visiter le musée des Arts et Traditions populaires de la Lande médocaine à Maubuisson ou emmener vos enfants suivre un parcours d'accrobranche. Le soir, faites étape à Lacanau-Océan.

Jour 3

De Lacanau, suivez la D 3, puis la D 106 jusqu'à Cap-Ferret, point de départ du tour du bassin d'Arcachon jusqu'à la dune du Pilat. Pour faire connaissance avec le bassin, rien ne vaut une vue d'ensemble, du haut des 52 m du phare de Cap-Ferret. Rejoignez Arès, en faisant une halte à la villa algérienne. Déjeunez à Andernos-les-Bains, à moins d'avoir déjà dégusté des huîtres en cours de route, dans l'un des petits ports traditionnels. De là, vous pourrez embarquer pour l'île aux Oiseaux et admirer les curieuses « cabanes tchanquées » qui se dressent au dessus de l'eau à marée haute. Gagnez ensuite le parc ornithologique du Teich. Enfin, au coucher du soleil, ne manquez pas de gravir la dune du Pilat. Culminant à 114 m, elle est la plus haute d'Europe. Mais attention, l'ascension est fatigante pour les plus petits. Un escalier de 154 marches permet de gravir plus facilement la dune. Passez la nuit dans les environs.

Le conseil de Bib

▶ Le meilleur moyen de circuler dans Arcachon et de rayonner vers le bassin ou la forêt reste le vélo…

Jour 4

Le matin, partez découvrir Arcachon. Après une promenade sur le front de mer, dans la ville d'été, direction la ville d'hiver pour découvrir la variété architecturale des villas. Déjeunez dans le centre ou pique-niquez dans la forêt d'Arcachon. L'après-midi, entre deux bains de mer à la plage Pereire, dans la ville de printemps, vous pourrez vous promener à l'ombre des pins qui la bordent ou poursuivre jusqu'au Moulleau, quartier « branché » qui offre d'agréables terrasses de café. L'Union des bateliers arcachonnais assure des liaisons transbassin qui vous permettront de rallier un des villages du bassin où vous déjeunerez et passerez l'après-midi. Si vous avez des enfants, n'hésitez pas à les emmener au parc de loisirs de la Hume ou proposez leur une promenade en pinasse, cette longue barque à fond plat dont se servent les ostréiculteurs, jusqu'à l'île aux Oiseaux.

Pêche au lancer sur la plage du Cap-Ferret.

N° 3 — Aquitaine

Aires de **service** & de **stationnement**

Arcachon
Aire d'Arcachon – Bd Mestrezat – 05 57 52 97 97 – Ouv. tte l'année
Borne eurorelais. Gratuit.
Loisirs : Services :

Andernos-les-Bains
Aire d'Andernos les Bains – Av. du cdt-Allègre – 05 57 76 11 00 – Ouv. tte l'année – P 30.
Borne eurorelais. Payant 1,5 €.
Stationnement : 7,50 €/j.
Loisirs : Services :
sèche-linge

Hourtin
Aire d'Hourtin-port – À proximité du Lac d'Hourtin et du Port de plaisance – 05 56 09 69 60 – Ouv. avr.- sept. – P 80.
Borne flot bleu. Payant 2 €.
Stationnement : 6 €/j.
Loisirs : Services : WC

Lacanau
Aire de Lacanau-Huga – Allée de Sauviel – 05 56 03 83 03 – Ouv. juin-sept. – P 50.
Borne artisanale. Payant.
Stationnement : 9 €/j.
Loisirs :

Le Verdon-sur-Mer
Aire de Verdon-Sur-Mer – Allée des Baïnes – 05 56 09 60 19 – Ouv. tte l'année – P 30.
Borne eurorelais. Payant 3 €.
Stationnement : autorisé
Loisirs : Services :
Plage à proximité

Claouey
Aire de Claouey-Lège-Cap Ferret – Av. du Général-de-Gaulle, accès depuis la D 106 – Ouv. tte l'année – P
Borne flot bleu. Payant 3,20 €.
Stationnement : autorisé
Services :

Campings

Arès
Pasteur
1 r. du Pilote
05 56 60 33 33
pasteur.vacances@wanadoo.fr
www.atlantic-vacances.com
De mi-mars à mi-oct. 1 ha (50 empl.)
Tarif : 25 € (6A) –
pers. suppl. 5 €
borne artisanale – 10,50 €
Loisirs : (petite piscine)
Services :

Hourtin-Plage
La Côte d'Argent
Accès : à 500 m de la plage.
05 56 09 10 25
info@camping-cote-dargent.com . www.cca33.com
De mi-mai à mi-sept. 20 ha (750 empl.)
Tarif : 37 € (6A) – pers. suppl. 8 €
1 borne eurorelais
Loisirs : pizzeria, snack
terrain omnisports
Services :
sèche-linge cases réfrigérées

Lège-Cap-Ferret
La Prairie
93 bis av. du Medoc, 1 km au NE par D 3, rte du Porge.
05 56 60 09 75
camping.la.prairie@wanadoo.fr
www.campinglaprairie.com
De déb. mars à fin oct. 2,5 ha (118 empl.)
Tarif : 18,30 € (10A) –
pers. suppl. 3,30 €
Loisirs :
Services :

Soulac-sur-Mer
L'Océan
62, allée de la Négade, sortie E par D 101E2 et D 101, à 300 m de la plage, à l'Amélie-sur-Mer.
05 56 09 76 10
camping.ocean@orange.fr . http://perso.wanadoo.fr/camping.ocean
De déb. juin à mi-sept. 6 ha (300 empl.)
Tarif : 4,70 € 13 € – (10A) 4 €
Loisirs :
Services :
sèche-linge
cadre naturel, presque sauvage !

Carnet pratique

🏠 Haltes chez le **particulier**

Cissac-Médoc

Château d'Osmond
36, rte des Gûnes – 🔑 05 56 59 59 17 – Fermé : 2 dernières sem. août, la dernière sem. sept., la 1ʳᵉ sem. oct. 🅿 3.
Le château exploite un vignoble de 7,5 ha comprenant les quatre cépages principaux du Bordelais : Cabernet Sauvignon, Merlot, Cabernet Franc et le Petit Verdot. Le travail des vignes est réalisé en agriculture raisonnée et les vendanges sont manuelles. À découvrir : les spécialités maison que sont le rosé d'Osmond et le cru artisan du Château d'Osmond.

Ordonnac

Château Taffard de Blaignan
10, r. Hontane – 🔑 05 56 09 00 00 – Visite tte l'année : lun.-vend. 8h-12h, 14h-18h, sam. sur RV. Fermé du 24 déc.-1ᵉʳ janv. 🅿 5.
Les premières vinifications de ce château producteur dateraient du 19ᵉ s. Le vignoble s'étend sur 20 ha en cabernet sauvignon et merlot. Découverte de l'exploitation, des chais et dégustation.

Valeyrac

Château Sipian
28, rte du port de Goulée – 🔑 05 56 41 56 05 – Ouv. tte l'année 🅿 5. Stationnement : illimité.
Cette exploitation familiale vous fait découvrir ses produits : vins du Médoc dont un cru bourgeois et deux spécialités : « Les grands cèdres du château Sipian » et « Quintessence du château Sipian ».

Les bonnes **adresses** de Bib

Arcachon

Le Pavillon d'Arguin
63 bd du Gén.-Leclerc – 🔑 05 56 83 46 96 - sylvain.sigrist@wanadoo.fr - fermé 2 sem. en janv. et 2 sem. en nov. - 18/59 €.
Voici une petite adresse comme on aime à en dénicher. Le décor d'inspiration maritime – filets de pêche au mur, grand aquarium, fresque – est très agréable et le service jeune et souriant. La cuisine honore les produits frais, pour des assiettes copieuses et des prix raisonnables.

A. Guignard
11 av. Notre-Dame-des-Passes - 🔑 05 56 54 50 92 - en sais. : 7h30-20h ; hors sais. : tlj sf lun. 8h-12h30, 16h-19h et vac. scol. - ouv. j. fériés ; fermé janv.
En été, les glaces maison de cet artisan connaissent un succès équivalent à celui des chocolats qu'il prépare hors saison. Les habitués apprécient aussi ses canelés et ses fameuses tartes feuilletées aux fruits en ruban, que l'on coupe à la demande et qui, lorsqu'elles sortent du four, peuvent mesurer jusqu'à un mètre de long !

Thalazur Arcachon
Av. du Parc - 🔑 05 57 72 06 66 - www.thalazur.fr - 9h-19h15, dim. 9h-12h30, 14h30-18h30 - fermé 1 sem. en janv. - à partir de 22 €.
Institut de thalassothérapie voisin de l'hôtel Novotel. Parcours marin (piscine, hammam, jacuzzi, sauna, cours de gymnastique en salle et aquagym) et soins à la carte (bain hydromassant, douche à jet, enveloppement d'algues, détente, esthétique, etc.) sont accessibles à tous.

Gujan-Mestras

L'Escalumade
8 r. Pierre-Dignac, au port de Larros - 🔑 05 56 66 02 30 - fermé 3 sem. en janv., 3 sem. en oct., dim. soir sf juil.-août et lun. - 22/47 €.
Une bonne table sans prétention, au calme et au frais ! Cette cabane d'ostréiculteurs convertie en restaurant est coquette avec ses boiseries, ses baies vitrées et sa terrasse aménagée au-dessus de l'eau. Poissons, coquillages et crustacés préparés avec soin.

Le Teich

Maison de la nature du bassin d'Arcachon
R. du Port - 🔑 05 56 22 80 93 - www.parc-landes-degascogne.fr.
Troisième centre permanent du Parc proposant la découverte du delta de la Leyre (en canoë et par des sentiers pédestres), des oiseaux (sorties ornithologiques) et du bassin d'Arcachon en kayak de mer. Salles pédagogiques et amphithéâtre de projection multimédia (80 places).

Soulac-sur-Mer

La Pile d'Assiettes
10 r. Brémontier - 🔑 05 56 73 69 87 - fermé 6 nov.-1ᵉʳ avr. - formule déj. 14 € (sf juil.-août) - 16/40 €.
Ce restaurant aux larges baies vitrées occupe une place de choix à deux pas de la rue commerçante de Soulac et à 200 mètres de l'océan. Intérieur sympathique (murs en pierre apparente et vieilles affiches publicitaires) et agréable terrasse d'été. Cuisine traditionnelle.

N° 4 — Aquitaine

Le vignoble **bordelais**

La **vigne** est souveraine aux **portes de Bordeaux**. Elle règne sur la vie des hommes comme sur le paysage. C'est une impressionnante mer verdoyante, fleurie de rosiers, qui monte à l'assaut des collines, occupant chaque parcelle de terrain et ne s'arrêtant qu'à la lisière des bois et au pied des demeures. Pour le palais, elle se transforme en ces noms magiques : **graves, pessac-léognan, pomerol, sauternes, saint-émilion**. Le vignoble bordelais est une étape décisive !

➲ **Départ de Bordeaux**
➲ **6 jours**
225 km

Le château Yquem.

Jours 1 & 2

Musées, églises, quais… deux jours ne suffisent pas à épuiser les richesses de **Bordeaux**. Pour vous familiariser rapidement avec la ville, mieux vaut la découvrir à pied (si vous fatiguez, montez dans le tramway !). Une balade entre la porte des Salinières et la place de la Bourse vous donnera un premier aperçu. En chemin vous vous arrêterez rue des Argentiers où se trouve Bordeaux Monumental. Cette exposition présente la richesse architecturale de la ville. Elle vous permettra de cibler votre itinéraire de découverte. Déjeunez ensuite place du Parlement ou place St-Pierre, mais vous trouverez également des petits restaurants sympathiques dans le centre piétonnier. Après un passage par le Grand Théâtre, remontez le cours de l'Intendance et flânez dans la rue Ste-Catherine, deux artères très commerçantes. Le lendemain, découvrez la cathédrale St-André avant de visiter le musée d'Aquitaine, un incontournable. Ensuite direction le quai des Chartrons. Vous y trouverez une terrasse pour déjeuner à moins que vous ne préfériez poursuivre vers l'un des restaurants installés dans les anciens hangars. L'après-midi, rejoignez l'autre rive pour découvrir le jardin botanique.

Le conseil de Bib

➧ En été, ne manquez pas la reconstitution nocturne de la bataille de Castillon, donnée tous les jours à 22h30 à Castillon-la-Bataille.

Jour 3

Partez à la découverte des Côtes de Bordeaux et des vignobles de Sauternes-et-Barsac. Quittez Bordeaux par le sud-est et empruntez la D 113 puis la D 10 qui longent la Garonne. Après le **château de Langoiran** et la cité fortifiée de **Rions**, la route vous conduit à **Cadillac**, belle bastide du 13e s., où vous pourrez visiter le château des ducs d'Épernon. Gagnez le village de **Ste-Croix-du-Mont** avant d'aller déjeuner à **St-Macaire** et de pousuivre vers **Verdelais**. Enfin, le **Château Yquem** et le **Château de Malle** sont deux prestigieux domaines où vous pourrez déguster des sauternes.

Jour 4

Commencez par une traversée de l'**Entre-Deux-Mers**. Quittez Langon au Nord-Est par la N 113 puis dirigez-vous vers le joli village de **Sauveterre-de-Guyenne**, en suivant la D 672. Par la D 17, rendez-vous aux ruines de l'**abbaye de Blasimon**. Rejoignez **Rauzan** et prenez le temps de visiter le château des Duras ou la grotte Célestine. Empruntez la D 670 vers le Nord. C'est alors le précieux **vignoble de Saint-Émilion** qui s'offre au regard, telle une promesse de plaisir faite aux amoureux du vin. Si possible, attendez d'atteindre **Saint-Émilion** pour déjeuner. L'une des plus jolies cités d'Aquitaine est une valeur sûre pour les papilles comme pour les yeux.

Jour 5

Profitez de la matinée pour terminer la visite de la cité médiévale de Saint-Émilion avant de gagner **Montagne** et son écomusée du Libournais. Poussez jusqu'à **Petit-Palais** pour admirer la petite église romane. La pause-déjeuner s'effectue à **Libourne**, d'où les plus fameuses appellations partent vers le monde entier. Aux alentours de la ville, de belles visites en perspective : **château de Vayres**, Fronsac.

Jour 6

C'est maintenant le **Haut-Médoc** qui vous ouvre ses portes. Quittez Bordeaux par le Nord (D 2) et rendez-vous au domaine de **Château Margaux** ou de **Château Maucaillou**, où se conjuguent vignoble et architecture. **Fort Médoc** est la touche militaire de ce périple, qui rappelle que le Bordelais fut longtemps disputé entre Français et Anglais. **Les Châteaux Mouton Rothschild et Lafite Rothschild** évoquent quant à eux des millésimes sans âge, des étiquettes jaunies par le temps, et du plaisir pour le palais.

Bouteille de St-Émilion, Château Meylet.

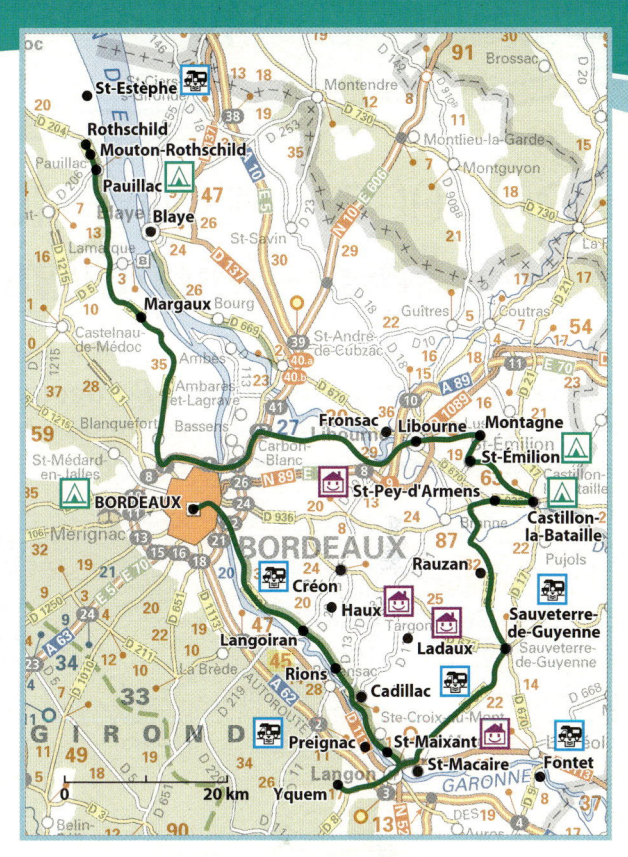

Aquitaine

Voie Verte-découverte en Entre-Deux-Mers

➲ *De Sauveterre-de-Guyenne à Bordeaux : 54 km*

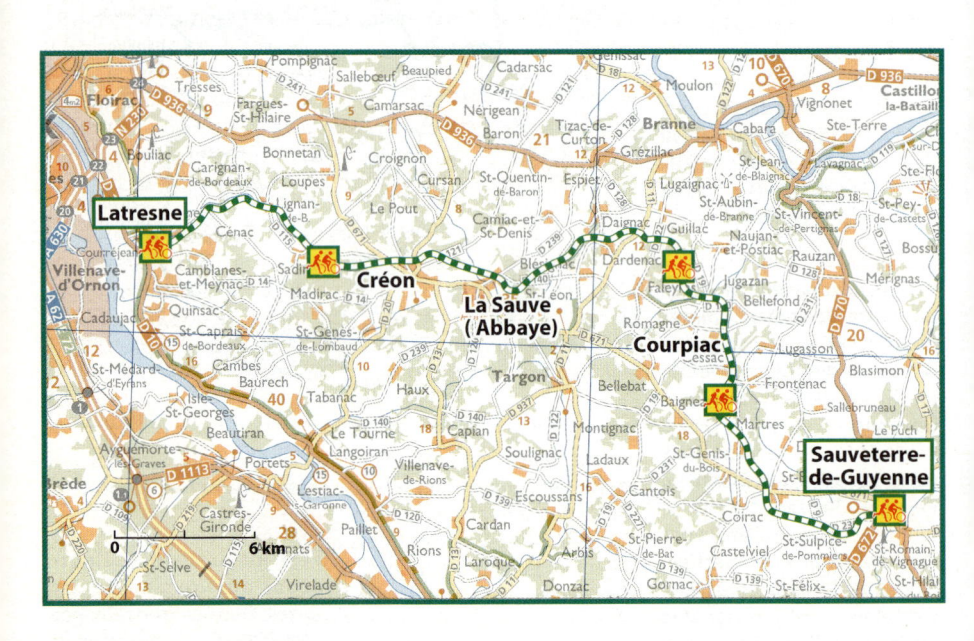

Votre escapade vous fait faire le tour de l'Entre-Deux-Mers, sans y entrer vraiment. Pourquoi ne pas profiter de cette confortable piste transversale pour vous offrir la découverte curieuse que mérite la région ? Arrêts-dégustation en option, itinéraire garanti sans risque et sans effort. Le bonheur, quoi !

Aménagée ici sur le tracé d'une ancienne voie ferrée, la Voie Verte de l'Entre-Deux-Mers relie sur plus de 50 km les faubourgs de Bordeaux à la ville-bastide de Sauveterre-de-Guyenne. À vous de choisir par quel bout la prendre, mais le meilleur choix pourrait être, par exemple, d'élire Sauveterre pour base de départ et de rejoindre à vélo Créon, l'autre ville-bastide. Toutes deux disposent d'une aire de service (voir page suivante) et d'un parking ad hoc. Mieux encore au cas où vous seriez sans monture, elles sont aussi équipées de stations permettant de louer des vélos d'un côté pour les laisser de l'autre !

Échappées belles

La section de Voie Verte séparant les deux petites villes couvre 32 km en tout… ce qui fait, quand même plus de 60 km aller-retour ! Pensez donc à scinder le parcours ou, si vous disposez d'un entourage bienveillant, à vous faire récupérer en fin d'étape. Car cette section n'a rien d'ardu. La piste, finement asphaltée et soigneusement balisée, doit beaucoup aux créateurs de l'ancienne voie ferrée : elle évolue, pratiquement sans dénivelé, à travers les coteaux et les vignes qui ont fait la réputation des vins d'ici.

Partant de Sauveterre – fondée au 13e s. par Édouard Ier d'Angleterre – la première partie de l'itinéraire a pour cadre prairies, petits bois et vignobles. Elle passe à Courpiac, près de l'endroit où fut tournée *La Bicyclette bleue*.

La seconde partie apparaît nettement plus boisée, en particulier aux abords des ruines de la Sauve-Majeure. Après la petite gare-buvette d'Espiet et le passage en tunnel (300 m) qui la suit, double raison de s'arrêter ici : La Sauve-Majeure était, en Aquitaine, une importante abbaye sur la route de Compostelle, et aujourd'hui lui est adossée une non moins incontournable maison des Vins de l'Entre-Deux-Mers ! Dix appellations de vins blanc, rouge et liquoreux, à ne consommer, même à vélo, qu'avec modération.

Il faudra garder les idées claires pour rejoindre la ville d'arrivée. En effet, Créon le vaut bien ! Sa superbe structure en bastide, sa place centrale, ses « couverts », mais aussi – pourquoi pas – sa jolie petite gare transformée en office de tourisme, au bord même de la Voie Verte, font partie des divines surprises d'un pays « d'entre deux mers » encore injustement méconnu.

Envie d'en faire plus ? Revenez le lendemain, et faites la seconde partie de la Voie Verte. Il reste moins d'une vingtaine de kilomètres pour rejoindre Latresne, aux portes de Bordeaux. Et la balade, suivant le cours de la petite rivière Pimpine, y est tout aussi délicieuse.

Tunnel près d'Espiet

N° 4 Aquitaine

Aires de service & de stationnement

Cadillac
Aire de Cadillac – Allée du parc – ☏ 05 57 98 02 10 – Ouv. tte l'année – P 15.
Borne artisanale. Gratuit.
Stationnement : autorisé
Loisirs :
Services : sèche-linge

Créon
Aire de Créon – 62, bd Victor-Hugo – ☏ 05 56 23 23 00 – Ouv. tte l'année – P 5.
Borne flot bleu. Payant 2 €.
Stationnement : autorisé
Loisirs : Services :
Aire à éviter les jours de marché

Fontet
Aire de Fontet – Base de Loisirs, près de la base nautique du canal – ☏ 05 56 61 08 30 – Ouv. tte l'année – P
Borne artisanale. Payant.
Stationnement : 5 €/j.
Loisirs : Services :

Preignac
Aire de Preignac – Pl. de la Mairie, aire située en centre ville, suivre les indications sur la N 113 – ☏ 05 56 63 27 39 – Ouv. tte l'année – P 4.
Borne artisanale. Gratuit.
Stationnement : autorisé
Loisirs : Services :

Saint-Estèphe
Aire de Saint-Estèphe – ☏ 05 56 59 35 93 – Ouv. tte l'année – P 15.
Borne eurorelais. Gratuit.
Stationnement : autorisé
Loisirs : Services :
Au bord de la Gironde

Sauveterre-de-Guyenne
Aire de Sauveterre-de-Guyenne – R. de la Gare – ☏ 05 56 71 50 43 – Ouv. tte l'année – P 2.
Borne artisanale. Payant 0,5 €.
Stationnement : autorisé
Services :

Campings

Bordeaux

International de Bordeaux Lac
Bd Jacques Chaban-Delmas, à Bordeaux Lac, par rocade sortie 4, parc des Expositions.
☏ 05 57 87 70 60
www.camping-bordeaux.com
Permanent (193 empl.)
Tarif (prix 2009) : 29 € (10A) – pers. suppl. 8 €
1 borne artisanale
Loisirs :
Services : sèche-linge

Municipal les Gabarreys
Rte de la Rivière.
☏ 05 56 59 10 03
www.pauillac-medoc.com
De déb. avr. à mi-oct. 1,6 ha (59 empl.)
Tarif (prix 2009) : 17,80 € (10A) – pers. suppl. 4,50 €
– 20 13,50 €
Loisirs :
Services : sèche-linge

Castillon-la-Bataille

Municipal la Pelouse
2 prom. du Bourdieu, à l'E du bourg, bord de la Dordogne.
☏ 05 57 40 04 22
camping.la.pelouse@orange.fr
De déb. mai à fin oct. 0,5 ha (38 empl.)
Tarif (prix 2009) : 12 € (15A) – pers. suppl. 3,50 €
1 borne artisanale 8 €
Loisirs :
Services :

Saint-Émilion

Domaine de la Barbanne
Accès : 3 km au nord par D 122 rte de Lussac et rte à dr.
☏ 05 57 24 75 80
De mi-avr. à mi-sept. 4,5 ha (160 empl.)
Tarif : 35 € (10A) – pers. suppl. 9 €
1 borne eurorelais 5 € – 18 22 €
Loisirs : centre de documentations touristiques canoë, pédalos, parcours de santé
Services : sèche-linge
Les vignes et un petit lac offrent un cadre pittoresque et charmant, navette gratuite pour St-Émilion.

Carnet pratique

Haltes chez le **particulier**

Haux

Château Péneau
SCEA Château Péneau – ☎ 05 56 23 05 10 – Ouv. tte l'année.
🅿 *10. Stationnement : 48h maxi.*
Producteur de Cadillac, de Bordeaux blanc, rosé et rouge et crémant de Bordeaux. Visite des chais et dégustation.

Ladaux

Domaine de la Serizière
5, chemin du Bos – ☎ 05 56 23 91 75 – Ouv. tlj.
Fermé pdt les vendanges.
🅿 *10.*
Ce domaine exploite 45 ha de vignoble pour une production de Bordeaux AOC, des vins liquoreux en blanc, et un excellent blanc moelleux, le Haut-Benauve, une des plus vieilles appellations de France. Visite du chai et dégustation.

Saint-Maixant

Château Labatut Bouchard
SCEA Château Péneau – Ouv. lun.-sam. 8h30-12h, 13h30-17h. Ouv. tte l'année.
🅿 *4.*
Producteur, récoltant et viticulteur de Premières côtes de Bordeaux rouge et blanc, de Bordeaux blanc sec, Bordeaux rosé et rouge et de Cadillac. Visite, dégustation et vente.

Saint-Émilion

Château Gerbaud
Sur la D 936 à St-Pey-d'Armens. – ☎ 06 03 27 00 32 – Ouv. tte l'année.
🅿 *50. Stationnement : 48h maxi.*
Dans la famille Chabrol depuis 1956, ce château et son vignoble de 15 ha offrent un cadre prestigieux pour une étape. Visite du chai à barriques, dégustation et vente.

Les bonnes **adresses** de Bib

Moulis-en-Médoc

Les Ruchers du Haut Médoc
☎ 05 56 58 15 84 - lun.-mar. 9h30-12h, 14h-19h, sam. 9h30-12h.
Pas question pour les abeilles du couple Petit de ne butiner qu'une seule sorte de fleur, et toujours au même endroit. Alors, on déplace régulièrement les 480 ruches de l'élevage pour profiter des tournesols de Charente, des châtaigniers en Dordogne, des tilleuls dans les Pyrénées ou de la bruyère dans les Landes. Dans la petite boutique située au rez-de-chaussée de la maison d'habitation s'alignent les pots dorés remplis de miels naturels de premier choix. Les parfums traditionnels y côtoient des variétés insolites comme la myrtille ou le rhododendron en compagnie de la star du magasin, le miel d'acacia.

Sadirac

Oh ! Légumes Oubliés
Château de Belloc - ☎ 05 56 30 62 00 - www.ohlegumes oublies.com - ouv tlj 14h- 18h, fermé nov.-mars.
Quand on sait qu'au 17e s., on consommait plus de 1 000 végétaux différents, on regarde son assiette d'un autre œil… C'est justement pour remettre au goût du jour les orties, pissenlits, topinambours, rutabagas, pâtissons et autres que Monsieur Lafon s'est lancé dans l'aventure : sur ses 15 ha de terres exploitées en culture « bio », il fait pousser fruits, légumes et fleurs qu'il transforme ensuite en gelées, confitures, sirops ou conserves. Après la visite de la ferme, des jardins et du verger, une dégustation est proposée, pour le plus grand plaisir des gourmets curieux.

Saint-Émilion

Recette des Anciennes Religieuses
9 r. Guadet - ☎ 05 57 24 72 33 - juil.-sept. : 8h-19h30 ; reste de l'année : 8h-12h30, 15h-19h, dim. 9h-12h30, 15h-19h - fermé de fin-janv. à déb. fév. et 11 nov.-3 déc.
Les archives attestent l'existence de macarons à Saint-Émilion dès 1620. Après moult péripéties, la recette a échu en 1930 à la famille Passama. Élaborés à partir d'œufs, de sucre et d'amandes, les délicieux gâteaux se travaillent encore de façon totalement artisanale dans cette boutique.

Maison du Vin de Saint-Émilion
Pl. Pierre-Meyrat - ☎ 05 57 55 50 55 - www.vins-saint-emilion. com - août : 9h30-19h ; reste de l'année : 9h30-12h30, 14h-18h30 - fermé 1er janv. et 25 déc.
Entrez dans cette imposante bâtisse en pierres du pays. Elle abrite quelque 400 références de saint-émilion, soigneusement rangées, proposées au prix de la propriété. Vous y découvrirez aussi le travail de la vigne et du vin grâce à une exposition ; table des arômes ; espace vidéo interactif. Cours de dégustation dispensés par des œnologues.

N° 5 — Aquitaine

Les **Landes,** entre dunes et pins

Les Landes ? Un long ruban de **plages de sable fin**, des **lames géantes** narguées par les **surfeurs**, un **chapelet de dunes**… Et dès que l'on s'éloigne du rivage atlantique, ce nom évoque immédiatement l'immense **forêt de pins** que Napoléon III fit planter au 19e s. sur les marécages. Ici la nature est reine et la **pinède**, entrecoupée de vastes champs qui servent de pare-feu, à première vue monotone, réserve de belles surprises.

➲ *Départ d'Arcachon*
➲ *6 jours*
420 km

Cette maison landaise de maître, datant de 1824, abrite l'écomusée de la Grande Lande à Marquèze.

Jour 1
De bon matin, prenez le temps d'admirer les nombreuses villas colorées d'**Arcachon**, de flâner sur la jetée Thiers et le boulevard de la Mer. Déjeunez dans l'un des nombreux restaurants de la ville, puis embarquez pour un tour de bateau sur **le bassin d'Arcachon**. Avant le coucher du soleil, gagnez la dune du Pilat, la plus haute dune d'Europe.

Jour 2
Descendez le long de la côte en direction de **Biscarrosse**. Vous trouverez de nombreuses possibilités d'activités sportives aux lacs de Biscarrosse, de Parentis et à Biscarrosse-Plage (surf). Si vous préférez les activités culturelles, visitez le musée historique de l'Hydraviation à Biscarrosse et le Musée archéologique de **Sanguinet** (ouvert seulement en juillet et en août). Une pause-déjeuner et un petit passage par l'**abbaye de Mimizan**, vous voici prêt à descendre le **courant de Contis** en barque ou, plus au sud encore, le **courant d'Huchet**. Le soir, étape à **Vieux-Boucau-les-Bains**.

Jour 3
Avant de gagner **Hossegor** le midi, faites le tour de l'**étang de Soustons**, puis explorez la réserve naturelle de l'**étang**

Surfeur prenant la vague à Hossegor.

Noir. L'après-midi, vous aurez le choix entre le circuit culturel des villas d'Hossegor, les activités nautiques sur le lac ou la baignade en mer. En fin d'après-midi, visitez l'écomusée de la Mer à **Capbreton**.

Jour 4

Rejoignez **Sabres**, en empruntant la N 10, puis la D 44. De là, montez dans le petit train qui vous mènera à l'écomusée de la Grande Lande à **Marquèze** pour y passer la matinée et pique-niquer. Ensuite, il vous faudra compléter cette visite par l'espace de découverte « Graine de forêt » à **Garein** (au sud-est par la N 134) ou l'atelier de produits résineux de Luxey (au nord-est par la D 315). Quittez le Parc naturel régional des Landes de Gascogne pour le château de **Cazeneuve** et son agréable parc. Finissez votre journée à Bazas.

Jour 5

Le matin, la visite de **Bazas** s'impose. Suivez la D 3 jusqu'à **Uzeste** où vous admirerez la très belle collégiale, avant de gagner les abords du **château de Roquetaillade**, cadre magnifique pour un pique-nique. Après la visite de ce château restauré par Viollet-le-Duc, revenez dans la grande forêt de pins du Parc naturel régional des Landes de Gascogne. Cette fois, vous découvrirez à **Pissos** le travail traditionnel des Landes : l'artisanat du verre, du bois et du cuivre. Au musée de **Moustey**, les croyances locales sont présentées.

Jour 6

Une journée de loisirs nature s'offre alors à vous, au centre du Graoux à **Belin-Béliet** : canoë sur la Leyre, balade à pied, à VTT ou à cheval. Vous pourrez aussi vous essayer au tir à l'arc ou à l'escalade, suivre un parcours d'orientation ou un sentier de découverte. S'il y a trop de monde, les mêmes activités sont proposées non loin de là, à l'atelier-gîte de **Saugnacq-et-Muret**. Un petit détour par **Belhade** pour apercevoir l'église et le château, puis profitez des activités du domaine de loisirs d'**Hostens** avant de rentrer à Arcachon.

Pins coupés dans la forêt landaise.

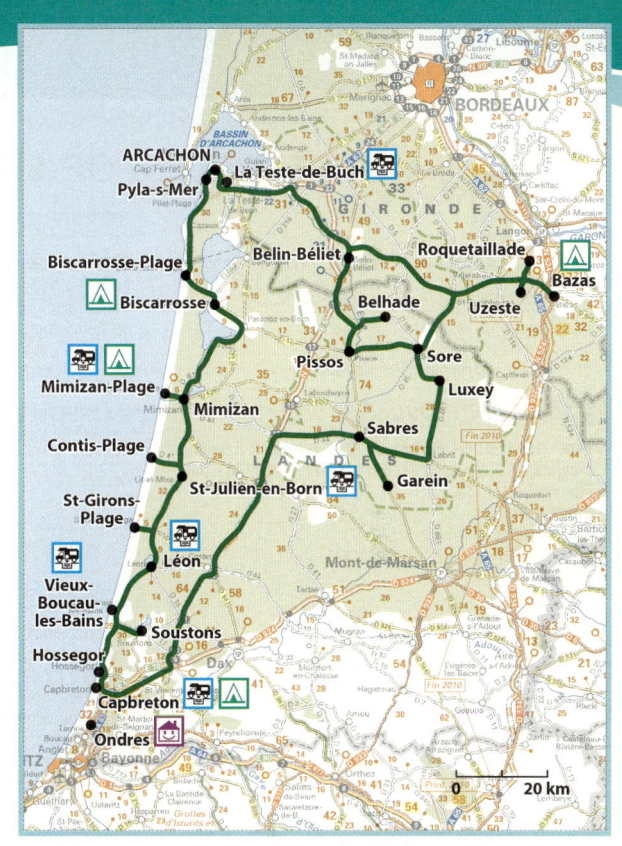

Le conseil de Bib

▶ Méfiez-vous des vagues et des courants de l'océan atlantique. Toute baignade doit se faire sur une plage surveillée. Foi de Landais !

N° 5 Aquitaine

Aires de service & de stationnement

Capbreton
Aire de Capbreton – Après la VVF, au bord de l'océan – ☏ 05.58.72.12.11 – Ouv.tte l'année – P 120.
Borne artisanale. Gratuit.
Stationnement : 9 €/j.
Services :
Plage à 100 m, 6 € en hors saison

Léon
Aire de Léon – Bergers du Lac, derrière le camping municipal. À 250m du lac de Léon – ☏ 05 58 49 20 00 – Ouv. juin- sept. – P 150.
Borne artisanale. Gratuit.
Stationnement : 8 €/j.
Loisirs :
Services :

Mimizan-Plage
Aire de Mimizan-Plage – R. des Lacs, angle de la rue des Lacs et de la rue des Gourbets – ☏ 05 58 09 44 44 – Ouv. tte l'année – P 100.
Borne raclet. Payant.
Stationnement : 11 €/j.
Loisirs : Services :

Saint-Julien-en-Born
Aire de Contis-Plage – Route du phare, à l'entrée du bourg – ☏ 05 58 42 80 08 – Ouv.tte l'année – P 50.
Borne raclet. Payant 2 €.
Stationnement : 8 €/j.
Services :
À 200 m des plages

La Teste-de-Buch
Aire de la Dune du Pilat – ☏ 05 56 22 74 25 – Ouv. tte l'année – P
Stationnement : 9,20 €/j.
Loisirs : Services :
Gratuit hors saison.

Vieux-Boucau-les-Bains
Aire de Vieux-Boucau-les-Bains – Bd du Marensin, L'aire se situe juste après le camping des Sableres – Ouv. tte l'année – P 40.
Borne artisanale. Payant.
Stationnement : 10 €/j.
Loisirs : Services :
Plage à 300 m

Campings

Bazas
Le Grand Pré
Rte de Casteljaloux, 2,1 km par D 655, chemin à droite, au château d'Arbien.
☏ 05 56 65 13 17
De déb. avr. à fin sept. 70 ha/5 campables (44 empl.)
Tarif (prix 2009) : 19,45 € (10A) – pers. suppl. 4,10 €
1 borne artisanale
Loisirs :
Services :

Biscarrosse
Les Écureuils
646, chemin de Navarosse, 4,2 km au nord par rte de Sanguinet et rte de Navarrosse à gauche, à 400 m de l'étang de Cazaux.
☏ 05 58 09 80 00
De déb. mai à fin sept. 6 ha (230 empl.)
Tarif (prix 2009) : 42 € (10A) – pers. suppl. 8 €
1 borne artisanale
Loisirs : snack, pizzeria, jacuzzi (plage) canoë
Services :

Capbreton
Municipal Bel Air
Accès : sortie N par D 152, rte d'Hossegor, près du Parc des Sports.
☏ 05 58 72 12 04
secretariat-general@capbreton.fr
Permanent 1,5 ha (119 empl.)
Tarif (prix 2009) : 23,10 € (10A)
Services :
sèche-linge
Belle décoration arbustive et florale

Mimizan-Plage
Municipal de la Plage
Bd de l'Atlantique.
☏ 05 58 09 00 32
De déb. avr. à fin sept. 16 ha (680 empl.)
Tarif : 20,50 € (10A) – pers. suppl. 8,50 €
1 borne flot bleu 1,50 € – 32 6,50 €
Loisirs : terrain omnisports
Services :
sèche-linge

Carnet pratique

Haltes chez le **particulier**

Ondres

La Ferme de l'amitié
666, chemin d'Estancoume – lun.-sam. à partir de 17h. Ouv. tte l'année.
🅿
Ferme d'élevage et production de foie gras, confits et légumes. Table d'hôte pour les camping-caristes qui le souhaitent.

▶ À inscrire sur votre agenda : Juin – Capbreton – Fête de la mer et des marins pêcheurs.

Les bonnes **adresses** de Bib

Carcans

Domaine de Bombannes
Maubuisson - ☏ 05 56 03 92 13 - www.ucpa-sudouest.com - 9h-19h - fermé nov.-fév.
Ce domaine niché dans la pinède, entre lac et océan, propose des activités pour tous les âges et pour tous les goûts : parcours aventure, escalade, tir à l'arc, tennis, fitness, sports nautiques.

Lacanau-Océan

Centre de balnéo - Vitalparc
Rte du Baganais - ☏ 05 56 03 92 44 - 10h-13h, 15h-19h, dim mat. 10h-13h - fermé de mi-nov. à mi-fév.
Cet espace de remise en forme situé au sein du complexe hôtelier propose de multiples formules pour votre bien-être : massages, bains hydromassants, cures, enveloppements d'algues, soins esthétiques, etc.

Parentis-en-Born

Cousseau
R. St-Barthélémy - 40160 Parentis-en-Born - ☏ 05 58 78 42 46 - fermé de mi-oct. à déb. nov., vend. soir et dim. soir - 10,50/42 €.
Ce restaurant sans prétention, niché à proximité de l'église de Parentis-en-Born, constitue un pied-à-terre gourmand idéal. La salle à manger principale s'agrémente de voilages et de couleurs pastel et la carte se singularise par une forte identité landaise.

Pissos

Le Café de Pissos
Au bourg - ☏ 05 58 08 90 16 - fermé 20-27 janv., 12 nov.-6 déc., dim. soir, mar. soir et merc. sf juil.-août - formule déj. 12,50 € - 18/40 €.
Au centre du village, cette auberge familiale propose une authentique cuisine régionale dans un cadre campagnard ou sur la terrasse ombragée de platanes centenaires. Le bar est fréquenté par les villageois.

Maison des artisans et l'atelier du souffleur de verre
71 rte de Sore - ☏ 05 58 08 97 42 - juil.-août : 10h-12h, 15h-19h ; avr.-juin et sept. : tlj sf dim. mat. et lun. 10h-12h, 15h-18h ; reste de l'année : tlj sf dim. et lun. 15h-18h et sur RV - fermé janv.-mars.
Exposition-vente d'artisanat d'art – vêtements, bijoux, bougies, jouets, meubles peints, etc. – et de produits régionaux. À voir également, l'atelier du souffleur de verre.

St-Paul-en-Born

L'Auberge de St-Paul
Quartier Villenave - 7 km à l'est de Mimizan par D 626 - ☏ 05 58 07 48 02 - fermé déc.-fév., dim. soir et lun. sf juil.-août - 15/38 €.
Passez une bonne journée en famille dans cette auberge au milieu des pins. Tout le monde sera ravi : bonne table aux spécialités du Sud-Ouest et promenades pour découvrir les animaux de la ferme du parc alentour.

La Ferme du Born
Lavignasse - ☏ 05 58 04 80 14 - avr.-juin, sept., oct. : merc., dim. j. fériés, vac. scol. 14h30-18h30 ; juil.-août : tlj sf sam. 10h-19h - 5 € (-12 ans 3,50 €).
Dans ce parc animalier et de loisirs, les enfants peuvent approcher de près les animaux (canards, chèvres, moutons…) et même leur donner à manger. Animations pour découvrir la poussinière, assister au repas des daims ou au biberon des petits.

Soustons

La Ferme de Bathurt
Rte de l'Étang-Blanc - ☏ 05 58 41 53 28 - fermé mar. soir et merc. - 15/29 €.
Cette ferme transformée en restaurant constitue une adresse idéale pour les familles avec son grand parc et ses jeux pour les enfants. Installés en terrasse ou auprès de la cheminée, vous partagerez une cuisine traditionnelle assortie de plats régionaux. Bon rapport qualité-prix.

N° 6 — Aquitaine

Les **Landes,** entre armagnac et foie gras

À l'Est de **Dax**, les Landes se déploient en de vertes collines, jalonnées de vignes. Du bocage de la **Chalosse** jusqu'aux plateaux du **Tursan**, les villages de Saint-Sever, Aire-sur-l'Adour, Montfort-en-Chalosse et Mont-de-Marsan dessinent un territoire du bien boire et du bien manger. Vous êtes au cœur d'un pays digne du Sud-Ouest, riche en vieilles pierres et en bons produits, **foie gras** et **Armagnac** en tête. Initiation landaise garantie !

➲ **Départ de Dax**
➲ **4 jours**
245 km

Chais d'armagnac.

Jour 1

Protégée des vents maritimes par la forêt landaise, et riche de ses eaux, **Dax** est un bain de jouvence pour les curistes et pour les touristes. Après une promenade dans la ville, entrez sans plus attendre dans le **pays de Chalosse.** Quittez Dax par le sud-est (D 47) puis, 10 km plus loin sur la gauche, empruntez la D 15. Au niveau de Castel-Sarrazin, prenez la D 399 à gauche, puis, peu après, la D 58 sur la droite : vous voici au **château de Gaujacq**, qui a su mettre en valeur ses jardins sur fond de chaîne des Pyrénées. Quelques kilomètres plus loin (D 58), à **Brassempouy**, a été trouvée la statuette dite de la « Dame à la capuche ». Il s'agit de la plus ancienne représentation de visage humain sculpté, connue. Après cette descente dans la préhistoire, pause-déjeuner à **Amou** (D 21). Contemplez son château avant d'aller à **Hagetmau,** pour déchiffrer les vestiges de l'**abbaye de St-Girons**. Passez la nuit sur place.

Le conseil de Bib

◖ A Dax, ne manquez pas la fontaine chaude, ni bien sûr le marché au gras, qui a lieu chaque samedi, sous les halles. Et vers le 15 août, la fameuse feria de Dax.

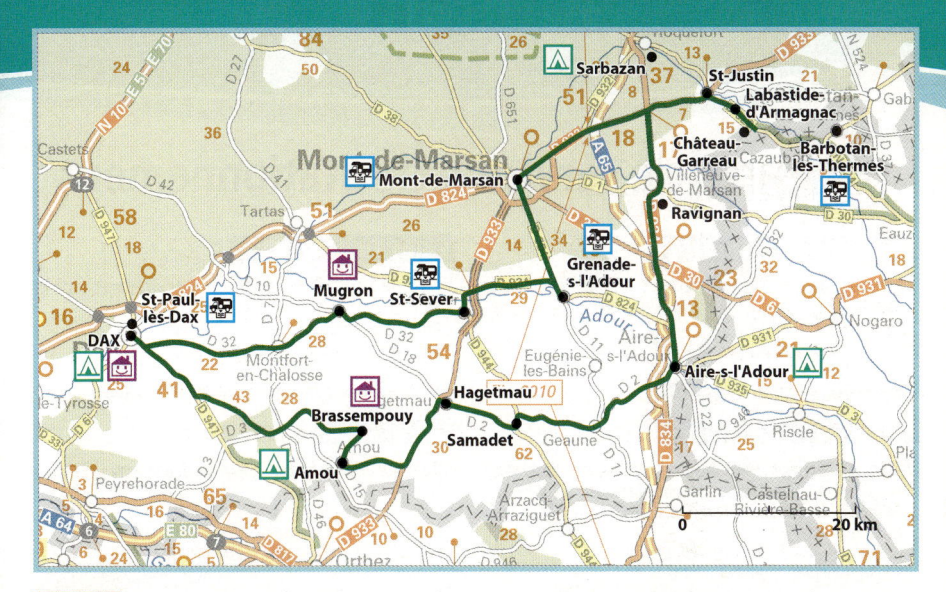

Jour 2

Prenez la route de **Samadet** (D 2) pour y découvrir le musée de la Faïencerie et des Arts de la Table. Avant la fin de la matinée, gagnez **Aire-sur-l'Adour**, toujours par la D 2, pour vous immerger dans l'ambiance du Sud-Ouest et déguster de bons produits du terroir (foie gras d'oie et de canard, magrets, confits). D'octobre à mars, un marché au gras s'y tient tous les mardis. Quittez la ville par la D 934 ; peu avant Villeneuve-de-Marsan, prenez la D 354 sur la droite. Au **château de Ravignan**, l'attention se tourne vers les meubles et les vêtements de l'époque de Louis XVI. Terminez votre journée à **Labastide-d'Armagnac**, la bien-nommée, où le célèbre digestif est à l'honneur. Cette jolie bastide fondée en 1291 est une étape très agréable.

Jour 3

Vous vous initierez à l'art noble de l'armagnac grâce à l'**écomusée de Château Garreau**, à quelques kilomètres au sud-est de Labastide-d'Armagnac. À la chapelle Notre-Dame-des-Cyclistes, vous pourrez vous recueillir devant des trophées de la petite reine. Revenez à Labastide-d'Armagnac par la D 626 et visitez-y le Temple des Bastides, si vous n'en avez pas eu le temps la veille, puis continuez vers **St-Justin**, la plus ancienne bastide lan-daise. Empruntez ensuite la D 933 pour rejoindre **Mont-de-Marsan** qui vous ramènera à une époque plus récente avec son musée consacré à la sculpture des années 1930. Passez la nuit à Mont-de-Marsan.

Jour 4

Les fans du ballon ovale feront un détour par **Larrivière**, au sud de Grenade-sur-Adour, pour rendre hommage à Notre-Dame-du-Rugby, avant de rallier **Saint-Sever** par la D 924. En effet ce périple serait incomplet sans un passage par l'abbatiale romane du Cap-de-Gascogne aux chapiteaux colorés. Avant de regagner Dax (D 32), arrêtez-vous au musée de la Chalosse de **Montfort-en-Chalosse**.

Canards des Landes à Aire-sur-l'Adour.

N° 6 Aquitaine

Aires de **service** & de **stationnement**

Barbotan-les-Thermes
Aire de Barbotan-les-Thermes – *Proche de la base de loisirs du lac de Luby à Barbotan-les-Thermes – Ouv. tte l'année –* P
Borne artisanale. Gratuit.
Stationnement : autorisé
Badge d'accés à retirer à l'OT

Grenade-sur-l'Adour
Aire de Grenade-sur-Adour – *Pl. du 19-Mars-1962, Passer par la N 124. L'aire se situe entre le stade et le cimetière, en face du commerce « Shoppy » –* 05 58 45 91 14 – *Ouv. tte l'année –* P
Borne artisanale. Gratuit.
Stationnement : autorisé
Loisirs : Services : WC

Mont-de-Marsan
Aire de Mont-Marsan – *Rte de Sabres –* 05 58 05 87 37 – *Ouv. tte l'année –* P 3.
Borne artisanale. Gratuit.
Stationnement : autorisé
Loisirs :
Au bord d'un petit plan d'eau

Saint-Paul-lès-Dax
Aire de Saint-Paul-lès-Dax – *Allée du Plumet –* 05 58 91 60 01 – *Ouv. tte l'année –* P 8.
Borne artisanale. Gratuit.
Stationnement : autorisé
Loisirs : Services :
Stationnement au bord du lac de Christus

Saint-Sever
Aire de Saint-Sever – *Parc de Toulouzette – Ouv. tte l'année –* P
Borne artisanale. Gratuit.
Stationnement : autorisé
Loisirs : Services :

Campings

Aire-sur-l'Adour
Les Ombrages de l'Adour
R. des Graviers, près du pont, derrière les arènes, bord de l'Adour.
05 58 71 75 10
De mi-avr. à fin oct. 2 ha (100 empl.)
Tarif (prix 2009) : 16,94 € (10A) – pers. suppl. 3,50 €
– 15 10 €
Loisirs :
Services :
Location à la nuitée hors sais.

Amou
Municipal la Digue
Accès : au S du bourg par D 346, rte de Bonnegarde, et chemin à droite devant la piscine, au stade, bord du Luy.
05 58 89 00 22
commune-amou@wanadoo.fr
1er avr.-31 oct. 0,6 ha (33 empl.)
Tarif : 7 € (10A)
Loisirs : parcours sportif
Services :

Dax
Abesses
Accès : 7,5 km nord-ouest par rte de Bayonne, D 16 à droite et chemin d'Abesse.
05 58 91 65 34
De mi-mars à fin oct. 4 ha (198 empl.)
Tarif (prix 2009) : 15,65 € (10A) – pers. suppl. 3,90 €
1 borne artisanale
Loisirs :
Services : sèche-linge

Carnet pratique

Haltes chez le **particulier**

Brassempouy

La Ferme Moulié
Ouv. tte l'année.
P 3.
Située au cœur de la Chalosse, la ferme Moulié exploitée par la famille Ducamp existe depuis 1873. Culture de maïs, élevage et gavage de canards, élaboration de produits dérivés sont les principales activités de la ferme. À découvrir, les produits maison : foie gras, magret, rillettes, confit et la spécialité « le magret fourré au foie gras ».

Mugron

Ferme Birouca
Allée des Anciens Combattants, centre-ville, derrière l'école primaire. – 05 58 97 70 30 – Ouv. tte l'année.
P 3. Stationnement : 24h maxi.
Cette ferme qui élève, gave et transforme les canards, vous accueille pour visiter ses laboratoires et découvrir ses produits : foie gras, confits, magrets, rillettes, tous plusieurs fois médaillés au Concours Général Agricole de Paris. Vente sur place et sur les marchés de la région

Dax

El Cortijo
10, rte de Constantine, à 5 km au SO de Dax par la D 70. – 05 58 97 50 90 – Ouv. tte l'année.
P 6. Stationnement : 72h maxi.
Aux portes de Dax, Helena Gayral, femme torero à cheval, vous accueille pour vous faire découvrir ses arènes, son manège couvert et ses écuries. Journées et soirées à thème (spectacles équestres, tauromachiques et de flamenco) avec possibilité de repas vous sont proposées sur réservation.

Les bonnes **adresses** de Bib

Aire-sur-l'Adour

Chez l'Ahumat
2 r. Pierre-Mendès-France - 05 58 71 82 61 - fermé 9-23 mars et 1er-14 sept. - 10,50/28 €.
Une étape Chez L'Ahumat permet de découvrir quelques goûteuses recettes gastronomiques dont la Gascogne a le secret. Les copieux plats régionaux, déclinés sous la forme de plusieurs menus à tous les prix, sont servis dans deux salles à manger rustiques agrémentées d'une collection d'assiettes anciennes.

Amou

Ferme-auberge du Moulin
Rte de Dax - 11 km au sud de Gaujacq par D 158 puis D 15 (dir. Dax) - 05 58 89 30 09 - fermé nov. à mai et uniquement sur réserv. - 14/29 €.
Préparé sous toutes ses formes, le canard gras est la spécialité de cette maison simple. La salle à manger est un peu désuète mais mignonne avec son carrelage coloré et ses nappes basques.

Magescq

Fabrication d'articles en liège
1740 rte de Soustons - 05 58 47 70 07 - tlj sf dim. et j. fériés 9h-12h et 14h-19h (tlj en juil.-août).
Fabrication et vente d'objets en liège naturel : souvenirs, cadeaux, grand choix de corbeilles ou d'articles pour la table… Visite possible de l'atelier sur rendez-vous.

Mont-de-Marsan

Le Bistrot de Marcel
1 r. du Pont-de-Commerce - 05 58 75 09 71 - www.lesens dugout.com - fermé lun. mat. et dim. - 12 € déj. - 25/30 €.
La façade de ce bistrot n'offre pas d'attrait particulier mais n'hésitez pas à pousser la porte car l'intérieur, moderne, où dominent la pierre et le bois, est très agréable, de même que les deux terrasses surplombant la rivière. Dans l'assiette, plats landais.

Montfort-en-Chalosse

Aux Tauzins
05 58 98 60 22 - www.auxtauzins.com - 22/40 €.
Superbe vue sur la vallée de la Chalosse depuis la salle à manger panoramique de cette massive demeure de style régional. Tout aussi intéressante est la perspective offerte par la terrasse d'été où vous dégusterez des plats traditionnels et régionaux à l'ombre d'une belle glycine. Les chambres ont presque toutes un balcon.

N° 7 Aquitaine

Terres et traditions **basques**

Descendants d'une ethnie dont l'origine serait antérieure aux civilisations européennes, les **Basques** ont la fierté des hommes qui savent affronter les tempêtes et apprivoiser les **montagnes**. Des paysages fabuleux nous familiarisent avec leur histoire que nous content les cris des **bergers** descendant vers les villages où le **rouge** s'inscrit aux volets des maisons, sur les guirlandes de **piments** séchant au soleil et jusque sur les **bérets**.

➲ **Départ de Bayonne**
➲ **7 jours 310 km**

Front de mer et port à Biarritz.

Jour 1
Consacrez votre première journée à flâner dans **Bayonne**. Voyez la cathédrale Ste-Marie et son cloître, les ruelles pavées du vieux centre, avec les chocolatiers de la rue du Port-Neuf. L'après-midi, passez dans le petit Bayonne visiter le Musée basque ou le musée Bonnat. N'hésitez pas en fin de journée à vous déplacer pour profiter des plages d'Anglet.

Jour 2
Remontez l'Adour, bordé de champs de kiwis, en suivant la D 261. À **Urt**, bifurquez vers le sud en direction de La **Bastide-Clairence** et de ses artisans. Partez ensuite au Nord-Est vers un autre village connu pour ses fabricants de chaises : **Came**. Vous reviendrez vers Bayonne en faisant un large détour au sud-ouest par les **grottes d'Isturitz**, avant la fameuse **route impériale des Cimes** qui se récupère après **Hasparren**.

Jour 3
Le matin, arrêtez-vous à **Biarritz** pour profiter du point de vue depuis le rocher de la Vierge, visiter le musée de la Mer et déjeuner face aux vagues. Filez ensuite sur **Bidart** et ses plages tranquilles. Vous pourrez y faire une petite pause avant d'aller à **St-Jean-de-Luz**, voir la maison de Louis XIV et prendre un apéritif sur le port. Quittez la côte pour **Ascain**, on ne peut plus basque où les maisons sont crépies de blanc et les volets peints. Ce sera le point de départ pour monter à la **Rhune**, « La » montagne du pays basque (soit à pied – une journée AR, soit par le petit train).

Jour 4

Pour commencer la journée, un petite halte à **Sare**, un autre village caractéristique du pays basque avec son grand fronton, et sa belle église aux galeries de bois. N'hésitez pas à faire un détour par la maison Ortillopitz. Vous y verrez l'intérieur d'une maison traditionnelle. Prenez ensuite la direction de la frontière espagnole et de **Bera** pour remonter le cours de la Bidassoa jusqu'à **Doneztebe**. Vous découvrirez ainsi le territoire de l'ancienne confédération des Cinq villages (Etxalar, Arantza, Igantzi, Lesaka et Bera), répartis aujourd'hui de part et d'autre de la N 121A.

Jour 5

Consacrez votre matinée à la découverte du **Parc naturel de Bertiz**. Vous aurez le choix entre une promenade dans le très beau jardin planté par le dernier seigneur de Bertiz, et deux itinéraires balisés parcourant la forêt de chênes et de hêtres. Ralliez ensuite St-Étienne-de-Baïgorry par la très jolie **vallée du Baztan** qui vous réservera quelques étapes pittoresques comme **Elizondo** et **Erratzu**. Au col d'Izpegui, au niveau de la frontière, la vue sur la vallée est splendide.

Jour 6

Une flânerie sur les bords de la Nivelle vous permettra de découvrir **St-Étienne-de-Baïgorry**, village typique disposé le long de sa rivière. C'est le point de départ rêvé pour une excursion gourmande vers la **vallée des Aldudes**, réputée pour ses truites et son jambon de pays, ainsi que vers **Irouléguy**, à l'est, connu pour son vignoble AOC. Une fois ces expéditions gastronomes bien menées, vous pourrez rejoindre **Saint-Jean-Pied-de-Port**.

Jour 7

Au matin, direction **Cambo-les-Bains**. Cette station thermale permet de rayonner sur tout l'arrière-pays basque. Mais avant de partir, prenez le temps de visiter la célèbre villa Arnaga de l'écrivain Edmond Rostand. Vous pouvez ensuite vous rendre à **Espelette**, capitale du piment. Les façades de ses maisons disparaissent à l'automne derrière les chapelets de piments. Une exposition dans l'ancien château-mairie raconte l'histoire et l'exploitation de ce condiment. Dans l'après-midi, vous filerez vers **Ainhoa**, avant de passer la frontière en direction de **Zuggarramurdi**, célèbre pour sa grotte aux Sorcières puis direction **Saint-Pée-sur-Nivelle** avant de regagner Bayonne par la D 755.

Le conseil de Bib

▶ Rapportez du piment d'Espelette. Il parfumera tous vos plats. Vous en trouverez sur le marché d'Espelette le mercredi matin, et pendant l'été, le samedi matin

N° 7 Aquitaine

Aires de **service** & de **stationnement**

Anglet

Aire d'Anglet – Bd des Plages, face à la patinoire – 05 59 03 77 01 – Ouv. tte l'année – **P** 80.
Borne flot bleu. Payant 2 €.
Stationnement : 6 €/j.
Loisirs : Services :

Biarritz

Aire de Biarritz – Av. de la Milady, à proximité de la plage et du parking de la Milady au S de Biarritz, dir. Bidart, rte de la côte – 05 59 41 59 41 – Ouv. tte l'année – **P** 70.
Borne flot bleu. Gratuit.
Stationnement : 10 €/j.
Loisirs : Services :
À proximité des plages

Saint-Jean-Pied-de-Port

Aire de Saint-Jean-Pied-de-Port – À l'E, route de St-Jean-le-Vieux – 05 59 37 00 92 – Ouv. tte l'année – **P** 40.
Borne artisanale. Payant.
Stationnement : 5 €/j.
Loisirs : Services :
À proximité du centre ville.

Saint-Pée-sur-Nivelle

Aire de Saint-Pée-sur-Nivelle – L'aire est située à la sortie de Saint-Pée-sur-Nivelle, direction Cambo, à la base de loisirs du lac d'Aintzira – 05 59 54 10 19 – Ouv. tte l'année – **P** 50.
Borne flot bleu. Gratuit.
Stationnement : 6 €/j.
Loisirs :
Services :
Le calme et en saison, les activités de la base de loisirs

Sare

Aire de Sare – En bas du village, signalisation à partir du centre du village – Ouv. tte l'année – **P**
Borne artisanale. Payant 6 €.
Stationnement : 6 €/j.
Loisirs : Services :

Campings

Ainhoa

Xokoan
Lieu-dit Dancharia, 2,5 km au sud-ouest, bord d'un ruisseau (frontière).
05 59 29 90 26
Permanent 0,6 ha (30 empl.)
Tarif : 15,50 € (10A) – pers. suppl. 5,50 €
1 borne artisanale – 10
Loisirs :
Services : sèche-linge

Bidart

Berrua
Rte d'Arbonne .
05 59 54 96 66
De déb avr. à fin sept. 5 ha (270 empl.)
Tarif : 39,80 € (10A) – pers. suppl. 7 €
1 borne artisanale
Loisirs : snack, pizzeria hammam
Services : sèche-linge

Cambo-les-Bains

Bixta eder
52, av. d'Espagne, 1,3 km au SO par D 918, rte de St-Jean-de-Luz.
05 59 29 94 23
De mi-avr. à mi-oct. 1 ha (90 empl.)
Tarif (prix 2009) : 18,50 € (10A) – pers. suppl. 4 €
Loisirs :
Services : (juin-sept.) sèche-linge

Saint-Jean-de-Luz

Merko-Lacarra
820, rte des Plages, 5 km au NE, à 150 m de la plage.
05 59 26 56 76
contact@merkolacarra.com . www.merkolacarra.com
De fin mars à mi-oct. 2 ha (128 empl.)
Tarif (prix 2009) : 31 € (10A) – pers. suppl. 6 €
borne raclet
Loisirs :
Services :

Carnet pratique

Haltes chez le **particulier**

Aldudes

Pierre Oteïza
Rte d'Urepel – ☎ 05 59 37 56 11 – Ouv. : 9h à 19h. Ouv. tte l'année.
🅿

Les fameux porcs pie noir du Pays basque sont élevés ici en liberté. Un sentier de découverte permet de découvrir librement les élevages de la vallée des Aldudes (possibilité de faire la promenade en compagnie d'un âne). Une dégustation clôt la visite.

Saint-Martin-d'Arberoue

Ferme Agerria
Ferme Agerria – Ouv. tte l'année
🅿 5.

La ferme Agerria est au cœur du Pays basque. Agerria (prononcez Agueria) signifie en basque, « En vue ». Située tout en haut de la vallée, la ferme est en effet très visible ! Élevage de brebis, fromage d'Ossau-Iraty, visite et dégustation.

Les bonnes **adresses** de Bib

Ascain

Txopinondo Cidrerie Artisanale Basque
Rte de St-Jean-de-Luz, ZA Lan Zelai - ☎ 05 59 54 62 34 - www.txopinondo.com.

Monsieur Lagadec, seul artisan cidrier du Pays basque côté français, fabrique de goûteuses spécialités : Sagarnoa (boisson fermentée à base de pomme), Muztioa (jus), Dultzea (pâte de fruits accompagnant le fromage de brebis) et Patxaka (liqueur anisée aux pommes sauvages). Visitez aussi son petit musée-atelier du goût.

Biarritz

Chez Albert
Au port des Pêcheurs - ☎ 05 59 24 43 84 - www.chezalbert.fr - fermé 5 janv.-10 fév., 1er-15 déc. et merc. sf juil.-août - 38 €.

Ambiance conviviale dans ce restaurant ouvert sur le petit port des Pêcheurs. Salle à manger rustique, égayée de nappes basques bleues et blanches, et prolongée d'une terrasse dressée sous les parasols. Cuisine simple de produits de la mer.

Irouleguy

Domaine Ilarria
Au bourg - ☎ 05 59 37 23 38 - ilarria@wanadoo.fr - juin-sept. : tlj sf dim. 10h-12h et 14h-18h ; reste de l'année sur RV.

À partir de ses 10 ha de vignes cultivées selon les préceptes de l'agriculture biologique, il produit le cru basque renommé en rosé et rouge, mais également une cuvée « Bixintxo » provenant des plus vieux cépages tannat de la propriété et vieilli 14 à 16 mois en fûts de chêne. Fierté de la maison, ce vin atteint sa maturité vers la cinquième année de garde. Vous pourrez le déguster dans le caveau aménagé au cœur de la demeure familiale, typiquement bas-navarraise.

Lasse

Cidrerie Aldakurria
3,5 km à l'ouest de St-Jean-Pied-de-Port par D 918 puis D 403 - ☎ 05 59 37 13 13 - www.cidrerie-aldakurria.com - fermé déc.-20 janv., dim. soir, lun. et mar. midi sf juil.-août - réserv. conseillée - formule déj. 8 € - 20/30 €.

Cette authentique cidrerie basque propose omelette de morue, côte de bœuf ou gigot d'agneau à la plancha avec cidre à volonté. Le cadre est rustique dans cette maison au milieu des champs : poutres et murs crépis, grandes tables et bancs de bois.

St-Étienne-de-Baïgorry

GAEC Tambourin - Maison Enautenea
Enautenea - ☎ 05 59 37 40 64 - tambourin3@wanadoo.fr - 9h-13h, 14h-20h.

M. et Mme Tambourin, avec leur fils Michel, entretiennent l'exploitation familiale fondée en 1718. Dans leur laboratoire, et grâce à leur élevage de brebis « Manex Tête Rousse », ils fabriquent leur propre fromage fermier, onctueux et affiné comme il se doit : l'A.O.C. Ossau-Iraty. Le sésame de la maison ? Dites « ardi gasna », autrement dit « fromage de brebis », et les portes s'ouvriront…

St-Jean-Pied-de-Port

Etienne Brana
3 bis av. du Jai-Alaï - ☎ 05 59 37 00 44 - www.brana.fr - tlj sf w.-end 8h30-12h, 14h-18h - fermé 2e quinz. de janv.- visite 7 €.

Au fil de la visite des chais, l'étendue de la gamme d'eaux-de-vie produites par ce domaine au charme indéniable se dévoile : connus et réputés sur tout le territoire français, le marc d'Irouléguy, l'eau-de-vie de poires Williams et le Txapa à base de vin blanc, cerises et épices n'ont plus besoin de faire leurs preuves.

N° 8 Aquitaine

À la découverte du **Béarn**

*Amoureux de la nature, vous allez être servis ! La découverte du Béarn impose un spectacle grandiose : **le pic du Midi d'Ossau**, les prestigieux **cols de l'Aubisque et du Somport**, les **gaves tumultueux d'Aspe et d'Ossau**. Pour parfaire la chose, vous pourrez regarder tournoyer les grands rapaces dans le ciel, apercevoir une timide marmotte ou même un isard… Et si l'envie de quitter la montagne vous prend, le **vignoble de Jurançon**, les villes de **Pau** et d'**Orthez**, blotties au pied des Pyrénées sauront vous séduire.*

➲ **Départ de Pau**
➲ **7 jours**
400 km

Le col de l'Aubisque.

Jour 1

Première chose à faire en arrivant à **Pau** : aller admirer la vue depuis le boulevard des Pyrénées. On y monte depuis la ville basse par le funiculaire ou à pied par les sentiers du Roy. Pour faire plus ample connaissance avec la ville, baladez-vous dans les rues autour du château. Le quartier compte de nombreux restaurants. L'après-midi, consacrez 1h30 à la visite du château natal d'Henri IV (attention : en hiver, le château est fermé le week-end). En fin d'après-midi, vous pourrez faire du shopping entre les places Clemenceau et de la Libération. Le soir, laissez-vous porter par l'animation paloise !

Jour 2

Le lendemain, si vous êtes plutôt nature, promenez-vous dans le parc Beaumont. Si vous êtes plus citadin, prenez le vélo pour aller à la découverte des villas anglaises. L'après-midi, allez découvrir le très réputé **Haras national de Gelos**, au sud de Pau. Ensuite rejoignez **Nay** (D 37) et son musée du Béret. La D 937 peut également vous conduire aux **grottes de Bétharram** et à **Lourdes**. Revenez ensuite jusqu'à Lestelle-Betharram, où vous vous arrêterez pour la nuit.

Le conseil de Bib

▶ Adaptez votre conduite : l'utilisation du frein moteur est impérative lors de la descente des cols.

Jour 3

Partez crapahuter dans les montagnes en rejoignant tout d'abord le **col du Soulor** par la D 126 puis le **col de l'Aubisque**, par la D 918 (en hiver, cette route est très difficile d'accès). Le paysage vous garantit de superbes vues. Descendez à **Gourette** ou poursuivez jusqu'à **Laruns**.

Jour 4

Achevez votre exploration du **haut Ossau** en montant au **pic de la Sagette**. De là, vous rejoindrez le **lac d'Artouste** par un petit train qui serpente à flanc de montagne. Redescendez ensuite dans la **vallée d'Ossau** par la D 934, pour essayer de repérer la colonie de vautours qui vit dans les falaises d'**Aste-Béon**. Vous pourrez faire halte dans les environs d'**Arudy**.

Jour 5

Découvrez maintenant la **vallée d'Aspe**, que l'on atteint grâce à la D 918 puis la N 134. Ne manquez pas le village de **Lescun**, au milieu des pics calcaires : il offre l'un des plus beaux panoramas sur les Pyrénées. Si vous aimez observer la faune, renseignez-vous auprès de la Maison du Parc national des Pyrénées à **Etsaut**. Elle organise des promenades guidées sur les traces des animaux sauvages (isards, marmottes, vautours). Montez enfin jusqu'au **col du Somport**. Faites demi-tour pour vous établir à Oloron-Sainte-Marie ou dans ses environs.

Jour 6

Baladez-vous dans les trois quartiers d'**Oloron-Sainte-Marie**. Les enfants seront ravis d'un petit saut à **Aramits** où se trouve un parcours accrobranche. L'après-midi, rejoignez **Mauléon** connu pour ses châteaux mais aussi pour ses espadrilles (par la D 936), puis **Navarrenx** où les amateurs de pêche pourront taquiner le saumon. Les amateurs de jurançon iront, eux, jusqu'à **Monein**. Fin de journée et halte à **Sauveterre-de-Béarn** illuminé la nuit.

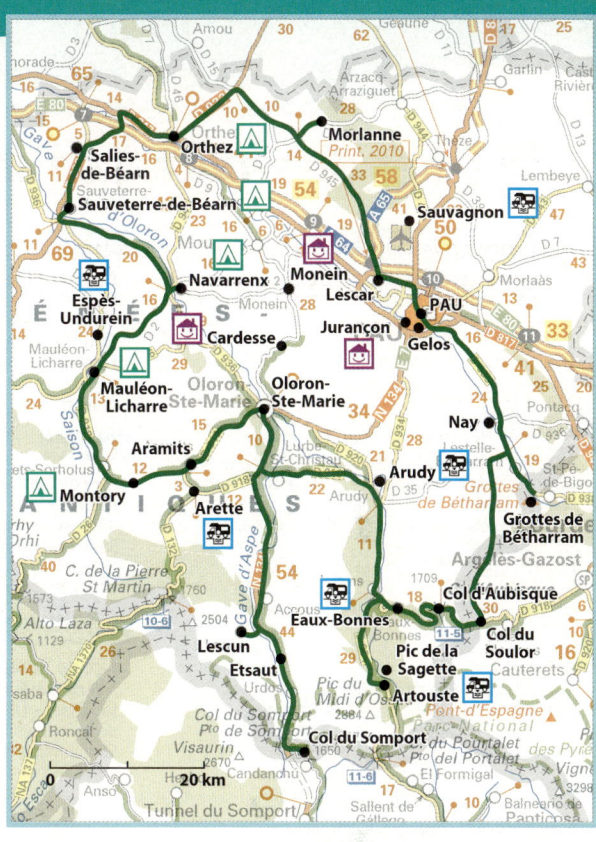

Jour 7

De **Sauveterre**, rendez-vous à la thermale **Salies-de-Béarn** où vous visiterez le musée du Sel, puis finissez la découverte de la région par la vieille ville d'**Orthez**, ancienne capitale du Béarn, le **château de Morlanne** (D 933, D 945 puis D 946) et la cathédrale Notre-Dame à **Lescar**, que l'on peut rejoindre par la D 945. Retour à Pau.

Piperade monumentale lors de la Piperadère à Salies-de-Béarn.

Aquitaine

N° 8

Aires de **service** & de **stationnement**

Arette-Pierre-Saint-Martin

Aire de la Pierre-St-Martin – *À l'entrée de la station de la Pierre St Marti, à droite à 150m des Pistes* – ☎ 05 59 66 20 09 – *Ouv. tte l'année* – P 40.
Payant 6 €.
Stationnement :
Loisirs : Services :

Artouste

Aire d'Artouste-Fabrèges – *Lac de Fabrèges, Au fond du grand parking en contrebas* – ☎ 05 59 05 32 15 – *Ouv. tte l'année* – P 60.
Borne eurorelais. Payant 3 €.
Stationnement : autorisé
Loisirs :
Services :
Promenade en train et télécabine jusqu'au lac.

Arudy

Aire d'Arudy – *Ouv. tte l'année* – P
Borne eurorelais. Payant 3 €.
Stationnement : autorisé
Loisirs : Services :

Espès-Undurein

Aire d'Espès-Undurein – *Ouv. tte l'année* – P 6.
Borne artisanale. Payant 4 €.
Stationnement : 8 €/j.
Loisirs : Services :

Gourette

Aire de Gourette, Eaux-Bonnes – *Plateau du Ley* – ☎ 05 59 05 12 17 – *Ouv. tte l'année* – P 40.
Borne eurorelais. Payant 5 €.
Stationnement : autorisé
Loisirs : Services :
Autre stationnement de 30 places au parking du Gardet.

Laruns

Aire de Laruns – *Pl. de la Gare* – ☎ 05 59 05 32 15 – *Ouv. tte l'année* – P 25.
Borne eurorelais. Payant 3,10 €.
Stationnement : autorisé
Loisirs :
Services :

Sauvagnon

Aire de Sauvagnon – *Pl. du Champ de Foire, À 10 km au N de Pau par la N 134 et la D 216.* – ☎ 05 59 33 11 91 – *Ouv. tte l'année* – P 4.
Borne artisanale. Gratuit.
Stationnement : autorisé
Services :

Campings

Mauléon-Licharre

Uhaitza le Saison
Rte de Libarrenx, 1,5 km au S par D 918 rte de Tardets-Sorholus, bord du Saison.
☎ 05 59 28 18 79
camping.uhaitza@wanadoo.fr . www.camping-uhaitza.com
De déb. mars à fin nov. 1 ha (50 empl.)
Tarif (prix 2009) : 4,50 € 2,80 € 5,20 € – (10A) 4,80 €
1 borne Seifel 5 €
Loisirs :
Services :

Orthez

La Source
Accès : 1,5 km à l'E de la ville sur la rte reliant D 817 (accès conseillé) et D 933, bord d'un ruisseau.
☎ 05 59 67 04 81
1er avr.-31 oct. 2 ha (31 empl.)
Tarif : 2,70 € 2 € 6 € – (10A) 2,70 €
Loisirs :
Services :

Sauveterre-de-Béarn

Le Gave
Chemin du Camping, sortie sud par D 933, rte de St-Palais puis chemin à gauche avant le pont, bord du Gave d'Oloron.
☎ 05 59 38 53 30
dede@campingdugave.fr
De mi-avr. à mi-oct.. 1,5 ha (55 empl.)
Tarif : 15 € (6A) – pers. suppl. 3 €
Loisirs :
Services : sèche-linge

Carnet pratique

🏠 Haltes chez le **particulier**

Cardesse

Ferme-auberge Estrem
À 11 km au N d'Oloron-Ste-Marie par la D 9. – Fermé 16 sept.-30 sept., 23 déc.-31 déc., 15 juil. En été dim. soir- mar., sam. midi.
P *3.*
Tout le Béarn savoureux est cuisiné ici mais les recettes sont gardées secrètes par les 17 générations qui se sont succédées dans cette ferme. Une authentique cuisine du pays mitonnée avec des produits d'autrefois : cassoulet fermier, poule au pot au chou farci, omelettes aux grattons, rôti de magret farci.

Jurançon

Le Château de Rousse
La Chapelle de Rousse – Fermé janv.
P *5.*
Ancien rendez-vous de chasse d'Henri IV, ce domaine fut également visité par l'Impératrice Eugénie. La propriété s'étend sur 20 ha dont 8 ha de vignes. Les chais et la chaumière, d'architecture typiquement béarnaise, datent tous les deux du 15e s. Le château, avec son belvédère, surplombe l'ensemble du vignoble et offre une vue panoramique sur la chaîne des Pyrénées. La famille Labat travaille et élabore son vin avec passion et méthode. Visite commentée des chais, dégustation et vente.

Monein

Domaine de Malarrode
Quartier Uchaa – 📞 05 59 21 44 27 – Ouv. tte l'année.
P *5.*
Depuis plusieurs générations, la famille Mansanné cultive la vigne sur le domaine de Malarrode. Production de trois crus très typés, deux Jurançon moelleux et un Jurançon sec. Visite commentée du vignoble et des chais, dégustation et vente.

Les bonnes **adresses** de Bib

Aramits

Fromagerie du Pays d'Aramits
D 19 - 📞 05 59 34 63 03 - fromagerie.aramits@wanadoo.fr - tlj sf dim. 8h-13h, sam. 9h-12h - fermé j. fériés.
Dans cette fromagerie pyrénéenne totalement artisanale, les affineurs grattent encore la croûte naturelle à l'eau salée… La boutique propose de nombreux fromages AOC parmi lesquels on citera l'Ossau-Iraty, fleuron de la production régionale, ainsi qu'une sélection de divers produits locaux.

Monein

Clos Uroulat
Quartier Trouilh - 📞 05 59 21 46 19 - lun.-sam. Sur RV.
Œnologue, Charles Hours a créé ce petit domaine en 1983. Son Jurançon « Cuvée Marie » est un vin fin et gourmand qui, par sa régularité, est devenu le meilleur vin blanc sec de la région. Sa fille, Marie, travaille désormais avec lui, apportant jeunesse et modernité sans nuire à la qualité.

Oloron-Ste-Marie

Maison Artigarrède
1 pl. de la Cathédrale - 📞 05 59 39 01 38 - merc.-sam. 8h-12h30, 14h-19h30, dim. 7h30-13h, 14h30-19h30 - fermé de déb. juil. à fin juil.
Le « Russe » est la spécialité maison depuis quatre générations. Il s'agit d'un gâteau préparé à base d'amandes et de crème pralinée, recette qui reste tout de même un secret de famille. Un salon de thé à l'étage de la boutique permet de le déguster, tout en admirant la cathédrale en face.

Pau

Henri IV
18 r. Henri-IV - 📞 05 59 27 54 43 - fermé 12-19 sept., 20 déc.-14 janv., merc. midi, sam. midi et dim. soir - 20/26 €.
Le chef de ce restaurant mitonne une appétissante cuisine régionale que vous dégusterez, selon la saison, auprès de la belle cheminée ou sur l'agréable terrasse dressée côté rue piétonne.

Uzos

Francis Miot
Rd-pt d'Uzos - D 37 - 📞 05 59 35 05 56 - tlj sf dim. 10h-12h, 14h-18h - fermé j. fériés.
Francis Miot collectionne les titres prestigieux : champion des champions des maîtres confituriers en 1988, 1990 et 1991, il est aussi le créateur des Coucougnettes du Vert Galant, élu meilleur bonbon de France en 2000. Il vous ouvre les portes de ses ateliers de fabrication et de son musée des arts sucrés. Démonstrations, dégustations.

N° 9 — Aquitaine

L'Agenais et ses pruneaux…

Bienvenue dans l'**Agenais**, la plus petite des régions d'Aquitaine. Engoncé paisiblement entre le Périgord et les Landes, ce pays de vallées aux confins du **Lot** et de la **Garonne** rayonne autour d'**Agen**, élue « Ville la plus heureuse de France », dont la réputation repose sur le fameux pruneau. La bonhomie et l'insouciance d'Agen se retrouvent au gré des villages qui l'entourent et au fil de la Garonne qui nourrit la vallée.

➲ **Départ d'Agen**
➲ **6 jours**
316 km

Pruneaux d'Agen !

Jour 1

Consacrez votre première journée à la découverte d'**Agen**. Flânez dans les ruelles de la vieille ville, admirez les maisons médiévales de la rue Beauville. L'esplanade des Graviers offre une belle vue sur la Garonne ; le samedi matin s'y tient le marché. Après le déjeuner, les gourmands se retrouveront à la Confiserie Boisson pour tout savoir sur la fabrication du pruneau. Ne manquez pas non plus le musée des Beaux-Arts, riche en peintres de renom (19ᵉ s.). Le soir, vous dînerez du côté de la rue Richard-Cœur-de-Lion.

Jour 2

Quittez Agen par le nord-est et empruntez la D 656 pour vous rendre à **Frespech**. Une visite au musée du Foie gras vous mettra l'eau à la bouche avant d'entreprendre un parcours aussi culturel que gastronomique dans l'Agenais. Au-dessus des champs, **Hautefage** pointe sa haute tour Renaissance. Un détour par les **grottes de Fontirou** et il est temps de déjeuner à **Penne-d'Agenais**, charmant village perché. Rejoignez ensuite **Fumel** où vous ferez étape, après un passage par l'église de **Monsempron** et un saut dans les jardins du château.

Le conseil de Bib

▶ De nombreux parkings se trouvent à la périphérie du centre-ville d'Agen.
Sachez encore que l'été, on peut se promener en bateau sur la Garonne.

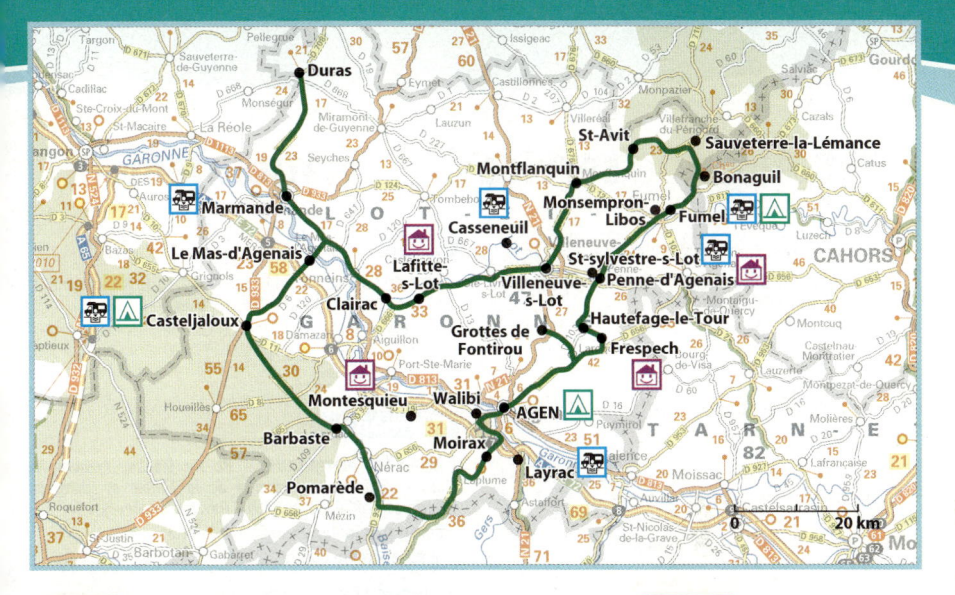

Jour 3

De Fumel, rendez-vous au somptueux château médiéval de **Bonaguil**. En été, vous profiterez des ateliers médiévaux qui animent le château. De petites routes vous conduiront à **Sauveterre-la-Lémance** et à son musée de la Préhistoire. Déjeunez sur place puis gagnez l'église de **Saint-Avit** et le donjon de Gavaudun. Continuez votre périple par la bastide de **Monflanquin** : flânez dans les ruelles de la vieille ville et n'omettez pas le captivant musée des Bastides. Rejoignez ensuite **Villeneuve-sur-Lot** pour y faire étape.

Jour 4

Après une visite de Villeneuve, point d'appui des places fortes du haut Agenais et pays de la prune d'ente par excellence, où vous aurez fait provision de douceurs au pruneau, allez à **Granges-sur-Lot**, où le musée du Pruneau vous livrera tous ses secrets. Après le déjeuner, reprenez la route pour vous arrêter dans la vieille ville de **Clairac** : l'abbaye des Automates, le musée du Train et la Forêt Magique enchanteront les enfants. Si vous voulez vous baigner, le village dispose d'une plage sur le Lot. Rejoignez ensuite l'extrême nord du Lot jusqu'à Duras où vous ferez étape. Sur le chemin, ne manquez pas de visiter l'église d'**Allemans-du-Dropt** (D 668). Ses fresques du 15e s. sont à voir !

Jour 5

Entamez la matinée par la visite du château de **Duras** puis revenez sur **Marmande** et le **Mas-d'Agenais** (belles églises). Faites une pause pour le déjeuner à **Casteljaloux** avant de parcourir la ville et de rejoindre les fortifications de **Barbaste** par la D 655. Le soir, **Nérac** vous offrira de quoi vous poser après la découverte du château.

Jour 6

Le château de **Pomarède**, que vous atteindrez par la D 930, sera la première étape de votre journée. Avant d'aller déjeuner sur Agen, visitez au passage l'église romane de **Moirax**. Le dernier après-midi pourra être consacré à la détente au parc d'attractions Walibi, tout proche.

Paysage du Brulhois près de Moirax

Aquitaine

Aires de service & de stationnement

Casseneuil

Aire de Casseneuil – Rte de Pinel, au départ de la D 225 – Ouv. tte l'année – P
Borne artisanale. Gratuit.
Stationnement : autorisé
Loisirs : Services :
Au bord de la Lède.

Casteljaloux

Aire de Casteljaloux – Imp. de la forêt, tourner à la caserne des pompiers et suivre le fléchage – 05 53 93 48 00 – Ouv. tte l'année – P 4.
Borne artisanale. Gratuit.
Stationnement : autorisé
Loisirs : Services :

Fumel

Aire de Fumel – Pl. du Saulou – Ouv. tte l'année – P
Borne flot bleu. Gratuit.
Stationnement : autorisé
Services : WC

Layrac

Aire de Layrac – R. du 19 mars 1962, Sortir à Agen par la A 62 – 05 53 87 02 70 – Ouv. tte l'année – P 5.
Borne artisanale. Gratuit.
Stationnement : autorisé
Loisirs : Services :

Marmande

Aire de Marmande – Pl. du Moulin, Prendre la dir. « camping municipal » de la Filhole et suivre le fléchage – 05 53 93 47 01 – Ouv. tte l'année – P 4.
Borne artisanale. Gratuit.
Stationnement : autorisé

Saint-Sylvestre-sur-Lot

Aire de Saint-Sylvesdtre – Pl. du Lot – 05 53 41 24 58 – Ouv. tte l'année – P 12.
Borne artisanale. Gratuit.
Stationnement : autorisé
Loisirs : Services :

Campings

Agen

Le Moulin de Mellet
Rte de Prayssas, 12 km par N 113 et à droite par D 107, à St Hilaire de Lusignan.
05 53 87 50 89
moulin.mellet@wanadoo.fr . www.camping-moulin-mellet.com
De déb. avr. à fin sept. 5 ha/3,5 campables (48 empl.)
Tarif : 25,25 € (10A) – pers. suppl. 5,60 €
Loisirs :
Services :

Casteljaloux

Les Chalets de Clarens
Accès : 2,5 km au sud-ouest par D 933, au bord du lac et près de la base de loisirs.
05 53 93 07 45
castel.chalets@orange.fr . www.castel-chalets.com
4 ha
1 borne eurorelais 10 € – 20 10 €
Loisirs :
Services :

Fumel

Les Catalpas
Rte de Puy-l'Évêque, 2 km par D 911 rte de Cahors puis, à la sortie de Condat, 1,2 km par rte à droite, bord du Lot.
05 53 71 11 99
les-catalpas@wanadoo.fr . www.les-catalpas.com
Permanent 2,3 ha (80 empl.)
Tarif : 19 € (10A) – pers. suppl. 4 €
1 borne artisanale
Loisirs : (bassin)
Services :

Carnet pratique

Les bonnes **adresses** de Bib

Agen

Le Margoton
52 r. Richard-Cœur-de-Lion - ☎ 05 53 48 11 55 - fermé 21-28 fév., 15-30 août, 22 déc.-3 janv., dim. soir du 1er oct. au 30 juin, sam. midi, dim. soir et lun. de juil. à sept. - 16/32 €.
Une chaleureuse ambiance familiale règne dans cette salle de restaurant dotée de meubles peints et agrémentée de boiseries. Quelques touches créatives personnalisent la cuisine traditionnelle du chef. Le repas terminé, vous repartirez d'un bon pied à la découverte de la vieille ville d'Agen.

Confiserie Pierre-Boisson
20 r. Grande-Horloge - ☎ 05 53 66 20 61 - tlj sf dim. 9h-12h, 14h-19h ; j. fériés : sur demande préalable pour les groupes.
Depuis 1835, la famille Boisson excelle dans la fabrication de confiseries à base de pruneaux. Son premier succès remonte à 1876, quand un mitron eut l'idée de fourrer les pruneaux. Un diaporama gratuit relate l'histoire de cette illustre lignage. Dégustation.

Marchés fermiers
Samedi matin, sur la pl. Jasmin et pl. des Laitiers ; merc. matin et dim. matin à la halle du Pin.

Baleyssagues

Domaine de Baignac
Lieu-dit Baignac - 4 km à l'ouest de Duras par D 134 - ☎ 05 53 83 77 59 - tlj sf dim. 9h-12h, 14h-19h - fermé j. fériés.
Les propriétaires de cette ferme traditionnelle vous feront découvrir comment la prune d'ente devient pruneau : visite des installations, dégustation gratuite puis passage par la boutique qui regorge de spécialités (pruneaux fourrés, enrobés de chocolat, à l'armagnac, etc.).

Casseneuil

Maitre Prunille S.A.
Sauvaud - ☎ 05 53 36 19 00 - boutique : tlj sf w.-end 9h30-12h, 14h-19h - fermé j. fériés.
Calibrage du fruit, réhydratation, reconditionnement… la culture et la transformation de la prune n'ont pas de secret pour Maître Prunille, plus gros producteur de prunes français. À découvrir dans sa boutique : pruneaux, fruits secs, produits régionaux, etc.

Cuzorn

Auberge le St-Hubert
Rte de Périgueux - 5 km au nord-est de Fumel par D 710 rte de Périgueux - ☎ 05 53 40 91 85 - fermé dim. soir, sam. midi et lun., les soirs hors sais. - 11 € déj. - formule déj. 9 € - 21/34 €.
Le grand parking situé devant cet établissement des années 1970 est très pratique. Selon la saison, vous vous attablerez dans la salle à manger réchauffée par de belles flambées, ou sur la terrasse tournée vers la campagne. Cuisine simple, traditionnelle.

Frespech

Marché paysan de la ferme Souleilles
Souleilles - ☎ 05 53 41 23 24 - de déb. juil. à déb. sept. : vend. 9h-15h ; en août : Festa Occitana 9h-0h.
Au menu : poulets à la ficelle, escargots, foie gras, confits, armagnac, fruits, légumes… L'idéal est de venir à l'heure du déjeuner et de pique-niquer.

Fumel

Auberge le St-Hubert
Rte de Périgueux - 47500 Cuzorn - 5 km au nord-est de Fumel par D 710 rte de Périgueux - ☎ 05 53 40 91 85 - periedaniel@wanadoo.fr - fermé dim. soir, sam. midi et lun., les soirs hors sais. - formule déj. 9 € - 11/32 €.
Le grand parking situé devant cet établissement des années 1970 est très pratique. Selon la saison, vous vous attablerez dans la salle à manger réchauffée par de belles flambées, ou sur la terrasse tournée vers la campagne. Cuisine simple, traditionnelle.

La Tonnelle
Pl. du 8-Mai - 47150 Monflanquin - à l'ouest de Fumel par D 124 - ☎ 05 53 71 63 54 - http://tonnelle.free.fr - fermé janv.-14 fév., dim. soir, lun. et mar. sf juil.-août - 22/30 €.
Le chef de ce restaurant concocte une cuisine traditionnelle parfaitement maîtrisée à partir de produits frais. Vous pourrez la découvrir dans la salle à manger ornée d'une exposition de tableaux ou sur la délicieuse terrasse agrémentée d'une petite fontaine et de beaux rosiers grimpants.

Penne-d'Agenais

L'Air du Temps
Mounet - ☎ 05 53 41 41 34 - airdutemps.47@wanadoo.fr - fermé 2 sem. en fév. et 1 sem. en oct., dim. soir et lun. - formule déj. 14 € - 24/38 €.
Cette ferme en brique et pierre du Lot est exquise : le restaurant est très « cosy » avec ses multiples recoins, son décor mi-rustique, mi-moderne, et ses deux délicieuses terrasses où l'on s'attarde volontiers pour déguster les bons petits plats maison. Accueil charmant. Que demander de plus ?

Pujols

Auberge Lou Calel
Le Bourg - 4 km au sud-ouest de Villeneuve-sur-Lot par D 118 et C 207 - ☎ 05 53 70 46 14 - fermé 3-16 janv., 6-12 juin, 16-30 oct., mar. soir, jeu. midi et merc. sf août - 18/38 €.
Une auberge traditionnelle avec, en prime, une vue superbe qui s'offre à vos yeux. Les baies vitrées de la salle à manger ouvrent sur Villeneuve-sur-Lot. Par beau temps, vous pourrez admirer ce spectacle de la terrasse. Cuisine soignée à prix doux.

Aquitaine

N° 10

Du Périgord **vert** au Périgord **noir**

L'un doit son nom à Jules Vernes et au **beau vert** que donnent ses bois de résineux, ses châtaigners et ses landes à bruyères. L'autre est dit **noir** à cause de ses fôrets de chênes si denses que la lumière entre à peine dans le sous-bois. Les deux sont éclatants ! Parmi ces petits territoires du Périgord, les **fastes de la gastronomie** – confits, foie gras et magret à profusion – attirent les gourmets, tandis que les **férus de préhistoire** aiment y rechercher les traces de nos ancêtres.

➲ *Départ de Périgueux*
➲ *6 jours*
275 km

Le long de la Dronne, Brantôme, surnommée la « Venise du Périgord ».

Jour 1

Périgueux, le premier jour. Sa cathédrale romane, les constructions médiévales et Renaissance de St-Front : ce quartier se déploie depuis le sommet de la tour Mataguerre et il y a fort à faire pour le découvrir en entier ! La matinée passée, suivie d'une promenade sur les quais, arpentez le quartier de la Cité. Les Arènes et l'église St-Étienne-de-la-Cité sont deux étapes avant le musée gallo-romain Vesunna.

Jour 2

Pour commencer, dirigez-vous (par la D 710) vers la vallée de la Dronne dont on suivra les routes sinueuses et verdoyantes jusqu'à **Bourdeilles** et la visite de son château. Ensuite rejoignez **Brantôme**. Préhistorique, gallo-romaine, carolingienne et troglodyte, Brantôme mérite une longue étape. Consacrez votre après-midi aux charmes du **château de Puyguilhem** puis retour sur Brantôme pour la soirée.

Jour 3

De bon matin, regagnez par la D 78, **St-Jean-de-Côle**. Promenez-vous dans le village, puis allez voir les splendides concrétions de la **grotte de Villars**. Regagnez **Thiviers** pour visiter la Maison de l'oie et du canard. Gardez vos papilles attentives encore un petit moment : passez par la Maison de la truffe de **Sorges**. Que tous ces plaisirs ne vous fassent pas oublier le patrimoine architectural et préhistorique de la région à commencer par le **château de Hautefort** et la célébrissime **grotte de Lascaux** (sa copie!).

Jour 4

Empruntez la vallée de la **Vézère** par la D 706, tour à tour enserrée entre falaises et peupliers, pour rejoindre **les Eyzies-de-Tayac,** capitale de la préhistoire où vous consacrerez la journée à la découverte de nos ancêtres. Commencez par la visite du **Font-de-Gaume** suivi de celle de la **grotte des Combarelles**. L'après-midi, traversez la Vézère, observez-la bien : la vallée compte une densité exceptionnelle de sites préhistoriques. Offrez-vous la visite de la **grotte du Grand Roc** pour ses splendides concrétions, et celle du rare site de plein air de **La Micoque**, ancienne aire de dépeçage préhistorique. Au retour, après le pont, arrêtez-vous à l'endroit où l'homme de Cro-Magnon a été découvert, derrière l'hôtel du même nom. Fin de la visite avec le musée national de Préhistoire.

Jour 5

Aujourd'hui vous découvrez **Sarlat-la-Canéda**, jolie ville où se mélangent avec bonheur le Moyen Age, le gothique et la Renaissance. Parcourez les rues et ruelles du vieux Sarlat, de l'ancien évêché à l'hôtel Plamon en passant par le présidial. Après l'effort, le réconfort : voici l'heure de s'attabler à l'une des adresses du centre. L'après-midi, rendez-vous au moulin de la Tour, à une poignée de kilomètres de la ville. Après vous être familiarisé avec la fabrication de l'huile de noix, poussez jusqu'aux magnifiques allées des **jardins d'Eyrignac**. Les uns y trouveront matière à disserter sur l'art paysager, les autres profiteront tout simplement du calme du lieu… Rejoignez ensuite la vallée de la Dordogne à hauteur de **Carlux** pour contempler la silhouette du château de Fénelon et la beauté du **cingle de Montfort** par la route de la falaise. En fin d'après-midi, vous aurez gagné **La Roque-Gageac** et **Beynac** pour parcourir ces deux petits bourgs qui étalent leurs belles maisons de pierre ocre sur les berges de la rivière.

Jour 6

Consacrez votre matinée à une promenade en gabarre sur la Dordogne, au départ de la **Roque-Gageac**, promenade qui vous fera découvrir deux puissants châteaux forts, ceux de **Castelnaud** et de **Beynac**, défendant chacun une rive de la rivière. C'est enfin dans un décor de collines et de forêt que vous irez au **Bugue** avant de pénétrer dans le Périgord Blanc et ensuite par la D 710 de rejoindre **Périgueux**.

Le conseil de Bib

▶ Vous avez décidé de découvrir la région en gabare ou en canoë ? Faites étape à l'aire de La Roque-Gageac.

N° 10 Aquitaine

Aires de **service** & de **stationnement**

Bourdeilles

Aire de Bourdeilles – *Plaine des Loisirs, près du terrain de football et de la piscine* – ✆ 05 53 03 73 13 – *Ouv. tte l'année* – 🅿
Borne raclet. Payant 2 €.
Stationnement : autorisé
Loisirs : Services :

Brantôme

Aire de Brantôme – *Rte de Nontron* – ✆ 05 53 05 78 13 – *Ouv. tte l'année* – 🅿 6.
Borne eurorelais. Payant 2 €.
Stationnement : 2 €/j.
Services : WC

Hautefort

Aire d'Hautefort – *Pl. de la Bascule* – ✆ 05 53 50 40 20 – *Ouv. tt l'année* – 🅿 10.
Payant.
Stationnement :
Loisirs : Services :

La Roque-Gageac

Aire de la Roque-Gageac – *Pl. Publique* – ✆ 05 53 29 51 52 – *Ouv. avr.- oct.* – 🅿 30.

(Bergerac)

Borne artisanale. Payant 2 €.
Stationnement : 5 €/j.
Loisirs :
Services : WC
Au bord de la Dordogne et proche du centre bourg

Les Eyzies-de-Tayac

Aire des Eyzies – *Promenade de la Vézère, dir. parking Vézère* – ✆ 05 53 06 97 15 – *Ouv. tte l'année (sauf en cas de gel)* – 🅿 40.
Borne raclet. Payant 2 €.
Stationnement : 4 €/j.
Loisirs : Services : WC
Au bord de la rivière

Périgueux

Aire de Périgueux – *Qaui de l'Isle, au sud de la ville, dir. Brive, bord de l'Isle* – ✆ 05 53 02 82 00 – *Ouv. mars-nov.* – 🅿 25.
Borne artisanale. Gratuit.
Stationnement : autorisé
Loisirs :
Services : sèche-linge
Sur les bords de l'Isle

Campings

Beynac-et-Cazenac

Le Capeyrou
Accès : sortie Est, face à la station-service, bord de la Dordogne.
✆ 05 53 29 54 95
De déb. avr. à fin sept. 4,5 ha (120 empl.)
Tarif (prix 2009) : 5,40 € 6,90 € (10A) 4 €
1 borne artisanale 6 €
Loisirs : snack
Services :

Le Bugue

Vagues-Océanes La Linotte
Accès : 3,5 km au nord-est par D 710, rte de Périgueux, D 32E à dr., rte de Rouffignac.
✆ 05 53 07 17 61
De déb. avr. à mi-sept. 13 ha/2,5 campables (101 empl.)
Tarif (prix 2009) : 26 € (6A) – pers. suppl. 5 €
1 borne artisanale 7,50 €
Loisirs : jacuzzi terrain omnisports
Services : sèche-linge

Sarlat-la-Canéda

Les Acacias
R. Louis-de-Champagne, 6 km au SE par D 704 et à dr. à l'hypermarché Leclerc.
✆ 05 53 31 08 50
De déb. avr. à fin sept. 4 ha (122 empl.)
Tarif : 19,70 € (6A) – pers. suppl. 5 €
Loisirs : snack
Services : sèche-linge
navette en bus pour Sarlat

Thiviers

Municipal le Repaire
Accès : 2 km au sud-est par D 707.
✆ 05 53 52 69 75
Mai-sept. 10 ha/4,5 campables (100 empl.)
Loisirs : parcours de santé
Services : (saison)

Carnet pratique

Haltes chez le **particulier**

Montignac

La Ferme aux canards du bois de Bareirou
Bois de Bareirou – ℘ 05 53 51 25 06 – Tlj 9h-20h.
Proche des grottes de Lascaux, cette ferme propose la visite du site et des démonstrations de gavage. Dégustation et vente des produits.

Nailhac

La Ferme de la Lorserie
À 5 km château de Hautefort. – ouv. tlj. 🅿 *15.*
M. Botoluzzil vous expliquera tout sur les palmipèdes gras : l'élevage, le gavage (démonstration à l'appui), le classement des foies, les appellations… Visite gratuite, durée 1h30.

Saint-André-d'Allas

Ferme-auberge Lo Gorissado, Domaine de Glandier
℘ *05 53 59 34 06 – Réserv. conseillée pour les repas à l'auberge.*
🅿 *20. Stationnement : 24h maxi.*
Au cœur du Périgord, Marlène et Bernard vous accueillent dans leur auberge qui est un véritable havre de paix. Vous pourrez goûter au calme du lieu, perdu en pleine nature et savourer une cuisine traditionnelle périgourdine.

Sorges

Ferme Andrevias
Par la N 21 – Ouv. lun.- sam. 9h-12h, 14h-18h. Fermé Noël- 1re sem. janv.
🅿 *4.*
Découverte et vente des spécialités de la ferme : pâté de Périgueux (plusieurs fois primé) et spécialité à base de noix. En période estivale (juillet et août), à 18h, les mardi et jeudi : visite guidée de l'élevage et de la noyeraie suivie d'un diaporama et d'une dégustation.

Les bonnes **adresses** de Bib

Carlux

Domaine de Béquinol
Béquignolles - ℘ 05 53 29 73 41 - www.bequignol.fr - tlj sf w.-end 9h-12h, 13h30-17h - fermé de fin août à déb.sept., 25 déc.-1er janv. et j. fériés.
Confiseries : Arlequines de Carlux (cerneaux de noix enrobés de chocolat et poudrés de cacao), bouchées aux noix, Nogaillous du Périgord (cerneaux de noix enrobés de chocolat), Noir et noix (barre de chocolat noir fourrée à la pâte de noix et de caramel). Boissons alcoolisées : Béquinoix (apéritif) et vieille eau-de-vie de prune. Ces gourmandises sont distribuées dans les principales boutiques du Périgord et du Quercy ainsi qu'à l'écomusée de la Noix à Castelnaud.

Limeuil

Canoës Rivières Loisirs
Maisonneuve - ℘ 05 53 63 38 73 - www.canoes-rivieres-loisirs.com - 9h-18h30.
Base de location de canoës, VTT et VTC. Promenades au fil de l'eau au départ de Limeuil (situé au confluent de la Dordogne et de la Vézère) pour découvrir, à votre rythme, les superbes paysages du Périgord Noir.

Périgueux

Au Petit Chef
5 pl. Coderc - ℘ 05 53 53 16 03 - 10/27 €.
Restaurant établi en face de la grande halle, position stratégique pour s'approvisionner en produits frais.

Goûteuse cuisine du marché et foies gras préparés par la patronne. Repas à la bonne franquette, avec des formules variées pour toutes les bourses.

Sarlat-la-Canéda

Le Bistro de l'Octroi
111 av. de Selves - au nord de la ville, dir. Brive - ℘ 05 53 30 83 40 - lebistrodeloctroi@orange.fr - formule déj. 15 € - 18/26 €.
Ce restaurant, proche du centre historique, possède de sérieux atouts pour allécher les gourmets. Outre les recettes locales, la carte offre une place de choix au bœuf limousin et aux spécialités de poisson. Beaux volumes en salles et en terrasse.

Incontournable, le foie gras.

N° 11 — Auvergne

Au pays des **Bourbon** et du **saint-pourçain**

*B*erceau des puissants seigneurs de Bourbon, cette terre mérite d'être visitée pour ses paysages verts et vallonnés, sa campagne parsemée de châteaux et d'églises romanes, et pour sa capitale, **Moulins**. Les amateurs de vin, eux, ne manqueront pas **Saint-Pourçain-sur-Sioule** et son musée consacré à ce très **ancien vignoble**, attesté avant l'ère chrétienne…

➲ *Départ de Moulins*
➲ *5 jours*
330 km

Le château des ducs de Bourbon à Montluçon.

Jour 1

Moulins : vous voici au cœur de l'ancien duché de Bourbon. Visitez la cathédrale Notre-Dame, qui renferme le célèbre **triptyque du Maître de Moulins**, et ne ratez pas le musée Anne de Beaujeu, installé dans le pavillon de l'ancien palais ducal. Musardez un moment dans la ville et visitez le remarquable Centre national du Costume de scène et de la Scénographie. Quittez Moulins au Nord, prenez la N 7 et rendez-vous au **château du Riau**, typique de l'architecture bourbonnaise, avant d'aller faire une promenade dans les allées parfumées de l'**arboretum de Balaine**. Dans l'église de **Saint-Menoux**, rejointe par la D 101 et la D 953, vous remarquerez de beaux chapiteaux romans ainsi qu'un curieux « débredinoire »… Gagnez Bourbon-l'Archambault où vous ferez halte.

Jour 2

Si les princes avaient leur cour à Moulins, ils prenaient les eaux à **Bourbon-l'Archambault** où vous visiterez la station thermale et la forteresse médiévale. Prenez la D 953 pour aller en forêt de Tronçais, et profitez pleinement des sous-bois de

Triptyque du maître de Moulins (détail).

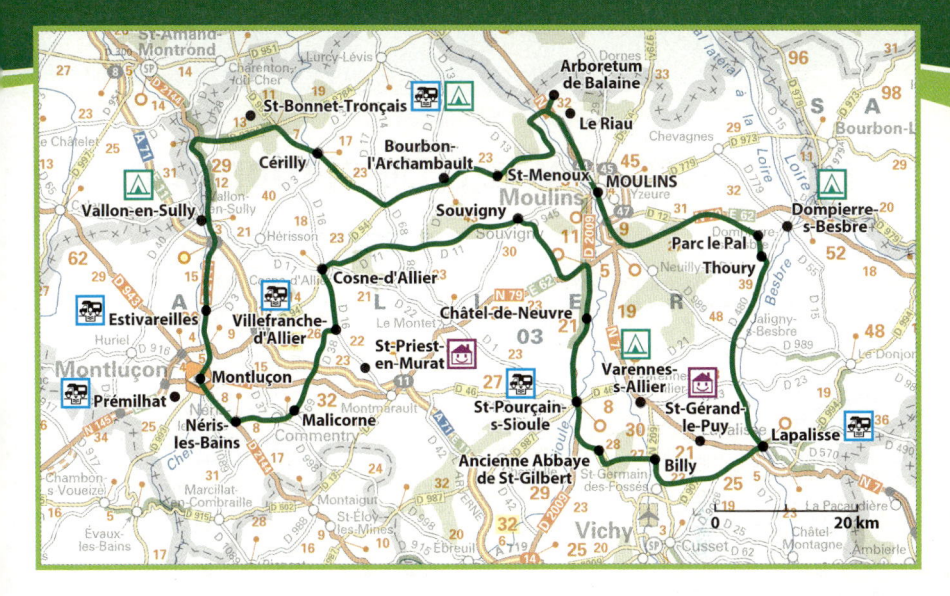

la futaie Colbert. Traversez la forêt et tournez à gauche sur la N 144. Poursuivez jusqu'à **Montluçon** où vous flânerez dans la cité médiévale, dominée par le **château des ducs de Bourbon**. Vous passerez la nuit dans les environs.

Jour 3

Quittez Montluçon par la D 998 pour visiter le jardin-verger de **Malicorne**, aux senteurs enivrantes. À Montmarault, prenez la D 945 et faites une pause au **Montet** afin de découvrir sa belle église romane, avant de vous rendre à **Souvigny** où vous apprécierez le remarquable ensemble abbatial qui abrite les tombeaux de Louis II de Bourbon et Anne d'Auvergne. Regagnez **Saint-Pourçain-sur-Sioule** par la N 9 au sud et arrêtez-vous à **Châtel-de-Neuvre** où se trouve une belle chapelle romane, dominant la vallée de l'Allier. Avant de rejoindre Saint-Pourçain, faites un crochet par **Saulcet** et son église aux belles fresques murales.

Jour 4

Visitez **Saint-Pourçain-sur-Sioule**, sans oublier de vous rendre au musée de la Vigne et du Terroir. Prenez le temps de déguster son célèbre blanc parfumé dans l'une des caves de la région. Vous pourrez aussi découvrir le vignoble en calèche et profiter d'une visite guidée peu ordinaire. Quittez Saint-Pourçain par le sud (N 9) pour aller à l'ancienne **abbaye**

Le conseil de Bib

▶ L'été, des guides proposent des randonnées en famille et des balades en vélos électriques sur les chemins de la forêt de Tronçais. Renseignez-vous au village de St-Bonnet-de-Tronçais.

de Saint Gilbert. Rejoignez **Billy** par la D 130. Vous apprécierez l'histoire de son château devenu prison royale, et la vue que l'on embrasse depuis la tour des remparts. Quittez la ville en direction de Saint-Germain-des-Fossés, et gagnez **Lapalisse** où vous dormirez.

Jour 5

Sur les bords de la Besbre, **Lapalisse** est dominé par la silhouette de son château. Prenez le temps de vous laisser conter une belle lapalissade! Repartez par la D 480 en longeant le val de Besbre jusqu'à **Jaligny**, où flotte encore le parfum rustique de la soupe aux choux (le régal de l'écrivain René Fallet). Passez l'après-midi au **parc d'attraction du Pal.** Mais avant d'y arriver, remarquez le beau château de **Thoury**, en gré rose. S'il ne se visite pas, ses jardins sont pour autant accessibles. Rejoignez la D 12 qui vous reconduit à Moulins.

75

N° 11 Auvergne

Aires de **service** & de **stationnement**

Estivareilles
Aire d'Estivareilles – *R. de la République, à côté de la salle polyvalente, à l'entrée du bourg* – Ouv. tte l'année – P
Borne artisanale. Gratuit.
Stationnement : autorisé
Services :

Lapalisse
Aire de Lapalisse – *Pl. Jean-Moulin* – 04 70 99 35 98 – Ouv. tte l'année – P 50.
Payant 4 €.
Stationnement : autorisé
Loisirs :
Services :

Prémilhat
Aire de Prémilhat – *Rte de l'étang de Sault, au bord de l'étang de Sault. Dir. Guéret, sortir de Montluçon* – Ouv. tte l'année – P 6.
Borne raclet. Payant 5 €.
Stationnement : autorisé
Loisirs :
Services :
☺ Agréable aire au bord de l'étang de Sault.

Saint-Bonnet-Tronçais
Aire de Saint-Bonnet-Tronçais – *Rte de Tronçais, À l'entrée du village sur la D 39, parking du stade municipal* – 04 70 06 10 22 – Ouv. tte l'année – P 10.
Payant 1,50 €.
Stationnement : autorisé
Loisirs : Services :
☺ Au cœur de la forêt de Tronçais

Saint-Pourçain-sur-Sioule
Aire de Saint-Pourçain-sur-Sioule – *R. des Béthères* – 04 70 45 32 73 – Ouv. tte l'année – P 30.
Borne flot bleu. Payant 2 €.
Stationnement : illimité
Loisirs :
Services :
☺ Exclusivement pour camping-car : ancien camping municipal de la Moute, au bord de la Sioule.

Villefranche-d'Allier
Aire de Villefranche-d'Allier – *Av. du 8-Mai-1945, près des installations sportives* – Ouv. tte l'année – P 4.
Borne artisanale. Payant 2 €.
Stationnement : autorisé
Services :

Campings

Dompierre-sur-Besbre
▲ Municipal
La Madeleine, sortie SE par N 79, rte de Digoin, près de la Besbre et à proximité d'un étang.
04 70 34 55 57
camping.dompierre@free.fr
De mi-mai à mi-sept. 2 ha (70 empl.)
Tarif (prix 2009) : 2,20 € 1,80 € – (10A) 2,10 €
borne artisanale 2,40 €
Loisirs :
Services :
☺ Décoration arbustive et florale

Saint-Bonnet-Tronçais
▲ Champ Fossé
Champ Fossé.
04 70 06 11 30
champfosse@campingstroncais.com . www.campingstroncais.com
De déb. avr. à fin sept. 3 ha (110 empl.)
Tarif (prix 2009) : 4,16 € 1,18 € 4,16 € – (10A) 3,16 €
Loisirs :
Services : sèche-linge
☺ belle situation au bord de l'étang de St-Bonnet

Vallon-en-Sully
▲ Municipal les Soupirs
Accès : SE : 1 km par D 11, entre le Cher et le Canal du Berry, et chemin à droite.
04 70 06 50 96
mairie.vallonensully@wanadoo.fr . monclocher.com
De mi-juin à mi-sept. 2 ha (50 empl.)
Tarif (prix 2009) : 2 € 2 € 2 € – (20A) 4 €
Loisirs :
Services : (juil.-août) ☺

Carnet pratique

🏠 Haltes chez le **particulier**

Saint-Gérand-le-Puy

Ferme Farjaud
Lieu dit Les Gras – Ouv. tte l'année.
🅿 4.
Ferme d'élevage de charolais, elle propose de découvrir ses produits : terrine, saucissons et viande de charolais. Dégustation et vente sur place.

> ### Le conseil de Bib
> ▶ À inscrire sur votre agenda : juil.-août – Souvigny – Foire médiévale, festival des troubadours et saltimbanques.

Saint-Priest-en-Murat

La ferme à Croutet
Entre Montmarault et Villefranche-d'Allier – ☎ 04 70 07 67 02 – Auberge : ouv. vend.-dim et j. fériés, réserv. obligatoire. Ouv. tte l'année.
🅿 4.
Installée dans une ancienne étable, cette ferme-auberge est maintenue au plus près de son état d'origine. Grande salle avec poutres et pierres apparentes, pavée de grands carreaux rustiques où le feu de cheminée crépite : c'est dans cette ambiance que Claire, Joël et Benoît Thévenet vous accueilleront. À table, produits de la ferme, amoureusement cuisinés par Claire : « canard à la Duchambay », gigot au foin, civet de bœuf ou poulet à la crème. Cochonailles maison en vente directe.

Les bonnes **adresses** de Bib

Boucé

Auberge de Boucé
Au bourg - 14 km à l'ouest de Lapalisse par D 480 et D 32 - ☎ 04 70 43 70 59 - fermé vac. de fév., 11-31 août, merc. soir d'oct. à mars, dim. soir, mar. soir et lun. - 16/34 €.
Une auberge de village toute pimpante. Salle à manger aux murs ensoleillés décorés de tableaux peints par le chef et agréable terrasse fleurie pour les beaux jours. Cuisine traditionnelle.

Lapalisse

Huileries de Lapalisse
38 av. Charles-de-Gaulle - ☎ 04 70 99 10 52
On ne présente plus cette maison à la réputation bien assise : depuis 1898, la même famille fabrique huiles de noix, de noisette, d'amande ou de cacahuète, aujourd'hui encore pressées à la meule de granit et chauffées en poêle, à l'ancienne. Incontournable, la boutique propose à la clientèle l'ensemble de la gamme, complété d'un rayon de spécialités du terroir français.

Montluçon

Le Grenier à Sel
Pl. des Toiles - ☎ 04 70 05 53 79 - fermé vac. de fév., vac. de Toussaint, sam. midi en hiver, lun. midi en juil.-août, dim. soir et lun. sf j. fériés - 22/66 €.
Dans le vieux Montluçon, cet hôtel particulier dans un jardin clos a belle allure avec ses murs couverts de vigne vierge. On y déguste une cuisine au goût du jour.

Reugny

La Table de Reugny
25 rte de Paris - ☎ 04 70 06 70 06 - fermé 1er-16 janv., 21 août-12 sept., dim. soir, lun. et mar. - 16/46 €.
La confortable salle à manger de cette fringante maison offre un charmant décor de bonbonnière agrémenté de tentures et nappes aux tons pastel. L'été, elle se complète d'une terrasse dressée face au jardin fleuri. Sympathique cuisine au goût du jour mettant à l'honneur le bœuf charolais et les produits du Bourbonnais.

St-Pourçain-sur-Sioule

Au Roi de l'Andouillette
6 pl. Georges-Clemenceau - ☎ 04 70 45 54 55
Ce bel établissement mérite bien son nom car l'andouillette à la ficelle fabriquée ici est reconnue par les gens du métier comme l'une des meilleures de France : il n'y a qu'à voir la file d'attente permanente devant la boutique pour en être persuadé. Outre ce produit phare, Monsieur Dromard élabore d'excellentes charcuteries traditionnelles et des tripes au vin blanc de Saint-Pourçain, autre spécialité de la maison.

Union des Vignerons
3 r. de la Ronde - ☎ 04 70 45 42 82 - tlj sf dim. 9h-12h, 14h-18h.
Cette coopérative née en 1952 et réunissant aujourd'hui près de 120 vignerons compose le seul groupement de producteurs de l'appellation. La cave contrôle la qualité à toutes les étapes de la vinification, jusqu'à la mise en bouteille. Son produit phare est la Ficelle, vin à la belle couleur cerise et aux arômes de fruits rouges. Autres vins à découvrir : les rouges des domaines de la Chinière, de la Croix d'Or et l'insolite Lo Mountogno, mûri pendant deux ans à 1 000 m d'altitude, ainsi que les rosés et les blancs, dont une excellente Réserve Spéciale.

N° 12 Auvergne

Le secret des **eaux minérales**

Vous êtes plutôt **Vichy-Célestins** ou **Saint-Yorre** ? Vous devriez le savoir au terme de cette escapade au cœur de l'Auvergne des **sources minérales** et des **villes d'eaux**. Les **stations thermales** offrent à leurs visiteurs des activités diverses qui en font des lieux de vacances très agréables, attirant autant les touristes que les curistes… Nul besoin d'une ordonnance ou d'un mal de dos !

➲ **Départ de Vichy**
➲ **4 jours 285 km**

Vue aérienne de Vichy, le long des rives de l'Allier.

Jour 1

Arrivé à **Vichy**, vous passerez la matinée à découvrir le quartier thermal où se mêlent les styles d'architecture du Second Empire et l'Art nouveau. Vous verrez ces grands hôtels qui, à la Belle Epoque, recevaient des hôtes prestigieux, et vous musarderez dans les galeries commerçantes, sans oublier de goûter aux pastilles acidulées, vendues dans leur boîte au décor Vichy rose ou bleu. Vous flânerez dans le parc des Sources et les parcs d'Allier, avant de déjeuner dans un bon restaurant de la ville. Profitez du thermalisme pour passer un après-midi de détente en vous offrant massages et bains bouillonnants. Terminez votre journée au casino ou en assistant à un spectacle donné dans le bel opéra de Vichy.

Jour 2

Repartez au nord-ouest, traversez l'Andelot, puis la Sioule. Prenez la D 36 qui mène à **Étroussat**, et admirez les vitraux modernes de son église. Prenez ensuite la D 42 pour rejoindre **Charroux**, beau village fortifié célèbre aussi pour **sa moutarde** ! Quittez Charroux par le sud, franchissez l'autoroute jusqu'à **Ébreuil**, et ne ratez pas son église et ses fresques médiévales. Quittez Ébreuil par la D 915 vers les **gorges de la Sioule** : attention, la route est sinueuse ! Elle vous mènera à l'entrée des **gorges de Chouvigny** et de son impressionnant château, puis au pont de Menat. Faites une halte à **Menat** pour visiter son musée de paléontologie et son église. Sur la D 109, remarquez au passage les ruines romantiques de Château-Rocher.

Jour 3

Quittez les gorges. La D 12 mène à **Gannat**. Vous visiterez son musée, qui contient un superbe évangéliaire médiéval, et Rhinopolis, où vous apprendrez tout sur la création du monde et la vie sur Terre. Par la N 9, poursuivez jusqu'à **Aigueperse**, dont la collégiale renferme de belles peintures. Après avoir visité le **château d'Effiat** (sur la D 984), vous vous rendrez par la D 93 jusqu'au **domaine royal de Randan** pour vous perdre, avec plaisir, dans le grand parc du château. Gagnez ensuite la D 63 au sud, passez par **Ris** et allez à **Châteldon** dont la fameuse **eau minérale** se retrouve sur les plus grandes tables françaises ! Profitez d'un moment de pleine nature en vous rendant, à l'est par la D 63, à **la grotte des Fées**,

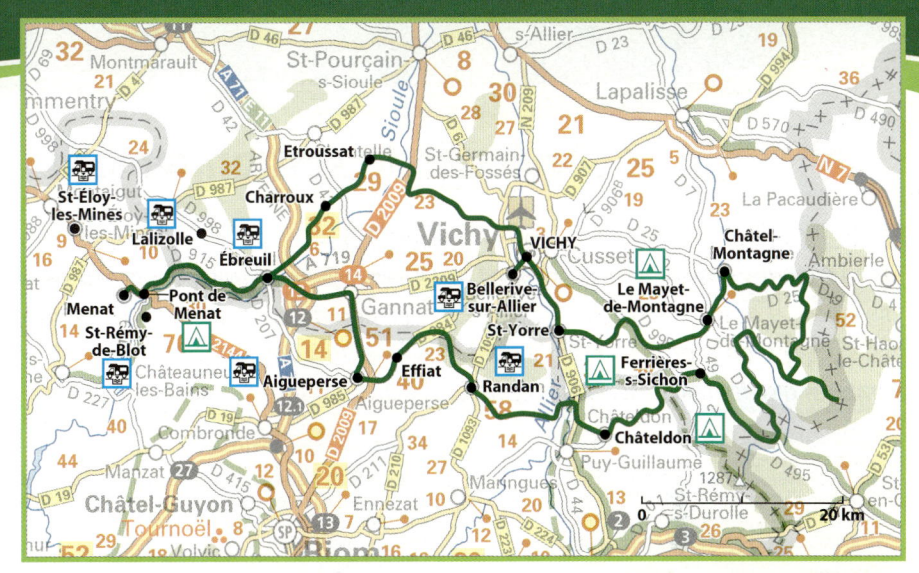

puis longez le Sichon jusqu'au rocher Saint-Vincent. Tournez à droite, à **Lavoine** : son « horloge à billes et à eau » vous donnera l'heure ; et s'il vous reste assez de temps, visitez l'écomusée du Bois et de la Scierie à eau. Repartez à l'est à **Laprugne**, et prenez à gauche la D 1 jusqu'au **Mayet-de-Montagne** où vous passerez la nuit.

Jour 4

Quittez le Mayet-de-Montagne pour aller à la **Loge des Gardes** par la D 177. En pleine Montagne bourbonnaise, vous découvrirez les charmes des **monts de la Madeleine** en forêt de l'Assise. Faites un détour jusqu'au **Gué de Lachaux** pour vous laisser surprendre par sa tourbière, et expérimentez la **route Magique**. Admirez la belle vue sur la région en marchant jusqu'à la **Pierre Charbonnière** par la D 477. Gagnez le village de **Châtel-Montagne** et visitez sa très belle église romane. **Le château de Busset**, ber-

Le conseil de Bib

▶ Pensez à faire votre ravitaillement en eau de Saint-Yorre. Le robinet se trouve le long de l'usine d'embouteillage. C'est gratuit.

ceau des Bourbon, sera votre prochaine étape en poursuivant la D 25. Non loin de là, à **Saint-Yorre**, vous pourrez consommer de la saint-yorre sur place ! Regagnez Vichy au nord en passant par les « souterrains » de **Cusset**.

Moment de cure et de détente à Vichy.

Chalet typique, à Vichy

N° 12 Auvergne

Aires de service & de stationnement

Aigueperse
Aire d'Aigueperse – *Pl. du champ-de-Foire* – ☎ 04 73 63 60 34 – *Ouv. tte l'année sauf 15août-22août* – P *15.*
Borne raclet. Payant 2 €.
Stationnement : autorisé
Loisirs : Services : sèche-linge

Bellerive-sur-Allier
Riv'Air Camp – *Rue Claude-Decloitre* – ☎ 04 70 32 39 78 – *Ouv. tte l'année* – P *40.*
Borne artisanale. Payant.
Stationnement : illimité. 10 €/j.
Loisirs : Services :
Idéal pour la visite de Vichy, au bord de l'Allier.

Ébreuil
Aire d'Ébreuil – *11, r. de la République, près du camping municipal* – ☎ 04 70 06 00 55 – *Ouv. tte l'année* – P
Borne raclet. Gratuit.
Stationnement : autorisé
Loisirs : Services :

Lalizolle
Aire de Lalizolle – *Centre-bourg* – *Ouv. tte l'année* – P
Borne artisanale. Payant 2 €.
Stationnement : autorisé
Services :

Randan
Aire de Randan – *En venant du centre-ville par la route de Bellerive, 200m avant le rond-point de la route de Clermont et d'Intermarché* – ☎ 04 70 56 12 02 – *Ouv. tte l'année* – P *5.*
Borne eurorelais. Payant.
Stationnement : autorisé
Services :

Saint-Éloy-les-Mines
Aire du Plan d'eau – *Pl. Jacques-Magnier* – ☎ 04 73 85 08 24 – *Ouv. tte l'année* – P *25.*
Borne flot bleu. Payant 2 €.
Stationnement : autorisé
Loisirs :
Services :
Agréable aire au bord d'un plan d'eau.

Saint-Rémy-de-Blot
Aire de Saint-Rémy – *Pl. du bourg* – ☎ 04 73 97 97 73 – *Ouv. tte l'année* – P *6.*
Borne flot bleu. Payant 2 €.
Stationnement : autorisé
Loisirs : Services :
Accès piétonnier au château Rocher.

Campings

Ferrières-sur-Sichon
▲ Municipal le Galizan
Accès : 0,7 km au SE du bourg par D 122, rte Thiers et chemin à gauche après le petit pont, près du Sichon et d'un étang.
☎ 04 70 41 10 10
De déb. juin à fin sept. 0,7 ha (32 empl.)
Tarif (prix 2009) : 2,20 € 1,10 € 1,10 € – (10A) 2,20 €
Loisirs :
Services :

Le Mayet-de-Montagne
▲ Municipal du Lac
Chemin de Fumouse.
☎ 04 70 59 70 52
De mi-mars à fin oct. 1 ha (50 empl.)
Tarif (prix 2009) : 1,90 € 0,60 € 0,90 € – (10A) 1,90 €
Loisirs :
Services : (juil.-août)
près du lac des Moines

Pont-de-Menat
▲ Municipal les Tarteaux
Accès : 0,8 km au SO, rive gauche de la Sioule.
☎ 04 73 85 52 47
De déb. avr. à fin sept. 1,7 ha (100 empl.)
Tarif (prix 2009) : 2,40 € 1,45 € 1,45 € – (16A) 2,70 €
Loisirs :
Services : (juil.-août)
agréable site dans les gorges

Saint-Yorre
▲ Municipal la Gravière
R. de la Gravière, sortie SO par D 55E rte de Randan, près de l'Allier avec accès direct.
☎ 04 70 59 21 00
Saison 1,5 ha (80 empl.)
Tarif (prix 2009) : 3,80 € 4 € – (10A) 2,90 €
Loisirs :
Services :

Carnet pratique

Les bonnes **adresses** de Bib

Aigueperse

Jacques Vernet
154 Grande-Rue - ☎ 04 73 63 61 85 - 7h-19h (sf lun. en hiver) - fermé 2 sem. en fév., 1 sem. en juin.
Le grand-père avait repris en 1933 cette pâtisserie-chocolaterie située au centre du village. Aujourd'hui, son petit-fils préside à la destinée de la maison en préparant des spécialités reconnues. Chacun sait que l'on trouve ici de délicieuses créations pralinées ou encore des massepains moelleux et fondants. Et l'on ne vous parle même pas du chocolat : le mieux est d'aller sur place et de goûter…

Charroux

Huiles et Moutardes de Charroux
R. de la Poulaillerie - ☎ 04 70 56 87 61 - www.huiles-et-moutardes.com - 15h-18h30.
Depuis 25 ans, la même famille produit avec un matériel centenaire de l'huile de noix et de noisettes. Elle prépare aussi de la moutarde à l'ancienne (nature ou aromatisée) en broyant encore les graines à la meule de pierre. La minuscule boutique attenante s'attache à remettre crêtes de volailles et roupettes (testicules de coq en gelée) au goût du jour…

Le Mayet-de-Montagne

Le Relais du Lac
0,5 km au sud de Mayet-de-Montagne par D 7 - ☎ 04 70 59 70 23 - fermé oct., lun. et mar. - 13/40 €.
L'ambiance est familiale dans ce restaurant, disons plutôt ce bistrot, proche du lac. Salle à manger simple avec ses nappes à carreaux. La cuisine est sans prétention et les prix tout petits.

Menat

Sioule Loisirs
Pont-de-Menat - ☎ 04 73 85 52 87 - www.siouleloisirs.com - juin-août : tlj ; mai et sept. : à partir de 9h30 sur réserv. - fermé lun. soir pour le snack - 15 € la demi-journée, 20 € la journée.
Location de canoës et de kayaks pour descendre à votre rythme les gorges de la Sioule. Plusieurs parcours de longueurs variables proposés (formules à la journée ou à la demi-journée). Le point d'accueil, qui surplombe la rivière, inclut un snack-bar-pizzeria.

Ris

Fromagerie Artisanale de Ris
La Gare - ☎ 04 73 94 41 14 - 8h-12h, 14h30-19h - fermé j. fériés.
Un artisan fromager a repris cette entreprise et, avec le lait des étables voisines, élabore une quinzaine de fromages produits et affinés sur place. Ils sont présents sur l'étal alléchant de la boutique qui propose aussi une sélection de produits régionaux, miel, charcuterie, vins d'Auvergne.

Servant

Restaurant Vindrié
Gorges de la Sioule - ☎ 04 73 85 51 48 - fermé 30 nov.-15 fév. - 18/57 €.
Ce restaurant familial se trouve au cœur du site des gorges de la Sioule, à deux pas de la rivière. Goûteuse cuisine faisant la part belle aux poissons et superbe carte des vins : l'impressionnante cave réunit en effet plus de 45 000 bouteilles ! Agréable terrasse d'été sous une vigne vierge.

Vichy

Casino de Vichy « Les 4 Chemins »
35 r. Lucas, centre commercial les 4 Chemins - ☎ 04 70 97 93 37 - casino-4chemins@g-partouche.fr - 10h-3h, vend., sam. et j. fériés 4h.
Machines à sous, jeux traditionnels (boule, black-jack, roulette anglaise, stud poker), restaurant, dancing, complexe cinéma (7 salles) et salles multifonctions pouvant accueillir jusqu'à 300 personnes, telle est l'offre proposée ici.

Aux Marocains
33 r. Georges-Clemenceau - ☎ 04 70 98 30 33 - 9h15-12h30, 14h30-19h30 (dim. et lun. 10h30) - fermé 1er janv. apr.-midi et 25 déc. apr.-midi.
Cette confiserie au décor luxueux (marbre rouge d'Italie, gigantesque lustre en bronze, boiseries dorées, etc.) garde le secret de la fabrication du Marocain, caramel mou dans un caramel dur, recette mise au point dans les années 1920. Vous trouverez aussi des fruits confits, des sucres d'orge, des chocolats…

Moinet-Vichy-Santé
4 r. de la Source de l'Hôpital - ☎ 04 70 32 31 77.
Son nom évoque immanquablement les pastilles de Vichy : cette confiserie est en effet l'une des dernières survivantes parmi les entreprises ayant produit la petite pastille blanche. Toutefois, sa vitrine cossue ne se limite pas à ce bonbon frais créé en 1825, mais présente également, avec la même délicatesse, sucres d'orge, gommes et pâtes de fruits aux 5 parfums. L'adresse est d'ailleurs tout aussi connue pour les pastilles que pour ses bonbons glacés à base d'amandes enrobées de caramel qui font depuis belle lurette le bonheur des gourmands.

Comptoir Européen de la Confiserie
94 allée des Ailes - ☎ 04 70 30 94 70 - tlj sf w.-end 9h-12h, 14h-17h, vend. 9h-11h - fermé 26 juil.-15 août et j. fériés.
Après la visite, à partir d'une galerie surplombant l'atelier de conditionnement, et la projection d'un film vidéo de 10mn, vous n'ignorerez plus rien des secrets de fabrication de la légendaire et véritable pastille de Vichy.

N° 13 — Auvergne

De la **Grande Limagne** aux **monts du Forez**

Derrière ces appellations géographiques méconnues, se cachent des réalités que vous ne pouvez pas ne pas connaître. Et si tel est le cas, alors cette balade s'impose ! La **Grande Limagne** est la plaine située à l'**est de Clermont-Ferrand**. Elle est surplombée par les **monts de Forez**. Ensemble, plaine et monts font rythmer la **fourme** avec la ville d'**Ambert** et la tradition des couteaux avec la ville de **Thiers**.

➲ Départ de Clermont-Ferrand
➲ 7 jours
350 km

Les couteaux qui ont fait la réputation de Thiers.

Jour 1

Passez la journée à découvrir **Clermont-Ferrand**. Flânez dans le vieux Clermont, place de Jaude, et dans le vieux Montferrand aux rues bordées d'hôtels particuliers. La basilique N.-D.-du-Port, la cathédrale N.-D.-de-l'Assomption, le musée d'archéologie Bargoin et le muséum d'histoire naturelle Henri-Lecoq sont quatre incontournables. Autre incontournable pour les gourmets : le marché, place St-Pierre !

Jour 2

Quittez Clermont par le sud-est, traversez **Cournon** et rejoignez la D 212 qui vous mènera en « **Toscane auvergnate** », région ainsi nommée en raison de la très belle lumière qui baigne fréquemment ses paysages. Visitez **Billom**, aux portes du Livradois-Forez, puis partez par la D 997 rejoindre **Ambert**. Cette petite ville fut longtemps un grand centre papetier. Mais c'est à un fromage, la fameuse « fourme », qu'elle doit sa célébrité. Vous la dégusterez avant de quitter la Maison de la fourme et du fromage à Ambert. Passage obligé à l'hôtel de ville d'Ambert, rond comme une fourme ! Quittez Ambert, prenez la D 57 à l'Est, et ne ratez pas le **moulin Richard de Bas**, le dernier des moulins à papier encore en fonctionnement. La D 67 serpente jusque dans le cirque de Valcivières, et un peu plus loin au nord, jusqu'au **rocher de la Volpie** (vue magnifique).

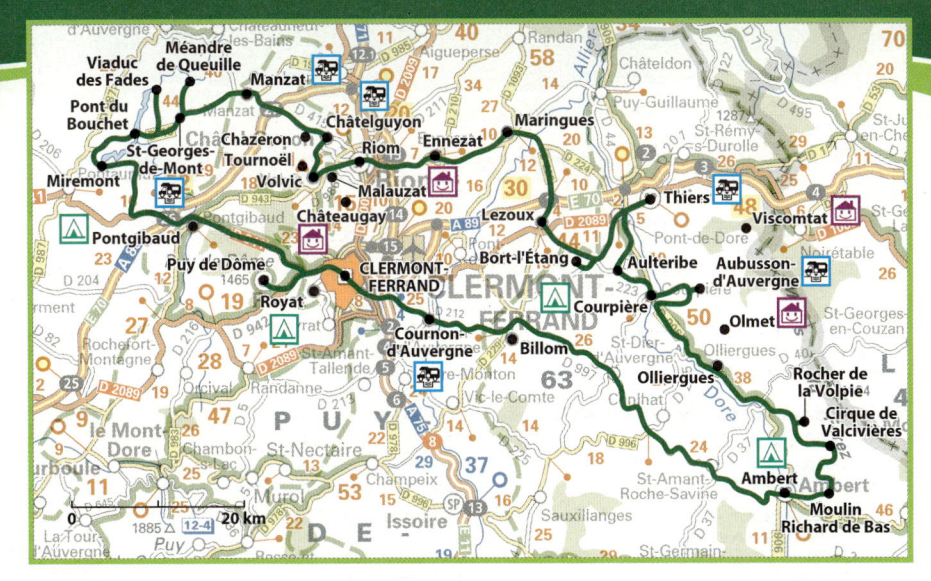

Jour 3

Direction **Thiers** en longeant la Dore jusqu'à **Olliergues** et son musée des Métiers et des Traditions. Poursuivez jusqu'à Courpière. Vous pouvez faire un détour par l'ouest pour un pique-nique sur les bords du lac, à **Aubusson-d'Auvergne**. Avant de vous rendre à Thiers, visitez le superbe château d'**Aulteribe**. Passez l'après-midi à **Thiers**, auprès des couteliers qui se prêtent volontiers à la démonstration de la fabrication de couteaux ! Le soir, rejoignez la base de loisirs de la ville pour une halte méritée.

Jour 4

Avant de vous rendre à Lezoux, faites un crochet par **Bort-l'Étang** d'où un chemin dans le sous-bois vous conduira au **château de Ravel**, décor du film *Les Choristes*. Repartez par le bourg et allez jusqu'à Lezoux, découvrir le musée départemental de la Céramique. Gagnez **Maringues** par la D 223, les anciennes tanneries de **Maringues** abritent un musée très intéressant. En allant à **Riom** par la D 224, faites une halte dans l'**église d'Ennezat**, appelée aussi « cathédrale du marais ». Imprégnez-vous de l'ancienne cité de Riom et de ses trésors.

Jour 5

À Volvic, par la D 986, vous plongerez au cœur de la coulée de basalte du **puy de la Nugère** et partirez à la recherche des sources mondialement connues. Vous visiterez le **château de Tournoël**, qui veille depuis le Moyen Âge sur le **pays de Volvic**. Partez ensuite au nord-est, admirer les chapiteaux romans de l'**abbaye de Mozac**, que vous quitterez en suivant la D 227. Gagnez la station de **Châtelguyon** et profitez de quelques soins de remise en forme !

Jour 6

Partez par la D 415 découvrir le **château de Chazeron**, avant de faire le tour à pied du Gour de Tazenat par la D 227. Prenez la D 19 pour admirer la superbe vue sur les **gorges de la Sioule** et sur le méandre de Queuille. Rejoignez **Les Ancizes** ; à droite, la D 62 mène au site du barrage de Besserve et du viaduc des Fades. Franchissez la Sioule et prenez la D 987 jusqu'à **Miremont**. La D 61 vous mènera sur la route de **Pontgibaud** où vous passerez la nuit.

Jour 7

À **Pontgibaud**, vous visiterez le château Dauphin et approfondirez l'histoire minière du pays. En revenant à Clermont-Ferrand, vous pourrez vous arrêter à **Vulcania** pour le reste de la journée ou visiter le volcan de Lemptégy, suivi d'une incontournable **montée au sommet du Puy de Dôme**.

N° 13 Auvergne

Aires de service & de stationnement

Aubusson-d'Auvergne
Aire du lac d'Aubusson – *Base de loisirs-Lac d'Aubusson, par CD 45 à partir de Courpière,* – 04 73 53 56 02 – *Ouv. tte l'année* –
Borne artisanale. Gratuit.
Stationnement : 6 €/j.
Loisirs :
Services :
Site agréable entouré de montagnes recouvertes de forêts, au bord du lac.

Châtelguyon
Aire de Châtelguyon – *Av. Charles-de-Gaulle* – 04 73 86 01 88 – *Ouv. tte l'année* – 10.
Borne flot bleu. Payant 2 €.
Stationnement : autorisé
Loisirs :
Services : sèche-linge
Jetons à retirer à la boulangerie ou à l'OT.

Cournon-d'Auvergne
Aire de Cournon d'Auvergne – *Devant le camping « Le pré des laveuses ». Dir. la base de loisirs, au bord de l'Allier* – 04 73 84 81 30 – *Ouv. tte l'année* – 15.
Payant 2 €.
Stationnement : 4,15 €/j.

Manzat
Aire de Manzat – *Pl. du 14-Juillet, dans la commune de Manzat près de Volvic. Au centre du village* – 04 73 86 60 23 – *Ouv. avr.-oct.* – 20.
Borne artisanale. Gratuit.
Stationnement : autorisé
Services :

Saint-Georges-de-Mons
Aire de Saint-Georges-de-Mons – *Pl. des Anciens-Combattants, à l'entrée du camping* – 04 73 86 71 84 – *Ouv. tte l'année* –
Borne raclet. Payant 2 €.
Stationnement : autorisé
Loisirs : Services :

Thiers
Aire de Thiers – *Base de Loisirs ILOA, Rte de Vichy, D 94 à gauche et D 44 rte de Dorat. Par A 72, sortie à Thiers-Ouest* – *Ouv. avr.-nov.* – 50.
Borne artisanale. Gratuit.
Stationnement : autorisé
Loisirs : Services :

Campings

Ambert
Municipal Les Trois Chênes
Rte du Puy, 1,5 km au S par D 906, rte de la Chaise-Dieu, près de la Dore.
04 73 82 34 68
www.camping-ambert.com
3 ha (120 empl.)
– 4
Loisirs :
Services : sèche-linge
agréable cadre verdoyant

Courpière
Municipal les Taillades
Les Taillades, sortie S par D 906, rte d'Ambert, D 7 à gauche, rte d'Aubusson-d'Auvergne et chemin à dr., à la piscine et près d'un ruisseau.
04 73 53 01 21
De déb. juil. à fin août 0,5 ha (40 empl.)
Tarif : 8,10 € – pers. suppl. 3,80 €
Loisirs : Services :

Pontgibaud
Municipal de la Palle
Route de la Miouze, 0,5 km au SO par D 986, rte de Rochefort-Montagne, bord de la Sioule.
04 73 88 96 99
De mi-avr. à fin sept. 4,5 ha (120 empl.)
Tarif (prix 2009) : 14,80 € (6A) – pers. suppl. 3,60 €
– 2,50 €
Loisirs :
Services : (juil.-août)

Royat
Indigo Royat
Rte de Gravenoire
04 73 35 97 05
De déb. avr. à fin oct. 7 ha (200 empl.)
Tarif (prix 2009) : 27,70 € (6A) – pers. suppl. 5,30 €
– 4 €
Loisirs : snack, pizzeria diurne nocturne (juil.-août)
Services :
agréable cadre, verdoyant et ombragé

Carnet pratique

🏠 Haltes chez le **particulier**

Châteaugay

Domaine de la Croix Arpin
Pompignat – ☏ 04 73 25 00 08 – *Ouv. tte l'année.*
🅿 2.
Producteur de Côtes d'Auvergne, Châteaugay blanc, rosé et rouge dont les crus 2006, respectivement médaille d'or et de bronze au concours général agricole de Paris, sont trés prisés dans la région.

Olmet

Les Canards d'Agathe
Sainte-Agathe, Sur la D37, à 3 km du Brugeron et à 9 km d'Olliergues – ☏ 04 73 72 67 78 – *visites guidées : Juil.-sept. : merc.-vend., dim à 15h et 17h, hors-sais. sur rdv. Ouv. tte l'année.*
🅿 5.
Au cours de la visite de la ferme, Catherine vous fera découvrir la diversité et la richesse de son activité : l'alimentation, le gavage au maïs en grains entiers et la transformation suivant des méthodes traditionnelles. Vente et dégustation des produits maison.

Saint-Genest-l'Enfant

Salmoniculture du Château de St-Genest-l'Enfant
St-Genest-l'Enfant – ☏ 04 73 64 14 54 – *Ouv. tlj 9h-12h et 14h-19h. Ouv. tte l'année.*
Cet établissement jouit d'un emplacement remarquable dans le bassin de la faille de Volvic. Il bénéficie de ce fait d'une eau de source d'une grande pureté à température constante de 9°C toute l'année. Outre les truites, les ombles chevaliers et les saumons à pêcher soi-même, vous pourrez remplir votre panier de rillettes, filets fumés maison, tartares, carpaccio, paupiettes…

Viscomtat

La Cité de l'Abeille
Lieu dit la Guillaume – ☏ 04 73 51 91 13 – *Visites guidées 15h et 17h,.tlj en juil.-août ; mai-juin, sept. dim, 10h-12h, 15h-19h. Ouv. tte l'année*
🅿 5.
La Cité de l'Abeille est installée au cœur de la montagne thiernoise, dans un joli hameau datant du 18e s. Elle récolte différents miels dont une partie est utilisée pour la fabrication de spécialités : chocolat, nougatine, pain et pomme d'apis, tartines, sorbets… Visites guidées, dégustation, vente.

Les bonnes **adresses** de Bib

Châtelguyon

Institut Bien-Être et Thermes
7 bis r. d'Angleterre - ☏ 04 73 86 12 22 - *tlj sf dim. 9h30-12h30, 14h-19h30, lun. 14h-19h30, sam. 9h30-18h - fermé j. fériés et 1 sem. en nov.*
Demi-journée, journée ou séjour de remise en forme. Balnéothérapie, esthétique, aquagym, sauna, hammam, salle de sport.

Clermont-Ferrand

Le 1513
3 r. des Chaussetiers - ☏ 04 73 92 37 46 - *9 € déj. - 13,50/23 €.*
L'architecture particulière de ce lieu, situé dans le vieux Clermont, mérite à elle seule le détour. Pas moins de onze salles, toutes d'un style différent, sont disponibles. Dans l'assiette, crêpes et quelques produits typiquement auvergnats.

Michelin la Boutique
2 pl. de la Victoire - au pied de la cathédrale, au cœur du centre historique - ☏ 04 73 90 20 50 - *michellesistel@fr.michelin.com - tlj sf dim. 10h-19h, lun. 13h30-19h - fermé j. fériés.*
Mondialement connu et particulièrement représenté à Clermont, Bibendum se devait d'avoir une boutique où sont présentés ses nombreux produits touristiques.

Thiers

Pâtisserie Museur
15 r. François-Mitterrand - ☏ 04 73 80 00 89 - *8h-12h30, 14h-19h30 - fermé 1er janv. et 1er-15 août.*
Ce pâtissier chocolatier nourrit une véritable passion pour le chocolat. Ses spécialités, le Chabriou (chocolat blanc et nougatine pilée), les Grêlons du Sancy (chocolat au lait et mousse noisette) et les Rochers des Borbes (croustillant amande et noisette) remportent un énorme succès.

Volvic

Maison de la Pierre
Au bourg - ☏ 04 73 33 56 92 - *tlj 9h15-18h - fermé mar. d'oct. à avr.*
Exposition et vente des produits sur lave (lave émaillée, gravure sur pierre, sculpture) dans une ancienne carrière en galerie souterraine, creusée par la main de l'homme, au cœur d'une coulée de lave du Puy de Nugère. Visite guidée de la carrière.

N° 14 Auvergne

Au pays des **volcans** et des **lacs**

L'Auvergne est un véritable **musée du volcanisme** à ciel ouvert. Tout, dans ce **pays d'eau** et de petites montagnes, rappelle la lutte que les éléments se sont livrés pendant des milliers d'années. Les **coulées de lave** ont laissé leur trace, tant dans le paysage que dans l'architecture locale où façonnée par l'homme, la pierre de lave est omniprésente.

➲ **Départ du Mont-Dore**
➲ **7 jours**
290 km

Le Sancy

Jour 1

Curiste ou promeneur de passage, gagnez le fabuleux **puy de Sancy** pour la vue qu'il vous réserve et pour vous enivrer d'air pur ! Ne négligez pas pour autant la ville du **Mont-Dore** : ses rues animées s'accordent aux saisons, et vous aimerez son établissement thermal, à l'architecture remarquable. **La Bourboule**, par la D 996, vous surprendra aussi. Il s'y passe toujours quelque chose ! Visitez son espace de géologie et flânez dans son parc Fenestre. Quittez la ville par la D 88 pour vous rendre à **Murat-le-Quaire** : le « scénomusée la Toinette et Julien » est l'un des plus beaux de la région.

Jour 2

Rendez-vous à la **Tour-d'Auvergne** par la D 129 : son histoire est liée à celle de la France ! Poursuivez entre monts Dore et Artense par la D 203. Faites une halte au **lac Chauvet** avant de vous rendre au mystérieux **lac Pavin**. La D 978 vous mènera jusqu'à **Besse-et-Saint-Anastaise**, aux charmes incontestables. Ne ratez pas la visite de la ville et des ses musées. Prenez la D 5 jusqu'à **Murol** et découvrez le superbe **lac Chambon** où vous passerez la nuit.

Jour 3

En été, les visites animées du château de Murol sont très prisées. Profitez-en ! Laissez Murol pour gagner **Saint-Nectaire** par la D 996. Joyau de l'art roman auvergnat, son église mérite plus qu'un simple détour : prenez le temps d'une visite guidée. On ne parle pas de Saint-Nectaire sans évoquer son fromage. Ne quittez pas Saint-Nectaire sans aller par la D 150, aux Mystères de Farges, qui vous réserve bien des surprises ! Vous en profiterez pour déguster le sublime fromage de la ferme Bellonte (en contrebas du mystère des Farges).

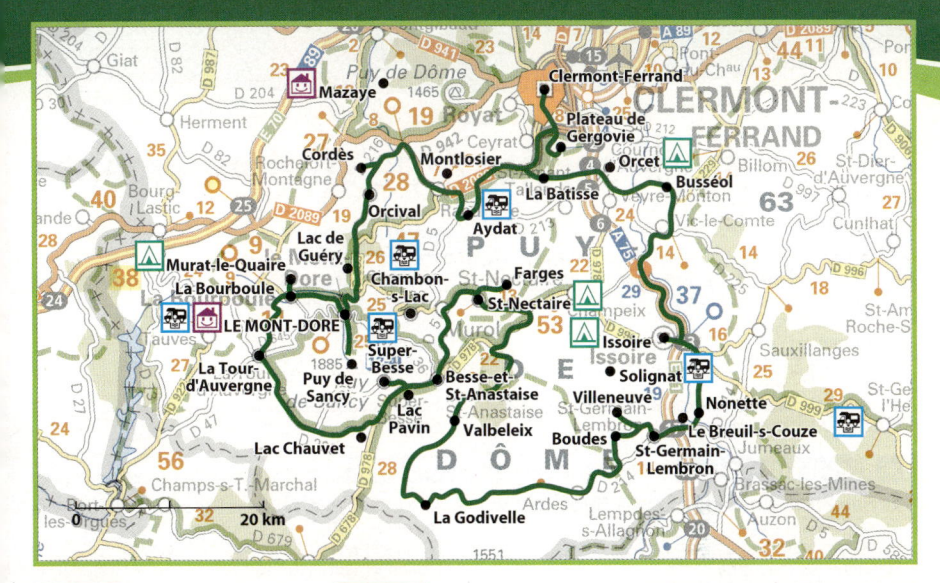

Jour 4

La D 26 longe les **gorges de Courgoul** jusqu'à **Valbeleix**. Admirez la vue au belvédère de la roche Nité. Gagnez ensuite **La Godivelle** par la D 32 et partez dans la réserve des Sagnes pour découvrir lacs et tourbières. Au cœur du Cézallier, suivez la vallée de Rentières par la D 36 jusqu'à **Ardes-sur-Couze**, doté d'un parc animalier. Finissez la journée dans le décor de la vallée des Saints, près du village vigneron de **Boudes**, par la D 214. Rejoignez **Issoire**.

Jour 5

Gagnez le **château de Villeneuve-Lembron** par la D 125. Après Saint-Germain, traversez l'autoroute pour découvrir le village perché de **Nonette**. Prenez la D 722 et allez au **château de Parentignat** pour flâner dans son parc après la visite. Finissez la journée à **Issoire** en musardant dans ses rues, et visitez son abbatiale, autre merveille incontournable de l'art roman auvergnat.

Jour 6

Le donjon du beau village de **Montpeyroux**, par la A 75, offre une vue remarquable sur la région. Quittez le village par la D 229, pour découvrir le **château de Busséol**, au joli jardin suspendu. Partez ensuite à l'assaut du **plateau de Gergovie**, en prenant la direction de la Roche Blanche. La Maison de Gergovie vous dévoilera tout sur Vercingétorix et la fameuse bataille ! Quittez le site pour aller à **Clermont-Ferrand**. Visitez la ville, sa très belle église Notre-Dame-du-Port et ses musées.

Jour 7

Sur la N 89, qui vous conduit au **lac d'Aydat**, faites un détour à l'est pour visiter le **château d'Opme ou de La Bâtisse**. Après une promenade sur les bords du lac, reprenez la N 89. La **Maison du parc des Volcans** se trouve non loin, à **Montlosier**. La D 216 vous mènera au **château de Cordès** sorti tout droit d'un conte de fées. Après sa visite, gagnez **Orcival** tout proche. Important lieu de pèlerinage, sa superbe basilique romane fait partie des églises majeures d'Auvergne. La D 983 vous ramène au Mont-Dore. N'oubliez pas de vous arrêter en chemin au **lac de Guéry** et d'admirer les roches Tuilière et Sanadoire.

Le saint-nectaire.

N° 14 Auvergne

Aires de **service** & de **stationnement**

Aydat

Aire du lac d'Aydat – *Au bourg, par la N 89 ou A 75* – 04 73 79 37 15 – *Ouv. tte l'année* – P 35.
Borne eurorelais. Payant 2 €.
Stationnement : 6 €/j.
Loisirs :
Services :
Ancien camping municipal transformé en aire d'accueil à 200 m du lac

Le Breuil-sur-Couze

Aire du Breuil-sur-Couze – *À coté de la gare* – *Ouv. tte l'année* – P 8.
Borne artisanale. Gratuit.
Stationnement : autorisé
Loisirs : Services :

Chambon-sur-Lac

Aire de Chambon sur Lac – *À coté du camping « les Bombes »* – *Ouv. juin-sept.* – P 15.
Borne flot bleu. Payant 2 €.
Stationnement : 6 €/j.
Loisirs :
Services :
Idéal pour départ de randonnées. Accès à la piscine du camping.

Le Mont-Dore

Aire des Crouzets – *Camping des Crouzets, centre-ville* – *Ouv. tte l'année* – P 30.
Borne flot bleu. Payant 2 €.
Stationnement : autorisé
Loisirs :
Services : sèche-linge
Le stationnement est autorisé au parking des Longes.

Solignat

Aire de Solignat – *À 8 km au SO d'Issoire par la D 32* – *Ouv. tte l'année* – P
Borne eurorelais. Gratuit.
Stationnement : autorisé
Loisirs :
Services :

Super-Besse

Aire de Super Besse – *Ronde de Vassivière, au fond de la station près du lac des Hermines. Parking du trophée Andros* – 04 73 79 60 29 – *Ouv. tte l'année* – P
Borne flot bleu. Payant 3 €.
Stationnement : autorisé
Loisirs :
Services :

Campings

Issoire

Municipal du Mas
R. du Docteur-Bienfait. Par A 75 sortie 12.
04 73 89 03 59
De déb. avr. à déb. nov. 3 ha (138 empl.)
Tarif (prix 2009) : 16,60 € (6A) – pers. suppl. 4,40 €
borne flot bleu 2,80 € – 10 13,30 €
Loisirs : diurne
Services : sèche-linge

Murat-le-Quaire

Le Panoramique
Le Pessy, rte du Mont-Dore et chemin à gauche.
04 73 81 18 79
De mi-mai à fin sept. 3 ha (85 empl.)
Tarif : 20,10 € (10A) – pers. suppl. 5,40 €
– 10,5 €
Loisirs : snack
Services :

Orcet

Clos Auroy
15, r. de la Narse.
04 73 84 26 97
De déb. janv. à fin déc. 3 ha (91 empl.)
Tarif : 5,50 € 11 € – (10A) 4,90 €
Loisirs : snack diurne (juil.-août) jacuzzi
Services :
sèche-linge

Saint-Nectaire

La Clé des Champs
Le bourg, sortie SE par D 996 et D 642, rte des Granges.
04 73 88 52 33
De déb. avr. à déb. oct. 1 ha (84 empl.)
Tarif (prix 2009) : 17 € (6A) – pers. suppl. 5 €
– 4 9,50 € – 10 €
Loisirs :
Services :

Carnet pratique

🏠 Haltes chez le **particulier**

Mazaye

La Ferme Guy
Lieu-dit Coheix, N 89 puis D 533 dir. Olby. – ☎ 04 73 87 14 92 – Lun. mar., jeu. apr.-midi, vend. jusqu'à 16h et sam. 9h-19h. Ouv. tte l'année.
🅿 5.
La Ferme Guy propose ses produits, issus de son propre élevage, sans farine animale et sans graisse animale. Saucissons, pâté de campagne à la noix, jambon de ferme, boudin…

Le Mont-Dore

Auberge du Lac de Guéry
Auberge du Lac de Guéry – ☎ 04 73 65 02 76 – Ouv. mi-janv.-mi-oct., fermé merc. midi sf vac. scolaires.
🅿 5.
Auberge au bord d'un des lacs de l'enchanteur Parc régional des volcans d'Auvergne. Salle à manger campagnarde et terrasse face au plan d'eau. Plats traditionnels.

Les bonnes **adresses** de Bib

Besse-et-St-Anastaise

Auberge du Lac Pavin
Au lac Pavin - 4 km à l'ouest de Besse par D 149 - ☎ 04 73 79 62 79 - www.lac-pavin.com - fermé nov.-janv., dim. soir, lun. et mar. - 18/38 €.
La salle à manger surplombe le lac de cratère qui fournit, en saison, les poissons (dont l'omble chevalier) que le patron préparera pour vous. Cuisine de produits frais. On accède au restaurant par un ascenseur panoramique.

Boudes

Sauvat
R. Dauzat - ☎ 04 73 96 41 42 - www.sauvat-vins.com - lun.-sam. 9h-12h, 14h-19h, dim. 9h-12h.
La famille Sauvat, adonnée de père en fille à la viticulture, cultive le Boudes, un très bon côtes d'Auvergne proposé en rouge, rosé et blanc, et tient également boutique. Parmi les cuvées les plus appréciées des clients et des guides, vous trouverez l'excellent Élevage Bois (gamay et pinot noir) bonifié en barrique, les Demoiselles qui s'accorde à merveille avec les viandes blanches et les grillades, et la Roseraie, vin finement bouqueté.

La Bourboule

Parc Fenestre
Av. Agis-Ledru - ☎ 04 73 65 57 71 - www.sancy.com - ouv. tte l'année.
Aires de jeux, toboggans, théâtre de Guignol, manèges, piste de rollers, parcours d'orientation, centre de loisirs, halte-garderie… Certaines activités sont payantes.

Le Mont-Dore

Le Bougnat
23 r. Georges-Clemenceau - ☎ 04 73 65 28 19 - fermé 10 nov.-15 déc. - réserv. obligatoire - 17/23 €.
Dans ce vieux buron restauré, le décor typique a été fidèlement restitué. Vous serez accueilli dans son ancienne étable avant de monter dans l'ancienne pièce à vivre, avec son vieux lit clos, sa « souillarde »… Pour déguster une vraie cuisine auvergnate, bien sûr !

Orcival

La Maison de la Confiserie
Au bourg - ☎ 04 73 65 85 60 - tlj sf mar. et merc. hors sais. 9h-12h30, 14h30-19h30 ; juil.-août 8h30-19h30.
À 50 m de la basilique, Gisèle Sabatier, aidée de son mari, confectionne toutes sortes de douceurs telles que le grégorien d'Orcival (sablé, massepain, grué chocolat) ou la pierre des volcans (croustillant praliné amande-noisette monté en dôme et enrobé de chocolat noir, puis de cacao), ainsi que florentins et pâtes de fruits. Dans un cadre remarquable, exposition consacrée aux confiseries d'Auvergne, au chocolat et boutique.

St-Nectaire

Ferme Bellonte
Les Farges - ☎ 04 73 88 52 25 - www.farges.fr.st - ouv. tte l'année.
Que pensez-vous que cette fromagerie produise ? Du saint-nectaire fermier bien sûr ! L'exploitation, qui a vue sur un panorama superbe, se situe à quelques minutes de Saint-Nectaire-le-Haut. En été, la centaine de vaches évolue sur les 350 ha de prés qui entourent les bâtiments (850 m d'altitude). Cette nourriture donne au lait un goût exceptionnel que l'on retrouve dans les fromages après leur affinage dans des caves creusées dans la montagne. On se délecte ! Petit « plus » : il est possible d'assister à la traite et à la transformation du lait cru.

Centre Thermadore
Av. du Dr-Roux - ☎ 04 73 88 40 18 - www.thermadore.fr - 14h30-20h ; hors vac. scol. merc., vend.-dim. 14h30-20h - fermé j. fériés.
Remplaçant les thermes classiques, qui ont fermé leurs portes depuis quelques années, ce centre s'articule autour de 2 secteurs : l'espace aquadétente, doté de piscines, jacuzzi, hammam et sauna, ainsi qu'une partie forme et beauté, proposant des soins d'hydrothérapie, avec produits « bio » et eau de source.

Auvergne

N° 15

Au cœur du **Cantal**

Du haut du **puy Mary**, chef d'orchestre de cette grande symphonie « volcanique », le regard embrasse l'immensité des **monts du Cantal**. L'action lente et puissante des glaciers a décapité la montagne, sculpté avec douceur ses flancs, creusé des cirques à la naissance des vallées. Le Cantal s'offre aujourd'hui avec toute la fraîcheur de ce fameux **vert** dont il est recouvert et l'audace d'un pays encore authentique.

➲ Départ de Saint-Flour
➲ 6 jours
370 km

Vue aérienne du Puy Mary.

Jour 1

Installé sur son promontoire, **Saint-Flour** veille sur le Sanflorain, la Margeride et les gorges de la Truyère. Il faut visiter la ville et ses musées par beau temps, lorsque les rues s'animent autour de la cathédrale. Quittez Saint-Flour à l'est, et traversez l'autoroute pour rejoindre la D 4 et **Ruynes-en-Margeride**. Aux différentes maisons de l'Écomusée de la Margeride, on vous racontera la vie traditionnelle de ce pays austère et attachant. Gagnez le viaduc de Garabit par la D 909 et offrez-vous une petite promenade en bateau dans les gorges de la Truyère avant de découvrir le merveilleux site du **château d'Alleuze** par la D 40. À **Chaudes-Aigues**, célèbre pour sa source du Par, vous pourrez suivre le « parcours de l'eau » de Géothermia.

Jour 2

Après la visite de la station thermale de Chaudes-Aigues, poursuivez la découverte des **gorges de la Truyère** depuis les belvédères d'Espinasse et du Vézou en suivant les D 11 et D 35. Partez ensuite au sud, près du barrage de Sarrans, jusqu'à la **presqu'île de Laussac**, dans un cadre magique. Son église est l'une des plus ancienne du Carladès. Poursuivez jusqu'au **château de Messilhac**, de style Renaissance. De là, continuez jusqu'à **Vic-sur-Cère** par la D 54 Flânez dans le centre ancien, témoin du passé riche de la ville, et dormez sur place.

Jour 3

Sur les bords de la Jordanne, **Aurillac** est occupé par un centre-ville très vivant. Son muséum des volcans vous révèlera les secrets du volcan cantalien et des phénomènes volcaniques. Gagnez ensuite, par la D 58, le **château** de Conros, entouré d'un parc arboré et fleuri. Prenez la D 153 à l'Ouest pour apprécier la fraîcheur des gorges de la Cère et la beauté du **barrage de Saint-Étienne-Cantalès**. Faites une halte à **Laroquebrou** avant de poursuivre par la D 2 jusqu'au site du **barrage d'Enchanet**, paradis des pêcheurs ! Suivez les **gorges de la Maronne**, aux paysages sauvages, pour rejoindre Mauriac (D 681).

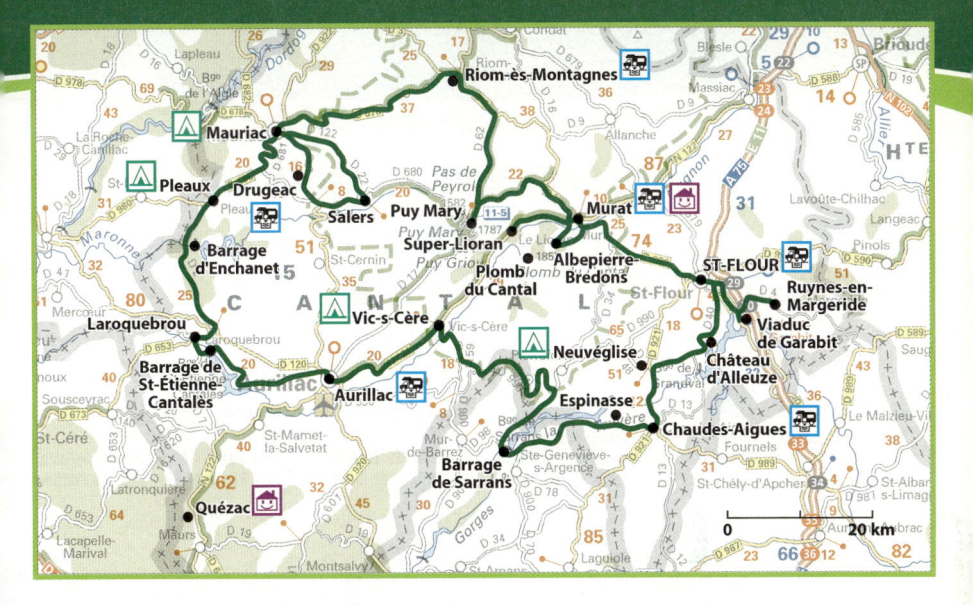

Jour 4

Vous apprécierez le riche passé de **Mauriac**. Son église aux modillons sculptés s'impose et retient l'attention. De Mauriac, faites une escapade à **Salers**, ancien baillage royal. Le charme de cette petite ville, aux maisons Renaissance, vous séduira. Pensez aussi à déguster et à rapporter des **carrés de Saler**s, délicieux biscuits dont la recette est tenue « secrète » ! Reprenez la D 122 puis D 678 pour rejoindre **Riom-ès-Montagnes**. En chemin, découvrez les églises de Moussages et Trizac. Non loin de Riom-ès-Montagnes, vous pourrez visiter **le Scénoparc iO**. Sur plus de 35 ha aménagés, ce sont 40 000 ans d'évolution de la relation homme-animal qui sont évoqués. Rejoignez le **puy Mary** en suivant la vallée de Cheylade par la D 62.

Jour 5

Promenez-vous sur les sentiers balisés du **puy Mary** : au cœur du grand volcan cantalien, vous découvrirez des paysages d'exception. Rejoignez la station de **Super-Lioran** et montez au sommet du **plomb du Cantal** pour un grand moment de contemplation. Vous comprendrez alors pourquoi l'on parle de ce beau vert tendre dont le Cantal a le secret. Vous verrez peut-être aussi de grandes fleurs jaunes : ce sont des **gentianes**.

Jour 6

Reprenez la route en direction de Murat par la N 122 pour découvrir, perchée sur son rocher, l'église prieurale de Bredons. Un peu plus loin, le village d'**Albepierre-Bredons**, bâti sur un site volcanique, domine la vallée de l'Alagnon. Revenez à Saint-Flour par la D 926 sans oublier de vous arrêter à Roffiac, pour sa belle église romane.

La gentiane d'Auvergne.

N° 15 Auvergne

Aires de service & de stationnement

Aurillac
Aire d'Aurillac – Pl. du Champ-de-Foire – ☏ 04 71 48 46 58 – Ouv. tte l'année – P 8.
Borne raclet. – Payant 3,50 €.
Stationnement : autorisé
Services : sèche-linge

Chaudes-Aigues
Aire de Chaudes-Aigues – R. Georges-Pompidou, parking Beauredon, face à la DDE. Sortir S de Chaudes-Aigues sur la D 921, puis D 989 – ☏ 04 71 23 52 47 – Ouv. mi-avr.-oct – P 10.
Borne eurorelais. – Payant 2 €.
Stationnement : autorisé
Loisirs :
Services : WC sèche-linge

Drugeac
Aire de Drugeac – Parking de l'ancienne gare – ☏ 04 71 69 10 11 – Ouv. Pâques-oct. – P 8.
Borne artisanale. – Payant 2 €.
Stationnement : autorisé
Loisirs :
Services :

Murat
Aire de Murat – Pl. de la Gare – ☏ 04 71 20 03 80 – Ouv. mai-oct. – P 5.
Borne raclet. – Payant 2 €.
Stationnement : autorisé
Loisirs :
Services : WC sèche-linge

Riom-ès-Montagnes
Aire de Riom-ès-Montagnes – R. du Champ-de-Foire, Parking de la gare – ☏ 04 71 78 04 82 – Ouv. tte l'année – P 15.
Borne flot bleu. – Payant 2 €.
Stationnement : autorisé
Loisirs :
Services : WC sèche-linge

Saint-Flour
Aire de St Flour – Pl. de l'Ander, ville basse – ☏ 04 71 60 91 54 – Ouv. avr.-oct. – P 6.
Payant 2 €.
Stationnement : autorisé
Services :
☺ Une autre aire existe dans la ville haute : cours Chazerat.

▲ Campings

Mauriac
▲ Val St-Jean
Base de Loisirs, 2,2 km à l'O par D 681, rte de Pleaux et D 682 à dr., accès direct à un plan d'eau.
☏ 825801440
contact@revea-vacances.com . www.revea-vacances.fr
De fin avr. à fin sept. 3,5 ha (100 empl.)
Loisirs :
Services : sèche-linge

Neuvéglise
▲ Le Belvédère
Lieu-dit Lanau, 6,5 km au S par D 48, D 921, rte de Chaudes-Aigues et chemin de Gros à dr.
☏ 04 71 23 50 50
belvedere.cantal@wanadoo.fr . www.campinglebelvedere.com
De fin avr. à mi-oct. 5 ha (120 empl.)
Tarif : 24 € (6A) – pers. suppl. 6 €
borne artisanale 4 € – 11 €
Loisirs : snack
Services : sèche-linge

Pleaux
▲ Municipal de Longayroux
Lieu-dit Longayroux - St-Christophe-les-Gorges, par D 6, rte de St-Christophe-les-Gorges et rte de Longayroux à droite, bord du lac d'Enchanet.
☏ 04 71 40 48 30
pleaux@wanadoo.fr . http://mairie.wanadoo.fr/pleaux/
De déb. avr. à mi-oct. 0,6 ha (48 empl.)
Tarif (prix 2009) : 14,70 € (6A) – pers. suppl. 3,20 €
Loisirs : (plage)
Services : (juil.-août)

Vic-sur-Cère
▲ Municipal du Carladez
Rte de Salvanhac.
☏ 04 71 47 51 04
vicsurcere@wanadoo.fr . www.vicsurcere.com
3 ha (250 empl.)
Loisirs :
Services : sèche-linge

Carnet pratique

🏠 Haltes chez le **particulier**

Murat

Le Jarrousset
À 4 km à l'E de Murat puis route de Clermont-Ferrand par la N 122. – ✆ 04 71 20 10 69 – Fermé lun.-mar. Fermé déc.-janv.
P 3.
Ce restaurant occupe un pavillon en pleine campagne. La salle à manger au décor contemporain se prolonge par une véranda orientée sur le jardin. Le premier menu vous permet de savourer une cuisine raffinée sans vous ruiner.

Quézac

La Ferme de Bedou
Lieu-dit Bedou, Croisement N 122 et route de Quézac. – ✆ 04 71 49 00 40 – Ouv. mar.-vend. 8h-12h30, 15h-19h, sam. 8h-12h30. Ouv. tte l'année.
P 5.
Les clients viennent en toute confiance dans la boutique de la ferme située sur la place de l'église pour acheter boudin noir, pieds de cochon désossés, saucisses sèches conservées dans l'huile (selon une recette de la grand-mère), foie gras, cous farcis, aiguillettes confites, pounti, tripoux et galantine. C'est que la maison présente la particularité d'élever une trentaine de vaches de Salers, plus de 150 porcs fermiers et plus de 1 200 volailles à rôtir, qu'elle transforme elle-même : tout est dit… Le succès, c'est souvent d'une simplicité !

Les bonnes **adresses** de Bib

Aurillac

Le Bouchon Fromager
3 r. du Buis - ✆ 04 71 48 07 80 - fermé dim. midi et lun. - formule déj. 9 € - 14/20 €.
À la fois bar à vins et restaurant à fromages, cette adresse fait souvent salle comble : chaleureux cadre rustique, beau choix de crus servis au verre et goûteuse cuisine typiquement cantalienne. À l'heure de l'apéritif, commandez le « pelou » (à base de crème de châtaigne et vin blanc).

Distillerie Louis-Couderc
14 r. Victor-Hugo - ✆ 04 71 48 01 50 - www.distillerie-couderc.com - tlj sf dim. et lun. 9h-12h, 14h-19h - fermé j. fériés.
Cette distillerie fondée en 1908 propose de nombreux produits régionaux à base de gentiane, crème de châtaignes et fruits rouges, dont l'apéritif le « volcan 2000 ». Plusieurs créations maison ont été primées lors du concours international des eaux-de-vie et liqueurs de Metz. Les buticulamicrophilistes (collectionneurs de mignonnettes) pourront compléter leur collection.

Parapluies Piganiol
28 r. des Forgerons - ✆ 04 71 43 05 51 - www.piganiol.fr - tlj sf dim. et lun. 9h-12h, 14h-19h (août et déc. : lun. 14h-19h) - fermé j. fériés.
Fabricant depuis 1884 à Aurillac, Piganiol propose un large éventail de parapluies, tous plus colorés les uns que les autres, dont « l'Aurillac » qui représente le modèle typique de la région et la dernière innovation technique : le parapluie panoramique, illustrant les principaux sites.

Lanau

Auberge du Pont de Lanau
11,5 km au nord de Chaudes-Aigues par D 921 - ✆ 04 71 23 57 76 - fermé 20 déc.-1er fév. et lun. midi - 15/50 €.
Si vous venez en hiver, réchauffez-vous près du feu de bois dans la grande cheminée de pierre de la salle à manger aux jolies boiseries. Cuisine traditionnelle avec notes régionales.

Riom-ès-Montagnes

Centres de Pêche Sportive d'Auvergne
Lac du Roussillou, Lachamps club house - 2 km du bourg de Riom-ès-Montagnes, dir. Marchastel - ✆ 04 71 78 22 94 - jeremyfournier@aol.com - fév.-déc. : 8h30 à la nuit - fermé de déb. déc. à fin fév. - de 18 à 180 €.
Plusieurs formules au choix pour s'initier ou se perfectionner aux techniques de la pêche à la mouche : cours, stages ou séjours. Le tout dans des sites naturels préservés : les lacs de Bondes et du Roussillou, riches en salmonidés et le domaine de Veirières. Encadrement assuré par des professionnels. Location de chalets en bois au week-end ou à la semaine, barques sur place.

St-Flour

Chez Geneviève
25 r. des Lacs, ville haute - ✆ 04 71 60 17 97 - fermé 1 sem. en fév., 1 sem. en juin, 10 oct.-6 nov., mar. soir sf vac. scol., dim. et lun. sf juil.-août - 10,50/25 €.
Chez Geneviève on joue souvent à guichets fermés. Les raisons du succès de ce petit restaurant du centre-ville ? Des prix sages, une ambiance conviviale et une copieuse cuisine régionale utilisant les produits frais : tripoux de St-Flour, potée et pounti maison, chou farci, salade tiède aux lentilles et au pied de veau…

N° 16

Auvergne

Le **Puy-en-Velay** et la **Haute-Loire** volcanique

Non, il n'y a pas seulement des lentilles ou des dentelles au **Puy-en-Velay** ! Capitale du Velay, le Puy bénéficie d'un site exceptionnel, l'un des plus extraordinaires que compte la France, et qui plus est, point de départ de cette escapade en terre volcanique. Du bleu profond du **lac d'Issarlès** aux bruyères du **massif du Meygal**, en passant par les **gorges** taillées dans le granit par l'**Allier**, vous goûterez les arômes puissants d'une nature encore sauvage !

➲ *Départ du Puy-en-Velay*
➲ *6 jours*
380 km

Le lac d'Issarlès.

Jour 1

Le **Puy-en-Velay** mérite bien une journée de visite, le temps de découvrir sa cité épiscopale et sa vieille ville, tout en escaliers. Au fil de la rue des Tables, artère piétonne pleine de charme, vous découvrirez essentiellement des boutiques consacrées à la dentelle. Il est souvent possible d'admirer les dentellières au travail. Savourez la promenade, déjeunez en ville et ne vous épuisez pas car demain, vous partez pour une grande virée en terres volcaniques. Dînez sur place ou à **Arlempdes**.

Jour 2

Levez-vous tôt aujourd'hui ! Le château féodal d'**Arlempdes** domine les gorges de la Loire. Là où il y a des volcans, les lacs de montagne ne sont pas bien loin. Ainsi, celui d'**Issarlès** vous attend. Baignades et balades possibles. Déjeunez à **Ste-Eulalie**. Tout en observant la riche flore locale, faites un crochet par la cascade du Ray-Pic où la rivière s'offre plusieurs chutes d'eau. Revenez sur vos pas vers le **mont Gerbier-de-Jonc**, dont vous pouvez faire l'ascension.

Jour 3

Vous avez chauffé vos muscles ? Partez à la découverte du **massif du Mézenc** qui est l'occasion de promenades campagnardes et de magnifiques vues. Après la marche, la détente sportive du ski du fond : en saison, chaussez les planches à **Fay-sur-Lignon** ou au **pic du Lizieu**. À défaut, ou par goût retrouvez l'architecture régionale à Bigorre-Les-Maziaux et Moudeyres. Faites étape dans la pittoresque auberge de pays de Bigorre-Les-Maziaux.

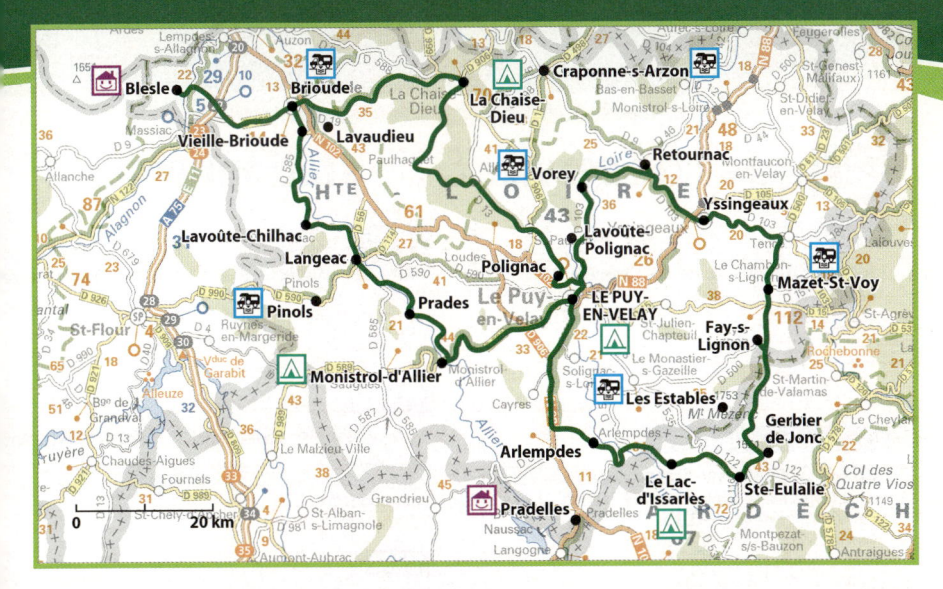

Jour 4

Retrouvez des possibilités de randonnée, parmi les bruyères et les myrtilles, du côté du **massif du Meygal**. Déjeunez à **Yssingeaux**. Passez ensuite par **Retournac** (musée des Manufactures de dentelles) pour aller visiter l'église romane de **Chamalières-sur-Loire**. Gagnez enfin le **château de Lavoûte-Polignac** pour, s'il vous en reste le temps, découvrir les nombreux souvenirs de son illustre famille fondatrice. Dans un tout autre style, le **château-musée de Chavaniac-Lafayette** vous ouvrira ses portes et son parc arboré pour vous conter l'histoire de l'illustre marquis. La vallée de la Sénouire, par la D 4, vous conduira aux portes du Livradois-Forez, jusqu'à **La Chaise-Dieu**. Prenez votre temps pour admirer l'intérieur de l'abbatiale, qui abrite de très belles stalles et des tapisseries uniques.

Jour 5

Regagnez **Brioude** par la D 19. En visitant Brioude, on peut rester longtemps fasciné par l'harmonie colorée du chevet de la basilique et la qualité de ses fresques et chapiteaux, merveilles du roman auvergnat. Quittez Brioude par la N 102, et gagnez le beau village de **Lavaudieu**. Vous serez sous le charme de son abbaye et de son cloître, à découvrir en visite guidée. En suivant la vallée du Haut-Allier par la D 585, vous passerez à **Vieille-Brioude** avant d'aller à Saint-Ilpize, accroché à son rocher de basalte. À **Lavoûte-Chilhac**, vous vous envolerez dans la nature à la Maison des oiseaux. Après vous être arrêté à la collégiale de **Langeac**, le site de Chanteuges, où vous ferez étape, s'impose à vous, avec son abbaye aux chapiteaux sculptés.

Jour 6

Quittez Chanteuges en suivant les **gorges de l'Allier**. Changez de rive à **Prades**. La D 301 vous mènera au remarquable site du village de **Monistrol-d'Allier**. Quittez les gorges pour gagner, par la D 589, Le Puy-en-Velay.

Carreau de dentellière.

N° 16 Auvergne

Aires de **service** & de **stationnement**

Brioude

Aire de Brioude – *Av. Joseph-Lhomenede, D 588. Parking des remparts* – 04 71 50 89 10 – *Ouv. tte l'année* – P
Borne flot bleu. Payant 2 €.
Stationnement : autorisé
Loisirs :
Services : sèche-linge

Craponne-sur-Arzon

Aire de Craponne-sur-Arzon – *Pl. de la Gare, en bordure de la D 498, dir. St-Étienne* – 04 71 03 20 03 – *Ouv. tte l'année sf période de gel* – P 5.
Borne raclet. Payant 2 €.
Stationnement : autorisé
Loisirs : Services :

Mazet-Saint-Voy

Aire de Mazet-Saint-Voy – *Devant le camping municipal* – *Ouv. tte l'année*
Borne raclet. Payant 2 €.
Services :

Les Estables

Aire des Estables – 04 71 08 31 08 – *Ouv. tte l'année* – P
Borne artisanale. Gratuit.
Stationnement : autorisé
Services :

Pinols

Aire de Pinols – *Stade de Pinols* – 04 71 74 10 42 – *Ouv. tte l'année* – P
Borne artisanale. Gratuit.
Stationnement : autorisé
Services :

Vorey

Aire de Vorey-sur-Arzon – *Suivre le fléchage camping des Moulettes. L'aire se trouve juste après le camping et est indépendante* – 04 71 03 70 48 – *Ouv. avr.-mi-sept.* – P 4.
Borne artisanale. Payant 3 €.
Stationnement : autorisé
Loisirs : Services : sèche-linge
Au bord de l'Arzon

Campings

La Chaise-Dieu

Municipal les Prades
Accès : 2 km au nord-est par D 906, rte d'Ambert, près du plan d'eau de la Tour (accès direct).
04 71 00 07 88
andre.brivadis@orange.fr
3 ha (100 empl.)
Loisirs :
Services :

Issarlès

La Plaine de la Loire
Le moulin du lac, pont de Laborie, 3 km par D 16, rte de Coucouron et chemin à gauche avant le pont.
04 66 46 25 77
campinglaplainedelaloire@ifrance.com . www.campinglaplainedelaloire.fr
De déb. mai à fin sept. 1 ha (55 empl.)
Tarif : 14,40 € (6A) – pers. suppl. 3 €
Loisirs : snack
Services :
Au bord de la Loire

Monistrol-d'Allier

Municipal le Vivier
Le Vivier, au S du bourg, près de l'Allier (accès direct).
04 71 57 24 14
mairie.monistrolallier@orange.fr . www.monistrolallier.com
De déb. avr. à mi-sept. 1 ha (48 empl.)
Tarif (prix 2009) : 11,90 € (10A) – pers. suppl. 2,80 €
Loisirs :
Services :

Le Puy-en-Velay

Bouthezard
À Aiguilhe, au nord-ouest, bord de la Borne.
04 71 09 55 09
De mi-mars à fin oct. 1 ha (80 empl.)
Tarif : 14,50 € (6A) – pers. suppl. 3,20 €
1 borne flot bleu – 3 10 €
Loisirs :
Services :

Carnet pratique

Haltes chez le **particulier**

Blesle

Ferme-auberge de Margaridou
Lieu-dit Aubeyrat, À 8 km au NE de Blesle par la D 909 et C 5 dir. Bugeilles – 04 71 76 22 29 – fermé déc.-Pâques.
P 5.
Un étroit pont enjambant les eaux tumultueuses de l'Alagnon conduit à cette chaleureuse ferme-auberge dont la terrasse donne sur la rivière. À table, des produits maison divins : coq au vin, pavé d'Aubrac, pounti, truffade…

Pradelles

Salaisons Montagné
Rte du Puy, Sortie village en dir. du Puy – 04 71 00 85 49 – Boutique produits régionaux : ouv. lun-sam. 8h-12h, 14h-19h, dim 8h-12h - Ouv. mi-mars-mi-nov.
P 6.
Charcuterie maison : jambon, saucissons, terrines, tripoux, saucisses-lentilles. Accueil personnalisé avec dégustation d'hypocras (boisson médiévale du Puy-en-Velay). Aire de services aménagée sur le site.

Les bonnes **adresses** de Bib

Brioude

Base de canoë-kayak
Pont de Lamothe - 04 71 50 43 82 - www.brioude-canoe-kayak.com - ouv. de juin à mi-sept. 9h-12h, 13h30-18h.
Ce club basé au pont de Lamothe loue des canoës-kayaks pour naviguer sur le plan d'eau de la Bageasse ou pour découvrir les gorges de l'Allier, entre Brioude et Prades. Également, stages d'initiation (en plan d'eau ou en rivière), parcours sportifs ou touristiques accompagnés.

Ceaux-d'Allègre

Gaec Les Clochettes
Le Verdier - 04 71 00 20 85 - ouv. tte l'année.
Cette exploitation « bio » d'une cinquantaine d'hectares cultive entre autres la lentille verte du Puy, mais l'essentiel de son activité réside dans l'élevage et la fromagerie. À partir du lait de ses 120 chèvres, elle élabore des spécialités au lait cru : petits fromages frais, demi-secs et secs, ou tommes particulièrement goûteuses. Vous pourrez visiter la bergerie, incluse dans les magnifiques bâtiments postés en dehors du village, avant de vous pencher sur toute la gamme de ses produits.

Chaspuzac

Sabarot
La Combe - 04 71 08 09 10 - merc.-vend. 9h-12h, 14h-18h - fermé sept.-juin.
Cette entreprise, fondée en 1819, était au départ un moulin. Un siècle plus tard, elle entreprend sa diversification en s'intéressant à la lentille du Puy, puis à l'ensemble des légumes secs et aux champignons. Tous ses produits sont en vente au magasin d'usine.

Le Puy-en-Velay

Le Poivrier
69 r. Pannessac - 04 71 02 41 30 - fermé vac. de fév., dim. et lun. sf en août - 15/39 €.
Une sympathique ambiance bistrot règne dans les deux salles de ce restaurant. Leur décor s'agrémente des fameuses « coquilles » des pèlerins en route pour St-Jacques-de-Compostelle. Le chef prépare devant les clients spécialités vellaves et viandes exclusivement élevées et abattues en Haute-Loire.

Centre d'enseignement de la dentelle au fuseau
38-40 r. Raphaël - 04 71 02 01 68 - juil.-sept. : tlj sf dim. 8h30-11h30, 13h30-17h, sam. 9h30-16h30 ; janv.-juin et oct.-20 déc. : tlj sf w.-end 10h-11h30, 14h-17h - fermé j. fériés.
Par saint François-Régis – patron des dentellières – enfin un établissement digne de ce nom qui permette de découvrir la dentelle de façon originale ! Écrite comme un conte, une vidéo relate l'implantation de la dentelle au Puy dont l'origine remonte probablement au 15e s. Des expositions thématiques complètent ce dispositif.

Maison de la Lentille verte du Puy
R. des Tables - près de la cathédrale du Puy-en-Velay - 04 71 02 60 44 - www.lalentillevertedupuy.com - de juil. à fin août : tlj sf dim. 10h-12h30, 14h-19h.
La lentille verte du Puy, véritable emblème de la région, fut le premier légume labellisé AOC. Cette bâtisse du 15e s. lui est entièrement dédiée : vidéos, brochures informatives et boutique proposant une étonnante gamme de produits réalisés à partir de ces petites graines arrondies.

St-Germain-Laprade

Distillerie de la Verveine du Velay-Pagès
N 88 - 04 71 03 04 11 - tlj sf lun. 10h-12h, 13h30-18h30 ; janv.-fév. : 13h30-16h30 - se renseigner pour les visites guidées.
La distillerie Pagès, fondée en 1859, offre à ses visiteurs bien plus qu'un espace de vente. Elle leur propose de découvrir le métier de liquoriste grâce à une visite guidée du site de production et du petit musée exposant outils et matériel publicitaire anciens. Pour terminer, une dégustation permet de faire connaissance avec les divers produits fabriqués et vendus sur place : liqueurs de fruits et de plantes diverses dont la très renommée verveine du Velay.

N° 17

Bourgogne

Dijon
et la route des **grands crus**

La renommée de l'ancien duché de Bourgogne est indissociable de son vignoble. Mariés à une cuisine de qualité, les **grands crus de la Côte** contribuent à faire de cette région un des hauts lieux de la gastronomie française. Notre escapade vous propose une dégustation sans modération de ces villages dont les saveurs s'égrènent de **Dijon** à **Beaune**. Elle s'achève en des terres un peu plus sobres, à l'Ouest, entre **Le Creusot et Autun**, en Sâone-et Loire.

➲ **Départ de Dijon**
➲ **6 jours**
235 km

Pinot noir, chardonnay, gamay ou aligoté ?

Jours 1 et 2

Pour vraiment tirer parti de ces deux jours à **Dijon**, vous devez bien préparer votre séjour, car il y a beaucoup à voir et à faire ! La matinée doit être réservée à la visite du Palais des ducs et des États de Bourgogne. Les tombeaux des ducs de Bourgogne sont des chefs-d'œuvre à ne pas manquer au musée des Beaux-Arts (salles des Gardes). Promenez-vous ensuite dans les rues commerçantes du centre. Vous pourrez y repérer des magasins pour l'éventuel achat d'alcools, de vins, de moutarde ou de pain d'épice… Si l'après-midi n'est pas dédié au shopping, poursuivez par le quartier du palais de Justice et le musée Magnin. Réservez votre table au restaurant, afin de tester la gastronomie locale, le soir. Le lendemain, en fonction de votre temps, programmez la visite de la cathédrale Saint-Bénigne et de la chartreuse de Champmol, et pour les petits et les grands, le museum de la ville et le musée de la Vie bourguignonne. Autre possible : le musée de la moutarde Amora.

Le conseil de Bib

▶ Favorisez les haltes chez les viticulteurs qui accueillent les camping-caristes.

Jour 3

Partez vers le sud, sur la N 74, jusqu'à **Beaune** à travers les prestigieux vignobles de la **côte de Nuits et de la côte de Beaune**. Vous pourrez visiter les caves de ces villages célèbres dans le monde entier pour la qualité de leurs crus : **Morey-Saint-Denis**, **Vougeot** (ne manquez pas la visite du **Clos-Vougeot**), **Chambolle-Musigny**, **Vosne-Romanée** et son inaccessible **Romanée-Conti**, et **Nuits-Saint-Georges**. Un conseil : pensez à prévenir de votre venue si vous voulez déguster des vins. Passez la soirée à **Beaune**, où vous vous rendrez aux fameux Hospices sans oubliez la moutarderie Fallot ou le musée du Vin.

Jour 4

Continuez vers le sud par la D 973 qui passe par **Pommard, Volnay, Meursault et Auxey-Duresses**... L'itinéraire s'enfonce ensuite dans l'Arrière-Côte et permet de découvrir de beaux châteaux, comme **La Rochepot**. De Nolay, rejoignez **Le Creusot** en empruntant la D 1. Le musée de l'Homme et de l'Industrie retrace l'histoire de la dynastie des Schneider et celle de la métallurgie à la fin du 19e s. Les enfants vous entraîneront ensuite au parc touristique des Combes, où les attendent de nombreuses activités de loisirs.

Jour 5

Reprenez la N 80 pour visiter **Autun** et sa cathédrale Saint-Lazare. Poursuivez vers l'Ouest par la N 81 et la D 61 jusqu'au **mont Beuvray**. Le site de l'oppidum de Bibracte est doté d'un intéressant musée de la Civilisation celtique. Revenez sur vos pas sur la D 61, puis prenez la N 81 jusqu'à **Arnay-le-Duc**. Cette petite ville ancienne, aux toits pointus qui dominent la vallée de l'Arroux est une étape très agréable.

Jour 6

Rejoignez Châteauneuf par la N 81. Vous pouvez visiter son château fort ainsi que le **château de Commarin**, situé à quelques kilomètres au Nord. Vous reviendrez à Dijon par la D 16 et la 905 ou l'A 38.

Les toits vernissés des Hospices de Beaune.

N° 17 Bourgogne

Aires de service & de stationnement

Autun
Aire d'Autun – *Entrée de la ville par la N 80, au bord du plan d'eau du Vallon, vers l'école de voile* – ☎ 03 85 86 80 00 – *Ouv. tte l'année* – 🅿 *15.*
Borne artisanale. Gratuit.
Stationnement : autorisé
Loisirs :
Services :

Beaune
Aire de Beaune – *Av. Charles-de-Gaulle* – ☎ 03 80 22 22 62 – *Ouv. tte l'année* – 🅿 *6.*
Borne flot bleu. Payant 2,50 €.
Stationnement : autorisé
Services :
Proche de la vieille ville.

Creusot
Aire du Creusot – *Parc touristique des Combes* – ☎ 03 85 55 02 46 – 🅿
Borne artisanale. Gratuit.
Stationnement : autorisé
Services :

Dijon
Aire de Dijon – *3, bd Chanoine-Kir* – *Ouv. tte l'année*
Borne artisanale. Payant 5 €.
Services : WC
À l'extérieur du camping. Transport en commun pour le centre ville.

Marsannay-la-Côte
Aire de Marsannay-la-Côte – *3, r. du Rocher, entre Dijon et Gevrey-Chambertin, près de la route des vins. Suivre les flèches depuis la N 74* – ☎ 03 80 52 27 73 – *Ouv. tte l'année* – 🅿 *10.*
Borne artisanale. Gratuit.
Stationnement : autorisé
Services :

Sombernon
Aire de Sombernon – *Parking salle polyvalente, aire située en haut du village* – ☎ 03 80 33 40 01 – *Ouv. tte l'année* – 🅿 *8.*
Borne eurorelais. Payant 1 €.
Stationnement : autorisé
Loisirs : Services :

⛺ Campings

Arnay-le-Duc
🏕 l'Étang de Fouché
R. du 8-Mai-1945, 0,7 km par D 17C, rte de Longecourt.
☎ 03 80 90 02 23
De déb. avr. à mi-oct. 8 ha (209 empl.)
Tarif : 5,90 € – 8,50 € – (13A) 4 €
15 – 15,10 €
Loisirs : snack, brasserie – diurne
Services : sèche-linge
Situation plaisante au bord d'un étang

Dijon
🏕 du Lac Kir
3, bd Chanoine-Kir.
☎ 03 80 43 54 72
campingdijon@wanadoo.fr . www.camping-dijon.com
De déb. avr. à mi-oct. 2,5 ha (121 empl.)
Tarif : 17 € (6A) – pers. suppl. 3,70 €
– 10 17 €
Services :

Meursault
🏕 La Grappe d'Or
2, rte de Volnay.
☎ 03 80 21 22 48
De déb. avr. à mi-oct. 4,5 ha (170 empl.)
Tarif (prix 2009) : 21,50 € (12A) – pers. suppl. 3,70 €
1 borne artisanale 3,50 €
Loisirs : snack
Services :

Nolay
🏕 La Bruyère
R. du Moulin-Larché, 1,2 km à l'O par D 973, rte d'Autun et chemin à gauche.
☎ 03 80 21 87 59
camping-la-bruyere@mutualite21.org
Permanent 1,2 ha (22 empl.)
Tarif : 11 € (6A) – pers. suppl. 2,50 €
Loisirs :
Services : sèche-linge

Carnet pratique

Haltes chez le **particulier**

Merceuil

Domaine Charles Allexant et Fils
3, r. du Château à Cissey – ℘ 03 80 26 83 27 – Ouv. tte l'année.
P
Ce domaine de 14 hectares s'étend de Rully (Côte Chalonnaise) au sud, à Gevrey-Chambertin (Côte de Nuits) au nord, en passant par la Côte de Beaune où l'exploitation est fortement implantée. Il propose une grande diversité de crus. Caveau de dégustation.

Pommard

Domaine Virely-Rougeot
9, pl de l'Europe – ℘ 03 80 24 96 70 – Ouv. tte l'année sf vendanges.
P 4.
Créé en 1951, le Domaine Virely-Rougeot est aujourd'hui exploité par Patrick Virely et ses frères. Ils ont modernisé l'exploitation familiale en conservant les traditions et le savoir-faire. Les vignes sont exclusivement plantées avec les célèbres plans bourguignons (Pinot noir pour les vins rouges et Chardonnay pour les vins blancs). Tous les vins rouges et blancs sont élevés en fûts de chêne. Visite de la cuverie et cellier de dégustation.

Les bonnes **adresses** de Bib

Beaune

Cave Patriarche Père & Fils
5-7 r. du Collège - ℘ 03 80 24 53 78 - www.patriarche.com - janv.-mars : 9h30-11h30, 14h-17h30 (w.-end 17h) - fermé 1er janv. et 25 déc.
Les plus grandes caves de Bourgogne (15 000 m²), situées dans l'ancien couvent des Dames de la Visitation, datent des 14e et 16e s. Visite audio-guidée et dégustation libre de treize vins.

Caves de La Reine Pédauque
Porte St-Nicolas - ℘ 03 80 22 23 11 - cavesreinepedauque@corton-andre.com - de mars à fin nov. : 9h45-12h15, 14h-18h45 ; déc.-fév. : 9h45-12h15, 14h-17h45 - fermé 1re sem de janv., 1er nov., 25 déc. et lun.
Après la visite guidée des caves voûtées du 18e s., vous êtes invités à une dégustation commentée de vins de Bourgogne, autour d'une belle table ronde en marbre. Un régal ! Vente à emporter et expéditions

Chambolles-Musigny

Château André-Ziltener
R. Fontaine - ℘ 03 80 62 81 37 - www.chateau-ziltener.com - 9h30-18h30 - fermé de mi-déc. à fin fév.
Château édifié en 1709 sur les fondations d'une abbaye cistercienne. Une visite commentée permet la découverte d'un musée original aménagé dans les caves du domaine. Dégustation accompagnée de gougères ou de pains surprise.

Dijon

Le Bistrot des Halles
10 r. Bannelier - ℘ 03 80 49 94 15 - fermé dim. et lun. - 16 €.
Ce bistrot au décor 1900 est aménagé face aux halles. Tentez, parmi ses incontournables spécialités, le pâté en croûte, les escargots ou ce surprenant cabillaud « dijonnisé » avec sa crème de moutarde. À moins que l'originalité de certains intitulés ne titillât votre curiosité : canard rôti aux ananas et pain d'épice, etc.

Masy-la-Côte

Château de Marsannay
Rte des Grands-Crus - ℘ 03 80 51 71 11 - www.chateau-marsannay.com - tlj sf dim. de nov. à mars 10h-12h, 14h-18h30 - fermé 23 déc.-14 janv.
Le domaine du château de Marsannay compte 38 ha plantés de vignes. La visite de l'ancienne cuverie et des caves à fûts et à bouteilles (environ 300 000) s'achève par une dégustation des vins de la propriété. Une salle d'exposition retrace l'histoire du tournoi de Marsannay (1443).

Nolay

Ferme-auberge la Chaume des Buis
Cirey-les-Nolay - ℘ 03 80 21 84 10 - ouv. w.-end et j. fériés de mars à mi-déc. et tlj sf lun. de mi-juil. à fin août - réserv. conseillée - 21 €.
Murs blancs, tomettes, poutres apparentes et tables en bois composent le décor campagnard de cette sympathique ferme-auberge dont la spécialité est le cochon (élevé sur place, en plein air). De la terrasse, vue panoramique sur les monts du Jura.

Nuits-St-Georges

Cassissium
R. des Frères-Montgolfier - ℘ 03 80 62 49 70 - www.cassissium.com - d'avr. à fin nov. : visite (1h30) 10h-13h, 14h-19h ; de fin nov. à fin mars : tlj sf dim. et lun. 10h30-13h, 14h-17h30 - 6 €.
La célèbre maison Védrenne fondée en 1919 vous convie dans son espace de 1 000 m² entièrement dédié au cassis. Vous pourrez voir les différentes étapes de la fabrication, la cave de vieillissement, participer à une dégustation et faire vos emplettes à la boutique (crèmes de fruits, eaux-de-vie, marcs et fines de Bourgogne, etc.).

N° 18 Bourgogne

Au sud de la **Bourgogne**

Flâner à **Tournus**, parmi les boutiques d'antiquaires, se dégourdir les jambes en partant à l'ascension de la **roche de Solutré**, admirer les très honorables restes de **l'abbaye de Cluny**, se poser le temps d'une méditation à **Taizé**. Ou bien encore consacrer quelques heures au musée de la faïence à **Paray-le-Monial**, puis après **Semur**, sillonner le Brionnais et faire sonner le réveil à l'aube pour voir le marché aux bestiaux de **St-Christophe-en-Brionnais :** voici un aperçu de votre séjour...

➲ **Départ de Mâcon**
➲ **7 jours 250 km**

La Basilique du Sacré-Cœur à Paray-le-Monial

Jour 1

Au départ de **Mâcon**, prenez la D 54, à travers les célèbres vignobles de **Saint-Vérand** et de **Pouilly-Fuissé**, la **route de Solutré**. L'ascension de la roche n'est pas difficile, et la vue de son sommet est vraiment belle. Pour en savoir plus sur le « solutréen », arrêtez-vous au musée, en partie creusé sous la roche. Une dizaine de kilomètres séparent la préhistoire de Lamartine, en passant par Pierreclos. **Milly**, qui abritait la résidence préférée du poète, est une visite émouvante. **Saint-Point**, pour les inconditionnels de l'auteur de *Jocelyn*, n'est pas loin. Passez sous la N 79 pour gagner **Berzé-la-Ville** et sa chapelle, puis Berzé-le-Châtel, dont la forteresse domine la Voie verte. Déjà, celle qui fut la « lumière du monde » se profile à l'horizon : Cluny, et son abbaye malheureusement mutilée.

Jour 2

Partez à la découverte de **Cluny**, qui fut en son temps la plus grande construction européenne, puis suivez la vallée de la Grosne : elle vous conduit au village de **Taizé**, qui abrite une communauté œcuménique au rayonnement mondial. La D 981 vous mène ensuite au **château de Cormatin**, aux extraordinaires et uniques trésors du 17e s.

Le conseil de Bib

▶ Ne manquez pas le marché aux bestiaux de Saint-Christophe-en-Brionnais, chaque mercredi. C'est spectaculaire.

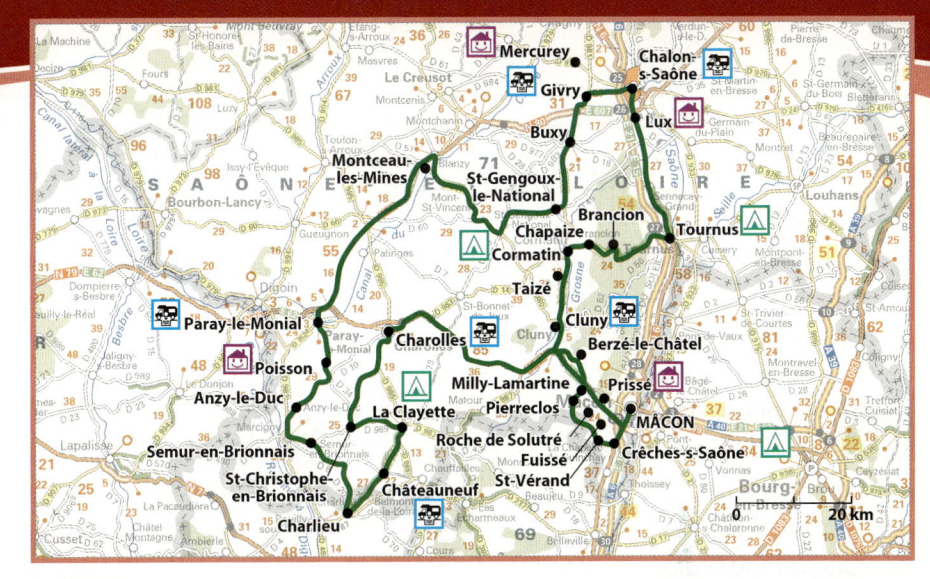

Jour 3

L'itinéraire ouvre un nouveau chapitre de l'art roman en Bourgogne. En suivant la D 14, vous arrivez à **Chapaize**, **Brancion**, puis **Tournus**. Chacune mérite une halte. À Tournus, les petites rues autour de l'abbatiale Saint-Philibert abritent antiquaires, artisans et galeries d'art. Étape gastronomique réputée, Tournus ne saurait se visiter au pas de course. Photographes amateurs, prenez votre temps.

Jour 4

Après avoir visité **Chalon-sur-Saône**, connu pour son carnaval, son vignoble et son musée Nicéphore-Niépce, rejoignez Montceau-les-Mines en prenant la D 977 par les charmantes petites villes de **Givry**, **Buxy**, **Saint-Gengoux-le-National** en faisant une halte au **Mont Saint-Vincent** (D 980) pour admirer le panorama. Un peu plus loin, **Montceau** abrite un musée des Fossiles et **Blanzy** rappelle le passé minier de la région avec le chevalement de 22 m de haut signalant le carreau de l'ancien puits Saint-Claude.

Jour 5

Allez à **Paray-le-Monial** en suivant le canal du Centre. Sa basilique est la réplique, en plus modeste, de ce qu'était Cluny avant son démantèlement. Plus au sud, le **Brionnais** surprend par la beauté de ses églises, leur clocher et sculptures : gagnez **Anzy-le-Duc**, par la D 34 puis la D 10, en faisant un détour par **Varenne-l'Arconce** et ses jardins romans. De là, poursuivez jusqu'à **Semur-en-Brionnais** à l'est de Marcigny. Par la D 8 et la D 20, vous parviendrez à Charlieu.

Jour 6

La vieille ville et la très belle abbaye de **Charlieu** sont attachantes. Reprenez vers le nord par la D 987 et la D 985 pour gagner **La Clayette**, où vous visiterez le beau château de Drée, situé au bord d'un étang. Dirigez-vous ensuite vers l'ouest pour parvenir à **Saint-Christophe-en-Brionnais**, au cœur de la zone d'élevage du charolais. En revenant à **Charolles** par la pittoresque D 20, vous prendrez de belles photos du bocage charolais. Commencez par visiter Charolles. Ici, on a les mots justes pour vous présenter l'entrecôte persillée de charolais. Mais à Charolles, on produit aussi de la faïence.

Jour 7

Terminez le circuit par la N 79 et finissez en beauté à la Maison de vins de **Mâcon**, au musée Lamartine ou au musée des Ursulines.

Bourgogne

Sur une Voie Verte d'appellation contrôlée

➲ *De Chalon-sur-Saône à Mâcon : 70 km*

Vous ne pouvez pas la manquer ! Première et authentique Voie Verte française, la piste Chalon-Mâcon est LA référence absolue en la matière… Sur plus de 70 km, elle croise les plus beaux coteaux, châteaux et paysages de Saône-et-Loire, sans danger et, mieux, sans dénivelé : elle a pris la place d'une ancienne voie ferrée ! Cerise sur le gâteau, elle offre, au beau milieu, un tunnel éclairé de 1 600 m qui vous fera déboucher au cœur même du fameux Val lamartinien.

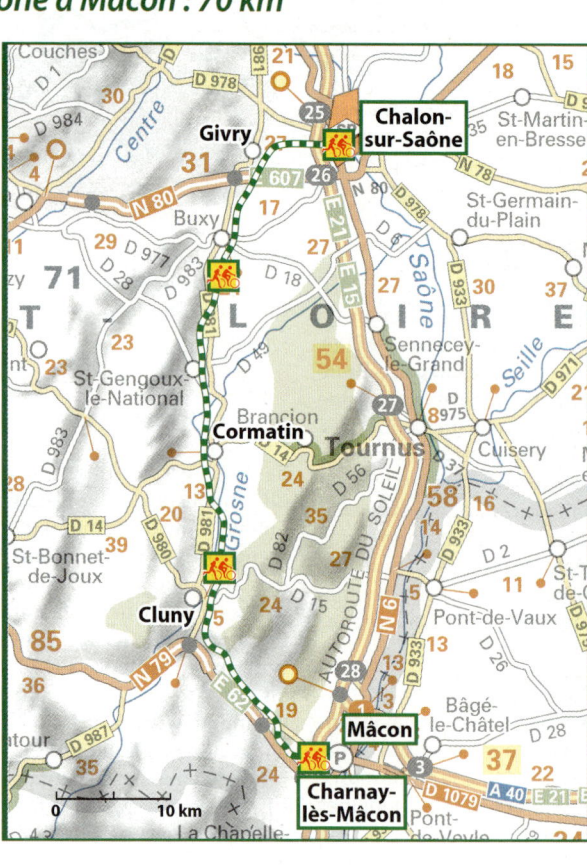

Balade garantie tout public, répétons-le. Que l'on choisisse de partir de Chalon-sur-Saône, au nord, ou de Mâcon, au sud, la Voie Verte frôle la plus grande partie de votre escapade en camping-car. Vous n'aurez qu'à décider, simplement, par quel bout du parcours vous souhaitez faire débuter votre sortie de la journée : au beau milieu de la côte chalonnaise et de ses terroirs viticoles ou, en option, au départ de l'une des multiples gares « recyclées » de l'itinéraire. Celles de Givry et de Cluny sont équipées, pensez-y, d'une aire de service tout confort (détails page suivante).

Échappées belles

Dans sa partie nord, la piste flirte presque sans interruption avec le vignoble. Après Saint-Gengoux-le-National, elle passe près de Cormatin (un château-joyau, à visiter sans hésiter !) puis, successivement, deux hauts lieux de la chrétienté : Taizé, la fameuse communauté œcuménique internationale et Cluny, l'abbaye bénédictine qui rayonna sur tout le Moyen Âge. Arrêts en option, selon affinité. Le climat ambiant y est-il pour quelque chose ? Le parcours lui-même paraît en état de grâce ! Tellement roulant que vous y croiserez nombre de rollers en extase et vous vous surprendrez sans doute à avaler les kilomètres sans les voir passer…

Dans la partie sud de la Voie Verte bourguignonne (22 km de Cluny à Mâcon), la mise en route sera un petit peu moins douce. Il faudra pousser plus sur les pédales pour atteindre l'entrée d'un tunnel, mais ce sera tout. Toujours épaulée de vignes tirées au cordeau, la piste vous entraînera, dès la sortie du boyau, dans les émotions poétiques du fameux Val lamartinien, cortège de résidences et de lieux-dits ayant marqué la vie et l'œuvre de l'auteur du *Lac*. Il faut quitter la piste pour aller rendre visite aux châteaux et demeures de Milly, Saint-Point, Pierreclos ou Monceau. En revanche, la superbe et très photogénique forteresse de Berzé-le-Châtel surplombe directement la voie à la sortie du tunnel du Bois Clair. On y grimpera sans hésiter, le château et le point de vue qu'il offre sur les monts du Mâconnais valent toutes les récompenses !

En descendant vers la Saône, le dernier cadeau sera l'éblouissant panorama sur la Roche de Vergisson (485 m) et sur son double emblématique, la célébrissime Roche de Solutré. Si on vient vous chercher en voiture, le point de rendez-vous sera le bout de la piste, à Charnay-lès-Mâcon.

Le conseil de Bib

▶ Michelin vous accompagne et aide à tirer le maximum de vos pneus.
www.michelin.fr/michelinfr/velo/nos-conseils-pneus

Voie Verte à Châlon

N° 18 Bourgogne

Aires de **service** & de **stationnement**

Chalon-sur-Saône

Aire de Chalon-sur-Saône – *Prom. Ste-Marie, au SE de la ville, suivre « Maison des Vins »* – 03 85 90 50 50 – *Ouv. tte l'année* – 🅿
Borne raclet. Gratuit.
Stationnement : autorisé
Loisirs :
Services : sèche-linge
En saison, navette gratuite pour la visite de la vieille ville.

Charolles

Aire de Charolles – *Rte de Viry* – 03 85 24 04 90 – *Ouv. tte l'année* – 🅿 10.
Borne eurorelais. Payant 2 €.
Stationnement : 3 €/j.
Loisirs :
Services : sèche-linge

Châteauneuf

Aire de Châteauneuf – *Pl. des Marronniers* – 03 85 26 20 78 – *Ouv. Pâques-Toussaint* – 🅿 4.
Borne artisanale. Gratuit.
Stationnement : autorisé
Loisirs : Services :

Cluny

Aire de Cluny – *R. Maurice-Lacoque, parking Intermarché* – 03 85 59 08 36 – *Ouv. tte l'année* – 🅿 10.
Borne artisanale. Gratuit.
Stationnement : autorisé
Loisirs : Services :
Stationnement possible sur le parking de l'ancienne gare.

Givry

Aire de Givry – *R. de la Gare, parking « la Croix Verte »* – 03 85 94 16 30 – *Ouv. tte l'année* – 🅿 3.
Borne raclet. Gratuit.
Stationnement : autorisé
Services :
Idéale pour utiliser «la voix verte»

Paray-le-Monial

Aire de Paray-le-Monial – *Bd du Dauphin-Louis, sur le parking de Leclerc, le long de la N 79* – 03 85 81 95 00 – *Ouv. tte l'année* – 🅿 6.
Payant 4 €.
Stationnement : autorisé
Services :

Campings

La Clayette

les Bruyères
9, rte de Gibles, sur D 79, rte de St-Bonnet-de-Joux.
03 85 28 09 15
aquadis1@wanadoo.fr . www.aquadis-loisirs.com
De déb. avr. à mi-oct. 2,2 ha (100 empl.)
– 5
Loisirs :
Services :
Face au lac et au château

Cormatin

Le Hameau des Champs
Accès : sortie N par D 981, rte de Chalon-sur-Saône, à 150 m d'un plan d'eau et de la Voie Verte Givry-Cluny.
03 85 50 76 71
camping.cormatin@wanadoo.fr . www.le-hameau-des-champs.com
De déb. avr. à fin sept. 5,2 ha (60 empl.)
Tarif (prix 2009) : 3,60 € 5,60 € – (13A) 3,20 €
3 €
Loisirs : snack
Services :

Crêches-sur-Saône

Municipal Port d'Arciat
Rte du Port d'Arciat, 1,5 km par D 31, rte de Pont de Veyle.
03 85 37 11 83
De mi-mai à mi-sept. 5 ha (160 empl.)
Tarif (prix 2009) : 14,70 € (6A) – pers. suppl. 3,80 €
Loisirs :
Services :
En bordure de Saône et près d'un plan d'eau, accès direct

Tournus

Municipal En Bagatelle
14, r. des Canes, 1 km au Nord de la localité par rue St-Laurent, en face de la gare, attenant à la piscine et à 150 m de la Saône (accès direct).
03 85 51 16 58
De fin mars à fin sept. 2 ha (90 empl.)
Tarif : 23,50 € (6A) – pers. suppl. 5,30 €
Loisirs :
Services :

Carnet pratique

🏠 Haltes chez le **particulier**

Lux

Les Charmilles
R. de la Libération – 📞 03 85 48 58 08 – Fermé le sam. midi, dim. soir, sf sur réserv. groupes.
Ouv. tte l'année
🅿 *5.*

Proche des vignobles de la Côte Chalonnaise, ce restaurant au cadre chaleureux propose une excellente cuisine du terroir (suprême de pintade braisé farci au comté, jambon persillé maison, fondues bourguignonne et jurassienne…) Agréable terrasse dressée au bord de la piscine.

Mercurey

Domaine Le Meix Foulot
Lieu dit Meix Foulot – 📞 03 85 45 13 92 – Ouv. lun.-sam. 10h-19h sur RV.
Fermé dernière sem. déc et pdt vendanges.
🅿 *3.*

Le domaine possède 20 ha de vignes en appellation Mercurey, au coeur de la Côte Chalonnaise. Producteur récoltant et vente en direct du caveau familial. Bourgogne rouge et Mercurey rouge et blanc, Mercurey 1er cru rouge.

Poisson

Restaurant de la Poste
Le Bourg – 📞 03 85 81 10 72
🅿

Table traditionnelle axée terroir, aménagée dans une maison en pierre avec salle à manger prolongée d'une véranda et d'une terrasse à l'ombre des platanes. Menu tout poisson les vendredis.

Prissé

Cave de Prissé
Sortie Mâcon-S dir. Cluny, sortir par la voie expresse à la Roche-Vineuse/Prissé – 📞 03 85 37 88 06 – Lun.-sam. 9h-12h30, 13h30-18h30 (été 19h).
Ouv. tte l'année.
🅿 *20. Stationnement : 24h maxi.*

Cette cave propose une gamme complète des vins de la région, blancs et rosés, ainsi que des crémants légers et fruités. Mais les vedettes restent cependant les vins rouges tels que le saint-véran, le bourgogne Pinot Noir et le pouilly-fuissé, dont les noms sont chantés par les sommeliers.

🍴 Les bonnes **adresses** de Bib

Chalon-sur-Saône

Le Bistrot
31 r. de Strasbourg - 📞 03 85 93 22 01 - fermé sam. et dim. - 15/30 €.

Ce bistrot tout de rouge vêtu (boiseries décorées d'affiches anciennes, banquettes, lustres design, etc.) a vraiment belle allure, en particulier sa petite salle à manger voûtée du sous-sol qui donne sur une cave vitrée. Cuisine au goût du jour avec légumes du jardin et belle sélection devins de Bourgogne.

Fuissé

Château de Fuissé
Sortie A6, Mâcon-Sud, dir. Vinzelles - 📞 03 85 35 61 44 - www.chateau-fuisse.com -lun.-jeu. 8h30-12h, 13h30-17h30, vend. jusqu'à 16h30, w.-end et j. fériés sur demande préalable - fermé 1 sem. en août, 1 sem. à Noël.

Au cœur d'une propriété viticole de 30 ha, élégante demeure flanquée d'une tour du 15e s. dressée face à deux ifs taillés en forme de bouteille. Visite des caves du 17e s. et dégustation dans la salle Renaissance de pouilly-fuissés provenant de terroirs réputés, dont certains sont des monopoles du domaine (le Clos, les Combettes, les Brûlés).

La Clayette

Les Chocolats Bernard-Dufoux
32 r. Centrale - 📞 03 85 28 08 10 - 8h-20h.

Le Club des Croqueurs de chocolat désigne B. Dufoux comme l'un des meilleurs chocolatiers de France depuis 1998. Le choix de la matière première et un savoir-faire acquis durant 40 ans de travail expliquent un tel succès. Le foie gras de chocolat, le palet d'or et les chocolats aux épices pour l'apéritif comptent parmi les spécialités de cet artisan qui donne aussi des cours de chocolat, le 1er mercredi de chaque mois.

Mâcon

Maison Mâconnaise des Vins
484 av. de Lattre-de-Tassigny – 📞 03 85 22 91 11 - www.maison-des-vins.com - 11h30-22h - fermé 1er-20 janv.

Salle d'exposition, librairie, boutique, dégustations menées par des professionnels… La Maison des Vins de Mâcon mérite vraiment une visite. Son restaurant permet en outre de savourer quelques spécialités régionales (petit salé, andouillette mâconnaise, entrecôte du Charollais…) et de les escorter de crus du Mâconnais sélectionnés.

N° 19 Bourgogne

Au cœur du Morvan

Que vous soyez allergique aux vieilles pierres ou désabusé de nature, il semble impossible que vous ne succombiez pas aux charmes de **la basilique Vézelay** ou de l'**abbaye de Fontenay**, deux monuments inscrits au Patrimoine mondial de l'Unesco. Impossible, non plus, de ne pas être séduit par cette Bourgogne ponctuée de lacs, de petites routes serpentant à travers des vallons boisés et de jolis bourgs assoupis autour de leur clocher…

➲ *Départ de Vézelay*
➲ *5 jours*
230 km

Vézelay sur la « colline éternelle ».

Jour 1

Cet itinéraire débute par la visite de **Vézelay**, sa mémorable basilique, son musée Zervos (art moderne) et ses maisons anciennes. Prenez au sud la direction de **Saint-Père** et sa charmante église, puis rendez-vous au château de Vauban, à **Bazoches**. De là, par la D 944, gagnez **Château-Chinon** en longeant le **lac de Pannecière-Chaumard**, le plus grand des lacs du Morvan. La D 944 vous mène à Château-Chinon.

Jours 2 & 3

Capitale du Morvan, **Château-Chinon** accueillit tour à tour un oppidum gaulois, un camp romain, un monastère, un château féodal et des siècles plus tard, la ville devint le fief d'un célèbre maire, futur président de la République : François Mitterrand. Allez admirer les sommets du Morvan depuis le calvaire, suivez l'agréable promenade du château. Faites une visite au musée du Septennat ; parmi les cadeaux protocolaires offerts au président Mitterrand se cachent des trésors parfois insolites ! Par la D 37, regagnez le **lac des Settons**. Entouré de bois de sapins et de mélèzes, à 573 m d'altitude, cet agréable plan d'eau s'étale au travers de la **vallée de la Cure**. Consacrez

Le conseil de Bib

▶ Profitez du lac des Settons et de ses activités en faisant étape sur l'aire située sur le bord du lac (sauf jeudi, jour de marché).

une journée supplémentaire à la découverte du site. On peut y pêcher, s'y promener, et pratiquer des sports nautiques. La beauté du site et les multiples activités proposées font du plus ancien lac artificiel du Morvan, un lieu de séjour très agréable.

Jour 4

Poursuivez vers le nord jusqu'à Saulieu en passant par le **lac de Saint-Agnan**. Après la visite de **Saulieu** et du musée François Pompon (sculpteur et élève de Rodin), gagnez la **butte de Thil** (ancienne collégiale et château du 14e s.) par la D 980 et la D 70. Puis, en revenant sur la D 980, vous parviendrez à **Semur-en-Auxois,** admirable cité médiévale campée sur une falaise de granit rose. Poursuivez vers **Venarey-les-Laumes** pour vous rendre à **Alise-Sainte-Reine**, dont les fouilles archéologiques nous transportent sur le champ de bataille d'Alésia, aux côtés de Vercingétorix et César. Rendez-vous également possible **Flavigny-sur-Ozerain.** Ses délicieuses petites graines d'anis enrobées de sucre ont fait sa célébrité. Finissez la journée à Montbard, que vous gagnez par la D 905.

Jour 5

Visitez **Montbard** et la Grande Forge de Buffon avant d'aller admirer le chef-d'œuvre qu'est l'**abbaye de Fontenay**. L'abbaye donne une vision exacte de ce qu'était un monastère cistercien au 12e s., vivant en complète autarcie. Revenez sur la D 103 et suivez la D 957. Vous pouvez faire, au choix, une étape dans le village de **Montréal** pour admirer l'église (et ses 26 stalles sculptées) ou quelques kilomètres plus loin, au musée des Voitures de chefs d'État au **château de Montjalin**. Arrivé à **Avallon**, promenez-vous dans la ville, le long de sa ceinture murée et parée de jardins. Pour terminer ce voyage sur une touche raffinée, visitez le Centre d'exposition du costume.

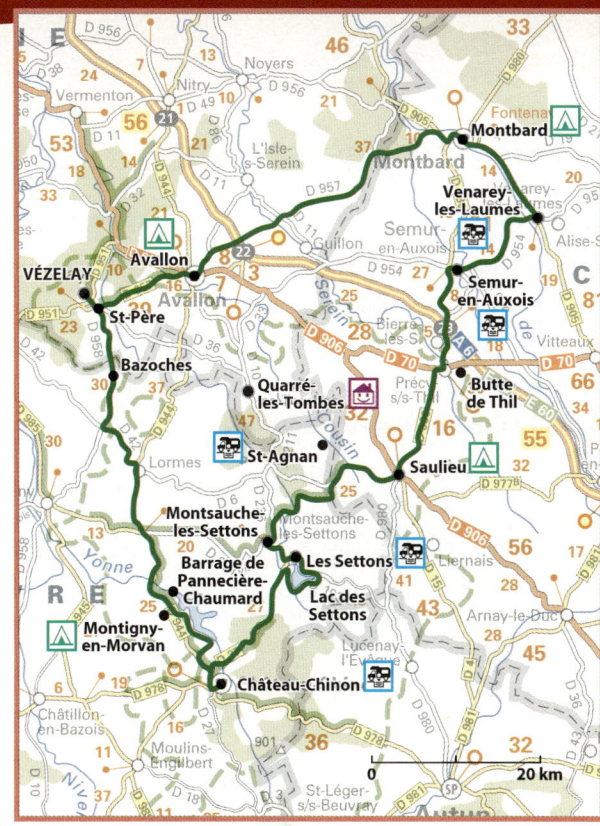

Maisons anciennes à Vézelay.

N° 19 Bourgogne

Aires de service & de stationnement

Château-Chinon

Aire de Château Chinon – Pl. Jean-Sallonnyer – ☎ 03 86 85 15 05 – Ouv. tte l'année – 🅿 4.
Borne flot bleu. Gratuit.
Stationnement : autorisé
Services : WC

Saint-Agnan

Aire de Saint-Agnan – Parc résidentiel de la Jarnoise – ☎ 03 86 78 72 44 – Ouv. tte l'année – 🅿 4.
Borne artisanale. Payant.
Stationnement : 10 €/j.
Services :

Semur-en-Auxois

Aire de Sémur-en-Auxois – Av. Pasteur, parking du complexe sportif – ☎ 03 80 97 01 11 – Ouv. tte l'année – 🅿 8.
Borne artisanale. Gratuit.
Stationnement : autorisé
Loisirs :
Services : WC sèche-linge

Les Settons

Aire du lac des Settons – À Montsauche-les-Settons. Au bord du lac des Settons rive droite, parking de « la vieille diligence ». En bordure de la D 193 – ☎ 03 86 76 11 50 – Ouv. tte l'année – 🅿 10.
Borne eurorelais. Payant.
Stationnement : autorisé
Loisirs :
Services : WC

Venarey-les-Laumes

Aire de Venarey-les-Laumes – R. Anatole-France, plan d'eau « Nid de la Caille » – ☎ 03 80 96 01 59 – Ouv. tte l'année – 🅿
Borne eurorelais. Payant 2 €.
Stationnement : autorisé
Loisirs : Services : WC

Campings

Avallon

⛺ Municipal Sous Roches
R. Sous Roche, 2 km au sud-est par D 944 et D 427 à gauche près du Cousin.
☎ 03 86 34 10 39
campingsousroches@ville-avallon.fr
De déb. avr. à mi-oct. 2,7 ha (402 empl.)
Tarif (prix 2009) : 👤 3,20 € 🚗 2,50 € 🔌 2,50 € – [⚡] (6A) 3,50 €
🚐 borne artisanale 5 € – 8 🔌 15,70 €
Loisirs :
Services : sèche-linge

Montbard

⛺ Municipal
R. Michel-Servet, par D 980 déviation nord-ouest de la ville, près de la piscine.
☎ 03 80 92 69 50
De déb mars à fin oct. 2,5 ha (80 empl.)
Tarif (prix 2009) : 19,60 € 👤👤 🚗 🔌 (10A)
🚐 borne artisanale
Loisirs :
Services :
😊 Agréable décoration arbustive des emplacements

Montigny-en-Morvan

⛺ Municipal du Lac
Lieu-dit Bonin, 2,3 km par D 944, D 303 rte du barrage de Pannecière-Chaumard et chemin à droite.
☎ 03 86 84 71 77
De déb. mai à fin sept. 2 ha (59 empl.)
Tarif : 👤 2,50 € 🚗 1,70 € 🔌 2 € – [⚡] (12A) 1,90 €
Loisirs :
Services :
😊 Site agréable près d'un lac

Saulieu

⛺ Municipal le Perron
Le Perron, 1 km par D 906, rte de Paris, près d'un étang.
☎ 03 80 64 16 19
camping.saulieu@wanadoo.fr . www.saulieu.fr
De déb. avr. à mi-sept. 8 ha (157 empl.)
Tarif : 17,70 € 👤👤 🚗 🔌 (10A) – pers. suppl. 3 €
🚐 borne artisanale
Loisirs :
Services :

Carnet pratique

🏠 Haltes chez le **particulier**

Quarré-les-Tombes

Auberge de l'Atre
Les Lavaults – ℘ 03 86 32 20 79 – Fermé mar.-merc. Fermé 16 juin-1er juil., 11 fév.-11 mars.
P 5.
Bienvenue dans cette ferme morvandelle, située en pleine campagne ! Attablez-vous près de l'âtre dans un joli cadre rustique ou sur la terrasse-véranda donnant sur le jardin fleuri. Spécialités : œufs pochés en meurette, pigeonneau rôti au miel et hydromel du Morvan.

Les bonnes **adresses** de Bib

Avallon

Le Gourmillon
8 r. de Lyon - ℘ 03 86 31 62 01 - fermé 5-25 janv. et dim. soir - 15/38 €.
Cette petite adresse sagement champêtre du centre-ville propose des menus à des prix si sympathiques que le canard à la bourguignonne, le jambon du Morvan ou le gâteau de pain d'épice en deviennent presque encore plus savoureux. Laissez libre cours à votre gourmandise, sans autre souci que de découvrir ces généreux menus du terroir.

Château-Chinon

Gaudry
25 pl. St-Romain - ℘ 03 86 85 13 87 - tlj sf dim. 7h-19h ; dim. du 1er juin au 1er nov. : 7h-19h.
Mme Gaudry mène seule ce commerce de grande qualité où tout est fabriqué sur place. La délicate odeur qui embaume la boutique est le gage de la fraîcheur des produits qu'elle élabore : petits fagots de Château-Chinon, pâtés de foie, terrines à l'ancienne, jambonnette, boudin noir, quiches et rosette du Morvan, la spécialité, ont fière allure derrière les vitrines.

Les Rûchers du Morvan
Port-de-L'Homme, D 37 - ℘ 03 86 78 02 43 - pas de visite d'oct. à fin avr. ; boutique ouv. tte l'année 9h-12h, 13h-19h.
Propriétaire de 800 à 1 000 ruches suivant la saison, M. Coppin vous fait partager sa passion : une ruche vitrée permet de voir les abeilles s'affairer et les visiteurs peuvent assister à l'extraction du miel, s'aventurer dans la miellerie et, bien sûr, goûter les miels de toutes sortes et le pain d'épice à 70 % de miel.

Quarré-les-Tombes

Les Tombelines
24 pl. de L'Église - ℘ 03 86 32 22 21 - www.tombelines.com - tlj (sf merc. hors sais.) 7h-13h, 14h-19h30 ; visite du laboratoire sur demande préalable - fermé juil.-août.
Sur la place de l'église se trouve une boulangerie-confiserie assez exceptionnelle puisqu'elle propose pas moins de 200 sortes de confitures à l'ancienne dont la cramaillotte (confiture de pisenlits) et la pomme à la lavande. La maison fabrique aussi des spécialités en chocolat et organise chaque année une exposition sur le thème du chocolat.

Montbard

L'Écu
7 r. Auguste-Carré - ℘ 03 80 92 11 66 - www.hotel-de-l-ecu.fr - fermé 6-20 fév., dim. soir et mar. midi du 10 nov. au 30 mars - 19/52 €.
Ancien relais de poste (16e s.) à fière allure où l'on vient faire des repas traditionnels sous les voûtes des écuries ou dans une salle moderne dotée de chaises Louis XIII. Bon accueil, ambiance provinciale.

St-Léger-Vauban

Ferme de l'Abbaye de la « Pierre qui Vire »
1 Huis-St-Benoît - ℘ 03 86 33 03 73 - fermedelapierrequivire@orange.fr - tlj sf w.-end 7h-12h.
La « Pierre qui Vire » est le nom d'un fromage frais au lait de vache à deux jours d'égouttage que vous trouverez dans la boutique sise à 500 m du monastère, au sein même de la fromagerie ainsi que dans le magasin de l'Abbaye. La visite de la ferme s'effectue sur rendez-vous pour les groupes.

Vézelay

Les Caves du Pèlerin
32 r. St-Étienne - ℘ 03 86 33 30 84 - cavesdupelerin@wanadoo.fr - 9h30-12h, 14h-18h - fermé de janv. à mi-mars, mar. et merc.
Cette maison de village aux caves médiévales abrite le « musée des vignobles » de Vézelay. Boutique et dégustation sur place.

Bourgogne

N° 20

L'**Yonne**, du Sénonais à l'Auxerrois

Quelle que soit la richesse des centres anciens d'**Auxerre** et de **Sens**, cette escapade vous séduira davantage par ces petites villes – **Joigny**, **Noyers**, **Ancy-le-Franc** ou **Chablis** – qui vous laisseront le souvenir d'une belle région, calme et fière de ses spécialités comme de son histoire.

➲ **Départ de Sens**
➲ **6 jours**
270 km

Le village et le vignoble de Saint-Bris-le-Vineux.

Une péniche sur le canal de Bourgogne.

Jour 1
Visitez la cathédrale de **Sens** et son trésor, le musée et le palais synodal. Trente kilomètres séparent Sens de Joigny, en passant par **Villeneuve-sur-Yonne**. **Joigny**, escale gastronomique (fief du chef Lorain), s'affirme comme le port d'attache des pénichettes. Prenez date pour un futur embarquement, pour un week-end ou plus sur le **canal de Bourgogne**.

Jour 2
Poursuivez vers le sud-ouest par la D 955 pour voir le **pressoir de Champvallon**, puis découvrir au sud-est l'étonnant musée des Arts populaires de **Laduz**. Rejoignez par la D 145, **La Ferté-Loupière**, pour admirer dans l'église des peintures murales remarquables (dont la « Danse macabre »). Continuez vers le nord-ouest, pour vous rendre au musée d'art brut de La Fabuloserie, à **Dicy**. Visite à faire en famille !

Jour 3
Rejoindre **Charny** par la D 950. Le village marque par une plaque commémorative le souvenir terrible du 14 juillet 1944, jour où tous les hommes et quelques femmes du village, soupçonnés de soutenir le maquis, furent regroupés sous les armes dans la petite école. Au centre de la petite ville, la halle ne manque pas d'allure avec ses murs de brique à pans

Le conseil de Bib

▶ Les dimanches d'été, la vieille ville de Noyers se transforme en zone piétonnière. Garez-vous près de la salle polyvalente.

de bois posés sur des piliers de pierre. Poursuivez jusqu'à **Grand-champ** qui abrite un château d'aspect longiligne très original, remanié plusieurs fois de la Renaissance au Second Empire. Regagnez Toucy en faisant halte à **Villiers-Saint-Benoît** et son musée d'Art et d'Histoire de Puisaye. **Toucy** bâtie sur la rive droite de l'Ouanne, fut le pôle historique de la Puisaye jusqu'au 14e s.

Jour 4

Rejoignez **Auxerre** par la D 965. Promenez-vous une demi-journée dans la ville, sur les pas de Cadet Roussel. Visitez la cathédrale Saint-Étienne et l'ancienne abbaye Saint-Germain. Quittez Auxerre au sud par la N 151, prenez la D 85 qui mène à **Coulanges-la-Vineuse**, traversez l'Yonne pour continuer dans les vignobles jusqu'à **Irancy**. Passez la fin de l'après-midi à **Noyers**, que vous aurez rejoint par la D 956. Cette ville médiévale se reconnaît à ses toits couverts d'écailles qu'on appelle ici des « laves ».

Jour 5

Voici la **vallée de l'Armançon** et le canal de Bourgogne. Peupliers, écluses, péniches et bateaux de plaisance composent un décor de vacances. Parmi les châteaux de l'Yonne, ne manquez pas, à quelques kilomètres de distance, les joyaux de la Renaissance : **Ancy-le-Franc**, qui conserve un décor intérieur peint superbe, **Tanlay** et son pont flanqué de deux obélisques, et, sur la commune de Cruzy-le-Châtel, l'étonnant **château de Maulnes**. Arrivez à Tonnerre en fin de journée par la D 952.

Jour 6

Visitez la ville de **Tonnerre**, avant de retrouver le **vignoble du Chablisien** par la D 965. Petite ville baignée par le Serein, **Chablis** est la capitale du prestigieux vin blanc de Bourgogne. Prévoyez ainsi du temps pour visiter quelques caves, avant de regagner Auxerre.

Vignes près de Chablis.

113

Bourgogne

N° 20

Aires de service & de stationnement

Auxerre
Aire d'Auxerre – *Quai de la République, sur le bord de l'Yonne face au port fluvial* – 03 86 72 43 00 – *Ouv. tte l'année* – P
Borne artisanale. Gratuit.
Stationnement : autorisé
Services :

Brienon-sur-Armançon
Aire de Brienon-sur-Armançon – *Rte d'Auxerre, sortie de Brienon en dir. d'Auxerre après le pont de la rivière sur la droite en bordure de route* – 03 86 56 09 40 – *Ouv. tte l'année* – P
Borne eurorelais. Payant 3 €.
Stationnement : autorisé

Gurgy
Aire de Gurgy – *Chemin du Halage* – 03 86 53 02 86 – *Ouv. avr.-oct.* – P 10.
Borne eurorelais. Payant 2 €.
Stationnement : autorisé
Loisirs : Services :
Au bord du canal

Campings

Ancy-le-Franc
Municipal
Accès : sortie sud par D 905, rte de Montbard, face au château, bord d'un ruisseau et près d'un étang.
03 86 75 13 21
mairie.ancylefranc@orange.fr
De mi-juin à mi-sept. 0,5 ha (30 empl.)
Tarif (prix 2009) : 2 € 1 € 3 € – 3 €
Services :

Auxerre
Municipal
8, rte de Vaux, au SE de la ville, près du stade, à 150 m de l'Yonne.
03 86 52 11 15
De mi-avr. à fin sept. 4,5 ha (220 empl.)
Tarif : 3,20 € 2,80 € – (6A) 2,60 €
2,60 €
Loisirs :
Services : sèche-linge

Cézy
L'Île de l'Entonnoir
Accès : sortie Nord-Est sur D 134, rte de St-Aubin sur-Yonne, à 250 m du canal. Pour caravanes et camping-cars accès conseillé par St-Aubin-sur-Yonne.
03 86 63 17 87
info@camping-cezy.com Mai-sept. 1 ha (70 empl.)
Loisirs :
Services :

Chablis
Municipal du Serein
Quai Paul-Louis-Courier, 0,6 km par D 956 rte de Tonnerre et chemin à droite après le pont, bord du Serein.
03 86 42 44 39
De mi-juin à mi-sept. 2 ha (50 empl.)
Tarif (prix 2009) : 1,80 € 4,60 € – (10A) 1,80 €
Loisirs :
Services :

Migennes
Les Confluents
Allée Léo-Lagrange, sortie Migennes par D 277.
03 86 80 94 55
De fin mars à déb. nov. 1,5 ha (63 empl.)
Tarif : 3,60 € 4,80 € – (10A) 4,25 €
– 8 12 €
Loisirs : snack
Services :

Tonnerre
Municipal de la Cascade
Av. Aristide-Briand, sortie N par D 905, rte de Troyes et D 944, au bord du canal de l'Yonne.
03 86 55 15 44
ot.tonnerre@wanadoo.fr . www.tonnerre.fr
De déb. avr. à fin oct. 3 ha (115 empl.)
– 8 9,60 €
Loisirs : snack
Services :

Carnet pratique

Haltes chez le **particulier**

Chablis

SCEA Guitton-Michel
2, rue de Poinchy – ☎ 03 86 42 43 14 – Ouv. tlj 8h-20. Ouv. tte l'année.
P 4.
Ce petit domaine familial récolte et produit du Chablis dont la cuvée « Montmains » en Chablis 1er cru et la cuvée « les Clos » en Chablis grand cru.

Saint-Bris-le-Vineux

Ferme de Chèrevie
Sur la route qui mène à St-Cyr-les-Colons, deuxième route à droite après la sortie du village. – ☎ 03 86 53 79 02 – Ouv. tte l'année
P 3.
Ferme familiale céréalière depuis 1948, ce n'est qu'en 2001 qu'elle crée l'élevage de volailles en plein air (poulets et pintades). Sur place, transformation d'une partie des volailles en terrines et fricassés. Spécialités : pintade à la cannelle, cuisses de poulet confites au romarin… Vente et dégustation.

Les bonnes **adresses** de Bib

Auxerre

La P'tite Beursaude
55 r. Joubert - ☎ 03 86 51 10 21 - 23/50 €.
L'enseigne à consonance régionale, la salle à manger au cachet campagnard simple et chaleureux, les serveurs qui officient en costume local et de copieuses recettes puisant dans le terroir : c'est un véritable concentré de Bourgogne que l'on découvre en poussant la porte de cette P'tite Beursaude !

Chablis

La Chablisienne
8 bd Pasteur - ☎ 03 86 42 89 89 - 9h-12h, 14h-18h ; juil.-août : 9h-19h - fermé 1er janv. et 25 déc.
Cette coopérative regroupe environ 300 exploitants qui représentent le quart du vignoble chablisien et produisent les 6 grands crus de l'appellation : Bougros, Blanchot, Les Clos, Les Preuses, Valmur, Vaudésir et Grenouille. La salle de dégustation est idéale pour découvrir la gamme des premiers crus et petits chablis.

Château Long-Depaquit
45 r. Auxerroise - ☎ 03 86 42 11 13 - tlj sf dim. 9h-12h30, 13h30-18h - fermé 25 déc.-1er janv., 1er Mai et 1er nov.
Ce vaste domaine viticole qui appartient jusqu'à la Révolution à l'abbaye cistercienne de Pontigny produit des AOC chablis premier et grand crus, élevés en partie en fûts de chêne. Le vin issu de la parcelle de La Moutonne est quant à lui considéré comme « le huitième grand cru de Chablis ». Caveau de dégustation.

Irancy

Domaine Anita, Jean-Pierre et Stéphanie Colinot
1 r. des Chariats - ☎ 03 86 42 33 25 - tlj sf dim. apr.-midi sur RV 9h-12h, 14h-18h30 - ouv. le mat. des j. fériés.
Jean-Pierre Colinot, son épouse et sa fille élaborent leurs vins dans le respect des méthodes ancestrales pratiquées en Bourgogne. Ils vinifient six cuvées d'irancy : Palotte, Côte du Moutier, les Mazelots, les Cailles, les Bessys et Vieilles Vignes. Dégustation et visite des caves du 17e s.

Tonnerre

Auberge de Bourgogne
Rte de Dijon à 2 km - ☎ 03 86 54 41 41 - fermé 15 déc.-7 janv. - 16/22 €.
Architecture contemporaine voisine des vignobles d'Épineuil, abritant un restaurant clair et spacieux où plats traditionnels et régionaux se partagent la carte. Le bœuf bourguignon y figure en bonne place, ce qui n'est pas pour surprendre. Jolie vue sur la campagne environnante.

Caveau de Fontenilles
Pl. Marguerite-de-Bourgogne - ☎ 03 86 55 06 33 - tlj sf lun. 9h30-12h, 14h30-19h, dim. et j. fériés 10h-12h30.
Forte de son expérience, la cave a déjà obtenu plusieurs médailles. Les dernières datent de 2005 et ont récompensé le pinot noir et le chardonnay. À goûter également : la cuvée Marguerite des Fontenilles, vieillie en fût de chêne et dédiée à la fondatrice de l'hôtel-Dieu.

St-Bris-le-Vineux

La Maison du Vignoble Auxerrois
14 rte de Champs - dans St-Bris, dir. Caves de Bailly - ☎ 03 86 53 66 76 - hors sais : tlj sf merc. et dim. 9h-12h15, 13h30-18h (sais. 19h), sam. 9h-12h30, 14h30-19h - fermé 1er janv. et 25 déc.
Maison gérée par une association de syndicats viticoles du Grand Auxerrois. Dégustations (parfois thématiques) et vente de 35 crus sélectionnés par les viticulteurs eux-mêmes pour présenter le meilleur de leur savoir-faire. Repas-dégustation et visites guidées du vignoble.

N° 21

Bretagne

Vers la **Côte d'Émeraude**

Ce circuit vous propose de découvrir trois monuments bretons : **Rennes**, le **Mont-St-Michel**, et la **Côte d'émeraude**. Vous devriez revenir à la fois fasciné par la beauté mystérieuse du Mont et de sa baie sauvage, réjoui et détendu par l'ambiance de Rennes, émerveillé et repu de tous les plaisirs qu'offre la Côte : une mer couleur d'émeraude au printemps, un rivage très découpé, des plages de rêve et des villages dont la réputation n'est plus à faire : **Cancale**, **St-Malo**, **Dinard**…

➲ *Départ de Rennes*
➲ *7 jours*
310 km

Bateaux mouillant dans une crique de la Côte d'Émeraude.

Jour 1

Commencez votre séjour rennais en marchant dans le vieux **Rennes**, car cette partie ancienne de la ville, outre ses belles façades à encorbellement et ses hôtels aristocratiques, est la plus sympathique et la plus détendue. La cathédrale St-Pierre, la place Ste-Anne, les nombreux magasins environnants et le palais du parlement de Bretagne à proximité : tous méritent votre visite ! Le lendemain matin : découverte du musée des Beaux-Arts avant un déjeuner du côté de l'église St-Germain ou de la rue St-Georges. Ensuite, rendez-vous place de l'Hôtel-de-Ville pour voir l'hôtel de ville construit en 1743 par Jacques Ange Gabriel, l'architecte du Petit Trianon à Versailles ! Après il sera temps de profiter du merveilleux parc du Thabor, à moins que vous ne préfériez un dernier musée, celui de Bretagne aux Champs Libres.

Jour 2

Les cités médiévales des marches de Bretagne sont à l'honneur de cette deuxième journée, à commencer par **Vitré** avec son imposant château et son centre historique très bien préservé. S'il vous reste du temps, **Fougères** et son magnifique château peuvent prendre le relais, sans oublier la ville haute. Peut-être aurez-vous envie de verdure ? Le parc floral de Haute-Bretagne ne se trouve qu'à 10 km au nord-ouest.

Jour 3

Cap sur le **Mont-Saint-Michel** pour découvrir sa merveille ! La visite vous prendra une bonne partie de la journée. Lorsque vous vous serez arraché au magnifique spectacle de sa baie, roulez vers **Cancale** en prévoyant une étape à **Dol-de-Bretagne**, pour admirer sa cathédrale et en comprendre la construction grâce au Cathédraloscope. 2 km après la ville, en direction de **Vivier-sur-Mer**, le **mont Dol** offre un beau panorama sur la région. Vous arriverez à temps à **Cancale** pour déguster une bonne douzaine d'huîtres !

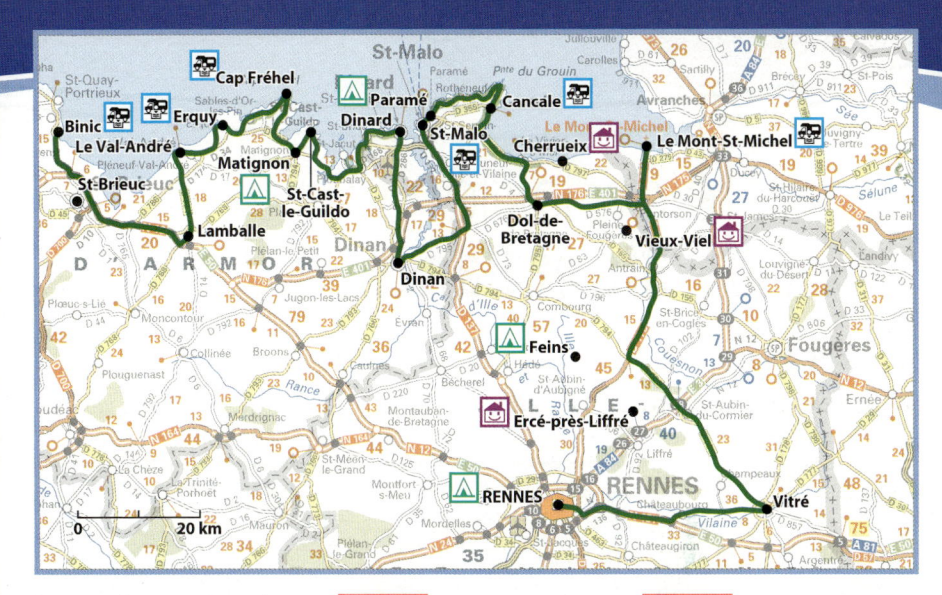

Jour 4
Le matin, prévoyez une promenade autour de la **pointe du Grouin** avant de filer vers **St-Malo**, via **Rothéneuf** et ses rochers sculptés. Parvenu à l'ancienne cité corsaire, laissez votre camping-car et flânez tranquille dans la vieille ville bien à l'abri de ses remparts. Renseignez-vous sur les horaires de marée pour aller à pied au **Fort national** et au **Grand Bé**, et n'oubliez pas d'étendre votre serviette sur la **Grande Plage**, côté **Sillon**. En rentrant de la plage, allez manger une galette…

Jour 5
Nichée au fond de l'**estuaire de la Rance**, la vieille ville fortifiée de **Dinan** occupera la fin de votre matinée, surtout si vous y déjeunez. Avant de partir, achetez les « gavottes » de Dinan. L'après-midi : **croisière sur la Rance**, depuis le port de plaisance. Le soir vous trouverez à **Dinard**, où crêperies et restaurants se bousculent.

Jour 6
De Dinard, longez la **Côte d'Émeraude** par **St-Lunaire** et la belle pointe du Décollé, ralliez la pointe de la Garde Guérin, **St-Briac-sur-Mer**, **Le Guildo**, puis **St-Cast-le-Guildo**. La station est encadrée par deux pointes avec de beaux panoramas sur le littoral. Faites quelques courses et partez pique-niquer au **fort La Latte**, avant d'aller au **cap Fréhel** tout proche. Après ces panoramas époustouflants, allez vous baigner sur les belles plages de **Sables-d'Or-les-Pins**, **d'Erquy** ou du **Val-André**, où vous dormirez.

Jour 7
En été, un passage à **Lamballe** s'impose pour voir le haras national. La collégiale Notre-Dame et le musée Mathurin-Méheut méritent aussi votre visite. Mais avant Lamballe, prenez le temps d'un petit détour à l'église de Morieux (11 km du Val-André en dir. de St-Brieuc). Cette église abrite de remarquables fresques des 13e et 14e s. Déjeunez à Lamballe. L'après-midi, visitez le musée Mathurin-Méheut (peintre de la vie quotidienne bretonne).

Spécialité de Dinan : la gavotte.

Bretagne

Croisière cyclable entre **Ille et Rance**

➲ *De Rennes à Dinan : 85 km*
➲ *De Dinard à Dinan : 17 km*

De Rennes à Dinard, une Voie Verte vous offre, sur 102 km au fil de l'eau, un éventail infini de sorties cyclables « en site propre », sans voiture et sans effort, ou presque. À vous de choisir, simplement, la longueur et le principe de votre étape. Vous aurez, dans tous les cas, la garantie d'un parcours magnifique le long des 50 écluses et biefs assoupis d'un canal de légende !

Affaire de choix ou d'opportunité, on peut débuter l'escapade par un bout ou par un autre, mais aussi – rien ne l'empêche – au beau milieu de l'ouvrage fluvial. C'est un canal historique puisqu'il fut creusé sous Napoléon pour contourner le blocus maritime anglais. Venant de Rennes, le point de départ le plus pratique sera l'écluse Saint-Grégoire, à 5 km tout juste du centre-ville. Elle offre une halte tout confort avec parking, aire de pique-nique et commodités. À moins que vous ne préfériez, juste un peu plus loin, l'accès de Montreuil-sur-

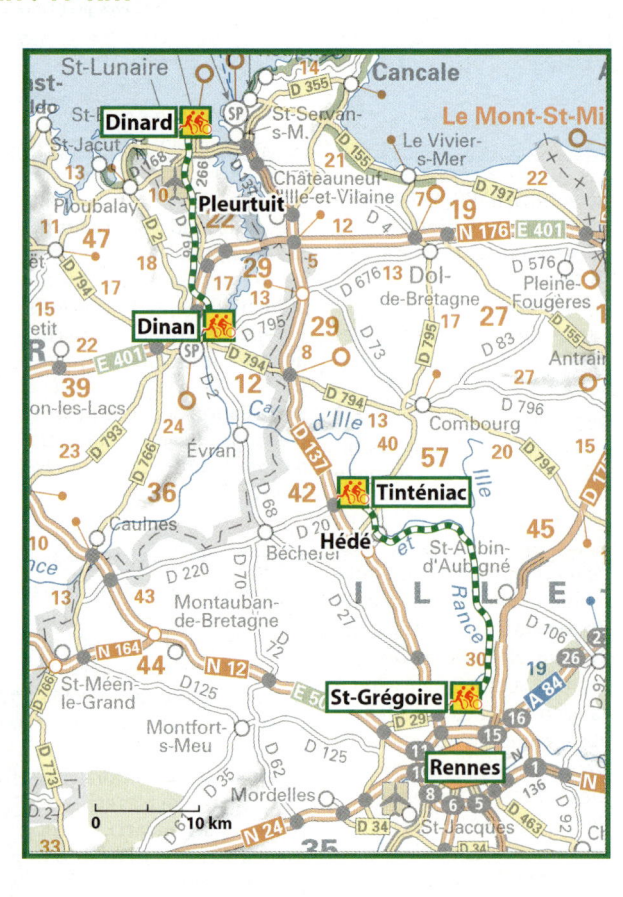

Échappées belles

Ille. Le camping de Feins, cité page suivante, n'est, là, qu'à 3 km de la Voie Verte. Vous pourrez, dans ce cas, rejoindre directement celle-ci à vélo.

Côté profil, sachez-le, la promenade grimpe imperceptiblement depuis la capitale bretonne avec un saut d'écluse tous les kilomètres environ, tandis que vous serez, à Montreuil-sur-Ille, au point culminant du canal, sur la fameuse ligne de partage des eaux qu'alimentent la rigole et l'étang voisins du Boulet.

N'hésitez pas, alors, à descendre en roue libre les célèbres 11 écluses de Hédé, et même à pousser un peu plus loin jusqu'à Tinténiac, soit une trentaine de kilomètres aller-retour. Vous n'aurez qu'à vous ménager quelques forces pour le retour. Heureusement, l'échelle d'écluses est beaucoup plus facile et rapide à franchir à vélo qu'à la manœuvre, sur l'un des bateaux de plaisance affrontant l'ouvrage…

Dinard, à l'autre bout de la Voie Verte, offre une autre opportunité. N'hésitez pas, de là, à abandonner une demi-journée votre véhicule pour rallier, toujours en roue libre, Dinan la médiévale !

Aménagée sur l'ancienne voie ferrée qui courait autrefois sur les hauteurs du val de Rance, la Voie Verte y mène directement et sans bouchon en 17 km tout juste. 34 km aller-retour, la balade est à la portée de tous…

Point de départ, la vaste aire de repos a été récemment créée à Pleurtuit, à 2 km au sud de la très *british* station bretonne, avec parking, tables de pique-nique, point d'eau et commodités. La Voie Verte, balisée tout du long, vous mènera directement de là jusqu'au bout de l'estuaire de la Rance, avec pour seul dénivelé une plongée finale sur Taden et le port de Dinan, juste au-dessous de la ville haute ! Vous n'aurez qu'à monter la visiter à pied, en laissant – conseil d'ami – vos montures au bas des rues du Petit Fort et du Jarzual. Elles sont assez pentues comme ça et vous n'en aurez pas besoin là-haut pour visiter la vieille ville et son château…

En revanche, pas d'orgueil mal placé au retour. N'hésitez pas à mettre pied à terre, à Taden, quand il s'agira de grimper la côte menant à la Voie Verte de Dinard !

M. Bonduelle / Michelin

N° 21 Bretagne

Aires de service & de stationnement

Binic
Aire de Binic – R. de l'Ic – Ouv. tte l'année – P 10.
Borne eurorelais. Gratuit.
Stationnement : 48 h maxi.
Loisirs : Services :
À 10 mn du port

Cancale
Aire de Cancale – R. des Français-Libres, parking Ville-Ballet. Au-dessus de l'ancienne aire. À l'entrée de Cancale – ☎ 02 99 89 60 15 – Ouv. mi-mars-mi-nov. – P 110.
Payant 2 €.
Stationnement : 24h maxi. 5 €/j.
Loisirs :
Services : sèche-linge

Erquy
Aire d'Erquy – R. de la plage de Caroual – ☎ 02 96 72 30 12 – Ouv. tte l'année – P 80.
Borne raclet. Payant 2 €.
Stationnement : 4 €/j.
Loisirs : Services :
À proximité immédiate de la plage

Fréhel
Aire de Fréhel – Parking des Grèves-d'en-bas – Ouv. tte l'année – P
Borne eurorelais. Payant 2 €.
Stationnement : autorisé
Services :

Le Mont-Saint-Michel
Aire du Mont-St-Michel – Rte du Mont-St-Michel, face au camping du Mont-St-Michel – ☎ 02 33 60 09 33 – Ouv. févr.-mi-nov. – P 150.
Borne eurorelais. Payant 2.60 €.
Stationnement : 8,50 €/j.
Loisirs :
Services : sèche-linge
Aire fermée de nuit (23h00 à 6h00).

Saint-Malo
Aire de Saint-Malo – R. Paul-Féval, proche du stade Marville – ☎ 02 99 40 71 11 – Ouv. tte l'année – P
Payant.
Stationnement : 48 h maxi
Services :

Campings

Feins
Municipal l'Étang de Boulet
Rrte de Marcillé-Raoul, 2 km par D 91, et chemin à gauche.
☎ 02 99 69 63 23
Mai-sept. 1,5 ha (40 empl.)
Tarif : 3,50 € 1 € 2,50 € – (10A) 3 €
Loisirs :
Services : (juil.-août) sèche-linge
situation agréable près de l'étang de Boulet

Matignon
Le Vallon aux Merlettes
43, r. du Dr-Jobert, par D 13, rte de Lamballe, au stade.
☎ 02 96 41 11 61
De déb. mai à fin sept. 3 ha (100 empl.)
Tarif (prix 2009) : 3,60 € 3,50 € – (6A) 3,10 €
1 borne artisanale 2 € – 4 13,50 €
Loisirs :
Services :

Paramé
Municipal les Îlots
Av. de la Guimorais à Rothéneuf, près de la plage du Havre.
☎ 02 99 56 98 72
De déb. juil. à fin août 2 ha (156 empl.)
Tarif (prix 2009) : 16,75 € 3,50 € (10A) – pers. suppl. 5,80 €
1 borne artisanale 3,50 € – 120 16,75 €
Loisirs :
Services :

Rennes
Municipal des Gayeulles
R. Maurice-Audin, sortie NE vers N 12 rte de Fougères puis av. des Gayeulles, près d'un étang.
☎ 02 99 36 91 22
Permanent 3 ha (179 empl.)
Tarif (prix 2009) : 3,50 € 1,70 € 7,20 € – (16A) 3,30 €
1 borne 2 € – 30
Loisirs :
Services : (juil.-août) sèche-linge
dans l'agréable parc des Gayeulles

Carnet pratique

🏠 Haltes chez le **particulier**

Cherrueix

La Ferme des Beaux Bois
Les Beaux Bois, par la D 77. – Fermé Avr.-Juin.
🅿 *5.*
Vente en direct d'oignon, d'échalotte et d'ail dont le fameux ail de Cherrueix, blanc ou rose, qui est devenu au fil des ans un produit très apprécié. À tel point qu'il a aujourd'hui sa fête, en juillet à Charrueix !

Ercé-près-Liffré

Le Bordage
📞 *02 99 68 42 47 – Boutique : ouv. tlj 11h-18h. Soirée spéciale vend. 20h (réserv.). Repas sur réserv.*
Ouv. tte l'année
🅿 *5.*
Les Jouault, agriculteurs et éleveurs de père en fils depuis 1664, exploitent un domaine qui s'étend sur près de 100 ha. C'est dans l'enclos de pierre de l'ancienne ferme du château du Bordage que se situe la ferme-auberge familiale. Cadre agréable avec la salle aménagée dans l'ancien cellier et la cheminée centrale. À table, une cuisine gourmande élaborée avec les produits de la ferme. Vente des produits à la boutique attenante.

Vieux-Viel

Le Cidre Berlyane
Ferme de Louvrie – 📞 *02 99 48 69 81 – Ouv. tte l'année.*
🅿 *4.*
Depuis 1994, cette ferme élabore son cidre fermier et son jus de pomme. Elle propose également des salades (Lolorosa et Léonardo), des courgettes, de la rhubarbe, de la gelée de pommes, de la confiture de rhubarbe, des tartes pomme/rhubarbe : bref, que des bonnes choses !

Les huîtres de Cancale.

🚶 Les bonnes **adresses** de Bib

Boucey

Atouts Baie
6 r. de la Métairie - 📞 *02 33 60 08 23 ou 06 13 13 35 03 - www.mont-saint-michel-voyages.com - réserv. : 06 86 90 95 01 de 8h à 22h.*
Cette agence propose des promenades et traversées de la baie à pied, accompagnées d'un guide passionné de nature, ainsi que des balades en calèche au gré des polders et des herbus. Location de vélos. Également, visite virtuelle du rocher et de l'abbaye du Mont-Saint-Michel pour groupes de personnes à mobilité réduite.

Cancale

Le Marché aux Huîtres
Quai Thomas - au bout du quai Thomas sur le port de Cancale
« Du producteur au consommateur » : face aux parcs, assis sur le muret au bout du quai, en plein air, vous dégusterez les huîtres toutes fraîches des ostréiculteurs. Ils en assurent l'ouverture et la vente à emporter toute l'année.

Erquy

La Cassolette
6 r. de la Saline - 📞 *02 96 72 13 08 - fermé 15 nov.-vac. de fév. - 17/40 €.*

Si vous venez pendant la saison des coquilles Saint-Jacques, vous aurez le plaisir de déguster ici un menu entièrement consacré à cet exquis coquillage. Hors saison, les autres mets sont tout aussi réussis car réalisés avec des produits locaux de première fraîcheur.

St-Malo

Crêperie Ti Nevez
12 r. Broussais (intra-muros) - 📞 *02 99 40 82 50 - fermé janv. et merc. sf vac. scol. - 9,28/14,24 €.*
Cette minuscule crêperie fondée en 1959 joue la carte de la tradition, tant dans son décor de meubles bretons et photos anciennes que dans ses recettes : les crêpes sont retournées comme autrefois, en salle devant les convives. Essayez aussi le fameux gâteau breton.

Rennes

Le Four à Ban
4 r. St-Mélaine - 📞 *02 99 38 72 85 - www.lefouraban.com - fermé 18-26 fév., 14 juil.-6 août, sam. midi et dim. - 19/49 €.*
Ce restaurant sis dans une maison datant du 17e s. offre un étonnant décor où poutres et cheminée anciennes côtoient des éléments résolument contemporains. Sa cuisine actuelle soignée et ses menus très attractifs lui valent un franc succès.

Bretagne

Abers, bruyères et enclos

La côte nord-ouest du Finistère offre le spectacle magnifique d'un **littoral sauvage**, encore intact, souvent rude, entaillé par les **abers**. Les amoureux des sentiers côtiers et de l'odeur du goémon y seront comme chez eux. Plus à l'est, s'ouvre la **Côte des Bruyères**. Ici aussi, c'est un paradis pour ceux qui aiment les criques et les très belles plages, les falaises et le violet de la bruyère. Derrière, dans les terres, s'impose la Bretagne des **enclos paroissiaux**. Voici un circuit aussi varié que long, et sans conteste, cent pour cent breton !

➲ **Départ de Brest**
➲ **7 jours**
405 km

L'Aber Benoît.

Jour 1
À **Brest**, arpentez le quartier de la Recouvrance, visitez le château, prévoyez peut-être une visite de l'arsenal (réservation préalable indispensable) mais surtout, ne manquez pas Océanopolis et ses différents pavillons, pour tout savoir de la faune aquatique. Les enfants vont adorer.

Jour 2
Dès le matin, la route vous attend, direction : la **pointe St-Mathieu**. Vous pourrez toujours prendre un complément de petit-déjeuner et quelques victuailles pour un futur pique-nique au **Conquet**, avant d'entamer le tour des abers via **Lanildut**, **Porspoder**, **Portsall**, l'**Aber Benoît** et l'**Aber-Wrac'h**. Si vous êtes féru de marche, longez les falaises quelques heures sur le chemin des phares, au départ de **Portsall** par exemple. Après l'**Aber-Wrac'h**, filez au phare de l'île Vierge et piquez à l'est pour faire étape au **Folgoët**.

Jour 3
Commencez par la visite de la belle **basilique du Folgoët**, puis cap au nord vers **Goulven** et son clocher avant d'atteindre les plages de **Brignogan**. Si le temps n'est pas propice à la baignade, dirigez-vous vers l'est et **Plouescat**, pour rejoindre ensuite le château de **Kérouzéré**. Le circuit du jour s'achève à **Roscoff**.

Jour 4
Le matin, filez visiter l'église N.-D.-de-Croaz-Batz et l'ex-

traordinaire jardin exotique, avant d'embarquer sur un bateau en partance pour l'**île de Batz** et son phare de 44 m. À votre retour, roulez vers **St-Pol-de-Léon** pour admirer la belle chapelle du Kreisker, puis continuez en direction de **Carantec**. Si la marée le permet, vous pourrez atteindre la petite île Callot.

Jour 5

Regagnez **Morlaix**. La visite du musée de Morlaix et une flânerie dans les venelles de la vieille ville occuperont agréablement votre matinée. Prévoyez ensuite de suivre la rive droite de la baie jusqu'à la **pointe de Primel**. En chemin, vous vous arrêterez au jardin de Suscinio, à **Ploujean**, et au cairn de **Barnenez**. Une fois la **côte des Bruyères** atteinte, suivez-la jusqu'à **Locquirec** en passant par l'enclos paroissial de **St-Jean-du-Doigt** (porte triomphale du 16e s.). Essayez d'être à la pointe de **Locquirec** pour le coucher du soleil.

Jour 6

Quittez le littoral vers le sud-ouest et Lanmeur, puis prenez plein sud vers **Plouigneau** afin d'atteindre encore plus bas **Plougonven**. Vous y verez un remarquable calvaire du 16e s. En repassant par Morlaix, vous rejoindrez aisément la N 12 (dir. Brest) qui vous mènera à deux pas de **St-Thégonnec**. Là, vous découvrirez l'un des plus beaux enclos paroissiaux de Bretagne. Enchaînez plus à l'ouest avec ceux de **Guimiliau** et de **Lampaul-Guimiliau,** puis descendez plus au sud voir celui de **Sizun**. Filez ensuite en direction de **Huelgoat**, plein est. Vous ferez une halte à **Commana** pour admirer le bel autel Ste-Anne de l'église. Quelques kilomètres plus loin, le roc Trévezel domine la Bretagne et les **monts d'Arrée** de ses 384 m.

Jour 7

Après une matinée de promenade dans les surprenants chaos rocheux de la **forêt d'Huelgoat**, reprenez la route vers l'ouest et **Brasparts**, dont l'église abrite une très belle Vierge de pitié. Poursuivez toujours plein ouest jusqu'au **Faou**, joliment situé sur l'estuaire du même nom, non sans passer par les belles futaies de la **forêt du Cranou**. Vous remonterez vers Brest en vous arrêtant d'abord à l'abbaye de **Daoulas**, puis dans la **presqu'île de Plougastel-Daoulas**, qui offre de superbes vues sur la rade de Brest et la presqu'île de Crozon. Ne manquez pas son calvaire et la **pointe de Kerdéniel**.

Le port de Locquirec.

N° 22 Bretagne

Aires de service & de stationnement

Brest
Aire de Brest – *Port de Plaisance du Moulin Blanc* – ☎ 02 98 00 80 96 – *Ouv. tte l'année* – P
Borne raclet. Stationnement : 48 h maxi
Loisirs : Services :
Stationnement possible sur le parking d'Océanopolis.

Le Faou
Aire du Faou – *R. de la Grève* – ☎ 02 98 81 90 44 – *Ouv. tte l'année* – P
Borne artisanale. Payant.
Stationnement : illimité
Loisirs : Services :

Goulven
Aire de Goulven – *À 600 mètres du bourg, direction Kerlouan* – ☎ 02 98 83 40 69 – *Ouv. mi-juin- mi-sept.* – P 8.
Payant 2 €.
Stationnement : autorisé
Loisirs : Services :

Huelgoat
Aire d'Huelgoat – *Pl. de la Mairie* – ☎ 02 98 99 71 55 – *Ouv. tte l'année* – P
Borne artisanale. Gratuit.
Stationnement : autorisé
Loisirs : Services :
Une seconde aire de stationnement se situe au bord du lac.

Lampaul-Plouarzel
Aire de Lampaul-Plouarzel – *R. Beg-Ar-Vir* – ☎ 02 98 84 04 34 – *Ouv. tte l'année* – P 50.
Borne artisanale. Payant 2 €.
Stationnement : 4 €/j.
Loisirs : Services :

Roscoff
Aire de Roscoff – *Pl. Ste Barbe* – ☎ 02 98 24 43 00 – *Ouv. tte l'année* – P 20.
Borne eurorelais. Gratuit.
Stationnement : illimité
Loisirs :
Services : sèche-linge

Campings

Le Conquet
Les clédelles – Les Blancs sablons
5 km au nord-est par rte de la plage des Blancs Sablons, à 400 m de la plage.
☎ 02 98 89 06 90
cledelles.conquet@wanadoo.fr . www.lescledelles.com
De déb.juin à fin sept. 12 ha (360 empl.)
Tarif (prix 2009) : 19 € 👫 🚗 📧 ⚡ (10A) – pers. suppl. 4 €
🚰 1 borne eurorelais
Services : sèche-linge
Chemin et passerelle pour piétons reliant le camping à la ville.

Lampaul-Ploudalmézeau
Municipal des Dunes
Le Vourc'h, à 0,7 km du bourg, à côté du terrain de sports et à 100 m de la plage (accès direct).
☎ 02 98 48 14 29
De mi-juin à mi-sept. 1,5 ha (150 empl.)
🚰 1 borne artisanale
Loisirs :
Services : (juil.-août) sèche-linge

Plougasnou
Domaine de Mesqueau
3,5 km au sud par D 46, rte de Morlaix puis 0,8 km par rte à gauche, à 100 m d'un plan d'eau (accès direct).
☎ 02 98 67 37 45
Permanent 16 ha/3 campables (100 empl.)
Tarif : 18 € 👫 🚗 📧 (6A) – pers. suppl. 5 €
🚰 1 borne sanistation 📧 8,50 €
Loisirs :
Services :

Plougastel-Daoulas
St-Jean
Au lieu-dit St-Jean, 4,6 km au nord-est par D 29, par N 165 sortie centre commercial Leclerc.
☎ 02 98 40 32 90
Fermé de fin déc. à déb. janv. 1,6 ha (125 empl.)
Tarif (prix 2009) : 23 € 👫 🚗 📧 ⚡ (10A) – pers. suppl. 5 €
🚰
Loisirs : kayak de mer
Services : sèche-linge
Situation et site agréables au bord de l'Estuaire de l'Elorn

Carnet pratique

Haltes chez le **particulier**

Guimaëc

Domaine de Kervéguen
Kervéguen ✆ 02 98 67 50 02. Ouv. av.-juin et sept. : lun-sam de 14h30-18h. Juil.-août : tlj 10h30-18h30. Oct-fév. : sam. 14h30-18h. Fermé en mars et les j. fériés.
P 5.
Ce producteur de cidre breton artisanal élevé en fûts de chêne vous ouvre sa cave (visites gratuites) et vous expose les secrets de son savoir-faire. Sa cuvée Prestige « Carpe Diem » a été choisie par l'Élysée depuis 1997. Dégustation de cidre à l'ancienne, pommeau, fine.

Plouigneau

La Ferme Croas Men
Coas Men, Suivre la N 12 à hauteur de Plouigneau. Sur la bretelle, prendre à droite dir. Lanmeur (D 64) et surtout pas Plouigneau. Roulez environ 50 m et tournez à gauche. Suivez la signalisation « camping de la Ferme de Croas Men ». ✆ 02 98 79 11 50. Ouv. avr.-oct.
P 25.
Petit camping à la ferme avec tout le confort actuel. La ferme reste le cœur de l'activité de la famille Cotty. Dégustation et vente de produits.

Santec

Le Bistrot à Crêpes
247, r. Mechouroux ✆ 02 98 29 79 84. Tlj 12h-14h, 19h-21h30 (hiver) 22h (été). Fermé. nov. et fév.
P 5.
Le Bistrot à Crêpes propose, dans un cadre agréable et lumineux, des crêpes au blé noir, au froment, salées ou sucrées. Les emplacements pour camping-cars sont situés à deux pas de l'établissement, tout proche de la plage du Staol.

Salées, sucrées, les crêpes sont bonnes !

Les bonnes **adresses** de Bib

Brest

Ma Petite Folie
Plage du Moulin-Blanc, à côté du Port de plaisance - ✆ 02 98 42 44 42 - fermé 1er-10 janv. et dim. - 22/27 €.
Manger à bord d'un langoustier sans avoir le mal de mer ? Inconcevable, sauf sur ce navire mis en cale sèche sur le sable. On y déguste des produits de la mer, bien sûr, à l'intérieur de la coque, ou sur le pont supérieur par beau temps… Quelle escale épique !

Sopab « La Recouvrance »
✆ 02 98 33 95 40 - tlj sf sam.-dim. 8h30-12h, 14h-18h30 - fermé j. fériés - de 39 à 78 €.
Réplique d'un navire militaire du siècle dernier, cette aviso-goélette de 42 m embarque pour des croisières ou des sorties à la journée – croisière de 2 à 6 j. (dates fixes) avr.-oct. – découverte de différentes zones maritimes : Brest à La Trinité via les îles de Bretagne sud, en mer d'Iroise, de Brest à Concarneau en 3 j. via les Glénan.

Huelgoat

Crêperie Krampouez Breizh
Pl. Aristide-Briand - ✆ 02 98 99 80 10 - fermé 2 sem. en mars et 2 sem. en oct. - 8/16 €.
Poussez la porte de cette crêperie pour découvrir une salle plutôt chaleureuse avec ses meubles anciens, ses poutres et son imposante cheminée. Galettes traditionnelles et originales recettes maison telles l'An Huelgoat (escargots et beurre d'ail) ou la Méli-Mélo (pommes et saucisses).

Lannilis

Viviers Yvon Madec
Prat-Ar-Coum - 29870 - ✆ 02 98 04 00 12 - 8h-12h, 13h30-18h, dim. et j. fériés 10h-12h.
Vous serez d'abord séduit par la magnifique vue sur les parcs à huîtres, qui est à l'image de la fraîcheur impeccable des produits. Huîtres creuses spéciales ou plates, moules, crustacés et autres coquillages sont conservés dans des viviers oxygénés trônant dans la vaste salle de vente. Une adresse en tout point recommandable

Roscoff

La Maison du kouign amann
18 r. Armand-Rousseau - ✆ 02 98 69 71 61 - sais. : 8h-19h ; hors sais. : tlj sf merc. 8h-12h30, 14h-19h - fermé 15 janv.-fév., 1er-15 déc. sf vac. scol.
La première chose que l'on voit en pénétrant dans ce lieu est la profusion de spécialités bretonnes, toutes plus appétissantes les unes que les autres. Le kouign amann tire bien sûr avantage de sa notoriété, mais vous apprécierez tout autant le far et les gâteaux bretons nature ou aux pommes.

N° 23

Bretagne

Le **tour** de la **Cornouaille historique**

Royaume puis duché de Bretagne, la Cornouaille médiévale s'étendait très loin au nord et à l'est de **Quimper**. La région que l'on découvre ici est celle du littoral avec ses ports, ses larges baies et sa côte rocheuse de **Concarneau** à **Douarnenez** en passant par la magnifique **pointe du Raz**. Une incursion dans l'arrière-pays révèle également une campagne aux horizons tranquilles, parsemée de hameaux aux maisons blanches. Coups de cœur assurés !

➲ **Départ de Quimper**
➲ **7 jours**
340 km

Entrée de la ville close de Concarneau.

Jours 1 & 2

Concentrez-vous sur **Quimper** et sa vieille ville. Le premier jour, sans hésitation, rendez-vous dans la belle et commerçante rue Kéréon. Mais que ses jolies vitrines et ses belles maisons à encorbellement ne vous empêchent pas de louvoyer dans les rues adjacentes, et spécialement dans les rue des Boucheries et rue du Sallé ! Pour déjeuner, vous trouverez tout ce qu'il faut sans trop vous écarter de ce quartier. L'après-midi sera culturel, tout d'abord avec le musée des Beaux-Arts, très agréablement présenté, où vous verrez une attachante collection de tableaux bretons, ensuite avec la majestueuse cathédrale St-Corentin, aux remarquables vitraux du 15e s. Le lendemain matin, découvrez les ateliers de fabrication et de décoration de la **faïencerie Henriot** : la visite est commentée et intéressera même les connaisseurs. Après un passage à l'église N.-D.-de-Locmaria, toute proche, personne ne résistera à

Faïence de l'atelier Henriot.

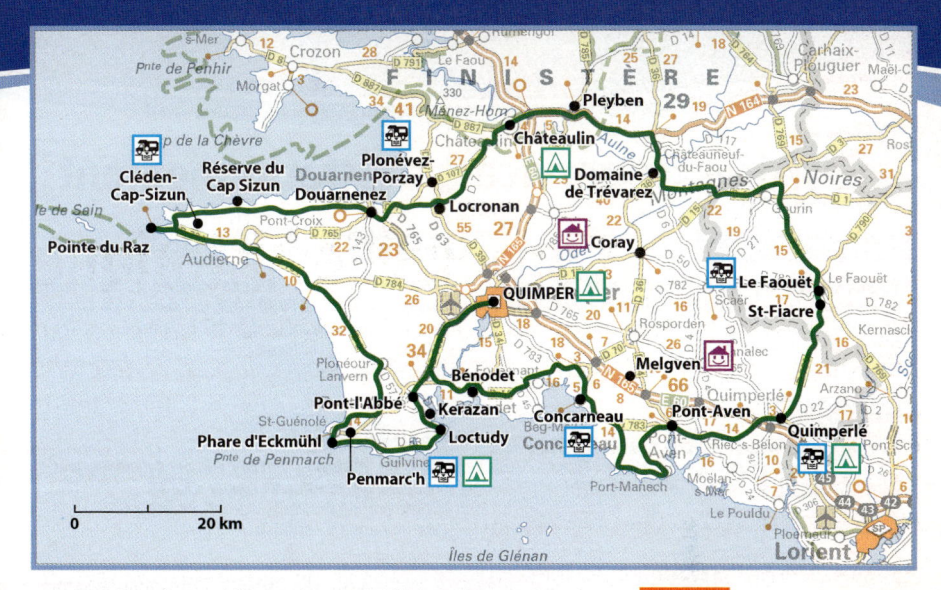

une croisière (avec déjeuner) sur l'Odet. Avant votre départ, vous pourrez encore visiter le Musée départemental breton, ainsi que le jardin de l'évêché.

Jour 3

Le circuit se poursuit au sud de Quimper, par **Pont-l'Abbé** puis **Loctudy**, d'où vous irez voir le **manoir de Kérazan**. Continuez en direction de la **pointe de Penmarch**, avec un arrêt au **Guilvinec** pour visiter Haliotika (centre consacré à la pêche en mer). Après le **phare d'Eckmühl** et le Musée préhistorique finistérien de **St-Guénolé**, dirigez-vous vers **Plonéour-Lanvern** en passant par la chapelle N.-D.-de-Tro-

Le conseil de Bib

▶ Le stationnement de nuit est autorisé sur le parking aménagé à la point du Raz.

noën. L'itinéraire continue jusqu'à **Audierne** par Penhors, le port de Pors-Poulhan et le joli village de Pont-Croix.

Jour 4

Après l'Aquashow d'Audierne et la chapelle de **St-Tugen**, le point culminant de la matinée est l'époustouflante **pointe du Raz**. L'après-midi, continuez vers la pointe du Van puis vers les falaises du cap Sizun. Là, vous pouvez rallier le GR qui suit la côte. **Douarnenez** vous accueillera le soir.

Jour 5

Une visite au port-musée, puis l'itinéraire reprend à **Locronan** et ses vieilles demeures de granit. Prévoyez de pique-niquer sur la plage de **Ste-Anne-la-Palud** avant de filer à **Pleyben**, via Châteaulin, pour admirer son remarquable enclos paroissial. Belle fin de journée possible dans l'agréable parc de **Trévarez**, non loin de Châteauneuf-du-Faou. Visez **Carhaix-Plouguer** pour la nuit.

Jour 6

Direction plein sud pour voir le jubé de la chapelle St-Fiacre, au sud du **Faouët**. Poursuivez vers **Quimperlé**. Une fois visitées ses vieilles rues et l'église Ste-Croix, allez déguster des fruits de mer sur le **port du Pouldu**. Ralliez ensuite **Pont-Aven** à l'ouest : la visite du musée est incontournable. Consacrez le reste de l'après-midi à suivre la côte vers Concarneau, en passant par les villages de **Kercanic**, de **Kerascoët**, les **pointes de Trévignon** et du **Cabellou**.

Jour 7

La ville close et le port de **Concarneau** offrent de quoi occuper la matinée, mais ne traînez pas si vous avez programmé une excursion dans le très bel **archipel des Glénan** (les marées n'attendent pas). Vous prendrez un verre en soirée à **Bénodet**. Une remontée de l'Odet en bateau s'impose avant de passer rive droite pour jouir de la vue sur Bénodet depuis Ste-Marine. La route est directe jusqu'à Quimper.

N° 23 Bretagne

Aires de service & de stationnement

Cléden-Cap-Sizun
Aire de Cleden-Cap-Sizun – Pl. du 19-mars-1962, parking centre-bourg – 02 98 70 61 45 – Ouv. tte l'année – P
Borne eurorelais. Payant 2 €.
Stationnement : autorisé
Loisirs : Services :

Concarneau
Aire de Concarneau – Av. de la Gare, sur le parking de la gare – 02 98 97 01 44 – Ouv. tte l'année – P 46.
Borne eurorelais. Payant 4 €.
Stationnement : 24 h maxi
Loisirs : Services : WC sèche-linge
Proche du centre-ville et de la ville intra-muros

Faouët
Aire du Faouët – Proche de la salle des fêtes – 02 97 23 07 68 – Ouv. tte l'année – P 10.
Payant 1,50 €.
Stationnement : autorisé
Services :

Penmarch
Aire de Penmarch – R. de Kerbonnevez, à 2 km du centre-bourg – 02 98 58 60 19 – Ouv. tte l'année – P 4.
Borne eurorelais. Payant 2 €.
Stationnement : autorisé
Loisirs : Services : WC

Plonévez-Porzay
Aire de Plonevez-Porzay – R. des Églantines, près du complexe sportif – Ouv. tte l'année – P 15.
Borne eurorelais. Payant 2 €.
Stationnement : autorisé
Services :

Quimperlé
Aire de Quimperlé – Rte du Poulu-Saint-Nicolas – 02 98 96 37 37 – Ouv. tte l'année – P 6.
Borne raclet. Gratuit.
Stationnement : autorisé
Loisirs : Services : sèche-linge

Campings

Châteaulin
La Pointe Superbe
Rte de St-Coulitz, 1,6 km par D 770 rte de Quimper et chemin à gauche, direction St-Goulitz.
02 98 86 51 53
lapointecamping@aol.com .
www.lapointesuperbecamping.com
De mi-mars à fin oct. 2,5 ha (60 empl.)
Tarif : 19 € (10A) – pers. suppl. 5 €
Loisirs :
Services :
Cadre agréable et soigné en lisière de forêt

Penmarch
Municipal de Toul ar Ster
SE : 1,4 km par rte de Guilvinec par la côte et rte à droite, à 100 m de la plage (accès direct).
02 98 58 86 88
mairie@penmarch.fr
15 juin-15 sept. 3 ha (202 empl.)
Tarif (prix 2009) : 2,75 € 1,95 € 2,65 € – 2,35 €
Services : (juil.-août)

Quimper
Les Castels L'Orangerie de Lanniron
Allée de Lanniron, 3 km au sud par bd périphérique, près de la zone de loisirs de Creac'h Gwen.
02 98 90 62 02
De mi-mai à mi-sept. 17 ha/4 campables (199 empl.)
Tarif : 4,30 € 10,30 € (10A) 3,10 €
1 borne artisanale 4,50 €
Loisirs : nocturne canoë-kayak de mer
Services : GB sèche-linge
Dans le parc d'un manoir du XVe s., au bord de l'Odet

Quimperlé
Municipal de Kerbertrand
R. du Camping, 1,5 km par D 783, rte de Concarneau.
02 98 39 31 30
De déb. juin à mi-sept. 1 ha (40 empl.)
Tarif (prix 2009) : 2,60 € 1,12 € 2 € 1,70 €
Loisirs :
Services :

Carnet pratique

🏠 Haltes chez le **particulier**

Coray

Escale Famille Mevellec
À 3 km de Coray. Cette ville est une commune carrefour. Elle dessert dans un rayon de 20 km Concarneau, Quimper, Fouesnant, le Château de Trévarez et les accès à la voie express Nantes/Brest. – ✆ 02 98 59 14 09 - Ouv. tte l'année.
🅿 6. Stationnement : 24h maxi.
Cette aire de services et de stationnement est sur l'exploitation laitière de la famille Mevellec. Beaux emplacements de 100 m² avec eau et électricité.

Melgven

Domaine de Lanournec
N 165/E 60, entre Lorient et Quimper, sortie Kerampaou dir. Rosporden, 2 km à droite, Lanournec. – ✆ 02 98 97 91 30 – Ouv. tte l'année.
🅿 6. Stationnement : 24h maxi.
Propriété agricole où Josiane et Louis Le Guyader élèvent vaches laitières, cerfs, biches et faons.

Les bonnes **adresses** de Bib

Audierne

L'Épi d'Or
6 quai Jean-Jaurès - ✆ 02 98 70 29 41 - fermé 13-30 nov. - 8/15 €.
Cette ancienne réserve à chaussures abrite aujourd'hui une sympathique crêperie. Cadre simple et convivial, avec pan de mur en pierre de pays, fausses poutres et tables en bois. Goûteuses préparations à base de produits frais.

Beuzec-Cap-Sizun

Conserverie Kerbriant
Pen-Ar-Yeun - ✆ 02 98 70 52 44 - 8h30-12h, 14h-18h - fermé 2 sem. entre 20 déc. et 15 janv.
Soupe de poisson traditionnelle, bisque de homard, sauces cuisinées, filets de maquereaux, sardines… : vous pourrez assister à l'élaboration de toutes ces spécialités ou simplement les acheter dans cette petite conserverie artisanale. L'accueil y est convivial et la visite très pédagogique.

Concarneau

Chez Armande
15 bis av. du Dr-Nicolas - ✆ 02 98 97 00 76 - fermé 10-25 fév., 26 août-3 sept., 16 déc.-7 janv., mar. sf juil.-août et merc. - 15/30 €.
Une halte bien sympathique face à la ville close, où vous pourrez vous régaler d'une cuisine bien tournée dans le chaleureux décor d'une salle à manger de style breton, avec petit bar à l'entrée, chaises paillées et joli plafond.

La Maison du Kouign Amann
Pl. St-Guénolé - ✆ 02 98 60 58 35 - fermé nov.-janv.
Les murs de ce vénérable établissement aujourd'hui tenu par la famille Chazé datent de 1692. L'intérieur a beaucoup de cachet : vieilles pierres, poutres, boiseries, cheminée et superbes tables anciennes sur lesquelles trônent les alléchantes pâtisseries bretonnes. La vedette de la maison est le kouign amann, élaboré selon l'ancestrale méthode familiale et considéré, par les connaisseurs, comme l'un des meilleurs de la région. Le far aux pruneaux et le gâteau aux pommes font également partie des spécialités.

Conserverie Gonidec - Les Mouettes d'Arvor
Z.A. de Keramporiel - ✆ 02 98 97 07 09 - juil.-août : 10h-19h30 ; avr.-juin et sept. : tlj sf dim. 10h-12h30, 14h-18h30 ; reste de l'année : tlj sf w.-end 9h-12h, 13h30-18h - fermé 2 sem. de fin avr. à déb. mai, 1 sem. en août, vac. de Noël et j. fériés.
En saison, sa petite boutique ouverte dans la Ville Close propose toute la gamme des « Mouettes d'Arvor » : sardines, thon blanc germon, maquereaux, anchois, soupes et crèmes à toaster. Le reste de l'année, les habitués se fournissent directement au magasin de l'usine installée à l'entrée de Concarneau, usine que l'on peut visiter en été.

Guilvinec

Avec les pêcheurs - Haliotika
Terrasse panoramique de la criée - ✆ 02 98 58 28 38 - tlj sf sam. 14h30-19h, dim. et j. fériés 15h-18h30 ; sam. en juil.-août - fermé 7 oct.-2 avr. - visite du centre et visite guidée de la criée : 6,30 € (enf. 3,70 €) ; 17,30 €/famille.
Pour partir toute une journée sur un chalutier, il faut être un lève-tôt et avoir le pied marin ; dép. entre 4h et 5h, retour vers 17h (sur demande préalable 2 j. av., 2 pers. maximum par bateau) – 30 € par pers. – vous pouvez assister à la vente du poisson à partir de 16h30 pour les côtiers – les visites de criée sont accompagnées d'un guide du centre Haliotika, centre de découverte et d'interprétation de la pêche en mer.

N° 24 — Bretagne

Le golfe du **Morbihan**

*Mystérieux et fascinant **Morbihan**. Où est son vrai visage ? Dans l'extraordinaire profusion de ses **mégalithes**, dans le charme de sa « **petite mer** » au doux climat ou dans les vigoureux et tonifiants embruns de sa **presqu'île de Quiberon** ?*

➲ **Départ de Vannes**
➲ **7 jours**
330 km

Le littoral déchiqueté de la Côte sauvage, sur la presqu'île de Quiberon.

Jour 1

Vannes est une cité charmante dont la vieille ville vous séduira d'emblée. À partir de la place Gambetta, qui fait face au port de plaisance, vous pouvez apprécier les remparts en longeant la Marle aux étonnants lavoirs en ardoise et la verte promenade de la Garenne. Vous entrerez vraiment dans la ville dont l'Aramis de Dumas fut l'évêque, en passant par la porte Prison. Se dévoile alors une ancienne cité très élégamment restaurée où il est plaisant de marcher au gré des beautés architecturales qu'elle conserve. Après un petit en-cas, vous visiterez la Cohue et sa galerie des Beaux-Arts ainsi que la cathédrale St-Pierre et son trésor, avant d'apprécier les vestiges préhistoriques du Musée archéologique. Il sera alors temps pour les gourmands de penser au plateau de fruits de mer qu'ils dégusteront en soirée.

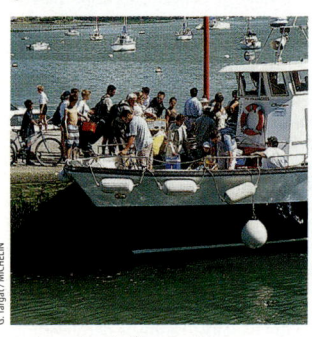

Embarcadère de l'Île-aux-Moines.

Jour 2

Vous abandonnerez Vannes pour découvrir le **golfe du Morbihan**, en bateau au départ de Vannes. La vedette sur laquelle vous embarquerez vous emmènera vers l'**île d'Arz** et l'**île aux Moines**, mais aussi vers une douceur et une lumière uniques. Prenez soin de réserver au passage une visite du **cairn**

Le conseil de Bib

▶ Si vous souhaitez visiter des sites comme Gavrinis, accessibles par bateau, n'oubliez pas de réserver au moins la veille.

de Gavrinis. L'après midi, partez à la découverte de la **presqu'île de Rhuys** jusqu'à **Port Navalo**, qui est aussi une sympathique station balnéaire avec sa plage aux allures de carte postale, nichée dans une crique.

Jour 3

Passez par **La Roche-Bernard** pour rejoindre Redon et ses vieilles demeures des 15e-18e s. L'étape suivante vous emmènera plus à l'ouest, à **Rochefort-en-Terre**, qui conserve elle aussi de ravissantes maisons anciennes, tout comme la coquette **Malestroit**, plus au nord. Prévoyez d'être à **Josselin** dans l'après-midi afin d'en visiter le magnifique château et la basilique N.-D.-du-Roncier, entre autres. Vous y ferez étape.

Jour 4

Être au domaine de **Kerguéhennec** à l'ouverture permet de jouir tranquillement de son étonnant parc dédié à l'art contemporain. Pour vous y rendre, passez par le village de **Guéhenno**, qui possède un beau calvaire. Après Kerguéhennec, faites route vers **Carnac** en vous ménageant un crochet à **Ste-Anne-d'Auray** pour voir la basilique du pèlerinage et son trésor.

Jour 5

Profitez de la matinée pour découvrir les célèbres **alignements de Carnac**. Si vous êtes féru de vieilles pierres, ne manquez pas les mégalithes de **Locmariaquer** tout proches. Terminez la journée par une baignade bien méritée sur l'une des nombreuses plages de Carnac.

Jour 6

Essayez de rallier l'embarcadère de **Quiberon** le plus tôt possible de façon à profiter d'une journée entière à **Belle-Île**. Après la visite de la citadelle Vauban de St-Palais, prenez un pique-nique et vos vélos, et privilégiez la découverte de la magnifique côte sauvage, jalonnée par la **pointe des Poulains**, la superbe mais dangereuse plage de **Port-Donnant** et les impressionnantes aiguilles de **Port-Coton**. Revenez sur le continent.

Jour 7

La réputation des conserveries de **Quiberon** n'est plus à faire. Après en avoir visité au moins une et avoir fait le plein de délicieux produits, profitez tout votre soûl des plages et des criques de la côte sauvage. Elle longe la façade ouest de la presqu'île. Regagnez Vannes par la D 768 puis la N 165.

Port Navalo.

N° 24 Bretagne

Aires de **service** & de **stationnement**

Arzon

Aire d'Arzon – Av. de Kerlun – ☎ 02 97 53 44 60 – Ouv. tte l'année – 🅿 50.
Borne raclet. 🚰 ⚡ 🚽 ♨ Payant 2 €.
Stationnement : 72h maxi. 6 €/j.
Loisirs : 🏊 🎣 🏹 ✂ Services : 🛒 🗑 ❌ 🧺 sèche-linge

Carnac

Aire de Carnac – Sq. Illertissen – ☎ 02 97 52 06 86 – Ouv. tte l'année – 🅿 20.
Borne eurorelais. 🚰 ⚡ 🚽 ♨ Payant 2 €.
Stationnement : 24h maxi.
Loisirs : 🏊 Services : WC 🗑 ❌

Josselin

Aire de Josselin – Pl. Saint-Martin – ☎ 02 97 22 24 17 – Ouv. tte l'année – 🅿 50.
Borne artisanale. 🚰 🚽 ♨ Gratuit.
Stationnement : autorisé
Services : WC 🗑 ❌
🍽 Marché le samedi matin.

Montertelot

Aire de Montertelot – Les Quais d'Oust, sur l'axe Rennes/Vannes, passer Ploermel dir. Vannes, 3 km après Ploermel sortir dir. Montertelot – ☎ 02 97 74 92 39 – Ouv. tte l'année – 🅿 10.
Borne artisanale. 🚰 🚽 ♨ Gratuit.
Stationnement : 24h maxi.
Loisirs : 🎣 ✂ 🐕 Services : WC 🗑 ❌ 🍴 🍷

Quiberon

Aire de Quiberon – R. de Port-Kerné – ☎ 02 97 30 24 00 – Ouv. tte l'année – 🅿 55.
Borne artisanale. 🚰 ⚡ 🚽 ♨ Payant 2 €.
Stationnement : 72h maxi. 5 €/j.
Loisirs : 🏊 🎣 Services : 🗑 ❌ 🍷

Sarzeau

Aire de Sarzeau – R. Brenudel – ☎ 02 97 41 85 15 – Ouv. avr.- sept. – 🅿 6.
Borne raclet. 🚰 🚽 ♨ Payant 2 €.
Stationnement : 5 €/j.
Loisirs : 🏊 Services : 🗑

🏕 Campings

Josselin

⛺ **Le Bas de la Lande**
Le Bas de la Lande, 2 km par D 778 et D 724 rte de Guégon à gauche à 50 m de l'Oust. Par voie rapide : sortie Ouest Guégon.
☎ 02 97 22 22 20/ 06 24 59 48 26
De déb. avr. à fin oct. 2 ha (60 empl.)
Tarif (prix 2009) : 👤 3,05 € – 🚗 2,05 € – 🅴 3,05 € – ⚡ (6A) 3,15 €
🚐 5 🅴 14,35 €
Loisirs : 🍷 🏛 🚴
Services : ♿ 🔑 🐕 🏧 🗑 ♨ 😊 🧺 sèche-linge

La Roche-Bernard

⛺ **Municipal le Pâtis**
3, chemin du Patis, à l'O du bourg vers le port de plaisance.
☎ 02 99 90 60 13
De déb. avr. à fin sept. 1 ha (58 empl.)
Tarif (prix 2009) : 👤 3,50 € – 🚗 2,50 € – 🅴 4 € – ⚡ (6A) 3 €
🚐 2 € – 15 🅴 9,40 €
Loisirs : 🏛 🚴
Services : ♿ 🔑 (juil.-août) 📶 🐕 🏧 🗑 😊 🚰 🧺
🍽 près de la Vilaine (accès direct)

Quiberon

⛺ **Le Bois d'Amour**
R. St-Clément, 1,5 km au SE, à 300 m de la mer et du centre de thalassothérapie.
☎ 04 42 20 47 25
De fin mars à fin sept. 4,6 ha (290 empl.)
Tarif (prix 2009) : 39 € 👤👤 🚗 🅴 ⚡ (6A) – pers. suppl. 6 €
Loisirs : 🍷 snack 🏛 🎮 🤸 🎾 🚴
Services : ♿ 🔑 📶 🐕 🏧 ♨ 😊 🧺 sèche-linge 🧊

Vannes

⛺ **Municipal de Conleau**
À la Pointe de Conleau, direction parc du Golfe par l'avenue du Mar.-Juin.
☎ 02 97 63 13 88
Avr.-sept. 5 ha (260 empl.)
Tarif (prix 2009) : 21,95 € 👤👤 🚗 🅴 ⚡ (6A) – pers. suppl. 4,40 €
🚐 1 borne 5,25 € – 33 🅴 10 €
Loisirs : 🍷 🏛 🛶 🚴
Services : ♿ 🔑 📶 🐕 🏧 😊 🚰 🗑 🧺 sèche-linge cases réfrigérées
🍽 Site agréable

Carnet pratique

Haltes chez le **particulier**

Guéhenno

La Ferme aux biches
Lieu dit Bremelin – Ouv. tte l'année.
P 2.
Élevage de biches en gestion biologique. Élaboration de rôtis de biches et de cerfs. Visite et vente.

Saint-Gravé

La Grange aux moines
02 97 43 54 71 – *Ouv. mai-oct.*
P 5.
La Grange aux moines est une ferme-auberge aménagée au mieux pour recevoir sa clientèle. À table, les produits de la ferme et leurs dérivés, et pour votre bien-être : la piscine.

Les bonnes **adresses** de Bib

Arradon

Le Médaillon
10 r. Bouruet-Aubertot - 02 97 44 77 28 - lemedaillon.chez-alice.fr - fermé 12-18 fév., 23-29 oct., 21-27 déc., dim. soir et merc. sf du 13 juil. au 31 août - 14/35 €.
Ne vous fiez pas à l'aspect extérieur, assez ordinaire, de cet ancien bar converti en restaurant et gagnez vite l'accueillante salle à manger rustique agrémentée de poutres et pierres apparentes, ou la terrasse dressée à l'arrière. L'une et l'autre se prêtent à la dégustation d'une sage cuisine traditionnelle.

Établissements Jegat
18 allée de la Pointe - 02 97 44 02 45 - tlj sf dim. 8h30-12h, 13h-17h30 - fermé j. fériés.
C'est d'abord le site magnifique, appelé l'anse de Paluden qui donne envie de s'arrêter. On découvre ensuite cette exploitation familiale installée ici depuis 1972 et qui produit des huîtres absolument exceptionnelles. Citons entre autres la « Golfe », élevée à même le sol dans le golfe du Morbihan pour bénéficier des allées et venues des marées, la « Quiberon » maintenue en permanence en eau profonde, ce qui lui donne une chair très ferme, et les plates, affinées dans la baie de Quiberon. Suivant les saisons, différents coquillages viennent compléter cette offre, comme les palourdes, les bigorneaux et les pétoncles.

Auray

Au Régal Breton
17 r. du Belzic - 02 97 24 22 75 - tlj sf merc. 9h-12h30, 14h-19h.
Après avoir fait ses premières armes chez Jean-Paul Hévin, Sylvain Tallon a repris en 2002 cette pâtisserie bien connue des Alréens puisqu'elle existe depuis les années 1970. Avec talent, il continue à réaliser les produits phares qui ont fait la réputation de la maison (far, quatre-quarts, gâteau breton, kouign amann).

Carnac

Carnac Thalassothérapie
Av. de l'Atlantique - 02 97 52 53 54 - www.thalasso-carnac.com - 8h30-18h - fermé 2ᵉ et 3ᵉ sem. en janv. et 25 déc.
Ambiance feutrée, bâtiments rénovés chaque année : ce centre assure un environnement de qualité pour une détente parfaite, que vous pourrez goûter le temps d'un week-end. À raison de quatre soins par jour, vous découvrirez ainsi l'hydrothérapie et l'algothérapie tout en profitant de la plage, à deux pas de là. Piscine ouverte au public.

Sarzeau

La Rose des Vents
5 r. de la St-Vincent - 02 97 41 93 77 - fermé lun. hors sais. - réserv. conseillée - 11,20/34 €.
Lorsque l'on pousse la lourde porte de cette maison de 1730, on ne peut soupçonner qu'à l'arrière se cache un divin jardin où est dressé le couvert en saison. Très bel intérieur rustique avec meubles et boiseries d'époque et petite cheminée. Mets traditionnels et crêpes.

Vannes

Le Gavroche
17 r. de la Fontaine - 02 97 54 03 54 - fermé merc. soir, dim. et lun. - réserv. conseillée - 11,75/23,50 €.
Dans une rue envahie par les restaurants de toutes nationalités, voici une adresse qui sort du lot. La cuisine mitonnée y est on ne peut plus traditionnelle : blanquette, foie gras maison… Délicieuse terrasse intérieure rafraîchie par une fontaine. Pousse-café offert.

Navix
Parc du Golfe - 0 825 132 100 (0,15 €/mn) - www.navix.fr - avr.-sept. : 9h-18h - tour du golfe : 23 € ; Belle-Île-en-Mer : 29 €.
Croisières dans le golfe du Morbihan, l'une des plus belles baies du monde. Déjeuner et dîner-croisière, croisières-découverte du golfe et des îles du large (Belle-Île et Houat).

Le conseil de Bib

▶ À inscrire sur votre agenda : juil. (sem. 14 juil.) – Vannes - Fêtes historiques.

N° 25

Centre

Châteaux de la Loire
autour de Tours

Le château de **Villandry** possède l'un des plus beaux jardins de France ; **Langeais** dévoile son chemin de ronde et ses mâchicoulis à l'ombre de son donjon ; **Chinon** impose sa forteresse médiévale ; **Azay-le-Rideau** déploie ses infinies délicatesses ; **Ussé** dissimule ses tours et clochetons derrière des cèdres du Liban… On trouvera difficilement dans le monde, en un périmètre aussi réduit, autant de châteaux. Des châteaux qu'on lie et relie, d'autant plus agréablement, qu'ils se dressent dans un paysage sublime et serein, refuge des gourmets, où se bousculent **rillettes, confitures et bons crus**…

➲ **Départ de Tours**
➲ **7 jours**
260 km

Le château d'Ussé.
Ph. Gajic / MICHELIN

Jours 1 & 2

Deux jours ne sont pas de trop pour découvrir la capitale de la Touraine. Si vous voulez connaître l'âme de **Tours**, commencez par flâner du côté de la place Plum' (c'est ainsi que les Tourangeaux désignent la place Plumereau). C'est le quartier où se côtoient les plus belles façades romanes, les plus remarquables maisons à pignon du 15e s. (maison de Tristan). C'est aussi un quartier commerçant où vous êtes confronté à toutes sortes de tentations néfastes à votre portefeuille ! Vous avez ici de quoi vous restaurer

Le conseil de Bib

▶ Attention ! Châteaux, musées, églises ne sont pas ouverts toute l'année. Aussi est-il prudent d'en vérifier les horaires de visite.

avant d'aller à la rencontre des souvenirs liés à saint Martin (tour Charlemagne, basilique St-Martin, musée St-Martin). La fin de l'après-midi est réservée à l'hôtel Gouin et au musée du Compagnonnage. Plus loin, les rues Colbert et de la Scellerie, peuplées d'antiquaires, n'attendent que votre visite. Le lendemain, le quartier de la cathédrale St-Gatien et le cloître de la Psalette sauront vous séduire avant que vous n'alliez admirer les collections du musée des Beaux-Arts et les jardins de l'ancien archevêché.

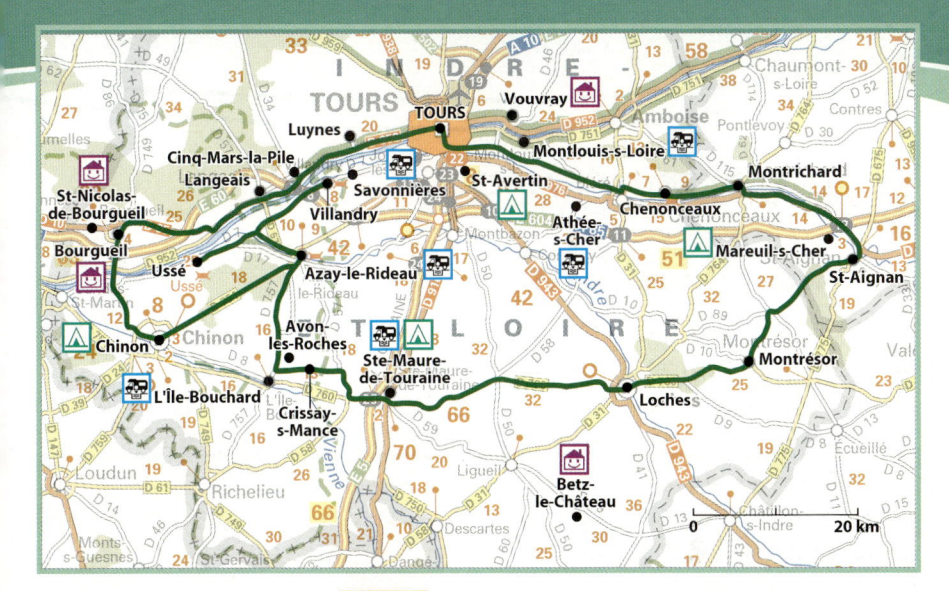

Jour 3

Quittez Tours par l'ouest, sur la rive droite de la Loire. Vous pouvez visiter **Luynes** (château) et **Cinq-Mars-la-Pile** avant l'incontournable **château de Langeais**. Vous apprécierez d'y déjeuner, avant de continuer à longer la Loire pour atteindre **Bourgueil et ses vignobles**, sympathique étape sur la route de Chinon.

Jour 4

À **Chinon**, commencez par la visite du château et de la ville historique, où vous pourrez vous restaurer avant de poursuivre la journée en **Chinonnais** : avis aux amateurs de Rabelais ! Visitez **la Devinière** (sa maison natale) et les alentours qui ont inspiré ses œuvres. Vous arrivez le soir à **Azay-le-Rideau**, pour profiter en été de ses illuminations nocturnes et être prêt à visiter le château de bon matin.

Jour 5

Après la visite de ce « joyau de la Loire », vous devez choisir entre **Ussé**, le château « de la Belle au bois dormant », et l'étonnant musée Maurice-Dufresne à **Marnay** (voitures et autres engins) avant de déjeuner à **Villandry** (aire de pique-nique ombragée derrière l'office de tourisme, sur les bords du Cher). Les remarquables **jardins et château de Villandry** vous attendent pour une bonne partie de l'après-midi. Vous pouvez terminer la journée à **Tours** (visite possible du prieuré de St-Côme) et y faire à nouveau étape.

Jour 6

Gagnant le sud via Azay-le-Rideau puis la D 757, vous serez charmé par la **vallée de la Manse**, notamment par le ravissant village de **Crissay-sur-Manse**. Déjeunez à **Ste-Maure-de-Touraine** (l'occasion de goûter son célèbre fromage in situ !), et partez à l'assaut de la cité médiévale, du château, des logis royaux et du donjon de **Loches**. Rejoignez **Montrésor** et découvrez la verdoyante vallée de l'Indrois puis gagnez **Saint-Aignan** où vous ferez halte sur le parking du zoo-parc de **Beauval**.

Jour 7

Consacrez la matinée à la découverte du zoo-parc de Beauval puis suivez le Cher pour vous reposer dans la jolie ville médiévale de **Montrichard**. L'après-midi, profitez du cadre exceptionnel de **Chenonceaux** avant d'en visiter le château et les jardins. En fin de journée, regagnez Tours.

Fromage de chèvre de Ste-Maure-de-Touraine et vin de Chinon.

Centre

Voie Verte royale au fil du Cher

➲ *De Tours à Villandry : 21 km*

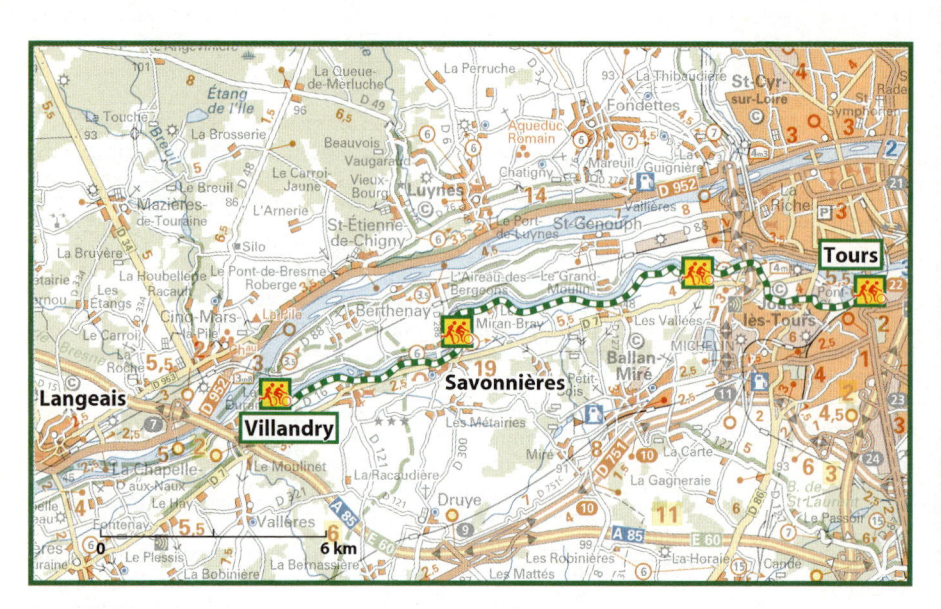

Impossible à manquer, c'est l'un des parcours vedettes de la « Loire à Vélo » ! À partir de Tours – ou, dans l'autre sens, depuis la confluence de la Loire et du Cher – 20 km de piste « en site propre » relient la capitale tourangelle et le somptueux château-jardin de Villandry.

La piste cyclable débute au centre même de Tours mais c'est du sud de la ville, près du lac de la Bergeonnerie et du nouveau quartier universitaire des Deux Lions que l'on rejoindra au mieux le début de la Voie Verte, sans problème de parking. La Loire n'est pas loin ; c'est pourtant le Cher que l'on suivra, d'entrée de jeu, jusqu'à Villandry. Ce qui ne gâche rien, évidemment. L'affluent a les mêmes allures, les mêmes charmes paresseux que son grand frère. Tout du long, la balade est un plaisir en roue libre que rien ne vous oblige à faire rapidement…

Une première halte est possible au lieu-dit le Grand Moulin, ouvrage construit sur le

Échappées belles

cours du Cher dès le 16e s., mais vous pourrez aussi bien poursuivre la randonnée sans vous arrêter jusqu'à Savonnières. Avec son aire pour camping-car, son espace pique-nique au fil de l'eau et ses authentiques bateaux de Loire, le port gabarrier – lieu de mémoire de la navigation ligérienne – a toutes les qualités pour servir de point de ralliement. Toues, gabares et futreaux, tous construits ou restaurés ici dans la tradition, permettent des sorties « vieux gréements de Loire »… sur les eaux de son affluent berrichon !

Vous pourrez repartir doucement. La piste, faite d'un solide enrobé à l'épreuve des redoutables crues de Loire, vous tient constamment à l'abri de toute circulation motorisée. 3 km plus loin, Villandry s'annonce déjà sur la gauche, avec une double récompense à la clé : le privilège d'accéder au château sans souci de parking et sans bouchon et le bonheur de découvrir enfin, sans stress, un trésor d'art de vivre, serti dans une marqueterie végétale unique au monde. Depuis le donjon-terrasse, la vue est époustouflante sur l'agencement géométrique des parterres floraux, des pièces d'eau et des carrés de légumes…

S'il n'est pas trop tard, la tentation sera grande de pousser plus loin la promenade. Plein ouest, le parcours fléché de la « Loire à Vélo » et le panoramique « levé » (digue) qu'elle emprunte y invitent insidieusement. Moins de 2 km plus loin, grand moment : le Cher épouse la Loire, enfin. Quelques coups de pédale encore au fil du grand fleuve, et l'authentique château féodal de Langeais (15e s.) – où fut célébré le mariage de Charles VIII et d'Anne de Bretagne – profile déjà son donjon sur la rive nord du grand Fleuve. Royal, comme il se doit.

Vous avez peut-être encore le temps d'aller le visiter, mais attention à la route, désormais vous n'êtes plus sur une Voie Verte. Et pensez quand même au retour ! Fasciné par les joyaux ligériens, vous avez déjà largement mordu sur votre crédit kilométrique du jour…

Voie Verte à Villandry

N° 25 Centre

Aires de service & de stationnement

Athée-sur-Cher
Aire d'Athée-sur-Cher – R. de Cigogné – ✆ 02 47 50 68 09 – Ouv. tte l'année – P 3.
Borne artisanale. Gratuit.
Stationnement : 24 h maxi
Loisirs : Services :

Azay-le-Rideau
Aire d'Azay-le-Rideau – R. du Stade, à droite devant l'entrée du camping municipal, à proximité de la piscine – Ouv. tte l'année – P 10.
Borne eurorelais. Payant.
Stationnement : 24 h maxi
Loisirs :
Services : sèche-linge
Au cœur de la ville et à deux pas du château.

L'Île-Bouchard
Aire de L'Île-Bouchard – Près du bâtiment « Espace Jeunes du Bouchardais » – ✆ 02 47 58 50 15 – Ouv. tte l'année – P 3.
Borne eurorelais. Gratuit.
Stationnement : autorisé
Loisirs : Services :

Montlouis-sur-Loire
Aire de Montlouis-sur-Loire – 4, r. de la Barre, N 751 entre Montlouis et Amboise au rond point par la D 40. Face à la cave des producteurs, direction Blére – ✆ 02 47 45 16 65 – Ouv. tte l'année – P 3.
Borne artisanale. Payant 4 €.
Stationnement : autorisé
Loisirs :
Services :

Sainte-Maure-de-Touraine
Aire de Sainte-Maure-de-Touraine – Av. Ronsard, par la N 10 – ✆ 02 47 65 40 12 – Ouv. tte l'année – P 20.
Borne artisanale. Gratuit.
Stationnement : 48 h maxi
Loisirs :
Services :

Savonnières
Aire de Savonnières – Rte de Bray – Ouv. mai-oct.
Payant 2 €.
Au bord du Cher.

Campings

Chinon
Intercommunal de l'Île Auger
Quai Danton.
✆ 02 47 93 08 35
De déb. avr. à fin oct. 4,5 ha (277 empl.)
Tarif (prix 2009) : 11,32 € (10A) – pers. suppl. 2,10 €
– borne artisanale 4 €
Loisirs :
Services :
situation agréable face au château et en bordure de la Vienne

Mareuil-sur-Cher
Municipal le Port
Au bourg, près de l'église et du château.
✆ 02 54 32 79 51
De déb. avr. à fin sept. 1 ha (50 empl.)
Loisirs : canoë
Services :
décoration arbustive, en bordure du Cher

Saint-Avertin
Les Rives du Cher
61, r. de Rochepinard, au N par rive gauche du Cher.
✆ 02 47 27 27 60
De déb. avr. à mi-oct. 2 ha (90 empl.)
Tarif : 4 € 2,65 € 4 € – (10A) 5,30 €
– 22 9,25 €
Services : sèche-linge
près d'un plan d'eau

Sainte-Maure-de-Touraine
Municipal de Marans
R. de Toizelet, 5 km au sud-est par D 760, rte de Loches, et à gauche, à 150 m d'un plan d'eau.
✆ 02 47 65 44 93
De déb. avr. à fin sept. 1 ha (66 empl.)
Tarif : 2,60 € 2,35 € – (10A) 2,55 €
1 borne Artisanale – 2
Loisirs : parcours sportif
Services :

Carnet pratique

🏠 Haltes chez le **particulier**

Betz-le-Château

Ferme des Bournaichères
Maison Galland – Ts les midis lun.-vend., w-ends sur réserv. Fermé mi-sept.-fin-sept. et mi-janv. fin-janv.
P 4.
Cultivateurs de père en fils, les Galland exploitent une ferme de 160 ha et un cheptel de plus de 150 bêtes. Transformation et vente des produits de la ferme à la boutique ou dégustation à l'auberge. Spécialités : paupiettes au Vouvray, cassoulet de Betz, civet de porc au Chinon.

Bourgueil

Domaine Lorieux-Amirault
📞 02 47 97 88 44 – *Fermé pdt les vendanges.*
P 3.
Ce domaine familial produit du Bourgueil rouge et rosé ainsi que du Saint-Nicolas de Bourgueil. Dégustation et vente.

Saint-Nicolas-de-Bourgueil

Maison Drussé
Saint-Nicolas-de-Bourgueil – 📞 02 47 97 98 24 – Ouv. tte l'année.
P 5. *Stationnement : 24 h maxi.*
Exploitation familiale où l'élaboration des vins se fait dans de superbes caves troglodytiques à 200 m sous les vignes. Dégustation (à la pipette) au chai.

Vouvray

Domaine du Clos de l'Épinay
Épinay – 📞 02 47 52 61 90 – Ouv. 14h-18h (Pâques-Toussaint). Dim. apr.-midi et hors sais. sur RV. Ouv. tte l'année.
P 5.
Ce domaine, tenu par la famille Dumange depuis trois générations, produit des crus issus du seul cépage chenin. La cuvée Marcus, un demi-sec « tendre », constitue le grand succès de la maison dont la gamme complète – riche de 17 références – possède de nombreux adeptes.

Les bonnes **adresses** de Bib

Azay-le-Rideau

La Ridelloise
34-36 r. Nationale - 📞 02 47 45 46 53 - *fermé le soir du 15 nov. à fin mars - 8,60/30 €.*
Murs en pierres apparentes, poutres, escalier en bois et petite cheminée président au décor rustique de ces deux salles de restaurant situées en plein centre-ville. La cuisine mise sur des recettes simples. Le rapport qualité-prix est excellent.

Chenonceau

L'Orangerie
Château de Chenonceau - 📞 02 47 23 91 97 - *fermé de mi-nov. à mi-mars - 12/32,50 €.*
Installé dans l'enceinte du château, ce restaurant accueille les visiteurs avec une carte traditionnelle et des menus variés. Service en terrasse sur des tables rondes de 2 à 6 personnes, ou dans la superbe salle dotée d'une mise en place soignée. Fait aussi self-service à prix abordable et salon de thé l'après midi.

Chinon

Caves Plouzeau
94 r. Haute-St-Maurice - 📞 02 47 93 32 11 - *avr.-sept. : tlj sf dim. et lun. 11h-13h, 15h-19h.*
On peut encore voir le puits d'extraction des pierres de cette cave creusée au 12e s. sous le château pour servir à sa construction. Dégustation libre d'une sélection de vins de Chinon et de Touraine.

Pouzay

Au Gardon Frit
16 pl. de l'Église - 📞 02 47 65 21 81 - *fermé 16-24 janv., 18-26 avr., 19 sept.-4 oct., mar. et merc. sf j. fériés - 12,50/37 €.*
C'est sans façon, mais avec convivialité, que vous serez accueillis sur la terrasse ou dans la salle à manger au décor marin de ce restaurant. Car c'est elle qui est ici à l'honneur, tant à la carte qu'aux menus : toutes les saveurs iodées sont au rendez-vous, pour le plus grand plaisir des amateurs.

Tours

Bistrot de la Tranchée
103 av. Tranchée - 📞 02 47 41 09 08 - *fermé 3-24 août, dim. et lun. - 12/25 €.*
Lambris bordeaux, bouteilles de vin, confortables banquettes et ancien four à pizza (vestige de l'ancien restaurant) composent le décor de cet agréable bistrot où l'on sert de bons petits plats typiques du genre.

La Chocolatière
6 r. de la Scellerie - 📞 02 47 05 66 75 - www.la-chocolatiere.com - *tlj sf lun. 9h30-19h, dim. 9h-13h - fermé 1er-15 août.*
Le pavé de Tours est l'une des plus emblématiques spécialités de cette maison d'exception. Les pâtisseries et bonbons au chocolat haut de gamme, à l'instar du Macao ou de la Fleur de Guérande, sont joliment mis en valeur dans un cadre très soigné de miroirs, boiseries et meubles luxueux.

Centre

N° 26

Châteaux de la Loire
autour de Blois

Voici un circuit qui revêt des allures « D'un château l'autre ». La Sologne est un endroit privilégié, somptueux, et riche en beautés naturelles, et la Loire – aujourd'hui dernier fleuve sauvage d'Europe, inscrite au Patrimoine mondial de l'Unesco – a sans doute ajouté à la féerie du lieu, idéal pour construire des châteaux parmi les plus beaux du monde. Nous vous en proposons ici une petite sélection : **Chambord**, **Cheverny**, **Chaumont**... Entre deux visites, n'hésitez pas à varier les plaisirs : de la découverte du **vieux Blois** à de la **dégustation de vouvray**...

➲ Départ de Blois
➲ 6 jours
90 km

Gabare sur la Loire.

Jours 1 et 2

Consacrez les deux premiers jours à **Blois**. Commencez par la visite guidée du château. De l'autre côté de l'esplanade, des spectacles d'illusion vous attendent à la Maison de la magie Robert-Houdin. Ville royale, Blois a conservé nombre de ruelles et de rues escarpées du Moyen Âge. Il est agréable de s'y promener. Pour le dîner, un marbré d'asperges vertes de Sologne au foie gras et un poisson de Loire s'imposent dans un restaurant au bord du fleuve. Si vous venez le deuxième dimanche du mois, vous pourrez chiner à la brocante du mail. Sinon, visitez la cathédrale St-Louis et sa vaste crypte. Restaurez-vous avant de partir pour un petit tour au jardin en terrasses de l'évêché (derrière la cathédrale St-Louis), d'où vous pouvez prendre encore quelques photos sur la Loire. Pour terminer sur une note insolite, arrêtez-vous au musée de l'Objet et ses créations contemporaines, rue Franciade.

Jour 3

Rejoignez **Chambord** de préférence tôt le matin en faisant un petit détour par **St-Dyé-sur-Loire**, port historique de Chambord, et remarquez les postes d'observation des animaux. À la visite du château, vous pouvez associer une balade en attelage dans le parc (45 mn), le spectacle équestre aux écuries du maréchal de Saxe (45 mn) ou une partie de canotage sur le Cosson. L'après-midi, découvrez le **château de Villesavin**, intéressante demeure du surintendant des travaux de Chambord, avant de terminer la journée par la visite extérieure et intérieure du **château de Cheverny**. Prenez le temps de visiter les communs (chenil d'une meute de chasse à courre) et le parc. Faites étape à **Cour-Cheverny**.

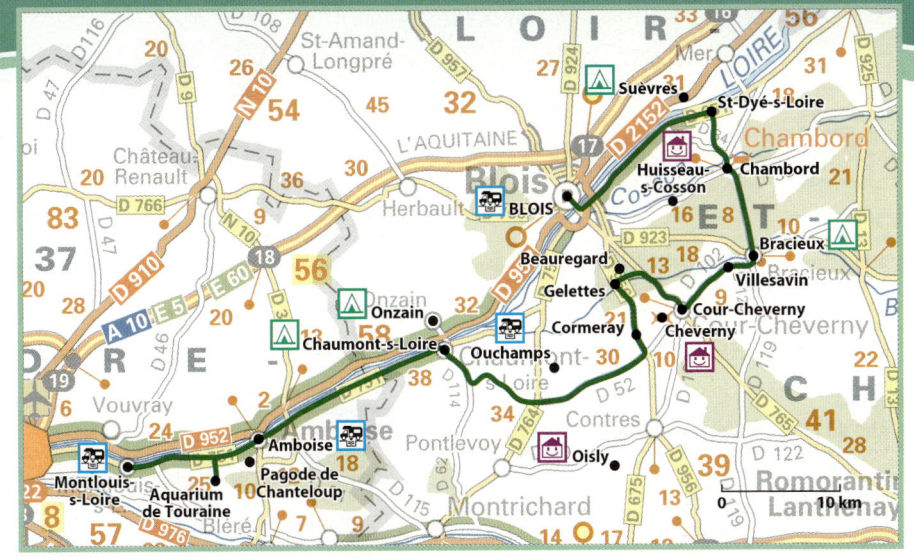

Le conseil de Bib

▶ Le château de Villesavin est une étape de choix pour les camping-caristes car les propriétaires leur permettent de passer une nuit sur le parking du château !

Jour 4

Beau début de matinée au **château et jardins de Beauregard**, que l'on poursuivra (via **Gellettes** et **Cormeray**) par la visite de l'élégant château médiéval de **Fougères-sur-Bièvre**. Après le déjeuner à **Pontlevoy**, jetez un coup d'œil aux extérieurs de son ancienne abbaye, en prévoyant de vous rendre suffisamment tôt à **Chaumont-sur-Loire** pour une visite guidée du château, de ses écuries, et profiter de ses jardins (notamment pendant le Festival des jardins, de juin à septembre) jusqu'à la tombée de la nuit…

Jour 5

Partez en promenade à travers le vieil **Amboise**. Prenez votre temps pour visiter le château et la délicieuse chapelle St-Hubert. À midi, de très bons restaurants vous attendent en bord de Loire. Tout en dégustant un sandre accompagné d'un cru local, vous observerez le vol léger des sternes et le mouvement incessant de la Loire placide et puissante. À deux pas, vous rendrez visite au **Clos-Lucé**, la demeure de **Léonard de Vinci** dont les fabuleuses machines ne laissent pas d'étonner les plus blasés. Le soir, le spectacle « À la cour du roy François » évoquera pour vous tous les fastes de la Cour… dans la cour du château.

Jour 6

Après une bonne nuit, partez avec votre pique-nique, pour, au choix, découvrir en un seul coup d'œil la totalité des châteaux de la Loire dans le **Parc des Mini-Châteaux**, grimper au sommet de la **pagode de Chanteloup** pour contempler toute la vallée, de Tours à Amboise, et si le temps vous le permet, canoter sur la grande pièce d'eau de l'ancien domaine du duc de Choiseul. Vous pouvez terminer par la visite de l'**aquarium du Val de Loire**, à **Lussault-sur-Loire**.

N° 26 Centre

Aires de **service** & de stationnement

Amboise
Aire d'Amboise - Vinci Park – *Sur l'Île d'Or qui fait face au château, à côté du camping* – Ouv. tte l'année – **P** 40.
Borne artisanale. Payant 2 €.
Stationnement : 48 h. 9 €/j.
Loisirs : Services :

Blois
Aire de Blois – *R. Jean-Moulin, sur le parking des cars de tourisme, proche de la gare SNCF* – ☎ 02 54 90 41 41 – Ouv. mai-sept. – **P** 15.
Borne artisanale. Gratuit.
Stationnement : autorisé
Loisirs : Services : sèche-linge
Stationnement autorisé de 9h à 17h30

Montlouis-sur-Loire
Aire de Montlouis – *Av. Victor-Hugo* – Ouv. tte l'année – **P**
Borne eurorelais. Payant 2 €.
Stationnement : autorisé
Loisirs : Services : sèche-linge

Ouchamps
Aire d'Ouchamps – *R. Toussaint-Galloux, À 10 km au S de Blois sur la D7 à côté d'un étang de pêche* – ☎ 02 554 44 02 88 – Ouv. mi-avr.-1er nov. – **P**
Borne raclet. Payant 2 €.
Stationnement : autorisé
Loisirs : Services : WC

Campings

Bracieux
Municipal des Châteaux
11, r. Roger-Brun, sortie nord, rte de Blois, bord du Beuvron.
☎ 02 54 46 41 84
campingdebracieux@wanadoo.fr . www.campingdeschateaux.com
De fin mars à fin nov. 8 ha (380 empl.)
1 borne
Loisirs :
Services :
cadre boisé composé d'essences variées

Chaumont-sur-Loire
Municipal Grosse Grève
Lieu-dit Grosse Grève-Les Varennes, sortie E par D 751, rte de Blois et r. à gauche, avant le pont, bord de la Loire.
☎ 02 54 20 95 22
mairie.chaumontsloire@wanadoo.fr . www.chaumont-sur-loire.fr
De mi-mai à fin déc. 4 ha (150 empl.)
Tarif : 3 € – 2 € – (10A) 2 €
borne raclet
Loisirs :
Services : sèche-linge

Onzain
Village Siblu Le Dugny
4,3 km au nord-est par D 58, rte de Chouzy-sur-Cisse, D 45 rte de Chambon-sur-Cisse et chemin à gauche, bord d'un étang.
☎ 02 54 20 70 66
info@dugny.fr . www.dugny.fr
13 fév.-11 nov. 8 ha (302 empl.)
Tarif : 50 € (10A) – pers. suppl. 9 €
15 15 €
Loisirs : snack jacuzzi terrain omnisports
Services : sèche-linge

Suèvres
Les Castels Château de la Grenouillère
Rte d'Orléans, 3 km au NE.
☎ 02 54 87 80 37
De fin avr. à mi-sept. 11 ha (250 empl.)
Tarif : 39 € (10A) – pers. suppl. 8 €
borne artisanale 5 €
Loisirs : pizzeria
Services : sèche-linge
parc boisé et verger agréable

Le conseil de Bib

▶ À inscrire sur votre agenda : mi-mai-mi-oct. – Chaumont-sur-Loire – Festival international des jardins.

Carnet pratique

🏠 Haltes chez le **particulier**

Cheverny

Domaine de la Plante d'Or
La Démalerie – ☎ 02 54 44 23 09 – *Fermé 1er janv., fév.*
🅿 *5.*
Ce producteur d'AOC Cheverny et Cour-Cheverny propose des visites libres et/ou guidées avec dégustation. Visite du caveau, du chai et présentation de vieux outils de vigneron.

Huisseau-sur-Cosson

Domaine de la Grange
R. de la Charmoise – ☎ 02 54 20 31 17 – *Ouv. tte l'année.*
🅿 *5.*
Proche des nombreux châteaux de la Loire, cette exploitation viticole produit des vins blanc, rosé et rouge d'Appellation d'Origine Contrôlée en Cheverny et Cour-Cheverny. Souvent primés lors des concours (médaille d'or ou prix d'honneur), les vins du domaine font référence.

Oisly

Domaine Octavie
Lieu-dit Marcé – ☎ 02 54 79 54 57 – *Lun.-sam. 9h-12h30, 14h-18h30. Dim. sur RV.*
Fermé 24 déc.-1er janv.
🅿 *5.*
Ce domaine s'étend sur 30 ha de vignes dont un tiers pour les blancs et le reste pour les rouges et le rosé ! Vins AOC en Touraine blanc, rosé et rouge.

Les bonnes **adresses** de Bib

Blois

La Maison du Vin de Loir-et-Cher
11 pl. du Château - ☎ 02 54 74 76 66 - *tlj sf w.-end 9h-12h, 14h-17h (18h en été) - fermé 1er janv., 1er nov., 11 Nov. et 25 déc.*
Cette maison créée par la Fédération des syndicats viticoles du Loir-et-Cher est une étape idéale pour découvrir les vins de la région. Les crus vendus ici bénéficient des appellations d'origine contrôlée côteaux-du-vendômois, crémant de Loire, touraine-mesland, touraine, cheverny, cour-cheverny ou valençay, ou de la dénomination « vins de pays du jardin de la France », de moindre notoriété.

Le Bistrot du Cuisinier
20 quai Villebois-Mareuil – ☎ 02 54 78 06 70 - *fermé 24 sept.-4 oct. et 21 déc.-4 janv. - 29 €.*
Ce restaurant des bords de Loire mise sur la simplicité et la décontraction. Vous y dégusterez des petits plats traditionnels et des recettes inédites, composées selon le marché et les inspirations du moment. Belle carte des vins (plus de 200 références), particulièrement riche en crus régionaux.

Cheverny

Domaine Le Portail
☎ 02 54 79 91 25 - *www.leportail-cadoux.fr.st - tlj sf dim. 8h-12h, 14h-19h.*
Un caveau de vente et de dégustation accueille les visiteurs dans ce domaine de 35 ha situé à deux pas du château de Cheverny. Installés dans un ancien monastère, Michel Cadoux et son épouse produisent des vins blancs, rouges et rosés AOC cour-cheverny, cheverny et crémant de Loire. Passionnés par leur métier, ils vous reçoivent tous les jours et avec le sourire.

Contres

Gillet Contres, maître légumier en Val-de-Loire
5 av. des Platanes - 8 km au sud de Cheverny - ☎ 02 54 79 53 05 - *www.gillet-contres.fr - tlj sf w.-end 8h30-12h, 13h30-17h - fermé 2 sem. en août et j. fériés.*
Depuis 1908, ce maître légumier hors pair cultive, sélectionne et conditionne dès la récolte une large gamme de légumes. L'asperge blanche du Val de Loire compte parmi les spécialités de la maison. Ses conserves se retrouvent dans les meilleures épiceries fines, mais aussi à la boutique de l'usine (vente par carton de six unités).

Pocé-sur-Cisse

Les Caves de la Croix Verte
20 rte d'Amboise - 3,5 km au nord-est d'Amboise par D 952 et D 431 - ☎ 02 47 57 39 98 - *lescavesdelacroixverte@wanadoo.fr - fermé dim. soir et lun. - réserv. conseillée - 13/33 €.*
Cadre insolite pour ce restaurant troglodyte qui abritait jadis une cave viticole. Aujourd'hui, l'animation se fait autour de la cheminée où rôtissent les viandes. Au menu, restauration traditionnelle, foie gras et saumon fumé.

N° 27 — Centre

Orléanais, Sologne et Sancerrois

À proximité d'**Orléans**, la **Sologne** attire les amoureux de la nature et les gastronomes. Ses landes de bruyère, ses étangs et ses grands bois mélancoliques constituent un cadre merveilleux pour randonner tout en observant les biches, les hérons, les butors et autres sangliers. **Terrines de gibier** et **tarte Tatin** dégusté, vous rejoindrez le cours de la Loire et traverserez, au gré du fleuve nonchalant, **Sancerre**, **Briare**, **Gien**, **Sully** et **Saint-Benoît**.

➲ *Départ d'Orléans*
➲ *7 jours*
330 km

Le charme de la Sologne : ses étangs.

Jour 1

Votre découverte d'**Orléans** commence par la place du Martroi qui est un peu le symbole de la ville avec sa statue de Jeanne d'Arc. La célébrité historique de la cité est due à Jeanne (les Fêtes johanniques ont lieu en mai) et dépasse de loin la notoriété architecturale de la ville. Mais, si votre séjour commence un samedi matin, vous traînerez agréablement aux halles de la Charpenterie, au marché à la brocante (bd Alexandre-Martin) ou au marché aux fleurs avant d'aller visiter la cathédrale Ste-Croix. Consacrez une partie de votre après-midi au musée des Beaux-Arts (remarquable panorama de l'art en Europe du 16e au 20e s.). Si vous avez encore du temps : visite de la maison de Jeanne-d'Arc ou du Musée historique et archéologique.

Jour 2

Quittez Orléans de bonne heure pour vous rendre au parc floral de la Source. Suivant les saisons, tulipes, narcisses, dahlias ou fuchsias se mettent en quatre pour votre plaisir. Faites un détour par la basilique de **Cléry-St-André** puis poursuivez jusqu'à **Beaugency** pour ses maisons médiévales du centre et la façade Renaissance de l'hôtel de ville. Quittez les bords de Loire pour descendre vers la **Sologne**, paradis des

Le conseil de Bib

▶ La Sologne est le pays des chasseurs. Mais le dimanche, la chasse est interdite dans les forêts domaniales !

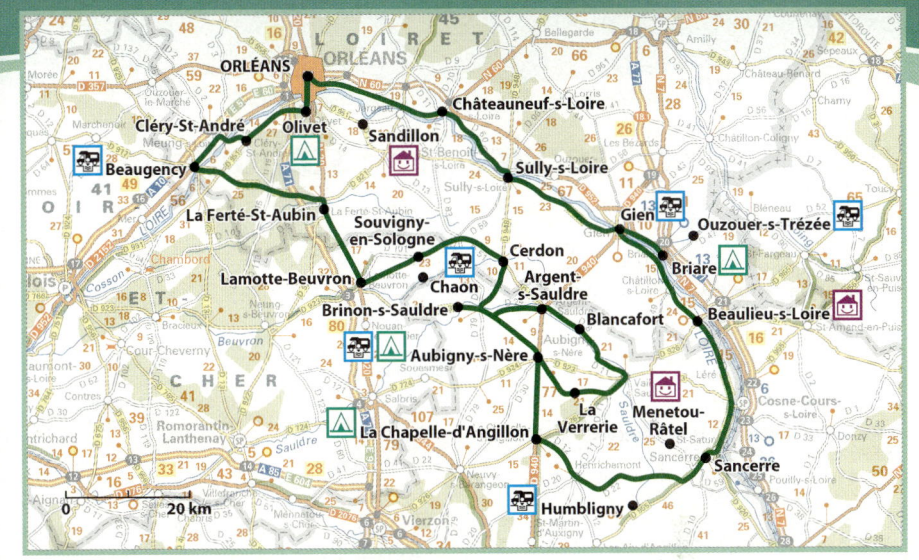

randonneurs, des chasseurs et des pêcheurs. Après avoir goûté aux charmes de la vie de château à **La Ferté-St-Aubin**, prenez le temps de déjeuner dans la petite ville. Vous pouvez ensuite effectuer le parcours de découverte du **domaine du Ciran** (Conservatoire de la faune sauvage de Sologne) tout proche. Rejoignez **Lamotte-Beuvron**, petite capitale de la chasse et dégustez sa fameuse tarte Tatin ! Le soir, faites étape à **Aubigny-sur-Nère**, la cité des Stuarts, après avoir traversé les pittoresques villages de **Souvigny-en-Sologne** et **Cerdon**.

Jour 3

En route pour parcourir un petit morceau de Sologne, de **Brinon-sur-Sauldre** (prenez la D 923 au nord-ouest d'Aubigny) à **Argent-sur-Sauldre**, où vous pourrez visiter un intéressant musée des Métiers et Traditions de France, via le bel **étang du Puits** (à Clémont, prenez la D 176), paradis des pêcheurs et des véliplanchistes. Un peu plus loin au sud-est, par la D 8, se trouve le remarquable **château de Blancafort**.

Jour 4

Au sud d'**Aubigny-sur-Nère**, un autre château vous attend : celui de **La Chapelle-d'Angillon**, dont l'enceinte abrite un musée qui rend hommage à Alain-Fournier, originaire du village. Ensuite, à l'orée de la **forêt d'Yvoy**, celui de **La Verrerie** ne devrait pas vous laisser indifférent puisque le site superbe dans lequel il est planté aurait inspiré le cadre de la « fête au château », à l'auteur du *Grand Meaulnes*. Il vous reste un peu de temps ? Faites donc un saut au musée de la Sorcellerie (au lieu-dit **La Jonchère**) avant d'aller vous promener à Vailly-sur-Sauldre. Halte le soir à **Sancerre**.

Jour 5

Partez à la découverte du village avant de vous consacrer au vignoble de **Sancerre** et de goûter aux « crottins » originaires du village de vignerons de **Chavignol**. En fin d'après midi, rejoignez **Briare**. À l'entrée de la ville, deux musées intéressants : le musée des Deux Marines et du Pont-Canal, et celui de la Mosaïque et des Émaux. Enfin, le voici devant vous : le célèbre **pont-canal de Briare**, majestueux ouvrage d'art du 19e s. Une promenade s'impose, à pied ou en bateau

Jour 6

Cet avant dernier-jour est consacré à **Gien**, avec la visite du musée de la faïencerie, le château et le remarquable musée de la Chasse.

Jour 7

Découvrez **Sully** et son château. Traversez le pont et poursuivez votre itinéraire sur la rive droite de la Loire jusqu'à **St-Benoît-sur-Loire** et sa célèbre abbatiale. Une promenade le long du canal d'Orléans à **Châteauneuf-sur-Loire** peut conclure ce séjour.

N° 27 Centre

Aires de service & de stationnement

Aubigny-sur-Nère

Aire d'Aubigny-sur-Nère – *Rte de la Chapelotte* – 02 48 81 50 00 – *Ouv. tte l'année* – P 6.
Borne artisanale. Gratuit.
Stationnement : autorisé
Loisirs : Services :

Beaugency

Aire de Beaugency – *Av. de Chambord* – 02 38 44 50 01 – *Ouv. mai-août* – P 20.
Borne artisanale. Gratuit.
Stationnement : autorisé
Loisirs : Services :
Aire ombragée sur les bords de Loire.

Chaon

Aire de Chaon – *Rte de Vouzon, parking de la Maison du Braconnage* – 02 54 88 46 36 – *Ouv. tte l'année* – P 5.
Borne artisanale. Gratuit.
Stationnement : autorisé
Services :

Gien

Aire de Gien – *Rte de Briare, près de la piscine, à la sortie de la ville* – 02 38 29 80 00 – *Ouv. tte l'année* – P 8.
Borne artisanale. Payant 2 €.
Stationnement : 48h maxi.
Loisirs : Services :
En bord de Loire.

Humbligny

Aire d'Humbligny – *Entre Bourges et Sancerre D 955 puis D 44 à Humbligny* – 02 48 69 58 38 – *Ouv. tte l'année* – P 6.
Borne raclet. Payant 2 €.
Stationnement : autorisé
Services :
À voir le panorama au lieu-dit « la Motte », point culminant du Cher.

Ouzouer-sur-Trézée

Aire d'Ouzouer-sur-Trézée – *Petit village du Loiret en limite avec l'Yonne* – 02 38 31 93 90 – *Ouv. avr.-oct.* – P 4.
Borne artisanale. Gratuit.
Stationnement : autorisé
Loisirs :
Services :
Près du canal. Marché dimanche matin.

Campings

Aubigny-sur-Nère

Les Étangs
Rte de Oizon, 1,4 km à l'E par D 923, près d'un étang (accès direct).
02 48 58 02 37
De déb. avr. à fin sept. 3 ha (100 empl.)
Tarif (prix 2009) : 17,80 € (10A) – pers. suppl. 4 €
Loisirs :
Services :

Briare

Le Martinet
1 km au nord par le centre-ville entre la Loire et le canal.
02 38 31 24 50
Avr.-sept. 4,5 ha (160 empl.)
Tarif (prix 2009) : 14,50 € (10A) – pers. suppl. 3 €
1 borne artisanale 3,50 € – 40 14,50 €
Loisirs :
Services :

La Chapelle-d'Angillon

Municipal des Murailles
0,8 km au SE par D 12 rte d'Henrichemont.
02 48 73 40 12
1er juin-15 sept. 2 ha (49 empl.)
Tarif : 5,15 € – (10A) 3,20 €
Services :
Près d'un agréable étang dominé par un château féodal.

Olivet

Municipal
R. du Pont Bouchet, 2 km au SE par D 14, rte de St-Cyr-en-Val.
02 38 63 53 94
De déb. avr. à mi-oct. 1 ha (46 empl.)
Tarif (prix 2009) : 3,50 € 2,20 € 2,50 € – (10A) 2,35 €
8 16,15 €
Loisirs :
Services :
Au confluent du Loiret et du Dhuy.

Carnet pratique

Haltes chez le **particulier**

Beaulieu-sur-Loire

Domaine des Médards
À 3,5 km N de Beaulieu par la D 951 puis chemin à gauche – ✆ *02 38 35 89 51 – Ouv. tlj.*
Ouv. tte l'année.
P *5.*
Ce restaurant campagnard est installé dans le corps d'une ferme du 19e s. magnifiquement restaurée. Les repas sont servis dans l'ancienne étable dont le cachet soigneusement préservé est valorisé par un agréable feu de cheminée. Pour l'été, terrasse abritée et ombragée. Menus de 20 à 30 €.

Menetou-Râtel

Ets Bernard Fleuriet & fils
La Vauvise – ✆ *02 48 79 34 09 – Ouv. tte l'année.*
P *5.*
Dans ce domaine qui privilégie les vendanges à la main, les méthodes modernes et traditionnelles se conjuguent pour l'élaboration des vins des appellations A.O.C. Sancerre et Menetou-Salon. Dégustation, vente.

Sandillon

La ferme de la Maltournée
1686, rte de Jargean, À 2 km O de Jargean. – Fermé dim.
Ouv. tte l'année.
P *5.* Vente des produits de la ferme : volailles, fruits, confitures, plats cuisinés.

La fameuse tarte Tatin.

Les bonnes **adresses** de Bib

Fontaines-en-Sologne

Bergeries de Sologne
Ferme de Jaugeny – ✆ *02 54 46 45 61 - www.bergeries-de-sologne.com - visite et dégustation : juil.-août : mar. à partir de 10h45.*
Spécialiste de l'élevage de moutons et volailles, cette ferme solognote propose des journées « découverte et gastronomie » (visite de l'exploitation, déjeuner, démonstration de chiens de berger et de tonte de moutons) ou des formules plus courtes. Vente de plats cuisinés en conserve, à base d'agneau de l'élevage.

Gien

La Poularde
13 quai de Nice – ✆ *02 38 67 36 05 - lapoularde2@wanadoo.fr - fermé 21 déc.-3 janv., dim. soir et lun. sf le soir de mars à oct. - 20/60 €.*
Cette adresse officiant à proximité du fleuve marie tradition et modernité, dans le décor comme dans l'assiette. Sa belle salle prolongée d'une véranda conjugue en effet tapisseries anciennes ou vaisselle de Gien avec du mobilier contemporain, tandis que sa carte jongle entre recettes classiques (pressé de queue de bœuf au foie gras) et plats actuels (terrine de foie de volaille et chutney de tomate verte).

Lamotte-Beuvron

Tatin
5 av. de Vierzon – ✆ *02 54 88 00 03 - hotel-tatin@wanadoo.fr - fermé 27 fév.-14 mars, 31 juil.-16 août, 24 déc.-9 janv., dim. soir et lun. - 29/53 €.*
Cette hôtellerie familiale nichée au cœur de la Sologne abrite des chambres relookées dans le style contemporain et un plaisant jardin. C'est ici-même que les sœurs Tatin inventèrent la fameuse tarte aux pommes caramélisées. Tradition toujours vivante !

Orléans

La Dariole
25 r. Étienne-Dolet – ✆ *02 38 77 26 67 - fermé 1er-7 avr., 4-26 août, 23-28 déc., merc. midi, sam. et dim. - réserv. conseillée - 21/33 €.*
Cette vieille maison à colombages (15e s.) située à deux pas de la cathédrale abrite une pimpante salle à manger rustique où l'on sert une goûteuse cuisine personnalisée. Petite terrasse d'été sur l'arrière.

Martin Pouret
236 fg Bannier - 3 km au nord d'Orléans – ✆ *02 38 88 78 49 - www.martin-pouret.com - tlj sf w.-end 8h-12h, 13h30-17h30 - fermé j. fériés.*
Créée en 1797, Martin Pouret est la dernière maison en France à perpétuer la traditionnelle fabrication en tonneaux du vinaigre de vin d'Orléans et celle de la moutarde d'Orléans, graines broyées à la meule de pierre, selon une recette remontant à 1580.

N° 28 — Centre

L'ouest du **Berry** et la **Brenne**

Ce circuit traverse ces paysages aux « teintes vigoureuses et sombres », aux « horizons mélancoliques et profonds » que **Georges Sand** s'est plu à dépeindre. Chemin faisant, vous découvrirez avec étonnement les sites, presque intacts, qui ont servi de décor à ses récits berrichons. Vous serez de même séduit par **la Brenne**, qui reste sauvage et mystérieuse. **Pays d'étangs et de brandes** au sud de l'Indre, elle abrite une richesse écologique incomparable qu'il faut et connaître et préserver.

➲ **Départ de Châteauroux**
➲ **5 jours**
315 km

Le paysage de la Brenne a tout pour satisfaire les amoureux de la nature.

Jour 1

De **Châteauroux**, direction vers le nord. Des champs se succèdent à perte de vue jusqu'à **Levroux**, où vous ne manquerez pas d'entrer dans la belle collégiale. Empruntez ensuite la D 2, au nord-est : soudain apparaît, dans un écrin de verdure, le sobre château de **Bouges**. Poursuivez dans la Champagne berrichonne, sur la D 2, jusqu'à **Vatan** où se trouve un musée du Cirque puis, plus au nord, vous atteindrez **Saint-Outrille** (belle collégiale) et la jolie cité médiévale de **Graçay** qui possède un musée de la Photo. Faites étape ici. Les gourmets pourront aller à **Chabris**, sur les pentes du Cher, réputé pour ses fromages de chèvre et ses vins.

Jour 2

En route vers le joyau berrichon, l'élégant **château de Valençay**, où plane encore l'ombre de Talleyrand, et que protège la belle **forêt de Gâtine** (faites-y un tour en empruntant la D 37). Prenez vers le sud (D 15) : bois et prairies défilent entre **Langé** et **Pellevoisin** jusqu'au château d'**Argy**, renommé pour sa galerie. Faites une halte dans la charmante petite ville de **Palluau-sur-Indre**, dominée par son château.

Le conseil de Bib

▶ De passage à Valençay, n'oubliez pas de vous ravitailler en fromage AOC valençay (rond, crottin, bûche ou pyramide).

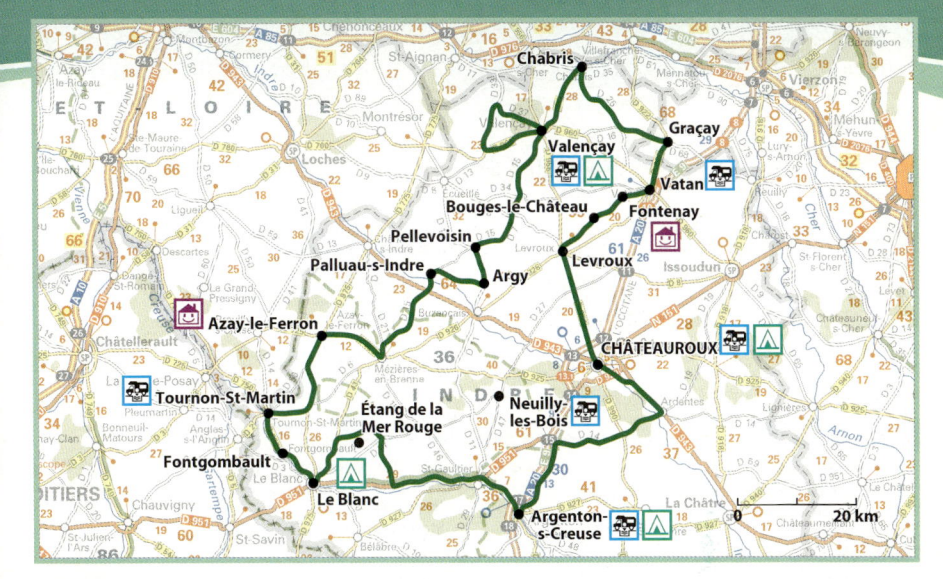

Jour 3

Au sud de l'Indre s'étend le **Parc naturel régional de la Brenne**. **Mézières-en-Brenne**, localité la plus importante de cette région, est la porte d'entrée pour partir à la découverte de cette mosaïque de cultures, de prairies, de landes et d'étangs où niche une grande variété d'oiseaux. Mais rendez-vous d'abord à **Azay-le-Ferron**, (prenez vers l'ouest la D 925) dominé par son beau château, puis devant l'imposant chevet de l'**abbaye de Fontgombault** (suivez la D 975 vers le sud). Sur les rives de la Creuse, 8 km à l'est, **Le Blanc** constituera une autre étape agréable aux portes sud de la Brenne.

Jour 4

Enfin, vous allez faire une incursion dans le Parc naturel régional de la Brenne. Direction donc le sublime **étang de la Mer Rouge** (au nord par la D 17). Avec ses 180 ha, c'est l'étang le plus vaste de la Brenne. Vous pourrez le longer grâce au chemin communal. Sortez vos jumelles et ouvrez les yeux. Vous passerez ensuite devant le **château du Bouchet**, qui prouve une nouvelle fois qu'en Brenne, nature et architecture sont intimement liées. Revenez sur les bords de la Creuse à **Ciron**, traversez le pont d'où vous verrez le **château de Romefort**. Longez la Creuse jusqu'à **Argenton-sur-Creuse** où vous passerez la nuit après avoir flâné dans sa partie ancienne.

Jour 5

Repartez vers le nord, à Lothiers, tournez à droite dans la D 14 pour suivre la **vallée de la Bouzanne** jusqu'à **Arthon** (église romane) puis, traversez la forêt de Châteauroux jusqu'à **Ardentes**, dont l'église Saint-Martin renferme de beaux chapiteaux sculptés. En remontant la rive droite de l'Indre, vous apercevrez le **château de Clavières** et arriverez à **Châteauroux**. Promenez-vous tranquillement dans la ville qui possède d'intéressants musées et églises. S'il vous reste un peu de temps, terminez votre séjour par la visite de l'hôtel Bertrand (qui abrite le musée) ou celle de l'**ancien couvent des Cordeliers** (centre culturel actif qui accueille des expositions temporaires).

Ancien couvent des Cordeliers, Châteauroux.

N° 28 — Centre

Aires de service & de stationnement

Argenton-sur-Creuse
Aire d'Argenton-sur-Creuse – *Pl. du champ de Foire* – 02 54 24 12 50 – *Ouv. tte l'année* – P
Borne artisanale. Gratuit.
Stationnement : autorisé
Services : WC
Marché le samedi matin.

Châteauroux
Aire de Châteauroux – *17, av. du Parc des Loisirs. L'aire se situe à côté du camping et de la piscine du Rochat* – 02 54 34 26 56 – *Ouv. avr.-oct.* – P
Borne raclet. Payant 2,50 €.
Stationnement : 24 h maxi
Loisirs :
Services : WC sèche-linge

Neuillay-les-Bois
Aire de Neuillay-les-Bois – *Rte de Buzançais* – 02 54 39 40 12 – *Ouv. mai-oct.* – P 5.
Borne flot bleu. Gratuit.
Stationnement : 24h maxi.
Loisirs : Services : WC
Au bord de l'étang communal.

Valençay
Aire de Valençay – *Parking du château - av. de la Résistance, à 400 m du château* – 02 54 00 04 42 – *Ouv. tte l'année* – P 15.
Stationnement : autorisé
Services :

Vatan
Aire de Vatan – *À l'entrée du camping municipal* – 02 54 49 71 69 – *Ouv. mai-mi-sept.* – P
Payant 4 €.
Stationnement : autorisé
Services :
Borne à l'intérieur du camping.

Campings

Argenton-sur-Creuse
Les Chambons
37, r. des Chambons, sortie NO par D 927, rte du Blanc et à gauche, à St-Marcel.
02 54 24 15 26
De mi mai à mi sept. 1,5 ha (60 empl.)
Tarif (prix 2009) : 15,35 € (5A) 3,20 € – pers. suppl. 3,30 €
Services :
au bord de la Creuse

Châteauroux
Municipal le Rochat Belle-Isle
Au nord par av. de Paris et r. à gauche, bord de l'Indre et à 100 m d'un plan d'eau.
02 54 34 26 56
camping.le-rochat@orange.fr
Mai-sept. 4 ha (205 empl.)
Loisirs :
Services : sèche-linge
à proximité, bus gratuit pour l'accès au centre ville

Le Blanc
l'Isle d'Avant
2 km à l'est sur D 951 rte de Châteauroux, bord de la Creuse.
02 54 37 88 22
swaouanc@gmail.com . www.canoe-decouverte.com
Mai-fin sept. 1 ha (75 empl.)
Tarif (prix 2009) : 11 € (5A) 3 €
1 borne artisanale 2 €
Loisirs :
Services : sèche-linge

Valençay
Municipal les Chênes
1 km à l'O sur D 960, rte de Luçay-le-Mâle.
02 54 00 03 92
commune@mairie-valencay.fr
26 avr.-27 sept. 5 ha (50 empl.)
Tarif (prix 2009) : 3,70 € 4,20 € – (10A) 4,20 €
1 borne artisanale 3,70 €
Loisirs :
Services :
agréable cadre de verdure en bordure d'étang

Haltes chez le **particulier**

Azay-le-Ferron

La Ferme du Caroire
10, Champ-d'œuf – Le magasin à la ferme est ouv. tlj. (16h-19h).
Fermé 25 déc.-fév.
P 5.
Ferme d'élevage de caprins et de bovins. Découverte de la ferme et de la transformation du lait. Vente à emporter ou à consommer sur place : chevreau aux cives, galettes au fromage, pâtés berrichons, « caprisoulet », ragoût, rôti de chèvre farci et fromages.

Fontenay

Feme de la Bisquinerie
La Bisquinerie, à 6 km de l'autoroute A 20, sortie n° 10 Vatan, sur la départementale entre Vatan et Bouges-le-Château. – ✆ 02 54 49 80 58 – *Ouv. tte l'année.*
P 5.
Produits de la ferme : volailles fermières prêtes à cuire, produits transformés de canards gras : foie gras, magrets, pâtés, rillettes, confits, spécialité la Bisquine, lentilles fraîches vertes et roses, farine de lentilles.

Les bonnes **adresses** de Bib

Argenton-sur-Creuse

Le Cheval Noir
27 r. Auclert-Descottes - ✆ 02 54 24 00 06 - *fermé dim. soir hors sais.* - 20/35 €.
Ancien relais de poste tenu par la même famille depuis plus d'un siècle. Les parties communes ont été actualisées. Repas traditionnel dans une salle claire et moderne ou, l'été, dans la cour fleurie.

Châteaumeillant

Cave des vins de Châteaumeillant
Rte de Culan - ✆ 02 48 61 33 55 - cave@chateaumeillant.com - *Pentecôte-août, lun.-sam . 8h-12h, 13h30-18h30, dim. et J fériés 9h-12h, 15h30-17h30.*
Cette cave, fondée en 1964, regroupe une trentaine de viticulteurs qui élaborent des vins gris, rouges et blancs (vin de pays du Cher).

Base Nautique de Sidiailles
Pointe du Carroir - ✆ 02 48 56 71 30 ou 02 48 61 38 34 - *fermé 30 sept.-1er avr.* - 10h-20h.
Baigneurs, véliplanchistes et apprentis navigateurs fréquentent le lac de Sidialles formé par la construction du barrage. Au programme, stages d'activités nautiques parmi lesquels une animation canoë-kayak ou voile encadrée par un moniteur diplômé. Possibilité d'hébergement sur place.

Châteauroux

Le Lavoir de la Fonds Charles
26 r. du Château-Raoul - ✆ 02 54 27 11 16 - *fermé 22 août-6 sept., sam. midi, dim. soir et lun.* - 18/48 €.
Ancien lavoir (18e s) situé au pied du château Raoul. La terrasse bordée par l'Indre a séduit les Castelroussins. Si les prévisions météo sont pessimistes, on trouvera refuge sous la véranda ou dans la salle d'esprit rustique. Ambiance chaleureuse propice à la dégustation d'un repas traditionnel valorisant les épices.

Le Blanc

Canoë Découverte Val de Creuse
Base de kayak : 60 av. Pierre Mendès-France, dans le complexe camping-piscine-kayak - Sortie Blanc dir. Chateauroux - ✆ 02 54 37 77 99 - www.canœ-decouverte.com - *10h-12h, 14h-18h sur réserv.* - *fermé 30 sept.-1er avr.* - de 3 à 22,50 €.
Que l'on cherche à découvrir la faune locale au hasard d'une balade sur l'eau ou simplement à entretenir sa forme physique, on trouvera facilement son bonheur parmi les 8 circuits proposés par cette école de canoë-kayak. Stages d'initiation et passage de « pagaies couleurs ».

Accro'Branches
Les Landelles - ✆ 02 54 37 19 21 - coteauxloisirs@free.fr.
Si vous pensiez tout connaître des parcours aventure et autres machines à frissons, vous serez emballé par cette nouvelle activité acrobatique, unique dans le département. Passez d'arbre en arbre grâce aux cordes et aux branches qui les relient. Sensations garanties.

St-Maur

Auberge de Laleuf
8 km au sud-ouest de Châteauroux dir. Châtellerault par D 925 puis Luant par D 104 - ✆ 02 54 27 19 69 - www.laleuf.com .
Cette ferme d'aspect militaire fût érigée par un général de l'armée napoléonienne. Terrain de paint-ball, location de chevaux et roulottes pour découvrir la Brenne voisine. Nouveau parcours aventure dans les arbres. Stationnement autorisé pour les camping-cars (24h maxi).

N° 29

Centre

Au cœur du **Berry**

Au cœur du Berry, se trouve **Bourges**, avec ses carillons, sa cathédrale et son merveilleux **palais Jacques-Cœur**. Vous pourrez vous détendre dans ses insolites marais puis vous attabler devant un poulet en barbouille arrosé de reuilly, car ici bien manger est un principe de vie. Repu, vous vous enfoncerez dans les **terres berrichonnes**. Entre deux haies, derrière un pré et des taillis, se découvrent de beaux villages et des vignobles de qualité.

➲ *Départ de Bourges*
➲ *5 jours*
215 km

Le village d'Apremont-sur-Allier.

© Société Hôtelière d'Apremont

Jour 1

Commencez par découvrir **Bourges**. Arrivé le samedi matin, dirigez-vous vers la superbe halle au blé (près de la place de la Nation), pour un marché très agréable, enlevé par plus de 200 commerçants de bouche. Après cette immersion totale et un peu soudaine dans la vie berruyère, osez le contraste et filez devant le portail sud de la cathédrale, place Étienne-Dolet. Admirez les vitraux (en fin de matinée, la lumière est idéale), descendez dans la crypte et grimpez au sommet de la tour nord (belle vue sur la ville). Reprenez votre souffle : installez-vous sur un des bancs qui jalonnent les allées des jardins de l'Archevêché et contemplez la jolie perspective qui se dégage sur la cathédrale. Une petite balade dans les rues pavées du quartier des anciens remparts pour se mettre en appétit, et c'est l'heure de déjeuner… Rassasié ? Parfait, alors attaquez l'après-midi par la découverte des intéressants musées municipaux (gratuits) que sont le musée du Berry (hôtel Cujas) et celui des Arts décoratifs (hôtel Lallemant). Vous finirez tranquillement la journée en déambulant dans les rues piétonnes où vous ferez quelques emplettes (une halte gourmande à la Maison des Forestines s'impose !). Le lendemain, rendez-vous devant la splendide façade du palais Jacques-Cœur. La visite du palais est commentée, alors laissez-vous emporter dans la fabuleuse vie de ce financier-aventurier. Avant de reprendre la route, faites un crochet par l'hôtel des Échevins (ouvert le dimanche après-midi).

Jour 2

Destination **Mehun-sur-Yèvre**, à 17 km au nord-ouest par la N 76. Là, vous apprendrez à connaître **la porcelaine du Berry**. Les amoureux des belles fresques feront un détour par **Brinay**, charmant village de Champagne berrichonne, dont le vignoble rejoint celui de **Quincy** (à 6 km) un peu plus bas, au bord du Cher. Continuez vers le sud-ouest (D 20) pour arriver à **Reuilly**, dont le vignoble s'étend jusqu'à **Diou** (halte agréable sur la Théols). Le village de **Chârost** constituera une halte, culturelle cette fois, avec la visite de son église, avant celle de l'**Issoudun** où vous passerez la nuit.

Jour 3

Issoudun compte aussi d'intéressants musées et monuments, alors ne reprenez pas la route trop vite ! La D 9, au sud, vous conduira à **Lignières**, d'où vous rejoindrez les jardins du prieuré **Notre-Dame d'Orsan** (à 10 km plus au sud par la D 65), pour une pause « esthético-contemplative ». Poursuivez au sud jusqu'à **Châteaumeillant**, ville-étape agréable qui allie beaux monuments et vins gris réputés.

Jour 4

Dirigez-vous vers l'ouest (D 943), **Culan** vous réserve une belle surprise, de même que le **château d'Ainay-le-Vieil**. Entre ces deux solides architectures de la **route Jacques-Cœur** (de Culan, suivez la D 997, puis la D 1), arrêtez-vous dans les extraordinaires jardins artistiques de **Drulon**. Ceux que l'archéologie attire davantage que l'art contemporain porteront leur choix sur les **vestiges gallo-romains de Drevant**, sur la route de **Saint-Amand-Montrond** où vous ferez une halte.

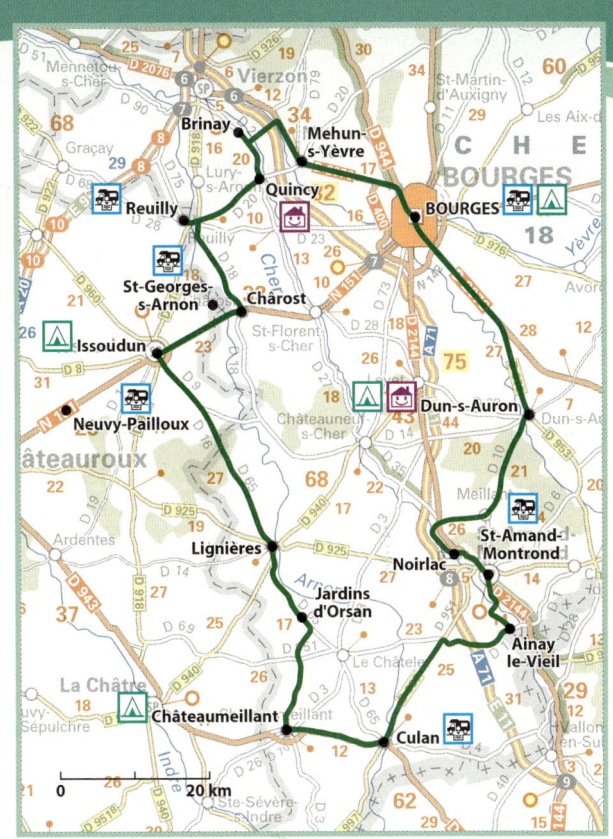

Jour 5

Prenez au nord la N 144 pour aller visiter l'abbaye de **Noirlac**, et un peu plus loin, le **château de Meillant**, qui rivalisent d'élégance. Poursuivez sur la D 10 et faites une petite pause à **Dun-sur-Auron**. Vous êtes là à la limite du Bourbonnais. Pour une franche incursion dans le Bourbonnais, allez à **Sancoins** (à 21 km au sud-est de Dun-sur-Auron, par la D 10, puis la N 76), situé aux confins du Berry, du Nivernais et du Bourbonnais. Rejoignez ensuite le charmant village d'**Apremont-sur-Allier** (au nord-est de Sancoins par la D 920 puis, la D 100), où vous ferez une étape agréable. Enfin, le splendide jardin du **château de Villiers** vaut le détour (attention aux horaires de visites limitées), avant de rentrer à Bourges par la D 976.

Façade du palais Jacques-Cœur, à Bourges.

N° 29 Centre

Aires de service & de stationnement

Bourges
Aire de Bourges – R. Jean-Bouin, face au parc des sports Alfred-Depège – ☎ 02 48 57 80 00 – Ouv. tte l'année – 🅿 10.
Borne eurorelais. Gratuit.
Stationnement : 48h maxi.
Loisirs :
Services : WC sèche-linge
😊 À proximité de l'OT et du centre ville.

Culan
Aire de Culan – Pl. du Champ de Foire – ☎ 02 48 56 64 41 – Ouv. tte l'année – 🅿 50.
Borne artisanale. Payant 1.50 €.
Stationnement : autorisé
Services : WC

Neuvy-Pailloux
Aire de Neuvy-Pailloux – Aire de repos « Les Gloux », en bordure de la N 151 – ☎ 02 54 21 13 65 – Ouv. tte l'année – 🅿
Borne artisanale. Gratuit.
Stationnement : autorisé
Services : WC

Reuilly
Aire des bords de l'Arnon – R. des Ponts, à proximité du camping municipal – ☎ 02 54 03 49 00 – Ouv. tte l'année – 🅿
Borne artisanale. Gratuit.
Stationnement : 24 h maxi
Loisirs : Services : WC

Saint-Amand-Montrond
Aire de Saint-Amand-Montrond – Quai Lutin, N 144, juste après le pont à droite en dir. de Montluçon – ☎ 02 48 63 83 00 – Ouv. tte l'année – 🅿 10.
Borne artisanale. Gratuit.
Stationnement : autorisé
Loisirs : Services : sèche-linge
😊 Agréable stationnement en bordure du canal.

Saint-Georges-sur-Arnon
Aire de Saint-Georges-sur-Arnon – Sur la N 151 à l'intersection avec la D 9A entre Bourges et Châteauroux – ☎ 02 54 04 01 05 – Ouv. tte l'année – 🅿
Borne artisanale. Gratuit.
Stationnement : autorisé
Services : WC

Campings

Bourges
Municipal Robinson
26, bd de l'Industrie, vers sortie S par D 2144, rte de Montluçon et bd de l'Industrie à gauche, près du Lac d'Auron. Sortie A 71 : suivre Bourges Centre et fléchage.
☎ 02 48 20 16 85
De mi-mars à fin nov. 2,2 ha (116 empl.)
Tarif : 4 € 5,10 € – (16A) 7,80 €
Loisirs :
Services :

Châteaumeillant
Municipal l'Étang Merlin
Rte de Vicq, 1 km par D 70, rte de Beddes et D 80 à gauche.
☎ 02 48 61 31 38
De déb. mai à fin sept. 1,5 ha (30 empl.)
Tarif (prix 2009) : 2,50 € 3 € – (5A) 2 €
borne artisanale
Loisirs :
Services :

Dun-sur-Auron
Municipal de l'Auron
Sortie SO par D 10 rte de Meillant, et à droite après le pont de l'ancien canal de l'Auron.
☎ 02 48 59 16 87
De déb. avr. à fin oct. 0,6 ha (25 empl.)
Tarif (prix 2009) : 3,15 € – (13A) 3,30 €
Loisirs :
Services :

Issoudun
Municipal les Taupeaux
Sortie N par D 918, rte de Vierzon, à 150 m d'une rivière.
☎ 02 54 03 13 46
Juin-août 0,6 ha (50 empl.)
Tarif (prix 2009) : 6 € – pers. suppl. 2 €
Services :

Carnet pratique

🏠 Haltes chez le **particulier**

Dun-sur-Auron

Huilerie Jacob
SCEA de la Forge – ☎ 02 48 59 80 40 – Ouv. lun.-sam. : 9h-12h/14h- 19h. Ouv. tte l'année.
🅿 3.
Ouverte en 2004, cette huilerie artisanale propose la découverte de sa plantation de noyers, la fabrication de son huile de noix et de ses produits dérivés (pralins, pain d'épices…).

Quincy

Domaine André Pigeat
18, rte de Cerbois – ☎ 02 48 51 31 90 – Ouv. tlj 10h-18h. Ouv. tte l'année.
🅿 5.
Situé dans un petit vignoble représentant environ 150 ha, répartis sur les bord du Cher, à proximité de Bourges. Les Quincy sont des vins frais et fruités. Parmi les domaines les plus réputés, on peut citer le domaine d'André Pigeat ! Dégustation et vente au domaine.

Les bonnes **adresses** de Bib

Bourges

La Courcillière
R. de Babylone - ☎ 02 48 24 41 91 - contact@lacourcilliere.com - fermé dim. soir, mar. soir et merc. - 17/29 €.
Ici vous êtes au cœur du marais, à deux pas du centre-ville, ensemble de verdure, de faune et de flore. Gentil restaurant au cadre rustique avec terrasse au bord de l'eau face aux jardins. Table honnête à prix raisonnables. Pour le dépaysement…

Halle au Blé
Tous les sam. mat., les vieilles pierres de la superbe halle au blé en forme d'amphithéâtre (monument classé) vibrent de la clameur des 200 commerçants venus vendre des produits de bouche. Un marché très agréable. Sous la halle St-Bonnet aux structures métalliques type Baltard, un marché permanent (tlj sf lun. 7h30-13h, 15h-19h30) de commerçants de bouche vous invite à baigner dans les senteurs et les couleurs du terroir. Le dim. mat., la place s'emplit également de fripes et d'un bric-à-brac.

La Maison des Forestines
3 pl. Cujas - ☎ 02 48 24 00 24 - mdforestines@wanadoo.fr - tlj sf dim. 9h30-12h15, 14h-19h15, lun. 15h-19h - fermé j. fériés.

Dans cette confiserie-chocolaterie fondée en 1825 et dotée d'un superbe plafond à caissons décoré de faïences de Gien, vous vous laisserez tenter par de délicieuses spécialités, dont les Forestines créées en 1879, mince fourreau de sucre satiné fourré de praliné aux amandes, noisettes et chocolat. Ne partez pas sans déguster aussi les Amandines et Noisettes (1885), les Richelieux (1890) et autres friandises élaborées en ces lieux depuis plus de cent ans.

Issoudun

La Cognette
Bd Stalingrad - ☎ 02 54 03 59 59 - www.la-cognette.com - fermé janv., mar. midi, dim. soir et lun. d'oct. à mai sf j. fériés - réserv. conseillée - 29/67 €.
Passé la petite cour pavée, vous pénétrerez dans la salle à manger cossue de style Empire où Balzac venait souvent. Ce restaurant vous assure une cuisine soignée et un service attentionné dans une atmosphère intime. Salons à l'étage.

Quincy

Domaine des Bruniers
Rte de Lury - ☎ 02 48 51 34 10 - sur RV.
L'appellation quincy concerne des vins issus du cépage sauvignon cultivé sur le plateau bordant le Cher et qui ont la réputation d'être à la fois expressifs et minéraux. Le cru produit par Jérôme de La Chaise dégagerait en outre un fruité intense et souple. À vous de dire…

Noirlac

Auberge de l'Abbaye de Noirlac
4 km de St-Amand-Montrond par D 35 - ☎ 02 48 96 22 58 - aubergeabbayenoirlac.free.fr - fermé 16 nov.-18 fév., mar. soir et merc. sf juil.-août - 20/32 €.
Cet établissement idéalement situé face à l'abbaye occupe une ancienne chapelle bâtie au 12e s. Le chef mitonne chaque jour une appétissante cuisine du terroir que vous pourrez savourer dans une jolie salle à manger rustique ou, en été, sur la terrasse ombragée par un tilleul.

Forestines, bonbons praliné au chocolat.

N° 30

Centre

À cheval entre **Perche** et **Eure-et-Loir**

On vient dans le **Perche** comme si on rendait visite à sa grand-mère, mains dans les poches et bonnes chaussures au pied, prour prendre un énorme bol de **vraie campagne**, manger du **boudin** et compter les derniers **percherons**. On le quitte joyeux, dans la perspective d'une belle balade en Eure-et-Loir, entre les vitraux de la cathédrale de **Chartres** et le **château de Châteaudun**…

➲ *Départ de Châteaudun*
➲ *5 jours*
300 km

Le percheron, symbole du parc naturel du Perche et vraie force de la nature.

Jour 1
Comptez un bon début de matinée à **Châteaudun**, pour visiter son imposant château. Suivez ensuite le cours du Loir en passant par **Montigny-le-Gannelon** dominé par son château Renaissance, puis **Areines** (fresques), tout près de **Vendôme** qui peut être l'étape de votre déjeuner. L'après-midi n'est pas de trop pour visiter la vieille ville, notamment l'ancienne abbaye de la Trinité et, si le temps le permet, pour vous offrir le plaisir d'une promenade en barque sur le Loir.

Jour 2
Faites connaissance avec vos premiers gîtes troglodytiques aux Roches-l'Évêque le long du Loir à l'ouest, puis continuez vers **Montoire-sur-le-Loir** et le beau village de **Lavardin** pour y déjeuner. Ne manquez pas Troo et son « Puits qui parle », avant de rendre visite à **La Possonnière**, le manoir des Ronsard, et au château de Poncé-sur-le-Loir.

Jour 3
Rendez-vous à **La Ferté-Bernard**, « la Venise de l'Ouest ». Après une visite de ses vieux quartiers, prenez le temps de vous y restaurer avant de partir découvrir le **Perche**. Cette région vallonnée où forêts,

Le conseil de Bib

▶ Pour la visite de Châteaudun, garez-vous sur le parking du gîte situé rue de Foulerie, au bord du Loir (stationnement de nuit autorisé).

bocages et cours d'eau composent un paysage soigné, propose de superbes randonnées à pied, à cheval, en roulotte attelée de percherons, ou à vélo. De la Ferté, suivez la N 23 au nord. Vous traverserez **Nogent-le-Rotrou**, capitale du Perche. De là, vous pourrez sortir vos vélos et suivre le circuit VTT dans la vallée de l'Huisne (plan à retirer à l'office de tourisme), ou faire un petit crochet jusqu'au **Manoir de Courboyer**, qui présente le patrimoine de la région. Ensuite, direction Dreux, pour votre halte du soir. Suivez la D 728. Vous traverserez **La Loupe** et **Châteauneuf-en-Thymerais**.

Jour 4

La visite de **Dreux** et de la chapelle royale St-Louis permettent un beau voyage dans le temps. Après le déjeuner, suivez la vallée de l'Eure jusqu'au très beau château Renaissance **de Maintenon**, qui évoque la dame du même nom, compagne de Louis XIV. Plus au sud, toujours en suivant le cours de l'Eure, on parvient à **Nogent-le-Roi**, où l'on s'arrêtera voir l'église St-Sulpice, avant **Épernon** (il est plus agréable de s'y rendre par la D 116 puis la route qui suit la Drouette à partir de Villiers-le-Morhier), également doté d'une belle église et de belles maisons à pans de bois. Si l'on continue la Drouette, on arrive à **Émancé** et au **château de Sauvage**, dont le parc a été aménagé en **réserve zoologique**, mais on peut aussi continuer la série des églises en gagnant directement **Gallardon** (par la D 28 au sud d'Épernon). Dans ce bourg médiéval, vous apprécierez bien sûr l'église, mais aussi deux autres curiosités, l'épaule de Gallardon et le château d'eau moderne, tous les trois dressés vers le ciel, mais pour des raisons différentes…

Jour 5

Passez votre journée à **Chartres**. Le trésor de Chartres, ville dédiée à la Vierge, c'est incontestablement sa cathédrale, célèbre pour ses pélerinages et plus encore pour ses vitraux au bleu incomparable. Mais la capitale de la Beauce possède également une vieille ville intéressante. Les amateurs de musées auront quant à eux le choix entre celui des Beaux-Arts, celui de l'École, la maison Picassiette et le Compa (le conservatoire du machinisme et des pratiques agricoles). Regagnez **Châteaudun** sans oublier de faire halte à **Bonneval** qui campe sur la rive gauche du Loir.

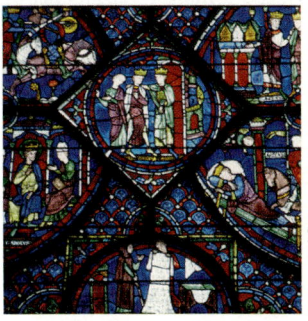

Détail d'un vitrail de la cathédrale de Chartres.

N° 30 — Centre

Aires de service & de stationnement

Brezolles
Aire de Brezolles – Rte de Verneuil, à l'entrée du bourg depuis Verneuil-sur-Avre – ✆ 02 37 48 20 45 – Ouv. tte l'année – P 6.
Borne artisanale. Gratuit.
Stationnement : autorisé
Loisirs :
Services :

Chartres
Aire de Chartres – R. de Launay, à l'entrée du camping « le bord de l'Eure ». Sur la rocade, sortir à la Z.I. de Chartres N 154 (croisement au rond de point de la route d'Orléans) puis par l'av. d'Orléans en dir. du centre-ville, 2e feu à gauche – Ouv. Pâques-oct.
Borne eurorelais. Payant 3.10 €.
Services :
Face à l'accueil du camping

Cloyes-sur-le-Loir
Aire de Cloyes-sur-le-Loir – R. du Docteur-Teyssier, Sortie S de Cloyes dir. Vendôme. – ✆ 02 97 98 55 27 – Ouv. tte l'année – P
Payant 2 €.
Stationnement : autorisé
Loisirs : Services :

Marboué
Aire de Marboué – Lieu dit « Les 3 Fontaines », sur la N 10 dans le sens de Chartres-Chateaudun, prendre la dernière rue à droite avant le pont – ✆ 02 37 45 10 04 – Ouv. tte l'année – P 5.
Borne eurorelais. Payant 2 €.
Stationnement : 24 h maxi
Loisirs :
Services :

Saint-Denis-les-Ponts
Aire de Saint-Denis-les-Ponts – R. Jean-Moulin – ✆ 02 37 45 19 04 – Ouv. tte l'année – P
Borne eurorelais. Payant 2 €.
Stationnement : autorisé
Loisirs :
Services :

Thiron-Gardais
Aire de Thiron-Gardais – R. de la Gare – Ouv. tte l'année – P 3.
Borne artisanale. Gratuit.
Stationnement : autorisé
Services :

Campings

Bonneval
Municipal le Bois Chièvre
Rte de Vouvray, 1,5 km au S par rte de Conie et rte de Vouvray à dr., bord du Loir.
✆ 02 37 47 54 01
De déb. avr. à fin oct. 4,5 ha/2,5 campables (130 empl.)
Tarif : 15,20 € (6A) – pers. suppl. 3,70 €
borne artisanale 5,20 €
Loisirs :
Services :
agréable chênaie dominant le Loir

Fontaine-Simon
Le Perche
Rte de la Ferrière, 1,2 km au N par rte de Senonches.
✆ 02 37 81 88 11
Permanent (112 empl.)
Tarif : 15 € (6A) – pers. suppl. 3 €
Loisirs :
Services : (juil.-août)
au bord de l'Eure et d'un plan d'eau

Maintenon
Les Ilots de St-Val
Les Îlots de St-Val, NO : 4,5 km par D 983, rte de Nogent-le-Roi puis 1 km par D 1013, rte de Neron à gauche.
✆ 02 37 82 71 30
Permanent 10 ha/6 campables (153 empl.)
Tarif : 5,20 € 5,20 € – (10A) 6,40 €
borne eurorelais 5,50 €
Loisirs :
Services :

Montoire-sur-le-Loir
Municipal les Reclusages
Sortie SO, rte de Tours et rte de Lavardin à gauche après le pont.
✆ 02 54 85 02 53
Déb. mai-fin sept. 2 ha (133 empl.)
Tarif (prix 2009) : 2,75 € 1,75 € – (10A) 3,50 €
Loisirs :
Services :
au bord du Loir

Carnet pratique

Haltes chez le **particulier**

Arrou

Ferme auberge de la Marmite
Le Coureil – ℘ 02 37 49 25 13 – Ouv. jeu.-dim. : 11h-18h. Ouv. mars-déc.
P 3.
Cette auberge, située dans une ancienne grange magnifiquement restaurée, propose de délicieux plats élaborés à partir de produits de la ferme. En vente également : viande de porc (bio), charcuterie, viande bovine et cidre.

La Puisaye

Parc de loisirs du Moulin de Rouge
℘ 02 37 37 67 38 – Ouv. avr.-oct.
P 5.
Restez une nuit dans ce cadre d'eau et de verdure. Une partie est réservée à la pêche loisirs (truites au kg), une autre, un étang de 7 ha, à la pêche « trophées » (carpes et silures).

Les bonnes **adresses** de Bib

Bonneval

Auberge de la Herse
2 pl. Leroux - ℘ 02 37 47 21 01 - www.aubergelaherse.com - 10 € déj. - 13,50/39,50 €.
Cette auberge appréciée des gens de la région propose une cuisine traditionnelle évoluant avec les saisons. Plusieurs salles à manger dont une très spacieuse ; les autres, plus petites, sont également plus intimes. Décor associant couleurs ensoleillées actuelles et mobilier rustique.

Chartres

La Petite Venise
Pont de la Courtille, parc des bords de l'Eure - ℘ 02 37 91 03 65 - 13h-20h, dim. et j. fériés 10h-20h - fermé nov.-mars - à partir de 6,50 €/2 pers.
À proximité de la cathédrale et du centre-ville, barques, pédalos et canoës vous attendent pour une promenade sur l'Eure (3 km).

Châteaudun

Club Canoë Kayak
Les Grands Moulins - ℘ 02 37 45 53 63.
Pour découvrir tous les charmes de la Vallée du Loir, rien de tel qu'une promenade en canoë ou en kayak. Deux circuits possibles, commençant à Bonneval ou à St-Christophe, avec un transport assuré jusqu'au point de départ. La rivière, assez calme, offre une descente agréable, même pour les plus jeunes.

Lèves

Atelier Loire
16 r. d'Ouarville - 5 km au nord de Chartres - ℘ 02 37 21 20 71 - www.loire-vitrail.fr - fermé en août, déc. et w.-ends tte l'année - visite commentée : vend. à 14h30, sf août. Gratuit.
Une propriété bourgeoise du début du siècle dernier, sise au milieu d'un parc agrémenté de vitraux, abrite cet atelier créé par Gabriel Loire en 1946 et maintenant dirigé par ses petits-fils. L'art du vitrail et ses techniques y sont soigneusement mis en valeur et expliqués, depuis le modèle (parfois dessiné par un grand artiste comme Adami, Miró ou Fernand Léger) jusqu'à la conception menée par les maîtres verriers.

Montoire-sur-le-Loir

Le Cheval Rouge
1 pl. Foch - ℘ 02 54 85 07 05 - www.le-cheval-rouge.com - fermé 25 janv.-8 fév., 29 mars-5 avr., 30 août-6 sept., 23 nov.-7 déc., mar. soir, vend. midi et merc. - 18/37 €.
Le temps semble s'être arrêté dans cet ancien relais de poste situé au centre du bourg. Les salles à manger présentent un cadre patiné. Cuisine classique.

Nogent-le-Roi

Relais des Remparts
2 pl. du Marché-aux-Légumes - 8 km au nord de Maintenon par D 983 - ℘ 02 37 51 40 47 - fermé vac. de fév., 7-29 août, dim. soir, mar. soir et merc. - 19/36 €.
Cuisine simple à prix digeste et service aimable et efficace sont les atouts de ce restaurant où tons ocre clair et mobilier rustique s'harmonisent parfaitement. Petit jardin-terrasse pour les beaux jours.

Poncé-sur-le-Loir

Verrerie d'Art Gérard-Torcheux
27 r. des Côteaux - ℘ 02 43 79 05 69 - www.torcheux.com - tlj sf dim. mat. et lun. 10h-12h, 14h-18h30 - fermé 10-30 janv.
Dans l'atelier, au pied du château, vous pourrez assister à la réalisation de pièces uniques dans la tradition de l'art verrier.

N° 31
Champagne-Ardenne

La **côte des Bars**, art et champagne

*L*ongtemps regardée de haut par les producteurs marnais, la **côte des Bars** s'est imposée et produit aujourd'hui près du quart de la production des vins de Champagne ! Au départ de **Troyes,** cet itinéraire, ponctué de beaux panoramas et de haltes chez les **négociants de champagne**, vous mène sur les traces du général de Gaulle et vous convie à **l'abbaye de Clairvaux.**

➲ **Départ de Troyes**
➲ **4/5 jours**
235 km

Maisons à pans de bois, Troyes

Jours 1 & 2

Consacrez la journée à la découverte de **Troyes**. La ville ancienne est truffée de rues étroites où les maisons à pans de bois se dressent… parfois droites, mais pas forcément ! Déambulez dans le « bouchon de champagne », où la signalétique vous renseignera sur l'histoire et les principaux monuments. Admirez les vitraux et statues de l'école de Troyes dans les nombreux édifices religieux, dont l'imposante cathédrale Saint-Pierre-et-Saint-Paul. L'après-midi, saluez André Derain au musée d'Art moderne, où les toiles fauves explosent de couleurs. Le musée de l'Outil et de la Pensée ouvrière a trouvé naturellement sa place derrière la façade Renaissance de l'hôtel de Mauroy, dans cette ville de tradition manufacturière. En soirée, les amateurs dégusteront **l'andouillette AAAAA**, très réputée, dans les ruelles animées autour de la place Alexandre-Israël, où se succèdent restaurants et bars. Si vous disposez d'une journée supplémentaire, dirigez-vous vers la zone des magasins d'usine. Qui l'ignore ? Vous êtes dans la capitale des emplettes et des bonnes affaires : plus de 150 enseignes y perpétuent la tradition des foires.

Le conseil de Bib

▶ Pensez à faire étape chez les producteurs acceptant les camping-cars. L'accueil y est particulièrement chaleureux.

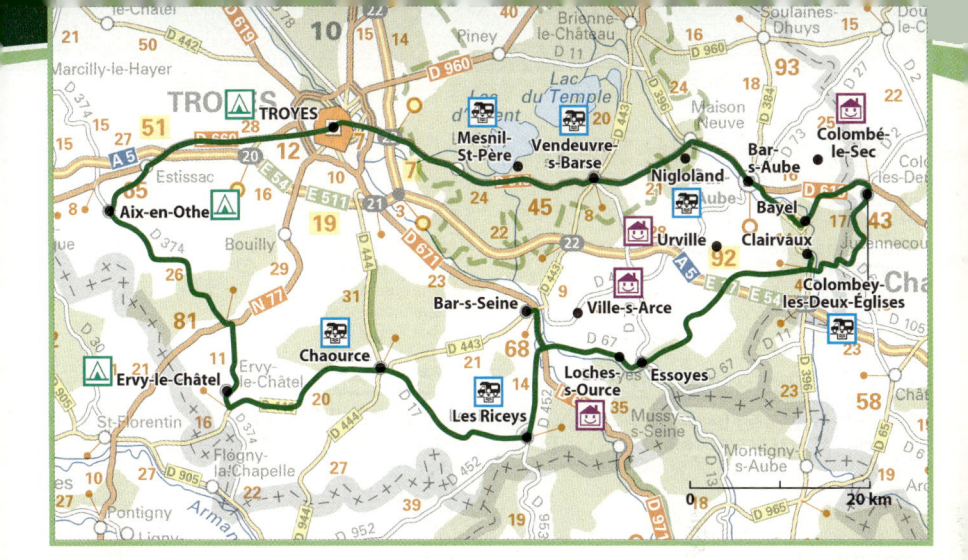

Jour 3

Depuis Troyes, gagnez **Aix-en-Othe,** la capitale du pays d'Othe. Vous garderez un bon souvenir de ce petit pays vallonné et verdoyant, surnommé « la petite Normandie » en raison de ses pommiers et de son fameux cidre que vous ne manquerez pas de déguster. Regagnez Chaource en passant à **Evry-le-Châtel**, ville à peuplement en rond et ancienne place forte des comtes de Champagne. Perchée au-dessus de la vallée de l'Armance, elle conserve de vieilles demeures et quelques curiosités architecturales. À **Chaource**, faites le tour du joli petit centre et entrez dans l'église. N'oubliez pas d'acheter un fromage ! **Le village des Riceys**, composé de trois bourgs, est la seule commune de France à posséder trois appellations d'origine contrôlée : champagne, coteaux champenois et le fameux rosé des Riceys. Ne partez pas sans quelques bouteilles de ce rosé au bouquet de noisettes, qu'appréciait Louis XIV. Rejoignez **Bar-sur-Seine** qui conserve de vieilles demeures aux poutres sculptées.

Jour 4

Au cœur du **Barséquanais**, **Essoyes** fut cher à Renoir : l'Atelier rassemble quelques souvenirs du peintre dans le village. Rejoignez au nord-est par la D 70 et la D 12, **l'abbaye de Clairvaux**. C'est à partir de cette abbaye que Saint Bernard, son premier abbé, donna à l'ordre cistercien un essor considérable. Ce haut lieu de la spiritualité médiévale présente une architecture en accord avec les principes de pureté et de dépouillement de l'ordre. Bien que les aléas de l'histoire aient altéré l'abbaye, il émane toujours de cet endroit un souffle particulier. À 17 km au nord (D 15 et D 23) **Colombey-les-Deux-Églises** entretient le souvenir du général de Gaulle : visitez **La Boisserie** où il séjourna longuement. Rejoignez **Bar-sur-Aube**, aux portes du pays baralbin : promenez-vous dans le centre, avec ses maisons anciennes à pans de bois, son église Saint-Étienne et ses bords de l'Aube. Ou bien faites un détour par **Bayel** pour visiter ses cristalleries royales.

Jour 5

Si vous êtes en famille, passez une journée dans le parc fleuri de Nigloland, 4e parc d'attractions de France.

Andouillettes grillées et vin des Riceys.

N° 31 Champagne-Ardenne

Aires de **service** & de **stationnement**

Chaource

Aire de Chaource – *Pl. du Berle* – ✆ *03 25 40 97 22* – *Ouv. tte l'année* – **P**
Borne eurorelais. ⚐ ⚡ 🚰 💧 Payant 2 €.
Stationnement : autorisé
Services : 🚿 ✗ 🍴 📶 sèche-linge

Colombey-les-Deux-Églises

Aire de Colombey-les-Deux-Églises – *R. du Général-de-Gaulle* – ✆ *03 25 01 52 33* – *Ouv. tte l'année.* – **P**
Borne artisanale. ⚐ 🚰 💧 Gratuit.
Stationnement : autorisé
Services : [WC] 🚿 ✗ 🍴

Dolancourt

Aire de Nigloland – *Parc d'attraction* – *Ouv. avr.-oct.* – **P** *15.*
Borne eurorelais. ⚐ ⚡ 🚰 💧 Payant.
Stationnement : 5 €/j.
😊 Aire idéale pour profiter au maximum du parc d'attractions. 5 €/24h comprenant le stationnement et les services.

Les Riceys

Aire des Riceys – *Parc St-Vincent, à côté du stade de football* – *Ouv. tte l'année* – **P**
Borne eurorelais. ⚐ ⚡ 🚰 💧 Payant 2 €.
Stationnement : illimité.
Services : 🛢 🚿 ✗ 🍴

Mesnil-Saint-Père

Aire du Mesnil-Saint-Père – *Lac d'Orient, sur le côté droit de la route allant de Mesnil à Géraudot, devant l'entrée du camping de la « Voie Colette »* – ✆ *03 25 41 28 30* – *Ouv. mars-nov.* – **P** *20.*
Borne raclet. ⚐ ⚡ 🚰 💧 Payant 3 €.
Stationnement : autorisé
Loisirs : 🏊 🎣 🎾 Services : [WC] 🚿 ✗ 🎣 🍴 📶 sèche-linge

Vendeuvre-sur-Barse

Aire de Vendeuvre-sur-Barse – *Près du parc du château.* – ✆ *03 25 41 30 20* – *Ouv. tte l'année* – **P**
Borne eurorelais. ⚐ ⚡ 🚰 💧 Payant 2 €.
Stationnement : autorisé
Services : 🛢 🚿 ✗ 🍴

Campings

Aix-en-Othe

▲ Municipal de la Nosle
Sortie bourg par D 374, dir. Villemoison-en-Othe.
✆ 03 25 46 75 44
mairie-aix-en-othe@wanadoo.fr . www.ville-aix-en-othe.com
Déb.avr.-fin déc. 3 ha (90 empl.)
Tarif (prix 2009) : 9,15 € 🚶🚶 🚗 🔌 ⚡ (10A) – pers. suppl. 2,70 €
Services : ♿ 😊 ⚐

Ervy-le-Châtel

▲ Municipal les Mottes
E : 1,8 km par D 374, rte d'Auxon, D 92 et chemin à droite après le passage à niveau.
✆ 03 25 70 07 96
mairie-ervy-le-chatel@wanadoo.fr
De mi-mai à mi-sept. 0,7 ha (53 empl.)
Tarif (prix 2009) : 🚶 3,50 € 🚗 3 € 🔌 3 € – ⚡ (5A) 3,50 €
Loisirs : 🎣
Services : ♿ 🔌 🛒 🚿 😊 📶
😊 en bordure d'une petite rivière et d'un bois

Troyes

▲ Municipal
7, r. Roger-Salengro, 2 km au NE par rte de Nancy.
✆ 03 25 81 02 64
info@troyescamping.net . www.troyescamping.net
De déb. avr. à mi-oct. 3,8 ha (110 empl.)
Tarif (prix 2009) : 🚶 4,80 € 🔌 7 € – ⚡ (6A) 2,80 €
🚐 – 20 🔌 15,50 €
Loisirs : 🎳 🎾 🚴
Services : ♿ 🔌 GB 🛒 🚿 🛢 😊 📶 sèche-linge
😊 agréable décoration arbustive

Carnet pratique

Haltes chez le **particulier**

Colombé-le-Sec

Champagne Bernard-Breuzon
R. St-Antoine – 03 25 27 02 06 – Ouv. 9h-12h, 14h-18h, w.-end sur RV.
Ouv. tte l'année.
P *20. Stationnement : illimité.*
Quatre générations d'agriculteurs veillent sur ce vignoble de 13 ha. Une visite commentée vous présentera les différents stades d'élaboration du champagne. Dégustation de différentes cuvées ; hommage aux femmes avec la cuvée Colombine.

Loches-sur-Ource

Champagne Richardot
38, r. René-Quinton – 03 25 29 71 20 – Ouv. 9h-11h30, 14h-18h, w.-end sur RV - ferm. 1er janv. et 25 déc.
Ouv. tte l'année sf vendanges.
P *10. Stationnement : 48h maxi.*
Les belles caves voûtées de la maison Richardot sont agrémentées d'une collection de vieux outils de vigneron. La vue magnifique sur le vignoble compose le petit « plus » de l'agréable salle de dégustation.

Urville

Champagne Drappier
R. des Vignes – 03 25 27 40 15 – Ouv. 8h-12h, 14h-18h sur RV.
Ferm. j. fériés.
P *3. Stationnement : 24h maxi.*
Affaire familiale depuis 1808, cette exploitation est la seule au monde à effectuer la prise de mousse dans les grands flacons d'origine. Autre singularité : l'ajout au champagne d'une liqueur vieillie en fûts de chêne. Les cuvées mûrissent dans des caves du 12e s. construites par les moines de Clairvaux.

Ville-sur-Arce

Champagne Rémy Massin & fils
34, Grande-Rue – 03 25 38 77 67
P *2. Stationnement : 24h maxi.*
Le Champagne Rémy Massin & Fils est le fruit de quatre générations de vignerons et de savoir-faire. Le vignoble s'étend sur 20 ha situés sur les coteaux ensoleillés de Ville-sur-Arce. Gage de qualité, depuis plus de dix ans les cuvées de la maison sont régulièrement primées. Vente et dégustation.

Les bonnes **adresses** de Bib

Chaource

Fromagerie de Mussy
30 rte de Maisons-lès-Chaource - 03 25 73 24 35 - 10h-12h, 13h30-18h - fermé lun. apr.-midi, merc. et dim.
Au cours d'une visite par sa galerie vitrée, cette fromagerie vous dévoile tous les secrets de fabrication de ses différents produits. Ici, on produit le célèbre chaource à pâte molle, mais aussi les délices de Mussy, les Lys de Champagne, les soumaintrains ou encore du fromage blanc moulé. Petite boutique attenante.

Les Fontaines
1 r. des Fontaines - 03 25 40 00 85 - fermé dim. soir, lun. soir et mar. - 11/45 €.
Situé au cœur du village, ce restaurant offre au chaource une place de choix dans sa cuisine. Optant pour une décoration plus moderne, la partie brasserie propose par ailleurs pizzas et formules typiques, sans renier les spécialités de la région, dont la fameuse andouillette de Troyes grillée.

Les Riceys

Champagne Morize Père et Fils
122 r. du Gén.-de-Gaulle - 03 25 29 30 02 - tlj sf dim. 9h-11h, 14h30-18h - fermé j. fériés.
Ces caves datant du 12e s. sont aussi charmantes qu'accueillantes. Après le rituel petit tour du propriétaire, vous vous accouderez un moment au comptoir en pierre, ou prendrez place autour d'une table… Impossible de ne pas trouver son bonheur parmi ces 100 000 flacons remplis de bulles !

Troyes

Aux Crieurs de Vin
4-6 pl. Jean-Jaurès - 03 25 40 01 01 - fermé dim. et lun. - 10,90/30 €.
Amateurs de bonnes bouteilles, cette maison saura vous séduire. D'un côté, la boutique de vins et spiritueux, de l'autre, le chaleureux bistrot à l'atmosphère « rétro ». Côté cuisine, les plats du marché et les recettes du terroir raviront les connaisseurs.

La Boucherie Moderne
Halles de l'Hôtel de ville - 03 25 73 32 64 - mar.-jeu. 7h30-12h45, 15h30-19h, vend.-sam. 7h30-19h, dim. 9h-12h30 - fermé 2 sem. en fév. et 3 sem. en août.
On fera ici provision des véritables andouillettes de Troyes élaborées par Gilbert Lemelle, le plus grand fabricant français.

N° 32

Champagne-Ardenne

Au pays des **grands lacs**

*E*ntre Troyes et Saint-Dizier s'étend une région encadrée par les **lacs de la Forêt d'Orient**, au sud, et l'immense **lac du Der,** au nord : leur riche milieu naturel est propice à l'observation des oiseaux migrateurs, à l'automne et au printemps, tandis que de vastes zones sont réservées aux loisirs nautiques. Au sud du Der, les **églises** adoptent une architecture **à pans de bois**, typique de **Troyes**, votre ville de départ.

➲ **Départ de Troyes**
➲ **5 jours**
240 km

La base nautique du Mesnil-Saint-Pierre.

S. Sauvignier / MICHELIN

Jour 1

Avant de partir en pleine nature, passez votre première journée à **Troyes**. Dans ce Troyes, ni cheval, ni Hélène, mais de hautes maisons à pans de bois de toutes les couleurs, si penchées qu'elles semblent sur le point de s'effondrer, des ruelles pavées si étroites que l'on ne peut y passer à deux et, à tous les coins de rue, des églises illuminées de vitraux somptueux. Arpenter le vieux Troyes vous prendra bien une matinée. Votre visite peut aussi se concentrer sur l'art du vitrail qui fit la gloire de Troyes entre le 14e et le 17e siècles. Sachez qu'il y a plus de 9 000 m² de vitraux à Troyes, répartis, entre autres, dans la cathédrale St-Pierre-et-St-Paul, la basilique St-Urbain, les églises Ste-Madeleine et St-Pantaléon. L'heure de déjeuner arrivant, l'andouillette de Troyes, la véritable AAAAA est obligatoire. L'après-midi, les fans de shopping courront aux magasins d'usine, véritables royaumes du prêt-à-porter et du sportswear à prix cassés. Ceux qui aiment l'art visiteront le musée d'Art moderne, particulièrement riche en toiles de Derain, Braque, Vlaminck et Van Dongen, les peintres fauves. Les amateurs d'objets à la fois utiles et beaux iront à la Maison de l'outil et de la pensée ouvrière.

Le conseil de Bib

▶ Stationnez au camping municipal de Troyes et prenez les transports en commun (arrêts de bus à l'entrée du camping).

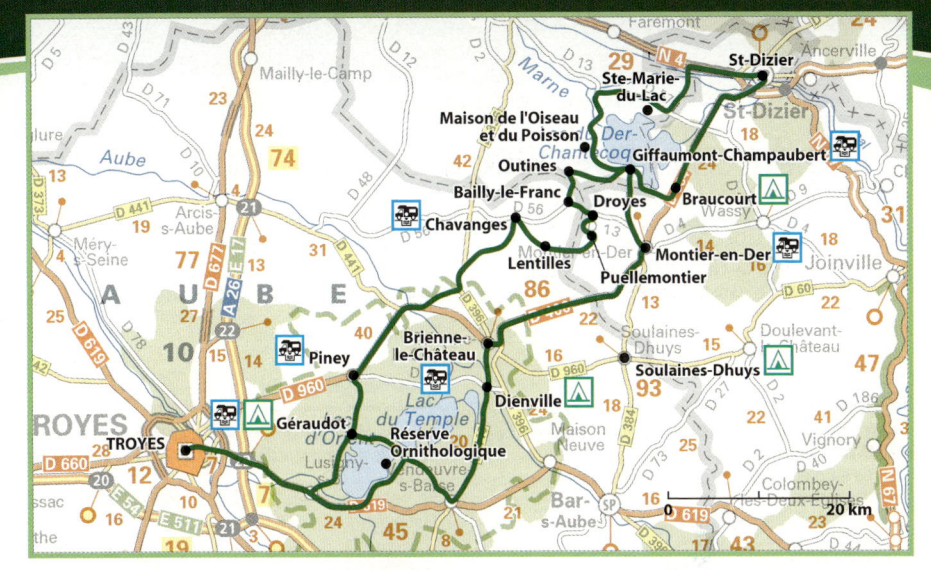

Jour 2

Au départ de Troyes, la N 19 vous mène au bord du **lac d'Orient**. À **Mesnil-Saint-Père**, qui accueille une base nautique (voile, plongée…), profitez de la plage ou des possibilités de balades et tentez votre chance dans la réserve ornithologique. Un observatoire permet de suivre les évolutions des oiseaux qui font halte sur le lac lors des migrations en octobre-novembre et en février-mars. Autre alternative : faire étape à **Port-Dienville** au bord du **lac d'Amance** (sports nautiques).

Observatoire de Champaubert.

Jour 3

À **Brienne-le-Château** (au nord de Mesnil-Saint-Père par les N 19 et D 443), où Napoléon fit ses études, visitez le musée qui lui est consacré. Puis faites un tour de ville, avant de déjeuner d'une choucroute au champagne. Prenez la route vers **Montier-en-Der** (au N.-E. par D 400) qui accueille les haras nationaux, et passez la fin de la journée à la station de **Giffaumont-Champaubert** (8 km au nord par la D 12) au bord du lac du Der : plage, promenade jusqu'à la **presqu'île de Champaubert**…

Jour 4

Rendez-vous à **Saint-Dizier** (au nord par la D 55 et la D 384), pour y admirer les fontes ornementales de style Art nouveau qui jalonnent les rues. Après une promenade en ville, déjeunez sur la place Aristide-Briand. Regagnez le lac : le musée du Pays du Der à **Sainte-Marie du-Lac** recrée un vieux village de la Champagne humide : maison du forgeron, pigeonnier, four à pain… À proximité : les plages ombragées de **Nuisement** et de **Larzicourt**. Faites étape à **Saint-Rémi-en-Bouzemont**, ou regagnez **Giffaumont-Champaubert** en empruntant les routes-digues près desquelles des postes d'observation des oiseaux ont été aménagés (site de Chantecoq).

Jour 5

Redescendez vers la **Forêt d'Orient**, en sillonnant la campagne pour admirer les charmantes églises à pans de bois, éclairées par les vitraux de l'école de Troyes : **Châtillon-sur-Broué**, **Outines**, **Bailly-le-Franc**, **Droyes**, **Puellemontier**, **Lentilles**, puis **Chavanges**. Continuez vers le **lac d'Orient**, en passant par **Piney** (via Rosnay-l'Hôpital) : la côte ouest du lac offre deux plages, à **Géraudot** et **Lusigny-sur-Barse** (par la D 1/D 1G) et des possibilités de balades en forêt.

165

N° 32 Champagne-Ardenne

Aires de **service** & de **stationnement**

Brienne-le-Château
Aire de Brienne-le-Château – *Pl. de l'ancienne gare* – 03 25 92 82 41 – *Ouv. tte l'année* –
Payant 3 €.
Stationnement : autorisé
Services :

Chavanges
Aire de Chavanges – *Ruelle du Fief-de-Berthaux* – 03 25 92 10 24 – *Ouv. tte l'année* – 8.
Borne eurorelais. Payant 2,50 €.
Stationnement : illimité
Loisirs : Services :

Géraudot
Aire de Géraudot – *Lac d'Orient, à 7 km de Piney, au bord du lac de la Forêt d'Orient* – 03 25 41 28 30 – *Ouv. mars-oct.* – 15.
Borne raclet. Payant 3 €.
Stationnement : illimité
Loisirs : Services :
Plage à 50 m.

Giffaumont-Champaubert
Aire de Giffaumont-Champaubert – *Site de Chantecoq* – 03 26 72 62 87 – *Ouv. tte l'année* – 100.
Borne eurorelais. Payant 2,50 €.
Stationnement : autorisé
Loisirs : Services :

Montier-en-Der
Aire de Montier-en-Der – *18, r. de l'Isle, en plein centre de la ville, à 8 km du Lac du Der* – 03 26 72 62 80 – *Ouv. tte l'année* – 6.
Borne eurorelais. Payant 2,60 €.
Stationnement : autorisé
Loisirs : Services :

Piney
Aire de Piney – *Pl. des Anciens-Combattants* – 03 25 46 30 37 – *Ouv. tte l'année* –
Borne eurorelais. Payant 3 €.
Stationnement : autorisé
Loisirs : Services : sèche-linge

Campings

Braucourt
Presqu'île de Champaubert
3 km au nord-ouest par D 153.
03 25 04 13 20
De déb. avr. à fin nov. 3,6 ha (200 empl.)
Tarif : 31 € 4,20 € (10A) – pers. suppl. 5 €
1 borne artisanale
Loisirs : snack
Services : sèche-linge
situation agréable au bord du lac de Der-Chantecoq.

Dienville
Le Tertre
Rte de Radonvilliers, sortie O sur D 11.
03 25 92 26 50
De fin mars à mi-oct. 3,5 ha (155 empl.)
Tarif (prix 2009) : 4,20 € 9 € – (6A) 3 €
Loisirs : snack
Services :
face à la station nautique de la base de loisirs

Géraudot
L'Épine aux Moines
SE : 1,3 km par D 43.
03 25 41 24 36
15 avr.-15 oct. 2,8 ha (186 empl.)
Tarif (prix 2009) : 12,50 € (6A) – pers. suppl. 4,80 €
Services :
cadre verdoyant près du lac de la Forêt d'Orient

Soulaines-Dhuys
La Croix Badeau
6, r. de la Croix-Badeau, au NE du bourg, près de l'église.
03 25 27 05 43
De fin mars à déb. oct. 1 ha (39 empl.)
Tarif : 14,40 € (10A) – pers. suppl. 2,90 €
Loisirs :
Services :

Carnet pratique

Les bonnes **adresses** de Bib

Braucour

Der Aventure
Rte de la presqu'île de Champaubert - ☏ 03 25 04 95 21 - www.deraventure.com - juil.-août : 9h30-18h30 ; avr.-juin et sept. : w.-end et j. fériés.
Venez relever le défi sur ce site boisé de 2 ha. Les 6 parcours, de difficulté croissante, offrent de l'émotion à toute la famille, avec des passages atteignant 15 m de hauteur. Ponts de singes, lianes ou tyroliennes, et pour ceux qui souhaitent garder les pieds sur terre, un labyrinthe végétal habité par des dinosaures.

Brevonnes

Le Vieux Logis
1 r. de Piney - ☏ 03 25 46 30 17 - www.auvieuxlogis.com - fermé 6-31 mars, 3-9 déc. lun. sf le soir en sais. et dim. soir - 17/41 €.
L'atmosphère familiale qui règne ici est jalousement préservée : meubles rustiques, cuivres et vieux bibelots possèdent le charme désuet des logis de nos grands-mères. Sur les fourneaux, on mitonne une cuisine classique.

Droyes

La Ferme du bocage
15 r. de la Haye - ☏ 03 25 04 23 28 - www.lafermedubocage.fr - tlj sf lun. 10h-18h - fermé 14 Juil. et 15 août.
À Droyes, la Ferme du Bocage produit et vend des produits fermiers à base de canard : rillettes, magrets, foie gras. Visite de l'exploitation, dégustation sur réservation. Ferme auberge et gîte (22 et 30 lits).

Mesnil-St-Père

Auberge du Lac Au Vieux Pressoir
5 r. du 28-août-1944 - ☏ 03 25 41 27 16 - fermé 7-23 nov., dim. soir d'oct. à mars et lun. midi - 25 € déj. - 50/75 €.
Charmante maison à colombages située à l'entrée d'un village voisin de la forêt d'Orient. La cuisine régionale est servie dans une salle à manger agrémentée de poutres apparentes ou sur la belle terrasse fleurie.

Montier-en-Der

Auberge de Puisie
22 pl. de l'Hôtel-de-Ville - ☏ 03 25 94 22 94 - emmanuelle.maire@wanadoo.fr - fermé mar. - 11/24 €.
Cette auberge proche du centre-ville abrite une salle à manger plutôt gaie avec ses tons bleu et jaune, et ses rideaux et nappes Souleïado. Plats traditionnels et belle carte de crêpes.

Pont-Ste-Marie

Bistrot DuPont
5 pl. Charles-de-Gaulle - 3 km au NE de Troyes par N 77 - ☏ 03 25 80 90 99 - fermé dim. soir et lun. - réserv. obligatoire - 17/28 €.
Monsieur vous accueille dans son bistrot avec le sourire, tandis que Madame, fleuriste de métier, égaie plaisamment la salle à manger avec de nombreux bouquets. Cadre simple où l'on sert des plats « canailles » soignés, bien adaptés au style de la maison.

Marques City
Pont-Ste-Marie - lun. 14h-19h, mar.-vend. 10h-19h, sam. 9h30-19h.
Rassemblant près de 200 marques sur 15 000 m², ce site se distingue par les opérations commerciales pratiquées dans ses 30 magasins tout au long de l'année. L'univers des vêtements de sport ou de ville, des chaussures et de la maroquinerie à prix bas. Sur place, 3 restaurants snack.

St-Julien-les-Villars

Marques Avenue
Av. de la Maille - ☏ 03 25 82 80 80 - www.marquesavenue.com - tlj sf dim. à partir de 10h, sam. à partir de 9h30, lun. 14h-19h.
Avec 120 boutiques, Marques Avenue est le plus grand centre de magasins de destockage en Europe. Vous y trouverez toute l'année les plus grandes marques de la mode et de la maison à prix réduits.

Troyes

Le Palais du Chocolat
2 r. de la Monnaie - ☏ 03 25 73 35 73 - www.pascal-caffet.com - tlj sf lun. 9h-12h15, 14h-19h15, sam. 9h-19h15, dim. et j. fériés 9h-13h - fermé 1er janv.
Le palais du chocolat… mais aussi de la glace, des sorbets et des pâtisseries. Parmi les spécialités : tuiles chocolatées et aux amandes, cristallines de Troyes et croc'télé. Tout cela se savoure intensément dans un cadre magnifique.

Patrick Maury
28 r. du Gén.-de-Gaulle - ☏ 03 25 73 06 84 - tlj sf dim. et lun. 8h30-12h45, 14h45-19h, sam. 7h30-20h - fermé de fin août à déb. sept.
Face aux halles, minuscule boutique jalousée pour ses grandes spécialités. L'andouillette de Troyes y tient évidemment le haut de l'affiche. Elle doit toutefois partager la vedette avec le boudin (blanc et noir, honoré d'une médaille d'or) et autres charcuteries maison.

Les Halles de l'Hôtel de Ville
R. Charles-Huez - ☏ 03 25 73 59 80 - 8h-12h45, 15h30-19h, vend. et sam. 7h-19h, dim. 9h-12h30.
Ce vaste bâtiment de style Baltard, avec parkings en sous-sol, abrite une trentaine de professionnels qui tiennent comptoir ici à l'année. Une foire aux jambons est organisée chaque année le 17 avril.

N° 33 Champagne-Ardenne

Fortifications en **Ardenne**

*Terre de passage depuis les Romains, l'**Ardenne** a souffert des invasions et des guerres successives, comme en témoignent ses fortifications. **La Thiérache** possède ainsi un patrimoine unique d'**églises fortifiées**, qui servaient de refuge à la population. Dans ces contrées boisées, la **Meuse** a creusé une vallée encaissée aux reliefs grandioses.*

⊃ **Départ de Charleville-Mézières**
⊃ **5 jours**
250 km

Givet se mire dans la Meuse.

Jour 1

Ville en pleine mutation, **Charleville-Mézières** loge son centre ancien entre les boucles de la Meuse. À **Charleville**, la place Ducale, animée par le marché, ressemble à la place des Vosges parisienne : les deux architectes étaient frères ! Tout autour se déploient les rues commerçantes bordées de belles demeures ocre jaune. Rendez-vous, à heure fixe, devant l'horloge du Grand Marionnettiste pour un épisode de la légende ardennaise des Quatre Fils Aymon. À **Mézières**, les remparts entourent Notre-Dame-d'Espérance, éclairée par de superbes vitraux contemporains. L'après-midi, retrouvez « l'homme aux semelles de vent » au **musée Rimbaud** installé dans le Vieux Moulin. À l'occasion d'une pause, goûtez dans l'une des pâtisseries de la ville au carolo, un biscuit meringué à la crème au beurre.

Jour 2

Partez à l'assaut du château fort de **Sedan** (à 25 km au sud-est par l'A 203), le plus vaste d'Europe ! Promenez-vous dans la vieille ville, à l'architecture marquée par l'industrie drapière qui fit sa renommée. Après le déjeuner, découvrez au fort de **Villy-la-Ferté** (à 32 km au sud par la N 43) un épisode marquant de la Seconde Guerre mondiale. Autre option avec les plus jeunes : le très ludique

Arthur Rimbaud fumant la pipe, dessin de Paul Verlaine.

Pavillon d'accueil du territoire du sanglier à **Mogues** (à 30 km à l'est de Sedan par les N 43 et D 981). À **Mouzon**, située sur une île de la Meuse (19 km de La Ferté par les N 43 et D 19 ; 17 km de Mogues par les D 981 et D 19), terminez la journée par un tour des anciennes murailles et admirez l'église. Faites étape sur place ou aux alentours.

Jour 3

Rejoignez le berceau de la métallurgie ardennaise, à **Vendresse** (à 44 km à l'ouest de Mouzon par les D 19, D 30 et D 12), pour assister à une coulée de fonte virtuelle dans l'ancien haut-fourneau. Selon l'heure, prenez un en-cas sur place ou dirigez-vous vers **Signy-l'Abbaye** (à 33 km au nord-ouest par la D 27), au cœur de la **Thiérache ardennaise**, où les bonnes tables ne manquent pas. Sur la route, admirez l'ancien relais de poste (17ᵉ s.) de **Launois-sur-Vence**, puis l'église fortifiée de **Dommery**. De **Signy-l'Abbaye**, bourg typique de la Thiérache, remontez vers le nord en direction de Rocroi (31 km par la D 985) : à Rouvroy-sur-Audry, quittez l'axe principal pour voir l'église fortifiée de **Servion**. À **Rocroi**, petite ville à la Vauban perdue dans les rièzes (mares d'eau stagnante), un chemin fait le tour des fortifications en étoile. Un musée relate la bataille de 1643, remportée par le duc de Condé contre les Espagnols. Rejoignez **Revin** (13 km au nord-est par la D 1).

Jour 4

Commencez par une promenade dans le petit centre ancien de Revin, en bord de Meuse, au pied du mont Malgré-Tout. Puis empruntez la D 988 qui rejoint la N 51 pour s'engouffrer, le long de la vallée de la Meuse, dans la **pointe de Givet** (à 32 km), à la frontière de la Belgique. Prenez le temps de vous arrêter dans les beaux villages dominés par l'ardoise, qui fit la renommée de la vallée : **Fumay** et son musée de l'Ardoise, **Haybes**, **Hierges**. Passez l'après-midi à **Givet** : arpentez les ruelles anciennes et le pont sur la Meuse, puis visitez le fort de Charlemont, édifié par Charles Quint et renforcé par Vauban.

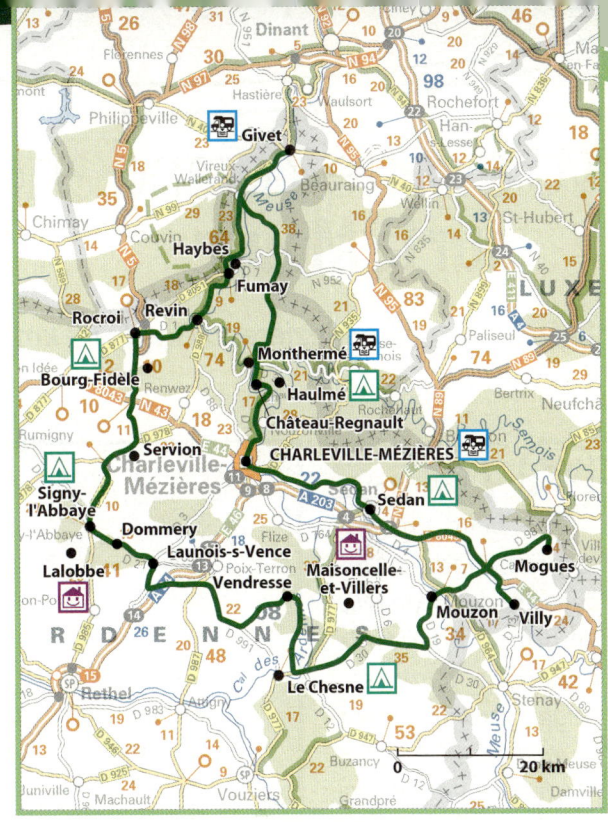

Jour 5

Repartez par la N 51 jusqu'à Vireux-Molhain (à 10 km) : sur les hauteurs subsistent les restes de vastes fortifications romaines. Prenez la D 989 vers **Monthermé** (à 30 km au sud) : peu avant d'arriver, la **roche à Sept Heures** offre une vue plongeante sur la ville. À **Château-Regnault** (4 km au sud par la D 1), un court sentier mène au monument des Quatre Fils Aymon, qui rend hommage à la plus célèbre des légendes ardennaises : jolie vue sur la vallée. En amont, à **Braux**, le pont sur la Meuse offre une perspective sur le **rocher des Quatre Fils Aymon** qui l'inspira. Revenez ensuite à Charleville, à une dizaine de kilomètres au sud.

Champagne-Ardenne

Voie Verte « grand angle » sur la Meuse

➲ *De Charleville-Mézières à Givet : 83 km*

Toute nouvelle, toute belle, une piste-promenade cyclo-pédestre de 83 km relie désormais Charleville à Givet, sur la frontière belge. Travelling unique au long des crêtes et des plus jolies courbes du val d'Ardenne, ce parcours de pleine nature est à dérouler à votre rythme et sur la distance de votre choix. À vélo, bien sûr, mais aussi – pourquoi pas – à pied ou en roller.

À quelques minutes seulement de la place Ducale et du musée Rimbaud, le camping jouxtant l'aire de service de Charleville est un excellent point de départ. Mais Monthermé (aire de service, là aussi), Fumay, Haybes ou Givet ne sont pas en reste. La Voie Verte offre, en tout, une bonne douzaine de portes d'entrée (ou de sortie) qui garantissent, par quelque bout qu'on la prenne, une escapade de rêve, à la fois conviviale, confortable et surtout tout public. En effet, le chemin de halage est asphalté d'une extrémité à l'autre et plat comme la main. Quant

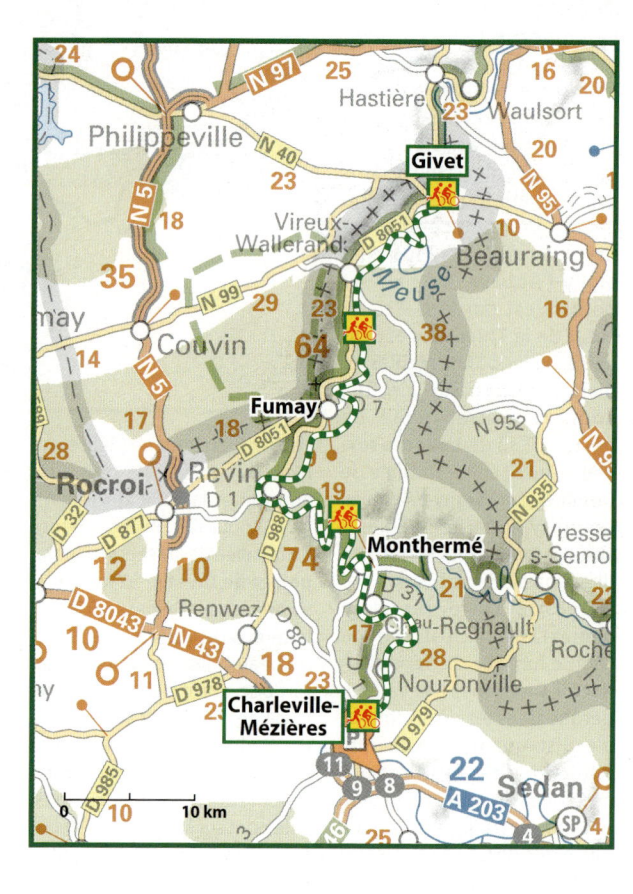

Échappées belles

au paysage traversé, il alterne agréablement les lieux de vie (une bonne douzaine de bourgs et de villages où vous trouverez les facilités nécessaires) et les passages « grand vert ». Paradoxe dans une vallée qui fut autrefois très industrieuse, l'impression domine presque partout ici d'un paysage intact, secret, légendaire. Émotion renforcée par les crêtes rocheuses des Dames de Meuse et des Quatre fils Aymon qui affleurent le relief en plusieurs endroits.

Venant de Charleville, il est impossible de manquer le belvédère de Monthermé. Même au prix d'une grimpette sévère (vous laisserez les vélos en bas), vous ne regretterez pas d'admirer de haut la courbe parfaite que trace le fleuve en ce point. Réminiscence littéraire, c'est ici même que Julien Gracq, récemment disparu, situe son fameux roman *Un balcon en forêt*…

Plus loin sur la « scenic route » ardennaise, vous attend le tunnel de Revin long de 225 m et éclairé, puis Fumay, au sortir d'un long passage forestier. C'est l'une des plus jolies petites villes de la vallée, profitez-en pour y faire halte. D'autant qu'une tyrolienne géante – le Fantasticable – permet ici de survoler le tout, le fleuve et la Voie Verte, sur plus de 1 000 m !

À une exception près, aux alentours de Chooz, le reste de la balade est tout aussi enchanteur. Épousant la rive d'un fleuve injustement méconnu et que ni la route ni le train n'approchent jamais d'aussi près, la Voie Verte transardennaise déroule son fin ruban d'asphalte jusqu'à Givet et l'interminable forteresse de Charlemont qui la domine. On touche ici au bout de la Voie Verte ardennaise, mais la frontière n'est plus qu'à quelques tours de roue. Si vous vouliez la franchir un autre jour, le réseau belge des Voies Lentes – les Voies Vertes, façon wallonne – vous ouvre grand ses pistes. L'une d'entre elles file plein ouest derrière le fort de Charlemont, l'autre conduit à Dinant en suivant, comme vous l'avez fait jusque-là, le fil de la Meuse !

Le conseil de Bib

▶ Une pression de gonflage adéquate est très importante pour le fonctionnement des pneus de votre vélo.

Voie Verte du Val de Meuse

M. Bonduelle / Michelin

N° 33 Champagne-Ardenne

Aires de **service** & de **stationnement**

Charleville-Mézières

Aire de Charleville-Mézières – *R. des Paquis, à côté du camping municipal.* – ☏ 03 24 33 23 60 – *Ouv. tte l'année* – P 6.
Borne raclet. Gratuit.
Stationnement : autorisé
Loisirs : Services :

Monthermé

Aire de Monthermé – *R. du Gén.-de-Gaulle, près du cimetière.* – ☏ 03 24 53 00 09 – *Ouv. Pâques-mi-oct.* – P 6.
Borne eurorelais. Payant 3 €.
Stationnement : autorisé
Loisirs : Services :

Givet

Aire de Givet – *R. Berthelot* – *Ouv. tte l'année* – P 5.
Borne raclet. Payant.
Stationnement : autorisé
Services :

Campings

Bourg-Fidèle

La Murée
35, r. Catherine-de-Clèves, 1 km au N par D 22 rte de Rocroi.
☏ 03 24 54 24 45
campingdelamuree@wanadoo.fr . www.campingdelamuree.com
Permanent 1,5 ha (23 empl.)
Tarif (prix 2009) : 18,50 € ✶✶ 🚗 🔲 (10A) – pers. suppl. 3,90 €
2 🔲 18,50 €
Loisirs : snack
Services : sèche-linge
cadre boisé en bordure d'étangs

Le Chesne

Lac de Bairon
Accès : 2,8 km au nord-est par D 991, rte de Charleville-Mézières et rte de Sauville, à droite. Pour caravanes et camping-cars : accès conseillé par D 977, rte de Sedan et D 12 à gauche.
☏ 03 24 30 11 66
campinglacdebairon@cg08.fr
6,8 ha (170 empl.)
1 borne flot bleu
Loisirs :
Services :
situation agréable au bord du lac

Haulmé

Base de Loisirs Départementale
Accès : sortie NE, puis 0,8 km par chemin à droite après le pont.
☏ 03 24 32 81 61
campinghaulme@cg08.fr
De mi-mars à fin oct. 15 ha (405 empl.)
Tarif (prix 2009) : 14,60 € ✶✶ 🚗 🔲 (10A) – pers. suppl. 4
– 5 🔲 12,95 €
Loisirs :
Services :
au bord de la Semoy

Sedan

Municipal
Bd Fabert.
☏ 03 24 27 13 05
De déb. avr. à fin sept. 3 ha (130 empl.)
Tarif (prix 2009) : ✶✶ 2,60 € 🚗 🔲 2,90 € (10A)
Loisirs :
Services :
sur la prairie de Torcy, au bord de la Meuse (halte fluviale)

Signy-l'Abbaye

Municipal l'Abbaye
Accès : au N du bourg, près du stade, bord de la Vaux.
☏ 03 24 52 87 73
mairie-signy-l.abbaye@wanadoo.fr
Mai-sept. 1,2 ha (60 empl.)
Tarif (prix 2009) : ✶✶ 1,80 € 🚗 1,30 € 🔲 1,50 € – 2,90 €
Services :

Haltes chez le **particulier**

Lalobbe

Cidrerie Capitaine
Hameau de la Besace – ℘ *03 25 52 80 82 – Ouv. tte l'année.*
P *3.*
Producteur de cidre et de jus de fruit. Le cidre Capitaine, très apprécié dans la région, a été récemment primé par la ville de Charleville-Mézières. Visite et dégustation.

Maisoncelle-et-Villers

GAEC de Villers
℘ *03 24 35 42 11 – Ouv. tte l'année sur RV.*
Ouv. tte l'année sf 2 dernières sem. août.
P *5.*
Goûter à la ferme (formules de 4 à 8 €) et vente de produits : œufs, lait, farine de blé, confiture de lait.

Les bonnes **adresses** de Bib

Auge

Jean-Michel Devresse
Sur D 8043, l'Enclos - 6 km au sud de Signy-le-Petit par D 10 -
℘ *03 24 54 34 05 - www.ladinderouge.fr - tlj sf dim. 8h-12h ou RV.*
Ce producteur s'est spécialisé dans l'élevage de la dinde rouge des Ardennes, relancé depuis quelques années dans la région. Découvrez également les plats cuisinés, terrines et autres recettes locales élaborées avec ces savoureuses volailles.

Charleville-Mézières

Le Mawhot
Quai Charcot - ℘ *03 24 33 54 35 - été : 16h-1h ; hiver : tlj sf lun.-mar. - fermé oct.*
Ce bar-péniche amarré sur les quais de la Meuse emprunte son nom à un reptile évoqué dans certaines légendes locales. Le maître des lieux a d'ailleurs un vrai talent de conteur et la décoration fait la part belle à l'imaginaire.

Institut International de la Marionnette
7 pl. Winston-Churchill - ℘ *03 24 33 72 50 - www.marionnette.com - tlj sf w.-end 9h-13h, 14h-18h (accueil) - fermé j. fériés - 10 €.*
Dans son théâtre, l'Institut propose une programmation de qualité, capable de séduire petits et grands : théâtre de marionnettes, rencontres artistiques, chantiers spectacles permettant de découvrir de jeunes artistes parmi les élèves de l'École Supérieure des Arts de la Marionnette. Admirez l'automate géant qui raconte en douze saynètes la légende ardennaise des quatre fils Aymon.

Givet

Auberge de la Tour
6 quai-des-Fours - 08600 - ℘ *03 24 40 41 71 - www.auberge-de-la-tour.net - fermé 15 déc.-15 janv. - 16/39 €.*
Ambiance ardennaise et prestation culinaire d'orientation classique-traditionnelle dans une salle à manger rustique soignée, aux vieux murs de briques et de pierres du pays.

Haybes

Ermitage Moulin Labotte
52 r. Edmond-Dromart - ℘ *03 24 41 13 44 - http://moulin-labotte.com - fermé dim. soir et lun. - formule déj. 12 € - 27/37 €.*
Au bord d'une petite rivière, entouré de forêts, il fait bon s'attabler dans la salle à manger de cet ancien moulin du 18ᵉ s., entièrement rénové, pour déguster une cuisine du terroir.

Mouzon

Les Échevins
33 r. Charles-de-Gaulle - ℘ *03 24 26 10 90 - fermé 1ᵉʳ-24 août, 26 déc.-11 janv., sam. midi, dim. soir et lun. - 25/37 €.*
Accueillante salle de restaurant au décor rustique, aménagée à l'étage d'une maison à colombages du 17ᵉ s. Ambiance décontractée et cuisine au goût du jour.

Sedan

Le Médiéval
51 r. de l'Horloge - ℘ *03 24 29 16 95 - fermé 26 juil.-23 août, dim. soir et lun. - 15/30 €.*
Dans les vieilles rues de Sedan, au pied du château fort, vous apprécierez la cuisine classique et régionale de ce petit restaurant dirigé par un cuisinier professionnel. Décor de pierres et de poutres. Tables agréablement espacées.

Pantoufles ardennaises - Éts Husson
22 r. Émile-Zola - ℘ *03 24 29 58 51 - visite et vente : tlj sf dim. 9h-12h, 14h30-18h - fermé de mi-juil. à mi-août.*
C'est l'une des dernières entreprises artisanales du Nord-Est de la France à fabriquer ces pantoufles de laine à semelles de caoutchouc ou de feutre que l'on appelle les ardennaises.

N° 34 Champagne-Ardenne

Balade au sud de la **Haute-Marne**

*Destination confidentielle en dépit de ses nombreux attraits, la **Haute-Marne** vous réserve de belles découvertes. La culture est au rendez-vous à **Langres**, ville d'art et d'histoire abritée derrière ses enceintes, et à **Auberive**, dont l'ancienne abbaye a été en partie reconvertie en centre d'art. Ce pays vallonné et boisé, où plusieurs fleuves prennent leur source, accueille également quatre lacs situés à proximité de Langres.*

➲ *Départ de Langres*
➲ *5 jours*
245 km

L'entrée de l'abbaye d'Auberive.

Jour 1

Consacrez votre première journée à la découverte de **Langres**. Les remparts de Langres enserrent une cité pleine de caractère. Sa cathédrale de style roman-bourguignon domine un enchevêtrement de ruelles médiévales percées d'étroits passages. Le matin, arpentez les fortifications et la vieille ville, jalonnées de panneaux d'interprétation. Empruntez la rue commerçante Denis-Diderot (le célèbre philosophe vit le jour ici), et déjeunez en terrasse si le temps le permet, sans oublier de goûter au fameux fromage local, le « langres ». L'après-midi, visitez par exemple la maison Renaissance et la chapelle romane Saint-Didier, qui abrite un musée d'Art et d'Histoire où voisinent Corot, Courbet et Bouchardon…

Jour 2

Rejoignez le **lac de la Liez** (à 5 km à l'est par la N 19), avec au programme, selon vos envies et la saison : baignade, activités nautiques ou promenade sur la digue. Déjeunez au bord du lac, puis continuez vers **Fayl-Billot** (à 20 km plus au sud par la N 19), capitale de la vannerie. L'École nationale d'osiériculture et de vannerie, installée dans un très bel édifice, y main-

Le conseil de Bib

❯ Le Navi'Langres est un audioguide multimédia avec GPS. Grâce à lui, vous obtenez toutes les informations sur les monuments à visiter dans Langres, plan et adresses à l'appui (entrée monument incluse dans la location).

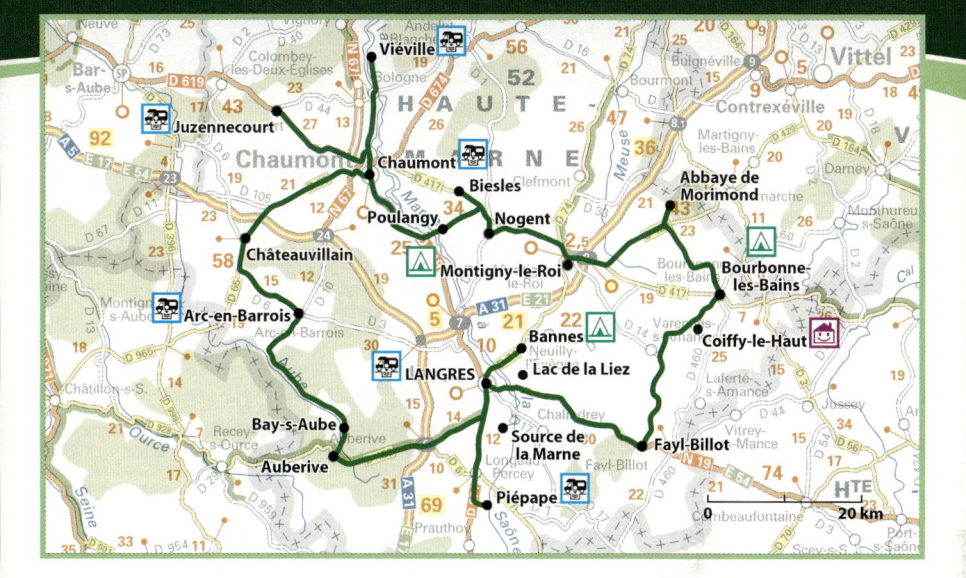

tient les traditions artisanales, depuis 1905. À la Maison du vannier, admirez les créations des artisans, que vous pourrez acquérir dans leurs boutiques en ville. À **Coiffy-le-Haut** (19 km au nord par la D 14 et la D 26), dégustez le fameux « coteaux de Coiffy ». Vous pouvez faire étape sur place ou à Bourbonne-les-Bains.

Jour 3

Bourbonne-les-Bains est réputée pour ses eaux thermales. Commencez par une promenade entre ville haute et quartier thermal. Pourquoi ne pas vous offrir un soin à l'établissement thermal ? Après déjeuner, prenez la D 139 au nord vers l'**abbaye cistercienne de Morimond** (à 16 km). À **Nogent** (30 km à l'ouest), renommée pour sa tradition coutelière, découvrez une impressionnante collection d'objets tranchants. Certains couteliers des villages alentour ouvrent leur atelier, sur rendez-vous à l'office de tourisme, notamment à **Biesles** ou **Poulangy**, sur la route de Chaumont par la D 417 (à 23 km) ou la D 107 longeant la jolie vallée de la Traire. Faites étape vers Chaumont.

Jour 4

Le matin, arpentez le centre de **Chaumont**, avec ses fortifications offrant de beaux panoramas, sa basilique, ses ruelles bordées de maisons médiévales et de terrasses où vous ferez halte à midi. Ensuite, visitez le musée d'Art et d'Histoire, celui de la Crèche, ou bien les Silos qui abritent une collection d'affiches (Chaumont accueille en mai-juin un Festival international de l'affiche). Prenez la route vers **Châteauvillain** (21 km au sud-ouest par la D 65), ancienne ville fortifiée dont les enfants apprécieront le parc aux Daims. **Arc-en-Barrois** (16 km au sud-est par les D 6 et D 3) constitue un lieu d'étape agréable (voir la machine à vapeur à la sortie d'Arc).

Jour 5

Promenez-vous dans Arc, avant de reprendre la route vers **Bay-sur-Aube** (à 23 km au sud par les D 159 et D 20). Grimpez en haut de la butte de l'église de Bay pour une vue imprenable sur la vallée. Dans le village voisin d'**Auberive** où vous trouverez de quoi vous restaurer, visitez l'ancienne abbaye cistercienne récemment restaurée, ainsi que le Centre d'art contemporain qui accueille une collection d'art expressionniste. De retour vers Langres (à 27 km au nord-est), faites une halte à la **source de la Marne**.

Paysage d'oseraies vers Fayle-Billot.

N° 34 Champagne-Ardenne

Aires de **service** & de **stationnement**

Arc-en-Barrois

Aire d'Arc-en-Barrois – *R. Anatole-Gabeur* – *Ouv. tte l'année* – **P** 5.
Borne artisanale. Payant.
Stationnement : autorisé. 3 €/j.
Services :

Chaumont

Aire de Chaumont – *Lieu-dit La Maladière, au bord du canal de la Marne à la Saône, au « port fluvial de La Maladière ».* – ℘ 03 25 31 61 09 – *Ouv. tte l'année sf gel* – **P**
Borne artisanale. Payant.
Stationnement : 5 €/j.
Loisirs :
Services : sèche-linge

Juzennecourt

Aire de Juzennecourt – *Pl. de la Mairie, à 15 kms de Chaumont, dir. Bar-sur-Aube.* – ℘ 03 25 02 03 04 – *Ouv. mars-mi-oct.* – **P** 6.
Borne artisanale. Gratuit.
Stationnement : autorisé
Loisirs :
Services :

Langres

Aire du Port – *R. du Port, à la halte fluviale* – *Ouv. tte l'année* – **P**
Borne artisanale. Payant.
Stationnement : autorisé.
Loisirs : Services :

Piépape

Aire de Piépape – *Écluse de Piépape* – ℘ 03 25 90 25 44 – *Fermé hors saison* – **P**
Borne artisanale. Payant.
Stationnement : autorisé
Services :

Viéville

Aire de Viéville – *Lieu-dit La Licorne, halte nautique de Viéville au bord du canal de la Marne à la Saône.* – ℘ 03 25 01 82 00 – **P**
Borne eurorelais. Payant 3 €.
Stationnement : autorisé
Loisirs : Services :

Le conseil de Bib

▶ À inscrire sur votre agenda :
Mai-juin – Chaumont – Festival de l'affiche et Rencontres internationales d'arts graphiques
Août – Langres – Spectacle historique et festival des hallebardiers.

Campings

Bannes

⚠ Hautoreille
6, r. du Boutonnier, sortie sud-ouest par D 74, rte de Langres puis 0,7 km par chemin à gauche.
℘ 03 25 84 83 40
Permanent 3,5 ha (100 empl.)
Tarif : 4,50 € 5 € – (6A) 3 €
Loisirs :
Services :

Bourbonne-les-Bains

⚠ Le Montmorency
R. du Stade, sortie O par rte de Chaumont et rue à dr., à 100 m du stade.
℘ 03 25 90 08 64
c.montmorency@wanadoo.fr .
www.camping-montmorency.com
De déb. avr. à fin oct. 2 ha (74 empl.)
Tarif : 3,80 € 4 € – (10A) 3,50 €
borne eurorelais 4 € – 7,80 €
Services :

Montigny-le-Roi

⚠ Le Château
R. Hubert-Collot.
℘ 03 25 87 38 93
De mi-avr. à mi-oct. 6 ha/2 campables (75 empl.)
Tarif : 4 € 4 € – (5A) 3 €
borne raclet 2 €
Loisirs :
Services :
dans un parc boisé dominant la vallée de la Meuse, chemin piétonnier pour accéder au village.

Carnet pratique

🏠 Haltes chez le **particulier**

Coiffy-le-Haut

La Ferme Adrien
Rte du Val-de-la-Maljoie – Ouv. tte l'année.
🅿 4.
Quel bonheur de se retrouver dans cette ferme de 1845 entourée de vallons, de prés et de forêts ! La cheminée monumentale de la salle à manger, les meubles anciens, mais aussi le petit musée paysan vous charmeront. Visite de la cave et dégustation du vin des coteaux de Coiffy.

Le conseil de Bib

▶ Chaumont avec des enfants : le musée de la Crèche ; aux alentours, le parc aux daims à Chteauvillain.

Les bonnes **adresses** de Bib

Bourbonne-les-Bains

Casino de Bourbonne-les-Bains
1 pl. des Bains - ☏ 03 25 90 90 90 - commercial.bourbonne@groupe-emeraude.com.
Lieu incontournable de la station, avec ses machines à sous, sa roulette anglaise, ses tables de boule ou de black-jack, le casino programme par ailleurs un riche éventail d'animations tout au long de l'année : dîner spectacle ou musical, thé dansant, restauration à thème (avec gibier au menu, en saison).

Bugnières

Jean-Michel-Rousselle
15 r. du Fays - ☏ 03 25 31 00 95 - domainedesrubis@wanadoo.fr - 8h-20h sur RV - fermé fin déc.
Le rubis de groseilles est une boisson fermentée fabriquée artisanalement. Il se boit frais en apéritif ou à la fin d'un repas. Depuis peu est venu s'ajouter le rubis de cassis, fruité et parfumé, qui étonne par ses arômes.

Chamarandes

Au Rendez-vous des Amis
Pl. des Tilleuls - 3,5 km de Chaumont - ☏ 03 25 32 20 20 - www.au-rendezvous-des-amis.com - fermé 1er-12 mai, 1er-20 août et 20 déc.-3 janv. - 20/45 €.
Riante auberge proposant une cuisine traditionnelle bien tournée dans un cadre rustique rajeuni ou, en été, sur une terrasse tournée vers l'église.

Coiffy-le-Haut

SCEA Les Côteaux de Coiffy
R. Bourgeois - ☏ 03 25 84 80 12 - renautlaurent@aol.com - 14h30-18h.
Caveau de dégustation de vins de pays blancs, rouges, rosés et méthode traditionnelle issus des 15 ha de vignoble plantés autour de Coiffy-le-Haut. Certaines cuvées ont obtenu des médailles au Concours Général Agricole de Paris.

Giey-sur-Aujon

Brasserie de Vauclair
☏ 03 25 01 00 40 - www.la-choue.com - mai-oct. : 8h-12h, 13h-15h, sam. 10h-20h, dim. 17h-20h.
Cet ancien prieuré abrite une brasserie artisanale créée en 2000, mais qui n'a pas attendu longtemps avant de faire parler d'elle. En effet, la spécialité maison, la bière de Choue, fait l'unanimité depuis plusieurs années, qu'elle soit blonde, blanche, rousse ou brune. À déguster avec modération… et plaisir !

Langres

Auberge des Voiliers
Au Lac de la Liez - 4 km à l'est de Langres par N 19 et D 284 - ☏ 03 25 87 05 74 - www.hotel-voiliers.com - fermé 1er déc.-2 mars et lun. - 20/45 €.
En bordure du lac de la Liez, bien connu des amateurs de voiliers et de planches à voile, voici une auberge pour les week-ends et les petites vacances. La cuisine est variée et appétissante.

Vaux-sous-Aubigny

Le Muid Montsangeonnais
2 av. de Bourgogne - ☏ 03 25 90 04 65 - www.muid-online.com - merc. 9h-12h, vend. 14h-18h, sam. 9h30-12h ; 15 juil.-15 août : tlj sf sam. apr.-midi et dim.
Cette maison de la vigne, créée en 1989, fait la promotion du vignoble régional et offre une place de choix aux productions des communes alentour. Si le caveau de dégustation regorge de bonnes bouteilles, on notera aussi la présence de différentes saveurs du terroir dans la boutique.

N° 35 Champagne-Ardenne

Le vignoble **champenois**

*D*epuis **Reims, Épernay, Château-Thierry ou Châlons-en-Champagne,** le « vin du diable » mène novices et initiés de vastes caves en musées intimes, de maisons de champagne en coteaux tapissés de vignobles : pinot noir, pinot meunier, chardonnay. On découvre les secrets de l'assemblage et on sacrifie sans se faire prier au rite de la dégustation !

➲ **Départ de Château-Thierry**
➲ **8 jours**
340 km

La Côte des Blancs, vers Cramant.

Jour 1

De **Château-Thierry**, ville natale de Jean de La Fontaine, rejoignez par la N 3 puis la D 4, le **château de Condé-en-Brie** (avec ses décors de Watteau, Servandoni et Oudry) puis **Dormans**. Cette étape traditionnelle des routes du Champagne abrite un mémorial des batailles de la Marne. Faites halte ici ou bien dans les proches villages du Parc naturel régional de la Montagne de Reims.

Jours 2 & 3

Le village fortifié de **Châtillon-sur-Marne** offre une superbe vue sur la vallée de la Marne. Traversez le Parc naturel, en remontant vers Reims (par les D 24 et D 980). Consacrez le reste de la journée à la découverte de **Reims**. La ville possède un héritage architectural, historique et artistique impressionnant ! Commencez par un tour du centre-ville et de ses « incontournables » : sa superbe cathédrale, le palais du Tau, qui accueillait la suite royale lors des sacres, la basilique Saint-Rémi. Pour la soirée, la place Drouet-d'Erlon et les rues adjacentes comptent bon nombre de restaurants. Goûtez le jambon de Reims et les biscuits roses. Le lendemain, admirez les toiles de Cranach au musée des Beaux-Arts, ou les gravures de Dürer dans l'hôtel Le Vergeur. Puis, dans le quartier des caves de champagne, entrez dans la chapelle Fujita, avant de descendre dans les crayères des grandes maisons et déguster le vin « saute bouchon » chez **Mumm, Ruinart, Pommery**…

Jour 4

Pour approfondir vos connaissances sur le champagne, grimpez jusqu'au musée de la Vigne à **Verzenay**, au milieu de sa mer de vignes (par les N 44 et D 7). Promenez-vous sur les sentiers aménagés de la forêt voisine, entre les silhouettes étranges des « faux » de Verzy, ces hêtres au tronc noueux. À **Hautvillers** (par les D 34, D 9, D 1, D 386), **fief de Dom Pérignon**, baladez-vous le nez en l'air en admirant les enseignes. Passez le reste de la journée à **Épernay**, où les caves des grandes maisons de champagne s'ouvrent à la visite.

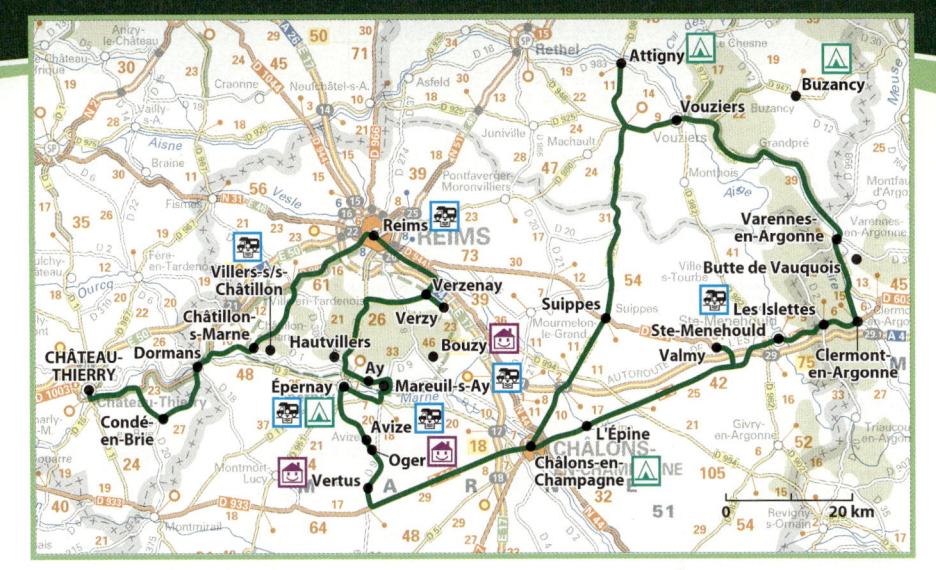

Jour 5

Descendez la **côte des Blancs** jusqu'au **Mont-Aimé** (à 22 km), en quittant Épernay au sud par les D 40, D 10 et D 9. À l'entrée du bourg de **Cramant**, célèbre pour son cru, vous ne pourrez pas manquer le jéroboam ! Un peu plus loin, **Oger**, un des « plus beaux villages de France », possède un insolite musée des Traditions de l'amour et du champagne. Rejoignez **Châlons-en-Champagne**, préfecture de la Marne au riche patrimoine religieux. Promenez-vous dans le centre ancien, avec ses maisons à pans de bois, sa cathédrale St-Etienne, et son église Notre-Dame-en-Vaux classée par l'Unesco ; puis reposez-vous dans l'agréable jard, ancienne prairie de l'évêque. Après le déjeuner, en saison, faites une balade en bateau sur le Mau et le Nau.

Jour 6

Prenez la route vers **L'Épine** (au nord-est par la N 3), dont la basilique est une réplique de la cathédrale de Reims. Continuez sur la N 3 jusqu'au **moulin de Valmy** (à 38 km), lieu d'une célèbre victoire contre les Prussiens en 1792 ; puis jusqu'à **Sainte-Menehould**, où Louis XVI en fuite fut reconnu. Faites étape dans dans ce bourg réputé pour sa gastronomie et goûtez aux pieds de porc !

Jour 7

Reprenez la route vers **Clermont-en-Argonne**, puis vers la butte de Vauquois (au nord par la D 998), qui conserve la marque des combats de la Première Guerre mondiale. Poursuivez sur la D 998, puis la D 946 qui passe par **Varenne-en-Argonne** (où Louis XVI fut arrêté) et vous mène jusqu'à **Vouziers**. Les enfants s'en donneront à cœur joie au parc Nocturnia consacré à la faune nocturne. Vous pourrez faire étape dans les environs.

Jour 8

Redescendez vers **Châlons** (par la D 946 et la D 977) en vous arrêtant au vaste **monument aux morts des armées de Champagne**, dédié aux combattants de la Première Guerre mondiale, puis au nouveau Centre d'interprétation 1914-1918 à **Suippes**. À **La Cheppe**, vous passerez à proximité du lieu-dit « **camp d'Attila** », où le roi des Huns se prépara à la sanglante bataille de 451. Retour à Châlons.

N° 35 Champagne-Ardenne

Aires de service & de stationnement

Avize
Aire d'Avize – Pl. du Bourg-Joli, pl. de la Mairie, 15 km au S d'Épernay, entre Épernay et Vertus – ☏ 03 26 57 54 43 – Ouv. tte l'année – P 15.
Gratuit.
Stationnement : autorisé
Loisirs : Services :

Épernay
Aire d'Épernay – Sq. Raoul-Chandon, en centre-ville d'Épernay, au bout de l'av. Paul-Chandon, entre l'église St Pierre-St Paul et la salle des fêtes-hall des sports – ☏ 03 26 53 33 00 – Ouv. tte l'année – P
Borne eurorelais. Payant.
Stationnement : autorisé
Services : WC

Les Islettes
Aire « Les Islettes » – ☏ 03 26 60 85 83 – Ouv. tte l'année – P
Borne artisanale. Payant 5 €.
Stationnement : illimité.
Services : WC

Mareuil-sur-Ay
Aire de Mareuil-sur-Ay – Pl. Charles-de-Gaulle, près du relais nautique, centre de Mareuil-sur-Ay, au bord du canal – ☏ 03 26 56 92 10 – Ouv. tte l'année – P 8.
Borne artisanale. Payant 2 €.
Stationnement : autorisé
Loisirs : Services : WC

Reims
Aire de Reims – Au Centre Internationnal de Séjour, Chaussée-Bocquaine, par la A 4, sortie Reims centre – ☏ 03 26 77 45 25 – Ouv. tte l'année – P 9.
Gratuit.
Stationnement : 48h maxi.
Services : sèche-linge
☺ Barrière, avec un code à retirer au Centre International de Séjour entre 8h et 22h.

Villers-sous-Châtillon
Aire de Villers-sous-Châtillon – R. du Parc, route d'Épernay dir. Chateau-Thierry N 3, puis dir. Reuil et Villers – ☏ 03 26 58 33 04 – Ouv. tte l'année – P 10.
Borne eurorelais. Payant 3 €.
Stationnement : autorisé
Loisirs : Services :
☺ Jetons à retirer au café.

Campings

Attigny
Municipal le Vallage
Sortie N, rte de Charleville-Mézières et rue à gauche après le pont sur l'Aisne, près d'un étang.
1,2 ha (68 empl.)
Services :

Buzancy
La Samaritaine
3, r. des Étangs, 1,4 km par chemin à droite près de la base de loisirs.
☏ 03 24 30 08 88
De déb. mai à mi-sept. 2 ha (110 empl.)
Tarif : 20,50 € (10A) – pers. suppl. 4,50 €
borne artisanale 3 €
Loisirs : snack
Services :

Châlons-en-Champagne
Municipal
Sortie sud-est par N 44, rte de Vitry-le-François et D 60, rte de Sarry.
☏ 03 26 68 38 00
Avr.-oct. 3,5 ha (148 empl.)
Tarif (prix 2009) : 24,30 € (10A) – pers. suppl. 5,10 €
1 borne artisanale
Loisirs : snack
Services : sèche-linge
☺ entrée fleurie et cadre agréable au bord d'un étang

Épernay
Municipal
Allée de Cumières, 1,5 km par D 301, au bord de la Marne (halte nautique).
☏ 03 26 55 32 14
De fin avr. à déb. oct. 2 ha (119 empl.)
Tarif (prix 2009) : 3,50 € 2 € 3,75 € – (5A) 3 €
Loisirs : mur d'escalade
Services :

Carnet pratique

🏠 Haltes chez le **particulier**

Bouzy

Champagne Herbert-Beaufort
28, r. de Tours – ℰ 03 26 57 01 34 – Ouv. 9h-11h30/14h-17h30. Fermé dim. mi-sept.-mi-avr. Ouv. tte l'année.
🅿 5.
Producteur-récoltant depuis plusieurs générations, la famille Beaufort élabore, en plus du champagne, un excellent Bouzy rouge. Visite et dégustation.

Oger

La Milanière
ℰ 03 26 57 50 09 – Ouv. mars-oct.
🅿 3.
Situé au cœur de la côte des Blancs et classé « Grand Cru de la Champagne », le champagne Milan est le fruit de plusieurs générations de savoir-faire. Il se décline en 7 cuvées de qualité.

Vertus

Champagne Michel Collard
64, av. de Bammental – ℰ 03 26 52 14 35 – Ferm.1er août-15 août. et 2 sem. en févr.
🅿 3.
Implantée sur la région de Vertus depuis plus de 4 générations, la famille Collard exploite avec passion un vignoble situé dans la côte des Blancs. Gamme de champagne d'excellente qualité.

Les bonnes **adresses** de Bib

Ay

Institut International des Vins de Champagne
Villa Bissinger - 15 r. Jeanson – ℰ 03 26 55 78 78 – avr.-oct. : 1er sam. du mois à 14h30, dégustation commentée de 4 champagnes - 23 € - fermé 25 déc.-1er janv.
Plusieurs sessions d'initiation sont proposées tout au long de l'année : de quelques heures jusqu'au parcours découverte de deux jours (dégustation, gastronomie, visite et découverte du vignoble).

Épernay

La Cave à Champagne
16 r. Gambetta - ℰ 03 26 55 50 70 - fermé mar. en juil.-août et merc. - 17/40 €.
Dans ce quartier riche en restaurants, La Cave à Champagne abat un atout maître pour distancer ses concurrents : une carte de vins régionaux… à prix raisonnables ! C'est le moment ou jamais d'effectuer un repas complet au champagne, dans sa petite salle à manger décorée d'une collection de bouteilles du précieux nectar.

Reims

La Vigneraie
14 r. de Thillois - ℰ 03 26 88 67 27 - 23/62 €.
Discothèque, théâtre, cinéma… La place Drouet-d'Erlon est le centre animé de la ville. La Vigneraie, dont la salle à manger s'agrémente d'une remarquable collection de carafes, se trouve juste à côté. Vous y dégusterez une goûteuse cuisine classique escortée d'une belle carte des vins. Excellent rapport qualité-prix.

Deleans

20 r. Cérès - ℰ 03 26 47 56 35 - www.deleans.fr - tlj sf dim. et lun. mat. 9h-12h, 14h-19h ; de mi-oct. à avr. : tlj sf dim. et lun. mat. 9h-12h, 14h-19h - fermé août, 8 Mai et 14 Juil.
Cette maison fondée en 1874 fabrique avec passion et de façon artisanale des spécialités à base de cacao. Goûtez, entre autres, le Pavé de Reims (un centre praliné enveloppé de 2 couches de nougatine) ou les petits bouchons de champagne enfermés dans un bouchon géant au chocolat.

Verzy

Au Chant des Galipes
2 r. Chanzy - ℰ 03 26 97 91 40 - 24/38 €.
Cette maison vigneronne convertie en auberge abrite deux salles à manger contemporaines complétées par une agréable cour-terrasse. La cuisine au goût du jour, où pointe l'accent du terroir, réserve d'excellentes surprises, grâce notamment à une utilisation subtile du champagne, dans l'assiette comme dans le verre.

N° 36 — Corse

Escapade en **Balagne** et **Niolo**

De la première, on dit qu'elle est l'une des contrées les plus agréables de la Corse. La Balagne offre en effet sur 40 km de rivage autour de **Calvi**, de belles stations balnéaires et sur les collines, derrière la plaine côtière, de magnifiques villages entourés de vergers et de vignes. Du second, le **Niolo**, on sait qu'il accueille le **mont Cinto**, le point culminant de la Corse, de nombreux lacs, la **forêt de Valdu-Niellu** et ses superbes pins laricio, ainsi que des bergeries de pierres sèches établies dans des sites grandioses. N'est-ce pas suffisant pour les découvrir ?

➲ **Départ de Calvi**
➲ **6 jours**
290 km

Randonnée dans le Niolo.

Jour 1
Logiquement, c'est à **Calvi**, capitale de la Balagne, que vous consacrez ce premier jour, avec comme point fort la découverte de la citadelle. Juste en dessous, la marine propose de nombreux loisirs sportifs et des promenades en bateau. Les adeptes du farniente peuvent profiter des plages le long de la pinède.

Jour 2
Après cette sympathique introduction, la Balagne s'offre à vous, avec sa « route des Artisans » et ses nombreux petits villages dont les églises recèlent de trésors. Prévoyez une petite journée pour faire ce « circuit artisanal » au départ de Calvi. Vous ne manquerez pas les principaux joyaux de la région comme **Pigna, Sant'Antonino** ou **Aregno**.

Jour 3
Les richesses de la Balagne pourraient vous retenir bien plus longtemps, mais pour découvrir le maximum en six jours, prenez la direction de **Belgodère** à l'est pour rejoindre l'attachante **vallée de l'Asco**. Pays du miel blanc et du mouflon, ce territoire un peu sévère est une excellente approche de la montagne corse. Les randonneurs se pressent à l'extrémité de la vallée, point de départ pour de superbes excursions.

Le conseil de Bib
▶ Adaptez votre conduite à l'étroitesse des routes de montagne. Certaines peuvent poser de réelles difficultés de croisement.

Jour 4

En descendant un peu plus au sud, la D 84 traverse l'impressionnant **défilé de la Scala di Santa Regina** qui ouvre sur Calacuccia et son vaste lac. C'est un point de départ privilégié pour des randonnées dans le **Niolo**, mais bien d'autres possibilités vous attendent du côté du **col de Vergio**. Dans la montée vers le col, peu après un bâtiment de la Légion étrangère, un sentier (2h AR), sur la droite, conduit aux **bergeries de Radule**, site montagnard rafraîchissant grâce à la proximité de belles cascades. Après un bon pique-nique, la **forêt d'Aïtone** vous attend, avec ses futaies de pins laricio. Si vous n'avez pas peur de marcher, empruntez le sentier de la Châtaigneraie qui part d'**Évisa** vers les **cascades d'Aïtone**. Il est temps de s'aventurer un peu plus loin en descendant vers **Cargèse**, « la grecque », où vous apprécierez la cohabitation harmonieuse entre catholiques et orthodoxes. Tout autour, et en descendant le **golfe de Sagone**, de nombreuses plages invitent à la baignade. Vous pouvez alors commencer votre remontée vers le **golfe de Porto** en passant par **Piana**, avant le coucher du soleil : vous ne serez pas déçus par le spectacle. Les **Calanche**, vers Piana, sont un véritable parc de sculptures minérales qui flamboient au-dessus de la mer. Faites halte le soir à **Porto**.

Jour 5

Si la marine de Porto ne brille guère par son charme, les environs sont de toute beauté. Une expédition maritime s'impose également depuis Porto, vers **Girolata** et la fameuse **réserve naturelle de Scandola**, joyau préservé et classé au patrimoine mondial de l'Unesco. Cette excursion en mer est un moment inoubliable.

Jour 6

Difficile de terminer en beauté après un pareil spectacle. Et pourtant, la route vers Calvi ne vous décevra pas. Si vous avez un peu de courage, arrêtez-vous au **col de la Croix** pour rejoindre la **plage de Tuara**. La remontée est un peu rude, mais la halte est agréable et vous aurez de quoi vous désaltérer au col (en saison). Rejoignez **Galéria**, petit port isolé dans un très beau golfe, au débouché de la **vallée du Fango**, que l'on peut découvrir en kayak. Il est temps de reprendre la route, étroite mais belle vers **Calvi** ; mais avant, faites une halte à la terrasse de **N.-D.-de-la-Serra**. La vue embrasse Calvi et une bonne partie de la Balagne. La ville de Christophe Colomb vous attend pour la soirée. Profitez de sa marine animée.

À ne pas manquer : les charcuteries corses.

Corse

Campings

Calacuccia

Acquaviva
Sortie village, en face station essence.
📞 04 95 48 00 08
De mi-avr. à mi-oct. 4 ha (50 empl.)
Tarif : 6 € – 3 € – 3 € – (10A) 4 €
10
Loisirs :
Services :

Calvi

Paradella
Rte de la forêt de Bonifato (D.81) 3 km après l'aéroport Calvi-Ste Catherine en venant de Calvi.
📞 04 95 65 00 97
info@camping-paradella.fr . www.camping-paradella.fr
De déb. mai à fin sept. 5 ha (150 empl.)
Tarif (prix 2009) : 6,80 € – 2,90 € – (3A) 3,40 €
borne artisanale 5 €
Loisirs :
Services :
préférer les emplacements éloignés de la route, ombrage de pins et d'eucalyptus

Dolce Vita
Accès : 4,5 km au sud-est par N 197 rte de l'Île-Rousse, à l'embouchure de la Figarella, à 200 m de la mer.
📞 04 95 65 05 99
www.dolce-vita.org
6 ha (200 empl.)
borne artisanale
Loisirs : snack, pizzeria, ponton d'amarrage
Services :
passage du train Calvi-l'Île Rousse

Cargèse

Torraccia
Bagghiuccia, 4,5 km par D 81 rte de Porto.
📞 04 95 26 42 39
contact@camping-torraccia.com . www.camping-torraccia.com
De fin avr. à fin sept. 3 ha (90 empl.)
Tarif (prix 2009) : 7,90 € – 3,50 € – 3,50 € – (6A) 3,50 €
Loisirs :
Services :

Lumio

Le Panoramic
Rte de Lavatoggio, 2 km sur D 71, rte de Belgodère.
📞 04 95 60 73 13
De déb. mai à fin sept. 6 ha (100 empl.)
Tarif : 7,80 € – 3 € – 3,30 € – (6A) 3,80 €
Loisirs : pizzeria
Services :
vue mer panoramique pour certains emplacements

Piana

Plage d'Arone
Accès : 11,5 km par D 824, à 500 m de la plage.
📞 04 95 20 64 54
De mi-mai à fin sept. 3,8 ha (125 empl.)
Tarif (prix 2009) : 9 € – 4,50 € – 4,50 € – (12A) 3 €
borne eurorelais
Services :

Porto

Funtana a l'Ora
Rte d'Évisa, 1,4 km au sud-est par D 84, à 200 m du Porto.
📞 04 95 26 11 65
www.funtanaalora.com
De déb. avr. à fin oct. 2 ha (70 empl.)
Tarif (prix 2009) : 8 € – 3,40 € – 7 € – (10A) 4 €
Loisirs : terrain multisports
Services : sèche-linge, cases réfrigérées

Sagone

Le Sagone
Rte de Vico, 2 km par D 70.
📞 04 95 28 04 15
sagone.camping@wanadoo.fr . www.camping-sagone.com
De déb. mai à fin sept. 9 ha/9 campables (300 empl.)
Tarif (prix 2009) : 7,50 € – 4,50 € – 8 € – (5A) 3,60 €
Loisirs : pizzeria, snack, nocturne, terrain multisports, practice de golf
Services : sèche-linge, cases réfrigérées
sur les terres agricoles avec 2500 oliviers, orangers, mandariniers, citronniers

Carnet pratique

Les bonnes **adresses** de Bib

Belgodère

GAEC de Lozari
Hameau Lozari - ✆ 04 95 60 18 13 - tlj 17h-19h et sur RV.
Réputés depuis l'Antiquité, les miels corses sont autant de poèmes célébrant l'île. Leurs noms enchanteurs révèlent des saveurs inattendues et « corsées » que les frères Gacon, artistes du goût, déclinent sous toutes les formes : hydromels, vinaigres…

Calvi

A'Stalla
13 r. Georges-Clemenceau - ✆ 04 95 65 21 48 - u.caradellu@wanadoo.fr - fermé de janv. à fin mars - 18,90/29,50 €.
À ce cabaret bien connu pour ses concerts de chants corses, on a ajouté un restaurant. Sous les voûtes en croix et les pierres apparentes d'une ancienne étable, on savoure des spécialités corses et méditerranéennes dans une atmosphère conviviale. Sympathique terrasse.

Calellu
Quai Landry - ✆ 04 95 65 22 18 - calellu@wanadoo.fr - fermé nov.-fév. et lun. hors sais. - 22 €.
Une envie de poisson vous titille en longeant le port ? Installez-vous à la terrasse de ce petit restaurant tout simple, vous ne serez pas déçu : sa cuisine du jour, plutôt bien tournée, met à l'honneur les produits de la mer. Saveurs méditerranéennes et accueil sympathique.

Marché couvert
R. Alsace-Lorraine - 8h-12h.
Le marché couvert (produits de Balagne) s'anime tous les matins, le port de plaisance également, en milieu de matinée, lors de l'arrivée des pêcheurs (vente directe de poisson). Les 1er et 3e jeudis du mois se tient un marché aux vêtements (parking face à Super 4).

A Casetta
16 r. Georges-Clemenceau - ✆ 04 95 65 32 15 - juin-juil. : 9h-21h ; août : 9h-00h ; avr.-mai, sept.-oct. et déc. : 9h-12h30, 15h-20h - fermé janv., fév. et nov.
En passant sous les jambons suspendus à la potence au-dessus de l'entrée de cette jolie boutique, vous trouverez une belle sélection de produits artisanaux : fromages, huiles, alcools, herbes du maquis…

Aux Gâteaux Corses
9 bd Wilson - ✆ 04 95 65 01 07 - tlj sf dim. 8h30-12h, 15h-19h - fermé du 10 janv. à fin fév. et apr.-midi des j. fériés.
Si Jean-Baptiste Guidoni représente la troisième génération dans le métier, rien n'a changé dans sa façon de faire les biscuits de son grand-père. Les gestes, les matières premières et la liste des douceurs sont restés exactement les mêmes. Cette authenticité garantit le succès de ses gâteaux et de ses beignets.

Galéria

Bergerie de Mustelle
Rte de Prezzuna - ✆ 04 95 65 07 77 - sur RV.
Avec leur troupeau de 250 bêtes, Joseph et Dominique Acquaviva sont les derniers bergers de Mustelle. Leurs fromages de chèvre, doux et crémeux, sont affinés pendant plus de deux mois. Vous les trouverez notamment à l'épicerie de Galéria.

Montegrosso

U Fragnu
Lunghinano Village, D 151 - ✆ 04 95 62 75 51 - avr.-juin, sept.-oct. : 9h-12h, 14h-18h ; juil.-août : 9h-12h, 14h-19h.
Si vous cherchez une huile traditionnelle, demandez Georges ! Georges, c'est l'âne qui, tous les deux ans, à la récolte des olives, fait tourner ce moulin de 1850. Outre une huile douce et fruitée, vous trouverez ici une sélection de produits corses et de produits faits maison.

Piana

Kevin Muzikar
U Salognu - rte de Cargèse - ✆ 06 12 71 12 83 - tlj sur RV.
Ce jeune artisan coutelier-forgeron a récemment transformé cette maisonnette de pierre en atelier, dans lequel il présente une impressionnante gamme de curniciulu (couteaux de berger), couteaux de chasse ou de table, fabriqués selon des techniques traditionnelles. Il est conseillé de prendre rendez-vous pour la visite.

Porto

Le Maquis
✆ 04 95 26 12 19 - fermé 15 nov.-15 fév. - 20/50 €.
L'atout incontestable de ce restaurant au décor campagnard est sa très agréable terrasse ombragée, d'où vous pourrez admirer la montagne, mais aussi apercevoir au loin la tour génoise et le bleu infini de la mer. Cuisine régionale soignée.

Nave va
Pl. de Porto - ✆ 04 95 26 15 16 - tlj 8h30-19h - fermé nov.-mars.
Découvrir le village perché de Bonifacio, traverser les réserves de Scandola et de Girolata, les calanche de Piana et Capo Rosso ou visiter les îles Sanguinaires sont autant de promenades en mer que vous pourrez accomplir en une journée ou une après-midi à bord de ce sympathique bateau.

N° 37

Corse

Le **Cap Corse** et le **Nebbio**

Le **Cap Corse** est la longue échine montagneuse qui prolonge la dorsale de la Corse. Depuis **Bastia**, une route tracée entre la mer et la montagne permet de découvrir les plages de sable ou de galets, les villages escarpés et les marines blotties dans les échancrures de la côte. Le versant ouest, plus abrupt que la côte tyrrhénienne, est resté plus sauvage. Paradis de ceux qui aiment la mer et la plongée sous-marine, le cap s'ouvre au sud sur le **Nebbio**. Les vignes, les oliviers et les vergers de cet arrière-pays du **golfe de St-Florent** proposent un retour en pleine terre, des plus agréables.

➲ *Départ de Bastia*
➲ *5 jours*
230 km

Le village de Nonza, sur son promontoire.

Jour 1

Bastia, l'ancienne capitale de l'île de Beauté mérite bien une journée. Les ruelles de Terra-Vecchia, au charme indéfinissable, conduisent au vieux port où il est bon de flâner le soir en quête d'une bonne terrasse avec vue. Au-dessus, la superbe citadelle semble calme mais elle recèle quelques sanctuaires incontournables comme l'église Sainte-Marie ou la chapelle Ste-Croix. Les décors baroques sont exceptionnels, mais nul doute que les enfants seront davantage captivés par le travail de reconstitution remarquable du musée de la Miniature.

Jour 2

Le **Cap Corse**, ceinturé de tours génoises, doit s'effectuer en deux étapes si l'on souhaite profiter un minimum du voyage, se promener, se baigner. Après un petit tour sur la corniche entre **Ste-Lucie-de-Tallano** et **San-Martino-di-Lota**, rejoignez la route qui longe la côte, et passe à **Erbalunga** avant de conduire

Le conseil de Bib

▶ Si vous décidez de suivre le sentier des douaniers Nord, de Macinaggio à Centuri, prévoyez une demi-journée et pensez aux navettes par bateau en saison.

à **Macinaggio**. Ce port de plaisance offre plusieurs possibilités de loisirs nautiques et est un point de départ du fameux sentier douanier Nord qui conduit à **Centuri** en passant par **Barcaggio**. Une petite « excursion baignade » du côté de la tour ruinée de **Sta-Maria** est rarement regrettée.

Jour 3

Après avoir rendu visite au village-belvédère de **Rogliano**, rejoignez, après Ersa, le petit port de **Barcaggio**, à l'extrémité Nord du Cap. Continuez le tour en passant par le fameux moulin Mattei avant de gagner le charmant petit hameau de **Cannelle** qui offre une vue superbe sur la **crique de Centuri**. Ce port miniature aux charmes enchanteurs est un lieu réputé pour la pêche et la dégustation de langoustes. La route qui descend la côte Ouest demande pas mal de vigilance. Ne manquez pas de monter à **Canari**, en dépit de la route vertigineuse : de là-haut, la vue est extraordinaire et l'agitation du monde bien éloignée. Rejoignez ensuite **Nonza** tout en hauteur sur son promontoire. Les terrasses y sont accueillantes, mais gardez un peu de temps pour faire un tour à **Patrimonio** où la dégustation (avec modération, bien sûr) du fameux cru impose un arrêt, avant de gagner **St-Florent** et son port de plaisance.

Jour 4

Accordez-vous une journée de détente au cœur des **Agriates** sauvages en prenant le bateau de **St-Florent** jusqu'à la sublime plage du Loto : un monde à part ! Après une visite de l'ancienne cathédrale de St-Florent, prenez la D 81 qui traverse le **désert des Agriates** et conduit à l'embouchure de l'Ostriconi. Une pause baignade sera la bienvenue dans la très belle **anse de Peraiola** avant de rejoindre **L'Île-Rousse** pour la soirée.

Jour 5

Reprenez la N 197 vers l'est jusqu'à Lozari où elle bifurque en direction de **Belgodère**. Ne manquez pas le vieux fort et la visite de l'église avant de continuer vers le **col de San Colombano**. Quelques kilomètres après, la D 12 à gauche tourne beaucoup avant de rejoindre la Balanina (N 1197). La D 208, puis la D 8 conduisent à l'intéressant village médiéval de Lama qui mérite vraiment d'être découvert. Il est alors temps de redescendre vers **Ponte-Leccia** et de prendre à gauche la route vers **Ponte-Nuovo** dont le vieux pont ruiné rappelle une des plus célèbres batailles pour l'indépendance. La D 5, sur la gauche, s'élève rapidement et par Lento, Bigorno, conduit à Murato. Peu après la sortie du village, isolée sur une colline, se dresse un des joyaux de l'art pisan dans l'île, la chapelle **San Michele de Murato**. Rejoignez Bastia par la D 82 puis la N 193.

Corse

Campings

Bastia

San Damiano
SE : 9 km par N 193 et D 107 à gauche, direction Lido de la Marana.
04 95 33 68 02
l.pradier@wanadoo.fr – www.campingsandamiano.com
De déb. avr. à fin oct 12 ha (280 empl.)
Tarif : (Prix 2009) 7,80 € 7 € (6A) 4,20 €
1 borne artisanale
Loisirs :
Services :

Farinole

A Stella
Par D 80, bord de mer.
04 95 37 14 37
De déb. juin. à fin sept. 3 ha (100 empl.)
Tarif : (Prix 2009) 6,50 € 3 € 6 € (10A) 3,80 €
Loisirs :
Services :

L'Île-Rousse

Le Bodri
SO : 2,5 km rte de Calvi, à 300 m de la plage.
04 95 60 10 86
www.campinglebodri.com
De déb. juin à fin sept. 6 ha (333 empl.)
Tarif : (Prix 2009) 7 € 4 € 8 € (6A) 4 €
1 borne artisanale
Loisirs : snack, pizzeria
Services : cases réfrigérées

Lozari

Le Clos des Chênes
S : 1,5 km par N 197 rte de Belgodère.
04 95 60 15 13
cdc.lozari@wanadoo.fr – http://www.closdeschenes.fr
De déb. avr. à fin sept. 5 ha (235 empl.)
Tarif : 9 € 4 € 10 € (6A) 6,50 €
1 borne eurorelais
Loisirs : snack
Services :
cases réfrigérées

Moriani-Plage

Merendella
S : 1,2 km par N 198 rte de Porto-Vecchio, bord de plage.
04 95 38 53 47
merendel@club-internet.fr – www.merendella.com
De déb. avr. à fon oct.. 7 ha (196 empl.)
Tarif : (Prix 2009) 26 € (2A) – pers. suppl. 8 €
1 borne artisanale
Loisirs :
Services :

Pietracorbara

La Pietra
SE : 4 km par D 232 et chemin à gauche, à 500 m de la plage.
04 95 35 27 49
De déb. avr. à mi-oct. 3 ha (66 empl.)
Tarif : (Prix 2009) 6,80 € 3,80 € – 3,50 €
Loisirs :
Services :
Beaux emplacements délimités

Saint-Florent

La Pinède
S : 1,8 km par rte de l'Île-Rousse et chemin à gauche après le pont, bord de l'Aliso.
04 95 37 07 26
camping.la.pinede@wanadoo.fr
www.camping-la-pinede.com
De mi-mai à déb. oct. 3 ha (130 empl.)
Tarif : (Prix 2009) 33 € (2A) – pers. suppl. 6 €
Loisirs : ponton d'amarrage
Services :
réfrigérateurs

Carnet pratique

Haltes chez le **particulier**

Patrimonio
Cave des vignerons de Patriminio
lieu-dit Chioselle – ☎ 04 95 37 00 92 – Ouv. tte l'année 🅿 *5.*
La cave de Patrimonio produit des vins rouge, rosé, et blanc ainsi qu'un excellent muscat. À découvrir : la cuvée spéciale en rouge et le fameux « Cap Corse ». Visite et dégustation.

Le conseil de Bib
▸ En juil.-août, la circulation est dense ! Amis camping-caristes choisissez juin et sept. pour visiter cette magnifique île.

Les bonnes **adresses** de Bib

Bastia

Lavezzi
8 r. St-Jean - ☎ 04 95 31 05 73 - fermé du 10 fév. à fin mars et dim. hors sais. - 23/36 €.
Le plus ancien restaurant de Bastia (ouvert en 1940) et, sans doute, l'une des plus belles terrasses sur le vieux port ! Le décor sans façon s'égaye çà et là de quelques bouquets de fleurs artificielles. La carte, quant à elle, propose un large choix de produits de la mer.

U Paese
4 r. Napoléon - ☎ 04 95 32 33 18 - www.u-paese.com - tlj sf dim. 9h-12h, 15h-19h.
Dans sa boutique, où le bois et la pierre évoquent les origines paysannes du propriétaire, Ange Bereni aime partager sa passion pour la gastronomie corse. Ce charcutier de talent ne propose que des produits de saison, ce qui est un gage de qualité.

Jo-Antonini
33 r. Chanoine-Letteron - ☎ 04 96 32 16 72 - tlj sf dim. 8h30-11h30, 14h-19h - fermé j. fériés.
Ce n'est pas tant le couteau qui intéresse cet ethnographe du métal que la trace de la culture insulaire et de la taillanderie méditerranéenne. Outre la beauté de ses créations, ce coutelier est une source intarissable de savoir sur l'histoire corse.

Luri

A Macciotta
Au port - ☎ 04 95 35 64 12 - fermé de fin oct. à déb. mai - réserv. conseillée juil. et août - 18/52 €.
Les amateurs de poissons frais choisiront la marée du jour dans ce restaurant à dénicher parmi les maisonnettes du premier port de pêche du Cap Corse. Le chef propose également des poissons d'élevage et, pour les incorrigibles « appétits carnivores », des viandes cuites au feu de bois. Sobre salle à manger immaculée et charmante terrassette. Sortie en mer sur demande.

Domaine Pieretti
Santa-Severa - croisement de la D 80 et de la D 180 - ☎ 04 95 35 01 03 - juin-sept. : tlj sf dim. 10h-13h, 16h30-20h30.
La cinquième génération de Pieretti entretient aujourd'hui les 11 ha de vignes (nielluccíu, vermentinu) du domaine familial, situé au bord de la mer. Vous y dégusterez de délicieux crus comme les fameux muscats ou ceux de l'appellation corse-coteaux du Cap Corse.

Patrimonio

Antoine-Arena
Morta-Majo - à l'entrée sud du village - ☎ 04 95 37 08 27 - antoine.arena@wanadoo.fr - sur RV.
Dans son petit domaine de 13 ha, M. Arena ne travaille que pour les connaisseurs et les passionnés. Il compose pour eux des vins de très grande qualité et entièrement naturels comme le muscat du Cap corse, le patrimonio 100 % vermentinu et 100 % nielluciu, ou le « Bianco Gentile » (cépage local qu'il a fait renaître).

Pietracorbara

Ferme-auberge U Licetu
Lieu-dit Bruschietta - ☎ 04 95 35 25 98 ou 06 10 05 97 00 - fermé nov.-mars - réserv. obligatoire - 20/27 €.
Dans un cadre à la fois champêtre et pittoresque, ce restaurant décline les spécialités culinaires corses, au gré des saisons : veau, sanglier, grillades et terrines. Départ de randonnées à dos d'âne.

Saint-Florent

Salge et Fils « L'Isle aux Desserts »
Pl. du Monument - ☎ 04 95 37 00 43 - été : 6h30-13h30, 16h-20h30 ; reste de l'année : tlj sf lun. 7h-12h30, 15h-19h - fermé 3 sem. en nov., 1ᵉʳ janv. et 25 déc.
José Salge choisit des produits de très bonne qualité et les transforme en crèmes glacées ou en sorbets. Sa gamme, nommée L'Isle aux Desserts, est devenue incontournable grâce à des parfums aussi typiques et authentiques que brocciu-citron, cédrat, castagne (les vraies châtaignes corses), myrte sauvage ou chèvre-ciboulette.

N° 38

Corse

La **Corse** du **sud**

Bonifacio, Porto-Vecchio, Propriano, Ajaccio, Corte, Aléria, Porto-Vecchio : voici les grandes étapes de ce long périple qui se propose de vous faire découvrir une bonne partie de la Corse. Impossible donc de résumer ce qui vous attend. Mais soyez confiant, la diversité est au rendez-vous, et si comme le vante la campagne de publicité, « la Corse, c'est toujours le bon moment », pour ce circuit, aussi !

➲ **Départ de Bonifacio**
➲ **8 jours**
390 km

Le site grandiose de Bonifacio, au-dessus de la mer.

Jour 1

Cette première journée est dédiée à la découverte de l'impérieuse cité de **Bonifacio**, posée en acrobate sur ses falaises blanches. Vous voici dans la partie la plus méridionale de France métropolitaine, à portée sinon de voix, du moins d'arquebuse, de la Sardaigne. Les vues superbes qu'en offre Bonifacio vous le rappelleront. Le matin, vous flânez dans les ruelles encore fraîches. Vous pouvez également descendre les 187 marches – taillées dans la falaise – de l'escalier du Roi d'Aragon. Puis consacrez votre après-midi à une indispensable balade en mer, qui permet de mieux admirer la position de la vieille cité sanglée dans ses remparts.

Jour 2

Ce matin, n'oubliez pas votre maillot de bain car nous vous proposons de rejoindre **Porto-Vecchio** pour profiter des plus belles plages de la côte est : Rondinara, Sta Giulia et la plus célèbre, **Palombaggia**. À midi, déjouez le soleil en déjeunant dans l'un des restaurants de la vieille ville de Porto-Vecchio, dont vous arpenterez les ruelles bondées en guise de promenade digestive. Besoin d'air ? Il est temps de prendre de la hauteur en visitant les sites d'**Araghju** et **Torre**. En fin d'après-midi, réfugiez-vous dans la fraîcheur de la montagne, aux alentours de **Zonza**.

Jour 3

Le matin, vous consacrerez quelques heures au **col de Bavella**, hérissé de ses mythiques aiguilles de rocaille. Les randonneurs trouveront ici un vaste réseau de sentiers balisés, dont le plus célèbre mène au fameux « trou de la Bombe » (2h AR), une ouverture circulaire de 8 m de diamètre trouant l'arête faîtière d'un chaînon montagneux. Revenant ensuite à **Zonza**, vous partirez vers le sud, pour une après-midi consacrée aux nombreux vestiges historiques qui ponctuent la route jusqu'à **Sartène**. **Forteresse de Cucuruzzu, campaniles romans, ponts pisans de Carbini et Spin'a Cavallu** : chacun à sa manière vous conte l'histoire encore parfois mystérieuse de la Corse, cette terre « dix fois conquise, jamais soumise ». Faites étape pour la nuit à **Sartène**, « la plus corse des villes corses ».

Jour 4

Il faudra bien une demi-journée pour arpenter l'agréable lacis de ruelles médiévales de **Sartène**, avant de partir tranquillement vers le nord pour rejoindre **Ajaccio** via **Propriano**.

Jour 5

Commencez par la découverte de la ville d'**Ajaccio**. Même si la mer vous fait de tenantes œillades, résistez (pour l'instant) et partez sur les traces de Napoléon, l'enfant du pays à qui les rues, les monuments et les musées rendent encore un vibrant hommage. Ne manquez pas, l'après-midi, les magnifiques collections de peintures du musée Fesch. Il sera temps ensuite de vous offrir une parenthèse balnéaire sur l'une des belles plages bordant la route des **îles Sanguinaires**, à l'ouest, puis de profiter du coucher de soleil à la **pointe de Parata**.

Jour 6

Mettez le cap sur l'une des vallées les plus préservées de l'île, la **Restonica**, dont les gorges offrent en toute saison une étonnante palette de couleurs. Au loin, des sentiers rocailleux mènent à de mystérieux lacs de montagne aux eaux sombres. L'une des plus belles randonnées mène jusqu'aux **lacs de Melo et Capitello**.

Jour 7

Vous êtes à **Corte**, la cité historique, où « bat le cœur de la Corse », celle que Pascal Paoli avait choisie pour capitale de son éphémère République. Attardez-vous longuement dans les galeries de l'extraordinaire musée d'Anthropologie. Passionnant, ce musée présente la vie traditionnelle corse, grâce à une collection exceptionnelle d'objets.

Jour 8

Vous rejoindrez par le sud et la N 200, l'antique cité d'**Aléria** et ses vestiges romains. Le musée Jérôme-Carcopino vous ouvre les portes d'un monde extraordinairement riche, avant ou après la visite des fouilles. De la puissante cité qui fut longtemps un pivot du commerce méditerranéen, ont été exhumés de nombreux objets dont une collection superbe de céramiques. Juste à côté, l'étang de Diane invite à découvrir l'élevage des huîtres, des moules et autres coquillages de Corse.

N° 38 — Corse

Campings

Ajaccio

Les Mimosas
Rte d'Alata, sortie N par D 61 et à gauche, rte des Milelli.
☎ 04 95 20 99 85
campingmimosas@wanadoo.fr . www.camping-lesmimosas.com
De déb. avr. à mi-oct. 2,5 ha (70 empl.)
Tarif : 5,50 € — 2,70 € — 2,70 € — (6A) 2,80 €
borne artisanale 8 €
Services : sèche-linge location réfrigérateurs

Aléria

Marina d'Aléria
Plage de padulone, à 3 km de Cateraggio par N 200, bord du Tavignano.
☎ 04 95 57 01 42
info@marina-aleria.com . www.marina-aleria.com
De fin avr. à déb. oct. 17 ha/7 campables (252 empl.)
Tarif : 37,20 € (2A) – pers. suppl. 6,60 €
Loisirs : pizzeria, grill, diurne, canoë, pédalos
Services : cases réfrigérées

Bonifacio

Les Îles
Rte de Piantarella, 4,5 km vers l'embarcadère de Cavallo.
☎ 04 95 73 11 89
camping.des.iles.bonifacio@wanadoo.fr . www.camping-desiles.com
De déb. avr. à déb. oct. 8 ha (100 empl.)
Tarif : 7,50 € — 3,80 € — 4,50 € – (6A) 3,50 €
Loisirs : snack
Services :
vue panoramique de certains emplacements sur la Sardaigne et les îles

Ghisonaccia

Arinella-Bianca
Toute de la mer, 3,5 km par D 144 puis 0,7 km par chemin à droite.
☎ 04 95 56 04 78
arinella@arinellabianca.com . www.arinellabianca.com
De mi-avr. à fin sept. 10 ha (416 empl.)
Tarif : 44 € (2A) – pers. suppl. 10,50 €
1 borne eurorelais 9 €
Loisirs : pizzeria
Services : sèche-linge, cases réfrigérées

Pinarellu

California
Accès : 0,8 km au sud par D 468 et 1,5 km par chemin à gauche, à 50 m de la plage (accès direct).
☎ 04 95 71 49 24
info@camping-california.net . www.camping-california.net
De mi-mai à mi-oct. 7 ha/5 campables (100 empl.)
Tarif (prix 2009) : 8,50 € — 2 € — 9 € – (6A) 3 €
1 borne artisanale
Loisirs : snack, pizzeria
Services : (saison)
possibilité de naturisme sur la plage

Porto-Vecchio

Golfo di Sogno
Rte de Cala-Rossa, 6 km au nord-est par D 468.
☎ 04 95 70 08 98
De déb. mai à fin sept. 22 ha (650 empl.)
Tarif : (Prix 2009) 24 € (2A) – pers. suppl. 7,30 €
1 borne flot bleu
Loisirs : pizzeria, base nautique
Services : sèche-linge
quelques chalets les «pieds dans l'eau» !

La Baie des Voiles
La Trinité, Accès : 6 km au nord-est, bord de la plage.
☎ 04 95 70 01 23
De déb. à fin sept. 3 ha (180 empl.)
Tarif : 6,50 € — 2,50 € — 3,50 € – (15A) 3 €
Loisirs : pizzeria
Services :

Vivario

Aire Naturelle le Soleil
Tattone, 6 km par N 193, rte d'Ajaccio, à Tattone, près de la gare.
☎ 04 95 47 21 16
De mi-avr. à mi-oct. 1 ha (25 empl.)
Tarif (prix 2009) : 5,50 € — 2 € — 4 € – (20A) 2,50 €
Loisirs : pizzeria
Services :

Carnet pratique

Les bonnes **adresses** de Bib

Ajaccio

Marinella
Rte des Îles Sanguinaires, pointe du Scudo - 5 km à l'ouest d'Ajaccio - ☎ 04 95 52 07 86 - fermé déc. - 20,25/40,45 €.
Près de la maison du célèbre chanteur corse Tino Rossi, dans une atmosphère musicale, posez-vous sur cette terrasse au bord de l'eau comme l'ont fait Pagnol, Raimu et Fernandel. Appréciez la gargoulette, les poissons du jour, les pâtes et les pizzas au feu de bois.

Le Grand Café Napoléon
10 cours Napoléon - ☎ 04 95 21 42 54 - cafe.napoleon@wanadoo.fr - fermé 24 déc.-1er janv., sam. soir, dim. et j. fériés - 17/45 €.
Une belle terrasse de grand café pour l'apéro, une immense salle de style Second Empire pour déjeuner, dîner ou prendre une collation l'après-midi… Cette prestigieuse maison, l'une des plus anciennes d'Ajaccio, est depuis peu dirigée par un jeune chef prometteur.

Casa Napoleon
3 r. du Card.-Fesch - ☎ 04 95 21 47 33 - www.corsicagastronomia.com - juil.-août : 9h-20h ; le reste de l'année : tlj sf dim. en hiver 9h-12h30, 14h30-19h - fermé 1er Nov.
Dans une rue animée proche du marché aux poissons, cette boutique décline toutes les saveurs du terroir : vins blancs du cap Corse, vins rouges d'Ajaccio, de Patrimonio, du sartenais, liqueurs, fromages fermiers de chèvre et de brebis, poutargue (œufs de mulet fumés), canistrelli (gâteaux à l'anis).

Pantalacci
1 bd Pugliesi-Conti - ☎ 04 95 21 15 28 - tlj sf lun. 8h-12h30, 15h45-19h30 - fermé oct.
Cette charcuterie, dans la famille depuis quatre générations, offre à une clientèle de connaisseurs d'excellents produits. Vous y découvrirez coppa, lonzu, prisuttu (jambon sec) et figatellu (saucisse de foie), affinés pendant les longs mois d'hiver.

Aléria

Domaine Mavela
U Licettu - 3 km au sud d'Aléria, prendre D 343 sur 1,5 km - ☎ 04 95 56 60 30 - juin-sept. : 9h-20h ; oct.-déc. : tlj sf dim. 9h-12h, 14h-18h ; avr.-mai : tlj sf dim. 9h-12h, 15h-19h.
Cette distillerie élabore ses produits dans le respect de la tradition. On cultive les fruits de manière biologique puis on les transforme sans colorant ni levure. Les eaux-de-vie de framboise, de cédrat, de myrte et de châtaigne sont les fleurons de ce domaine qui, en partenariat avec une brasserie, a créé le 1er whisky corse.

Bonifacio

La Casa Corsa
R. St-Dominique - ☎ 04 95 73 53 54 - avr.-sept.10h-23h.
Composé d'une boutique proposant un choix de produits locaux (charcuteries, fromages, vins…) de qualité et d'une « cantineta » à l'ambiance typiquement corse, cet établissement sera une sympathique halte lors de votre visite de la ville haute.

Corte

Au Plat d'Or
1 pl. Paoli - ☎ 04 95 46 27 16 - fermé vac. de fév. et sam. - 15/19 €.
Après avoir parcouru les ruelles de la ville haute, arrêtez-vous dans ce restaurant. Sa façade colorée et sa petite terrasse précèdent deux salles aux tons pastel. Cuisine traditionnelle doucement épicée, plat du jour et un menu à prix sage.

U Paglia Orba
1 av. Xavier-Luciani - ☎ 04 95 61 07 89 - fermé 1er-8 avr., 30 août-5 sept., vac. de Noël et dim. - 15/25 €.
La carte de ce petit restaurant cultive l'éclectisme avec des salades, pizzas, pâtes, mais surtout des plats du terroir à la châtaigne et brocciu. Vous avez le choix entre la salle voûtée ou la terrasse surplombant l'avenue.

Sartène

A Cantinetta
29 r. Borgo - ☎ 04 95 77 08 75 - tlj sf dim. apr.-midi 9h-20h (été : 22h) - fermé déc.-fév. et dim. hors sais.
Cet établissement rappelle les « cantines » d'autrefois. C'est dans son cadre rustique, son ambiance conviviale que vous pourrez découvrir et déguster des vins sartenais et surtout des vins et liqueurs de myrte, de pêche, d'orange ou de clémentines. Possibilité de prendre une assiette de charcuteries ou de fromages pour accompagner la découverte des vins sartenais.

Mezzavia

U Licettu
Plaine de Cuttoli - 15 km au nord-est d'Ajaccio par rte de Bastia, puis rte de Cuttoli (D 1) et rte de Bastelicaccia - ☎ 04 95 25 61 57 - fermé janv., dim. soir et lun. sf juil.-août - réserv. obligatoire.
Quel bonheur de trouver cette jolie villa perdue dans le maquis et de s'y attabler autour d'une généreuse cuisine corse ! Terrasse, jardin fleuri et grande cheminée où rôtissent les viandes : rien n'y manque, jusqu'à l'accueil chaleureux garanti. Un seul menu gourmand incluant les boissons.

Franche-Comté

N° 39

Au cœur du **Doubs** et du **Haut-Jura**

Thermal, gastronome et grandiose : ce circuit l'est tour à tour. La **Franche-Comté** tient à son terroir et à son artisanat dont l'**horlogerie** est un des fleurons. Elle sait aussi entretenir son capital nature : ses **eaux thermales**, ses lacs, ses gouffres, les **gorges** admirables de ses cours d'eau et bien sûr son immense **forêt**.

➲ *Départ de Pontarlier*
➲ *7 jours*
400 km

L'extraordinaire source du Lison.

Jour 1

Commencez votre journée en flânant dans les rues de **Pontarlier**. Visitez son Musée municipal, présentant le passé archéologique de la ville. Partez ensuite vers le sud pour gravir la **montagne du Larmont** et atteindre le **belvédère du Grand Taureau**, et son panorama sur le Jura et les Alpes bernoises. En début d'après-midi, le **château de Joux**, perché au-dessus d'une profonde cluse, vous accueillera, et vous découvrirez l'histoire de ce fort et des malheureux, parfois célèbres comme Toussaint Louverture, qui y furent incarcerés. Finissez la journée par une escapade au bord du **lac de Saint-Point**. Si vous en avez le temps, poussez vers Malbuisson, puis la **réserve naturelle du lac de Rémoray**. La ludique Maison de la réserve, consacrée à sa faune, laissera un merveilleux souvenir aux petits comme aux grands. Revenez à Pontarlier, où vous passerez la nuit.

Jour 2

Rendez-vous à **Montbenoît** par la D 437, et faites une halte pour admirer son église et son cloître. Continuez votre route jusqu'à **Morteau**. Une visite du musée de l'Horlogerie du Haut-Doubs, au **château Pertusier**, vous permettra d'admirer le savoir-faire des artisans de la région.

Jour 3

Quittez Morteau par la D 461 en traversant Villers-le-Lac et passez la **frontière suisse** au col des Roches. Prenez la direction de **La Chaux-de-Fonds** et arrêtez-vous dans cette cité atypique, ville natale de **Le Corbusier**, et dont l'architecture abonde en éléments décoratifs Art nouveau. Ne manquez pas de visiter le musée international d'Horlogerie, véritable joyau avec ses quelque 3 000 pièces. Revenez par le même chemin, arrêtez-vous à **Villers-le-Lac** et finissez la journée par une promenade en bateau qui vous mènera au **saut du Doubs**.

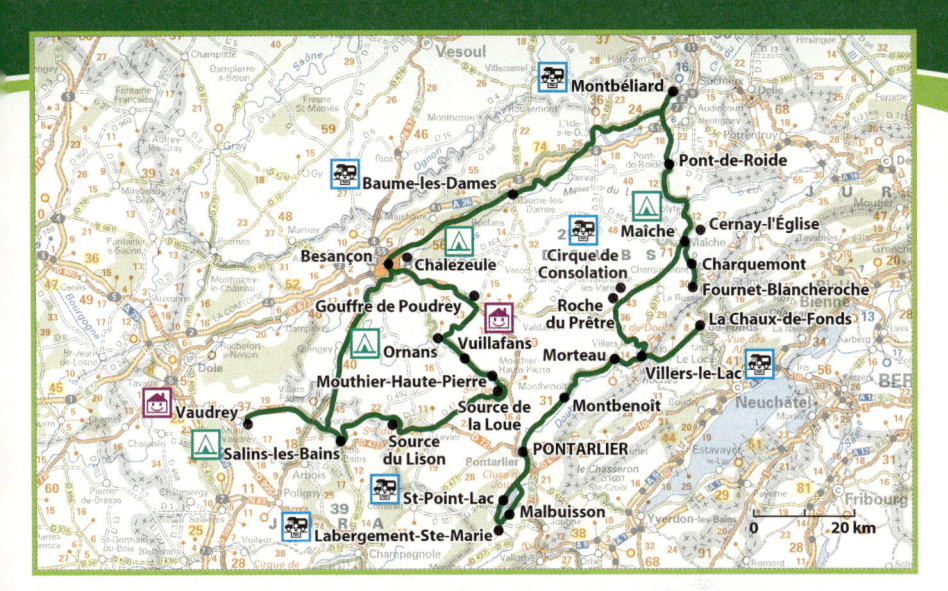

Jour 4
Une journée très nature vous attend. Quittez Morteau par le nord pour rejoindre le magnifique **belvédère de la Roche du Prêtre**, surplombant la vallée du Dessoubre et le cirque de Consolation. Prenez la direction de **Maîche**, et engagez-vous dans la Franche Montagne, par **Cernay-l'Eglise**. Si vous en avez le courage, faites l'ascension des Echelles de la Mort, à **Fournet-Blancheroche** puis retournez sur Maîche et rejoignez tranquillement **Montbéliard** ou **Besançon** via Baume-les-Dames, pour la nuit.

Jour 5
Consacrez cette journée à la visite de **Besançon**, capitale de la Franche-Comté. Les rues piétonnes de la vieille ville sont une invitation à la flânerie, au milieu des belles façades gris-bleu et ocre et des hôtels particuliers. Allez saluer le majestueux palais Granvelle et la discrète, mais étonnante cathédrale Saint-Jean. Prenez de la hauteur pour visiter la Citadelle, et les remparts. En fin d'après-midi, rejoignez **Salins-les-Bains**.

Jour 6
Vous pourrez consacrer une demi-journée à la visite de la ville et des anciennes salines qui ont fait sa renommée. Les thermes de la ville peuvent également vous proposer des séances de remise en forme et de relaxation. Quittez **Salins-les-Bains** et rejoignez l'extraordinaire **source du Lison**. Le cours du Lison, en partie souterrain, sur lequel donnent de surprenantes fenêtres rocheuses, telles le Creux Billard ou la Roche Sarrazine, vous fascinera. De Salins, un petit détour à la saline royale d'**Arc-et-Senans** s'impose. Les bâtiments conçus par Nicolas Ledoux sont étonnants.

Jour 7
Rejoignez la **source de la Loue**, résurgence impressionnante issue d'une vaste grotte située au pied d'une falaise. Puis descendez la vallée de la Loue et admirez ce paysage à couper le souffle. Désormais, vous n'aurez de cesse de longer la Loue, qui inspira de nombreux peintres. Faites une escale à **Lods** où vous visiterez le musée de la Vigne et du Vin, avant de terminer votre journée à **Ornans**. Prenez le temps d'apprécier cette charmante ville, célèbre pour sa double rangée de maisons à pilotis, sur la Loue, et son musée Gustave-Courbet. À votre retour sur Besançon, faites halte au **gouffre de Poudrey** qui vous étonnera par son impressionnante salle souterraine d'effondrement et sa grande variété de concrétions.

N° 39 Franche-Comté

Aires de service & de stationnement

Baume-les-Dames
Aire de Baumes-les-Dames – *Quai du Canal* – ☎ 03 81 69 07 13 – *Ouv. tte l'année* – P 40.
Borne eurorelais. Payant 6 €.
Stationnement : 48 h maxi
Loisirs : Services :

Consolation-Maisonnettes
Aire du Val de Consolation – *Fondation du Val de Consolation* – ☎ 03 81 43 67 67 – *Ouv. tte l'année* – P 5.
Borne artisanale. Gratuit.
Stationnement : autorisé
Loisirs : Services :

Labergement-Sainte-Marie
Aire du lac de Remoray – *à proximité du camping municipal* – ☎ 03 81 69 32 05 – *Ouv. mai-mi-oct.* – P 15.
Borne raclet. Payant 2 €.
Stationnement : 48 h maxi
Loisirs : Services :

Montbéliard
Aire communale de Montbéliard – *Pl. du Champ-de-Foire* – ☎ 03 81 99 22 00 – *Ouv. tte l'année* – P 4.
Payant 1,80 €.
Stationnement : 48 h maxi
Loisirs : Services : sèche-linge

Saint-Point-Lac
Aire de la Plage – *d 129, au bord du lac de St-Point* – ☎ 03 81 69 62 08 – *Ouv. mi-mars-mi-nov.* – P 15.
Borne artisanale.
Stationnement : 5 €/j.
Loisirs : Services :

Campings

Chalezeule
Municipal de la Plage
12, Rte de Belfort, 4,5 km au NE, sur D 683 rte de Belfort, bord du Doubs.
☎ 03 81 88 04 26
laplage-besancon@ffcc.fr . www.laplage-besancon.com
De déb. avr. à fin sept. 1,8 ha (113 empl.)
Tarif (prix 2009) : 4,05 € 5,55 € – (6A) 3,60 €
– 3 10,50 €
Loisirs : snack
Services : sèche-linge

Maîche
Municipal St-Michel
23, r. Saint-Michel, 1,3 km au S, sur D 422 reliant le D 464, rte de Charquemont, accès conseillé par D 437, rte de Pontarlier.
☎ 03 81 64 12 56
www.mairie-maiche.fr
De déb. déc. à mi-nov. 2 ha (70 empl.)
Tarif (prix 2009) : 3,10 € 4,10 € 1,70 € – (12A) 4,10 €
Loisirs :
Services :

Ornans
Domaine Le Chanet
9, chemin du Chanet, 1,5 km au SO par D 241, rte de Chassagne-St-Denis et chemin à dr., à 100 m de la Loue.
☎ 03 81 62 23 44
contact@lechanet.com . www.lechanet.com
De déb. avr. à fin oct. 1,4 ha (95 empl.)
Tarif : 24,50 € (2A) – pers. suppl. 4,70 €
– 7 14 €
Loisirs : snack, pizzeria (petite piscine)
Services : sèche-linge

Salins-les-Bains
Municipal
Pl. de la Gare, sortie nord rte de Besançon.
☎ 03 84 37 92 70
www.salinscamping.com
1 ha (44 empl.)
Loisirs : (petite piscine)
Services :

Carnet pratique

🏠 Haltes chez le **particulier**

Vaudrey

Chez Monsieur Petit-Guyot
6, r. du Cimetière – Ouv. tte l'année
P 5.
Ici, on cultive du maïs, du colza, du blé et on élève des charolaises. Chaque mois, entre le 15 et 20, M. Petit-Guyot organise une vente directe de viande provenant de son élevage. Excellent accueil.

Vuillafans

Ferme-auberge du Rondeau
☎ 03 81 59 25 84
P 5.
Aménagée dans une maison comtoise typique de la région, cette ferme-auberge est tenue par la famille Bourdier adepte de la culture bio. La restauration proposée fait la part belle aux produits de la ferme : charcuteries, volailles, pain maison… Vente du mohair des chèvres de la ferme.

Les bonnes **adresses** de Bib

Besançon

Au Petit Polonais
81 r. des Granges - ☎ 03 81 81 23 67 - fermé 25 juil.-15 août, dim., lun. et mar. soir. - 15/21 €.
Restaurant fondé en 1870 par un « petit Polonais » dont l'histoire est narrée sur la carte. La simplicité du cadre est volontairement préservée. Cuisine traditionnelle et régionale. Accueil familial.

Le Vin et l'Assiette
97 r. Battant - ☎ 03 81 81 48 18 - fermé de fin janv. à déb. fév., 3 sem. en août, 1 sem. en nov., dim., lun. et j. fériés.
Ce beau bâtiment du 14e s. situé au cœur du vieux Besançon renferme 300 références de vins français dont une trentaine de crus du Jura. Les dégustations se déroulent dans la cave voûtée ou dans le magnifique restaurant. Les petits plats s'accompagnent d'un vin servi au verre et à l'aveugle.

Pontarlier

Distillerie Pierre-Guy
49 r. des Lavaux - ☎ 03 81 39 04 70 - www.pontarlier-anis.com - tlj sf dim. et lun. 8h-12h, 14h-18h, sam. 8h-12h ; visite : 9h-11h, 14h-17h - fermé 1 sem. en janv. et 1 sem. en oct.
C'est l'une des deux dernières distilleries artisanales de Pontarlier. Venez y découvrir la fabrication des apéritifs (à base d'anis ou de gentiane), des liqueurs, des eaux-de-vie et de l'absinthe – à nouveau autorisée depuis 2001, mais revue et corrigée – en suivant leur trajet, des alambics aux foudres centenaires.

Morteau

Automates et horloges Yves-Cupillard
14 r. des Moulinots - ☎ 03 81 67 10 01 - www.cupillard.com - tlj sf dim. et lun. 10h-12h, 14h-18h - fermé de déb. à mi-janv., dernière sem. de sept. et 1re sem. d'oct.
Cet artisan spécialisé dans la fabrication des traditionnelles horloges comtoises peintes à la main propose la visite de son petit musée (payant) présentant de nombreuses pièces anciennes et neuves ainsi que des automates grandeur nature, tous réalisés dans ses ateliers.

Villers-le-Lac

Bateaux du Saut du Doubs (Droz-Bartholet)
Pavillon d'accueil à l'entrée de Villers-le-Lac - Les Terres Rouges - ☎ 03 81 68 13 25 - www.sautdudoubs.fr - de Pâques à la Toussaint : croisières vers le Saut du Doubs - dép. réguliers - 11,90 € (enf. 8,90 €).
Inaccessibles par la route, les gorges du Doubs et les canyons qui les entourent ne dévoilent pas leurs charmes si facilement. Il faudra embarquer dans l'un des bateaux amarrés à Villers-le-Lac pour découvrir ce paysage exceptionnel aux grottes et aux rochers chargés de légende. Croisières gastronomiques et nocturnes.

N° 40

Franche-Comté

Paysages de la **montagne jurassienne**

Supposons un instant que la **montagne jurassienne** n'existe pas : les fumeurs seraient privés de pipes ; les myopes, de lunettes ; les élégants, de peignes ; les enfants, de jouets. Voilà bien des raisons d'exprimer à cette région notre gratitude en la visitant, d'autant que l'on sera récompensé par de superbes paysages et une **authenticité** que le **Jura** a su préserver.

➲ **Départ des Rousses**
➲ **6 jours**
250 km

Atelier de fabrication artisanale de pipes, à Saint-Claude.

Jour 1

Des Rousses, rejoignez **Morez**, par la N 5. Première visite : le Viséum ou musée de la Lunette. Faites ensuite vos achats de morbier dans une fromagerie locale, puis direction **Saint-Laurent-en-Grandvaux**. Vous atteindrez le splendide **belvédère du pic de l'Aigle**, et sa vue exceptionnelle sur les lacs et les chaînes du Jura. Gagnez **Bonlieu**, son lac et le belvédère des Quatre Lacs, situé à La Chaux-du-Dombief. Consacrez l'après-midi à la découverte des nombreux lacs du site. Le **lac d'Illay** a la particularité de comporter une petite île qui abritait autrefois un monastère. Celui de **Narlay** est le plus petit lac de la région, mais aussi le plus profond. Le **lac de Chalain** est le joyau de la région : il recèle des vestiges d'une cité lacustre, témoins du peuplement ancien de ses berges, mais aussi nombre d'aménagements plus modernes, dont une base nautique !

Jour 2

Si vous n'y avez pas passé la nuit, rejoignez **Doucier** et partez découvrir la **vallée du Hérisson**, en empruntant la D 236. Vous rencontrerez successivement les lacs de Chambly et du Val, puis les **cascades du Hérisson** : ne manquez pas la cascade de l'Éventail, mur impressionnant de 65 m de hauteur, ou celle du Grand Saut, derrière laquelle vous pourrez passer. Gagnez ensuite **Clairvaux-les-Lacs**, puis **Pont-de-Poitte**, par la N 78. Vous pourrez passer le reste de la journée au bord du **lac de Vouglans**.

Jour 3

Prenez la direction de Saint-Claude par la D 470 et faites une halte aux **cascades des Combes et de la Queue de cheval**. Vous pourrez aussi consacrer une partie de la journée à l'exploration des **gorges du Flumen**. À **Saint-Claude**, une visite de la cathédrale et de l'exposition de pipes, diamants et pierres fines s'impose. La ville a de quoi vous accueillir pour la nuit.

Jour 4

Prenez la D 124, suivez la direction des Bouchoux, puis de **La Pesse**, avant de vous lancer dans l'ascension du crêt de Chalam, où une pause pique-nique récompensera vos efforts. Revenez à La Pesse, et partez vers le sud en direction de **Champfromier** où vous rejoindrez la D 14 pour vous rendre à **Chézery-Forens**, puis à **Lélex** sur la D 991. Vous pourrez passer la nuit dans ce village. Finissez la journée en prenant la télécabine de la Catheline. De la station supérieure, à 1 450 m d'altitude, un sentier mène au crêt de la Neige d'où la vue sur les Alpes est saisissante.

Jour 5

Quittez Lélex par le nord, et commencez la journée par une visite de la Maison du parc du Haut-Jura, à **Lajoux**. Vous y découvrirez un « grenier fort » et des expositions sur la nature et la vie rurale du Haut-Jura. Rejoignez ensuite **Mijoux** et le col de la Faucille. Laissez-y votre camping-car et partez à pied explorer les balcons du **Léman**, suite de crêts desquels vous aurez une vue imprenable sur Genève et son lac. Commencez par l'ascension du Mont-Rond, puis poussez en direction du **Colomby de Gex**. En fin de journée, descendez le col de la Faucille pour rejoindre **Divonne-les-Bains** où vous ferez étape. Certes, la ville ne fait plus partie du Haut-Jura, mais la descente du col de la Faucille, avec la vue sur le lac Léman et l'impérial massif alpin, vaut vraiment le déplacement.

Jour 6

Jogging matinal au bord du **lac Léman**, après avoir passé la frontière suisse ! Puis faites demi-tour pour regagner **Lajoux** et **Lamoura**, où un petit lac accueille pêcheurs et amoureux du calme. À partir de ce village, partez explorer la **forêt du Massacre**, l'un des plus belles du Jura. Rejoignez **Les Rousses** pour y découvrir le fort désaffecté et ses caves d'affinage du comté. Faites ensuite un crochet par le lac des Rousses, puis par **Bois-d'Amont** pour le musée de la Boissellerie.

Le conseil de Bib

▶ Avant de partir en randonnée, prenez les précautions d'usage : chaussures de randonnée, vêtement de pluie, pull, aliments énergétiques et eau.

N° 40 Franche-Comté

Aires de service & de stationnement

Clairvaux-les-Lacs

Aire de Clairvaux-les-Lacs – *sortie Nord par N 78, face à la gendarmerie – Ouv. tte l'année –* P 6.
Borne flot bleu. Gratuit.
Stationnement : autorisé
Loisirs : Services :

Les Rousses

Aire des Rousses – *Rte du Lac-des-Rousses, parking de l'Aube –* 03 84 60 01 52 *– Ouv. tte l'année –* P 30.
Borne raclet. Payant 3,10 €.
Stationnement : autorisé
Loisirs : Services :

Mijoux

Aire de Mijoux – *Ouv. tte l'année –* P
Borne raclet. Payant 2 €.
Stationnement : autorisé
Loisirs : Services :

Saint-Claude

Aire de St-Claude – *Face à l'ancien abattoir Saint-Blaise, à la sortie de St-Claude en direction de Jeurre – Ouv. tte l'année sf période de gel*
Borne eurorelais. Gratuit.

Orgelet

Aire d'Orgelet – *Champ-de-Foire –* 03 84 35 54 54 *– Ouv. tte l'année –* P 10.
Borne artisanale. Gratuit.
Stationnement : autorisé
Services :

La Tour-du-Meix

Aire du Surchauffant – *Lac de Vouglans, D 470 –* 03 84 25 41 08 *– Ouv. fin-avr.-mi-sept. –* P 10.
Borne artisanale. Gratuit.
Stationnement : autorisé
Loisirs :
Services : sèche-linge

Campings

Bonlieu

L'Abbaye
2, rte du lac, 1,5 km à l'est par D 678, rte de St-Laurent-en-Grandvaux.
03 84 25 57 04
www.camping-abbaye.com
De déb. mai à fin sept. 3 ha (80 empl.)
Tarif : 17,50 € (2A) – pers. suppl. 4,30 €
Loisirs :
Services :

Doucier

Domaine de Chalain
Accès : NE à 3 km.
03 84 25 78 78
chalain@chalain.com . www.chalain.com
De fin avr. à mi-sept. 30 ha/18 campables (804 empl.)
Tarif (prix 2009) : 36 € (2A)
borne sanistation 4 €
Loisirs : snack , parcours VTT
Services :
agréablement situé entre forêts et lac de Chalain

Saint-Claude

Municipal du Martinet
Accès : 2 km au sud-est par rte de Genève et D 290 à dr., au confluent du Flumen et du Tacon.
03 84 45 00 40
www.saint-claude.fr
De déb. mai à fin sept. 2,9 ha (130 empl.)
Tarif : 2,90 € 4 € – 2,40 €
Loisirs : snack
Services : (juil.-août)
blotti dans un agréable site montagneux

Saint-Laurent-en-Grandvaux

Municipal Champ de Mars
8, r. du Camping, sortie E par N 5.
03 84 60 19 30
champmars.camping@orange.fr . www.st-laurent39.fr
De mi-déc. à fin mars. 3 ha (150 empl.)
Tarif : 3 € 2,85 € – (6A) 2,20 €
borne artisanale 5,80 €– 12 8,85 € – 8€
Loisirs :
Services : sèche-linge

Carnet pratique

Haltes chez le **particulier**

Chaux-des-Prés

Au P'tit Québec
8, chemin Culoche – ✆ 03 84 60 40 42 – Fermé dim.
Ouv. tte l'année sf nov.
🅿 4. Stationnement : 24h maxi.
Le P'tit Québec est un p'tit commerce doublé d'un p'tit espace de restauration. Au menu, des spécialités régionales dont une excellente fondue aux trois fromages (morbier, raclette et comté) et la spécialité maison : la truite à l'orange.

Moirans-en-Montagne

Musée du Jouet
5, r. Murgin – ✆ 03 84 42 38 64 – juil. août 10h-18h30, set. et juin 10h-12h30, 14h-18h, w. end 14h-18h, fermé mi-sept. à mi-avr.
Ouv. tte l'année
🅿 5.
Résolument moderne, ce musée étonne par son architecture colorée. Plusieurs films vidéos retracent l'évolution des modes de fabrication, de conception et de commercialisation. Plus de 5 000 jouets d'ici et d'ailleurs, d'hier et d'aujourd'hui y sont exposés. Espace jeux pour enfants.

La Pesse

La Combe aux Bisons
Pré-Reverchon, 1,5 km au N de La Pesse par D 25 dir. l'Embossieux. – ✆ 03 84 42 71 60 – fermé 1er-28 déc., lun. et mar. sf vac. scol.
Ouv. tte l'année
🅿
Cette accueillante ferme du Haut-Jura est implantée dans un décor digne du Far West : tipis, forêts et grands pâturages où paissent des bisons ! Le maître des lieux et son équipe accommodent cette viande tendre et goûteuse de multiples façons, sans oublier pour autant de proposer quelques produits et vins jurassiens.

Les bonnes **adresses** de Bib

Les Rousses

Fromagerie des Rousses
137 r. Pasteur - ✆ 03 84 60 02 62 - tlj sf dim. apr.-midi 9h-12h15, 15h-19h15 ; j. fériés 9h30-12h.
Cette adresse incontournable fabrique de délicieux fromages (comté, tomme du Jura, morbier) ainsi que du beurre, de la crème fraîche et du fromage blanc. Galerie de visite pour observer la fabrication et la salle d'affinage. Vente également de salaisons, champignons, confiseries, miel du Jura, vins et alcools de la région. Possibilité de se restaurer à la fromagerie.

Boissellerie du Hérisson
101 r. Pasteur - ✆ 03 84 60 30 84 - 9h-12h, 14h-19h ; hors sais. : tlj sf lun. 9h30-12h, 14h-19h - fermé 1er janv., 25 déc. et dim. mat. hors sais.
Difficile de faire un choix dans cette boutique qui propose une multitude d'objets en bois réalisés par des artisans jurassiens : jouets comme autrefois, jeux de société, coffrets à peindre, tire-bouchon, salière, moulin à poivre, casse-noix, etc.

Morez

Fromagerie de Morbier
Au carrefour des Marais, col de la Savine, N 5 - ✆ 03 84 33 59 39 - lun.-sam. 8h30-12h, 16h30-19h, dim. 8h30-12h - fermé 1er janv. et 25 déc.
Cette maison abrite un charmant petit musée (visite sur rendez-vous) expliquant les différentes étapes de la fabrication du morbier. Celui qui est élaboré ici a reçu une médaille d'argent en 2000. À découvrir aussi : la tomme du Jura, le mont d'or, le bleu de Gex, la cancoillotte et le saucisson au comté ou au morbier.

St-Claude

Bernard Puget
33 r. du Pré - ✆ 03 84 45 00 05 - tlj sf lun. 8h-19h30, dim. 8h-18h30 ; tlj en juil.-août - fermé 2 sem. en juin.
Dans cette boutique cossue, les chardons bleus fourrés de crème à la noisette côtoient le Délice de St-Claude et les bonbons de chocolat voisinent avec un grand choix de petits fours. Offrez-vous le temps et le plaisir de goûter à l'une (ou bien plus...) de ces douceurs dans le salon de thé adjacent meublé en rotin.

Roger-Vincent
2 chemin Combe-du-Marais - ✆ 03 84 45 27 72 - tlj sf dim. 10h-12h, 15h-18h - fermé 1re sem. de juin, 1er-15 sept. et j. fériés.
Sacré meilleur ouvrier de France en 1994, Roger Vincent sculpte les pipes de façon artisanale. Ce grand passionné, vous expliquera comment il transforme un ébauchon de bruyère en véritable œuvre d'art. Visite de l'atelier et exposition de ses créations.

N° 41 — Franche-Comté

Le pays d'**Arbois**, de caves en fruitières

La faiblesse pour le **vin d'Arbois** que le bon roi Henri ne cherchait nullement à dissimuler, les travaux de l'enfant du pays, Pasteur, et le mystère qui entoure la vinification du **vin jaune** : rien d'étonnant à ce que les vins du Jura soient reconnus et appréciés, d'autant plus lorsqu'on les associe aux **fromages** régionaux, au premier rang desquels le **comté** !

➲ **Départ de Lons-le-Saulnier**
➲ **4 jours 140 km**

Le village d'Arbois, entouré de vignes.

Vins du Jura.

Jour 1

Promenez-vous dans la vieille ville de **Lons-le-Saunier** et amusez-vous à retracer son passé. Retrouvez la porte des anciennes salines qui ont fait le renom de Lons et partez à la recherche de la source du Puits-Salé, déjà utilisée dans l'Antiquité romaine et qui est à l'origine de son développement. Parcourez les 146 arcades de la rue du Commerce et arrêtez-vous au n° 24 : c'est la maison natale de Rouget de Lisle, enfant du pays, célèbre auteur de La Marseillaise.

Jour 2

Reprenez la route pour rejoindre **Arlay**, son domaine et son château du 18ᵉ s. N'oubliez pas de visiter le centre de reproduction des espèces de la faune sauvage du Jura, qui met l'accent sur la préservation des rapaces diurnes et nocturnes. Vous pourrez assister, dans le cadre romantique des ruines du château, à une démonstration de vol des rapaces de Jurafaune. Rejoignez ensuite **Poligny**. Pour le plus grand plaisir des gastronomes avertis, Poligny associe avec bonheur la production de **vins réputés** à celle du **comté**, dont la ville est devenue la capitale. Emmenez les enfants à la Maison du comté : ils pourront découvrir, toucher, sentir, et goûter ce merveilleux produit du terroir. Les adultes s'attarderont au Caveau des Jacobins. Poligny possède aussi plusieurs caveaux de vignerons réputés comme les domaines Xavier Reverchon et Benoît Badoz.

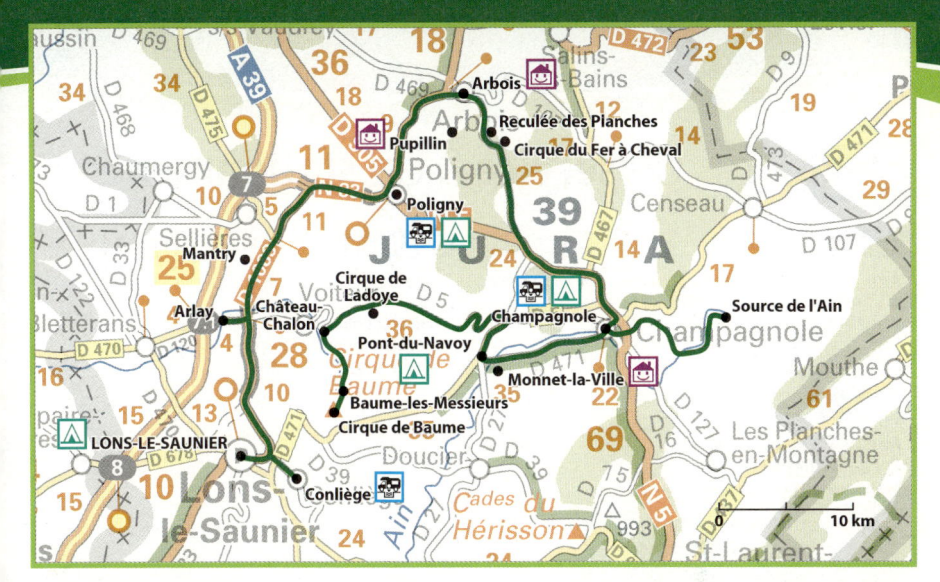

Le conseil de Bib

▶ Le premier week-end de février, assistez à la « Percée du Vin Jaune ». Elle a lieu chaque année dans un village différent situé dans la zone AOC..

Jour 3

Quittez Poligny à la fraîche et promenez-vous dans les vignes autour de **Pupillin** par exemple. Arrêtez-vous ensuite à **Arbois**. Vous y visiterez l'église St-Just, le musée de la Vigne et du Vin, et la maison de Louis Pasteur. Par ses recherches et ses conseils, Pasteur a largement contribué à la renaissance du vignoble dévasté par le phylloxéra. Arbois est aussi une halte gastronomique réputée, avec la table de Jean-Paul Jeunet et le chocolatier Claude Hirsinger. Côté cave, vous apprécierez l'accueil chaleureux de la célèbre Maison Henri Maire, ou celui des domaines Jacques Tissot et Rolet Père et fils. Avant de regagner **Champagnole** pour l'étape du soir, consacrez votre après-midi à un site naturel unique : celui de la **reculée des Planches** et de **ses grottes**, superbe laboratoire de l'érosion souterraine. Ne manquez pas non plus de vous arrêter à Molain pour découvrir l'univers magique des concrétions des **grottes des Moidons**.

Jour 4

Quittez Champagnole vers l'ouest par la D 471 et la D 5, faites un détour vers le **belvédère du cirque de Ladoye** et poursuivez jusqu'à **Château-Chalon**. Le charme de ce village et les vues magnifiques sur les vignes vous enchanteront. En regagnant Lons-le-Saulnier, découvrez l'exceptionnel site naturel constitué par la reculée du **cirque de Baume**, né du confluent minéral de trois vallées. L'extraordinaire belvédère des roches de Baume, formé par le bord de la falaise, vous laissera une impression inoubliable. Les courageux pourront descendre au fond de l'abîme par les **Échelles de Crançot**. Ne manquez pas, dans le village de **Baume-les-Messieurs**, l'abbatiale et son retable anversois.

Franche-Comté

N° 41

Aires de **service** & de **stationnement**

Champagnole

Aire de Boÿse – *R. Georges-Vallerey, face au camping* – 03 84 52 00 32 – *Ouv. tte l'année* – P 6.
Borne eurorelais. Payant.
Stationnement : autorisé
Loisirs : Services :

Conliège

Aire de Conliège – *R. du Saugeois – Ouv. tte l'année* – P
Borne flot bleu. Gratuit.
Stationnement : autorisé.
Loisirs : Services :

Poligny

Aire de Poligny – *Rte de Lons-le-Saunier* – 03 84 73 71 71 – *Ouv. tte l'année* – P 2.
Borne artisanale. Gratuit.
Stationnement : autorisé
Services :
Services extérieurs au camping.

Campings

Champagnole

Municipal de Boyse
20 rue Georges Vallerey, sortie NO par D 5, rte de Lons-le-Saunier.
03 84 52 00 32
camping.boyse@wanadoo.fr . www.camping.champagnole.com
De déb. juin à mi-sept. 7 ha (240 empl.)
Tarif : 17,50 € (2A) – pers. suppl. 4,50 €
borne artisanale 3,50 €
Loisirs : snack
Services : sèche-linge
accès direct à l'Ain

Lons-le-Saunier

La Marjorie
640, bd de l'Europe, au NE de la localité en dir. de Besançon par bd de Ceinture.
03 84 24 26 94
info@camping-marjorie.com . www.camping-marjorie.com
De fin mars à mi-oct. 9 ha/3 campables (204 empl.)
Tarif (prix 2009) : 14,90 € (2A) – pers. suppl. 3 €
borne artisanale 3,50 €– 38 14,90 €
Loisirs : nocturne (juil.-août)
Services : sèche-linge

Poligny

La Croix du Dan
Rte de Lons, 1 km par N 83 direction Lons-le-Saunier.
03 84 73 77 58
cccgrimont@wanadoo.fr . cc-comte-grimont.fr
De mi-juin à mi-sept. 1,5 ha (87 empl.)
Tarif (prix 2009) : 1,80 € 1,80 € 2,20 € – (10A) 6,50 €
borne artisanale
Loisirs :
Services :

Pont-du-Navoy

Le Bivouac
Accès : 0.5km au sud par D 27, rte de Montigny-sur-l'Ain, bord de l'Ain.
03 84 51 26 95
kawayet@aol.com . www.bivouac-jura.com
2,3 ha (90 empl.)
1 borne artisanale – 10
Loisirs : snack
Services :

Carnet pratique

🏠 Haltes chez le **particulier**

Arbois

Domaine Ligier Père & fils
56, r. Pupillin - ✆ *03 84 66 28 06 – Ouv. lun.-sam. 9h-12h, 14h-18h*
Ouv. tte l'année
🅿 *4. Stationnement : 24h maxi.*
On produit ici tous les types de vins de l'appellation Arbois. Les produits vedettes de la maison : la cuvée « Mille et une nuits » vieillie 3 ans en fût de chêne et un excellent crémant plusieurs fois primé lors de concours reconnus. Visite des chais et dégustation.

Monnet-la-Ville

Ferme de la Maison du bois
✆ *03 84 51 22 36 – Ouv. mars-déc.*
🅿 *3.*
Cette ferme d'élevage de canard gras et maigre propose des produits élaborés sur place : foie gras, rillettes, confits, canettes à rôtir et viande sous vide. Dégustation et vente à la ferme.

Pupillin

Domaine Désiré Petit
Le bourg – ✆ *03 84 66 01 20 – Caveau ouv. tlj 8h-12h, 14h-18h*
Ouv. tte l'année
🅿 *5.*
La dégustation et la vente des produits de l'exploitation se fait dans un magnifique caveau. À découvrir la cuvée « Trousseau » en vin d'Arbois, le Côte du Jura en blanc et bien sur le crémant du Jura en rosé brut (plusieurs fois médaillés).

Les bonnes **adresses** de Bib

Arbois

La Cave de Comté
44 Grande-Rue - ✆ *03 84 66 09 53 - 8h45-19h - fermé 8-15 janv., 28 juin-4 juil., lun. et merc. apr.-midi.*
Les patrons de cette fromagerie, logée dans une magnifique maison du 18e s., choisissent eux-mêmes leurs fromages : comté doux ou fruité, morbier, bleu de Gex, mont d'or, époisses, chèvres et autres produits laitiers…

Hirsinger
38 pl. de la Liberté - ✆ *03 84 66 06 97 - www.chocolat-hirsinger.com - vend.-mar. 8h-19h30 ; du 14 juil. à déb. sept. : tlj.*
Il serait impardonnable de traverser Arbois sans rendre une petite visite à ce Meilleur Ouvrier de France 1997 qui décline avec brio une succulente gamme de chocolats (à la menthe, au gingembre, aux épices, etc.) dominée par quelques spécialités de renom comme les galets d'Arbois ou les Bouchons.

Henri Maire, Les Deux Tonneaux
Pl. de la Liberté - ✆ *03 84 66 15 27 - 9h-19h mais variable selon sais. - fermé 1er Janv.*
Impossible de manquer l'enseigne Henri Maire à Arbois, car les publicités et ses immenses et alléchantes vitrines sont à la mesure de son implantation dans la région. Films, dégustations et possibilités de visite de caves et de domaines.

Lons-le-Saunier

Maison du Vigneron
23 r. du Commerce - ✆ *03 84 24 44 60 - tlj sf dim. et lun. 10h-12h, 14h-19h - fermé j. fériés.*
Cette cave qui s'ouvre en face de la maison de Rouget de Lisle regroupe la production d'environ 150 viticulteurs. La diversité du vignoble jurassien s'y exprime à travers une riche gamme de crus AOC : côtes-du-jura, arbois, vin jaune, vin de paille...

Poligny

Caveau des Jacobins/château de Bethanie
1 r. Hyacinthe-Friand - ✆ *03 84 37 14 58 - 9h30-12h, 14h-18h30, dim. 10h-12h - fermé 1er janv. et 25 déc.*
Les murs de l'église des Jacobins, datant de 1248, veillent désormais sur des foudres de chêne où mûrissent les côtes-du-jura des vignerons du Caveau. Un cadre exceptionnel pour des crus typiques de la région et vinifiés dans les règles de l'art par la dizaine de producteurs regroupés dans cette coopérative.

Pupillin

Le Grapiot
R. Bagier - 3 km au sud d'Arbois par D 246 - ✆ *03 84 37 49 44 - fermé lun. et mar. - réserv. conseillée - 14/38 €.*
Au cœur d'un village vigneron, sympathique petite auberge reflétant bien le style architectural du pays. En hiver, vous dégusterez des recettes franc-comtoises auprès de la grande cheminée et, en été, une cuisine de type « plancha et grillades ».

N° 42 — Ile-de-France

Au cœur de la **Seine-et-Marne**

A l'est de Paris s'étend **la Brie** avec ses champs de blé et de colza, jaunes à perte de vue, un horizon qui semble rivaliser avec l'infini, d'imposantes fermes, et des villages sagement regroupés autour de l'église. On y fait encore du fromage, on y cultive toujours le calme d'une vraie campagne. Plus au sud, la **plaine** se jette dans la **forêt de Fontainebleau**, elle se brise dans les **vallées du Grand et du Petit Morin**. Et c'est une autre Seine-et-Marne qui se révèle, celle, verte et boisée, qui charma des siècles durant la **cour royale**, puis les **peintres impressionnistes**.

➲ **Départ de Meaux**
➲ **6 jours 300 km**

Le domaine des Trois-Pignons dans la forêt de Fontainebleau.

Jour 1

Quoi de plus naturel que de commencer par **Meaux** pour cette visite de la « **Brie laitière** ». Très marquée par l'histoire religieuse, la ville possède une très belle cathédrale et un évêché dont le musée est en grande partie consacré à Bossuet. Une petite promenade dans les jardins à la française et vers les anciens remparts s'impose avant de prendre la route pour l'**abbaye de Jouarre**, une vingtaine de kilomètres à l'est. Vous y découvrez la crypte St-Paul, l'un des monuments religieux les plus anciens de France et la tour, dernier vestige de l'abbaye médiévale. L'étape suivante est la ville commerçante de **Coulommiers**, où vous visitez la chapelle des Capucins et la commanderie des Templiers. Ne manquez pas de poursuivre votre découverte de la Brie laitière en achetant un coulommiers. Regagnez **Provins** pour l'étape du soir.

Jours 2 & 3

L'ensemble de la ville est inscrit au Patrimoine mondial de l'humanité par l'Unesco ! Promenez-vous dans la cité médiévale, le long des remparts et sur la place du Châtel ; entrez dans la tour César, et dans le vaste réseau de souterrains à graffitis… À la belle saison, la ville haute est le théâtre de spectacles historiques. Le lendemain, visitez la grange aux Dîmes, qui évoque les fameuses foires de Champagne, ou le musée de Provins et du Provinois. Quittez Provins pour un petit tour très « monument » qui commence avec le bourg médiéval de

Moret-sur-Loing. L'église, le donjon et les îles inspirèrent le peintre Sisley.

Jour 4

En longeant le Loing, vous arrivez à **Nemours**, qui possède un très joli château et un musée consacré à la préhistoire de l'Île-de-France. L'étape culturelle suivante se fera à **Égreville**, où la fille du sculpteur Antoine Bourdelle a aménagé un merveilleux jardin de sculptures en l'honneur de son père. À quelques kilomètres, plus à l'ouest, faites halte à **Château-Landon**, ville médiévale perchée au-dessus d'une charmante petite rivière. Dirigez-vous maintenant en direction de **Larchant**, où vous attend une étape « varappe » et un monument de la nature : la **Dame Jouanne**, le plus haut rocher d'escalade des environs de Paris. Ses 15 m de haut ont un adversaire de taille dans le village : l'église St-Mathurin, avec son impressionnant clocher-porche de 50 m. La route se poursuit jusqu'à **La Chapelle-la-Reine** puis vers **Milly-la-Forêt**, qui vous remet sur le chemin de Fontainebleau en passant par la forêt. Arrêtez-vous à **Barbizon,** qui fut le berceau de l'Impressionnisme. Rejoignez Fontainebleau pour le soir.

Jour 5

Fontainebleau, appréciée du temps de François Ier pour son côté « sauvage », n'en est pas moins, dans ses proportions, une authentique ville au passé royal. Il s'en dégage pourtant un calme provincial, sauf les dimanches à la belle saison, lorsqu'elle est envahie par les touristes. De tout temps tourné vers la tradition équestre, **le château de Fontainebleau** fut l'objet de l'affection de nombreux rois de France qui en firent un joyau : appartements, galerie et jardins. Il est aujourd'hui inscrit au Patrimoine mondial de l'Unesco. La forêt, lieu de prédilection des randonneurs et des amateurs d'escalade, est toute proche, mais c'est vers la Seine que vos pas se tournent. En sortant de Fontainebleau en direction de **Valvins**, vous tomberez sur le fleuve, que vous longerez au nord jusqu'au charmant village de **Samois-sur-Seine**, où une promenade à l'île du Berceau ne manquera pas de vous séduire. Vous pouvez alors traverser la Seine et la longer sur sa rive droite jusqu'à **Melun**, que vous traversez pour l'instant sans vous arrêter pour gagner **Vaux-le-Vicomte**. Majesté de nouveau avec ce chef-d'œuvre du 17e s., jalousé par Louis XIV. Vous comprendrez pourquoi en le visitant. Une promenade dans les jardins s'impose avant de retourner à Melun.

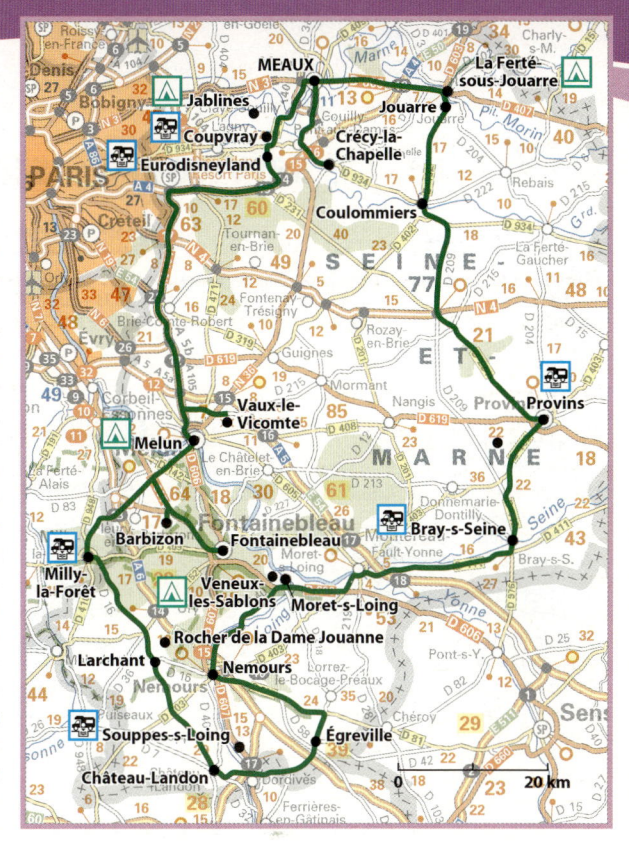

Jour 6

Par la A 5b, retour à **Meaux** sans oublier de vous rendre à **Disneyland Resort Paris**. Que vous entriez ou non dans ce monde très à part, ne pensez pas n'y faire qu'un tour, la journée suffit à peine à la découverte du parc.

N° 42 — Ile-de-France

Aires de service & de stationnement

Bray-sur-Seine

Aire de Bray-sur-Seine – Quai de l'Isle – Ouv. tte l'année – P
Borne artisanale. Gratuit.
Stationnement : autorisé
Loisirs : Services : WC
sèche-linge
Au bord de la Seine

Coupvray

Aire de Coupvray – Av. Robert-Schuman, Station ESSO – Ouv. tte l'année
Borne artisanale. Payant.
Proche de Disneyland Resort Paris

Saint-Vallier-sur-Marne

Aire de Disneyland Resort Paris – 01 64 74 25 84 – Ouv. tte l'année – P
Borne artisanale. Gratuit.
Stationnement : 13€/j.
Services : WC
Seulement si vous accédez au parc d'attractions. 13€/24h de 0h à 24h.

Milly-la-Forêt

Aire de Milly-la-Forêt – 56, av. de Ganay – 01 64 98 82 38 – Ouv. tte l'année, 6 h-21 h – P
Borne artisanale. Payant.
Stationnement : autorisé. 3€/j.
Services : sèche-linge
Aire privée sur terrain herbeux et cloturé,

Provins

Aire de Provins – Chemine de Villecran, parking de l'office de tourisme – 01 64 60 26 26 – Ouv. tte l'année – P 30.
Borne artisanale. Gratuit.
Stationnement : autorisé, payant
Services :
Idéale pour la visite de la cité médiévale. Stationnement payant d'avril à octobre.

Souppes-sur-Loing

Aire de Souppes-sur-Loing – Av. du Mar.-Leclerc – Ouv. tte l'année – P
Borne artisanale. Gratuit.
Stationnement : autorisé
Loisirs : Services :

Campings

La Ferté-sous-Jouarre

Le Caravaning des Bondons
47/49 r. des Bondons, 2 km par D 407 et D 70, rte de Montmenard puis 1,4 km.
01 60 22 00 98
Permanent 30 ha/10 campables (247 empl.)
Tarif : 24 € (2A) – pers. suppl. 7 €
Loisirs :
Services :
dans le parc du Château des Bondons

Jablines

L' International
Base de loisirs, 2 km par D 45, rte d'Annet-sur-Marne, à 9 km du Parc Disneyland-Paris.
01 60 26 09 37
De fin mars à fin oct. 300 ha/4 campables (150 empl.)
Tarif : 26 € (2A) – pers. suppl. 7 €
borne eurorelais
Loisirs :
Services :
sèche-linge
situation agréable dans une boucle de la Marne

Melun

La Belle Étoile
Quai Maréchal-Joffre, par D 606, rte de Fontainebleau.
01 64 39 48 12
De déb. avr. à mi-oct. 3,5 ha (190 empl.)
Tarif : 6,40 € 6,70 € – (6A) 3,50 €
borne artisanale 2 €
Loisirs : (bassin)
Services :
sèche-linge

Veneux-les-Sablons

Les Courtilles du Lido
Chemin du Passeur.
01 60 70 46 05
De déb. avr. à mi-sept. 5 ha (196 empl.)
Tarif : (Prix 2009) 4 € 2,50 € 6 € – (10A) 3 €
Loisirs :
Services :

Carnet pratique

Les bonnes **adresses** de Bib

Provins

La Table Saint-Jean
1 r. St-Jean (villehaute) - ☎ 01 64 08 96 77 - latablesaintjean@wanadoo.fr - fermé vac. de Toussaint, dim. soir, mar. soir et merc. - 17,50/29,50 €.
Dans la ville haute, face à la grange aux Dîmes, restaurant aménagé dans une maison à colombages datant sans doute du 13e s. Au gré des saisons, vous prendrez votre repas dans le cadre rustique affirmé de la salle à manger, agrémentée de cheminées, ou sur la terrasse sise dans une jolie courette fleurie.

Gaufillier
2 av. Victor-Garnier - ☎ 01 64 00 03 71 - tlj sf lun. 8h-12h30, 14h30-19h15 ; dim. 8h-12h30.
Voilà plus de dix ans que ce chocolatier-pâtissier-confiseur de la ville basse régale ses clients de friandises à la rose : confiture, glace, bonbon, pâte de fruits, nougats, thé, limonade, sirop et depuis peu caramels. Miam-miam !

Fontainebleau

Croquembouche
43 r. de France - ☎ 01 64 22 01 57 - www.restaurant-croquembouche.com - fermé jeu. midi et merc. - 27/39 €.
Un restaurant tout simple en centre-ville, fréquenté par des habitués séduits par l'accueil sympathique, le cadre chaleureux de la salle à manger aux douces tonalités et la cuisine traditionnelle préparée avec des produits frais.

Melun

Mariette
31 r. St-Ambroise - ☎ 01 64 37 06 06 - www.lemariette.fr - fermé 1er-29 août, 23 déc.-1er janv., lun. soir, merc. soir, dim. et j. fériés - 28/36 €.
Un jeune couple très agréable et motivé tient ce petit restaurant dont la décoration vient d'être entièrement revue. Un vivier à homards a également été installé. Ajoutez à cela une cuisine actuelle goûteuse et un accueil tout sourire : l'addition sera ici payée de gaieté de cœur !

Arlette Boussion
9 r. Carnot - ☎ 01 64 37 09 30 - tlj sf lun. 8h15-12h30, 15h30-19h30 ; dim. 9h-12h - fermé 11-17 août.
La vitrine de ce fromager membre de la Confrérie des chevaliers du brie de Melun mérite à elle seule une halte. À l'intérieur, joli décor à l'ancienne avec exposition d'ustensiles liés à l'industrie du lait et bon choix de fromages locaux. Également, un rayon épicerie fine.

Coulommiers

Ferme Jehan de Brie
15 pl. du Marché - ☎ 01 64 03 06 49 - fermé lun. et mar. mat.
Avec sa façade à pans de bois, son intérieur rustique décoré de pots à lait et ses rayonnages couverts de bibelots représentant les animaux de la ferme, cette boutique séduit d'emblée. Son propriétaire y propose 180 références de fromages au lait cru dont la vedette incontestée, le coulommiers, affiné dans les règles de l'art. Parmi les autres spécialités : les bries de Meaux et de Melun, le livarot, le saint-marcellin, le pont-l'évêque, le Délice de Brie roulé dans des raisins secs, des noix ou de la ciboulette, les crottins de Chavignol macérés dans un mélange d'huile d'olive et de piments, le saint-nectaire fermier…

Meaux

La Grignotière
36 r. de la Sablonnière - ☎ 01 64 34 21 48 - fermé août, sam. midi, mar. et merc. - 29/42 €.
Cette petite auberge à la façade abondamment fleurie propose de vous régaler en toute simplicité dans l'agréable cadre rustique de ses deux salles à manger. La mise en place soignée et l'ambiance conviviale vous mettront dans les meilleures dispositions pour savourer les recettes traditionnelles du chef.

Marché
Pl. du Marché - mar., jeu., vend., sam. et dim. le mat.
Marché installé dans deux halles dont la plus grande, construite en 1879, est un bel exemple d'architecture métallique. Beaux étals de primeurs (dont celui de Maurice de Poincy), de champignons et d'asperges (en saison), de volaillers, de bouchers et de fromages avec le fameux brie.

Moret-sur-Loing

La Maison du Sucre d'Orge des Religieuses de Saint-Moret
Pl. Royale - ☎ 01 60 70 24 53.
La recette secrète du sucre d'orge – ce fameux bonbon né médicament au 17e s. – a failli disparaître ! Que les gourmets se rassurent, elle a finalement pu être transmise à Jean Rousseau, un confiseur de Moret, par Sœur Marie-André en 1970. La fabrication artisanale se perpétue donc dans ce joli village des bords du Loing. Berlingots, bâtons, confits, liqueur, etc. : toutes ces douceurs naturelles à la belle couleur ambrée sont en vente dans cette boutique. Le musée est situé à quelques mètres, au numéro 5 de la rue du Puits-du-Four.

Milly-la-Forêt

Bertrand
9 pl. du Marché - ☎ 01 64 98 86 57 - tlj sf lun. 7h-12h30, 14h30-19h30, dim. et j. fériés 7h-12h30 - fermé vac. de fév. et 15 août-15 sept.
Issu d'une famille dans le métier depuis 3 générations, Gilles Bertrand collectionne les récompenses (médaille d'or 2003 pour la saucisse sèche, entre autres). Il faut dire que ses charcuteries, composées presque exclusivement de produits régionaux, sont fort goûteuses à l'instar des terrines ou du jambonneau pané.

N° 43

Ile-de-France

Découverte des **Yvelines**

Elles sont vertes, riches et vallonnées. Autrefois royales, les **Yvelines** restent un lieu de choix pour un séjour culturel et champêtre. La **vallée de la Chevreuse**, la **forêt de Rambouillet**, **Montfort-l'Amaury**, **Thoiry** et **les boucles de la Seine** se déroulent à l'ouest de Paris, encadrant **Versailles**, la grande rivale, la ville royale par excellence, dont le charme n'est plus à démontrer !

➲ **Départ de Rambouillet**
➲ **5 jours**
210 km

L'Orangerie du Château de Versailles.

Jour 1

Trois bonnes raisons de visiter **Rambouillet** ? Son superbe château, où mourut François Ier, les jardins à thème et la forêt toute proche. Les alentours sont à l'avenant, verts et variés : le premier arrêt se fera au nord-est de Rambouillet, toujours dans les feuillages, à l'**abbaye des Vaux-de-Cernay**, aujourd'hui un hôtel dont le parc recèle les ruines de l'abbatiale. Revenez sur vos pas, passez devant l'étang de Cernay et prenez la D 91 jusqu'à **Dampierre**, dont le château tout en majesté est à découvrir aussi bien pour ses appartements que ses jardins. Sur la même route, plus au nord, les ruines de **Port-Royal-des-Champs**, certes moins impressionnantes, ne sauraient pourtant vous laisser indifférents tant l'abbaye fut riche en événements. Dans les parages, la petite église de **St-Lambert** est un autre souvenir de Port-Royal. Vous arrivez ensuite à **Chevreuse**. Son château abrite le bureau d'information du Parc naturel régional de la haute vallée de Chevreuse. Le **château de Breteuil n'est pas loin**. Vous y aurez droit à une visite animée par des personnages de cire évoquant les contes de Perrault. Vous n'avez plus qu'à vous propulser à **Élancourt**, pour finir sur une note légère : la visite de France Miniature, un parc qui vous fait découvrir les principaux sites nationaux grandeur lilliputienne !

Jour 2

Avec **Versailles**, on touche au sublime. Est-il vraiment nécessaire d'en parler ? Un château somptueux, des jardins incroyables... C'est sans commentaire ! La ville royale par excellence, au plan monumental et aux immeubles bourgeois, est un lieu de séjour idéal du fait de sa proximité avec le château et justement parce qu'avoisinant la première « attraction » française, elle est délaissée par les milliers de touristes pressés de regagner Paris. Pourtant, vous découvrirez une ville animée, avec des coins charmants, des cinémas, des théâtres et de bons restaurants.

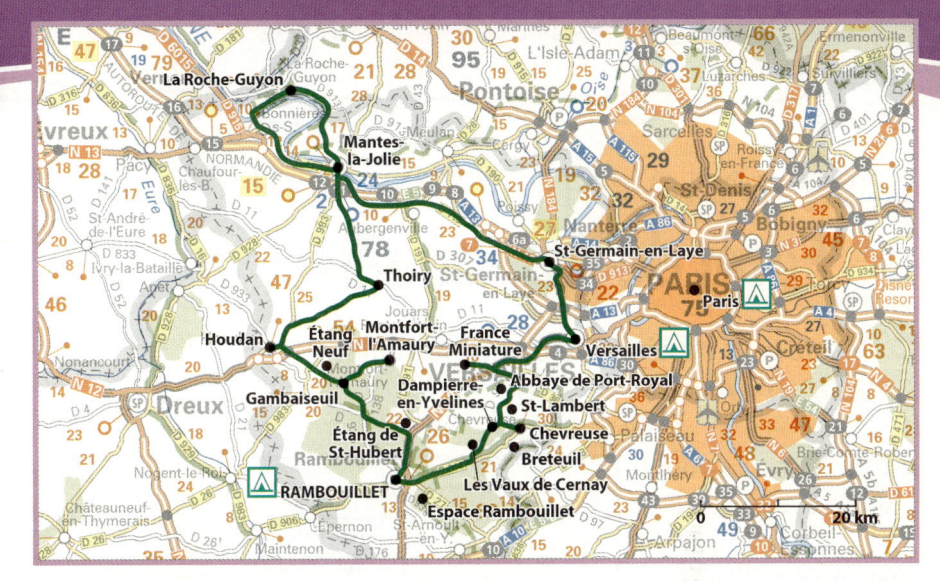

Jour 3

Tranquille et aérée, **St-Germain-en-Laye** possède, outre un cadre exceptionnel en bordure d'une des plus belles forêts d'Île-de-France, tous les atouts d'une destination touristique de valeur : un château royal, un centre ancien, des hôtels particuliers des 17e et 18e s., des rues piétonnes avec de beaux commerces, enfin des musées de premier ordre (musée d'Archéologie nationale, musée Maurice Denis). Après **Mantes-la-Jolie**, à (re)découvrir pour sa collégiale N.-Dame et son musée consacré à Maximilien Luce, l'itinéraire vous emmène à travers un bout de campagne vexinoise jusqu'à ce que vous tombiez de nouveau sur la Seine, au début de la section escarpée du méandre de la Roche-Guyon, à hauteur de **Vétheuil**. Cet ancien village de vignerons, qui possède une très jolie église souvent prise comme modèle par les Impressionnistes, est un condensé de **Vexin français**. La D 913 vous achemine ensuite bien vite à **Haute-Isle**, un village troglodytique dont l'église est creusée dans la roche. En poursuivant au bord du fleuve sur la même route, vous parvenez à **La Roche-Guyon** (très belle arrivée face au donjon). Le château a été bâti en partie dans le rocher, tout comme quelques maisons du bourg.

Jour 4

Faites encore quelques kilomètres rive droite avant de traverser la Seine à **Bennecourt**, Seine que vous allez maintenant remonter en sens inverse. Passez à Rosny-sur-Seine (château), puis à **Mantes** : le **parc de Thoiry** n'est plus très loin. Le beau parc qui jouxte le grand château Renaissance offre différents circuits permettant de se dégourdir les jambes tout en admirant les animaux.

Jour 5

Retour à Rambouillet par **Houdan** et **Montfort-l'Amaury**, qui possède tous les attraits d'une villégiature, une belle église et la maison où vécut Maurice Ravel. Après la traversée du bois de l'Épars, le village de **St-Léger-en-Yvelines** est le passage obligé pour se rendre aux **étangs de Pourras et de St-Hubert**. Prenez-y une dernière bouffée de vert, avant de passer à **Houjarray** (maison où vécut l'un des pères fondateurs de l'Europe, Jean Monnet). Vous finirez en beauté à l'**Espace Rambouillet**, un parc animalier où les animaux évoluent en toute liberté.

Île-de-France

Voie Verte « à la carte » en Forêt de Rambouillet

➲ **Des abords du château de Rambouillet à Montfort-l'Amaury : 18 km**

Votre « tour des Yvelines » en camping-car vous fait passer par Rambouillet et, à l'autre bout de la forêt, par Montfort-l'Amaury. Savez-vous qu'une Voie Verte forestière relie agréablement les deux communes, avec visite au passage des fameux étangs de Hollande ? 18 km de piste réservée, sécurisée et sans effort, pour l'une des plus vertes promenades cyclables d'Île-de-France…

Si elle est idéalement adaptée à une sortie d'une journée, la Voie Verte suggérée entre Rambouillet et Montfort n'est pas la seule développée ici par l'ONF : la forêt compte en tout plus de 50 km de pistes asphaltées réservées à la promenade. On pourra donc choisir l'itinéraire à sa convenance. Celle-ci, en revanche, a quelques avantages particuliers. Reliant entre elles deux des villes les plus intéressantes, culturellement et historiquement, du grand ouest parisien, elle frôle à mi-parcours les étonnants réservoirs creusés naguère pour le seul bon plaisir de Louis XIV et de sa cour.

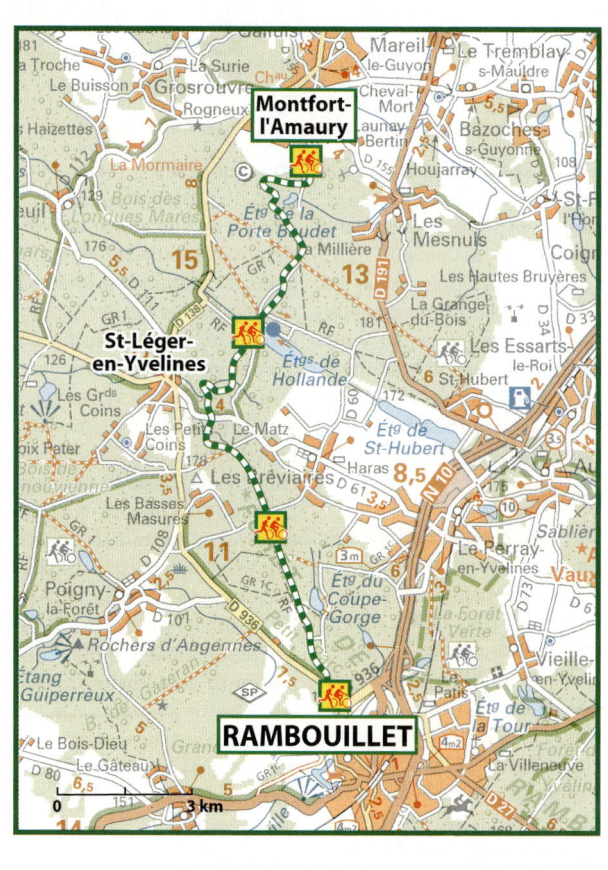

Échappées belles

Partant de Rambouillet, il suffira de longer l'enceinte du domaine royal pour rejoindre le Petit Parc, 2 km plus au nord. La balade commence aussitôt la route traversée, par une piste asphaltée, à la fois large et rapide, qui file tout droit dans la direction de Saint-Léger-en-Yvelines. On aura, juste après la maison forestière, à traverser encore la D 61, mais, hormis les voies de service jouxtant les étangs de Hollande, ce sera la dernière route à franchir jusqu'aux abords de Montfort. Tout ne sera ensuite qu'une alternance paisible de forêt profonde, de clairières ou d'espaces de taillis où dominent les chênes, les hêtres, les bouleaux et les pins.

Un pique-nique ou une pause-découverte semble incontournable autour des plans d'eau. Ces vastes étangs, naturels en apparence, ont pourtant été créés de toutes pièces par Vauban pour alimenter les grands jeux d'eau du château de Versailles ! L'endroit est équipé, en plus, d'une aire de loisirs pour les enfants, ainsi que d'un restaurant, ouvert de mai à septembre.
Belle entrée avant le plat de résistance, car il reste quand même 25 km aller-retour ! Pas de souci pour la suite de la balade, elle n'est qu'un paisible, musardant et chlorophyllien voyage sous couvert. Elle rejoint même un peu plus loin le fameux GR 1, le chemin de grande randonnée qui fait le tour complet de l'Île-de-France…

Après les fameux réservoirs versaillais, le ruban d'asphalte évitera deux autres étangs. La forêt en est particulièrement riche, c'est ici, justement, qu'ont été tournées quelques scènes culte du film *Ne le dis à personne*. Profitez de l'atmosphère des lieux, mais ne tardez pas trop quand même avant de rejoindre et de visiter Montfort-l'Amaury, ce célèbre et très chic village des Yvelines, autrefois refuge d'Anne de Bretagne, de Victor Hugo et de Maurice Ravel. Pas vraiment plus difficile qu'à l'aller, la route du retour demandera juste de pousser un peu sur les pédales…

Le conseil de Bib

▶ Portez des vêtements clairs pour être vu (le gilet de sécurité est obligatoire la nuit hors agglomération).

En forêt de Rambouillet

N° 43 Ile-de-France

Campings

Paris

Du Bois de Boulogne
2, allée du Bord de l'Eau, entre le pont de Suresnes et le pont de Puteaux, bord de la Seine.
☎ 01 45 24 30 00
paris@campingparis.fr . www.campingparis.fr
7 ha (510 empl.)
Loisirs :
Services :
sèche-linge

Rambouillet

Huttopia Rambouillet
Rte du Château-d'Eau, à 4 km au sud du centre-ville.
☎ 01 30 41 07 34
rambouillet@huttopia.com . www.huttopia.com
De fin mars à déb. nov. 8 ha (93 empl.)
Tarif (prix 2009) : 32 € (2A) – pers. suppl. 6,80 €
Loisirs :
Services :
sèche-linge
en bordure d'un étang, au cœur de la forêt

Versailles

Huttopia Versailles
31, rue Berthelot.
☎ 01 39 51 23 61
versailles@huttopia.com . www.huttopia.com
De mi-mars à déb. nov. 4,6 ha (180 empl.)
Tarif (prix 2009) : 38,80 € (2A) – pers. suppl. 8,50 €
Loisirs : snack
Services :
sèche-linge
cadre boisé proche de la ville

Les bonnes **adresses** de Bib

Rambouillet

Poste
101 r. du Gén.-de-Gaulle - ☎ 01 34 83 03 01 - fermé 1er-7 janv., jeu. soir, dim. soir et lun. - 23,20/35,20 €.
Cette petite maison du centre-ville a des allures d'auberge provinciale avec son cadre tout simple : murs blancs agrémentés de colombages et de tableaux, chaises paillées… La carte, traditionnelle, recèle de goûteuses préparations maison (terrine de canard, foie gras, noisettes d'agneau façon chevreuil, etc.).

Versailles

Le Potager du Roi
10 r. du Mar.-Joffre - ☎ 01 39 24 62 09 ou 01 39 24 62 62 - www.potager-du-roi.fr - d'avr.-oct. : tlj sf lun. 10h-18h.
Cette petite boutique implantée au sein même de l'École nationale supérieure d'horticulture, à deux pas du château, écoule les 50 tonnes de fruits et légumes produits chaque année par le Potager du Roi. Vous y trouverez aussi un délicieux nectar de rhubarbe, des caramels aux pommes, des gelées et des confitures.

Chevreuse

Auberge de la Brunoise
2 r. de la Division-Leclerc - ☎ 01 30 52 15 75 - auberge-la-brunoise@aliceadsl.fr - fermé lun. soir, mar. soir et merc. - formule déj. 13,50 € - 26/47 €.
Le chef se met en quatre pour régaler ses hôtes et mitonne des recettes traditionnelles mais aussi créatives. Chaleureux intérieur d'auberge et agréable terrasse verdoyante.

La Boissière-École

Ferme de la Tremblaye
☎ 01 34 94 30 98 - ouv. jeu.-vend. 14h-18h30 ; sam. 10h-12h30, 15h-19h.
Jouxtant un joli parc boisé, grande ferme spécialisée dans la fabrication et l'affinage de fromages. La visite des lieux est bien menée et la boutique regorge de produits alléchants tels que volailles, terrines, rillettes, jus de pomme, lait cru et bien sûr fromages.

cartes & guides MICHELIN
UNE MEILLEURE FAÇON DE VOYAGER

cartes et atlas MICHELIN

guide MICHELIN

Les guides Verts MICHELIN

Les guides Voyager Pratique MICHELIN

Les publications cartes et guides MICHELIN sont vos atouts pour un voyage réussi : choisissez vous-même votre parcours avec les cartes et atlas toujours mis à jour, découvrez les bonnes adresses d'hôtels et de restaurants du guide MICHELIN, laissez-vous guider par les itinéraires insolites du Guide Vert et créez vos voyages sur-mesure avec le guide Voyager Pratique. Découvrez toutes les nouveautés et les offres Michelin sur : www.cartesetguides.michelin.fr

MICHELIN
Une meilleure façon d'avancer

Languedoc-Roussillon

N° 44

Refuge dans **les Cévennes**

Les Cévennes, le **mont Lozère**, la **bête du Gévaudan**, le **causse Méjean** : vous sentez la bonne odeur des vacances ? Le parfum de la liberté et des grands espaces sur les **plateaux de l'Aubrac** ? L'arôme de l'**aligot** ? Bienvenue dans les Cévennes, ancien refuge des bêtes sauvages et des maquisards, terre d'asile des protestants aux 16e s. et 17e s., aujourd'hui lieu de prédilection de ceux qui recherchent l'authentique.

➲ **Départ d'Alès**
➲ **7 jours 430 km**

Paysage du Mont Lozère.

Jour 1

Alès, où fut signé l'édit de Grâce accordé aux protestants en 1629, ouvre ses portes sur **les Cévennes**. Entrez dans un pays d'histoire et de nature encore préservée en vous dirigeant vers **Génolhac**, charmante bourgade médiévale. Déjeunez-y sur le pouce avant de gagner **Villefort** et son lac. Vous êtes alors sur le **mont Lozère**, haut lieu de randonnée, emblème des Cévennes du nord et symbole de la Lozère à qui il a donné son nom. Passez la nuit à **Villefort**.

Jour 2

Du **Bleymard**, village sympathique, vous arrivez à **Bagnols-les-Bains**, où une remise en forme d'une demi-journée vous mettra d'attaque pour la suite du parcours. Déjeunez à **Lanuéjols** puis direction **Mende** qui mérite une étape prolongée. Au programme : balade dans la vieille ville, visite de la cathédrale, excursion dans les causses et pour finir… une bonne nuit !

Jour 3

Entamez votre journée avec une petite randonnée sur le causse, en optant pour la petite boucle du sentier d'interprétation. Vous reviendrez déjeuner à Mende. Si vous en avez le temps, passez au **Villard** (par la N 88) où l'on a restauré le domaine médiéval des

Le conseil de Bib

▶ Parc des loups du Gévaudan : le stationnement pour une nuit est autorisé aux camping-cars.

Champs (grand domaine fermier du Moyen-Âge). Gagnez ensuite **Marvejols**, la capitale du Gévaudan, par les N 88 et N 108 afin de profiter du beau paysage. Faites le tour des portes fortifiées de la ville avant de rejoindre, au nord, le **parc des Loups du Gévaudan**. Même si la bête du Gévaudan a bel et bien existé, vous ne la verrez pas, mais ferez connaissance avec les loups gardés dans ce parc en semi-liberté.

Jour 4

Deux options pour ce jour : si vous êtes skieurs et s'il y a de la neige, rejoignez **Nasbinals** ou **St-Urcize** un peu plus au nord pour goûter aux joies de la glisse. Si vous n'êtes pas skieurs ou si vous venez en été, passez à Nasbinals pour admirer son église romane avant de rejoindre la station thermale de **La Chaldette** par la D 12. Vous pourrez y déjeuner avant d'aller parcourir à pied une des plus belles parties des **routes de St-Jacques** (GR 65, balisé en blanc et rouge). Rejoignez **St-Chély d'Apcher** pour la nuit et profitez d'une halte avec vue sur l'Aubrac ou la Margeride. Le soir, savourez la spécialité régionale, **l'aligot**.

Jour 5

Passez le début de la matinée à St-Chély d'Apcher pour visiter la chapelle et admirer son beau panorama sur les gorges sauvages du Bès et la Margeride. Rejoignez **Le Malzieu**, remarquable pour ses remparts, et déjeunez sur place. Partez ensuite à la découverte du château de **St-Alban-sur-Limagnole**. Faites un tour dans les steppes du Grand Nord avec les bisons de la **réserve de Ste-Eulalie** (ne vous approchez pas trop, les bisons peuvent être très dangereux !). Enfin, gagnez **Châteauneuf-de-Randon** où mourut le grand Du Guesclin, pour rentrer ensuite à Mende par la D 301 et la N 88.

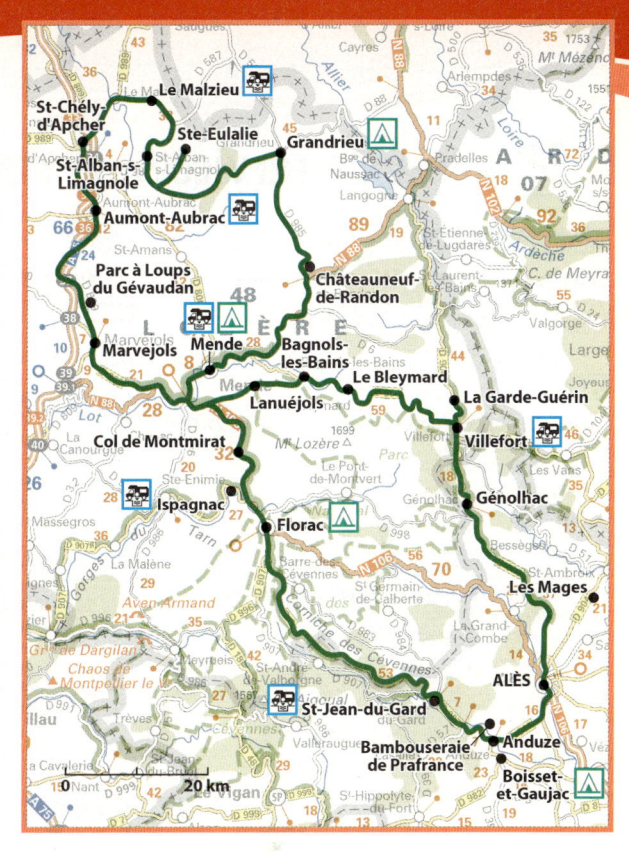

Jour 6

Mende est également le départ de la route du **col de Montmirat** : panorama superbe sur les gorges du Tarn, les Cévennes et le causse Méjean. Dégustez un aligot dans l'un des restaurants de **Florac**, avant de rejoindre **Le Pont-de-Montvert**, siège du Parc national des Cévennes. Marquez un arrêt au **Plan de Fontmort** où un monument rappelle les combats qui eurent lieu entre camisards et dragons du roi. Vous entrez désormais dans la vallée Française, restée très protestante. Elle s'ouvre au départ de **Barre-des-Cévennes** jusqu'à **St-Jean-du-Gard**, où vous passerez la nuit.

Jour 7

De bon matin, complétez vos connaissances de la région au musée des Vallées cévenoles et visitez le château. Après le repas, gagnez **Anduze** qui sera votre dernière étape de charme, avec la visite de la somptueuse Bambouseraie de Prafrance. Retour en fin de journée à Alès.

N° 44 Languedoc-Roussillon

Aires de service & de stationnement

Aumont-Aubrac
Aire du super-marché ATAC – *Ouv. tte l'année* – P
Borne artisanale. Gratuit.
Stationnement : autorisé à proximité
Services :

Ispagnac
Aire communale d'Ispagnac – ☏ 04 66 44 20 50 – *Ouv. avr.-oct.* – P 6.
Borne artisanale. Gratuit.
Stationnement : 24h maxi.
Loisirs : Services :

Le Malzieu-Ville
Aire de Malzieu – *Pl. du Foirail* – *Ouv. tte l'année sf période de gel* – P
Borne artisanale. Gratuit.
Stationnement : autorisé
Services :

Mende
Aire de Mende – *Fg. Montbel* – ☏ 04 66 49 40 00 – *Ouv. tte l'année* – P 15.
Borne artisanale. Gratuit.
Stationnement : 24 h maxi
Loisirs : Services :

Saint-Jean-du-Gard
Aire de Saint-Jean – *Pl. de la Gare* – *Ouv. tte l'année* – P
Borne raclet. Payant 2 €.
Stationnement : autorisé à proximité
Loisirs : Services :

Villefort
Aire de Villefort – *Ouv. tte l'année* – P 2.
Borne eurorelais. Payant 2 €.
Stationnement : autorisé
Loisirs : Services :
Lac de Villefort à proximité.

Campings

Boisset-et-Gaujac
Domaine de Gaujac
2406, chemin de la Madelaine, à 6 km au SE d'Alès par D 6110, et D 910 à gauche, près du Gardon.
☏ 04 66 61 67 57
contact@domaine-de-gaujac.com . www.domaine-de-gaujac.com
De déb. avr. à fin sept. 10 ha/6,5 campables (275 empl.)
Tarif : 26,50€ (2A) – pers. suppl. 6 €
borne artisanale 3,50 €– 8 10 €
Loisirs : pizzeria jacuzzi
Services : sèche-linge

Florac
Municipal le Pont du Tarn
Rte du Pont de Montvert, 2 km par D 806 rte de Mende et D 998 à dr., accès direct au Tarn.
☏ 04 66 45 18 26
De déb. avr. à fin sept. 3 ha (181 empl.)
Tarif : 21,50 € (2A) – pers. suppl. 4 €
borne artisanale
Loisirs :
Services :

Grandrieu
Municipal le Valadio
Accès : au S du bourg, accès par r. devant la poste, à 100 m du Grandrieu et d'un plan d'eau.
☏ 04 66 46 31 39
De mi-juin à mi-sept. 1 ha (33 empl.)
Tarif (prix 2009) : 9 € (2A) – pers. suppl. 2 €
Loisirs :
Services :

Mende
Tivoli
Accès : 2 km au SO par N 88, rte de Rodez et chemin à dr., face au complexe sportif, bord du Lot.
☏ 04 66 65 00 38
Permanent 1,8 ha (100 empl.)
Tarif (prix 2009) : 18,90 € (2A) – pers. suppl. 4,90 €
Loisirs :
Services :

Carnet pratique

Les bonnes adresses de Bib

Alès

Le Guévent
12 bd Gambetta - 04 66 30 31 98 - fermé 18 juil.-23 août, dim. soir, merc. soir et lun. - 14 déj. - 16/24 €.
Situé un peu à l'écart du centre, ce petit restaurant de quartier vous accueille dans un cadre gai et coloré à dominante jaune. Dans l'assiette, vous découvrirez une cuisine cévenole mitonnée par un chef passionné.

Riche
42 pl. Semard - 04 66 86 00 33 - www.leriche.fr - fermé 1er-25 août - 20/48 €.
Ce bel immeuble, construit au début du 20e s. face à la gare, abrite une plaisante salle à manger de style Art nouveau (boiseries, moulures) où l'on sert une cuisine classique de qualité.

L'Atelier des Saveurs
16 fg de Rochebelle - 04 66 86 27 77 - www.latelierdessaveurs.net - fermé sam. midi, dim. soir et lun., 18 août-7 sept. - 23/50 €.
Lumineux intérieur un brin champêtre, délicieux patio ombragé, ambiance conviviale et attrayantes recettes actuelles où s'invitent les saveurs du Sud : laissez-vous bercer…

Allègre-les-Fumades

Thermes des Fumades
Les Fumades - à 17 km d'Alès (au nord-est par la D 16) - 04 66 54 08 08 - www.fumades.com - 8h-16h30 - fermé dim., 25 oct.-14 fév.
La station thermale des Fumades est indiquée pour le traitement des voies respiratoires, de la pneumologie et des maladies de la peau.

Anduze

Poterie d'Anduze - Les Enfants de Boisset
Rte de St-Jean-du-Gard - 04 66 61 80 86 - tlj sf dim. mat. 9h-12h, 14h-18h ; atelier : lun.-vend. midi - fermé du 24 déc. à mi-janv.
Fabrication artisanale de poteries en terre cuite vernissée (dans une large gamme de formes et de couleurs) destinées aux jardins. Cette maison propose, entre autres et depuis le 17e s., le fameux vase d'Anduze. Visite possible des ateliers.

La Ferme de Cornadel
Rte de Générargues - 1,5 km au nord d'Anduze, dir. la Bambouseraie - 04 66 61 79 44 - fermé mar. sf juil.-août, 15-30 nov. - 23/45 €.
Il règne une agréable ambiance campagnarde dans cette ferme cévenole réhabilitée, située entre Anduze et la bambouseraie. Belle salle à manger agrandie d'une terrasse ombragée de kiwis ; cuisine régionale (aïoli, truffes et cèpes en saison). Jolies chambres personnalisées.

Le Moulin de Corbès
Rte de St-Jean-du-Gard - 04 66 61 61 83 - www.moulincorbes.com - fermé dim. soir et lun. hors sais.
Sur le bord du Gardon, ce restaurant lumineux vous reçoit dans trois salons ensoleillés, décorés sur le thème du vin (stage de dégustation).

Marvejols

« L'Auberge » Domaine de Carrière
Quartier de l'Empery - 2,5 km à l'ouest de Marvejols, rte de Montrodat - 04 66 32 47 05 - fermé 1er-24 janv., dim. soir, merc. soir, hors sais. et lun. - 18/32 €.
Les anciennes écuries d'un ravissant château servent de décor à ce restaurant. Sa belle salle à manger, décorée de meubles de différentes époques, est en partie en mezzanine. En été, vous pourrez profiter du parc après un déjeuner en terrasse.

Mende

Le Mazel
25 r. du Collège - 04 66 65 05 33 - fermé 8 nov.-29 mars - 14,50/27 €.
Une fresque en mousse d'argile de Loul Combes, artiste reconnu, orne le mur de la salle de restaurant : œuvre de terre célébrant la cuisine du terroir.

Ribaute-les-Florac

La Maison du Pays Cévenol
3 r. du Pêcher - 04 66 45 15 67 - www.payscevenol.com - juil.-août : 9h-19h30 ; le reste de l'année : tlj sf dim. et lun. 9h30-12h30, 15h-19h - fermé janv.-mars.
Monsieur Digaro choisit lui-même ses fournisseurs : producteurs de miels, de conserves à base de gibier, d'escargots ou de truites, de fromages, de vins, d'huiles, tous ne travaillent qu'avec les matières premières de la région. Les confitures, sirops et champignons séchés ou en bocaux sont fabriqués par le patron en personne.

St-Chély-d'Apcher

Les Portes d'Apcher
1 av. St-Flour - 04 66 31 00 46 - 16/47 €.
Le couple de patrons a recréé dans cette maison l'auberge qu'il possédait au centre de St-Chély, avec en prime une belle vue sur la Margeride. La clientèle d'habitués a suivi : il faut dire que l'accueil et le service sont attentionnés et que la cuisine, pour être qualitative, n'en est pas moins copieuse et bon marché.

Tavernes

Jean-Luc Billard
21 r. de la Montagnade, Les Tavernes - 11 km au sud d'Alès - 04 66 83 67 35 ou 06 21 56 00 32 - www.orpailleur.com - tlj sur RV.
Cet orpailleur vous propose de découvrir les techniques de base de son métier, et vous garantit de trouver de l'or dans les alluvions des rivières du Gard. Stages à la journée (les mercredis en juillet-août) ou sur demande. Boutique proposant du matériel de recherche et des bijoux réalisés avec les paillettes d'or.

N° 45

Languedoc-Roussillon

Grottes, cirques, chaos et avens cévenols

La **grotte des demoiselles, la grotte du Trabuc, la grotte de Clamouse, le cirque de Navacelles, le chaos de Nîmes-le-Vieux, l'abîme de Brambiau, l'aven d'Armand** : découverte immanquable de votre séjour dans cette région des Causses, que celle de toutes ces merveilles naturelles. La roche joue ici toute la palette des formes. Seuls les claustrophobes et ceux qui ont le vertige ne seront pas émus !

➲ *Départ de Ganges*
➲ *5 jours*
375 km

La forêt de stalagtites de l'aven Armand.

Jour 1

La petite ville industrielle de **Ganges** est un bon centre d'excursions. Autrefois, au contraire, on ménageait ses jambes pour les couvrir des bas de soie confectionnés ici même. Les mûriers ont aujourd'hui disparu, et c'est sous les « belles platanes » (localement féminins!) des promenades que l'on flâne, nonchalant. À quelques kilomètres de Ganges, visitez la **grotte des Demoiselles**, dont la grande salle est très impressionnante. Les enfants adorent. Faîtes une halte pour déjeuner à **St-Hippolyte-du-Fort** où vous découvrirez l'une des activités encore en place dans la région,

Le conseil de Bib

➲ Prévoyez un gilet pour la viste des grottes. Il y fait toujours frais.

la sériciculture, au musée de la Soie. Dirigez-vous ensuite vers **Anduze** pour visiter l'enchanteresse **bambouseraie**, puis la **grotte de Trabuc** tapissée d'une armée de « petits soldats ». Ce fabuleux paysage souterrain est le résultat d'une concrétion exceptionnelle. La grotte servit de repaire aux brigands, les trabucaires : d'où son nom. Vous pouvez décider de séjourner à Anduze ou à St-Jean-du-Gard.

220

Jour 2

Profitez de votre séjour dans les Cévennes en parcourant du sud au nord sa corniche : prenez ainsi la direction de **Florac**. Bourgade renommée pour sa table, Florac l'est aussi pour son animation estivale et la beauté de son site naturel. Longez ensuite le sud du causse Méjean jusqu'à une ville étrange, celle que forment les rochers du **chaos de Nîmes-le-Vieux**. Pique-niquez dans ce superbe cadre. **Meyrueis** constitue une agréable ville-étape. L'air pur qu'on y respire, la robe verte qui lui sied à ravir, les activités qui y sont proposées, tout semble ici avoir été organisé par une main bien attentionnée, soucieuse du bon déroulement des séjours !

Jour 3

Le matin, engouffrez-vous dans l'**aven Armand**, au cœur souterrain du causse Noir. Vous pourrez poursuivre avec la **grotte de Dargilan**. Déjeunez au **Rozier** avant d'aller admirer le **chaos de Montpellier-le-Vieux** au sud-ouest. N'oubliez de faire halte à l'abîme de **Bramabiau** où vous verrez le Bonheur jaillir de la roche, ou de monter au **mont Aigoual**. Toit des Cévennes, le sommet du massif de l'Aigoual culmine à 1 576 m d'altitude. Même s'il a, les trois quarts du temps, la tête dans les nuages, il surplombe un immense panorama qui se perd vers les impressionnantes gorges de la Dourbie, de la Jonte et du Trévezel. Étape en fin de journée au **Vigan**. Le Musée cévenol et l'ambiance méridionale de cette petite ville vous promettent une charmante soirée.

Jour 4

Direction le **cirque de Navacelles** au sud-est, curiosité à voir au moins une fois dans sa vie. C'est beau, c'est désertique et on s'y sent tout petit ! La terrasse de la Baume-Auriol vous permet de déjeuner sans vous lasser du somptueux point de vue sur le cirque. Dirigez-vous vers le sud en quittant peu à peu les montagnes pour profiter des joies de la baignade dans le **lac du Salagou**, ou vous balader à travers les rochers du **cirque de Mourèze**.

Jour 5

Partez de bon matin et allez admirer les sublimes cristaux d'aragonite de la **grotte de Clamouse** au nord-ouest et déjeuner sur les rives de l'Hérault. Avant de regagner Ganges, faites étape à **Saint-Guilhem-le-Désert**, superbe village resserré autour d'une ancienne abbaye et niché au pied d'impressionnantes falaises.

N° 45 Languedoc-Roussillon

Aires de service & de stationnement

Anduze
Aire d'Anduze – Pl. de la Gare – ☎ 04 66 61 80 08 – Ouv. tte l'année – P 5.
Borne eurorelais. Payant 2 €.
Stationnement : 48 h maxi
Loisirs : Services :

Aniane
Aire d'Aniane – Pl. Étienne-Sawier, place de la Poste – ☎ 04 67 57 01 40 – Ouv. tte l'année – P 50.
Borne artisanale. Gratuit.
Stationnement : 24 h maxi
Services :

Clermont-l'Hérault
Aire communale du lac – Lac de Salagou – ☎ 04 67 96 12 13 – Ouv. tte l'année – P 6.
Borne artisanale. Payant 2 €.
Stationnement : 24 h maxi, 5 €/j.
Loisirs : Services : sèche-linge

Florac
Aire de Florac – Rte du Causse – Ouv. mars-nov. – P
Borne raclet. Payant 2 €.
Stationnement : autorisé
Loisirs : Services :

Lunas
Aire de Lunas – Rte du Bousquet-d'Orb – ☎ 04 67 23 76 67 – Ouv. tte l'année – P 75.
Gratuit.
Stationnement : 48 h maxi
Loisirs : Services :

Sauve
Aire de Sauve – D 999, sortie bourg – Ouv. tte l'année – P
Borne artisanale. Gratuit.
Stationnement : autorisé
Services :

Campings

Gignac
Municipal la Meuse
Accès : NE : 1,2 km par D 32, rte d'Aniane puis chemin à gauche, à 200 m de l'Hérault et d'une base nautique.
☎ 04 67 57 92 97
camping.meuse@wanadoo.fr . www.ville-gignac.fr
3,4 ha (86 empl.)
1 borne eurorelais
Loisirs : snack
Services :

Lodève
Municipal les Vailhès
Accès : 7 km au sud par D 609, rte de Montpellier puis 2 km par D 148, rte d'Octon et chemin à gauche, par voie rapide sortie 54.
☎ 04 67 44 25 98
4 ha (246 empl.)
Loisirs :
Services :
belle situation au bord du lac du Salagou

Meyrueis
Le Champ d'Ayres
Rte de la Brèze, 0,5 km à l'E par D 57 rte de Campis, près de la Brèze.
☎ 04 66 45 60 51
De déb. avr. à mi-sept. 1,5 ha (85 empl.)
Tarif : 24,50 € (2A) – pers. suppl. 5 €
borne eurorelais 5 €
Loisirs :
Services :

Le Vigan
Le Val de l'Arre
Lieu-dit Roudoulouse, route du pont de la Croix, 2,5 km par D 999 rte de Ganges et chemin à dr., bord de l'Arre.
☎ 04 67 81 02 77
De déb. avr. à fin sept. 4 ha (180 empl.)
Tarif (prix 2009) : 19,50 € (2A) – pers. suppl. 5 €
borne artisanale – 14 €
Loisirs :
Services :

Carnet pratique

Haltes chez le **particulier**

Lanuéjols

Randals Bison
6 km au SO de Lanuéjols par D 47, dir. Trèves et D 159, rte de Revens. – ℘ 04 67 82 73 74 – Fermé oct.-avr.
P 5.
Cette ferme caussenarde se trouve au cœur d'un domaine de 300 ha où sont élevés des bisons, des vaches américaines et des chevaux. La visite de l'exploitation se fait en chariot et vous aurez droit à un « show » façon grandes plaines de l'Ouest. L'ancienne bergerie abrite un restaurant proposant un bon choix de grillades, à déguster dans une ambiance western, bien sûr !

Les bonnes **adresses** de Bib

L'Espérou

Terres d'Aigoual
Col de la Serreyrede - rte du mont-Aigoual - ℘ 04 67 82 65 39 - www.terres-aigoual.com - tlj sf lun. hors sais.
Plusieurs agriculteurs installés sur les flancs du mont Aigoual ont réuni leur savoir-faire et ouvert une boutique de produits du terroir (charcuteries, foie gras, fromages, miel, sirops, châtaignes, etc.) issus de leur propre exploitation. Également, vente par correspondance. Toute l'année, paniers cadeaux.

Meyrueis

Mont Aigoual
34 quai de la Barrière - ℘ 04 66 45 65 61 - www.hotel-mont-aigoual.com - 20/40 €.
Tous les secrets (ou presque) de la cuisine du terroir cévenol vous seront révélés dans cette chaleureuse salle à manger au décor inspiré par la Provence. Le chef apporte une attention toute particulière à la qualité et à la fraîcheur des produits servis. Cette démarche contribue sans conteste à la bonne réputation de l'adresse.

Mourèze

Auberge Val Mourèze
Rte de Salasc - ℘ 04 679606 26 - www.aubergevaldemoureze.com - fermé dim. soir et lun. - formule déj. et dîner 16 € - 20/32 €.
Sur le haut du village, dans un site sauvage et un peu accidenté, ce bouquet de bâtiments cévenols forme un ensemble agréable, s'apparentant à un motel. Le restaurant pratique des prix accessibles, avec une carte oscillant entre cuisine régionale et pizzas ou omelettes.

Octon

Centre Aquapêche
Mas Carles - ℘ 04 67 96 59 19 - www.pecheherault.com - ouv. tte l'année à tout pêcheur détenteur de la carte de pêche.
Ce centre d'initiation à la pêche et de découverte du milieu aquatique propose des stages pour adultes hors périodes scolaires. Pour les enfants : stages à la journée durant les vacances de printemps et de la Toussaint et séjours en juillet-août. École de pêche le mercredi, animations scolaires, centre aéré…

St-Bauzille-de-Putois

Restaurant des Grottes
237 Grand-Rue - 2,5 km à l'ouest de la grotte des Demoiselles - ℘ 04 67 73 70 28 - fermé de fin sept. à déb. oct. et le soir sf juil.-août - 12/26 €.
Après les ténèbres de la grotte, installez-vous sur cette terrasse, à l'ombre du marronnier et du micocoulier centenaires. À l'intérieur, le temps semble s'être arrêté au moment de la création du restaurant en 1951… Bon rapport qualité/prix.

St-Hippolyte-du-Fort

Entre Thym et Châtaigne
2 pl. de la Couronne - ℘ 04 66 77 21 68 - été : mai-sept. 9h-12h30, 15h30-19h30 ; hiver : 9h-12h30, 15h-19h - fermé 2 sem. en janv., lun.-mar. mat. hors vac. scol., 1er janv. et 25 déc.
Boutique née d'un groupement d'agriculteurs proposant de vendre en direct les produits du terroir provenant de leurs propres productions.

Valleraugue

Auberge Cévenole
La Pénarié - 4 km à l'ouest de Valleraugue dir. mont-Aigoual - ℘ 04 67 82 25 17 - auberge.cevenole@wanadoo.fr - fermé 9-21 déc., lun. soir et mar. sf juil.-août - 16/27 €.
Cette auberge postée au bord de l'Hérault est certes simple, mais séduisante : salle à manger campagnarde agrémentée d'objets agrestes et réchauffée par une cheminée, agréable terrasse ouverte sur la nature, cuisine régionale sans prétention.

N° 46 Languedoc-Roussillon

Art roman et baroque de **Catalogne**

Lieu de passage et donc **creuset de civilisation**, le Languedoc a su assimiler de multiples influences pour élaborer un art qui lui est propre. Qu'il s'agisse de l'**architecture romane** à l'élégante austérité ou de la **sculpture baroque**, au foisonnement exhubérant.

➲ *Départ de Perpignan*
➲ *8 jours*
250 km

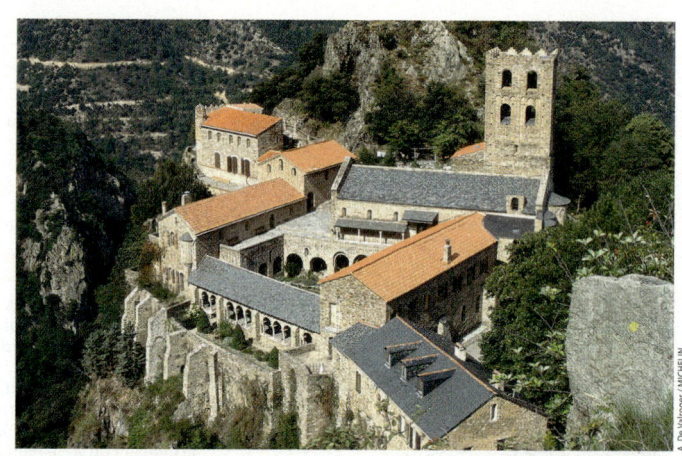

L'abbaye romane de Saint-Martin-du-Canigou.

Jour 1

Posez-vous d'abord à **Perpignan** que vous visiterez de manière approfondie. Il faut bien la matinée pour découvrir le palais des Rois de Majorque et la cathédrale St-Jean, riche de ses **retables du 16e et 17e s.** Vous pourrez déguster quelques tapas dans le quartier piétonnier du centre-ville. L'après-midi, réfugiez-vous dans la fraîcheur des musées. Ne manquez pas le musée des Beaux-Arts Hyacinthe-Rigaud ni le Musée numismatique Joseph-Puig.

Jour 2

Le matin, direction **Elne** où le cloître de la cathédrale est un pur joyau de sculpture romane et gothique. Puis, en route pour **Collioure**, où, en une journée, la promenade dans la ville vous fera découvrir les retables de l'église N.-D.-des-Anges (ils sont superbes) et les derniers ateliers de fabrication d'anchois salés, spécialité locale que vous pourrez déguster dans l'un des nombreux restaurants de la ville. Au programme de votre après-midi : baignade et flânerie sur le port où se balancent les barques catalanes, toutes bariolées, ou saut jusqu'à **Banyuls** pour goûter le **vin doux naturel** du même nom et visiter la maison du sculpteur **Maillol**. Revenez à Collioure y faire étape.

Jour 3

Retour au roman avec les merveilleux linteaux sculptés des églises de **St-André** et **St-Génis-des-Fontaines**. Déjeunez au **Boulou**, où le maître sculpteur de Cabestany a laissé son empreinte sur le portail de l'église. Autre art majeur du Roussillon : les fresques romanes de la chapelle de **St-Martin-de-Fenollar** ; les Rois mages y trônent de toute leur grandeur. À **Arles-sur-Tech,** attardez-vous au-dessus de la sainte tombe, à **Coustouges,** devant l'admirable grille en fer forgé. Vous pouvez marquer une pause pour la nuit à la station thermale d'**Amélie-les-Bains.**

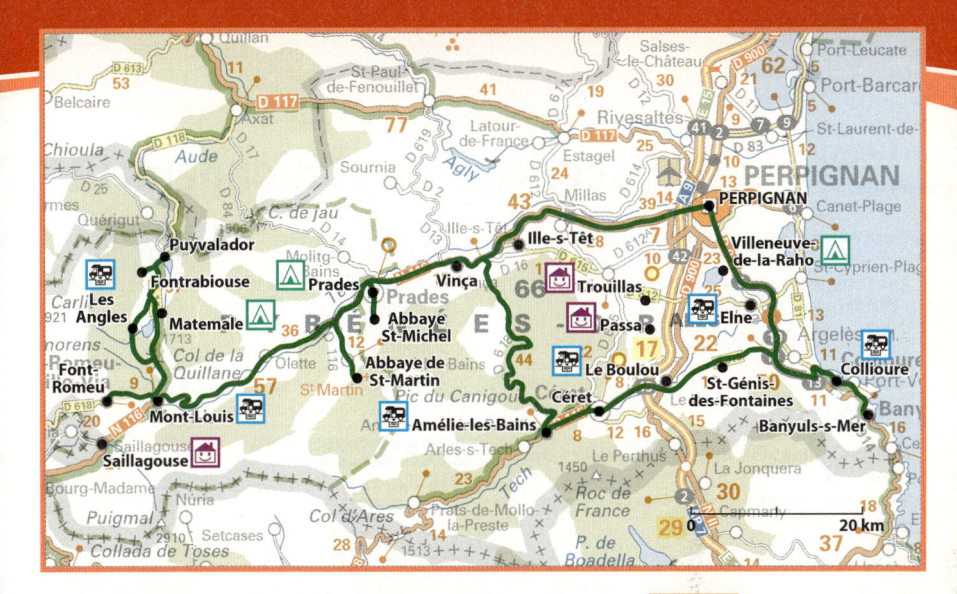

Jour 4

Sur la petite route reliant la vallée du Tech à celle de la Têt, la chapelle de la Trinité, près de **Prunet-et-Belpuig,** renferme un Christ habillé du 12e s. Sous la tribune romane du **prieuré de Serrabone**, vous verrez que les artistes roussillonnais ne manquaient pas de talent. Arrêtez-vous pique-niquer et éventuellement vous baigner dans le **lac de Vinça.** Rafraîchis, vous apprécierez d'autant plus les **retables baroques** des églises de **Vinça** et d'**Espira-de-Conflent**. Poursuivez jusqu'à Prades où vous passerez la nuit.

Jour 5

De bon matin, visitez la petite ville de **Prades** et notamment l'église St-Pierre pour son retable baroque. Après le déjeuner, sillonnez les alentours pour découvrir deux incontournables monuments du roman catalan : les abbayes de **St-Michel-de-Cuxa** et de **St-Martin-du-Canigou**. Vous ne vous ferez pas prier pour repasser une soirée à Prades, surtout de mi-juillet à mi-août, pendant le festival Pablo Casals.

Jour 6

Cette fois, c'est au cœur des montagnes des Pyrénées que nous vous emmenons. Rendez-vous à **Font-Romeu**. L'après-midi, vous irez admirer le camaril de l'Ermitage, puis vous vous dirigerez vers la place forte de Mont-Louis, créée par Vauban. Ne manquez pas le grand four solaire. Pour vous détendre, faites une halte pour une randonnée ou une partie de pêche au **lac des Bouillouses** entouré de sa forêt de sapins. En fin de journée, direction le **Capcir** pour y passer la nuit.

Jour 7

Le matin, aller dire bonjour aux ours et aux isards du parc animalier de Capcir. Déjeunez aux **Angles**. L'après-midi, si le temps est maussade ou qu'il fait trop chaud, réfugiez-vous dans la **grotte de Fontrabiouse**. **Matemale** sera votre étape pour la soirée.

Jour 8

Le lendemain, goûtez aux joies que vous propose **Puyvaladour** : footing matinal autour du lac ou sortie en pédalos. Si le temps s'y prête, pique-niquez sur place. Puis retour sur Perpignan par la N 116 sans oublier d'apprécier les volutes et frontons baroques de l'église d'**Ille-sur-Têt**. En sortant du village, ne manquez surtout pas les splendides « orgues » naturelles. Enfin, avant de regagner Perpignan, faites un saut à **Baixas** pour admirer une dernière fois un gigantesque **retable baroque**.

N° 46 Languedoc-Roussillon

Aires de service & de stationnement

Amélie-les-Bains-Palalda
Aire Communale – *Carrer de l'Orenta* – ☎ 04 68 39 00 24 – Ouv. tte l'année – P 30.
Borne eurorelais. Payant 3 €.
Stationnement : 48 h maxi
Services : sèche-linge

Les Angles
Aire des Angles-Pla del Mir – *Pla-del-Mir* – Ouv. tte l'année – P
Borne artisanale. Gratuit.
Stationnement : autorisé
Loisirs : Services :
Navettes gratuites toutes les 15 mn pour la station.

Le Boulou
Aire Communale du Boulou – *R. du Cimetière* – ☎ 04 68 87 51 00 – Ouv. tte l'année – P 20.
Borne artisanale. Gratuit.
Stationnement : 24h maxi.
Services :

Collioure
Aire de Collioure – *Rte de Madeloc, proche de courts de tennis* – Ouv. mai-oct. – P 10.
Borne eurorelais. Payant.
Stationnement : 7,50 €/j.
Loisirs : Services :
Navette gratuite AR (ttes les 20 mn) du parking à l'entrée de Collioure.

Latour-Bas-Elne
Aire de Latour-Bas-Elne – *Route de la Mer* – Ouv. tte l'année – P 40.
Borne artisanale. Payant.
Stationnement : 12 €/j.
Services :

Mont-Louis
Aire de Mont-Louis – *Parking des Remparts* – ☎ 04 68 04 21 97 – Ouv. tte l'année – P
Payant.
Stationnement : 10 €/j.
Services :

Campings

Matemale
⛺ Le Lac
Accès : SO : 1,7 km par D 52, rte des Angles et rte à gauche, à 150 m du lac.
☎ 04 68 30 94 49
camping-lac-matemale@orange.fr
3,5 ha (110 empl.)
Tarif (prix 2009) : 17,60 € (2A) – pers. suppl. 5 €
1 borne artisanale
Loisirs : jacuzzi en extérieur
Services : sèche-linge
Dans un site agréable de haute montagne, accès direct au village par chemin piétonnier.

Prades
⛺ Municipal Plaine St-Martin
Plaine St-martin, sortie N par D 619, rte de Molitg-les-Bains et à dr. avant la déviation.
☎ 04 68 96 29 83
prades.conflent@wanadoo.fr . www.leconflent.net/camping
Permanent 1,8 ha (60 empl.)
Tarif (prix 2009) : 13,05 € (2A) – pers. suppl. 2,50 €
borne artisanale 9,80 €
Loisirs :
Services : (locations)

Villeneuve-de-la-Raho
⛺ Municipal les Rives du Lac
Chemin de Las Serres, 2,5 km par D 39, rte de Pallestres et chemin à gauche, au bord du lac.
☎ 04 68 55 83 51
camping.villeneuveraho@wanadoo.fr
De déb. avr. à fin oct. 3 ha (158 empl.)
Tarif : 17,70 € (2A) – pers. suppl. 2,30 €
borne artisanale 3,50 €
Loisirs : snack
Services : sèche-linge

Carnet pratique

🏠 Haltes chez le **particulier**

Passa

Domaine Rossignol
*Rte de Villemolaque – tlj sf dim.
Ouv. tte l'année*
P *5.*
Le domaine produit des Côte du Roussillon (vins rouges), du Rivesaltes et du Muscat de Rivesaltes. Dégustation et vente au caveau du domaine, qui abrite régulièrement des expositions d'artistes locaux.

Saillagouse

Charcuterie Bernard Bonzom
Rte d'Estavar – 📞 04 68 04 71 53 – Fermé nov., lun. -dim.
P *3.*
Au cœur du centre de production de charcuterie catalane, voici une boutique où vous trouverez de quoi remplir votre besace : saucissons secs, boles de picolat, fuets… À voir également : salle d'exposition et séchoir naturel aux 1 500 jambons.

Trouillas

Clos Saint-Georges
*📞 04 68 21 61 46 – Lun.-sam. 9h-12h, 14h-18h
Ouv. avr.- mi-oct.*
P *3.*
C'est en 1970 que Dominique et Claude Ortal prennent en main la destinée du Clos Saint-Georges afin de perpétuer le rite immuable de la vigne et du vin. La passion de ce couple pour son vignoble, a fait de celui-ci un des fleurons viticoles du sud de la France. Deux types de vins y sont élaborés : AOC côtes du Roussillon (rouge, rosé et blanc) et des vins doux naturels (Rivesaltes et Muscat de Rivesaltes). Dégustation et vente.

Le conseil de Bib

▶ À inscrire sur votre agenda : juin – Amélie-les-Bains – Fête des muletiers.

Les bonnes **adresses** de Bib

Arles-sur-Tech

Les Toiles du Vieux Moulin
R. Usines - 19 km au nord-est de Prats par D 115 - 📞 04 68 39 10 07 - tlj sf w.-end 10h-12h, 14h30-17h30 ; ouv. sam. apr.-midi du 15 juin au 15 sept. - fermé 10 nov.-15 mars.
Foyer de traditions en haut Vallespir, Arles-sur-Tech comptait dès le 19e s. une usine spécialisée dans la fabrication de tissus catalans traditionnels. Un ancien moulin à huile abrite un lieu d'exposition où sont vendues les toiles, toujours tissées dans la région selon les modèles, dessins et coloris de la maison.

Collioure

Anchois Desclaux
3 rte Nationale - 📞 04 68 82 05 25 - 9h30-12h30, 14h-19h, dim. 9h-12h30, 15h-19h - fermé déc.-janv.
Depuis plus d'un siècle, le savoir-faire se transmet de père en fils dans cette entreprise familiale. Visite commentée des ateliers de salaison et de conserverie d'anchois. Dégustation gratuite et magasin d'usine.

Font-Romeu

Bureau des Guides École de la Montagne
9 r. Maillol - 📞 04 68 30 23 08 - tlj sf dim. 10h-12h, 16h-18h30 - fermé nov.
Le bureau des guides organise de la randonnée, un parcours vertige, du rafting, de l'*hydrospeed*, du canyoning, de la spéléologie et encadre les activités d'escalade à Font-Romeu. En hiver, randonnées en raquettes et canyoning dans des cascades d'eau chaude.

Perpignan

Casa Bonet
2 r. du Chevalet - 📞 04 68 34 19 45 - 12/36 €.
Dans un quartier piéton de la ville, cette maison catalane abrite un restaurant proposant un buffet à volonté, des tapas et une douzaine de « broches à l'épée ».

Domaine Lacassagne
Mas Balande, rte d'Elne - 📞 04 68 50 25 32 - tlj sf w.-end 8h30-12h, 14h-18h.
Au milieu des vignes, ce mas accueille les amateurs de produits du terroir. Les huiles d'olives sont fabriquées à partir des picholines et des lucques de Salses-le-Château. Côtes-du-Roussillon et muscat de Rivesaltes sont également élaborés à partir des fruits du domaine.

Prades

Le Jardin d'Aymeric
3 av. du Gén.-de-Gaulle - 📞 04 68 96 53 38 - fermé vac. de fév., 25 juin-8 juil., merc. soir du 15 oct. au 15 avr., dim. soir et lun. - 20/50 €.
Quel bonheur de trouver ce petit restaurant à Prades ! Aux fourneaux, le jeune chef concocte une cuisine soignée, très nettement inspirée des saveurs du terroir. Côté décor : couleurs plaisantes, expositions de tableaux et belles compositions florales.

N° 47

Languedoc-Roussillon

Sur les traces des **chevaliers cathares**

Ce circuit prend des allures de voyage à travers l'Histoire. **Peyrepertuse, Quéribus, Puilaurens, Aguilar** : toutes ces « citadelles de vertige » se gagnent au prix de quelques dénivelés audacieux qui promettent un séjour tout aussi sportif que culturel. En les visitant, vous comprendrez la force de cette hérésie venue d'Orient, le catharisme, qui mit à feu et à sang, aux 12ᵉ et 13ᵉ s., les terres du comte de Toulouse.

➲ **Départ de Carcassonne**
➲ **7 jours**
450 km

Le château de Peyrepertuse sur son promontoire.

Jour 1

Notre épopée dans l'histoire commence à **Carcassonne**. Si vous venez par l'autoroute, vous découvrirez la cité médiévale dans sa totalité, derrière les vignes des Corbières. Ici, on marche ! Entrez dans la cité par la porte de Narbonne, et flânez le nez au vent dans les petites rues. Attention aux boutiques et restaurants attrape-touristes, ils pullulent ! Le midi, mieux vaut donc manger sur le pouce ; quelques tapas par exemple feront l'affaire. Visitez le Château comtal et la basilique St-Nazaire, avant de faire le tour des remparts par les lices. Restez dormir sur place et profitez des festivités. En juillet, le festival de Carcassonne vous entraînera dans un tourbillon de spectacles de théâtre, danse, musique et, en août, vous pourrez assister à d'inoubliables spectacles médiévaux.

Jour 2

Rejoignez **Limoux** où vous irez voir **le Catha-Rama**, belle entrée en matière pour aborder les châteaux cathares. Avant de partir en direction d'Alet-les-Bains, une flûte de blanquette s'impose. Après l'abbaye romane d'**Alet-les-Bains**, mettez le cap sur le **donjon d'Arques** puis sur **Rennes-le-Château**, où fut prétendument trouvé le fabuleux trésor de l'abbé Saunière. Si vous souhaitez vous mettre à table dans un décor exceptionnel, choisissez le château (16ᵉ s.) des Ducs de Joyeuse à **Couiza**. Direction l'ouest, pour faire connaissance avec le **château de Puivert** qui fut attaqué durant la croisade contre les Albigeois.

Jour 3

Vous voyez aujourd'hui les hauts lieux du catharisme : **Puilaurens** puis **Quéribus**. La matinée vous transporte au temps des croisades. Entre chicanes et meurtrières, de somptueux panoramas s'offrent à vous. Vous pourrez vous restaurer à **Cucugnan** car il vous faudra encore un peu de courage pour grimper à l'assaut du **château de Peyrepertuse**. Une fois en haut, vous ne regretterez pas votre effort. Restez dormir à proximité.

Jour 4

Depuis Tuchan, pensez à vous rendre à **Tautavel** pour y découvrir le centre européen de Préhistoire. Quelques kilomètres vous séparent des ruines des **châteaux de Padern**

et **d'Aguilar** au nord-est, puis de **Durban-Corbières** au nord, eux aussi acteurs dans la lutte cathare. Gagnez à l'ouest le château de **Villerouge-Termenès**, que vous visiterez avant d'aller dévorer un plat médiéval à la rôtisserie installée dans les anciennes écuries. Si vous voulez vous dégourdir les jambes, grimpez jusqu'au **château de Termes**.

Jour 5

Départ pour la **Montagne noire** dont les magnifiques forêts se parent de couleurs fauves une fois l'automne venue. Tout d'abord, passez à **Caunes-Minervois** pour découvrir les marbres rouges de son église et de la carrière du Roy. Côté nature, vous pénétrerez dans le **gouffre de Cabrespine**. Revenez à Villeneuve-Minervois avant de visiter la **grotte de Limousis**, avec son grand lustre blanc. À flanc de montagne, les quatre **châteaux de Lastours** témoignent des combats qui y eurent lieu durant la croisade contre

les Albigeois. Autres châteaux, plus ou moins en ruine, ceux du **Mas-Cabardès** et de **Saissac** donnent à leur village un charme indéniable. Passez la nuit en Montagne noire, près de **Revel**.

Jour 6

Du Moyen Âge, vous passez au 17ᵉ s. avec le système d'alimentation du **canal du Midi** créé par Riquet dont les bassins et retenues sont visibles à **St-Ferréol** puis, plus loin, au **seuil de Naurouze**. Vous voilà descendus de la montagne pour atteindre la plaine du Minervois à travers laquelle serpente le canal du Midi. Déjeunez vers **Le Ségala** pour déguster quelques **confits** maison ou regagnez **Castelnaudary**, capitale incontestée du **cassoulet**.

Jour 7

Le lendemain, plus au sud, vous marcherez sur les pas de saint Dominique à **Fanjeaux** avant de retourner déambuler dans les rues de la cité de Carcassonne, où vous finirez la journée.

N° 47 Languedoc-Roussillon

Aires de service & de stationnement

Carcassonne

Aire de la Cité – R. Gustave-Nadaud – 04 68 10 24 30 – Ouv. tte l'année – P 80.
Borne flot bleu. Payant.
Stationnement : 10 €/j.
Services : sèche-linge
Site idéal pour la visite de la ville.

Duilhac-sous-Peyrepertuse

Aire de Duilhac-sous-Peyrepertuse – Rte de Cucugnan – 04 68 45 40 55 – Ouv. tte l'année – P 20.
Borne artisanale. Payant 2 €.
Stationnement : 24h maxi.
Services :

Félines-Termenès

Aire de Félines-Termenès – Rte de Monthoumet – 04 68 70 00 97 – Ouv. tte l'année – P 3.
Borne artisanale. Gratuit.
Stationnement : autorisé
Loisirs : Services :

Quillan

Aire de Quillan – Bd Charles-de-Gaulle – 04 68 20 07 78 – Ouv. tte l'année – P 10.
Borne artisanale. Payant 2 €.
Stationnement : autorisé
Loisirs : Services : sèche-linge

La Redorte

Aire de la Redorte – Lieu-dit « La Fabrique », près de la halte nautique – 04 68 27 80 80 – Ouv. tte l'année – P 10.
Borne artisanale. Gratuit.
Stationnement : 24h maxi.
Loisirs : Services :

Villeneuve-Minervois

Aire de Villeneuve-Minervois – Av. du Jeu-de-Mail, en face de la Mairie – 04 68 26 16 19 – Ouv. tte l'année – P 15.
Borne artisanale. Gratuit.
Stationnement : 48h maxi.
Loisirs : Services :

Campings

Axat

La Crémade
Accès : NE : 2,8 km par D 118, D 117, rte de Perpignan et chemin du château à droite.
04 68 20 50 64
De mi avr. à fin sept. 4 ha (95 empl.)
Tarif (prix 2009) : 13,70 € (6A) – pers. suppl. 3,80 €
1 borne – 4 11,40 €
Loisirs :
Services :
dans un agréable site boisé de moyenne montagne

Brousses-et-Villaret

Le Martinet-Rouge Birdie
Chemin departemental 203, 0,5 km par D 203 et chemin à dr., à 200 m de la Dure.
04 68 26 51 98
De déb. mars à fin oct. 2,5 ha (63 empl.)
Tarif : 17,50 € (2A) – pers. suppl. 7 €
borne artisanale – 3 14 €
Loisirs : snack terrain omnisports
Services :

Puivert

Municipal du Lac
Accès : S : 0,5 km par D 16, rte de Lescale, bord d'un plan d'eau.
04 68 20 00 58
mairie.puivert@libertysurf.fr . www.puivert.net
27 avr.-30 sept. 1 ha (62 empl.)
Tarif (prix 2009) :11 € – (10A) 2,50 € – pers. suppl. 2 €
1 borne flot bleu 2 €
Loisirs :
Services :

Revel

Municipal du Moulin du Roy
Rte de Soréze, sortie SE par D 1, rte de Dourgne et à droite.
05 61 83 32 47
mairie@mairie-revel.fr . www.revel-lauragais.com
De déb. juin à mi-sept. 1,2 ha (50 empl.)
Tarif (prix 2009) : 2,70 € 1,80 € 2,20 € – (10A) 3 €

Services :
décoration arbustive et florale des emplacements

Carnet pratique

🏠 Haltes chez le **particulier**

Alet-les-Bains

Domaine Castel Nègre
04 68 74 14 99 – Tlj 10h-20h
Fermé mi-déc.-mi-janv.
P *3.*

Ce domaine s'étend sur 150 ha de forêts de pins et de chênes verts. En 2001, 500 oliviers ont été plantés sur un causse autrefois destiné au pâturage. La vigne y occupe aussi un bout de terrain. Vous trouverez ainsi à déguster du vin AOC Limoux, du vin de Pays d'Oc et bien sûr de la fameuse Blanquette de Limoux. Vente au caveau

Lagrasse

Château Villemagne
Hameau Villemagne – Tlj 9h-20h
Ouv. tte l'année
P *3.*

Château Villemagne, véritable petit hameau dominé par une tour de guet bâtie au 12e s. est entouré de vignes. Paulette et Roger Carbonnau, artisans vignerons, y élaborent d'excellents vins en AOC Corbières. À découvrir : la cuvée « Terroir Lagrasse » en rouge élevé en fût de chêne et la carthagène.

Les bonnes **adresses** de Bib

Alet-les-Bains

Alet Eau Vive
Allée des Thermes - 04 68 69 92 67 - aleteauvive@libertysurf.fr - 9h-19h.

Sport d'eau vive sur l'Aude (hydrospeed, rafting, canoë, kayak) et parcours acrobatiques forestiers (balades dans les arbres).

Carcassonne

La Tête de l'Art
37 bis r. Trivalle - 04 68 47 36 36 - tilcke@wanadoo.fr - fermé dim. en hiver ; - réserv. conseillée le w.-end - 10/30 €.

Tête de lard ou tête de l'art ? Les deux, puisque ici l'on fait ripaille autour de belles cochonnailles dans ce restaurant tenu par un amateur d'art qui expose dans ses salles tableaux et sculptures modernes… au milieu des figurines de l'animal fétiche !

Castelnaudary

Escudier
9 r. de Dunkerque - 04 68 23 12 79 - fermé dim.

Cette agréable boutique à l'ambiance traditionnelle et à la belle devanture en bois est tenue depuis trois générations par les Escudier. Sa spécialité ? Le cassoulet frais en terrines de deux à huit parts. Ce même mets s'achète également en conserve, à côté de charcuteries et plats préparés peu susceptibles de décevoir l'amateur : fouet, saucisse de foie, chorizo, pâtés, foie mi-cuit, tripes, museau en salade… Toutes les bêtes à l'origine de ces fabrications proviennent de deux élevages de la région suivis par la maison.

Caunes-Minervois

Cellier du Palais Abbatial
04 68 78 00 98 - juin-sept. : tlj sf dim. 10h-12h, 16h-18h ; oct.-mai : mar. et vend. 14h-18h.

C'est dans l'abbaye du 13e s. que se trouve le caveau où se déroulent dégustations commentées et visites, pour tout savoir du Minervois, son histoire et son élaboration. L'occasion de découvrir également le Costos Roussos et la Cuvée du Palais Abbatial, issus de cépages Syrah, Carignan et Grenache.

Limoux

La Maison de la Blanquette
46 bis prom. du Tivoli - 04 68 31 01 63 - fermé merc. soir hors sais. - 16/36 €.

Les boissons sont incluses dans les menus de ce restaurant : une bonne occasion de découvrir, ou de redécouvrir, la blanquette de Limoux et autres crus locaux, tout en dégustant de pétillantes recettes du terroir. Avant de repartir, prévoyez un crochet par la boutique des vins, richement pourvue.

N° 48 Languedoc-Roussillon

Balade gourmande en **Bas-Languedoc**

Pas de séjour en Languedoc sans goûter aux spécialités gastronomiques : **petits pâtés de Pézenas**, **huîtres de Bouzigues**, **muscat de Frontignan**, **picpoul-de-Pinet**, **tielles de Sète**… *La gastronomie régionale rend hommage à la variété des paysages. Née du terroir et de la mer, elle se teinte du soleil de la Méditerranée et s'épice du côté des terres catalanes.*

➲ **Départ de Montpellier**
➲ **5 jours**
285 km

Vue sur la parc à huître du bassin de Thau.

Jour 1

Capitale de la région Languedoc-Roussillon, **Montpellier** multiplie les clins d'œils charmeurs. Vous commencerez par parcourir son centre historique et visiter le musée Fabre. Puis vous déjeunerez dans l'un des restaurants de cette ville qui donna son nom à un **beurre** assez spécial – mélange d'herbes, d'épinards, de cresson, d'œufs et d'anchois – et où l'on mange avec bonheur **oreillettes et grisettes**. La promenade du Peyrou sera idéale pour une balade digestive. En fin de journée, prenez la direction de la mer. Rendez-vous sur la côte à **Mireval** et **Frontignan** où un muscat bien frais vous attend. Mieux vaut donc ne pas faire trop de route et passer la nuit à **Vic** ou **Sète**.

Jour 2

Découvrez l'animation matinale du port de pêche de **Sète** et filez pour une balade sur le mont St-Clair. Vous apprécierez d'autant mieux de déguster une **bourride**, bouillabaisse liée à l'aïoli, ou une **tielle**, tourte à base de poulpe et de tomate. L'après-midi, visitez la villa Loupian et parcourez les rives du

Le conseil de Bib

➤ La circulation dans le centre-ville de Montpellier relève de l'impossible. Stationnez votre camping-car sur les deux parkings autorisés : Moulin-l'Évêque et les Arceaux.

bassin de Thau. Quand vient l'heure de l'apéritif, dirigez-vous vers Marseillan pour goûter le **Noilly-Prat** ou en acquérir une bouteille pour parfumer la sauce des poissons. Le **bassin de Thau** est réputé pour les **huîtres** et les **moules de Bouzigues**. Faites-y étape.

Jours 3 & 4

C'est le jour des provisions : rejoignez **Pinet** pour l'excellent **picpoul-de-pinet**, vin blanc parfait pour accompagner les produits de la mer. À l'heure du déjeuner, gagnez **Béziers**. Vous profiterez de votre après-midi pour découvrir la ville et notamment l'ancienne cathédrale St-Nazaire. Rejoignez **Narbonne** pour une pause digestive de 2 jours. Consacrez le premier jour à la découverte de la ville. Commencez par le palais des Archevêques : le Musée archéologique vous retiendra certainement une bonne heure avant que vous n'abordiez la cathédrale St-Just.

Si vos pieds sont fatigués, reposez-vous quelques instants dans le cloître ou dans le jardin des Archevêques avant d'aller déjeuner sur le cours Mirabeau. Poursuivez votre journée avec la visite de la basilique St-Paul et revenez à la place de l'Hôtel-de-Ville par le pont des Marchands, bordé de boutiques. Le lendemain, prenez le coche d'eau pour naviguer sur le canal de la Robine jusqu'à l'île Ste-Lucie et Port-la-Nouvelle où vous pourrez savourer quelques produits de la mer et vous baigner.

Jour 5

Une route un peu plus longue vous mène à **Bize-Minervois**, au nord-ouest : la coopérative regorge d'**huile d'olive** et d'**olives** (goûtez **les lucques**, elles sont sublimes). Ce matin, découverte du vignoble ! Vous dégusterez du bout des lèvres le **muscat de St-Jean-de-Minervois**, puis le **vin rouge de St-Chinian**. Gagnez **Bédarieux** pour déjeuner à proximité de votre troisième étape œnologique, **Faugères**. Passez aussi par **Lézignan-la-Cèbe** où vous trouverez ses **oignons très doux**, avant de gagner **Pézenas**. Voici la petite cité qui a su charmer Molière et, bien plus tard, Bobby Lapointe. Parcourez-la à loisir et restez-y dîner pour consommer, cette fois sans modération, les **petits pâtés** d'origine indo-britannique, ainsi que les **berlingots**. Rejoignez Montpellier, en faisant halte à l'**abbaye de Valmagne**.

Les petits pâtés de Pézenas.

N° 48 Languedoc-Roussillon

Aires de service & de stationnement

Agde
Aire « Les Peupliers » – Rte de la Tamarissière – ☎ 04 67 94 72 87 – Ouv. avr.-oct. – P 30.
Borne artisanale. Payant 2 €.
Stationnement : 12 €/j.
Loisirs : Services : sèche-linge
Tarif nuitée plus services : 12 € (haute-saison)

Carnon-Plage
Aire de Carnon-Plage – Av. Grassion-Cibrand – ☎ 04 67 68 23 71 – Ouv. tte l'année – P
Borne artisanale. Payant.
Stationnement : 11 €/j.
Loisirs : Services : WC sèche-linge
À l'entrée du camping Les Saladelles, plage à 50 m.

Narbonne-Plage
Aire de Narbonne-Plage – Rte de Gruissan, face au parc Aquajet – ☎ 04 68 49 27 39 – Ouv. tte l'année – P 100.
Borne artisanale. Payant.
Stationnement : 7 €/j.
Loisirs : Services : WC sèche-linge

Ouveillan
Aire d'Ouveillan – Pl. de la Cave Coopérative – ☎ 04 68 46 81 90 – Ouv. tte l'année – P 5.
Borne artisanale. Gratuit.
Stationnement : autorisé
Loisirs : Services :

Palavas-les-Flots
Aire de Palavas-les-Flots – Base fluviale Paul-Riquet – ☎ 04 67 07 73 45 – Ouv. tte l'année – P 100.
Borne artisanale. Payant 3 €.
Stationnement : 12 €/j.
Loisirs : Services : WC sèche-linge

Villeneuve-lès-Béziers
Aire de Villeneuve-les-Béziers – Ouv. tte l'année – P
Borne artisanale. Gratuit.
Stationnement : autorisé
Loisirs : Services :
Au bord du canal du Midi.

Campings

Laurens
L'Oliveraie
Chemin de Bédarieux, 2 km par rte de Bédarieux et chemin à dr.
☎ 04 67 90 24 36
oliveraie@free.fr . www.oliveraie.com
De mi-janv. à mi-déc. 7 ha (116 empl.)
Tarif (prix 2009) : 26,80 € (2A) – pers. suppl. 5 €
borne artisanale – 10.5€
Loisirs : pizzeria nocturne poneys
Services :

Marseillan
La Créole
74, Av. des Campings.
☎ 04 67 21 92 69
campinglacreole@wanadoo.fr
www.campinglacreole.com
De déb. avr. à mi-oct. 1,5 ha (110 empl.)
Tarif : 30,50 € (2A) – pers. suppl. 5,50 €
Loisirs : crêperie
Services :
en bordure d'une belle plage de sable fin

Lattes
Le Parc
Chemin départemental 172 - Route de Mauguio, 2 km au nord-est par D 172, bord d'un ruisseau.
☎ 04 67 65 85 67
camping-le-parc@wanadoo.fr . www.leparccamping.com
De déb. avr. à fin oct. 1,6 ha (100 empl.)
Tarif : 25,90 € (2A) – pers. suppl. 5,50 €
Loisirs : sandwicherie
Services :

Carnet pratique

🏠 Haltes chez le **particulier**

Castelnau-de-Guers

Domaine de la Grangette
Juin-sept. : lun.-sam 9h-12h, 14h-20h, oct.-mai lun.-sam 9h-12h, 14h-18h
Ouv. tte l'année
P *3. Stationnement : 24h maxi.*
Bordé par la « Via Domitia », traversé par le chemin du « sel » et celui du « poissonnier », le Domaine la Grangette est chargé d'histoire. Situé au cœur de l'AOC Picpoul de Pinet, il propose une gamme de produits à découvrir dans le superbe caveau aménagé dans l'écurie du 17^{e}s. À découvrir : un Coteaux du Languedoc – Picpoul de Pinet et « La part des Anges Rouges », un vin de pays d'Oc (assemblage Syrah-Grenache élevé en fut de chêne pendant 9 mois).

Murviel-lès-Béziers

Château Coujan
04 67 37 80 00 – Ouv. tte l'année
P *5.*
La famille Guy est propriétaire de ce domaine depuis 1868. François Guy est aujourd'hui considéré comme une des figures importantes du monde des vins du Languedoc. Sa fille Florence s'occupe de la vinification. À découvrir : un AOC Saint-Chinian (rouge, rosé) et un AOC Coteaux du Languedoc blanc.

Nizas

Domaine des Baies Sauvages
1, chemin des Amayrols – 04 67 25 33 95 – Saison : tlj 10h-13h, 17h-20h, hors-saison : tlj 17h-20h
Fermé 2 sem. en juin.
P *3.*
Ce domaine élabore des vins AOC Coteaux du Languedoc et des vins de Pays d'Oc. Emmanuel et Véronique Thalic, artisans vignerons vous proposent de découvrir leur cuvée « Alizarine » en vin de pays. Dégustation et vente au chai.

Saint-Chinian

Domaine Clos Bagatelle
Av. de Saint-Pons – Fermé 2 sem. en sept.
P *3. Stationnement : 24h maxi.*
Au cœur du cru de Saint-Chinian, le Clos Bagatelle offre une gamme de vins de grande qualité. À partir de vignes en cépages syrah, mourvède et grenache, il élabore de l'AOC Saint-Chinian, du muscat de Saint-Jean-de-Minervois et un muscat blanc de petits grains. Le must de la maison, la cuvée « la Gloire de mon Père » élevée en fût de chêne et plusieurs fois primée.

Les bonnes **adresses** de Bib

Bize-Minervois

Coopérative L'Oulibo
Hameau de Cabezac - 04 68 41 88 88 - hiver : tlj sf w.-end 8h-12h, 14h-18h ; été : 8h-12h, 14h-19h (sam. 9h, dim. 10h) - fermé 1er janv. et 25 déc.
Vente d'huile d'olive, d'olives (lucques et picholines) et produits du terroir tels que vins, miel, nougats, confitures, objets d'artisanat, etc. Visite guidée et gratuite de la coopérative, toutes les heures en juillet-août.

Béziers

Le Val d'Héry
67 av. du Prés.-Wilson - 04 67 76 56 73 - fermé 20 juin-11 juil., dim. et lun. - 21/42 €.
Une balade apéritive sur le plateau des Poètes, joli parc dans le centre-ville, mais voici parvenu dans ce restaurant aux murs égayés de tableaux : n'hésitez pas à complimenter le chef, car il est l'auteur de quelques-unes des toiles exposées… et maîtrise aussi parfaitement l'art d'accommoder des recettes au goût du jour.

Montpellier

Maison régionale des vins et produits du terroir
34 r. St-Guilhem - face à la préfecture - 04 67 60 40 41 - tlj sf dim. 9h30-20h.
On trouve le meilleur du Languedoc Roussillon dans cet ancien hôtel particulier transformé en espace d'exposition-vente de vins (1 200 crus référencés) et de produits du terroir : cassoulet, olives, champignons, truffes, miels, chocolats, etc. Les producteurs proposent également des dégustations tous les samedis.

Pinet

Château de Pinet
Vignobles Gaujal de St-Bon - 04 68 32 16 67 - ouv. de mai à sept. ; oct.-avr. : sur RV.
Transmis de père en fils depuis deux cent cinquante ans, le domaine se conjugue aujourd'hui au féminin : à sa tête, Simone Arnaud-Gaujal aidée par sa fille. Le vignoble de 50 ha encépagés de picpoul, merlot, syrah, cabernet-sauvignon, grenache et cinsault couvre des sols argilo-calcaires. La production du château se caractérise par de petits rendements.

N° 49 — Limousin

Le **Limousin** au carrefour de l'Histoire

Longtemps **fief anglo-angevin**, défendu par de nombreux châteaux forts, le Limousin a été rattaché au domaine royal en 1607. Le bon **saint Éloi**, ministre du roi Dagobert, fonda son abbaye à Solignac, **Richard Cœur de Lion** mourut à Châlus et **Ahmed Pacha**, alias Claude Alexandre de Bonneval, réorganisa l'armée turque. La date la plus tragique est celle du 10 juin 1944, jour où les 642 habitants d'**Oradour-sur-Glane** furent assassinés par les nazis.

➲ *Départ de Limoges*
➲ *6 jours*
210 km

Limoges et la Vienne.

Jours 1 & 2

Le premier jour est consacré au centre-ville de **Limoges**, où vous pourrez découvrir les vestiges de la crypte Saint-Martial, l'église Saint-Michel-des-Lions, qui abrite un reliquaire en argent doré et cristal taillé, du 13e s., le curieux quartier de la Boucherie et sa chapelle Saint-Aurélien. Midi, les halles décorées d'une frise de porcelaine sont devant vous. Arrêtez-vous dans ce secteur pour y déjeuner (produits frais garantis). Si vous êtes à Limoges, impossible de faire l'impasse sur la porcelaine… Alors, direction le musée Adrien-Dubouché. La visite terminée, partez au hasard des rues dénicher la boutique dont la vitrine expose le service de vos rêves… Au programme du lendemain, la « Cité » de Limoges que vous découvrirez, d'abord dans son ensemble, depuis la rive gauche de la Vienne, en empruntant le pont Saint-Étienne. Gravissez les escaliers qui mènent aux charmants jardins de l'Évêché pour accéder au musée (remarquable collection d'émaux). Ensuite, une visite de la cathédrale Saint-Étienne s'impose (faites le tour de l'édifice en attendant la fin de la messe). L'après-midi, vous aurez le choix entre l'Aquarium du Limousin ou l'espace FRAC, pour ceux qui préfèrent l'art contemporain.

Jour 3

Si l'on peut voir des vestiges gallo-romains à Limoges, il

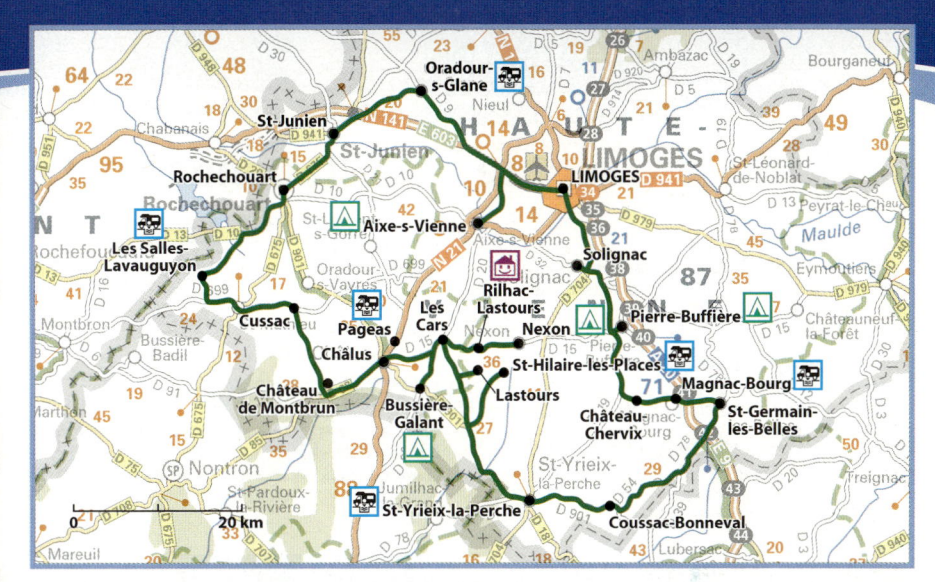

faut se rendre à **Chassenon** pour comprendre le fonctionnement du système de chauffage antique des thermes. Mais commencez par vous rendre à **Oradour-sur-Glane**, ce village martyr que la barbarie a frappé en juin 1944. Retraversez la N 141 pour rejoindre, au sud, **Saint-Junien** dont la collégiale renferme le tombeau du saint. Poursuivez vers le sud-ouest pour enfin arriver à **Chassenon**. Quittant ce village, vous parcourrez un insolite paysage lunaire recouvert de végétation. C'est sur ce cratère dû à la chute d'une météorite géante, il y a quelque 200 millions d'années, que furent édifiés **Rochechouart** et son château ! Cette ville sera l'étape du jour.

Jour 4

Quittez Rochechouart par la D 10 au sud ouest. La journée débute avec les fresques de l'église des **Salles-Lavauguyon**. Allez vers le sud jusqu'à la D 699 que vous prenez vers l'est, et, après **Cussac**, suivez la D 42. Vous voilà transporté en pleine période médiévale aux **châteaux de Brie** et un peu plus loin vers le sud, celui de **Montbrun**. Pour finir : rendez-vous dans la vieille cité de Châlus.

Jour 5

Commencez par visiter le château de **Châlus**. Richard Cœur de Lion tomba au pied du donjon, foudroyé par une arbalète. La route qui porte son nom vous mène au **château des Cars** et, après avoir traversé la forêt, à celui de **Lastours** qui propose une visite nocturne en été et des grandes fêtes médiévales trois fois par an. Ensuite, continuant vers le sud, faites une promenade dans le village du **Chalard** (intéressante église) avant de vous arrêter pour la soirée à Saint-Yrieix-la-Perche.

Jour 6

Visitez la collégiale de **Saint-Yrieix** et reprenez votre périple par la D 901 à l'est. Depuis **Coussac-Bonneval**, où vous revivrez le destin peu commun d'un Limousin devenu pacha, la route traverse des paysages vallonnés jusqu'à Saint-Germain-les-Belles (agréable plan d'eau). Retraversez l'A 20 pour vous rendre à **Château-Chervix** à travers la forêt de Fayat : la route offre de belles vues. Poursuivez sur la D 19, au nord, passer devant les ruines du **château de Chalusset** (vous pourrez en faire le tour à pied) avant un nouvel arrêt à **Solignac**, pour finir en beauté devant l'église abbatiale fondée par le bon **saint Éloi**. Rentrez à Limoges.

Fontaine en porcelaine, Limoges.

N° 49 — Limousin

Aires de service & de stationnement

Magnac-Bourg
Aire de Magnac-Bourg – Pl. du Champ-de-Foire, au centre du bourg – 05 55 06 32 90 – Ouv. tte l'année
Borne artisanale. Gratuit.
Services : WC

Oradour-sur-Glane
Aire d'Oradour-sur-Glane – R. du Stade – Ouv. tte l'année – P 20.
Borne raclet. Payant 2 €.
Stationnement : autorisé
Loisirs : Services : WC

Pageas
Aire de Pageas – N 21 – Ouv. tte l'année – P
Borne eurorelais. Payant 2 €.
Stationnement : illimité.
Services : WC

Saint-Hilaire-les-Places
Aire de Saint-Hilaire-les-Places – Lac Plaisance – Ouv. tte l'année – P
Borne raclet. Payant 2 €.
Stationnement : autorisé
Loisirs : Services : WC

Saint-Yrieix-la-Perche
Aire de Saint-Yrieix-la-Perche – R. Gutenberg – Ouv. tte l'année – P
Borne eurorelais. Payant 3,50 €.
Stationnement : autorisé
Services :

Les Salles-Lavauguyon
Aire des Salles-Lavauguyon – Rte de St-Mathieu, Le Tilleul – 05 55 48 82 23 – Ouv. avr.-oct. – P 8.
Borne artisanale. Payant.
Stationnement : 4 €/j.
Services :

Campings

Aixe-sur-Vienne
Municipal les Grèves
R. Jean-Claude Papon.
05 55 70 12 98
camping@mairie-aixesurvienne.fr . www.mairie-aixesurvienne.fr
De déb. juin à fin sept. 3 ha (80 empl.)
Tarif : 11,50 € (2A) – pers. suppl. 4 €
1 borne artisanale 3 €
Loisirs :
Services : (juil.-août) GB
agréable terrain avec des emplacements au bord de la Vienne.

Bussière-Galant
Municipal les Ribières
Av. du Plan-d'eau, 1,7 km par D 20, rte de la Coquille et chemin à droite, près du stade et à 100 m d'un plan d'eau.
05 55 78 86 12
mairie.bussiere.galant@wanadoo.fr
1 ha (25 empl.)
Services : (juil.-août)

Nexon
Municipal de l'Étang de la Lande
Accès : S : 1 km par rte de St-Hilaire, accès près de la pl. de l'Hôtel-de-Ville.
05 55 58 35 44
camping.de-la-landenexon@orange.fr . www.nexon.fr
De déb. juin à fin sept. 2 ha (53 empl.)
Tarif (prix 2009) : 9,80 € (2A) – pers. suppl. 3,20 €
borne artisanale
Loisirs :
Services : GB
Près d'un plan d'eau

Pierre-Buffière
Intercommunal de Chabanas
Lieu-dit Chabanas, 1,8 km par D 420, rte de Château-Chervix, direction A 20 et chemin à gauche, près du stade - Par A 20 : sortie 40.
05 55 00 96 43
mairie.pierrebuffiere@wanadoo.fr
De mi-mai à fin sept. 1,5 ha (60 empl.)
Tarif (prix 2009) : 13,50 € (2A) – pers. suppl. 3 €
borne artisanale 3,50 €
Loisirs :
Services : M
Décoration arbustive et florale

Carnet pratique

Haltes chez le **particulier**

Rilhac-Lastours

Ferme de Bellevue
Lieu-dit Bellevue – ℘ 05 55 58 38 98 – Ouv. tte l'année – 3.
Située dans le site médiéval de Lastours, cette ferme abrite une auberge aménagée dans une ancienne grange. On y propose une cuisine goûteuse élaborée à partir des produits de la ferme. À table : galantine de pintade au foie gras, canard aux grattons, feuilleté de volailles, manchons cuisinés au vin de Bergerac, flognardes, gâteau aux noix… Visite de la ferme et vente des produits élaborés sur place.

Le conseil de Bib

▶ À inscrire sur votre agenda : fin-sept.-déb.-oct. - Limoges – Les Francophonies en Limousin, festival de théâtre, musique, danse, écritures contemporaines.

Les bonnes **adresses** de Bib

Châlus

Auberge Richard Cœur de Lion
29 av. Jean-Jaurès - ℘ 05 55 78 43 42 - 13/35 €.
Une adresse incontournable à Châlus, appréciée des habitués pour la qualité de sa cuisine. Sur la carte, viandes exclusivement limousines et, en saison, nombreux plats à base de cèpes.

Coussac-Bonneval

Restaurant le Kaolin
21 av. du 11-Novembre-1918 - ℘ 05 55 75 20 24 - www.voyageurskaolin.com - fermé 2 sem. en janv., 2 sem. en nov., dim. soir sf en juil.-août et merc. - 13/38 €.
Cette vieille maison de style régional est située au pied du château. Dans sa salle à manger agrémentée d'un beau plafond à caissons, vous dégusterez une cuisine mitonnée avec les produits du terroir, dont la fameuse viande limousine. (un menu « château » avec une entrée gratuite au château).

Limoges

Le Pont St-Étienne
8 pl. de Compostelle - ℘ 05 55 30 52 54 - fermé 25 déc.-1er janv. - réserv. obligatoire le w.-end - formule déj. 15 € - 21/33 €.
Au pied du Pont St-Étienne, cette maison à colombage, parfaitement restaurée, s'est transformée en restaurant. À l'intérieur, sur deux étages, de grandes salles à manger, claires où l'on sert une cuisine régionale. Plats cuisinés par une équipe jeune et dynamique, ou plus simplement une « plancha » au bœuf, canard ou saumon. Agréable terrasse dominant la Vienne.

Le Bœuf à la Mode
60 r. François-Chénieux - ℘ 05 55 77 73 95 - fermé août, 25 déc.-1er janv., sam. midi, lun. soir et dim. - 29/35 €.
Amateurs de bonne viande, venez déguster les pièces de choix sélectionnées par un professionnel ! Dans cette boucherie restaurant décorée de tableaux, vous pourrez apprécier une table de qualité dans une ambiance amicale et authentique.

Magasin d'usine Haviland
Av. du Prés.-John-Kennedy, Le Pavillon de la Porcelaine - Autoroute A 20, sortie n° 36 - ℘ 05 55 30 21 86 - boutique - 10h-13h, 14h-18h30 - fermé 1er janv., 1er Mai et 25 déc.
Magasin d'usine des Haviland, famille américaine qui s'installa à Limoges en 1842, et produisit des services prestigieux pour les rois, les reines, et autres sommités. Musée et démonstration de fabrication de la porcelaine accompagnée d'un film sur grand écran. Grand choix de pièces (vaisselle, décoration…) à la boutique.

Petit Train Touristique
Départ et arrivée devant l'O.T., 12 bd de Fleurus - juil.-août : départ 11h30, 14h30, 16h, 17h30, 21h30 ; 9-30 juin et 1er-14 sept. : départ 15h, 16h30 ; 5 avr.-7 juin, 17 sept.-8 nov. : merc. et sam. départ 15h-16h30 - 5 € (enf. 3,50 €).
Ce petit train vous fera découvrir les différents centres d'intérêt de la ville durant 1 heure de promenade commentée : du quartier de la Boucherie à la gare des Bénédictins, en passant par l'hôtel de ville.

Oradour-sur-Glane

Le Milord
10 av. du 10-Juin-1944 - ℘ 05 55 03 10 35 - http://hotel-de-la-glane-oradoursurglane.com - 12,50/39 €.
Près de l'église, adresse toute simple dont l'agencement et le décor évoquent, en plus dépouillé, les brasseries de la Belle Époque : appliques « rétro », banquettes en velours rouge formant des box, tables dressées simplement et mise en place assez serrée. La comparaison avec ce type d'établissement tourné vers la restauration à gros débit s'arrête toutefois là, car le chef du Milord propose une cuisine traditionnelle soignée, mitonnée avec les produits de la région. Petit détail qui ne manque pas d'importance : les prix savent rester sages.

N° 50 — Limousin

Le plateau de **Millevaches**

Selon la légende, les hautes terres du plateau de Millevaches devraient leur nom imagé à une bergère séduite ici par **les milles vaches du diable…** À moins que l'expression ne signifie tout bonnement « **mille sources** » (mille batz en langue celte). Quand au nom de **montagne limousine**, donné aux Millevaches ainsi qu'au **plateau des Gentioux**, vous le verrez par vous-même : c'est plus en raison de la rigueur du climat que du relief. Le plus haut point culmine en effet à 977 m !

➲ **Départ d'Aubusson**
➲ **5 jours**
370 km

Le pont romain de Sénoueix.

Jour 1

La renommée de la **tapisserie** d'Aubusson ou de Felletin ne peut que vous inciter à en percer les secrets au cours de cette première journée. Parcourez le matin les salles du musée départemental de la Tapisserie à **Aubusson**, puis découvrez, après le déjeuner, la technique en visitant un atelier et une filature à **Felletin**.

Jour 2

Felletin est aussi un point de départ pour la **montagne limousine**, votre première bouffée d'oxygène. Suivez la D 992 au sud-ouest sur 20 km et prenez à droite direction **Sénoueix** pour aller voir le **pont romain**. Revenez sur vos pas et continuez jusqu'à **Gentioux**, où vous prendrez la D 16 pour atteindre le bucolique **site du Rat**, invitant à une petite promenade. Un peu plus loin, à **Négarioux** se trouve une tourbière. Enfin, vous ferez étape dans le joli bourg de **Peyrelevade**. Amoureux des arbres, vous vous rendrez auparavant à l'**arboretum de Saint-Setiers**.

Jour 3

Prenez donc de l'altitude en sillonnant le **plateau de Mille-**

Écheveaux de laine, Aubusson.

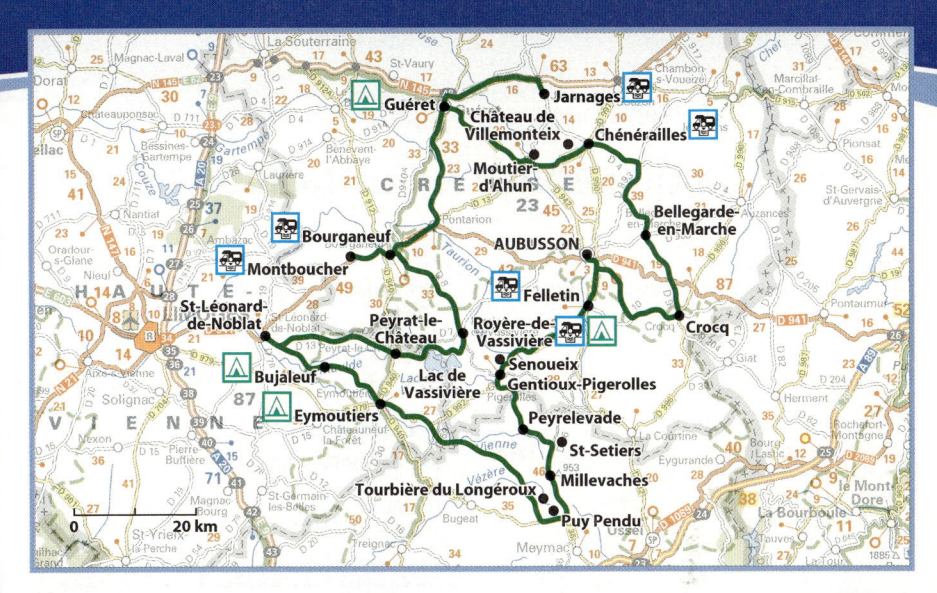

vaches. Le toit du Limousin réserve bien des surprises. Véritable château d'eau – sur ce plateau granitique naissent quantité de rivières (Corrèze, Creuse, Vézère) – c'est aussi un espace encore très préservé. Gagnez **Millevaches** proprement dit, puis l'**étang des Oussines** (par la D 164) ou la surprenante tourbière de **Longeyroux**, sans oublier l'énigmatique **site des Cars** (vestiges gallo-romains en pleine nature). **Bugeat** est un lieu de détente où vous pourrez faire une étape, à moins que vous ne préfériez la faire à **Eymoutiers**, 25 km plus au nord par la D 940. Dans cette petite ville, ne manquez pas l'Espace Paul-Rebeyrolle.

Jour 4

Dirigez-vous vers le nord-ouest (D 14). Ceux qui veulent en savoir plus sur le pays Monts et Barrages en Limousin (label Pays d'art et d'histoire) s'arrêteront à **Bujaleuf**, les autres fileront vers **Saint-Léonard-de-Noblat** : sa collégiale, sa porcelaine et ses vaches sont trois bonnes raisons d'y faire une halte. La suite ne réserve pas moins de belles surprises : de Saint-Léonard-de-Noblat, vous arriverez par la vallée de la Maulde à **Peyrat-le-Château** et au **lac de Vassivière**, où, dans un cadre sauvage superbe, se trouve un centre d'art contemporain original (le Centre national d'art et de paysage). Longez le lac en direction de Royère, puis par la D 8, rejoignez **Bourganeuf** marqué par le destin

Le conseil de Bib

▶ Les passionnés de pêche à la truite trouveront sur le plateau de Millevaches une multitude de ruisseaux à prospecter au toc ou à la mouche.

du prince Zizim, au 15e s… Vous dirigeant vers **Guéret**, vous traverserez l'énigmatique **forêt de Chabrières**, beau massif forestier avec ses loups (arrêtez-vous au parc animalier des Monts de Guéret) et son planétarium. **Guéret** sera l'étape du jour. Prenez le temps d'aller admirer à la Sénatorerie les émaux et les œuvres de peintres qui ont été fascinés avant vous par les paysages creusois.

Jour 5

Ce matin, après avoir visité l'église de **Mouthier-d'Ahun**, vous pouvez partir à **Chénérailles** car son l'église vaut aussi le coup d'œil. En cours de route, arrêtez-vous au **château de Villemonteix**, qui renferme notamment de belles tapisseries. Il vous reste un peu de temps devant vous ? Alors, avant de regagnez Aubusson, allez voir la petite cité médiévale de **Crocq**.

N° 50 — Limousin

Aires de service & de stationnement

Bourganeuf
Aire de Bourganeuf – Pl. du Foirail – Fermé mar.-merc. (22h-14h, marché) – P 6.
Borne raclet. Gratuit.
Stationnement : autorisé
Services :

Chénérailles
Aire de Chénérailles – D 990, à la sortie du bourg, dir. Aubusson – Ouv. tte l'année – P 6.
Borne eurorelais. Payant.
Stationnement : autorisé
Services :

Felletin
Aire de Felletin – Parking Reby-Lagrange – Ouv. tte l'année – P.
Borne eurorelais. Gratuit.
Stationnement : autorisé
Services :

Jarnages
Aire de Jarnages – près du plan d'eau – Ouv. tte l'année – P 6.
Borne eurorelais. Payant 2 €.
Stationnement : autorisé
Loisirs : Services :

Montboucher
Aire de Montboucher – Ouv. tte l'année – P
Borne eurorelais. Gratuit.
Stationnement : autorisé
Services : WC

Royère-de-Vassivière
Aire de Royère-de-Vassivière – Pl. du Dr-Perraud, face à la supérette Proxi – Ouv. tte l'année – P 3.
Stationnement : autorisé
Services :

Campings

Bujaleuf

Municipal du Lac
Accès : 1 km au nord par D 16 et rte à gauche, près du lac.
☎ 05 55 69 54 54
tourisme@bujaleuf.fr . www.bujaleuf.fr
De mi-mai à fin sept. 2 ha (110 empl.)
Tarif (prix 2009) : 10 € (2A) – pers. suppl. 2 €
borne artisanale
Loisirs :
Services : (juil.-août) sèche-linge

Eymoutiers

Municipal
À St-Pierre, 2 km par D 940, rte de Tulle et chemin à gauche.
☎ 05 55 69 10 21
mairie-eymoutiers@wanadoo.fr
1 ha (33 empl.)
Services :

Guéret

Municipal du Plan d'Eau de Courtille
Rte de Courtille, 2,5 km par D 914, rte de Benevent et chemin à gauche.
☎ 05 55 81 92 24
2,4 ha (70 empl.)
Loisirs :
Services :
situation agréable près d'un plan d'eau (accès direct)

Royère-de-Vassivière

Les Terrasses du Lac
Lieu-dit Vauveix, au SO 10 km par D 3 et D 35, rte d'Eymoutiers, au port (accès direct).
☎ 05 55 64 76 77
lesterrasses.camping@free.fr . lesterrasses.camping.free.fr
De déb. avr. à mi-oct. 4 ha (142 empl.)
Tarif (prix 2009) : 15,60 € (2A) – pers. suppl. 4,20 €
Loisirs : (plage)
Services : (juil.-août) GB sèche-linge

Carnet pratique

Les bonnes **adresses** de Bib

Aubusson

La Boutique-École
46 Grande-Rue - ☎ 06 22 11 63 65 - tlj sf dim. 11h-12h30, 15h-19h - fermé en hiver et j. fériés.
Dans cette boutique, vous pourrez acquérir tout le matériel nécessaire à la confection de tapisseries : canevas, cadres, aiguilles, écheveaux de laine, épingles, etc. Différents modèles y sont exposés pour le plus grand plaisir des yeux.

Échoppe d'Aubusson
Ouverte en 2007, cette boutique de l'office du tourisme d'Aubusson propose des tapisseries, bien sûr, mais aussi des créations originales issues d'ateliers d'artisans d'art creusois ainsi que des produits du terroir.

Busseau-sur-Creuse

Le Viaduc
9 r. Busseau - ☎ 05 55 62 57 20 - www.restaurant-leviaduc.com - fermé janv., dim. soir et lun. - 15/44 €.
Non loin du viaduc ferroviaire de Busseau dont s'inspira Eiffel pour sa célèbre tour, cette auberge de campagne vous permettra de faire une petite halte avant de découvrir le village. La salle à manger ouvre sa grande baie vitrée sur un paysage verdoyant. Cuisine traditionnelle.

Crocq

Auberge de St-Éloi
Rte de Clermont - ☎ 05 55 67 40 14 - orine2@wanadoo.fr - formule déj. 12 € - 20/45 €.
C'est une vieille auberge au cadre authentique où vous bénéficierez d'une cuisine et d'un accueil authentiques, dans une grande salle à manger rustique.

Eymoutiers

L'Escale
Rte circumlacustre - Lieu-dit Auphelle - 7 km à l'est de Peyrat-le-Château par D 13 et D 222 - 87470 Peyrat-le-Château - ☎ 05 55 69 41 35 - www.escale-vassiviere.com - avr.-oct. : 8h-21h - fermé nov.-Rameaux.
Les patrons de ce bar-restaurant organisent des **croisières** sur le lac de Vassivière. Vous pourrez donc déjeuner sur un bateau de 150 places, ou simplement prendre un verre à la terrasse en regardant le va-et-vient des touristes.

Auphelle - Lac de Vassivière
Lieu-dit Auphelle - 7 km à l'est de Peyrat-le-Château - 87470 Peyrat-le-Château - ☎ 05 55 69 48 75 - juil.-août : 9h-12h, 14h-18h.
Location de bateau et de planche à voile, canoë.

Guéret

Villechalane-Sionneau
1 pl. Bonnyaud - ☎ 05 55 52 53 31 - tlj sf lun. 7h-12h30, 14h-19h15, dim. 7h-12h30, 14h30-19h.
Vous trouverez chez ce boulanger-pâtissier-chocolatier les spécialités locales telles que le pâté de pommes de terre ou le Creusois (gâteau aux noisettes) ainsi que du pain cuit au feu de bois.

Base de Loisirs de Courtille
Rte de Courtille - ☎ 05 55 52 86 63 - www.ville-gueret.fr - juil.-août : 8h-19h - fermé nov.-mars.
Cette base de loisirs située à deux pas du centre ville vous offre de multiples activités : baignade, location de pédalos, de planches à voile, de canoës et de dériveurs.

St-Léonard-de-Noblat

Le Grand Saint-Léonard
23 av. du Champs-de-Mars - ☎ 05 55 56 18 18 - www.grandsaintleonard.com - fermé 15 déc.-15 janv. - 25/59 €.
L'imposante façade de cet ancien relais de poste devenu « la » table incontournable de la région se dresse au cœur de la petite cité. Meubles anciens, porcelaine de Limoges, collection de vieilles faïences et cuivres scintillants de tous leurs feux composent le sympathique cadre de la salle à manger. Côté cuisine, terrine de foie gras de canard au sauternes et ravioles de Saint-Jacques à la crème de cèpes figurent parmi les dignes représentants d'une cuisine classique particulièrement raffinée.

St-Martin-Château

Ferme-auberge de Lavergne
Lieu-dit Lavergne - ☎ 05 55 64 72 69 - pdigan@next.fr - été : 10h-18h ; auberge : juil.-août : tlj sf lun. - fermé nov.-mars.
Ferme où l'on élève des porcs de race, dits « culs noirs », des aurochs, etc. Le propriétaire est aussi sculpteur, et ses œuvres peuplent la salle de restaurant et la boutique, où vous pourrez acheter des produits du terroir.

Peyrat-le-Château

L'Escale
Rte circumlacustre - Lieu-dit Auphelle - 7 km à l'est de Peyrat-le-Château par D 13 et D 222 - ☎ 05 55 69 41 35 - www.escale-vassiviere.com - avr.-oct. : 8h-21h - fermé 20 nov.-31 mars.
Les patrons de ce bar-restaurant organisent des croisières sur le lac. Vous pourrez donc déjeuner sur un bateau de 150 places, ou simplement prendre un verre à la terrasse en regardant le va-et-vient des touristes.

N° 51 Limousin

Au fil de la **Dordogne**

Au fil de la Dordogne, s'alignent des maisons à balcon, aux toits pentus, couverts de **lauzes** et d'élégantes demeures à tourelles et à poivrières. Au fil de la Dordogne, glissent encore quelques **gabares**, chargées de troncs de chênes ou de tuteurs en châtaignier. Au fil de la Dordogne, les **lacs** succèdent aux **gorges étroites**. Et de fil en aiguille, d'une rivière à l'autre, le massif des Monédières se traverse, tranquille montagne limousine, splendide fenêtre ouverte sur les **reliefs de l'Auvergne**.

➲ **Départ d'Ussel**
➲ **5 jours**
345 km

La vieille ville d'Argentat le long de la Dordogne.

Jour 1

Un petit tour avec les enfants au musée du pays d'**Ussel** pour tout connaître sur le pays, puis quittez la ville au sud-ouest par la N 89 : cap sur les ruines du **château de Ventadour** (près d'Égletons). Gagnez ensuite **Neuvic** en continuant sur l'agréable D 991. Cette petite ville connue des estivants pour son lac et sa plage peut inspirer une étape, à moins que vous ne lui préfériez **Bort-les-Orgues**. Vous atteindrez cette autre « station » estivale par une route (D 20) jalonnée de belvédères (**puy de Manzagol**, **site de St-Nazaire**, **Marèges** et bien d'autres). La route suit la Dordogne, et mène aux spectaculaires **orgues de Bort**. Pourquoi ne pas embarquer pour une promenade en vedette sur le lac de Bort ?

Le conseil de Bib

▶ Le stationnement près du château de Val, au barrage de Bort, n'est toléré que sur le parking situé au dessus de la capitainerie.

Jour 2

Quittez Bort au sud par la D 922, perdant de vue la Dordogne le temps d'une incursion dans le Cantal, à **Mauriac,** avant des retrouvailles majestueuses au monumental **barrage de l'Aigle** (suivez la D 105). Rendez-vous ensuite, via Auriac, au joli **site** du **pont du Chambon** et arrêtez-vous un peu plus loin au **barrage de Chastang**. Votre parcours envoûtant au fil des gorges de la Dordogne finit sur les quais d'**Argentat**, où venaient mouiller les gabares, ces larges barques à fond plat.

Jour 3

Sortez d'Argentat par la D 18 pour atteindre **Marcillac-la-Croisille** à 26 km au nord. Promenez-vous autour du lac (base de loisirs pour une pause détente) avant d'aller visiter le **château de Sédières**, à l'ouest de Marcillac par la D 978 et D 135^F. Enfin, faites un tour aux **cascades de Gimel**. Étranglée dans une gorge sauvage, la Montane se fraie un chemin au milieu des rochers et se précipite d'une hauteur de 143 m ! La Corrèze a son Niagara... Revenez sur la D 978 et poursuivez vers l'ouest pour vous poser à **Tulle** où s'achèvera votre journée.

Jour 4

Direction le vieux bourg de **Corrèze** (à une vingtaine de kilomètres au nord par la D 23), pour vous attaquer à la **traversée des Monédières**. Vous découvrirez ce massif, bastion méridional de la montagne limousine, au fil d'un itinéraire qui débute dans le coquet petit village de **Chaumeil** (quittez Corrèze au nord par la D 26, puis prenez la D 32 au Tourondel). Capitale des Monédières, Chaumeil vous offrira ses **maisons d'ardoises** à toit de granit ou de lauzes, et ses produits régionaux (à la Maison des Monédières). La D 121, à l'est, d'abord puis la D 128, vers le nord, vous entraînent de cirque (**Freysselines**) en puy (**Chauzeix**) au Suc-au-May. La route serpente jusqu'à **Lestards** et quitte définitivement les Monédières à **Treignac** où vous ferez étape.

Jour 5

Blotti au pied du massif des Monédières, Treignac est l'un des plus beaux villages de France. Attardez-vous ! Rejoignez ensuite **Meymac**. La route contourne le mont Bessou, le point le plus élevé du plateau de Millevaches. À Meymac, vous déambulerez dans d'agréables rues anciennes : vos pas vous conduiront vers le cloître qui abrite désormais un centre d'art contemporain. Enfin, vous pourrez aller vous détendre au lac de Sechemailles (aménagé pour les loisirs) avant de revenir à Ussel.

Tailleur d'ardoise.

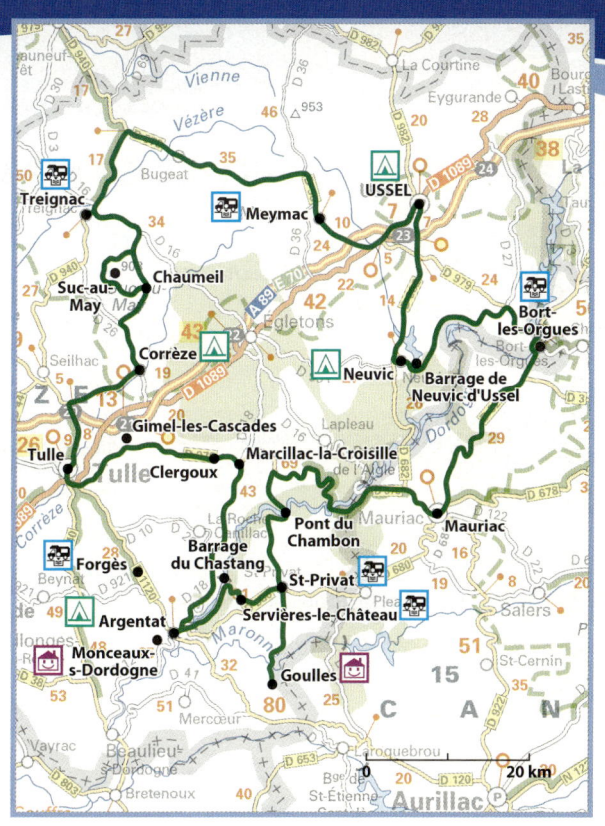

N° 51 Limousin

Aires de service & de stationnement

Bort-les-Orgues
Aire de Bort-les-Orgues – centre-ville – Ouv. tte l'année – P
Borne artisanale. Gratuit.
Stationnement :
Loisirs : Services : sèche-linge

Forgès
Aire de Forgès – devant le camping municipal – Ouv. tte l'année – P
Borne eurorelais. Payant 2 €.
Stationnement :
Services :

Meymac
Aire de Meymac – Lac de Sèchemailles – Ouv. tte l'année – P 20.
Borne raclet. Gratuit.
Stationnement :
Loisirs : Services :

Saint-Privat
Aire de Saint-Privat – Les Chanoux, près du centre de secours – 05 55 28 25 83 – Ouv. tte l'année – P 10.
Borne eurorelais. Payant 2 €.
Stationnement :
Services :

Treignac
Aire de Treignac – D 940, au bord de la Vézère, à 1,5 km du centre ville – Ouv. tte l'année – P
Borne artisanale. Gratuit.
Stationnement :
Loisirs : Services :

Servières-le-Château
Aire du lac de Feyt – Ouv. tte l'année – P 15.
Borne eurorelais. Payant.
Stationnement : autorisé.
Loisirs : Services :

Campings

Argentat
Le Vaurette
Lieu-dit Vaurette, 9 km par D 12 rte de Beaulieu, bord de la Dordogne.
05 55 28 09 67
info@vaurette.com . www.vaurette.com
De déb. mai à mi-sept. 4 ha (120 empl.)
Tarif : 26,80 € (2A) – pers. suppl. 5 €
Loisirs : snack, diurne, salle d'animation
Services : sèche-linge

Corrèze
Municipal la Chapelle
Lieu-dit La Chapelle, sortie E par D 143, rte d'Egletons et à droite, rte de Bouysse.
05.55.21.25.21
De mi-juin à mi-sept. 3 ha (54 empl.)
Tarif : (Prix 2009) 2,65 € 1,40 € 2,50 € – (5A) 2,28 €
borne flot bleu– 15 8€
Loisirs :
Services :
partie campable traversée par une petite route, au bord de la Corrèze et près d'une petite chapelle

Neuvic
Municipal du Lac
Rte de la Plage, 2 km au NO par D 20 rte de Liginiac, à la base nautique.
05 55 95 85 48
contact@campingdulac-neuvic-correze.com . www.campingdulac-neuvic-correze.com
De déb. mars à fin nov. 5 ha (100 empl.)
Tarif : (Prix 2009) 2,40 € 1,20 € 2,70 € – (10A) 1,55 €
– 30 6€ – 6€
Loisirs :
Services :

Ussel
Municipal de Ponty
R. du lac, 3 km à l'O par D 1089 et D 157, rte de Meymac, près du lac (accès direct) et de la base de loisirs.
05 55 72 30 05
sports.dir@ussel19.fr
De mi-mai à fin sept. 2 ha (50 empl.)
Tarif : (Prix 2009) 2,65 € 3,55 € – (10A) 2,50 €
borne raclet 2 €
Loisirs :
Services :

Carnet pratique

🏠 Haltes chez le **particulier**

Goulles

GAEC Réveiller
Lieu-dit Calbrousse – Boutique : fermé dim. apr.-midi
Ouv. tte l'année
P 3. Stationnement : 24h maxi.
L'activité principale de cette exploitation est l'élevage de canards. La famille Réveiller propose la visite de la ferme et la découverte de ses produits. Vente à la boutique de produits frais (foie gras, magrets, paletots, aiguillettes) et de conserves (confits, manchons, rillettes…).

Monceaux-sur-Dordogne

Ferme auberge du Chassang
4 km au SO d'Argentat par D 12 – ℘ 05 55 28 04 75 – Avr.-oct. fermé lun. et tous les midis sauf dim., ouv. le w.-end le reste de l'année
P 3.
Ici, on élève des bovins de race limousine et des porcs labellisés « Le Gustou ». L'auberge propose une cuisine du terroir élaborée à partir des produits de la ferme. À table : noix de veau de lait du Limousin, civet de bœuf limousin au vieux bordeaux, oie rôtie aux deux pommes, gâteau aux noix...

Les bonnes **adresses** de Bib

Argentat

Auberge des Gabariers
15 quai Lestourgie - ℘ 05 55 28 05 87 - www.aubergedesgabariers.com - fermé déc.-fév., mar. soir et merc. sf juil.-août - 26/34 €.
Jolie maison du 16ᵉ s. en bord de Dordogne. Salle rustique, mets rôtis à la broche, terrasse riveraine ombragée par un tilleul.

Balades en gabare sur la Dordogne
R. Douvisis - ℘ 05 55 28 86 45 - www.adndordogne.org.
Découvrez l'histoire de la Dordogne en naviguant sur une gabare, barque à fond plat qui servait jadis à transporter le bois jusqu'aux tonnelleries du Bordelais. Des promenades au fil de l'eau à vivre absolument.

Lanobre

Val Aventure (Château de Val)
Relais du château de Val - ℘ 04 71 40 34 14 - www.valaventure.com - tte l'année sur réserv. ; juil.-août : 10h-19h ; w.-end et vac. scol. : 10h-17h - 16 € (enf. 12 €).
Un conseil : profitez bien du cadre et de la vue sur le château de Val avant de vous lancer dans ce parcours aventure. En effet, dès que vous vous attaquerez aux 90 ateliers disséminés dans les 3 ha d'espace boisé, vous n'aurez plus le cœur à contempler la nature. Nouveau défi : la tyrolienne de 1 km. Émotion garantie.

Meymac

Chez Françoise
24 r. de la Fontaine-du-Rat - ℘ 05 55 95 10 63 - fermé 25 déc.-29 janv., dim. soir et lun. - 15/35 €.
Prenez place près de la cheminée ou du cantou de cette ancienne demeure du centre de Meymac pour déguster la savoureuse cuisine traditionnelle de Monique. Le choix ne manque pas parmi les spécialités du terroir : farcitude, magret de canard, filet de bœuf aux cèpes ou le fameux mounassou, une galette de pommes de terre rapées aux herbes, tarte aux myrtilles...

Neuvic

École de voile de Neuvic
Lac de Triouzoune - plage de Neuvic - ℘ 05 55 95 82 07 - juil.-août : 10h-12h, 14h-18h.
Location de planches à voile, canoës et Optimists (9 €/h), ainsi que des dériveurs et catamarans (16 €/h) ; balade à la voile sur le lac (3 €/pers.).

Treignac

Le Comptoir du Chocolat
3-5 av. Léon-Vacher - ℘ 05 55 98 02 46 - chocolat-bb@wanadoo.fr - visite : tlj sf lun.-mar. 15h ; boutique de la pâtisserie : tlj sf lun. 7h30-12h30, 15h-19h - fermé 3 oct.-14 mars.
En suivant ce parcours dégustation original et insolite, vous apprendrez tout de l'histoire du cacao et de sa transformation en gourmandises chocolatées. Et si la perspective de succomber à l'exquise saveur des Cailloux des Druides ou des Chomynoix vous pose des problèmes de conscience, dites-vous que c'est avant tout une visite pédagogique… Alors régalez-vous.

N° 52

Limousin

De **Brive-la-Gaillarde** aux portes du **Périgord**

À Brive, on parle avec l'accent, et l'accent, qui fleure bon la **générosité du terroir** dit bien l'ambiance qui règne dans la ville. Le cœur de **Brive-la-Gaillarde** bat vite et fort au rythme des clameurs du **rugby**, autour d'un verre de vin et d'une tranche de **foie gras**. Difficile de ne pas succomber au charme de cette « troisième mi-temps », point de départ d'une tournée dans la **vallée de la Corrèze**, qui nous mène aux **portes du Périgord**. Alors, prêts à prendre l'accent ?

➲ **Départ de Brive-la-Gaillarde**
➲ **5 jours**
250 km

Marché à la halle Georges-Brassens de Brive-la-Gaillarde.

Jour 1

Imprégnez-vous de l'ambiance généreuse qui règne à **Brive**, à commencer par son fameux marché les mardis, jeudis et samedis. La Foire du livre, qui a lieu début novembre sous la halle Georges-Brassens, au nord-est de la ville, est également une excellente occasion de se rendre à Brive. Le reste de l'année, la halle s'anime tous les samedis matin pour un incontournable marché de produits du terroir. Un petit tour dans les rues piétonnes de la vieille ville, une incursion dans la collégiale Saint-Martin… et l'heure de déjeuner aura sonné ! Après avoir dégusté un bon foie gras, continuez dans la gastronomie en pénétrant dans les chais du **maître liquoriste Denoix**. La partie culturelle de la journée sera assurée par la visite du musée de Labenche.

Le conseil de Bib

▶ Très peu de places au parking de la vieille ville de Brive : garez-vous pl. du 14-juillet (sf mardi, jeudi et samedi) ou pl. du G.-de-Lattre-de-Tassigny, situées à proximité du centre-ville…

Jour 2

Gagnez, au nord, les hauteurs qui entourent la ville (jolie vue, surtout de nuit), avant de prendre la direction des **gorges de la Vézère**, pour des

248

sensations plus vertigineuses. Arrivé à **Donzenac**, remarquez la toiture des maisons : les tuiles en ardoise proviennent des proches carrières de Travassac, reconnaissables à leurs étourdissants « pans ». Prenez au nord la D 25 pour rejoindre **Allassac**, aux constructions de schiste noir, puis le petit village du **Saillant**, qui occupe un site agréable au débouché des gorges. Là, vous pourrez admirer des **vitraux de Chagall** dans la chapelle. En chemin pour Vigeois, arrêtez-vous à Vertougit, aux **sites de la Roche et de Comborn**. Vous sortez des gorges mais restez dans la **vallée de la Vézère** dont les eaux traversent **Vigeois** (base de loisirs du lac de Pontcharal, au sud-est), tandis qu'Uzerche, l'étape suivante, se trouve sur un promontoire qui les domine.

Jour 3

Flânez dans **Uzerche**. Les amateurs de vieilles maisons seront comblés par cette cité fortifiée. Quittez Uzerche par le nord-ouest (D 54) et à **Montfumat** prenez la D 902 vers l'ouest. Faites une halte à **Lubersac** avant de vous rendre à **Ségur-le-château**, niché dans une gorge creusée par l'Auvézère. Ralliez ensuite **Arnac-Pompadour**, la cité du cheval (château, haras et jumenterie nationaux). Regagnez la capitale de la Corrèze pour y passer la nuit.

Jour 4

La région de Brive vous aura donné un avant-goût du Périgord, que vous n'aborderez qu'après un petit périple dans la basse vallée de la Corrèze. Sortez à l'est par la N 89 pour aller visiter **Aubazine** et son abbaye. Continuez jusqu'à **Tulle**, connu pour sa dentelle et ses accordéons. Enfin, la D 940, au sud, vous conduira à **Beaulieu-sur-Dordogne**. Vous ferez une étape agréable dans cette ville surnommée la « Riviera limousine » en raison de son climat tempéré qui lui vaut un ensoleillement important toute l'année.

Jour 5

Quittez Beaulieu par la D 144, à l'est, et continuez par la bucolique D 153 pour rejoindre **Curemonte** dont les remparts et les fiers châteaux se détachent à l'horizon. Plus au nord, c'est le superbe village de **Collonges-la-Rouge**. Quel plaisir de se balader dans ce village bâti en grès rouge ! Pourquoi ne pas y déjeuner ? Déjà 14h, un saut de puce et vous voilà devant les ruines du château de la belle cité de **Turenne**, dernière étape de votre séjour corrézien.

Produits de la distillerie Denoix, à Brive.

N° 52 Limousin

Aires de service & de stationnement

Collonges-la-Rouge
Aire de Collonges-la-Rouge – *Parking Le Marchadial* – *Ouv. tte l'année* – P *20.*
Borne artisanale. Gratuit.
Stationnement : autorisé
Services :

Concèze
Aire de Concèze – *Ouv. tte l'année* – P *50.*
Borne artisanale. Gratuit.
Stationnement : autorisé
Services :

Dampniat
Aire de Dampniat – *complexe sportif* – 05 55 86 17 54 – *Ouv. tte l'année* – P *3.*
Borne eurorelais. Gratuit.
Stationnement : 72 h maxi
Services :

Objat
Aire d'Objat – *près de l'espace Loisirs, dir. St-Solve* – *Ouv. tte l'année* – P *15.*
Borne eurorelais. Payant 1 €.
Stationnement : 48 h maxi
Loisirs : Services : sèche-linge

Turenne
Aire de Turenne – *derrière le syndicat d'initiative* – 05 55 86 17 54 – *Ouv. tte l'année* – P
Borne eurorelais. Payant 2 €.
Stationnement : illimité
Services :

Uzerche
Aire d'Uzerche – *Ancienne gare* – *Ouv. tte l'année* – P
Borne artisanale. Gratuit.
Stationnement : autorisé
Loisirs : Services :

Campings

Aubazines
Campéole Le Coiroux
Parc touristique du Coiroux, 5 km par D 48, rte du Chastang.
05 55 27 21 96
De déb. avr. à fin sept. 165 ha/6 campables (166 empl.)
Tarif (prix 2009) : 19,90 € (2A) – pers. suppl. 5,90 €
borne artisanale 3 €
Loisirs : , pizzeria
Services : sèche-linge

Beaulieu-sur-Dordogne
Les Îles
Bd Rodolphe-de-Turenne.
05 55 91 02 65
De fin avr. à fin sept. 4 ha (120 empl.)
Tarif (prix 2009) : 23,90 € (2A) – pers. suppl. 6,70 €
borne artisanale 4,50 € – 3 10 € – 10€
Loisirs : canoë
Services : sèche-linge
cadre et situation pittoresques sur une île de la Dordogne

Beynat
Centre Touristique de Miel
Accès : 4 km à l'E par D 921 rte d'Argentat, bord d'un plan d'eau.
05 55 85 50 66
De déb. mai à mi-oct. 50 ha/9 campables (140 empl.)
Tarif : 23,70 € (2A) – pers. suppl. 5,60 €
borne artisanale – 10€
Loisirs : snack (couverte hors saison)
Services :

Vigeois
Municipal du Lac de Pontcharal
Lieu-dit Pontcharal, 2 km au SE par D 7, rte de Brive, près du lac de Pontcharal.
05 55 98 90 86
De déb. juin à mi-sept. 32 ha/1,7 campable (85 empl.)
Tarif : 3,10 € 3,60 € – (15A) 3,10 €
borne eurorelais 2 €
Loisirs : snack (plage)
Services : (juil.-août)

Carnet pratique

Haltes chez le **particulier**

Concèze

Les verchers de Leycuras
Lieu-dit Leycuras – Ouv. tte l'année
P 4.
Aux portes du Périgord vert, au pays de la pomme et de la framboise, la ferme est blottie dans un écrin de verdure : étang, bois, et prairie verdoyante la protègent ! Vous y découvrirez de bons produits. En saison, les fruits frais (framboises, groseilles, poires) et toute l'année les produits issus de la transformation des fruits : coulis, sirops, confitures, liqueurs.

Lanteuil

La ferme de Brossard
05 55 85 59 21 – *Fermé nov.-mars.*
P 5.
Typique de la région, cette belle ferme date du 18e s. On peut y découvrir encore le pressoir, le puits, le four à pain, son écomusée et bien sur ses produits : châtaignes blanchies, confiture et farine de châtaignes.

Queyssac-les-Vignes

La ferme de Mirande
Lieu-dit Mirande – Ouv. tte l'année
P 5.
C'est avec passion que les propriétaires vous feront découvrir leur exploitation et leurs produits. Dégustation et vente de vin paillé, d'huile de noix et d'asperges (de mars à juin). À faire avec les enfants : balades avec des ânes bâtés. En juillet et août, chaque mercredi soir, des balades contées sont organisées. De nombreuses raisons de s'arrêter à la ferme de Mirande.

Le conseil de Bib

▶ À inscrire sur votre agenda : août (1er dim.) – Collonges-la-Rouge – Marché d'antan.

Les bonnes **adresses** de Bib

Brive-la-Gaillarde

Chez Francis
61 av. de Paris - 05 55 74 41 72 - chezfrancis@wanadoo.fr - *fermé 28 fév.-6 mars, 1er-14 août, dim. et lun. - réserv. obligatoire - 15/23 €.*
Imaginez un vrai bistrot parisien décoré d'antiques affiches publicitaires, de bibelots chinés et de dédicaces laissées par les clients : c'est comme ça chez Francis ! Vous y apprécierez aussi la cuisine traditionnelle mise au goût du jour.

Distillerie Denoix
9 bd du Mar.-Lyautey - 05 55 74 34 27 - www.denoix.com - *tlj sf dim. 9h-12h, 14h30-19h - fermé lun. sf juil.-août.*
Dans cette distillerie fondée en 1839, on fabrique quatorze liqueurs différentes – dont la célèbre Suprême Denoix – et six apéritifs. La spécialité régionale, c'est aussi la moutarde violette de Brive. Ne manquez pas la visite des ateliers aménagés dans les bâtiments d'origine, tout en cuivre et bois de chêne.

Beaulieu-sur-Dordogne

Earl Mage producteur de Vin Paillé
Chirac-de-Brivezac - 05 55 91 54 52 *ou* 06 15 31 32 19 - *earlmage@orange.fr - 9h-12h, 14h-18h, dim. sur RV.*
Véritable spécialité de la basse Corrèze, le vin paillé est fabriqué à partir de grappes que l'on laisse sécher pendant plusieurs mois. Très sucré, ce breuvage obtenu après conservation en fût se boit frais, à l'apéritif ou au dessert. Dégustations sur place.

Marché de Beaulieu

Les Bellocois se donnent tous rendez-vous le vendredi matin sur ce beau marché qui se déploie sur les places du Champ-de-Mars et Marbot. Dans une ambiance bon enfant, pas moins de deux cents étals de petits producteurs de la région se côtoient, abondamment garnis de légumes, charcuteries, fromages, poissons et volailles vivantes.

Collonges-la-Rouge

Le Cantou
Au bourg - 05 55 84 25 15 - www.lecantou.fr - *fermé janv., le soir sf juil.-août - 19/25 €.*
Sur l'agréable terrasse ombragée ou dans la salle en partie voûté, vous pourrez choisir menus, tartines, ou omelettes ! Cette maison propose une vraie cuisine du terroir, complétée par de vrais desserts maisons. Egalement, boutique d'objets et de produits locaux.

Uzerche

Chez Denise
8 r. Porte-Barachaude, vieille ville - 05 55 73 22 12 - *fermé de fin janv. à déb. mars, le soir sf juil. au 15 sept. - 10/27 €.*
Entrez dans cette modeste maison, à l'enseigne « café-restaurant », aux portes de la vieille ville et choisissez, si possible, une table sur le balcon. Vous apprécierez tout autant la vue sur les jardins et la Vézère en contrebas que le confit fondant ou l'assiette limousine, généreuse en foie gras, gésiers et magret.

Lorraine

N° 53

En passant par **la Lorraine…**

Inutile de prendre vos sabots pour ce circuit qui vous fait découvrir une région souvent délaissée au profit de sa grande sœur alsacienne. Bien plus préservée que ne pourrait le laisser craindre son **passé industriel**, la Lorraine présente des **paysages amples et verdoyants**. Côtes, collines, plateaux et plaines se succèdent jusqu'aux **confins de la Champagne**, tandis que **la forêt partout présente** se mêle aux champs, aux prairies humides et aux étangs.

➲ **Départ de Sarreguemines**
➲ **5 jours**
300 km

La citadelle de Bitche, signée Vauban.

Jour 1

Histoire et tradition pour commencer la visite de la Lorraine, car **Sarreguemines** a su entretenir son savoir-faire faïencier (musée des Faïences) et mettre en valeur son passé gallo-romain, au parc archéologique de Bliesbruck. La Lorraine, c'est aussi de petits villages blottis au milieu des collines boisées comme **Hombourg-Haut**. Du haut de son éperon rocheux, Hombourg possède quelques vestiges de remparts et une vieille porte. C'est peu, mais le tout est vraiment joli. Marque du passé à **St-Avold** où l'ancienne église abbatiale côtoie le château-mairie de Henriette de Lorraine et le cimetière américain.

Jour 2

La journée commence par une visite du musée Georges de La Tour à **Vic-sur-Seille**, ville natale du peintre. Vous pourrez y voir une œuvre exceptionnelle de ce maître du clair-obscur : *St-Jean-Baptiste dans le désert*. À **Marsal**, ville du sel, fortifiée par Vauban, on perce tous les secrets de cette substance précieuse recueillie dans les terrains salifères de la vallée de la Seille depuis l'Antiquité. Vous êtes au cœur de la partie orientale du Parc naturel régional de Lorraine, l'occasion de satisfaire les enfants avec une visite du parc animalier **Ste-Croix**. Passez ensuite la nuit à **Sarrebourg**.

Jour 3

Chagall réalisa à Sarrebourg un immense vitrail consacré à la paix. Le peintre est également à l'honneur au musée du Pays de Sarrebourg. Peut-être moins connue que sa cousine Baccarat, la **cristallerie de Vallerysthal** vous permet d'admirer des trésors d'artisanat industriel. Pour prendre l'air, un petit train au départ d'**Abreschviller** vous conduit à Grand-Soldat, à moins que vous ne préfériez les fortifications de **Phalsbourg**.

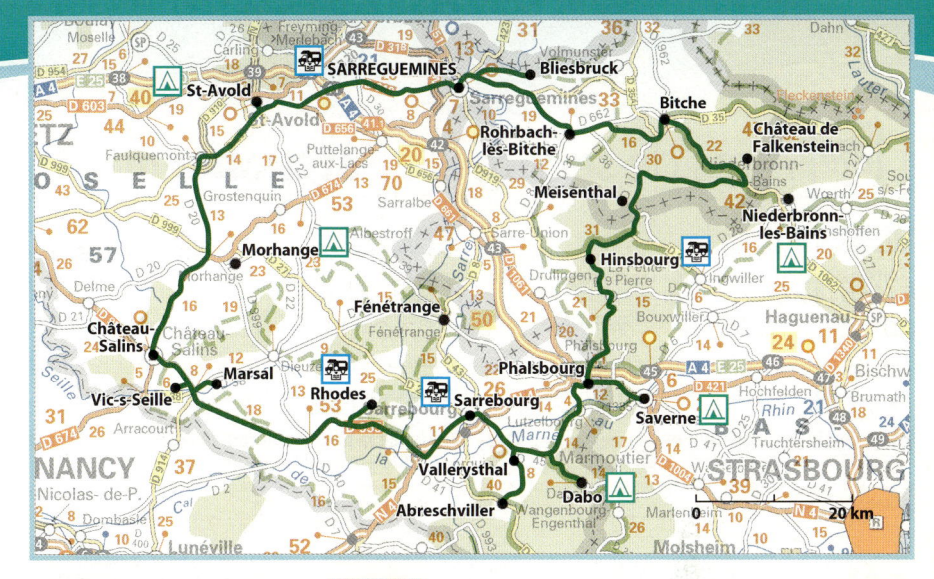

Au Musée de la Faïence de Sarreguemines.

Jour 4

La ville de **La Petite Pierre**, fortifiée par Vauban, est le siège de la Maison du Parc naturel régional des Vosges du Nord. C'est l'occasion d'emprunter un des nombreux sentiers balisés. Et si le travail du verre vous passionne, n'hésitez pas à passer par la Maison du verre et du cristal, et au Centre international verrier de **Meisenthal**. Une escapade est alors possible parmi les châteaux de grès des Vosges du Nord. Le **château de Falkenstein** n'est pas loin. Avant de rejoindre **Bitche** pour y faire étape, profitez du soleil couchant depuis le haut de la tour du **Grand Wintersberg**, point culminant des Vosges du Nord.

Jour 5

Caractéristique de l'architecture militaire du 18e s., la citadelle de **Bitche**, signée Vauban, était réputée imprenable. Perdez-vous dans

Le conseil de Bib

▶ La Petite Pierre (jour 4) est le point de départ de très nombreux sentiers balisés de 2 à 12 km, et de plusieurs circuits VTT. Superbes points de vue sur la région garantis.

le dédale des galeries (cuisine, hôpital, corps de garde principal, dortoir des officiers) et des casemates, et revivez le siège de 1870, grâce à des projections audiovisuelles et à des effets olfactifs. Tous aux abris ! À 4 km à l'ouest de Bitche, se trouve le **Gros ouvrage de Simserhof** fortifié pour la guerre de 1914. Encore des fortifications, de la dernière guerre, en passant à **Rohrbach-lès-Bitche** avant de repartir sur Sarreguemines.

N° 53 Lorraine

Aires de service & de stationnement

Hinsbourg
Aire naturelle Le Steinberg – *Centre-bourg* – 03 88 01 52 19 – Ouv. avr.-oct. – P 25.
Borne artisanale. Payant 3,50 €.
Stationnement : 2,50 €/j.
Services :

Sarrebourg
Aire de Sarrebourg – *R. des Tennis* – Ouv. tte l'année sf période gel – P
Borne flot bleu. Gratuit.
Stationnement : autorisé.
Loisirs : Services :

Rhodes
Aire Communale de Rhodes – *Rue de l'Étang* – 03 87 03 92 20 – Ouv. mars-mi-nov. – P 10.
Payant 6,50 €.
Stationnement : autorisé
Loisirs : Services :

Sarreguemines
Aire de la halte nautique – *R. de Steinbach* – 03 87 98 80 81 – Ouv. tte l'année – P 9.
Payant.
Stationnement : autorisé
Loisirs : Services :

Campings

Dabo
Le Rocher
Rte du Rocher, 1,5 km par D 45, au carrefour de la route du Rocher.
03 87 07 47 51
info@ot-dabo.fr . www.ot-dabo.fr
De mi-mars à fin sept. 0,5 ha (42 empl.)
Tarif (prix 2009) : 3 € 1,40 € 1,70 € – (10A) 3,70 €
Loisirs :
Services :
dans une agréable forêt de sapins

Morhange
Centre de Loisirs de la Mutche
Accès : 6,5 km au N par rte de Sarreguemines, D 78 rte d'Arprich à gauche et chemin du site touristique.
03 87 68 26 48
De déb. avr. à fin oct. 5,5 ha (110 empl.)
Tarif (prix 2009) : Tarif : 15 € (2A) – pers. suppl. 3,50 €
Loisirs : terrain multisports
Services : sèche-linge
au bord d'un plan d'eau, sur un vaste domaine de loisirs

Niederbronn-les-Bains
Heidenkopf
Accès : N : 3,5 km par rte de Bitche et RF à droite.
03 88 09 08 46
Mars-oct. 2 ha (85 empl.)
Tarif : 4,80 € – 2,90 €
Loisirs :
Services :
À l'orée de la forêt

Saint-Avold
Le Felsberg
Accès : au nord du centre-ville, près D 603, accès par r. en Verrerie, face à la station-service Record. Par A 4 : sortie St-Avold Carling.
03 87 92 75 05
Permanent 1,2 ha (33 empl.)
Tarif : 4 € 6 € – (10A) 5 €
Loisirs : snack (le soir)
Services :
sur les hauteurs agréablement boisées de la ville

Saverne
Municipal
R. Knoepffler, 1,3 km par D 171, rte du Haut-Barr et rue Knoepffler à gauche.
03 88 91 35 65
De déb. avr. à fin sept. 2,1 ha (144 empl.)
Tarif (prix 2009) : 15 € (2A) – pers. suppl. 3,50 €
1 borne artisanale
Loisirs :
Services : sèche-linge

Carnet pratique

Les bonnes **adresses** de Bib

Bitche

Auberge de la Tour
3 r. de la Gare - 4 km à l'est du gros ouvrage du Simserhof par D 35 - ✆ 03 87 96 29 25 - restaurant.la.tour@wanadoo.fr - fermé 3 fév.-9 mars, 14-30 juil. et lun. - 16/52 €.
Le style Belle Époque des salles à manger donne un charme certain à ce restaurant installé dans une maison flanquée d'une tourelle. Sur le fourneau mijote une cuisine traditionnelle enrichie de quelques plats régionaux.

Meisenthal

Auberge des Mésanges
2 r. du Tiseur - ✆ 03 87 96 92 28 - www.aubergedesmesanges.com - fermé 11-28 fév. et 24-28 déc.
Après une visite à la maison du Verre et du Cristal, adoptez cette maison pour un repas. Cuisine sans prétention et, le week-end, flamkueches et pizzas jouent les vedettes.

Niederbronn-les-Bains

Casino Barrière de Niederbronn-les-Bains
10 pl. des Thermes - ✆ 03 88 80 84 88 - www.lucienbarriere.com - lun.-jeu. 10h30-2h, vend.-sam. 10h30-4h, dim. 10h30-3h.
Le plus grand casino d'Alsace compte 185 machines à sous et une salle de jeux traditionnels. Trois restaurants dont une brasserie alsacienne, un lounge bar et une salle de cinéma.

La Villa du Parc (au Casino de Niederbronn)
10 pl. des Thermes - ✆ 03 88 80 84 88 - www.lucienbarriere.com - tlj sf sam. midi et dim. soir 12h-14h, 19h-22h - fermé fév. et 24 déc.
Restaurant agrandi et entièrement rénové dans un style contemporain d'inspiration coloniale. Tous les 15 jours, dîner-spectacle ou dîner-dansant.

Sarrebourg

Mathis
7 r. Gambetta - ✆ 03 87 03 21 67 - fermé 1er-15 janv., 15 juil.-3 août, dim. soir, mar. soir et lun. - 30/75 €.
Décor de table soigné, comme il se doit au pays du cristal et de la faïence, accueil chaleureux et plaisirs d'une assiette inventive : un restaurant aux multiples atouts.

Sarreguemines

Thierry Breininger-Le Vieux Moulin
135 r. de France - ✆ 03 87 98 22 59 - fermé 10-18 janv. et jeu. sf déc. - 20/70 €.
Discrète auberge abritant une salle de restaurant spacieuse et cossue, habillée de boiseries et de poutres. Cuisine inventive variant avec les saisons et belle sélection de vins. Spécialités : effeuillé de foie gras et artichauts aux kumquats ; Saint-Jacques au bouillon de céleri-branche (oct. à mars) ; Pastilla de pigeonneau, jus à la cannelle.

Saverne

Caveau de l'Escale
10 quai du Canal - ✆ 03 88 91 12 23 - www.escale-saverne.fr - fermé 27 juin-10 juil., 10 j. fin oct., 21 déc.-6 janv., sam. midi, mar. soir et merc. - formule déj. 8,90 € - 11,40/27 €.
Cette maison discrète proche du canal et du point de départ des bateaux-péniches de location abrite un restaurant. Rejoignez sa cave voûtée et attablez-vous autour de plats régionaux, complétés le soir par un large choix de tartes flambées. Accueil cordial.

Au Château du Haut Barr
D 1004 Saverne et D 171 - ✆ 03 88 91 17 61 - www.notrealsace.com/chateau-du-haut-barr - fermé 3 sem. en fév., 1 sem. fin nov., lun. et jeu. soir - formule déj. 7 € - 10/44 €.
Cette construction de 1901, située dans l'enceinte même du château, s'apparente à un petit manoir dans lequel les gourmets sont à la noce. Grande salle de style médiéval agrémentée de fresques et généreux plats traditionnels à prix très serrés.

Zum Staeffele
1 r. Poincaré - ✆ 03 88 91 63 94 - michel.jaeckel@wanadoo.fr - fermé 16 juil.-6 août, 24 déc.-7 janv., dim. soir, merc. et jeu. - 22/52 €.
Cette maison en pierre datant des 18e et 19e s. et située face au château des Rohan abrite une élégante salle à manger moderne où l'on savoure une cuisine inventive.

Kasbür
8 rte de Dettwiller - 67700 Monswiller - ✆ 03 88 02 14 20 - www.restaurant-kasbur.com - fermé 1er-15 fév., 1er-15 août, dim. soir et lun. - 19/55 €.
Table de longue tradition familiale (1932) nommée d'après le métier d'un aïeul : fromager-paysan. Vue agreste par les baies de la nouvelle salle et en terrasse. Carte actuelle.

L'Océanide
10 r. du Centre-Nautique - ✆ 03 88 02 52 80 - http://oceanide.cc-saverne.fr - vac. scol. : 10h-20h, vend. 10h-21h - fermé j. fériés - 5 €.
Bien plus qu'une simple piscine, ce centre nautique compte plusieurs bassins, couverts ou non, avec toboggan en extérieur. Jacuzzi et espace « soins du corps » avec sauna et hammam.

N° 54 — Lorraine

Entre **Meuse et Moselle**

Vous passez d'une époque à l'autre au gré des rivières. **Metz** est romaine, médiévale et classique. **Nancy** est la capitale des ducs de Lorraine et celle de l'Art nouveau. **Bar-le-Duc** est le point de départ de la « voie sacrée » menant à Verdun, et **St-Mihiel**, un lieu de pélerinage sur les zones de combats de la Première Guerre mondiale. Côté bouche, vous passez d'un goût à l'autre : **bergamote et macaron** à Nancy, **madeleine** à Commercy et **confiture de groseilles** à Bar.

➲ **Départ de Metz**
➲ **6 jours**
260 km

La place Stanislas, Nancy.

Jours 1 & 2

Tout d'abord **Metz**, à la fois guerrière, culturelle et religieuse. Après avoir pris vos quartiers, partez à la découverte de cette ville commerçante qui fut surnommée « la Riche » au Moyen Âge. Amateur d'églises ou non, faites un tour à la cathédrale St-Étienne qui possède de superbes vitraux de Chagall. Le quartier allemand et celui de l'esplanade valent le coup d'œil. Pour le soir, vous avez le choix : brasserie et bar à bière, concert ou théâtre, Metz en offre pour tous les âges et tous les goûts. Le lendemain, faites plaisir à vos enfants en les emmenant au parc Waligator-Parc : montagnes russes, manèges d'eau et spectacles au programme. Vous pouvez aussi flâner dans les rues animées le matin et visiter les musées de la Cour d'Or (archéologie, architecture et Beaux-arts) l'après-midi. Vous pouvez également vous diriger vers **Pont-à-Mousson** et son ancienne abbaye des Prémontrés (18ᵉ s.).

Le conseil de Bib

▶ La halte au camping de Metz est parfaite pour un séjour dans cette ville : proximité du centre-ville et des transports en commun.

Jours 3 & 4

Arrivé à **Nancy**, vous êtes dans l'ancienne capitale des ducs de Lorraine. Riche en monuments, c'est aussi un centre intellectuel et artistique dans lequel on passe difficilement moins d'une journée. Faites d'abord connaissance avec le bon roi Stanislas en déambulant dans les rues du centre-ville, depuis l'incontournable place qui lui est dédiée… C'est un plaisir tant les bâtiments reflètent l'équilibre et l'harmonie, urbanisme du 18e s. oblige. Promenez-vous dans le parc de la Pépinière puis goûtez aux charmes de la vieille ville, autour de la basilique St-Epvre. Vous pourrez terminer l'après-midi par la visite du musée des Beaux-Arts. En juillet et en août, profitez des terrasses qui fleurissent un peu partout dans la ville, avec groupes musicaux en prime, le soir. Vous préférez la musique classique ? Pas de problème, des concerts gratuits sont organisés régulièrement à la cathédrale ou à l'église des Cordeliers. Mais vous pouvez aussi préférer passer une soirée à l'Opéra. Culture et balade : c'est bien beau, mais cela ne doit pas vous empêcher de profiter des plaisirs terrestres… Bergamotes et macarons vous attendent dans un des très beaux cafés des années 1900. Le lendemain, vous pourrez, selon vos goûts, découvrir le superbe patrimoine Art nouveau du début du 20e s. à travers les rues, et tout spécialement au musée de l'École de Nancy. Vous pouvez aussi profiter des alentours de la ville : vous avez le choix entre le jardin botanique du Montet ou le parc de loisirs de la **forêt de Haye**.

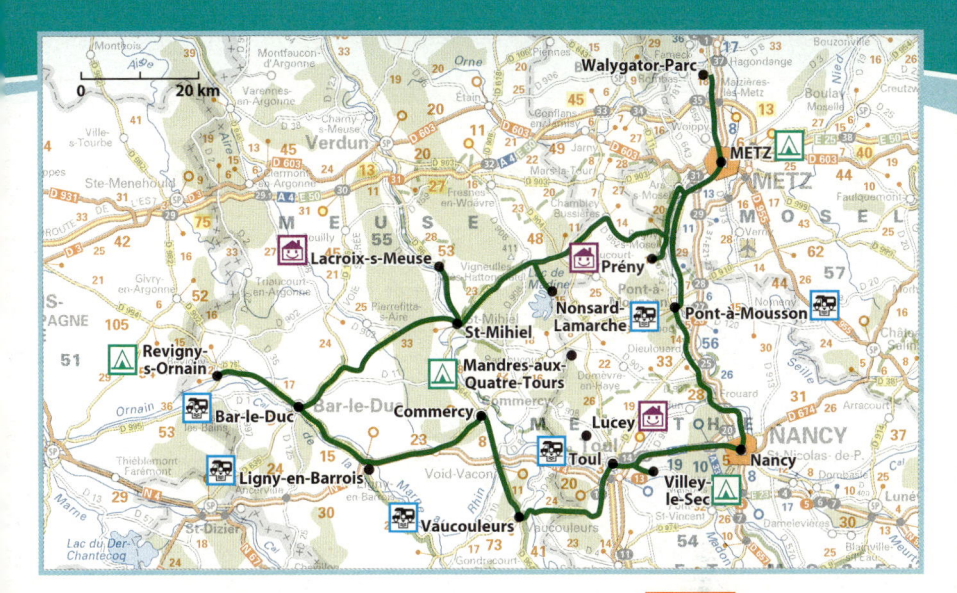

Jour 5

L'histoire se poursuit à **Toul**. Au cœur du vignoble où prend naissance le gris de Toul, seul vin AOC de Lorraine, la ville est ceinte d'une forteresse Vauban, toujours intacte, qui protège la cathédrale St-Étienne : à voir absolument ! À **Vaucouleurs**, vous visiterez la maison de Jeanne la Pucelle. C'est de ce village fortifié qu'elle partit pour combattre les Anglais. Ensuite, petite étape gourmande pour une madeleine de **Commercy** avant la visite du **château Stanislas**. Rendez-vous à Bar-le-Duc pour y dormir.

Jour 6

La ville Renaissance de **Bar-le-Duc**, son église du 17e s. abritant le *Transi* de Ligier Richier, son musée, méritent une matinée. Après le déjeuner, allez acheter de la confiture de groseilles, spécialité de la ville. Vous suivrez à nouveau les traces de Ligier Richier jusqu'à sa ville natale de **St-Mihiel**. Traversez ensuite le **Parc naturel régional de Lorraine**, où vous pourrez vous dégourdir les jambes avant de revenir à Metz.

Les bergamotes de Nancy.

N° 54 — Lorraine

Aires de service & de stationnement

Bar-le-Duc
Aire de Bar-le-Duc – Rue du Débarcadère – Ouv. tte l'année – P 8.
Borne eurorelais. Payant.
Stationnement : autorisé
Services :

Ligny-en-Barrois
Aire de Ligny-en-Barrois – Port fluvial du canal de la Marne au Rhin – Ouv. tte l'année – P 8.
Payant 2 €.
Stationnement : autorisé
Loisirs : Services :

Nonsard
Aire de Nonsard-Lamarche – Lac de Madine, base de Loisirs – Ouv. tte l'année – P
Borne flot bleu. Payant 10 €.
Stationnement : 10 €/j
Loisirs : Services :

Pont-à-Mousson
Aire de Pont-à-Mousson – Avenue des États-Unis, au port de plaisance – Ouv. avr.-oct. – P 10.
Borne artisanale. Gratuit.
Stationnement : 6 €/j.
Loisirs : Services :

Toul
Aire de Toul – Av. du col.-Pechot, près du port de plaisance – Ouv. tte l'année – P 9.
Borne artisanale. Gratuit.
Stationnement : autorisé
Loisirs : Services :

Vaucouleurs
Aire de Vaucouleurs – Place du Cardinal-l'Épicier – Ouv. tte l'année – P 4.
Borne artisanale. Payant 2 €.
Stationnement : gratuit la 1re nuit
Services :

Campings

Mandres-aux-Quatre-Tours
Municipal l'Orée de la Forêt de la Reine
Accès : 1,7 km au S, rte de la forêt et du Parc Régional.
03 83 23 17 31
mandres.54470@wanadoo.fr
De mi-avr. à fin sept. 1 ha (33 empl.)
Tarif (prix 2009) : 2,75 € — 1,95 € – 1,70 €
Services :
à l'orée de la Forêt de la Reine

Metz
Municipal Metz-Plage
Allée de Metz Plage, au N du centre-ville, entre le pont des Morts et le pont de Thionville, bord de la Moselle.
Par A 31 : sortie Metz-Nord Pontiffroy.
03 87 68 26 48
campingmetz@mairie-metz.fr . tourisme.mairie-metz.fr
De fin avr. à déb. oct. 2,5 ha (150 empl.)
Tarif (prix 2009) : 3 € 3 € 8,50 € (16A)
1 borne artisanale
Loisirs : snack
Services :
sèche-linge

Revigny-sur-Ornain
Municipal du Moulin des Gravières
1, r. du Stade, au bourg vers sortie S, rte de Vitry-le-François et r. du stade, à dr., à 100 m de l'Ornain.
03 29 78 73 34
contact@ot-revigny-ornain.fr . www.ot-revigny-ornain.fr
De déb. mai à fin sept. 1 ha (27 empl.)
Tarif (prix 2009) : 2,45 € 6,90 € – (6A) 3 €
Loisirs :
Services :
cadre agréable au bord d'un ruisseau

Villey-le-Sec
Camping de Villey-le-Sec
34 r. de la Gare, 2 km au S par D 909 rte de Maron et r. de la gare, à dr.
03 83 63 64 28
info@campingvilleylesec.com . www.campingvilleylesec.com
2,5 ha (100 empl.)
Loisirs : snack
Services : sèche-linge
cadre agréable au bord de la Moselle

Carnet pratique

🏠 Haltes chez le **particulier**

Lacroix-sur-Meuse

Auberge de la pêche à la truite
Rte de Seuzey, 2 km à l'est de Lacroix-sur-Meuse par D 109. – ℘ 03 29 90 15 08 – fermé mi-nov.-mi-déc.
🅿 5.
On a l'occasion d'apprécier la truite sous toutes ses formes dans ce vaste domaine. En terrine, friture ou en grillade au restaurant ; en rêve, pourquoi pas, si l'on passe la nuit dans l'un des emplacements réservés aux camping-cars.

Prény

Ferme de la Souleuvre
Ouv. tte l'année
🅿 4.
Située entre les vallées du Rupt-de-Mad et de la Moselle, cette ferme laitière propose des produits élaborés sur place. Spécialités maison : la Motte Lorraine (fromage nature, au cumin, à l'ail et à la ciboulette affiné à l'eau de vie de mirabelle), fromage blanc à l'ancienne, viandes (bœuf et veau de lait) et depuis 2006, une meunerie-boulangerie avec 3 cuissons par semaine.

Lucey

André & Roland Lelièvre
1 r. de la Gare - ℘ 03 83 63 81 36 – Lun.-sam. 9h-19h, sam. 9h-18h, dim. 14h-18h
Fermé Noël-janv.
🅿 2.
La famille Lelièvre cultive sa vigne et ses mirabelliers depuis le début du 19ᵉ s. Les vins gris, blanc et rouge bénéficient de l'appellation Côtes-de-Toul et ont été plusieurs fois médaillés au Concours Général Agricole. La maison élabore également, selon la méthode traditionnelle de Lorraine, un goûteux Leucquois, parfait pour l'apéritif. Les petites prunes d'or sont quant à elles séchées, baignées dans du sirop ou transformées en eau-de-vie ou liqueur.

Les bonnes **adresses** de Bib

Bar-le-Duc

Ets Dutriez « À la Lorraine »
35 r. de l'Étoile - ℘ 03 29 79 06 81 - www.groseille.com - lun. 14h30-18h, mar.-vend. 10h-12h, 14h30-18h, sam. 10h-12h - fermé dim. et j. fériés.
Fondée en 1879, la maison Dutriez est aujourd'hui la dernière à produire la confiture de groseilles épépinées à la plume d'oie, considérée comme un produit de grand luxe depuis fort longtemps. Elle fut introduite à la cour de Versailles avec le plus grand succès ; Victor Hugo ainsi qu'Alfred Hitchcock appréciaient également beaucoup cette douceur.

Commercy

La Boîte à Madeleines
ZAE La Louvière - ℘ 03 29 91 40 86 - 8h-12h, 14h-19h - fermé 1 sem. en janv., 1ᵉʳ janv. et 25 déc.
Dès l'entrée, de délicieuses odeurs titillent les narines. Devant vous, derrière la vitre, la salle de fabrication où s'élaborent les succulents gâteaux dorés à point que vous dégusterez ensuite accompagnés d'un café. Enfin à la boutique, vous ferez provision de madeleines au beurre, à la mirabelle ou au chocolat.

Metz

Le Bistrot des Sommeliers
10 r. Pasteur - ℘ 03 87 63 40 20 - fermé sam. midi et dim. - 15 €.
La pimpante devanture rouge abrite un décor sympathique agrémenté d'affiches, cartes, livres et objets ayant trait à la vigne. Un cadre idéal pour stimuler votre envie de bons crus, à choisir parmi la belle sélection de bouteilles de toutes les régions de France et à accompagner de petits plats « bistrotiers ».

Nancy

Maison des Sœurs Macarons
21 r. Gambetta - ℘ 03 83 32 24 25 - tlj sf dim. 9h30-12h30, 14h-19h, lun. 14h-19h - fermé 1 sem. en janv. et j. fériés.
Le secret de l'élaboration des célèbres macarons des sœurs (petits gâteaux ronds à base d'amandes, finement craquelés et très moelleux) se transmet depuis le 18ᵉ s. Outre le macaron, d'autres spécialités lorraines (déposées s'il-vous plaît !) vous seront proposées : une bergamote labellisée, la Berg'amour (pâtes de fruits aromatisée à l'essence de bergamote), les Perles de Lorraine (pâte de fruits fourrée à l'eau-de-vie de mirabelle), les Florentines des sœurs (praliné enrobé d'un fondant), ou encore les Babas du Roi.

N° 55

Lorraine

Souvenirs de guerre

Pas besoin d'être ancien combattant pour faire ce circuit qui vous fait découvrir, que vous soyez jeune ou adulte, un des moments les plus noirs de l'histoire de France et rappelle l'absurdité de la guerre. Des **champs de bataille de Verdun** aux forts et ouvrages souterrains de la **ligne Maginot**, grandeur et héroïsme des des combattants.

➲ *Départ de Verdun*
➲ *3 jours*
270 km

Sas blindé et chemin de fer du bloc 9 dans le gros ouvrage du Hackenberg.

Jour 1

Partez de **Verdun**, ville aux multiples combats, dont les fortifications font parfois oublier la vieille ville pacifique. Vous vous rendrez en premier lieu à la **Cidatelle souterraine**. Elle abritait divers services et les soldats au repos. Ses 7 km de galeries étaient équipés pour subvenir aux besoins d'une armée. À bord d'un véhicule autoguidé, un circuit fait revivre la vie quotidienne des soldats lors de la bataille de 1916. En sortant de la citadelle, vous apercevrez le carrefour des Maréchaux et ses 16 grandes statues de maréchaux et généraux de l'Empire, des guerres de 1870 et bien sûr de 1914-1918. Deux autres lieux à ne pas manquer : le **monument de la Victoire** et le **Centre mondial de la paix**. Pour la pause déjeuner, sachez que Verdun est aujourd'hui animée d'une nouvelle joie de vivre autour des bons vins du Toulois, de la mirabelle et de la dragée. L'après-midi, direction la rive droite de la Meuse. Premier arrêt au **Cimetière militaire du Faubourg-pavé** où ont été inhumés les corps des 7 soldats inconnus apportés à Verdun en même temps que celui qui repose sous l'Arc de Triomphe, à Paris. À **Fleury-devant-Douaumont**, le **Mémorial de Verdun** évoque les souffrances des combattants mais aussi des populations civiles. Ensuite

Le conseil de Bib

▶ Verdun est lié à la guerre de 1914. Mais c'est aussi une ville ancienne avec une cathédrale, un cloître et un palais épiscopal à visiter.

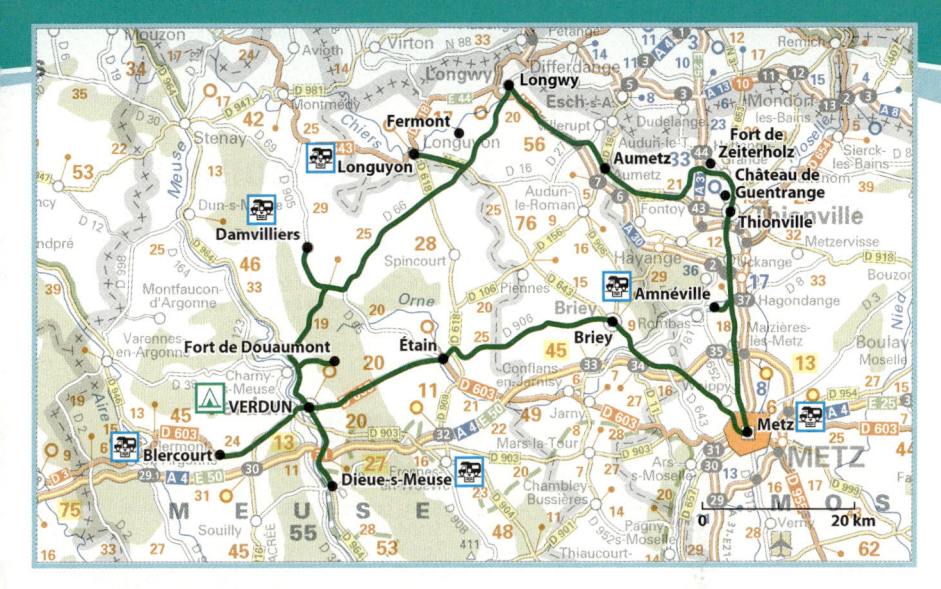

c'est à l'**ossuaire de Douaumont** que vous rendrez hommage aux soldats des deux camps. En contrebas de l'ossuaire, **le Cimetière National**, contient 15 000 tombes (les croix blanches pour les vainqueurs, les noires, pour les vaincus). Le **fort de Douaumont** et la **tranchée des Baïonnettes** vous montrent la violence des combats durant la « der des ders ». Pour vous faire une idée de ce qu'était la **ligne Maginot**, vous irez au **fort de Fermont**, visiter son musée de Matériel militaire, avant de passer la nuit à **Longwy**.

Jour 2

Vous pourrez commencer la journée sur une note gaie, par une visite des musées de Longwy, pour découvrir les émaux et la faïence produits ici. Partez ensuite en direction de Thionville et faites étape à **Aumetz**, où l'écomusée des Mines de fer vous familiarisera avec le passé industriel de la région. Un crochet vers le **petit ouvrage de l'Immerhof**, l'**abri de Zeiterholz** ou le **fort de Guentrange** complétera votre découverte de la ligne Maginot. Mais votre visite des sites militaires ne serait pas complète sans l'impressionnant **gros ouvrage de Hackenberg**. Sous 160 ha de fôrets, il est le plus gros des ouvrages de la ligne Maginot. Rejoignez ensuite **Amnéville,** pour oublier un moment l'histoire et vous distraire. Cet ancien foyer industriel est aujourd'hui une important centre de loisirs et de thermalisme. Les enfants seront ravis : il y a non seulement un zoo, un aquarium mais aussi, à 3 km, un parc Walibi. Rejoignez **Metz** pour l'étape du soir.

Jour 3

Consacrez une partie de la matinée à flâner dans la ville, pour profiter et des vieilles rues et de la **cathédrale St-Étienne** qui possède de superbes vitraux de **Chagall**. Le quartier allemand et celui de l'esplanade valent le coup d'œil, avant de finir votre périple en passant par **Briey** où Le Corbusier éleva une de ses « cités radieuses » et **Étain**, entièrement reconstruit après la Première Guerre mondiale. Vous voici de retour à Verdun.

Borne du Faubourg-Pavé, Verdun.

N° 55 Lorraine

🅿 Aires de **service** & de **stationnement**

Amnéville
Aire du centre thermal et touristique – *Rte de l'Europe, Près du snowhall – Ouv. tte l'année* – 🅿
Borne eurorelais. Gratuit.
Stationnement : autorisé.
Loisirs : Services :
😊 Nombreuses attractions à découvrir dont le snowhall, le grand d'Europe.

Blercourt
Aire de Blercourt – *16 rue de la Grande-Fontaine, à la sortie du village, dir. Verdun, chez M. Vande Wostine* – ☎ 06 85 52 47 39 – *Ouv. tte l'année* – 🅿 5.
Borne artisanale.
Stationnement : 5 €/j.
Services :

Damvillers
Aire de Damvillers – *R. de l'île d'Envie, près gendarmerie* – ☎ 03 29 85 57 01 – *Ouv. tte l'année* – 🅿 3.
Borne raclet. Gratuit 2€.
Stationnement :
Services :

Dieue-sur-Meuse
Aire de Dieue – *D 964, Au bord du canal de l'Est (port de plaisance) – Ouv. tte l'année* – 🅿
Borne artisanale. Gratuit.
Stationnement : autorisé.
Loisirs : Services :

Longuyon
Aire de Longuyon – *R. Salvador-Allende – Ouv. tte l'année* – 🅿
Borne sanistation. Gratuit.
Stationnement : autorisé.
Loisirs : Services :

Metz
Aire de Metz – *Allée de Metz-Plage, devant le camping municipal – Ouv. tte l'année* – 🅿 7.
Borne eurorelais. Payant.
Stationnement : autorisé.
Services : sèche-linge
😊 Idéal pour la visite de la ville

⛺ Campings

Verdun
Les Breuils
Allée des breuils, sortie SO par rocade D S1 vers rte de Paris et chemin à gauche.
☎ 03 29 86 15 31
contact@camping-lesbreuils.com . www.camping-lesbreuils.com
De déb. avr. à fin sept. 5,5 ha (162 empl.)
Tarif (prix 2009) : 5,80 € 5 € (6A) 4 €
Loisirs : snack terrain omnisports
Services : sèche-linge
😊 cadre champêtre au bord d'un étang

Mémorial de Verdun.

Carnet pratique

Les bonnes **adresses** de Bib

Amnéville

La Forêt
Au parc de loisirs du Bois de Coulange - 2,5 km au sud d'Amnéville - ☎ 03 87 70 34 24 - www.restaurant-laforet.com - fermé 30 juil. -12 août, 24 déc.-7 janv., dim. soir et lun. - 19/42 €.
Dans le centre de loisirs du Bois de Coulange, ce restaurant entouré d'arbres marche fort : il faut dire que sa terrasse et sa salle, meublée de chaises en bambou et décorée de plantes vertes, sont agréables. Quant à sa cuisine plutôt bien tournée, elle a ses adeptes…

Thermapolis
Av. de l'Europe - ☎ 03 87 71 83 50 - www.polethermal.com - lun.-merc. 10h-22h, jeu. 9h-22h, vend.-sam. 10h-0h, dim. 9h-20h - fermé en sept., 1er janv., 24-25 déc., 31 déc. - 2h : 11 € ; 3h : 13,80 €.
Ce centre de « remise en santé », situé au cœur d'une forêt de 500 ha, permet de retrouver vitalité et bien-être. Bains bouillonnants, rivière intérieure et extérieure en eau thermale à 35°, jacuzzi, hammam, marbres chauds, saunas. Forfaits 2h ou 3h ou abonnements.

Longwy-Bas

Émaux des Récollets
2 pl. Giraud - 54400 Longwy-Bas - ☎ 03 82 23 26 50 - visite libre (½ h) tlj sf dim. 9h-17h, sam. 14h-17h - fermé j. fériés - gratuit.
Les décoratrices y travaillent avec les mêmes gestes qu'autrefois, dans le style traditionnel de Longwy ou pour des créations contemporaines.

Metz

Le Bistrot des Sommeliers
10 r. Pasteur - ☎ 03 87 63 40 20 - fermé sam. midi et dim. - 15 €.
La pimpante devanture rouge abrite un décor sympathique agrémenté d'affiches, cartes, livres et objets ayant trait à la vigne. Un cadre idéal pour stimuler votre envie de bons crus, à choisir parmi les bouteilles de toutes les régions de France et à accompagner de petits plats « bistrotiers ».

La Migraine
1-3 pl. St-Louis - ☎ 03 87 75 56 67 - christophe.dubrana@wanadoo.fr - fermé 1er-15 août et dim. - 10/15 €.
Ici, vous pourrez combler les petits creux tout au long de la journée : ce salon de thé situé sur une jolie petite place à arcades sert du matin à la fin de l'après-midi… Au menu : petits-déjeuners copieux, tourtes à la viande et quiches lorraines, pâtisseries et thés. Terrasse en été.

Marché Couvert
Pl. Jean-Paul-II - tlj sf dim. et lun. 7h-18h - fermé j. fériés, Vend. saint et 26 déc.
Le point commun des commerçants de ce marché est sans conteste l'incroyable qualité de leurs produits, du rayon boucherie-charcuterie au rayon poisson en passant par les fromages et autres produits laitiers. Vous y trouverez également des spécialités italiennes, un boulanger-pâtissier, une épicerie fine et un bar à soupes.

Neufchef

Relais du Musée
Vallée Ste-Neige - 14 km au sud-ouest de Thionville par D 13 et D 57 dir. Hayange. - ☎ 03 82 84 74 37 - ouv. 11h30-15h sf lun. - 10/28 €.
Un petit creux après la visite de l'écomusée ? Rendez-vous dans cet accueillant restaurant aux allures de bistrot où l'on vous servira une cuisine de brasserie, des salades, des grillades ainsi que le plat du jour, le tout à prix doux ! Les baies vitrées de la salle à manger ouvrent sur la mine de fer.

Verdun

Le Forum
35 r. des Gros-Degrés - ☎ 03 29 86 46 88 - fermé 22 juil.-5 août, merc. soir et dim. - 10,50 € déj. - formule déj. 8,50 € - 15/28,50 €.
Ce n'est pas un hasard si Jacques Chirac en personne est venu manger dans ce restaurant, car on y mitonne de délicieux plats traditionnels. Deux plaisantes salles voûtées, décorées des œuvres du patron ; l'une d'elle recèle même une colonne qui daterait de l'époque gallo-romaine. Service charmant.

Aux Délices
19 r. Mazel - ☎ 03 29 86 02 10 - tlj sf lun. 7h-19h30 (dim. 18h30).
Hormis le Lorrain et l'Ambassadeur à base de mirabelle, cette boutique propose peu de spécialités pérennes car le patron aime surprendre : le millefeuille à la framboise en est un bel exemple. Également, grand choix de glaces et de sorbets, ganaches aromatisées à la liqueur et goûteuses associations de chocolat et de fruits.

Dragées Braquier
50 r. du Fort-de-Vaux - ☎ 03 29 84 30 00 - www.dragees-braquier.com - 9h-12h, 13h30-19h.
Dans cette petite boutique à l'ancienne, vous trouverez les fameuses dragées de Verdun, celles mêmes que Gœthe avait achetées après la prise de la ville par les Prussiens en 1792, et d'autres spécialités de la région comme les madeleines de Commercy et les fameuses confitures de groseilles de Bar-le-Duc, épépinées à la plume d'oie.

Lorraine

N° 56

La forêt des **Vosges**

Chaussez-vous pour parcourir les **bois et les cols des Vosges**. C'est un enchantement autant pour le corps que pour les yeux, et toute la famille peut en profiter. L'itinéraire vous conduira jusqu'à la célèbre **route des Crêtes** et au sommet des plus fameux **Ballons des Vosges**.

➲ **Départ de Saint-Dié**
➲ **5 jours**
380 km

Le lac de Schiessrothried au pied du Hohneck.

La route des crêtes.

Jour 1
Tout d'abord **St-Dié-des-Vosges**, patrie de Jules Ferry, pour la mise en bouche : cathédrale et cloître gothique à voir. Pour poursuivre, vous découvrez, au milieu de montagnes boisées, **Senones**, l'ancienne « capitale » de la principauté de Salm, État souverain de 100 km^2 rattaché à la France en 1793. Vous entrez ensuite dans le **massif du Donon** qui fait la limite entre Alsace et Lorraine et vous donne de superbes vues sur les Vosges.

Jour 2
Avant le déjeuner, la visite du **mémorial d'Alsace-Moselle**, à **Schirmeck**, constituera une bonne introduction à votre journée, qui vous conduira jusqu'à l'ancien **camp de concentration du Struthof**. Au cours de la dernière guerre, les nazis créèrent ici un important camp de concentration qui reçut entre autres, à partir de 1943, des prisonniers de toute l'Europe classés N.N. (du décret Nacht und Nebel, visant l'extermination des résistants). Après cette visite malheureusement éprouvante, retour à la nature, pour une vue du **rocher de Neuntelstein**, une balade autour du **Hohwald** ou une descente de ski sur les **pistes du Champ du Feu**. Autre option possible, pour le plaisir des enfants, vous pouvez remonter la **vallée de la Bruche** sur les traces du pasteur Oberlin, jusqu'au musée qui lui est consacré à **Waldersbach**. Rejoignez en fin de journée **Ste-Marie-aux-Mines**.

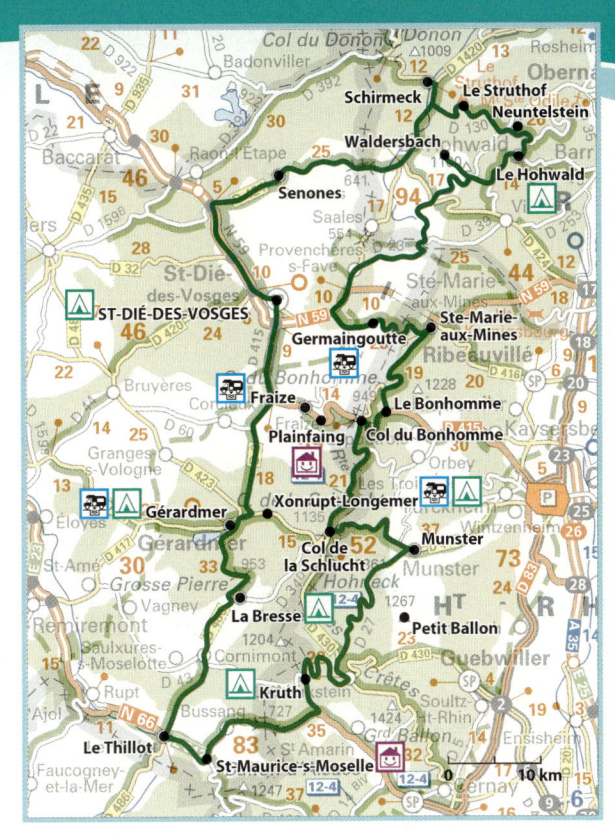

Jour 3

À Ste-Marie-aux-Mines, berceau des Amish de Pennsylvanie, vous pourrez vous intéresser aux minéraux ou aux patchworks, selon vos goûts. Impossible d'y passer sans visiter une mine d'argent (Mine St-Barthélemy ou Mine St-Louis-Eisenthür). Et c'est de nouveau les routes de montagne pour aller au **col du Bonhomme**, puis la **route des Crêtes** créée durant la Première Guerre mondiale, et le **col de la Schlucht**, où il fait bon skier. Vous auriez tort de ne pas vous arrêter à **Munster**, pour y passer la nuit et déguster son fromage. La petite ville est en hiver l'accès aux champs de neige, et en été, le départ de circuits pédestres, pistes et sentiers vers les sommets arrondis des Hautes-Vosges.

Jour 4

Une halte à la Maison du Parc naturel régional des Ballons des Vosges, à Munster, puis partez pour le **Petit Ballon** et la station de ski du **Markstein**, puis pour le **Grand Ballon**, point culminant des Vosges, qui vaut une petite marche pour mieux apprécier le panorama. Redescendez sur **Thann** pour une promenade dans la vieille ville, et une nuit sur place.

Jour 5

Ne perdez pas le rythme et entamez la journée par une ascension du **Ballon d'Alsace**. Plusieurs stations de sports d'hiver vous attendent autour de **St-Maurice-sur-Moselle**, à moins que vous ne préfériez celles près de **La Bresse**. Ski nocturne ou balades en pédalos, c'est le programme de **Gérardmer**. Le lac de Gérardmer est le plus grand lac des Vosges. De la marche, du ski, de la nage… il est temps de rentrer à St-Dié.

Le conseil de Bib

▶ En hiver, la station de La Bresse offre aux camping-caristes des structures adaptées, avec branchements électriques, à proximité des pistes de ski.

La vallée de Munster.

N° 56 — Lorraine

Aires de service & de stationnement

Fraize
Aire de Fraize – Place Jean-Sonrel – ☎ 03 29 50 80 07 – Ouv. tte l'année – P 6.
Borne raclet. Payant 3 €.
Stationnement : illimité
Loisirs : … Services : …

Gemaingoutte
Aire de Germaingoutte – N 59 – ☎ 03 29 57 70 70 – Ouv. tte l'année – P
Borne eurorelais. Payant 2 €.
Stationnement : autorisé
Loisirs : … Services : WC × sèche-linge

Gérardmer
Aire de Gérardmer – Boulevard-d'Alsace – ☎ 03 29 60 60 60 – Ouv. tte l'année – P 65.
Borne flot bleu. Payant 3 €.
Stationnement : 3 €/j.
Loisirs : … Services : … sèche-linge

Xonrupt-Longemer
Aire de Xonrupt-Longemer – Au bord du lac de Longemer – Ouv. tte l'année – P
Borne flot bleu. Payant 4 €.
Stationnement : autorisé, payant
Loisirs : … Services : …

Campings

La Bresse
Municipal le Haut des Bluches
5, rte des planches, 3,2 km à l'E par D 34
☎ 03 29 25 64 80
De déb. janv. à déb. nov. 4 ha (150 empl.)
Tarif : 17,70 € (2A) – pers. suppl. 2,70 €
– 10 €
Loisirs : snack …
Services : … sèche-linge …

Gérardmer
Les Granges-Bas
116, Chemin des Granges Bas, 4 km à l'O par D 417
☎ 03 29 63 12 03
Permanent 2 ha (100 empl.)
Tarif (prix 2009) : Tarif : 12,30 € (2A) – pers. suppl. 3,80 €
Loisirs : snack … nocturne salle d'animation
Services : … sèche-linge

Le Hohwald
Municipal
28, r. du Herrenhaus, sortie O par D 425
☎ 03 88 08 30 90
Permanent 2 ha (100 empl.)
Tarif (prix 2009) : 3,60 €, 1,80 €, 2,20 € – (6A) 4,10 €
5, 4,50 €
Loisirs : … parcours sportif
Services : …

Kruth
Le Schlossberg
R. du Bourbaach, 2,3 km par D 13B
☎ 03 89 82 26 76
De déb. avr. à déb. oct. 5,2 ha (200 empl.)
Tarif : 4,30 € 4 € – (6A) 3 €
1 borne artisanale 3 €
Loisirs : …
Services : … sèche-linge
site agréable au cœur du Parc des Ballons

Saint-Dié-des-Vosges
Vanne de Pierre
5, r. du Camping.
☎ 03 29 56 23 56
Permanent 3,5 ha (118 empl.)
Tarif : 22 € (2A) – pers. suppl. 6 €
Loisirs : … diurne … jacuzzi …
Services : … sèche-linge

Xonrupt-Longemer
Les Jonquilles
2586, rte du lac, 2,5 km au sud-est par D 67 A.
☎ 03 29 63 34 01
De fin avr. à déb. oct. 4 ha (247 empl.)
Tarif (prix 2009) : Tarif : 17 € (2A) – pers. suppl. 3 €
– 5 17 €
Loisirs : crêperie …
Services : …
situation agréable au bord du lac

Carnet pratique

🏠 Haltes chez le **particulier**

Plainfaing

Confiserie des Hautes-Vosges
44 Habeaurupt, Sur la rte du Valtin en sortant de Plainfaing. – 03 29 50 44 56 – Fermé j. fériés Ouv. tte l'année
P 5. Stationnement : 24h maxi.
Du sucre, du miel des Vosges, des arômes naturels, parfois même des huiles essentielles, et tout cela qui cuit à feu nu dans des chaudrons en cuivre sous vos yeux. Il ne vous reste plus alors qu'à goûter… et acheter ces friandises aux saveurs d'autrefois : bonbons des Vosges (plus de 30 sortes), bergamotes de Nancy, myrtilles, violettes, coquelicots…

Saint-Maurice-sur-Moselle

Le Rouge Gazon
03 29 25 12 80 – Ouv. mi-mars-mi-déc.
P 5. Stationnement : 48h maxi.
Ce vaste établissement familial perché à 1 260 m d'altitude, dans un site classé, comprend un hôtel et un restaurant travaillant à partir de produits locaux dont ceux de la ferme voisine. Parcours de randonnées en été, qui se transforment en piste de ski quand revient l'hiver.

Les bonnes **adresses** de Bib

Gérardmer

Linvosges
6 pl. de la Gare - 03 29 60 11 00 - www.linvosges.com - tlj sf dim. (sf vac. scol.) 9h-12h, 14h-18h.
Cette entreprise fondée en 1922 perpétue la tradition du beau linge vosgien pour le lit, la table, la cuisine ou la salle de bains. Vente des produits à prix d'usine.

La Saboterie des Lacs
25 bd de la Jamagne - 03 29 60 09 06 - juil.-août : tlj sf dim. ; reste de l'année : tlj sf w.-end 10h-12h, 14h-17h - fermé vac. de Toussaint.
Saboterie artisanale où vous assisterez à la fabrication complète d'une paire de sabots, démonstration accompagnée des commentaires de l'artisan. Vous pourrez également en acheter sous de multiples formes, en frêne ou en érable : utilitaire, décoratif, en porte-clés, etc.

La Bresse

Auberge La Chaume de Schmargult
Rte des Crêtes- 1 km au sud du pied du Hohneck par rte secondaire - 03 29 63 11 29 - www.auberge-schmargult.com - fermé av., nov., lun. soir et mar. - 14/21 €.
Séjour nature garanti dans cette grosse maison montagnarde de La Bresse. Au programme, ski en hiver, dégustation de munster et visite de la marcairerie où se fabriquaient les fromages. Restaurant avec vue sur les pistes.

Le Hohwald

Ferme-auberge Lindenhof
11 rte du Kreuzweg - 2 km à l'ouest du Hohwald par D 425 - 03 88 08 31 98 - fermé 16 déc.-6 janv., merc. soir en oct.-juin et jeu. - réserv. conseillée - 12,99/14,48 €.
Entre campagne et forêt, cette bâtisse plutôt anodine sert une cuisine préparée à partir des produits de la ferme sous une grande véranda : fromage blanc, munster, gruyère et beurre, en plus des volailles et lapins. Cuisine alsacienne sur commande.

Munster

Gilg
11 Grand'Rue - 03 89 77 37 56 - info@patisserie-gilg.fr - 7h30-18h30, sam. 7h-18h, dim. 7h30-12h30 - fermé 2 sem. en juin, 1er janv., 26 déc. et lun. de Pâques.
En 1945, le général de Lattre de Tassigny, de passage à Munster, commande à la déjà célèbre pâtisserie Paul Gilg des vacherins glacés. Aujourd'hui, le petit-fils du maître, qui accumule les récompenses, vous invite à goûter ses délicieuses créations : le Lacthé au nom évocateur, le Caprice du moine au délicat goût de mûre sauvage, le Cyrano glacé ou les petits fours maison.

N° 57

Lorraine

Stations thermales des Vosges

Vittel, Contrexéville, Bourbonne-les-Bains, Luxeuil-les-Bains, Bains-les-Bains : que d'eaux, que d'eaux… Mais attention, pas le temps de profiter de leurs vertus réparatrices, à moins que vous n'ayez un mois devant vous. En suivant la **route des stations thermales vosgiennes**, vous constaterez que chacune possède un caractère propre et bien trempé (deux effets aquatiques !).

➲ **Départ de Vittel**
➲ **4 jours 330 km**

Le pavillon des Sources, Contrexéville.

Jour 1

Ce petit périple « santé » commence à Vittel. « Buvez, é-li-mi-nez ! » « Avec Vittel, retrouvez la vitalité qui est en vous ! » Ces slogans font maintenant partie de la mémoire collective. La spécialité de Vittel, aujourd'hui, c'est la forme. Les cures, le plaisir des bains, la verdure, le golf, la randonnée, l'air pur, les promenades en forêt… Les promoteurs de la station ont fait appel aux meilleurs architectes et artistes, dont Charles Garnier, alors qu'il venait juste d'achever l'Opéra de Paris, puis Bluysen et César. L'établissement thermal, le casino, les parcs fleuris, les grands hôtels et les villas aux façades toutes blanches rappellent les meilleures heures de la Belle Époque. Déjeunez à Vittel. Pour continuer dans les eaux minérales, rejoignez le centre thermal de **Contrexéville**, dont le nom, lui, est associé au régime minceur. La station thermale vaut le détour pour son architecture. Rhumatismes et voies respiratoires au programme de **Bourbonne-les-Bains, la station de « l'eau qui guérit les os »**… Pour une promenade ou pour distraire vos enfants, passez quelques heures au **parc animalier de la Bannie**, avant de faire étape pour la nuit.

Le conseil de Bib

▶ Eaux minérales et thermales sont pour la plupart très instables et s'altèrent sitôt sorties de terre. Il est donc indispensable pour en tirer un profit thérapeutique maximum, d'en user sur place ! C'est la principale raison de l'existence des stations thermales.

Jour 2

Luxeuil-les-Bains est thermal, mais aussi culturel : hôtels particuliers du 16e s., ancienne abbaye St-Colomban, Conservatoire de la dentelle. Lors de votre passage à **Plombières-les-Bains**, ne résistez pas à la glace locale… Puis rejoignez **Bains-les-Bains** pour y faire étape.

Jour 3

Ici, le thermalisme se décline aussi au rythme des randonnées pédestres et du vélo. Ne partez pas de Bains-les-Bains sans aller vous promener dans la légendaire **forêt de Darney.** Ensuite, étape autour de l'artisanat régional et de l'image à **Épinal**. Ici, tout est affaire d'images : image papier, mais également image de marque… Paradoxe en milieu urbain, Épinal est la ville la plus boisée de France et elle accumule les récompenses nationales de fleurissement. Des fleurs à tous les coins de rues, des cactus et des palmiers place Clemenceau, des roses blanches à la maison romaine, des géraniums, des pétunias, des bidens et des héliotropes sur les berges de la Moselle, et le long du canal. Vous retiendrez également d'Épinal, le musée départemental d'Art ancien et contemporain et la basilique St-Maurice.

Jour 4

Autre style, autre savoir-faire, **Mirecourt** se distingue par son art de la lutherie, au point d'y avoir une école nationale : amateurs de musique, appréciez. Petit interlude historique, car vous ne pouvez manquer la maison où naquit Jeanne d'Arc, à **Domrémy-la-Pucelle**. Tradition artisanale encore à **Vannes-le-Châtel** qui accueille le Centre européen de recherche et de formation aux arts verriers. On peut y voir des créations contemporaines et une démonstration des différentes techniques de soufflage.

Robinet en forme de griffon dans le pavillon des Sources à Contrexéville.

R. Mattes / MICHELIN

Le conseil de Bib

▶ Lors de la visite d'Épinal stationnez au port, en bordure de la Moselle. Le cadre est verdoyant et agréable, à proximité immédiate du musée de l'Imagerie et à 1,5 km du centre-ville.

N° 57 Lorraine

Aires de service & de stationnement

Bulgnéville
Aire de Bulgnéville – *Rue des Récollets, à proximité de l'étang des Récollets – Ouv. tte l'année –* P 10.
Borne artisanale. Gratuit.
Stationnement :
Loisirs : Services :

Charmes
Aire de Charmes – *Rue de l'Abattoir, port de plaisance, en bordure du canal de l'Est –* 03 29 38 85 85 *– Ouv. tte l'année –* P 100.
Borne artisanale. Gratuit.
Stationnement : 6€/j.
Loisirs : Services : sèche-linge

Contrexéville
Aire de Contrexéville – *Rue des Magnolias –* 03 29 08 09 35 *– Ouv. avr.-sept.*
Borne flot bleu. Gratuit.
Services :

Épinal
Aire du camping municipal – *37, chem. du Petit-Chaperon-Rouge – Ouv. tte l'année.*
Borne flot bleu. Gratuit.
Services :

Fontenoy-le-Château
Aire de Fontenoy-le-Château – *R. de la Chenale –* 03 29 36 33 09 *– Ouv. tte l'année –* P 15.
Gratuit.
Stationnement :
Loisirs : Services :

Rebeuville
Aire de Rebeuville – *D 164 – Ouv. tte l'année –* P
Borne artisanale. Gratuit.
Stationnement :
Services :

Thaon-les-Vosges
Aire de Thaon-les-Vosges – *R. du Coignot, près de la base fluviale –* 03 29 39 15 45 *– Ouv. mi-mars-oct. –* P 20.
Borne artisanale. Gratuit.
Stationnement : autorisé
Loisirs : Services :

Campings

Contrexéville
Le Tir aux Pigeons
Accès : 1 km au SO par D 13 rte de Suriauville.
03 29 08 15 06
secretariat@ville-contrexeville.fr
Permanent 1,8 ha (80 empl.)
Tarif : 15 € (2A) – pers. suppl. 5 €
Loisirs :
Services :
À l'orée d'un bois

Plombières-les-Bains
L'Hermitage
54, r. du Boulot, 1,5 km au NO par D 63 rte de Xertigny puis D 20, rte de Ruaux.
03 29 30 01 87
1er avr.-15 oct. 1,4 ha (60 empl.)
Tarif : 13,90 € – 5,30 €
1 borne artisanale 4 €
Loisirs : snack
Services :

Sanchey
Lac de Bouzey
19, r. du Lac.
03 29 82 49 41
Permanent 3 ha (160 empl.)
Tarif : 34 € (10A) 4 € – pers. suppl. 10 €
1 borne flot bleu
Loisirs : nocturne, salle de spectacle, discothèque, canoë
Services : sèche-linge

Vittel
Aquadis Loisirs
270, r. Claude-Bassot.
03 29 08 02 71
Avr.-oct. 3,5 ha (120 empl.)
Tarif : 16,20 € (6A) – pers. suppl. 4,50 €
1 borne artisanale
Loisirs :
Services : sèche-linge

Carnet pratique

Haltes chez le **particulier**

Hadol

Pisciculture du Frais Baril
1845, r. Jules-Bougel – ☏ *03 29 30 10 47 – Ouv. mi-avr.-mi-oct.*
Cette pisciculture spécialisée dans la pêche de salmonidés (truites farios et arc-en-ciel, saumons de fontaine) propose aux pêcheurs d'y assouvir leur passion (pêche en étang). Des concours y sont organisés régulièrement.

Les Thons

Le Couvent des Cordeliers
280, r. du Couvent – ☏ *03 29 07 90 84 – Fermé lun. soir, mar. soir et jeu. soir*
Ouv. mars-oct.
P *5. Stationnement : 24h maxi.*
Dans un cadre agréable et reposant, ce restaurant propose une cuisine traditionnelle dans laquelle les terroirs vosgien et lorrain sont bien représentés. À table : poêlée du laboureur, râquelot au kirsch, truite aux myrtilles…

Les bonnes **adresses** de Bib

Épinal

Le Bagatelle
12 r. des Petites-Boucheries - ☏ *03 29 35 05 22 - www.le-bagatelle.com - fermé 2ᵉ quinz. de juil. et dim. (sf sur réserv.) - 11,50/40 €.*
Sur la petite île d'Épinal, coincée entre deux bras de la Moselle, cette maison pimpante des années 1940 est aux premières loges pour regarder les compétitions de canoë-kayak… en savourant une cuisine inspirée dans sa salle lumineuse, décorée de meubles modernes.

Marché couvert
1 r. de la Comédie.
Chaque mercredi et samedi matins, on se presse joyeusement autour de la cinquantaine d'éventaires installés sous ces halles de type Baltard. Fruits et légumes, poissons, charcuteries, viandes, plats cuisinés, spécialités lorraines, volailles, gourmandises italiennes, fromages et articles de crémerie : vous trouverez ici l'essentiel des produits de bouche.

Pâtisserie du Musée
2 quai du Musée - ☏ *03 29 82 10 73 - tlj sf lun. 7h30-19h, w.-end 7h30-12h30, 14h30-19h.*
Située à proximité du musée, dans un écrin de verdure, cette pâtisserie-salon de thé est sans doute l'une des plus agréables de la ville. À moins d'être un monomaniaque en matière de sucreries, il vous sera difficile de ne pas barguigner entre le désir des Îles, le délice à la mirabelle ou à l'edelweiss, le pain d'anis maison, et les fameuses « charbonnettes des Vosges » (spécialité de chocolat praliné).

Bourbonne-les-Bains

Casino de Bourbonne-les-Bains
1 pl. des Bains - ☏ *03 25 90 90 90.*
Lieu incontournable de la station, avec ses machines à sous, sa roulette anglaise, ses tables de boule ou de black-jack, le casino programme par ailleurs un riche éventail d'animations tout au long de l'année : dîner spectacle ou musical, thé dansant, restauration à thème (avec gibier au menu, en saison).

Darney

Fabrique de confiserie Delisvosges
20 r. des Fabriques - ☏ *03 29 09 82 40 - magasin : tlj sf dim. et lun. 10h-12h, 14h-18h ; visite fabrication : pdt vac. scol. tlj sf dim. et lun. 14h30-17h30 - fermé 15 janv.-15 fév. et j. fériés.*
Après avoir pris connaissance de l'histoire du sucre et de ses transformations, vous pourrez assister à la fabrication artisanale des bonbons des Vosges. À Noël et à Pâques, les chocolats sont à l'honneur. La visite se termine par une dégustation.

Luxeuil-les-Bains

Conservatoire de la dentelle
Pl. de l'Abbaye - ☏ *03 84 93 61 11 - www.dentelledeluxeuil.com - mar. et vend. 14h-17h30 - fermé 25 déc.-1ᵉʳ janv.*
La dentelle de Luxeuil eut son heure de gloire au 19ᵉ s. Progressivement tombée dans l'oubli au cours du 20ᵉ s. elle renaît depuis quelques années grâce à ce conservatoire qui maintient savoir-faire et tradition.

Vittel

Au Péché Mignon
36 pl. du Gén.-de-Gaulle - ☏ *03 29 08 01 07 - tlj sf lun. 7h45-12h30, 14h-19h30, dim. 4h30-12h30, 15h-19h - fermé 2 sem. fin juin-déb. juil.*
Outre les grands classiques tels le pâté lorrain et le vittellois, ce maître pâtissier vous invite à découvrir ses spécialités de chocolats : la Creuchotte (petite grenouille en chocolat fourré praliné), la « route thermale du chocolat » (quatre chocolats différents comme les quatre stations thermales des Vosges) ou encore le Vosgiens, entremets à base de myrtilles et de mirabelles.

N° 58 — Midi-Pyrénées

Les **gorges du Tarn** et les grands **causses**

*U*ne succession ininterrompue de **sites grandioses** et de **vues vertigineuses** : voilà ce que vous réserve la grande curiosité de la région des **causses**, les **gorges du Tarn**. Les murailles de pierre enserrent le fleuve aux paillettes d'or et dessinent un fascinant serpent au puissant corps émeraude. Quant aux causses – **causse du Larzac, causse Méjean, causse Noir** – ils sont de véritables forteresses de calcaire. Rudes, austères ou désertiques, ils dévoilent de superbes paysages.

➲ **Départ de Millau**
➲ **5 jours**
330 km

Vue aérienne de Roquefort.

P. Blot / MICHELIN

Jour 1

Millau est aujourd'hui indissociable de son viaduc ! Après la poterie, puis la mégisserie et la ganterie, c'est désormais ce spectaculaire ouvrage qui fait la célébrité de la ville. Après avoir admiré le **viaduc** (voir le conseil de Bib) et visité l'**espace d'accueil des Cazalous** qui lui est consacré, découvrez le **vieux Millau** avec sa place du Maréchal-Foch et son beffroi. Pour le repas, laissez-vous tenter par la cuisine du terroir. Vous aurez tout le temps de digérer soit en vous adonnant à l'une des nombreuses activités de plein air proposées, soit en visitant le musée de Millau ou celui de la Peau et du Gant. Passez la nuit à Millau.

Jour 2

Millau est au centre des quatre grands causses à l'assaut desquels vous partez sans oublier d'emporter votre pique-nique, ce qui vous donnera le droit de vous perdre (un peu) dans les rochers dolomitiques du **chaos de Montpellier-le-Vieux** (18 km à l'est). Toujours plus à l'est,

Le conseil de Bib

▶ Pour avoir la plus belle vue sur le viaduc, il faut se mettre à l'eau… Les Bateliers du viaduc proposent une balade au fil de l'eau, avec un passage sous le viaduc, au pied de la pile P2.

rendez-vous sous terre, dans la **grotte de Dargilan** que l'on surnomme la « grotte rose » à cause de la couleur de ses concrétions. À la transition entre le **causse Noir** et le **causse Méjean** (son aspect désertique ne l'empêche pas d'être l'un des causses les plus attachants), **Meyrueis** est un très joli village aux vieilles pierres patinées par le temps. Vous y passerez la nuit.

Jour 3

Retour à la fraîcheur dans l'**aven Armand**, une des merveilles souterraines de la France. Plus au nord, **Ste-Énimie**, accrochée au-dessus du Tarn, est un village pittoresque à découvrir absolument. C'est ici que vous pourrez déjeuner. La route traverse ensuite le **causse de Sauveterre** pour atteindre **La Canourgue**, village tranquille traversé par des petits canaux à ciel ouvert, tout à fait charmants. Descendez au sud vers **Sévérac-le-Château** pour y passer la nuit. Comme son nom le laisse espérer, un beau château (médiéval) vous ouvre ses portes.

Jour 4

Rien ne vaut une journée au fil de l'eau pour vous rafraîchir de ces décors désertiques. La D 995 descend vers les **gorges du Tarn**, beauté naturelle que vous ne manquerez pas de descendre en canoë, à pied, ou encore en camping-car ! Pour un parcours à pied ou en bateau, l'idéal sera d'emporter de quoi pique-niquer. En camping-car, vous ferez étape à **Ste-Enimie** ou au **Rozier**. Vous y passerez la journée, et regagnerez Millau pour la nuit.

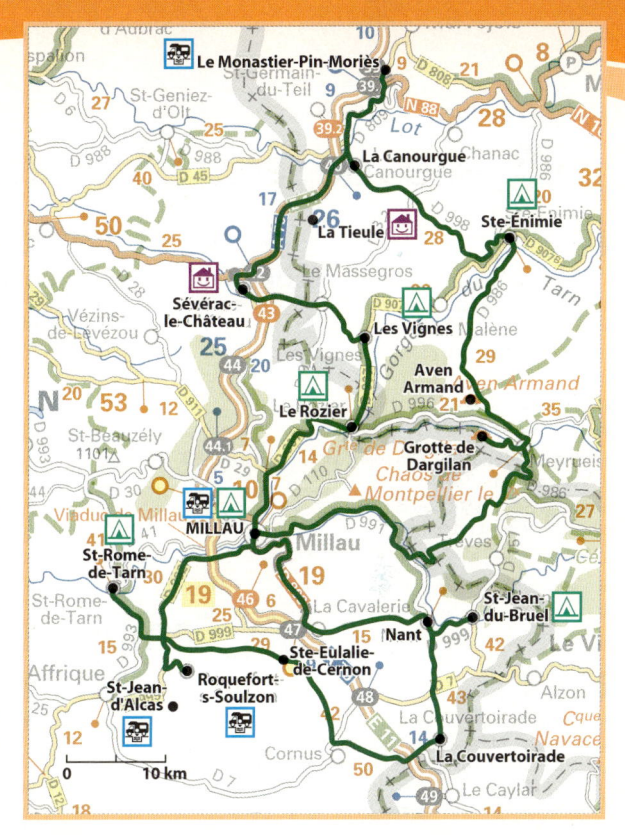

Jour 5

Gagnez au sud **Roquefort-sur-Soulzon** où se trouvent les interminables galeries creusées à même le rocher, là où le fromage est affiné. La visite des caves est très intéressante. Qui dit **roquefort**, dit brebis dont on rencontre les troupeaux partout sur le **causse du Larzac** que vous traversez maintenant. Marquez une rapide pause déjeuner à **Ste-Eulalie-de-Cernon** où vos enfants apprécieront la visite du **Reptilarium**. Au Moyen Âge, ce causse fut occupé par les Templiers puis par les Hospitaliers : visitez une de leurs plus remarquables fortifications à **La Couvertoirade**, avant de regagner Millau.

Canoë dans les gorges du Tarn.

N° 58 — Midi-Pyrénées

Aires de service & de stationnement

Millau
Aire de Millau – *R. Cantarane* – ☎ 05 65 59 50 89 – *Ouv. tte l'année* – P 32.
Stationnement : 6 €/j.
Services :

Le Monastier
Aire du Monastier – *Au bourg, sortie bourg par D 806* – *Ouv. mai-oct.* – P 5.
Payant 2,50 €.
Stationnement : autorisé
Loisirs :   Services : WC

Roquefort-sur-Soulzon
Aire de Roquefort-sur-Soulzon – *Au bourg – Ouv. tte l'année* – P
Borne artisanale.   Gratuit.
Stationnement : autorisé
Services : WC
 Idéal pour la visite des caves de fromages.

Saint-Jean-d'Alcas
Aire de Saint-Jean-d'Alcas – *Centre-bourg – ouv. tte l'année* – P
Borne artisanale.   Gratuit.
Stationnement : autorisé
Services :

Campings

Millau
Le Viaduc
12,1 av. de Millau-Plage, 0,8 km au NE par D 991 rte de Nant et D 187 à gauche rte de Paulhe, bord du Tarn.
☎ 05 65 60 15 75
De fin avr. à fin sept. 5 ha (237 empl.)
Tarif : 31 € ★★★ E [½] (2A) – pers. suppl. 6,50 €
Loisirs : snack
Services :   sèche-linge

Le Rozier
Le St Pal
Rte des Gorges du Tarn, 1 km par D 907, rte de Millau, bord du Tarn, à Mostuéjouls.
☎ 05 65 62 64 46
De déb. mai à fin sept. 1,5 ha (75 empl.)
Tarif : 27,50 € ★★★ E [½] (2A) – pers. suppl. 6 €
Loisirs :
Services :

Saint-Rome-de-Tarn
La Cascade
Rte du pont, 0,3 km au N par D 993, rte de Rodez, bord du Tarn.
☎ 05 65 62 56 59
Permanent 4 ha (99 empl.)
Tarif (prix 2009) : 27 € ★★★ E [½] (2A) – pers. suppl. 6,50 €
Loisirs : snack
Services :   sèche-linge

Sainte-Enimie
Le Couderc
Rte de Millau, 2 km au sud-ouest par D 907 bis, bord du Tarn.
☎ 04 66 48 50 53
De mi-avr. à mi-sept. 2,5 ha (113 empl.)
Tarif (prix 2009) : 18 € ★★★ E [½] (2A) – pers. suppl. 4 €
 borne eurorelais 3 €
Loisirs :
Services :

Saint-Jean-du-Bruel
La Dourbie
Rte de Nant, 1,5 km à l'ouest par D 999, bord de la Dourbie.
☎ 05 65 46 06 40
De déb. avr. à fin oct. 2,5 ha (78 empl.)
Tarif (prix 2009) : 20 € ★★★ E [½] (2A) – pers. suppl. 4 €
 borne artisanale 4 €– 10 E – 10€
Loisirs : snack, pizzeria
Services :

Les Vignes
La Blaquière
Accès : NE : 6 km par D 907Bis, rte de Florac, bord du Tarn.
☎ 04 66 48 54 93
De déb. mai à mi-sept. 1 ha (72 empl.)
Tarif (prix 2009) : 17,40 € ★★★ E [½] (2A) – pers. suppl. 3,80 €
Loisirs :
Services :

Carnet pratique

Haltes chez le **particulier**

Sévérac-le-Château

Ferme de la Calsade
Ouv. tte l'année
P 5.
Découverte de l'élevage de canards gras en plein air, de l'élevage de vaches de race Aubrac et de porcs charcutiers sur paille. Dégustation et vente des produits élaborés à la ferme : foie gras, confits, magrets, produits frais…

La Tieule

Aux Saveurs d'Autre Foie
Lieu-dit La Tieule – 04 66 48 82 93 – Ouv. tte l'année
P 3.
Facilement accessible par la sortie 41 de l'autoroute A 75, cette vieille ferme caussenarde propose aux visiteurs la découverte de ses différentes activités. Élevage de canards, d'autruches et de lamas. Dégustation et vente de produits issus de la ferme : foie gras, cassoulet, civet d'autruche…

Les bonnes **adresses** de Bib

La Couvertoirade

La Crêperie Montes
R. Droite - 05 65 58 10 71 - fermé de fin vac. de Toussaint aux vac. scol. de printemps - 6,30/19,30 €.
Au programme, des crêpes, bien sûr, mais avec huile d'olive et herbes de Provence ! Une petite dégustation sera la bienvenue pour agrémenter la visite du bourg historique. Vous serez bien accueilli dans sa jolie salle voûtée, décorée de gravures, dessins et vieux outils.

Meyrueis

Mont Aigoual
34 quai de la Barrière - 04 66 45 65 61 - www.hotel-mont-aigoual.com - 20/40 €.
Tous les secrets (ou presque) de la cuisine du terroir cévenol vous seront révélés dans cette chaleureuse salle à manger au décor inspiré par la Provence. Le chef apporte une attention toute particulière à la qualité et à la fraîcheur des produits servis. Cette démarche contribue sans conteste à la bonne réputation de l'adresse.

Millau

Capion
3 r. Jean-François-Alméras - 05 65 60 00 91 - fermé 2-7 janv., 1er-20 juil., mar. soir et merc. sf en août - 18/34 €.
Au Moyen Âge, les pèlerins se pressaient à Notre-Dame-de-L'Espinasse. Aujourd'hui, le Capion draine vers lui son lot de fidèles… gourmands. Serait-ce pécher que de s'attabler dans l'une de ses petites salles à manger pour déguster une copieuse cuisine traditionnelle préparée « comme à la maison » ? Mais résister…

J. Bonami
4 r. Peyssière - 05 65 60 07 40 - tlj sf dim. 6h-13h30, 15h30-20h - fermé 2 sem. en fév., 3 sem. apr. le 15 août et j. fériés.
Monsieur et Madame Bonami n'en démordent pas : « Nous sommes définitivement anti-artificiel, anti-mauvaise qualité et pour la tradition : les cerises, c'est en juin, le raisin, en septembre, et ce n'est pas autrement ! ».

Découvrez dans cette pâtisserie le véritable gâteau à la broche cuit au feu de bois et les échaudés, élaborés selon une recette ancienne.

Roquefort-sur-Soulzon

Roquefort Papillon
8 bis av. de Lauras - 05 65 58 50 08 - www.papillon.com - oct.-mars : 9h30-11h30, 13h30-16h30 (avr.-juin : 17h30) ; juil.-août : 9h30-18h30 ; sept. : 9h30-11h30 et 13h30-17h30 - fermé 1er janv. et 25 déc.
Cette fromagerie centenaire fondée par Paul Alric a choisi la discrétion d'une petite rue piétonne pour installer sa boutique ouverte sur la vallée. Dès la porte, une bonne odeur de roquefort vient chatouiller les narines tandis que le regard se porte sur la banque où trône la production maison : emballage noir pour les fromages les plus corsés, bordeaux pour les plus doux et blanc pour ceux qui sont fabriqués avec un lait biologique certifié « AB ».

Roquefort Carles
6 av. de Lauras - 05 65 59 90 28 - roquefort.carles@wanadoo.fr - tlj sf w.-end 8h15-12h, 13h15-16h30 - fermé j. fériés.
Tradition oblige, ce roquefort réputé se prépare encore avec du penicillium roqueforti cultivé sur pain. La famille Carles est en effet l'une des rares maisons (fondée en 1927) à perpétuer ce savoir-faire ancestral. Si vous êtes amateur, poussez la porte du laboratoire situé sur la rue principale du village : vous ne le regretterez pas ! Vente au détail possible.

Ste-Énimie

Canyon Location
Rte de Millau - 04 66 48 50 52 - www.canoe-france.com - fermé 15 oct.-30 mars.
Pour la descente des gorges du Tarn en barque, voir quelques pages plus loin. Base de location de canoë-kayak.

N° 59

Midi-Pyrénées

Le sud **aveyronnais**

Au départ de **Saint-Affrique**, ce circuit vous fera découvrir les **châteaux de grès rouge** du **pays du Rougier**, les **statues-menhirs** présentes dans la **vallée de la Rance** depuis la fin du Néolithique et les **monts de l'Espinousse, du Somail et du Caroux**, montagnes couvertes de landes de bruyères et de forêts. Beaucoup d'histoire, beaucoup de mystères, encore plus de nature et d'excursions. Un circuit d'équilibre !

➲ *Départ de Saint-Affrique*
➲ *4 jours*
230 km

Brousse-le-Château.

A. Thuillier / MICHELIN

Jour 1

Votre escapade commence à **Saint-Affrique**. Ici pas de savane, ni de girafes : c'est l'évêque saint Affrique, qui, chassé du Comminges par les Wisigoths trouva refuge dans le Rouergue et y mourut. La petite ville qui naquit autour de son tombeau prit tout naturellement son nom ! Une flânerie dans ses rues vous permettra de découvrir la fontaine à moutons et trois ponts enjambant la Sorgues. Saint-Affrique ouvre la route sur une série de beaux châteaux de grès rouge, typiques de la région du Rougier : St-Izaire (**château du 14ᵉ s.**) et Brousse-le-Château où vous déjeunerez. Vous prendrez ensuite la direction de **Coupiac** : un autre gros château, flanqué de trois tours rondes vous attend. L'étape pour la nuit se fera à St-Sernin. Village « phare » de la vallée du Rance, **St-Sernin** a conservé sa collégiale gothique, renfermant de belles boiseries, et d'étroites ruelles qui dévalent vers la rivière. Vous apprécierez le calme de ce village aveyronnais, cerné par une nature généreuse livrant en saison, des cèpes énormes, un gibier goûteux, des truites et des écrevisses.

Jour 2

Au départ de Saint-Sernin, lancez-vous dans une chasse aux **statues-menhirs** de la **vallée de la Rance**. Ces pierres, érigées à la fin du néolithique, sont gravées à l'effigie de personnages. Mais ce sont les copies que vous verrez sur les sites, les originaux se trouvant ou au musée Fenaille de Rodez ou au musée de St-Crépin. Première découverte à **Pousthomy**. Une statue masculine, jambes serrées, se cache derrière le cimetière. La seconde est à deux pas du moulin. Halte ensuite au musée de **Saint-Crépin**, où sont rassemblées, entre autres, ces curieuses statues-menhirs. Un petit tour à **Belmont-sur-Rance** et sa belle collégiale et vous gagnez les monts de **Lacaune**. La ville du même nom, célèbre pour ses charcuteries et ses agneaux, est une étape idéale pour vous restaurer. En allant vers le sud, vous passez sur les **monts du Somail** où se trouve **La Salvetat-sur-Agout**, tout à côté du **lac de la Raviège** (baignades et randonnées).

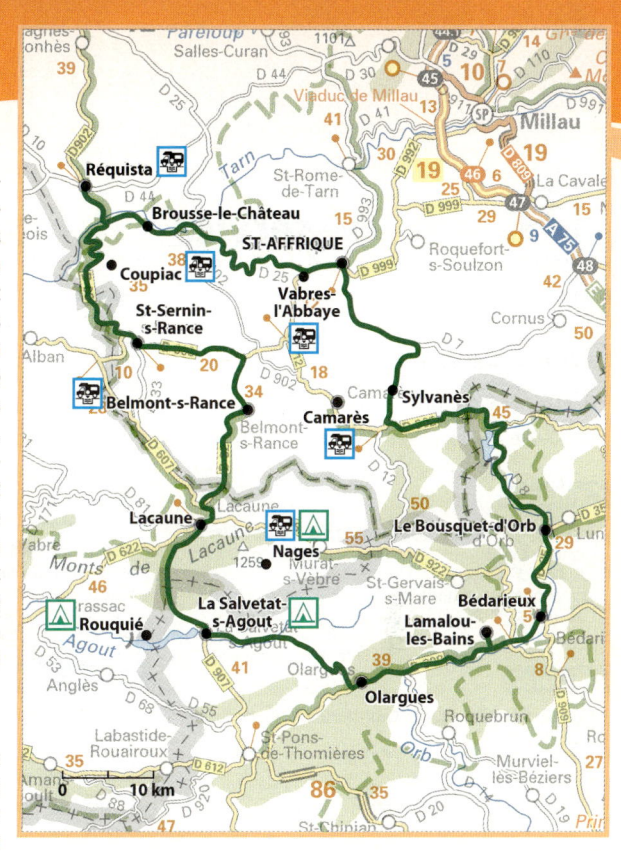

Jour 3

Pour rejoindre le **sommet de l'Espinousse**, passez par le **col de Fontfroide**. Après avoir admiré le paysage au **mont Caroux**, descendez déjeuner à **Lamalou-les-Bains**, station thermale au climat particulièrement doux. L'après-midi, vous aurez peut-être la chance d'assister à une coulée de cloche à **Hérépian**, sinon poussez jusqu'à la Maison des arts de **Bédarieux**.

Jour 4

Remontez la vallée de l'Orb en passant par **Boussagues**, adorable petit village dont les fortifications ont été bien restaurées. Arrêtez-vous ensuite à **Avène** pour déjeuner. Vous continuerez cette montée vers le nord qui vous ramène au pays des Rougiers. En route, arrêt obligatoire à l'**abbaye de Sylvanès**, où se déroule un festival de musique sacrée de grande qualité, et au **château de Montaigut**. Perchée en haut d'une colline, cette forteresse médiévale du 11e s., aménagée au 15e s. domine le pays du Rougier qui doit son nom à la terre colorée par l'oxyde de fer. St-Affrique est alors au bout du chemin.

Statue-menhir provenant de Saint-Sernin.

Le conseil de Bib

▶ De passage en juillet ou en août, ne manquez pas le festival de musique sacrée de l'abbaye de Sylvanès.

N° 59 Midi-Pyrénées

Aires de service & de stationnement

Belmont-sur-Rance

Aire de Belmont-sur-Rance – Pl. de la Mairie – ☎ 05 65 99 91 80 – Ouv. tte l'année – P 3.
Borne flot bleu. Gratuit.
Stationnement : illimité
Loisirs : Services :

Camarès

Aire de Camarès – Base de loisirs des Zizines – Ouv. tte l'année – P 10.
Gratuit.
Stationnement : autorisé
Loisirs : Services :

Coupiac

Aire de Coupiac – Rte de Saint-Martrin – Ouv. tte l'année – P 10.
Borne artisanale. Gratuit.
Stationnement : autorisé
Visite du château de Coupiac

Nages

Aire de Nages – Lac de Laouzas – ☎ 05 63 37 45 76 – Ouv. tte l'année – P 15.
Payant.
Stationnement : 6,50 €/j.
Loisirs : Services : sèche-linge
Dans le parc régional du haut Languedoc

Réquista

Aire de Réquista – Pl. de la Salle-des-Fêtes – ☎ 05 65 46 79 – Ouv. tte l'année – P 6.
Borne artisanale. Gratuit.
Stationnement : autorisé
Loisirs : Services :

Vabres-l'Abbaye

Aire de Vabres-L'Abbaye – R. du Coustel – ☎ 05 65 99 08 57 – Ouv. avr.-oct. – P 5.
Borne artisanale. Gratuit.
Stationnement : 24 h maxi
Loisirs : Services :

Campings

Nages

Rieu-Montagné
Lac de Laouzas, S : 4,5 km par D 62 et rte à gauche, à 50 m du lac de Laouzas.
☎ 0 825 00 20 30
resa@village-center.com . www.village-center.fr
De mi-juin à déb. sept. 8,5 ha (171 empl.)
Tarif : 24 € (2A) – pers. suppl. 5 €
Loisirs : brasserie nocturne
Services :
belle et agréable situation dominante

Rouquié

Rouquié
Lac de la Ravièges à Rouquié, au S par D 52 et D 62 au bord du lac.
☎ 05 63 70 98 06
contact@camping.rouquie.fr . www.campingrouquie.fr
De fin mai à déb. sept. 3 ha (76 empl.)
Tarif (prix 2009) : 3,90 € 3 € 3,50 € – (6A) 4 €
Loisirs : snack pédalos, canoë
Services :

La Salvetat-sur-Agout

La Blaquière
Rte de Lacaune, sortie N, rte de Lacaune, bord de l'Agout.
☎ 04 67 97 61 29
jerome@campingblaquiere.com . www.campingblaquiere.com
De déb. mai à fin sept. 0,8 ha (60 empl.)
Tarif (prix 2009) : 14 € (2A) – pers. suppl. 3,50 €
Loisirs :
Services : (saison)

Le conseil de Bib

▶ À inscrire sur votre agenda : mi-juil.-mi-août – Lamalou-les-Bains – festival d'opérette.

Carnet pratique

Les bonnes **adresses** de Bib

Bédarieux

La Forge
22 av. de l'Abbé-Tarroux - ✆ 04 67 95 13 13 - fermé 5-25 janv., 15 nov.-1er déc., dim. soir, merc. soir hors sais. et lun. - 15/35 €.
Ce superbe restaurant à l'architecture intérieure peu commune mérite le détour, ne serait-ce que pour admirer sa salle voûtée datant du 17e s. La monumentale cheminée et la grande terrasse fleurie composeront le cadre enchanteur de votre repas. Le chef, qui connaît ses classiques, livre une interprétation sans fausse note.

Lacaune

Maison de la Charcuterie
3 r. Biarnès - ✆ 05 63 37 04 98 - www.lacaune.com - 15 juin-15 sept. : 10h-12h, 14h30-18h.
Cette maison vous invite à découvrir l'histoire de Lacaune ainsi que l'origine et l'évolution des traditions locales en matière de charcuterie (audioguides en français, anglais et espagnol pour la visite de l'exposition). Dégustations en fin de parcours et vente de produits dans la partie boutique.

Calas
4 pl. de la Vierge - ✆ 05 63 37 03 28 - pageloisirs.com/calas - fermé 15 déc.-15 janv., vend. soir, sam. midi et dim. soir d'oct. à Pâques - 15/40 €.
Adresse familiale menée par la famille Calas depuis quatre générations. Cuisine du terroir servie dans une confortable salle à manger : grand miroir, fresque colorée et tables bien dressées. Pour la détente, piscine et jardin.

Lamalou-les-Bains

Établissement thermal
Av. Georges-Clemenceau - ✆ 0 825 825 0007 - forfait remise en forme à partir de 40 €/j. - visite guidée mer. 14h30.
Soins du visage et du corps et deux forfaits comportant chacun quatre soins thermaux au choix (bain de boue, piscine de relaxation, jets sous-marins, douche au jet, douche pénétrante, aqua-gym).

Les Marronniers
8 av. Capus - ✆ 04 67 95 76 00 - restolesmarronniers@free.fr - fermé 2-23 janv., sam. midi, dim. soir et lun. - 12/37 €.
Un jeune cuisinier a installé cette bonne petite table dans l'ancienne épicerie familiale. Le décor de salle à manger, simple et frais, est à l'image de sa cuisine. Produits du terroir triés sur le volet, respect des saveurs et bon choix de vins régionaux… ou eau minérale naturelle gazeuse Vernière puisée aux sources de la station !

Ferme Piscicole du Pont des 3 Dents
34610 St-Gervais-sur-Mare - 15 km au N de Lamalou par la D 22 puis rte de Castanet - ✆ 04 67 23 65 48 - fermé janv. mar. sf juil.-sept. et lun. - réserv. obligatoire - 16/25 €.
Au menu de cette ferme, truites, saumons de fontaine et surtout écrevisses… Vous pouvez les pêcher ou vous installer directement à table, pour les déguster cuits au feu de bois. Et comme le patron connaît 29 recettes de truites, vous ne risquez pas de vous ennuyer.

La Salvetat-sur-Agout

Le Berger des Abeilles
Combres Bel-Air - ✆ 04 67 97 68 94 - alain.merit@wanadoo.fr - tlj sf dim. mat. 10h-12h, 14h-19h.
Alain et Sabine Merit ouvrent les portes de leur miellerie pour vous permettre d'observer les abeilles au travail et comprendre le processus de récolte et de fabrication du miel, avant de déguster les produits de leur boutique (miel, pain d'épices, nougat, hydromel).

Les Randonnées des Signoles
5 km à l'est de La Salvetat-sur-Agout - ✆ 04 67 97 63 61 - www.signoles.com - 9h-20h - 42 €/j.
Organisation de randonnées avec un âne de bât ; plusieurs itinéraires possibles pour découvrir le Haut Languedoc sur le plateau des lacs.

L'Esprit d'Aventure
Aorangi Parc, base touristique des Bouldouïres - ✆ 04 67 97 62 51 ou 06 82 19 20 56 - www.stone-spirit.com - mars-nov. : tlj sur réserv. - 40 € la ½ j., 55/60 €/j. - à partir de 12 ans.
Trois parcours dans les massifs de l'Espinouse et du Caroux : une descente ludique de découverte (2h) et deux sportives (4h) avec grands sauts et rappels de 20 ou 30 m.

St-Affrique

Dominique Azaïs
12 r. Gambetta - ✆ 05 65 99 07 99 - azais.d@tiscali.fr.
Dans sa jolie boutique du centre-ville agrémentée d'une fresque célébrant le métier de confiseur, Dominique Azaïs déploie une alléchante panoplie de douceurs. En vedette, deux spécialités régionales : la flaune, une tarte à base de recuite de roquefort et de fleur d'oranger, et la gimblette à l'anis, une pâte briochée échaudée et cuite au four. Il propose également des tartes et mousses aux fruits de saison, des chocolats maison (ganaches à l'abricot), des tartes salées (feuilleté au roquefort), des confiseries ainsi que des liqueurs et confitures du Larzac.

Le Moderne
54 av. Alphonse-Pezet - ✆ 05 65 49 20 44 - www.lemoderne.com - 19/56 €.
Le chef du restaurant le Moderne mitonne une cuisine régionale de qualité. Vous dégusterez à sa table, entre autres spécialités, le gatis de Saint-Affrique, une brioche chaude fourrée au roquefort et au laguiole. Mais gardez donc une petite place pour le plateau de fromages : pas moins de douze roqueforts y trônent fièrement. Il faut dire que les caves de ce fleuron de la gastronomie française ne sont situées qu'à quelques kilomètres de l'établissement. L'été, la terrasse-trottoir ombragée de tilleuls s'avère des plus agréables.

N° 60 — Midi-Pyrénées

Villes roses entre **Tarn** et **Garonne**

*E*lles ont la couleur de la brique, semblable à Toulouse, rouge et rose, elles ont la chaleur des villes du Midi, elles sont généreuses et accueillantes, gorgées d'abbayes, de vignobles et de vergers : **Albi, Moissac, Montauban, Cordes-sur-Ciel**. Entre **Tarn** et **Garonne**, ces villes bastides vont vous émerveiller.

➲ *Départ d'Albi*
➲ *5 jours*
370 km

Cordes-sur-Ciel, miraculeusement préservée des ouvrages du temps.

Gabarre sur le Tarn.

Jour 1

Commencez votre périple par une visite de la cathédrale Sainte-Cécile d'**Albi**, puis longez la rive droite du Tarn vers l'ouest, jusqu'à **Castelnau-de-Lévis** pour admirer le panorama sur Albi et la vallée du Tarn. Vous y apercevrez les ruines d'une forteresse du 13e s. Continuez plus à l'ouest vers **Gaillac**, où vous arroserez votre repas d'un bon petit vin AOC, avant de visiter l'abbatiale et les musées de la ville. Toujours le long du Tarn, gagnez le charmant village de **Lisle-sur-Tarn**, et découvrez la belle église de briques de **Rabastens**, où vous vous arrêterez pour la nuit.

Jour 2

Partez admirer les premiers rayons du soleil sur le vignoble frontonnais en traversant **Villemur-sur-Tarn** et **Fronton**, puis faites halte dans la bastide de **Grenade**. Passez **Bouillac**, au nord-ouest, et déjeunez à **Beaumont-de-Lomagne**, la capitale de l'ail blanc, reconnaissable au clocher toulousain de son église fortifiée. Rejoignez **Auvillar**, au nord-ouest, qui vous enchantera par sa halle circulaire. Terminez votre journée à **Moissac** et contemplez le portail méridional et le cloître de son abbaye.

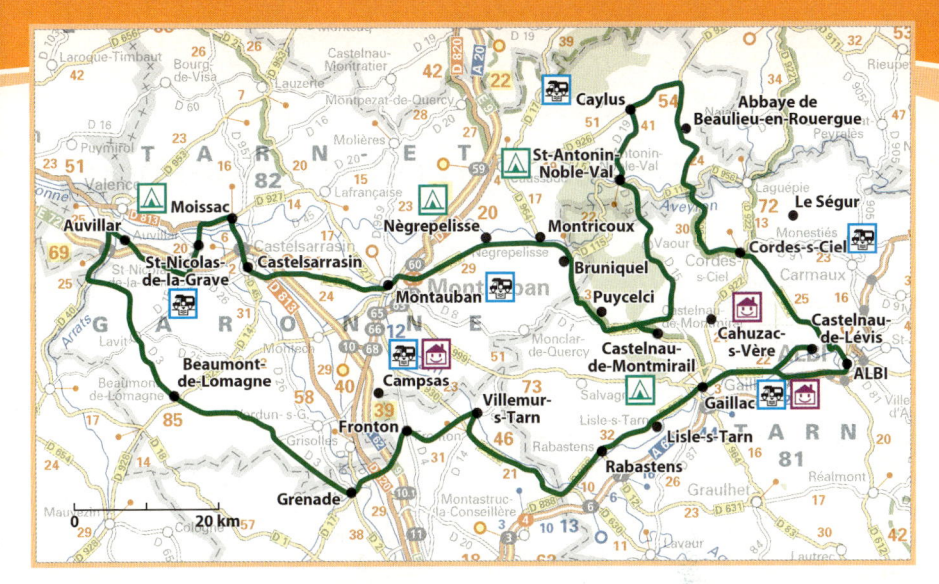

Jour 3

Débutez par la visite de **Montauban**, ville natale d'Ingres et de Bourdelle, où vous resterez jusqu'au déjeuner. Le musée Ingres est vraiment exceptionnel, il mérite une visite. Par la D 115 à l'est, ralliez **Montricoux**, patrie du peintre Marcel Lenoir avant de vous établir pour la soirée à **Bruniquel**, superbe village couronné d'un château, au débouché des **gorges de l'Aveyron**.

Le conseil de Bib

▶ Si vous visitez Albi un samedi, rendez-vous au marché, place Ste-Cécile. On y trouve fruits et légumes, volailles, foies gras (en saison), cèpes, ail rose de Lautrec, charcuterie de Lacaune et vins de Gaillac.

Jour 4

Dirigez-vous vers la **forêt de Grésigne** pour une balade matinale. Vous apercevrez, au sud-ouest de la forêt, sur une plate-forme rocheuse, **Puycelci**, ancienne place forte propice aux déambulations. Gagnez au nord, via Castelnau de Montmirail, le moyenâgeux **St-Antonin-Noble-Val** que vous visiterez à pied. Ne manquez pas la façade de son hôtel de ville. Direction le village médiéval de **Caylus**, où vous ferez étape. Passez par son église pour admirer le rude Christ sculpté par Zadkine. Gagnez ensuite l'abbaye de **Beaulieu-en-Rouergue**, dont vous admirerez la coupole sur trompes.

Jour 5

Consacrez votre journée à découvrir **Cordes-sur-Ciel**, la « ville aux cent ogives ». Perchée au sommet du puech de Mordagne, dans un site splendide, cette ville médiévale est une cité hors du temps, où la lumière vient jouer sur les tons rose et gris des façades en grès. Cordes regorge d'échoppes d'artisans : la journée passera très vite. Regagnez enfin **Albi** où de nombreuses richesses restent à découvrir.

Clocher de l'église de Beaumont-de-Lomagne.

Midi-Pyrénées

Aires de service & de stationnement

Campsas
Aire de La Tisarne – Camping La Tisarne – ☎ 05 63 64 02 75 – Ouv. 15 janv.-15 déc. – P
Payant 2 €.
Stationnement : 5 €/j.
Loisirs : Services : sèche-linge
Aire dans l'enceinte du camping

Caylus
Aire de Caylus – Av. du 8-Mai-1945, parking de la base de loisirs – ☎ 05 63 67 06 17 – Ouv. mars-oct. – P 10.
Borne artisanale. Gratuit.
Stationnement : autorisé
Loisirs : Services : sèche-linge
Au bord du lac de Labarthe.

Cordes-sur-Ciel
Aire de Cordes-sur-Ciel – Parking Les Tuileries – ☎ 05 63 56 00 40 – Ouv. tte l'année – P 40.
Borne artisanale. Gratuit.
Stationnement : 5 €/j.
Services :
Un des plus beaux villages de France.

Gaillac
Aire de Gaillac – Parking des Rives-Thomas – Ouv. tte l'année – P
Gratuit.
Stationnement : autorisé
Services :

Montauban
Aire de Montauban - M. Lacaze – 225 rte de Corbarieu – ☎ 05 63 63 29 23 – Ouv. tte l'année – P 15.
Borne artisanale. Payant.
Stationnement : autorisé, payant
Loisirs : Services :

Saint-Nicolas-de-la-Grave
Aire de Saint-Nicolas-de-la-Grave – R. des Sahutiers, près de l'Office de tourisme – ☎ 05 63 95 92 55 – Ouv. tte l'année – P
Borne eurorelais. Gratuit.
Stationnement : autorisé
Loisirs : Services :

Campings

Castelnau-de-Montmiral

Le Chêne Vert
Lieu-dit Travers du Rieutort, 3,5 km par D 964, rte de Caussade, D 1 et D 87, rte de Penne, à gauche.
☎ 05 63 33 16 10
De déb. avr. à fin oct. 10 ha/2 campables (45 empl.)
Tarif (prix 2009) : 19,80 € (2A) – pers. suppl. 4 €
2 10,50 € – 14.3€
Loisirs :
Services :
agréable chênaie

Moissac

L'Île de Bidounet
Lieu-dit St-Benoît, 1 km au S par D 813, rte de Castelsarrasin et D 72 à gauche.
☎ 05 63 32 52 52
De déb. avr. à fin sept. 4,5 ha/2,5 campables (100 empl.)
Tarif (prix 2009) : 18,50 € (3A) – pers. suppl. 5 €
Loisirs : (petite piscine)
Services :
Agréable situation sur une île du Tarn

Nègrepelisse

Municipal le Colombier
Le Clombier, au SO de la ville, près de la D 115.
☎ 05 63 64 20 34
De mi-juin à mi-sept. 1 ha (53 empl.)
Tarif (prix 2009) : 1,90 € 3,50 € – (10A) 2,20 €
borne artisanale – 8.55€
Services :

Saint-Antonin-Noble-Val

Les Trois Cantons
Accès : NO : 7,7 km par D 19, rte de Caylus et chemin à gauche, après le petit pont sur la Bonnette
☎ 05 63 31 98 57
De déb. avr à fin sept. 20 ha/4 campables 99 empl.)
Tarif (prix 2009) : 26,50 € (2A) – pers. suppl. 6,50 €
1 borne artisanale – 5
Loisirs :
Services :
cadre naturel en sous bois

Carnet pratique

🏠 Haltes chez le **particulier**

Cahuzac-sur-Vère

Domaine Peyres Roses
☎ 05 63 33 23 34 – *Ouv. tte l'année*
🅿 4.
Ce domaine exploité par la famille Bonnafont se répartit entre la vigne et les chênes truffiers. Culture, vinification, mise en bouteille et commercialisation sont toutes réalisées sur place. À découvrir les cuvées « Charles », « Louis », « tradition » et « les vieilles vignes ».

Campsas

Château Boujac
427, chemin de Boujac – Fermé dim.
Ouv. tte l'année
🅿 3.
Sur les terres du château Boujac, la passion du vin se transmet de génération en génération. Philippe et Michelle vous proposent la découverte des cuvées « Éole » et « Alexanne » en rouge et la cuvée « Négrette » en rosé. Dégustation et vente.

Gaillac

Domaine Vayssette
Lieu-dit Laborie – ☎ 05 63 57 31 95 – *Ouv. tte l'année*
🅿 *5. Stationnement : 48h maxi.*
Six cépages sont utilisés pour l'élaboration des vins rouges et des vins blanc du domaine. Vous trouverez des cuvées AOC Gaillac en rouge ou blanc aux prénoms des enfants de la maison : Clémence, Thibault, Léa et Maxime. Dégustation et vente au caveau.

Les bonnes **adresses** de Bib

Albi

Promenade en gabarre sur le Tarn
Berges du Tarn – ☎ 05 63 43 59 63 – www.mairie-albi.fr - *juin-sept. : sur demande -* 5 € (pour 30mn, -12 ans 4 €) ; 15 € (pour 2h, -12 ans 10 €).
La gabarre est un bateau à fond plat utilisé pour le transport des marchandises jusqu'au 19e s. et que l'on destine maintenant à la promenade. Après avoir quitté l'ancien port situé au pied des remparts du palais de la Berbie, vous découvrirez au fil du Tarn les moulins albigeois, l'écluse des moulins de Gardès et de la Mothe.

La Table du Sommelier
20 r. Porta - ☎ 05 63 46 20 10 - *fermé dim. et lun. - 16/35 €.*
Le propriétaire de la Table du Sommelier n'a pas son pareil pour vous mettre en condition : caisses de vin empilées à l'entrée du restaurant, salle à manger rustique dotée d'une mezzanine. Au-delà de cette jolie mise en scène, un vrai bistrot à vins comme on les aime et qui sert une cuisine élaborée exclusivement à partir de produits frais.

Cordes-sur-Ciel

L'Art du Sucre
8 Grand-Rue Raymond-VII - ☎ 05 63 56 02 40 - artdusucre@free.fr - *tlj 10h-12h30, 14h-18h30 ; juil.-août : 10h-19h - fermé janv.*
La boutique occupe le rez-de-chaussée d'une très belle demeure hébergeant également le musée de l'Art du Sucre. Jean-François Arnaud, élu Meilleur Ouvrier de France en 2000, y élabore avec passion gâteaux, pâtisseries et confiseries. À découvrir : le Croquant de Cordes (gâteau sec aux amandes) ou les Pierres de Cordes (caramel mou aux amandes enrobées de chocolat).

Gaillac

Maison des Vins de Gaillac - Caveau St-Michel
Abbaye St-Michel - ☎ 05 63 57 15 40 - www.vins-gaillac.com – *juil.-août : 10h-13h, 14h-19h ; reste de l'année : 10h-12h, 14h-18h - fermé 1er janv., 1er Mai, 1er nov. et 25 déc.*
Cette maison des Vins bordée par le Tarn présente la production de 90 domaines viticoles et 3 caves coopératives appartenant à l'appellation Gaillac. Au programme : dégustations et vente directe, présentation du vignoble et stages d'initiation à la dégustation.

Montauban

La Tome du Ramier
Le Ramier - ☎ 05 63 22 26 19 - helene.depierre@wanadoo.fr *- vente à la ferme : tlj ; visite de la ferme : merc.-sam. 16h.*
Cette ferme familiale se visite toute l'année : découverte du troupeau de vaches laitières, démonstration du robot de traite, visite de la fromagerie et de la cave d'affinage où mûrissent 4 000 tomes et raclettes. Dégustation et vente des fromages.

N° 61

Midi-Pyrénées

Eaux thermales des **Pyrénées**

Déjà, les **Romains**, fins connaisseurs en la matière, avaient établi des thermes çà et là dans les Pyrénées. Mais c'est à partir du 18e s., et plus encore au 19e s., que « **prendre les eaux** » devint une véritable mode : les Pyrénées doivent à cette vogue leur fortune touristique. Telle est l'explication historique. Mais il suffit de voir une fois le paysage pour comprendre qu'il en est d'autres !

**Départ
de Tarbes
5 jours
230 km**

Le cirque de Gavarnie.

Jour 1

Deuxième agglomération de la région Midi-Pyrénées et capitale de la Bigorre, **Tarbes** était autrefois peuplée de chevaux et de hussards. Vous pouvez aujourd'hui visiter le musée des Hussards et le Haras, ainsi que la maison natale du maréchal Foch. Quittez Tarbes pour gagner **Lourdes** où l'eau n'est pas thermale, mais miraculeuse ! Les apparitions de la Vierge ont transformé cette paisible bourgade en une ville connue du monde entier. Cette cité religieuse réputée pour la grotte de Massabielle, où Bernadette Soubirous vit, à 18 reprises, apparaître la « belle dame », présente l'heureux avantage d'être située au pied des Pyrénées. Commencez votre journée par découvrir les sanctuaires (grotte, basilique néobyzantine du Rosaire, musée Sainte-Bernadette), après quoi vous grimperez au château fort. Un petit tour au musée de Cire,

Place de Verdun, Tarbes.

Le conseil de Bib

▶ La station de Cauterets dispose d'une aire de stationnement, avec électricité, située au pied des pistes et à proximité immédiate du centre-ville.

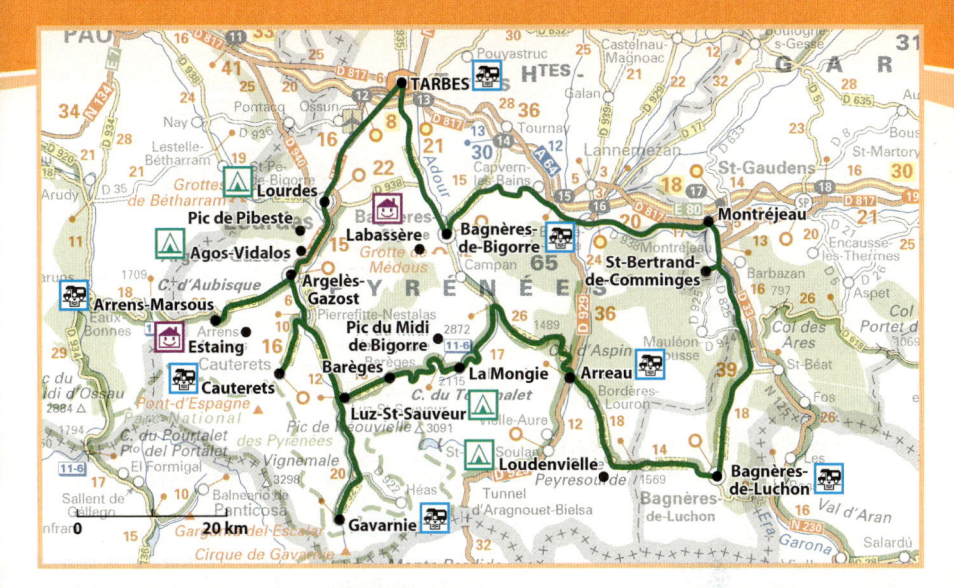

puis quittez les foules et les innombrables marchands de pieuseries pour respirer l'air des montagnes.

Jour 2

Roulez vers le sud, en direction des Pyrénées. L'ascension du **pic de Pibeste** (chaussures de marche indispensables) vous offrira une vue splendide sur les Pyrénées. Poursuivez vers **Argelès-Gazost** pour une pause déjeuner. Cette petite station thermale se partage entre une ville haute, aux ruelles pentues, et la ville basse où sont installés les commerces. Vous y trouverez de quoi bien manger. Gagnez ensuite **Luz-Saint-Sauveur**. Petite capitale du pays Toy et station thermale, elle doit sa fortune à l'impératrice Eugénie qui y séjourna de nombreuses fois. Reprenez la route jusqu'à **Barèges,** encore une station thermale, autrefois fréquentée par Michelet. De là, un détour s'impose pour voir un cirque inscrit au patrimoine mondial de l'humanité par l'Unesco : le **cirque de Gavarnie**. La promenade à pied (2h AR) est grandiose. Revenez sur vos pas et franchissez le **col du Tourmalet** pour contempler le paysage du haut du **pic du Midi de Bigorre** et visiter l'observatoire (accès en téléphérique depuis La Mongie). Arrêtez-vous à **Arreau** pour la nuit.

Jour 3

La ville d'**Arreau** mérite une visite, ne serait-ce que pour sa maison des Lys, place de la mairie. Partez en fin de matinée pour la **vallée du Louron**, avec un pique-nique. Vous y admirerez au passage de belles églises peintes (**Mont** en particulier). Une fois franchi le **col de Peyresourde**, délassez-vous dans la cité thermale de **Bagnères-de-Luchon**.

Jour 4

Après une matinée de randonnée vers le **lac d'Ôo**, mettez le cap au nord, vers **Saint-Bertrand-de-Comminges**, magnifique bourg perché sur une colline et dominé par son abbatiale. L'après-midi sera consacré à la visite de l'abbatiale, de la cité romaine au pied de la colline et de la basilique romane de **Saint-Just de Valcabrère**.

Jour 5

Quittant le Moyen Âge pour la préhistoire, gagnez **Montréjeau**, puis partez visiter les **grottes de Gargas**. Restaurez-vous en chemin avant de rejoindre l'**abbaye de l'Escaladieu et Bagnères-de-Bigorre**, ultime étape avant le retour sur **Tarbes**.

Le pic de Pibeste.

Midi-Pyrénées

Aires de service & de stationnement

Arreau
Aire d'Arreau – Parking Loste, vers la gare – ☏ 05 62 40 75 60 – Ouv. tte l'année – P 20.
Gratuit.
Stationnement : 2 €/j.
Services :

Arrens
Aire d'Arrens-Marsous – Rte d'Azun, Sur D 918 – ☏ 05 62 97 02 54 – Ouv. tte l'année – P
Gratuit.
Stationnement : autorisé
Services :

Bagnères-de-Bigorre
Aire de Bagnères-de-Bigorre – R. Cassin – ☏ 05 62 91 75 57 – Ouv. tte l'année – P 6.
Borne raclet. Gratuit.
Stationnement :
Services :

Bagnères-de-Luchon
Aire de Bagnères-de-Luchon – Allée du Corps-Franc-Pommiès, sortie Luchon, route de Toulouse – ☏ 05 61 94 68 68 – Ouv. tte l'année – P 30.

Cauterets
Aire de Cauterets – Pl. de la Patinoire – ☏ 05 62 92 50 34 – Ouv. tte l'année – P 80.
Borne artisanale. Payant 6 €.
Stationnement : 8 €/j.
Loisirs : Services :
Station de ski et pistes de ski de fond.

Gavarnie
Aire de Gavarnie – Parking de la Halle – ☏ 05 62 92 48 12 – Ouv. tte l'année – P 45.
Borne artisanale.
Stationnement : 4 €/j.
Services :

Tarbes
Aire privée des ambulances Didier – 4, bis av. de la Libération – Ouv. tte l'année – P 38.
Borne artisanale. Payant 2€.
Stationnement : autorisé. 10 €/j.
Services :

Borne artisanale. Payant.
Stationnement : 4 €/j.
Services :

Campings

Agos-Vidalos
Le Soleil du Pibeste
16, av. Lavedan, sortie S, par la D 821.
☏ 05 62 97 53 23
Permanent 1,5 ha (90 empl.)
Tarif : 20 € (15A) – pers. suppl. 5 €
1 borne artisanale 4 € – 12€
Loisirs : diurne
Services : sèche-linge

Loudenvielle
Pène Blanche
Le village, sortie NO par D 25, rte de Génos
☏ 05 62 99 68 85
De déb. déc. à fin oct. 4 ha (120 empl.)
Tarif : 23,70 € (2A) – pers. suppl. 5 €
Loisirs :
Services : (juil.-août) sèche-linge

Lourdes
Le Moulin du Monge
28, av. Jean-Moulin.
☏ 05 62 94 28 15
De déb. avr. à déb. oct. 1 ha (67 empl.)
Tarif : 19,30 € (2A) – pers. suppl. 5 €
borne artisanale 4 € – 5 15,30 €
Loisirs :
Services :

Luz-Saint-Sauveur
Pyrénévasion
Rte de Luz-Ardiden.
☏ 05 62 92 91 54
Fermé du 20 oct. au 20 nov. 3,5 ha (100 empl.)
Tarif : 20,50 € (2A) – pers. suppl. 5 €
borne artisanale 6 € – 11€
Loisirs : snack jacuzzi terrain omnisports
Services : sèche-linge

Carnet pratique

Haltes chez le **particulier**

Estaing

Les Lamas du Val d'Azun
Lieu-dit Le Bégué - rte du Lac - ☎ 05 62 97 44 48 – Ouv. tte l'année
P 5.
Dans cette ferme pédagogique, les visiteurs vont à la rencontre de ces animaux curieux que sont les lamas. Visite de l'élevage, vente d'articles manufacturés à partir du poil d'alpaga. La proximité du GR du Tour de val d'Azun permet un grand nombre de balades, que vous pourrez faire avec un lama comme animal de bât !

Labassère

Ferme de la Clotte
44, chemin de Labassère-Debat – Fermé une sem. en juil. et une sem. en août.
P 5.
Cette exploitation traditionnelle de montagne est spécialisée dans l'élevage de veaux. Elle propose ses produits en période estivale : viande fraîche, saucisson, saucisse…

Les bonnes **adresses** de Bib

Argelès-Gazost

Domaine skiable de Hautacam-ski
Alt. 1 550-1 860 m 9 remontées mécaniques. 16 pistes de ski alpin, pour les débutants comme pour les skieurs confirmés, sont tracées dans un environnement préservé de forêts montagnardes. 15 km de pistes de ski de fond d'où l'on a un panorama unique sur la vallée d'Argelès et la chaîne pyrénéenne. Une indication pour les nouveaux Icares… la station est un fief du parapente

Les Gaves Sauvages
2 av. des Pyrénées - ☎ 05 62 97 06 06 ou 06 13 79 09 58 - juil.-sept. : 9h-13h, 15h-19h ; reste de l'année sur réserv. - fermé avr. et nov.
Maison spécialisée dans les sports d'eau vive proposant des descentes le long des gaves pyrénéens à bord d'un canoë, d'un mini-raft ou d'un raft, le tout accompagné d'un guide de rivière diplômé d'état.

Lou-Balagnas

Sarl La Truite des Pyrénées
☎ 05 62 97 02 05 - avr.-sept. : 9h-12h, 15h-19h ; oct.-mars : tlj sf dim. 9h-12h, 15h-18h - fermé 1er et 11 Nov.
Vous saurez tout sur la truite grâce au parcours de pêche à la mouche (matériel fourni et cours d'initiation possibles) et à une exposition sur la pisciculture. Vente de produits artisanaux à base de poisson.

Lourdes

Le Magret
10 r. des Quatre-Frères-Soulas - ☎ 05 62 94 20 55 - www.lemagret.com - fermé 5-26 janv. et lun. - 13/33 €.
Ce petit restaurant vous recevra dans une salle à manger d'esprit campagnard, avec poutres apparentes et chaises paillées. Pèlerins et Lourdais y apprécient des recettes du Sud-Ouest sans prétention, mitonnées avec les bons produits bigourdans : tournedos de magret au jus de cèpes, crème de haricots tarbais…

Voie verte des Gaves
Une piste cyclable protégée existe entre Lourdes et Soulom-Pierrefitte (au Sud de Lourdes) sur un parcours de 17 km. Accès interdit à tout engin à moteur.

Luz-St-Sauveur

Luzéa
Les Thermes - ☎ 05 62 92 81 58 - www.luz.org - 16h-20h ; vac. scol. en hiver : 10h-12h30.
Ce centre de remise en forme, installé dans les thermes de Luz, vous fera découvrir les bienfaits de la balnéothérapie. L'eau de la source, riche en gaz rares, minéraux et soufre, renforce les défenses naturelles du corps. Les plus gourmands apprécieront le massage au chocolat, aux vertus supposées relaxantes.

St-Bertrand-de-Cominges

Chez Simone
R. du Musée - ☎ 05 61 94 91 05 - www.planet-artisans.com - fermé vac. de Toussaint, vac. de Noël et le soir hors sais. - 15/18 €.
Ce restaurant vous accueille dans un sympathique cadre campagnard (poutres apparentes, toiles cirées Vichy, cuivres accrochés aux murs) ou sur sa jolie terrasse dressée sous les tilleuls. La cuisine est simple et familiale, et la poule farcie vous attend tous les dimanches !

Viscos

La Grange aux Marmottes
Au village - ☎ 05 62 92 88 88 - fermé 15 nov.-15 déc. ; - 19/43 €.
Cette ancienne grange à toit d'ardoise, bâtie sur les hauteurs d'un village de montagne fleuri, offre à ses hôtes un refuge on ne peut plus cosy. La table, dressée au grenier aménagé dans le style rustique, propose d'appétissantes spécialités comme le bœuf Wellington, le saumon frais au champagne ou la croustade à l'armagnac. La piscine, installée face aux sommets, invite au farniente.

N° 62 — Midi-Pyrénées

En route pour le **Pays de cocagne**

À l'est de **Toulouse**, se déploie le **Pays de cocagne**, pays imaginaire où tout prospère… ? Non, non, ce pays existe bel et bien et il doit son nom au **pastel** (**cocanha** en occitan) qui fit **l'âge d'or de la région au 14ᵉ s**. Et vous verrez, ce pays reste prospère et fabuleux…

➲ **Départ de Toulouse**
➲ **7 jours**
450 km

La ville rose, Toulouse.

Jours 1 & 2

Ce séjour débute par une douce flânerie dans les rues de **Toulouse** : basilique Saint-Sernin, église des Jacobins, hôtel d'Assézat, Jardin Royal, etc. Pour l'après-midi, les idées de visite ne manquent pas : musée des Augustins, musée Saint-Raymond, fondation Bemberg… Lorsque le soleil commence à décliner, admirez les reflets de ses derniers rayons sur le quai de la Daurade, en bord de Garonne, entre le pont Neuf et le pont Saint-Pierre. Le lendemain, démarrez la journée sous les arcades de la place du Capitole, face aux marbres roses de la mairie. Pour la suite, le choix demeure vaste. Besoin de nature ? Prenez votre camping-car pour une escapade dans le Lauragais. Vous découvrez de grandes étendues couvertes de blé, de belles fermes aux proportions généreuses et une excellente cuisine. Si vous êtes curieux de technologie, restez à Toulouse visiter la Cité de l'espace et les ateliers de montage d'Airbus. Quelle que soit l'option choisie, il vous en restera forcément pour un prochain séjour… Échappez-vous en fin de journée vers le sud, sur les berges du canal du Midi (préférez la N 113 à l'autoroute), œuvre magistrale de Pierre-Paul Riquet, pour faire halte à **Avignonet-Lauragais**. Quittez la plaine agricole du Lauragais pour grimper vers le nord-est jusqu'à **Saint-Félix-Lauragais**, haut-lieu du pastel, où vous passez la nuit.

Jour 3

Du pied du château de St-Félix (13ᵉ s.), vous apercez déjà Revel, votre prochaine étape (accès par la D 622, à l'est). Prenez le temps de déjeuner à proximité de la halle (marché le samedi). Reprenez la route vers le **seuil de Naurouze**, autre belle réalisation de Riquet fixant le lieu de partage des eaux entre la Méditerranée et l'Atlantique. Tout proche, au **bassin de**

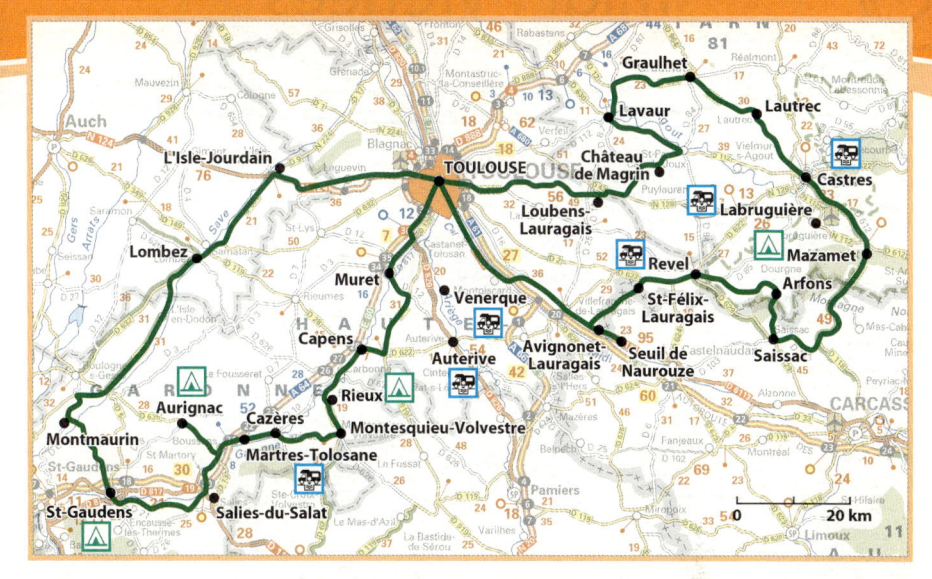

Saint-Ferréol, vous pouvez vous baigner. Poursuivez à travers la Montagne noire vers Arfons, puis **Mazamet**.

Jour 4

Si vous n'en avez pas eu le temps la veille, visitez la maison des Mémoires de Mazamet. Sinon, poussez jusqu'à **Hautpoul** pour découvrir la Maison du bois et du jouet. Filez ensuite à **Castres**, admirer ses nombreuses demeures de tisserands, de teinturiers et de tanneurs qui se dressent sur les rives de l'Agout. La visite de la ville, du musée Goya (à ne pas manquer) et un tour en bateau vous mèneront jusqu'au milieu de l'après-midi, que vous couronnerez par une balade sportive dans le **Sidobre**. Idéal pour une soirée et une nuit tranquille !

Jour 5

Direction le petit village médiéval de **Lautrec**, capitale de l'ail rose, et berceau de la famille de Toulouse-Lautrec... Poursuivez votre périple vers **Graulhet,** et **Lavaur**, au sud-ouest, où vous déjeunez. Consacrez ensuite votre après-midi à la traversée du « Pays de cocagne », que vous connaîtrez mieux en visitant **le Château de Magrin**, qui accueille le **musée du Pastel**. Faites un dernier saut à **Loubens-Lauragais**, village fleuri adossé à un château. En fin d'après-midi, prenez la route de **Muret** (A 64 vers Tarbes), place forte et ville natale de Clément Ader, l'inventeur de l'aviation. Gagnez enfin la charmante ville de **Rieux**, que vous visiterez après une nuit réparatrice.

Jour 6

Une fois découverte la cathédrale de Rieux, partez pour **Montesquieu-Volvestre**, jolie bastide de briques. Rejoignez ensuite la Garonne que vous traversez à **St-Julien**. Le village gaulois constitue une visite idéale pour toute la famille. Gagnez **Cazères**, dont le plan d'eau se prête bien aux activités nautiques ; vous pourrez y pique-niquer. **Martres-Tolosane** s'impose ensuite pour ses faïences. Blottie dans les premiers contreforts des Pyrénées, **Salies-du-Salat** est une agréable ville d'eau. Ce sera la dernière étape avant **Saint-Gaudens**, à l'ouest, où vous approcherez les traditions du Comminges avant d'y dormir !

Jour 7

Accessible par la D 9, au nord, la villa gallo-romaine de **Montmaurin** vous plonge dans les temps antiques. Rejoignez la D 635, à l'est, pour atteindre **Aurignac**, ville aux portes de laquelle fut découvert un important site préhistorique. Vous y déjeunerez. En route pour une échappée gersoise à **Lombez**, le temps d'apprécier le clocher gothique de la cathédrale, et à **L'Isle-Jourdain**, qui abrite musée sur l'art de fabriquer des cloches... Retour sur les terres haute-garonnaises par la N 124, avec la ville rose en point de mire.

Midi-Pyrénées

Une Voie Verte au fil du **canal du Midi**

➲ *De Toulouse au seuil de Naurouze : 47 km*

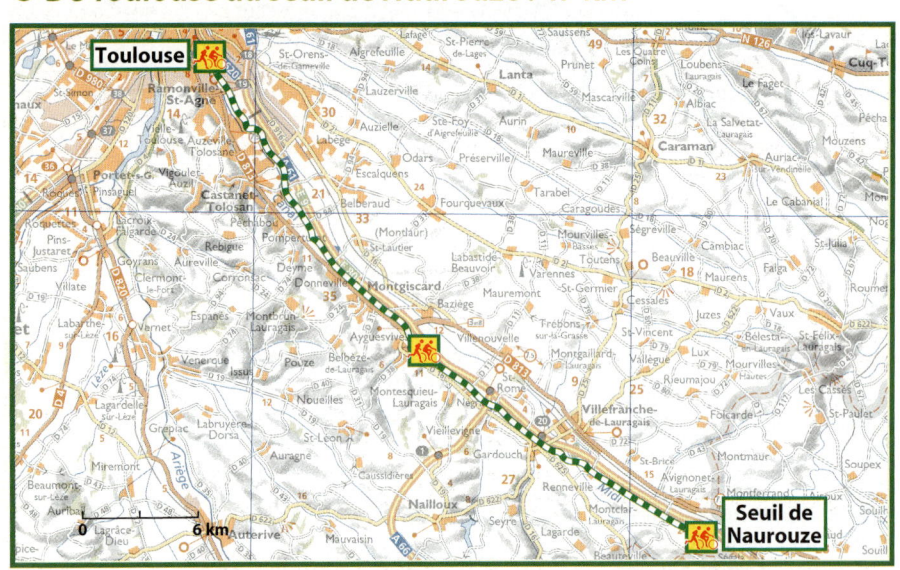

Entre Toulouse et Naurouze, votre circuit en camping-car suit de loin le fameux canal du Midi, désormais classé au patrimoine mondial de l'Unesco. Pourquoi ne pas le compléter d'une originale croisière cyclable ? Transformé en Voie Verte, le chemin de halage propose, d'écluse en écluse, 47 km d'une inoubliable promenade en roue libre.

À vélo, une bonne demi-journée suffit pour rejoindre, depuis Port-Sud à Ramonville-Saint-Agne (sortie fluviale de Toulouse), le fameux seuil de Naurouze et sa rigole d'alimentation descendue de St-Ferréol.

Parcours à la carte, bien sûr. Vous pouvez le prendre dans ce sens ou dans l'autre, faire demi-tour ou vous arrêter quand bon vous semble. Les haltes aménagées ne manquent pas. Il est aussi possible de poursuivre jusqu'à Castelnaudary et son attrayant cassoulet. Avec ses écluses ovoïdales, ses biefs ombragés, sa paisible animation fluviale, le canal est une merveille de bout en bout, dénivelé compris : 50 m parfaitement indolores, pour la cinquantaine de kilomètre du parcours !

Le seul impératif, au début ou au terme de la balade, est une double halte, au seuil de Naurouze et sur l'aire, mitoyenne, de Port-Lauragais.

Échappées belles

Le premier arrêt pour voir de vos yeux sur quoi repose le pari fou de Pierre-Paul Riquet, le génial créateur du canal du Midi : alimenté par la fameuse rigole, un bief de partage amène l'appoint liquide nécessaire depuis la Montagne noire et le lac réservoir de Saint-Ferréol.

La seconde halte à Port-Lauragais complète vos connaissances et vous offre dans le même temps la pause de la journée. La halte est à la fois autoroutière, cyclo-pédestre et fluviale. En plus des commodités classiques, incluant hôtel et restaurant, elle présente une exposition permanente sur le visionnaire Riquet. Mort en 1680, un an avant de voir achevée l'œuvre de sa vie, celui-ci avait pourtant tenu son impossible pari : mettre en liaison fluviale Toulouse et la Méditerranée. Et pour cela il avait fait construire 63 écluses, 130 ponts et 328 ouvrages d'art ! Imaginait-il que la jolie courbe de niveau qu'il avait inscrite dans le paysage du Lauragais proposerait un jour à des promeneurs en roue libre – vous en l'occurrence ! – le plus somptueux des travellings ?

Profitez-en donc doublement. La balade, facile physiquement, offre toutes les qualités – énoncées plus haut – d'un parcours d'exception. Mis à part, peut-être, les tronçons proches de l'autoroute et quelques difficultés d'approvisionnement entre Toulouse et l'aire de service de Port-Lauragais (les villages riverains sont toujours à 1 ou 2 km de la voie d'eau), la piste est à l'image de ce que l'on a pu faire de mieux en la matière, sur les canaux bretons ou bourguignons notamment.

Très roulante, mais ouverte à tous les types de randonnées, joliment paysagée et jamais monotone, rafraîchissante et conviviale, elle est un cadeau en soi. À s'offrir sans attendre.

Le conseil de Bib

▶ Protégez-vous à vélo en portant un casque à coque rigide !
▶ Maîtrisez toujours votre vitesse.

Pause le long du canal du Midi

N° 62 Midi-Pyrénées

Aires de service & de stationnement

Auterive
Aire d'Auterive – Grande Allée du Ramier – Ouv. tte l'année – 15.
Borne artisanale. Gratuit.
Stationnement : illimité.
Services : WC

Castres
Aire de Castres – Parc de loisirs de Gourjade – 05 63 71 58 98 – Ouv. tte l'année
Borne artisanale. Gratuit.
Stationnement : autorisé
Loisirs : Services : WC

Labruguière
Aire de Labruguière – R. du Parc du Montimont – 05 63 50 17 21 – Ouv. tte l'année
Borne euroservices. Payant 2 €.
Stationnement : 48 h maxi
Loisirs : Services : sèche-linge

Martres-Tolosane
Aire de Martres Tolosane – Rte d'Alan – 05 61 98 80 02 – Ouv. tte l'année
Gratuit.
Services :

Venerque
Aire de Vernerque – Allée du duc de Ventadour – 05 62 11 59 59 – Ouv. tte l'année
Borne artisanale. Gratuit.
Stationnement : 48 h maxi
Loisirs : Services : WC
Base de canoë-kayak

Campings

Aurignac
Les Petites Pyrénées
Accès : sortie sud-est par D 635 rte de Boussens et à dr., près du stade.
05 61 98 70 08
0,9 ha (37 empl.)
Loisirs :
Services :

Mazamet
Municipal la Lauze
Chemin de la Lauze, sortie E par D 612, rte de Béziers et à dr.
05 63 61 24 69
camping.mazamet@imsnet.fr . www.camping-mazamet.com
De déb. mai à fin sept. 1,7 ha (65 empl.)
Tarif (prix 2009) : 17,30 € (2A) – pers. suppl. 3 €
borne artisanale
Loisirs :
Services :

Rieux
Les Chalets du Plan d'Eau
11, rue de la Bastide, 3 km au NO par D 627, rte de Toulouse et rte à gauche, bord de la Garonne.
05 61 97 24 59
Permanent 3 ha
artisanale 3 €
Loisirs :
Services : sèche-linge
location à la nuitée hors juil.-août

Saint-Gaudens
Municipal Belvédère des Pyrénées
R. des Chanteurs-du-Comminges, 1 km par N 117, direction Tarbes.
05 62 00 16 03
s.moulin@stgo.fr . www.st-gaudens.com
De déb. juin à fin sept. 1 ha (83 empl.)
Tarif (prix 2009) : 16 € (2A) – pers. suppl. 3,50 €
borne artisanale
Services :

Carnet pratique

Les bonnes adresses de Bib

Avignonet-Lauragais

Bateau « Lucie » - promenade en barge
3 pl. Roger-Salengro - 04 68 60 15 98 ou 06 88 12 92 24 - www.bateaulucie.com - avr.-sept. : sur demande préalable - fermé oct.-mars.
Promenades en barge, dont une avec traction par âne, (30mn à 2h) sur le canal du Midi au départ de l'aire de Port-Lauragais.

Castres

Le Relais du Vieux Pont
3 pl. Roger-Salengro - 05 63 35 56 14 - bienvenue@hotel-miredames.com - réserv. conseillée - formule déj. 12 € - 15,90/33 €.
L'adresse jouit d'une certaine notoriété à Castres car elle hébergea le premier « resto philo » de France. Discussions, débats et colloques ont régulièrement lieu dans ces murs où l'on peut également se réunir et s'attabler autour de petits plats traditionnels.

Martres-Tolosane

Faïencerie du Matet
15 r. du Matet - 05 61 98 81 30 - www.matet.com - 9h-12h, 14h-18h; juil.-août: fermeture à 19h; dim. et j. fériés : 15h-18h - fermé 1er janv., 1er Mai et 25 déc.
Spécialisée dans la réalisation artisanale de faïences pour la décoration de la maison et les arts de la table, cette entreprise perpétue une tradition vieille de trois siècles. La visite (gratuite) permet de découvrir les étapes de la fabrication : explications sur la tournerie, le coulage, le four, la cuisson et la finition qui reste l'étape la plus minutieuse.

Mazamet

Chamayon
15 pl. Gambetta - 05 63 61 05 48
Non contente de s'être entichée du patrimoine local, Madame Chamayon en pince aussi pour les produits qui racontent une histoire ! C'est un vrai plaisir de l'entendre expliquer d'où lui est venue l'idée de créer telle ou telle douceur. Ainsi, les noms et les formes du Cuirot, du Nappa ou de la Penche d'Aur – 3 variétés parmi la cinquantaine de chocolats maison – ont trait au délainage. Les bouchées évoquent les petits-enfants de la famille : l'une contient des morceaux de crêpe dentelle et porte le nom de Léna, la bretonne ! La vitrine garnie d'appétissantes pâtisseries n'est également à manquer sous aucun prétexte.

Toulouse

Au Père Louis
45 r. des Tourneurs - 05 61 21 33 45 - tlj sf dim. 8h30-14h30, 17h-22h30 - fermé août.
Fondé en 1889 et classé monument historique, ce bar à vins est une véritable institution. Le portrait du père Louis, fondateur de l'établissement, y trône en bonne place et son visage débonnaire orne les étiquettes des bouteilles. La dégustation se fait sur des tonneaux ventrus et, en soirée, un appétissant choix de tartines garnies est proposé pour combler les petits creux.

Olivier Confiseur-Chocolatier
10 r. Lapeyrouse - 05 61 23 21 87 - http://chocolatsolivier.com - tlj sf dim. 9h30-12h30, 13h45-19h15.
Difficile de résister aux spécialités de ce maître chocolatier le plus ancien de France : capitouls (amandes enrobées de chocolat noir), Clémence Isaure (raisins à l'armagnac enrobés de chocolat noir), brindilles (nougatine enrobée de chocolat praliné), le Petit Béret (ganache au chocolat noir rehaussée d'écorces d'orange et de gingembre)…

La Maison de la Violette
Bd de Bonrepos - canal du Midi - 05 61 99 01 30 - tlj sf dim. 10h-12h30, 14h-19h, lun. 14h-19h - fermé 1 sem. en janv.
La violette de Toulouse est la vedette de cette boutique installée sur une péniche aux tons pastel. La patronne, très accueillante, vous fera partager sa passion pour cette jolie fleur et vous proposera ses produits dérivés : parfums, liqueurs, confiseries, cosmétiques…

N° 63 — Midi-Pyrénées

Il était une fois à **Foix**…

Le pays de Foix est auréolé de **mystères**. Cela tient sans doute à l'aspect inquiétant que prennent les paysages de ses **étroites vallées** par temps de brouillard. À moins qu'il ne s'agisse d'une histoire devenue légende, celle de l'**épopée cathare**.

➲ **Départ de Foix**
➲ **5 jours**
345 km

Le château de Foix.

Jour 1

Votre première journée d'escapade vous mènera sur les traces des cathares. À **Foix**, d'abord, qui fut aussi la cité du flamboyant **Gaston Fébus**, poète et politique, passionné de chasse… Vous visiterez le château qui domine fièrement la ville. Si les cathares sont surtout concentrés dans les Corbières, ils furent également nombreux dans les pays entourant Foix. Perdus dans les montagnes, loin de toute voie de communication, les châteaux de Roquefixade et de Montségur furent ainsi des lieux d'asiles pour les cathares lors des chevauchées sanguinaires des croisés. Prenez donc des forces à Foix avant de vous lancer à l'assaut du piton rocheux de **Roquefixade** et du **pog de Montségur**, où fut réduit le dernier foyer cathare. Après un passage par la **fontaine intermittente de Fontestorbes** (le débit peut osciller entre 100 et 1 800 litres/seconde) reposez-vous de vos ascensions à **Mirepoix**.

Jour 2

Commencez la journée par une flânerie sur la superbe place à couverts de la bastide de **Mirepoix**. Gagnez la surprenante église rupestre de **Vals** (on y accède par un escalier creusé dans un boyau rocheux), puis rejoignez **Pamiers**, la plus grande ville du département, hérissée de tours et de clochers, pour déjeuner. Vous entamerez l'après-midi avec **la grotte du Mas-d'Azil**, riche de nombreux témoignages préhistoriques. La grotte est aussi l'une des

Le conseil de Bib

▶ Vos enfants aimeront le « Pays des Traces », à Saint-Lizier. Ce parc original, installé autour de la grotte du Loup, initie à l'ichnologie, la sciences des traces.

curiosités naturelles les plus spectaculaires de l'Ariège. Passez ensuite au village du **Mas-d'Azil**, où l'affabuloscope saura vous amuser. La soirée arrivant, arrêtez-vous près de **Saint-Girons**.

Jour 3

En route pour **Saint-Lizier**, minuscule cité épiscopale au passé prestigieux. En suivant la **vallée de Bethmale**, vous traverserez de magnifiques paysages et rencontrerez le dernier artisan fabriquant des sabots bethmalais. Déjeunez en route. D'églises romanes (**Vic** et **Massat**) en panoramas (**port de Lers**), vous atteindrez l'un des berceaux de la préhistoire dans les Pyrénées : la **grotte de Niaux** et ses peintures rupestres. Poursuivez jusqu'à **Tarascon-sur-Ariège** où vous pourrez vous établir pour la nuit.

Jour 4

Le très intéressant parc de la Préhistoire de **Tarascon** complètera votre visite de la veille à Niaux. Les enfants apprécieront les différents ateliers de reconstitution du mode de vie préhistorique ; vous aurez en plus la possibilité de déjeuner sur place. Explorez ensuite la **grotte de Lombrives**. Son réseau souterrain est le plus vaste d'Europe par le volume évidé et se développe sur 7 niveaux distincts. Prenez la direction d'**Ax-les-Thermes**, à 44 km à l'ouest. En hiver, vous pourrez y faire non seulement du ski mais aussi de la randonnée ou encore une cure thermale. **Ax-les-Thermes** sera votre étape pour la nuit.

Jour 5

Envie de shopping ? Prenez la direction de la frontière espagnole et offrez-vous une journée en **Andorre** par le **Pas de la Casa** (station de sports d'hiver et magasins hors taxes). Descendez jusqu'à **Andorra la Vella** pour y savourer une bonne cuisine du terroir. N'oubliez pas de faire le plein de carburant, moins taxé !

L'Ariège traversant Ax-les-Thermes.

N° 63 Midi-Pyrénées

Aires de service & de stationnement

Bonac-Irazein
Aire de Bonac-Irazein – Au bourg - au bord de l'eau – Ouv. tte l'année – P
Borne artisanale. Payant 6 €.
Stationnement : autorisé
Loisirs :

Les Cabannes
Aire des Cabannes – À l'entrée du bourg – 05 61 64 77 09 – Ouv. tte l'année – P 25.
Borne artisanale. Payant 2 €.
Stationnement : 3 €/j.
Loisirs : Services :
Au pied des pistes de ski de fond du plateau de Beille.

Castelnau-Durban
Aire de Castelnau-Durban – Au bourg – Ouv. tte l'année – P
Payant 2 €.
Stationnement : autorisé
Services :

Saint-Girons
Aire de Saint-Girons – Av. Aristide-Bergès – 05 61 96 26 00 – Ouv. tte l'année – P
Borne sanistation. Payant 2 €.
Stationnement : 48 h maxi
Loisirs : Services : sèche-linge

Serres-sur-Arget
Aire de Serres-sur-Arget – Pl. du village – 05 61 65 16 21 – Ouv. tte l'année – P 20.
Borne artisanale. Payant 4 €.
Stationnement : 24 h maxi
Loisirs : Services :

Vicdessos
Aire de Vicdessos – Terrain aérospatial – 05 61 64 88 25 – Ouv. tte l'année – P 20.
Gratuit.
Stationnement : 6 €/j.
Loisirs : Services :

Campings

Ax-les-Thermes
Le Malazeou
Accès : 1,5 km au NO par N 20, dir. Foix.
05 61 64 69 14
camping.malazeou@wanadoo.fr . www.campingmalazeou.com
De déb. déc. à fin oct. 6,5 ha (329 empl.)
Tarif : 24 € – pers. suppl. 5,20 €
borne sanistation 5 € – 23.6€
Loisirs :
Services :

L'Hospitalet-près-l'Andorre
Municipal
Accès : 0,6 km au N par N 20, rte d'Ax-les-Thermes et rte à dr..
05 61 05 21 10
mairie.lhospitalet-pres-landorre@wanadoo.fr
1,5 ha (62 empl.)
Loisirs :
Services : (juil.-août)

Pamiers
L' Apamée
Rte de St Girons, 1 km au N par D 624, rte de St-Girons, près de l'Ariège.
05 61 60 06 89
De déb. avr. à déb. nov. 2 ha (80 empl.)
Tarif (prix 2009) : 23 € (2A) – pers. suppl. 7 €
borne artisanale
Loisirs :
Services : sèche-linge

Tarascon-sur-Ariège
Le Sédour
Lieu-dit Le Ressec, 1,8 km au NO par D 618 dir. Foix puis rte de Massat, chemin à dr.
05 61 05 87 28
Permanent 1,5 ha (100 empl.)
Tarif (prix 2009) : 20 € (2A) – pers. suppl. 7 €
Loisirs :
Services : sèche-linge

Carnet pratique

Les bonnes **adresses** de Bib

Andorra-la-Vieille

Taberna Angel Belmonte
R. Ciutat-de-Consuegra 3 - ℘ (00-376) 82 24 60 - 30/48 €.
Un lieu agréable que ce restaurant aux airs de taverne. Beau décor où domine le bois et mise en place impeccable. À la carte, produits du terroir, poissons et fruits de mer.

Caldea
Août et vac. scol. Pâques : 9h-minuit ; reste de l'année : 9h30-23h (sam. minuit) - fermé 1 sem. en mai et 1 sem. en nov. - 29,50 € (3h), 78 € (3 j.), 118 € (5 j.).
À 1 000 m d'altitude, puisant l'eau thermale d'Escaldes-Engordany à 68 °C, Caldea est un grand centre aquatique conçu pour le bien-être et le plaisir. L'ensemble architectural, du Français Jean-Michel Ruols, se présente sous la forme d'une gigantesque cathédrale de verre à l'allure futuriste. L'éventail des possibilités est très large : bains indo-romains, hammam, jacuzzis, lits à bulles, marbres chauds, fontaines de brumisation, etc. Restaurant gastronomique, galerie commerciale, bar panoramique à 80 m.

Arrien-en-Bethmale

Pascal Jusot
Aret - ℘ 05 61 96 74 39 - tlj à partir de 9h (visite sur réserv.).
Cet artisan sabotier ouvre son atelier aux visiteurs toute l'année et fournit aimablement des explications sur la fabrication et sur les différents bois utilisés. La boutique propose sabots bethmalais et de jardin ainsi que des objets décoratifs en bois.

Ax-les-Thermes

L'Orry Le Saquet
Rte d'Andorre - ℘ 05 61 64 31 30 - www.auberge-lorry.com - fermé janv., vac. de Toussaint, mar. soir et merc. - 32/45 €.
Auberge aux allures de chalet en bordure de la route d'Andorre qui abrite une salle à manger agréablement rafraîchie dont on a conservé l'esprit rustique et où l'on sert une cuisine au goût du jour.

Audressein

L'Auberge d'Audressein
1 km de Castillon-en-Couserans par rte de Luchon - ℘ 05 61 96 11 80 - www.auberge-audressein.com - fermé 10 janv.-4 fév., dim. soir et lun. du 15 sept. au 5 mai sf vac. scol. - 16/85 €.
Au pied de cette maison de pierre, ancienne forge du 19e s., coule un torrent qui rafraîchira votre séjour. La salle à manger, rustique, est prolongée par une véranda. Cuisine bien tournée et prix raisonnables.

St-Girons

Manque texte description Manque texte description Manque texte description Manque texte description

Foix

Le Sainte-Marthe
21 r. Noël-Peyrevidal - ℘ 05 61 02 87 87 - www.le-sainte-marthe.fr - fermé 16-31 janv., mar. soir et merc. hors vac. scol. et sais. - 22/38 €.
Des détails qui font la différence : salle actuelle agrémentée de tableaux, menus consultables par serveur vocal ou internet, cigares en fin de repas et boutique gourmande.

Croustade Mémine
Pl. Parmentier - ℘ 05 61 02 87 87-tlj sf mar. et merc. 11h-14h et 18h-22h.
L'arrière-grand-mère de Gilles Laberty était gentiment surnommée Mémine par ses petits-enfants. À sa mémoire et pour la gloire de la recette familiale, le petit magasin a été baptisé de son nom. Rouleau à pâtisserie à la main, le maître des lieux, cuisinier passionnant, élabore des croustades à deux abaisses feuilletées, toujours de la même taille. Son offre varie sans cesse en fonction des récoltes de fruits (figues et pêches de vigne viennent de son propre verger) : « Aucune ne se ressemble, impossible de se lasser ! », proclame-t-il fièrement.

Le Bouchon
4 pl. des Poilus - ℘ 05 61 96 00 18 - fermé dim. soir - formule déj. et dîner 9 € - 17/35 €.
Une mise en place simple et sans prétention pour ce restaurant qui bénéficie d'une terrasse plaisante dans le quartier dit historique de la ville. Sa carte, traditionnelle, se compose surtout de produits frais et compte quelques spécialités qui font le bonheur d'une clientèle de connaisseurs. Pâtisseries maison.

Croustades Martine Crespo
38 r. Pierre-Mazaud - ℘ 05 34 14 30 20 - www.croustade.com - 9h-12h30, 15h-19h, sam. 8h-19h30, dim. 8h-13h - fermé 1er janv. et 25 déc.
La spécialité de cette boutique décorée à l'ancienne, c'est la croustade du Couserans, dessert offert traditionnellement lors des repas de fêtes gascons. Plusieurs parfums existent : pomme, poire, etc. Également : quiches, tartes, croustades au fromage de montagne et au foie gras frais.

Tarascon-sur-Ariège

Hypocras
1 r. Croix-de-Quié - centre ville, face à l'Office de tourisme - ℘ 05 61 05 60 38 - www.hypocras.com - tlj sf dim. et lun. 15h-19h - fermé j. fériés.
L'hypocras est un apéritif d'origine médiévale à base d'épices. Sa recette précise, récemment retrouvée, est jalousement préservée. On raconte que Gaston Fébus appréciait particulièrement cette boisson. Goûtez-le ! Et tentez aussi la gelée d'hypocras ou les pépites d'Ariège…

N° 64

Midi-Pyrénées

Bastides et gastronomie d'**Armagnac**

*V*oilà un circuit au pays du **foie gras** et de l'**armagnac** qui devrait combler tous les gourmets. Dans les casseroles de l'**hospitalière Gascogne,** se préparent quelques mets à ne pas manquer : la garbure, les salmis, les magrets, grillés ou fumés, les feuilletés aux pruneaux et aux pommes… Ce périple vous conduira aussi à la découverte d'un patrimoine architectural de bastides et de castelnaux typiquement gascons. Bienvenue aux pays des **mousquetaires…**

➲**Départ d'Auch**
➲**4 jours**
270 km

La place à arcades de Marciac

Jour 1

Première halte gourmande à **Auch**. Très animée dans la semaine, la ville se farde de multiples couleurs le samedi, jour de marché. D'un point de vue architectural, vous appécierez les chefs-d'œuvre de la cathédrale Sainte-Marie, et en particulier ses stalles et ses verrières illustrées de personnages aux figures expressives. Laissez-vous ensuite impressionner par l'escalier monumental, en compagnie de d'Artagnan, le héros d'Auch, puis perdez-vous dans les **Pousterles,** étroites ruelles en escalier avant de partir vous rafraîchir dans une base de loisirs voisine, ou de visiter le musée des Jacobins. La découverte des bastides et des castelnaux gersois commence après déjeuner. Au menu : **Mirande, Montesquiou** et **Bassoues**. Depuis sa fondation en 1281, **Mirande** a conservé son plan régulier de bastide, avec ses îlots d'habitation d'environ 50 m de côté et sa place d'Astarac à couverts, marquant le centre du damier.

L'incontournable foie gras.

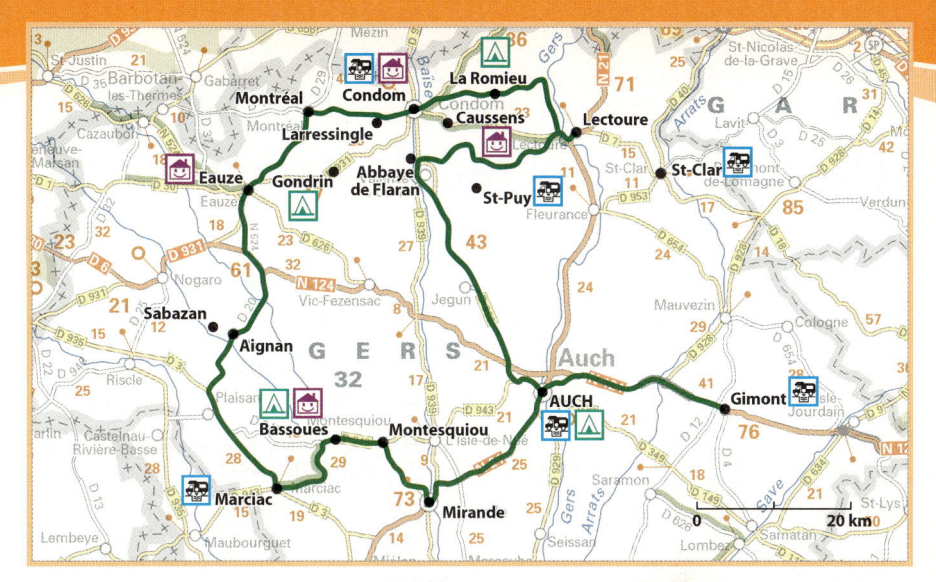

À **Bassoues**, vous serez impressionné par le donjon de 43 m qui domine la bastide. Dirigez-vous ensuite vers **Marciac** pour une visite en musique des « Territoires du jazz ». Passez-y la soirée et la nuit.

Jour 2

En remontant vers le nord, remarquez la forteresse de **Termes-d'Armagnac**, dont il ne reste que le donjon, et faites un crochet par **Sabazan**, village perché doté d'une église romane particulièrement élancée. Prévoyez votre pause déjeuner à **Aignan**, où l'armagnac agrémentera votre fin de repas. À **Eauze** (D 20), visitez le superbe trésor du Musée archéologique. L'Antiquité reste au programme avec la visite de la **villa gallo-romaine de Séviac** tout près de **Montréal**. Poussez dans la foulée jusqu'à la bastide ronde de **Fourcès** pour y passer la nuit.

Jour 3

Après la visite de Fourcès, rejoignez **Larressingle**, la « plus petite cité fortifiée de France ». Le circuit vous mène ensuite à **Condom** pour un déjeuner suivi d'une promenade digestive sur la Baïse. Fin de la journée à **La Romieu**, où les chats sont rois (voir les statuettes de chats disséminées dans la ville). Pause dînatoire dans une ferme-auberge et nuitée sur place.

Jour 4

Sur le chemin du retour vers Auch, **Lectoure** vous attend au tournant de l'histoire avec son Musée gallo-romain. Ce petit bourg perché sur un promontoire recèle de belles maisons de pierres, et des jardins avec fontaines et palmiers. On y cultive à nouveau le pastel, qui a fait la renommé du Pays de cocagne. **L'abbaye de Flaran** vous offrira un dernier émerveillement.

Le conseil de Bib

▶ Le dimanche matin, de novembre à mars et tous les mercredis de l'année, ne manquez pas la « grasse matinée » de Gimont. Pas question de cure de sommeil. Ici, il s'agit du fameux marché au gras.

Tonneaux en fûts de chêne dans une cave d'Armagnac.

N° 64 Midi-Pyrénées

Aires de **service** & de **stationnement**

Auch
Aire d'Auch – À l'entrée du camping – Ouv. tte l'année – P
Borne artisanale. Gratuit.
Stationnement : autorisé
Services :
Centre-ville par le chemin des berges.

Condom
Aire de Denise Dupuy – Lieu-dit La Ferme de Parette, rte de Nérac – 005 62 28 19 39 – Ouv. tte l'année – P 8.
Gratuit.
Stationnement : 5 €/j.
Loisirs : Services :

Marciac
Aire de Marciac – Au bourg – 05 62 09 38 03 – Ouv. tte l'année – P
Borne artisanale. Gratuit.
Stationnement : autorisé
Loisirs : Services :

Gimont
Aire de Gimont – Av. de Cahuzac – 05 62 67 70 02 – Ouv. tte l'année – P 12.
Gratuit.
Stationnement : 48 h maxi
Loisirs : Services :

Saint-Clar
Aire de Saint-Clar – Chem. de St-Blaise – 05 62 66 40 45 – Ouv. tte l'année – P 10.
Gratuit.
Stationnement : 24 h maxi
Loisirs : Services :
Marché le jeudi

Saint-Puy
Aire de Saint-Puy – Grande-rue – 05 62 28 55 09 – Ouv. tte l'année – P
Borne artisanale. Gratuit.
Stationnement : 3 €/j.
Loisirs : Services :

Campings

Auch
Le Castagné
Rte de toulouse, 4 km par rte de Toulouse et à droite chemin de Montegut.
06 07 97 40 37
lecastagne@wanadoo.fr . www.domainelecastagne.com
De mi-mai à mi-oct. 70 ha/2 campables (24 empl.)
Tarif : 4 € 4 € – (15A) 3 €
4 12 €
Loisirs :
Services :

Bassoues
Saint Fris
Accès : E : 0,8 km par D 943, rte de Montesquiou, près du stade et au bord de l'étang.
05 62 70 90 31
coeur-dastarac@wanadoo.fr . www.coeur-dastarac.fr
De déb. juil. à fin août 1 ha (50 empl.)
Tarif (prix 2009) : 12,15 € (2A) – pers. suppl. 3 €
Loisirs :
Services :

Gondrin
Le Pardaillan
27 rue Pardaillan.
05 62 29 16 69
De déb. avr. à mi-oct. 2,5 ha (100 empl.)
Tarif (prix 2009) : 22 € (2A) – pers. suppl. 5,70 €
borne artisanale – 3 11,50 € – 11€
Loisirs : pizzeria jacuzzi (petite piscine) (plan d'eau)
Services :

La Romieu
Le Camp de Florence
Rte Astaffort, sortie E du bourg par D 41.
05 62 28 15 58
De déb. avr. à déb. oct. 10 ha/4 campables (183 empl.)
Tarif : 31,90 € (2A) – pers. suppl. 7,20 €
– 14 17,50 €
Loisirs :
Services :

Carnet pratique

🏠 Haltes chez le **particulier**

Bassoues

Domaine de Bilé
📞 05 62 70 93 59 – Ouv. tte l'année
🅿 5. Stationnement : 24h maxi.
Cette jolie ferme du haut Armagnac vous fait découvrir ses chais de vieillissement et de vinification et vous propose des dégustations : floc de Gascogne (blanc : médaillé d'or, rosé : médaillé de bronze au Salon de l'agriculture 2006), armagnacs millésimés, vins de pays des Côtes de Gascogne. Soirées à thème (repas inclus), expositions d'artistes, sentier de randonnée dans le vignoble.

Caussens

Château de Mons
📞 05 62 68 30 30 – Fermé Noël-janv.
🅿 5.
Situé sur les revers est du vignoble Armagnacais, en plein cœur de la Ténarèze, le domaine s'étend sur 60 ha. Outre la culture de céréales, 32 ha sont consacrés à la vigne. C'est dans le cadre prestigieux du château bâti par Édouard Ier que les produits sont commercialisés (armagnacs millésimés, vins Côtes de Gascogne, floc blanc et rosé). Visite des chais et dégustation.

Condom

Château le Courrejot
Lieu-dit Le Courrejot – 📞 05 62 68 23 80 – Ouv. tte l'année
🅿 3.
Situé sur les coteaux argilo-calcaires de la commune de Condom, cette exploitation propose des armagnacs distillés, vieillis en fûts de chêne et mis en bouteille sur la propriété familiale. Visite et vente sur place.

Eauze

Ferme de Mounet
Rte de Parleboscq – 📞 05 62 09 82 85 – Ouv. tte l'année
🅿 5.
La ferme de Mounet est une exploitation agricole dédiée au maïs, aux céréales et surtout à l'élevage d'oies et de canards. La famille Molas prépare elle-même foie gras, confit et autres plats cuisinés. Elle propose aussi une balade végétale appelée « le jeu de l'Oie de la ferme Mounet » qui vous fait découvrir la ferme d'une façon originale. Dégustation et vente des produits maison.

Les bonnes **adresses** de Bib

Auch

Maison de Gascogne
R. Gambetta - 📞 05 62 05 12 08 - juil.-août : 10h-13h, 14h30-19h, dim. 14h30-19h.
Chaque été, les commerçants se réunissent à cet endroit pour exposer et vendre les produits de la région : foie gras, armagnac, croustade, artisanat d'art et ébénisterie.

Le Café Gascon
5 r. Lamartine - 📞 05 62 61 88 08 - cafe.gascon@wanadoo.fr - fermé janv.-mars et merc. - réserv. obligatoire - formule déj. 17 € - 22/70 €.
Ici, la cuisine du terroir est réalisée à la minute, ce qui demande un peu de patience ! À la fin du repas, découvrez le fameux café gascon préparé sous vos yeux.

Bassoues

Domaine de Bilé - Famille Della-Vedove
📞 05 62 70 93 59/06 12 86 01 97 - www.domaine-de-bile.com - 8h-20h.
Cette jolie ferme du haut Armagnac vous fait découvrir ses chais de vieillissement et de vinification et vous propose des dégustations : floc de Gascogne (blanc : médaillé d'or, rosé : médaillé de bronze au Salon de l'agriculture 2006), armagnacs millésimés, vins de pays des Côtes de Gascogne.

Condom

La Table des Cordeliers
1 r. des Cordeliers - 📞 05 62 68 43 82 - www.latabledescordeliers.fr - fermé 15 janv.-5 fév., lun. sf le soir de juil. à sept., merc. midi l'été et dim. soir - 21/55 €.
Proche du Logis des Cordeliers, ce restaurant est installé dans une chapelle du 14e s. Sous les voûtes de pierres gothiques majestueuses, éclairée de vitraux, une salle à manger pour l'été. Une seconde, rustique avec ses colombages. Cuisine du marché.

Lectoure

SARL Bleus de Pastel
Pont de Pile - RN de Condom - 📞 05 62 68 78 30 - www.bleu-de-lectoure.com - 9h30-12h30, 14h-18h30, dim. apr.-midi 14h-18h - fermé 1er-15 janv.
Atelier, magasin et galerie d'art, les anciens ateliers d'une tannerie du 18e s. font revivre le Bleu de Lectoure. Découvrez l'histoire du pastel, crucifère dont les feuilles produisent un bleu exceptionnel, considéré comme le meilleur d'Europe à la Renaissance et utilisé en cosmétique, peinture et teinture. Visite des cuves et démonstration de peinture au pastel.

N° 65

Midi-Pyrénées

Les grands sites du **Quercy**

*O*n pourrait volontiers leur donner la palme des villages les plus impressionnants de France, l'oscar des paysages à couper le souffle, ou le grade le plus haut en matière de grottes, gouffres et témoignages de l'art de la préhistoire. Les grands sites du Quercy savent séduire. Quant à la gastronomie, il suffit de chuchoter les noms de **Rocamadour**, **Figeac**, **Cahors**, pour commencer à saliver.

➲ **Départ de Rocamadour**
➲ **7 jours**
410 km

Le site de Rocamadour.

Jour 1

L'époustouflant **site de Rocamadour** éblouira votre matinée. Déjeunez à proximité, puis descendez la vallée, vous rafraîchir dans l'Alzou. En longeant la rivière à contre-courant par le GR 6, vous traverserez un espace naturel de toute beauté. Direction les **grottes de Lacave** et leurs concrétions d'une ampleur exceptionnelle. Remontez la vallée de la Dordogne jusqu'à **Meyronne**. Là, deux options : parcourir en canoë l'une des portions les plus sauvages de la Dordogne, ou passer directement la rivière, direction **Souillac** à l'ouest, pour l'étape du soir.

Jour 2

Partez au matin pour **Martel** et ses sept tours. La place des Consuls, l'hôtel de la Reymondie, les ruelles et l'église sont à découvrir. Puis montez au **puy d'Issolud** apprécier la vue de ce tout dernier lieu de résistance gauloise, du temps où il se nommait Uxellodunum. Vous pourrez déjeuner dans le cadre très préservé du village de Carennac. Passez-y le début de votre après-midi. Ensuite longez la Dordogne à l'ouest : vous pouvez parcourir tout ou partie du sentier au départ de **Floirac** qui longe et commente le Couasne de Floirac. Passez la nuit à proximité de **Padirac**.

Jour 3

Prenez votre imperméable car les concrétions continuent à se former le long de la rivière souterraine du vertigineux **gouffre de Padirac**. Les « réseaux noyés » de Padirac comptent parmi les plus longs du monde, après ceux du Yucatán ! Vous pouvez déjeuner à proximité, avant de prendre la direction du **cirque d'Autoire**. Montez par le chemin rocailleux pour apprécier la vue superbe sur ce site naturel ! Passez enfin par le joli village d'**Autoire**. Vous pourrez faire étape à **Loubressac**, village perché qui observe sur 360° (ou presque) la vallée et le **causse de Gramat**.

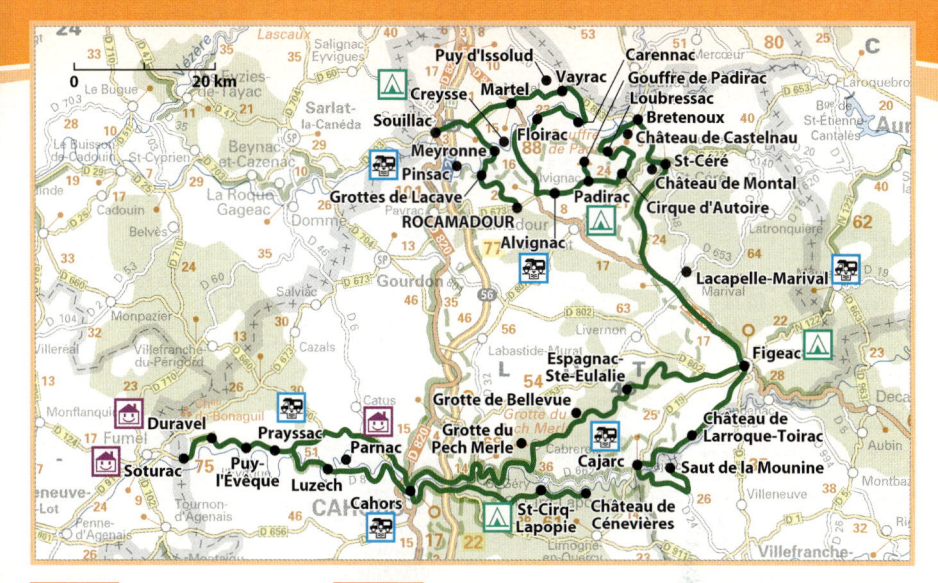

Jour 4

C'est de loin que vous aurez aperçu la forteresse médiévale de **Castelnau-Bretenoux**, dont la baronnie domina longtemps le Quercy. Poursuivez par le **château de Montal**, que l'on compare pour ses ornements Renaissance aux châteaux de la Loire. Avant de déjeuner dans les ruelles de **St-Céré**, intéressez-vous aux tapisseries et dessins contemporains de Jean Lurçat. Rejoignez Figeac par la N 940. Avec son hôtel de la Monnaie, sa place des Écritures et le souvenir de Champollion, **Figeac** mérite une vraie halte. Déjeunez en ville. Passez par la D 822 au sud pour la vue sur les mystérieuses **aiguilles de Figeac**, puis, par beau temps, revenez vers les baignades du Domaine de loisirs du Surgié à l'est. Sinon, favorisez les paysages de la D 662 longeant la vallée du Lot. Visitez le château de **Larroque-Toirac** puis passez la rivière pour profiter du point de vue du **saut de la Mounine**. Revenez faire étape à Figeac.

Jour 5

La **vallée du Célé** se parcourt par la D 41 à l'ouest de Figeac. Sur la route de St-Jacques-de-Compostelle (GR 65), l'ancien prieuré d'**Espagnac-Ste-Eulalie**, séparé de la falaise par une rivière bien maigre, voit passer pèlerins et marcheurs. Continuez jusqu'à **Marcilhac-sur-Célé**. Visitez l'ancienne abbaye, et baignez-vous si le cœur vous en dit. Regagnez la **grotte du Pech-Merle** qui compte parmi les plus belles de France, tant par ses concrétions que par ses peintures et vestiges préhistoriques. De Bouziès, rejoignez **Cahors**.

Jour 6

À **Cahors**, parcourez les rues et ruelles animées entre l'îlot Fouillac au nord et la rue Lastié au sud, et visitez les édifices religieux : la cathédrale St-Étienne (son auguste portail nord, son cloître et la chapelle St-Gausbert), l'église St-Urcisse, et à l'écart du centre, l'église St-Barthélemy. Les amateurs d'art contemporain apprécieront le musée Henri-Martin. Les amateurs d'histoire opteront pour le beau musée de la Résistance.

Jour 7

Aujourd'hui, les sites excentrés de la ville vous attendent : le pont Valentré qui toise de ses hautes tours les eaux du Lot, la barbacane et la tour St-Jean. Après le déjeuner, quittez Cahors en direction des vignobles de l'AOC, en suivant vers l'ouest, le Lot qui se fraie un chemin à travers le causse. Poussez jusqu'à **Luzech**. Puis retour sur Cahors afin d'aller jusqu'à **St-Cirq-Lapopie** par une route à flanc de falaise. Les panoramas sont mémorables et St-Cirq aussi. Remontez ensuite les méandres du Lot jusqu'au **château perché de Cénevières**.

N° 65 Midi-Pyrénées

Aires de service & de stationnement

Alvignac
Aire d'Alvignac – Rte de Padirac – 05 65 33 60 62 – Ouv. tte l'année – P 10.
Borne eurorelais. Gratuit.
Stationnement : autorisé
Loisirs : Services :

Cahors
Aire de Cahors – Chem. de la Chartreuse, parking St-Georges – 05 65 20 87 87 – Ouv. tte l'année – P 3.
Borne artisanale. Gratuit.
Stationnement : 48 h maxi
Loisirs : Services : sèche-linge
Navette pour le centre-ville.

Cajarc
Aire de Cajarc – Pl. de la Gare – 05 65 40 65 20 – Ouv. avr.-oct. – P 10.
Borne artisanale. Payant 2 €.
Stationnement : 24 h maxi
Loisirs : Services :

Lacapelle-Marival
Aire de Lacapelle-Marival – Pl. de la Roque – 05 65 40 80 24 – Ouv. tte l'année – P 50.
Borne eurorelais. Gratuit.
Stationnement : autorisé
Loisirs : Services :

Pinsac
Aire de Pinsac – Salle des Fêtes – 05 65 32 64 00 – Ouv. tte l'année – P 10.
Payant 2 €.
Stationnement : 48 h maxi
Loisirs : Services :
Idéal pour visite des grottes de Lacave et du village de Rocamadour.

Prayssac
Aire de Prayssac – Av. des Acacias – 05 65 30 61 44 – Ouv. tte l'année – P 6.
Borne artisanale. Gratuit.
Stationnement : 48 h maxi
Loisirs : Services : sèche-linge

Campings

Creysse
Le Port
Le port, au S du bourg, près du château, bord de la Dordogne.
05 65 32 20 82
De fin avr. à fin sept. 3,5 ha (100 empl.)
Tarif : 4,50 € 4,50 € – (10A) 4,50 €
Loisirs : base de canoë, spéléologie, escalade
Services : sèche-linge
plage agréable au bord de la Dordogne

Figeac
Les Rives du Célé
Domaine du Surgié, à la base de loisirs, 1,2 km à l'est par D 840, rte de Rodez, au bord du Célé et d'un plan d'eau.
561 648 854
De déb. avr. à fin sept. 2 ha (163 empl.)
Tarif : 22 € (2A) – pers. suppl. 6,80 €
4 22 € – 10.5€
Loisirs :
Services : sèche-linge

Padirac
Les Chênes
Rte du Gouffre, 1,5 km par D 90, rte du Gouffre.
05 65 33 65 54
De déb. avr. à fin sept. 5 ha (120 empl.)
Tarif : 27 € (2A) – pers. suppl. 6,50 €
1 borne artisanale 3 €
Loisirs : snack, pizzeria salle d'animation (et cinéma)
Services : sèche-linge

Saint-Cirq-Lapopie
La Truffière
Pradines route départementale 42,3 km par D 42, rte de Concots.
05 65 30 20 22
De déb. avr. à mi-sept. 4 ha (96 empl.)
Tarif : 20,50 € (2A) – pers. suppl. 5,50 €
– 3 5,50 € – 10€
Loisirs : snack
Services : sèche-linge

Carnet pratique

Haltes chez le **particulier**

Duravel

Château de Rouffiac
📞 06 73 38 21 46 – *Fermé Noël-mi-janv.*
🅿 5.
Ce domaine viticole s'étend autour d'une magnifique bâtisse, lieu de vie des propriétaires. Adhérents France-Passion, ces derniers proposent la visite des chais et la découverte de leur production. Leur AOC Cahors est considéré comme un des plus grands crus de la région.

Parnac

Château Armandière
Port de l'Angle – 📞 *05 65 36 75 97 – Fermé mi-déc.-mi-janv.*
🅿 4.
M. Bouyssou appartient à la quatrième génération d'exploitants du château Armandière. Il propose la découverte des vins élaborés au domaine : AOC Cahors en plusieurs cuvées (cuvée d'exception Armandière, Prestige Diamant Rouge et Fée Violine).

Soturac

Domaine de Lavaur
📞 *05 65 36 56 30 – Ouv. lun.-sam., dim. et j. fériés sur RD Ouv. tte l'année*
🅿 5.
Ce domaine est situé aux abords de la vallée du Lot à l'ouest de Cahors. Le vignoble s'étend sur 20 ha plantés en terrasses pour une production d'AOC Cahors. Visite du domaine, dégustation et vente.

Les bonnes **adresses** de Bib

Cahors

L'Ô à la Bouche
134 r. Ste-Urcisse - 📞 *05 65 35 65 69 - fermé 10-25 avr., 1er-15 oct., dim. et lun. sf le soir en juil.-août - 25 €.*
Vieilles pierres et briques procurent un cachet indéniable à ce restaurant où l'on s'abstient de fumer pour mieux savourer une cuisine traditionnelle qui met l'Ô à la Bouche.

Calvignac

La Terrasse Romantique
Haut Bourg - 📞 *05 65 30 24 37 ou 06 99 72 45 69 - fermé oct. -avr. - 10,60/12,20 €.*
Venez goûter le charme de cette demeure du 14e s. au cadre rustique soigné, égayé de tableaux peints par le patron. Par beau temps, la vue sur le Lot depuis la terrasse est saisissante. Salades, crêpes, plats régionaux et la spécialité maison : la cuisse de canard confite à la confiture d'oignons et fruits de la vallée.

Martel

Ferme-auberge Le Moulin à Huile de Noix
Rte de Bretenoux - 3 km à l'est de Martel par D 803 - 📞 *05 65 37 40 69 - fermé 11 nov.-25 mars, dim. soir et lun. - réserv. obligatoire - 15/30 €.*
Dans la très belle salle de ce moulin datant du 17e s., vous goûterez une savoureuse cuisine du terroir. En été, les mardis et jeudis après-midi, vous pourrez aussi y découvrir la fabrication de l'huile, effectuée dans la tradition. Petite boutique de produits maison dans l'ancienne cave.

Padirac

Auberge de Mathieu
À 300 m de l'entrée du gouffre - 📞 *05 65 33 64 68 - fermé 16 nov.-14 mars, sam. en mars et nov. - 18/36 €.*
Entre spécialités régionales et cuisine traditionnelle, vous trouverez de quoi vous rassasier dans cette auberge située près du gouffre.

Rocamadour

Le Mas de Douze
Les Gîtes de Rocamadour - 4 km à l'est de Rocamadour sur D 840 - 📞 *05 65 33 72 80 - gites.roca.m12@wanadoo.fr - 20 €.*
Un havre de paix non loin du site touristique. Le restaurant au cadre campagnard (pierres et poutres apparentes) propose des spécialités régionales, tandis que la crêperie-saladerie convient aux appétits moins féroces.

Boutique du Terroir
R. de la Couronnerie - 📞 *05 65 33 71 25 - horaires variables selon sais. - fermé 11 nov.-1er avr. et sam. sf juil.-août.*
Voilà un artisan bardé de récompenses, dont la médaille d'or du Salon agricole 1999 et la médaille d'argent 2005 pour son foie gras d'oie mi-cuit. Cette jolie boutique contient mille et une merveilles comme des plats cuisinés au foie gras, de la truffe noire du Périgord ou une eau-de-vie de prune (primée en 2005).

Nord-Pas-de-Calais

N° 66

Le multiple visage des **Flandres**

Ses **dunes**, au nord de **Dunkerque**, ses monts autour de **Bailleul**, ses **géants** que l'on promène aux sons des fifres, ses **beffrois**, qui se dressent pour mieux affirmer la puissance de **Lille** ou **Bergues**, ses « **estaminets** » comme on dit ici où l'on joue à la bourle ou au javelot, un verre de bière à la main… : la Flandre se révèle au pluriel. Suivez donc ce circuit au cœur des **Flandres**, qui vous démontrera qu'au plat pays, on ne s'ennuie pas !

➲ **Départ de Lille**
➲ **6 jours**
250 km

Le géant de Bergues.

Jours 1 & 2

La Grand'Place de **Lille**, animée et colorée, donnera le ton de votre séjour flamand. La première matinée sera consacrée à la visite du vieux Lille, où les bonnes adresses pour déjeuner ne manquent pas. L'après-midi, c'est au palais des Beaux-Arts que vous vous rendrez. Offrez-vous ensuite une petite bière avant les festivités nocturnes. Pôle culturel, Lille regorge de propositions de sorties. Le lendemain matin, footing au bois de Boulogne ou au jardin Vauban près de la citadelle et petit tour au parc zoologique. Avant de quitter Lille, visitez le quartier Saint-Sauveur (beffroi).

Le bassin de la piscine de Roubaix…

Jour 3

De Lille, dirigez-vous vers **Roubaix**. L'ancienne capitale de la filature textile a transformé sa **piscine Art déco, en un musée d'art**, à ne pas manquer. Visitez le château du Vert-Bois

Le conseil de Bib

▶ Évitez le premier week-end de septembre, pour découvrir tranquillement Lille : c'est celui de la brocante !

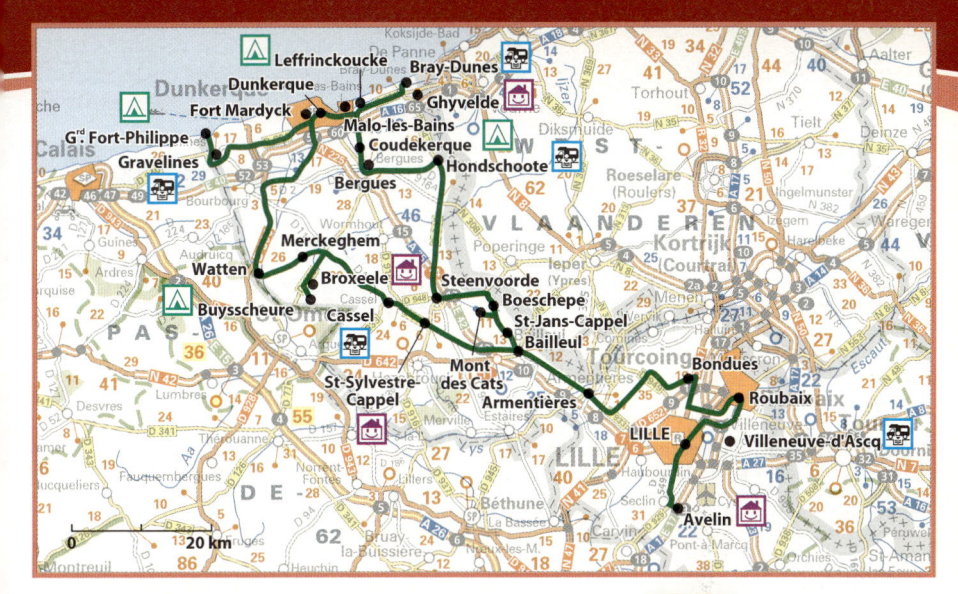

et le village des métiers d'art Septentrion à Marcq-en-Barœul. Partez ensuite plus à l'est découvrir **Armentières**, puis **Bailleul**. Cette ville qui a souffert en 1918, lors de la dernière offensive allemande, a été reconstruite dans le plus pur style flamand. Elle est au cœur d'un opulent pays de bocage que l'on retrouve de l'autre côté de la frontière, en Belgique. Vous visiterez, entre autres, son conservatoire botanique et son beffroi.

Jour 4

En direction de **Boeschepe**, vous pénétrez dans le pays des monts de Flandre, cher à Marguerite Yourcenar, à qui le musée de **Saint-Jans-Cappel** rend hommage. C'est aussi le pays des **estaminets**, présents jusque dans le moindre village. Après un passage par le **mont des Cats**, pour une provision de **fromage** à l'abbaye Notre-Dame-du-Mont, vous admirerez les moulins de Boeschepe et de Steenvoorde, avant de mettre cap au nord jusqu'à **Hondschoote**. Cette petite cité rurale, de langue flamande, possède deux moulins et de belles maisons anciennes, dont quelques unes à pignons. Gagnez la ville fortifiée de **Bergues**, où vous passerez la nuit.

Jour 5

Une petite visite de Bergues, surnommée « la petite Bruges du Nord » s'impose avant de monter vers la côte, pour découvrir les **dunes de Flandre**, de **Dunkerque** à la **frontière belge**, avec un petit crochet par la station de **Malo-les-Bains**. Bordée par 700 ha de dunes classées Réserve naturelle, la plage court sur 15 km. Elle fait le bonheur des enfants et des plus grands. Après le déjeuner, revenez sur vos pas jusqu'à **Dunkerque**, dont vous visitez le port et les musées (musée portuaire, musée des Beaux-Arts, Lieu d'Art et Action contemporaine, Mémorial du souvenir).

Jour 6

Le matin est consacré au tour des remparts de **Gravelines** et à la visite des musées (de la mer et du sauvetage) de **Grand-Fort-Philippe**. Après le déjeuner, vous retrouvez le cœur de la Flandre en vous dirigeant vers **Watten**, puis Cassel. Au passage, admirez le point de vue sur les monts de Flandre à **Merckeghem**. À **Cassel**, visitez le musée interactif Cassel Horizons et faites peut-être une petite pause gourmande ou ludique dans un estaminet de la Grand'Place. Retour vers Lille par Bailleul.

Les traditionnelles moules-frites.

N° 66 Nord-Pas-de-Calais

Aires de **service** & de **stationnement**

Bray-Dunes

Aire de Bray-Dunes – *R. Pierre-Decock, parking super-marché Champion – Ouv. tte l'année –* 🅿
Borne artisanale. Payant.
Stationnement : autorisé
Services :

Cassel

Aire de Cassel – *Rte d'Oxelaere (au sud de Cassel) –* ☎ 03 28 40 52 55 – *Ouv. tte l'année –* 🅿 6.
Borne artisanale. Gratuit.
Stationnement : 5 j. maxi
Loisirs : Services :

Gravelines

Aire de Gravelines – *Camping municipal, r. Pont-de-Pierre –* ☎ 03 28 23 59 00 – *Ouv. tte l'année*
Borne flot bleu. Payant 1,50 €.
Services : sèche-linge

Hondschoote

Aire d'Hondschoote – *Parking du moulin de la Victoire, r. de Bergues –* ☎ 03 28 68 31 55 – *Ouv. avr.-oct. –* 🅿 10.
Borne raclet. Payant 2 €.
Stationnement : autorisé
Loisirs : Services :
Deux moulins à visiter.

Villeneuve-d'Ascq

Aire de Villeneuve-d'Ascq – *Parking de Décathlon Campus – Ouv. tte l'année –* 🅿 4.
Gratuit.
Stationnement : 6.50 €/j.
Services :

⛺ Campings

Buysscheure

▲ La Chaumière
529, langhemast straete, au bourg.
☎ 03 28 43 03 57
camping.lachaumiere@wanadoo.fr . www.campinglachaumiere.com
De déb. avr. à fin oct. 1 ha (29 empl.)
Tarif : 19 € (2A) – pers. suppl. 7 €
borne artisanale– 10 19 €
Loisirs : snack (petite piscine)
Services :

Coudekerque

▲ Le Bois des Forts
Accès : 0,7 km au nord-ouest de Coudekerque-Village.
☎ 03 28 61 04 41
3,25 ha (130 empl.)
20
Loisirs :
Services :

Grand-Fort-Philippe

▲ La Plage
115, r. du Maréchal Foch.
☎ 03 28 65 31 95
campingdelaplage@campingvpa.fr . www.camping-de-la-plage.info
De déb. avr. à fin oct. 1,5 ha (84 empl.)

Tarif : 4,45 € 1,75 € 3,50 € – (10A) 3,35 €
Loisirs :
Services :
sèche-linge

Leffrinckoucke

▲ Mer et Vacances
216, R. Charcot, au nord-est de la localité par bd J.B.-Trystram.
☎ 03 28 20 17 32
mer.etvacances@akeonet.com . www.camping-mer-et-vacances.com
De déb. mars à mi-déc. 2 ha (93 empl.)
Tarif : (Prix 2009) 4,70 € 5,30 € – (16A) 4,10 €
Loisirs :
Services :
bordé de dunes et proche d'une plage de sable fin

Le conseil de Bib

▶ À inscrire sur votre agenda : avril – Roubaix – course cycliste Paris-Roubaix.

Carnet pratique

Haltes chez le **particulier**

Avelin

Ferme des Anneaux
Ouv. tte l'année
🅿 5.
Cette ferme datant de 1750, propose la découverte de ses activités : élevage, trasformation du lait et des fruits. Elle offre aussi une formule casse-croûte idéale pour déguster les produits maison.

Broxeele

Auberge de la Chouette
14, r. des Peupliers – ☏ 03 28 62 41 92 – Ouv. tte l'année
🅿 5. Stationnement : 24h maxi.
Entourée d'un grand parc arboré, cette auberge offre une cuisine régionale de qualité. Au menu : velouté d'asperges de saison, de choux-fleurs et d'amandes, aumônières de saumon, terrine de légumes, cassolettes de Saint-Jacques en feuilletage, tarte au fromage, coq à la blonde d'Esquelbecq, chiboust à la mandarine.

Ghyvelde

Ferme de la Hooghe Moote
188, rte d'Uxen – ☏ 03 28 26 02 32
🅿 4.
Cette authentique ferme des Flandres maritimes, située sur un site médiéval propose de nombreuses activités : pêche à la truite, minigolf de 18 trous, visite pédagogique pour les enfants, aire de jeux, piste bicross.

Saint-Sylvestre-Cappel

Ferme du Koolhof
972, rte de Wagen-Brugghe – ☏ 03 28 44 28 18 – Ouv. tte l'année
🅿 3. Stationnement : 24h maxi.
Au cœur des Monts de Flandres avec vue sur le mont Cassel, la ferme propose la découverte de son activité. Sur réservation : tables d'hôtes pour le dîner.

Les bonnes **adresses** de Bib

Armentières

Jeux d'eau à la base des Prés du Hem
5 av. Marc-Sangnier - en voiture depuis Lille par A 25, sortie La Chapelle-d'Armentières ou Nieppe, puis D 933 - bus 80 (Prés du Hem) - ☏ 03 20 44 04 60 - 15 avr.-4 juin : tlj sf lun. et mar. 10h-18h ; 5 juin-4 sept. : tlj 10h-19h - 5 à 7 € (enf. 3 à 5 €).
À quelques encablures de Lille, 120 ha de verdure et d'eau. Un cadre idéal pour savourer de vrais moments de détente ou pratiquer une activité sportive : bateau, promenade, plage, aire de jeux, parcours sportifs, sports nautiques, et même une ferme pédagogique pour les petits curieux de nature, ainsi que la Maison de l'Eau pour vous informer de cette thématique universelle au cœur de l'Espace Naturel Métropolitain.

Bergues

Taverne Le Bruegel
1 r. du Marché-aux-Fromages - ☏ 03 28 68 19 19 - www.lebruegel.com - fermé 2ᵉ sem. de janv., 24-30 déc. et 1ᵉʳ Mai - 20,90/40 €.
Dans l'atmosphère conviviale et typique de cet estaminet établi dans une maison flamande de 1597, vous pourrez déguster grillades au feu de bois et cuisine régionale, bières, fromage de Bergues, servis en costume traditionnel, au son du dœdelsack (cornemuse).

Gravelines

Le Christ Roi
Réserv. à l'Office du tourisme des Rives de l'Aa - ☏ 03 28 51 94 00 - www.tourisme-gravelines.fr - 12 à 125 €.
« Le Christ Roi », dernier crevettier à voile, permet de découvrir les paysages côtiers de la mer du Nord mais également d'en savoir plus sur la pêche et la navigation traditionnelle à Gravelines.

Lille

La Tête de l'Art
10 r. de l'Arc - ☏ 03 20 54 68 89 - www.latetedelart-lille.com - fermé dim. soir, lun. soir et mar. soir - réserv. obligatoire - 21,50/29 €.
Derrière la façade rose de cette maison bourgeoise de 1890 se cache un sympathique restaurant animé. Au bout d'un couloir, chaleureuse salle à manger où les Lillois aiment déguster une cuisine traditionnelle. Sélection de vins à prix réduit.

Chocolat Passion
67 r. Nationale - ☏ 03 20 54 74 42 - www.chocolatpassion.com - tlj sf lun. mat. et dim. 9h-19h - fermé j. fériés.
Fleur de Lille, Noir de Houlle (parfumé au genièvre), Réserve de Bacchus (aux vins d'Alsace et de Bourgogne), chocolats à la bière Jenlain, aux thés et aux épices : un vrai festival de saveurs pour amateurs de plaisirs sucrés.

Roubaix

Les Aubaines de la Redoute
85 r. de l'Alma - ☏ 03 20 26 18 71 - tlj sf dim. 10h-19h.
Ce magasin de vente par correspondance vend des articles de fin de série ou supprimés du catalogue.

N° 67 Nord-Pas-de-Calais

Évasion sur la **Côte d'Opale**

Depuis la baie de Somme jusqu'à la frontière belge s'étend un paysage étonnant, encore sauvage. La **Côte d'Opale** dessine un **chapelet de dunes, de vallées crantées** et de **falaises escarpées** qui dominent le pas de Calais. Les **caps Blanc-Nez et Gris-Nez** se disputent ici la vedette de ces panoramas grandioses.

➲ **Départ de Boulogne-sur-Mer**
➲ **5 jours 250 km**

Les falaises de la Côte d'Opale au cap Blanc-Nez.

Jour 1

Profitez de cette première journée pour visiter **Boulogne-sur-Mer**. C'est tout d'abord la ville haute et ses remparts qui retiendront votre attention. Voyez le beffroi, la basilique, le château-musée. Puis descendez vers le port pour vous régaler de quelques fruits de mer. Dans la ville basse, baladez-vous parmi les installations portuaires (port de pêche, de plaisance et de transport) avant de visiter Nausicaä, le Centre national de la mer. Longez la côte jusqu'à l'élégante station de **Wimereux**. La guerre a malheureusement abîmé cette « Nice du Nord », mais la digue-promenade longée par les villas d'une architecture début du 20ᵉ s. a gardé tout son charme. Plongez ensuite dans l'**arrière-pays boulonnais** jusqu'au **Wast**, où siège la maison du Parc naturel régional des Caps et marais d'Opale. Les vallées du Boulonnais sont tapissées de pommiers à cidre et de prairies où paissent des bleues du Nord et des rouges flamandes, les vaches locales, ainsi que nombre de moutons et de chevaux de trait « boulonnais ». Rejoignez la Côte pour passer la soirée.

Jour 2

Longez la Côte d'Opale, et admirez les caps Blanc-Nez et Gris-Nez, en passant par **Wissant**. Un spectacle vertigineux vous attend au **cap Blanc-Nez** :

Le port de Boulogne-sur-Mer.

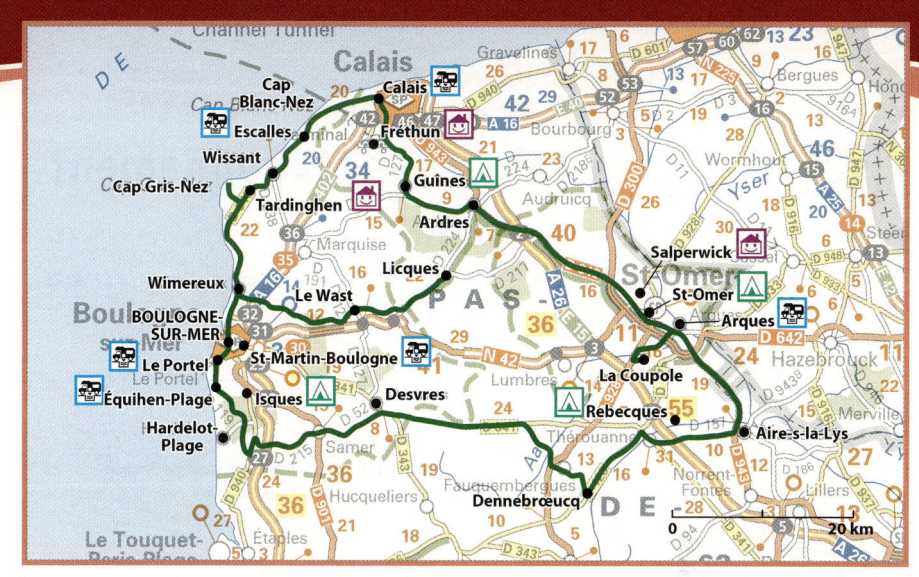

la masse verticale de la falaise, à 134 m de haut, surplombe la la mer et son trafic incessant de navires. La vue s'étend sur les falaises anglaises et la côte, de Calais au cap Gris-nez mais aussi vers les douces collines cultivées du Calaisis, préservées de toute construction. De nombreux sentiers de randonnées partent des deux caps et de Wissant. Suivez-les, jumelles en bandoulière. Rejoignez ensuite **Calais**, son phare et son musée des Beaux-Arts et de la Dentelle, et passez-y la nuit.

Jour 3

Prenez la route de Saint-Omer. Après une halte à **Guînes** (tour de l'Horloge), puis à **Ardres**, vous parvenez à **Saint-Omer**, dont le musée et les édifices religieux (cathédrale en tête) vous occuperont tout l'après-midi.

Jour 4

Une promenade en barque dans le marais audomarois (à 4 km au nord-est de Saint-Omer, par la D 209) lancera votre journée avant de visiter **Arques** et sa cristallerie, puis la **coupole d'Helfaut-Wizernes**, colossal vestige de la Seconde Guerre mondiale. Poursuivez plus au sud jusqu'à **Aire-sur-la-Lys**. Faites un tour sur la Grand'Place et dans la collégiale.

Jour 5

Le parc d'attraction Dennlys Parc est une sympathique activité à faire en famille. Si vous voyagez sans enfants, poursuivez directement jusqu'à **Desvres**, où vous visiterez la maison de la faïence, art qui fit la réputation de la cité. Dans l'après-midi, rejoignez la côte à **Hardelot-Plage**, agréable station en toute saison. Appréciez sa plage et ses vastes espaces dunaires avant de retrouver Boulogne-sur-Mer.

Le conseil de Bib

▶ Une des plus belles promenades de la côte d'Opale consiste à suivre à pied ou à VTT le GR 121 pour aller du cap Blanc-Nez au cap Gris-Nez. Les panoramas entre dunes, landes et falaises sont exceptionnels.

N° 67 Nord-Pas-de-Calais

Aires de service & de stationnement

Arques
Aire d'Arques – R. Michelet – ☎ 03 21 88 53 66 – Ouv. avr.-oct. – P 25.
Payant 2 €.
Stationnement : 24 h maxi
Loisirs : Services : WC sèche-linge

Calais
Aire de Calais – Bd de l'Europe – ☎ 03 21 46 62 00 – Ouv. tte l'année – P 30.
Borne eurorelais. Payant.
Stationnement : 24 h maxi. 7 €/j.
Services : WC
Gratuit hors sais.

Équihen-Plage
Aire d'Équihen Plage – R. du Beurre-Fondu, la Crevasse – Ouv. avr.-oct. – P 3.
Borne raclet. Payant 3 €.
Stationnement : autorisé
Services :
Plage à 100 m.

Escalles
Les Érables – 17 r. du Château-d'Eau – ☎ 03 21 85 25 36 – Ouv. Pâques-Toussaint – P
Borne artisanale. Payant 3 €.
Stationnement : 8 €/j.
Loisirs : Services : WC
Près du Cap Blanc Nez.

Le Portel
Aire du Portel – Parking du stade de football – ☎ 03 21 87 73 73 – Ouv. tte l'année – P 60.
Borne artisanale. Gratuit.
Stationnement : 5 €/j.
Services :

Saint-Martin-Boulogne
Aire de Saint-Martin-Boulogne – Parking centre commercial Auchan – Ouv. tte l'année – P
Borne raclet. Gratuit.
Stationnement : autorisé
Services : WC

Campings

Guînes
« Les Castels » La Bien-Assise
Château de la Bien-Assise, rd 231, sortie SO par D 231 rte de Marquise.
☎ 03 21 35 20 77
De déb. avr. à fin sept. 20 ha/12 campables (198 empl.)
Tarif : 6,50 € 14 € – (6A) 4,50 €
Loisirs : snack (découverte en saison)
Services :

Isques
Les Cytises
Chemin Georges-Ducrocq, par D 901, près du stade. Par A 16 sortie 28.
☎ 03 21 31 11 10
De déb. avr. à mi-oct. 2,5 ha (100 empl.)
Tarif : 17,10 € (2A) – pers. suppl. 3,70 €
borne eurorelais 2 € – 3 12,80 €
Loisirs :
Services : sèche-linge

Rebecques
Le Lac
Accès : 1 km au sud par D 189, rte de Thérouanne et chemin à gauche.
☎ 03 21 39 58 58
14 ha/3 campables (95 empl.)
Loisirs :
Services : (juil.-août)
Autour d'un petit lac aménagé pour la pêche et les loisirs

Saint-Omer
Château du Ganspette
133, R. du Gandspette, 11,5 km au NO par D 943 et D 207 r. du Ganspette, à Éperlecques-Ganspette.
☎ 03 21 93 43 93
De déb. avr. à fin sept. 11 ha/4 campables (150 empl.)
Tarif : 27 € (2A) – pers. suppl. 6 €
– 10 27 €
Loisirs : terrain omnisports
Services :
dans le parc boisé du château

Carnet pratique

Haltes chez le **particulier**

Frethun

FranGlais Beer & Wine
📞 03 21 85 29 39 – Lun.-vend. 9h-19h, sam. 9h-18h30, dim. 9h30-18h
Ouv. tte l'année
🅿 5.
À proximité immédiate du terminal du tunnel sous la Manche, ce grand magasin de vente de vins et de spiritueux offre aux camping-caristes la possibilité de stationner sur son parking. Pratique pour un départ outre-Manche.

Salperwick

Au Bon Accueil
29, r. du rivage Boitel – 📞 03 21 38 35 14 – *Ouv. mars-mi-nov.*
🅿 5.
Situé dans un véritable havre de paix au bord du marais de Saint-Omer, cet établissement adhérent au réseau France Passion propose une restauration rapide de qualité. La possibilité de louer canoës ou barques en fait un point de départ idéal pour une excursion dans le marais.

Tardinghen

Ferme de l'Horloge
1615, rte d'Ausques – 📞 03 21 83 30 34
🅿
La ferme de l'Horloge est une exploitation agricole qui valorise 160 ha de terre. Afin de diversifier son activité, elle a développé un concept d'accueil pour camping-cars. Espace aménagé avec vue panoramique sur le site national des deux caps, aire de service et accueil à la ferme. À découvrir !

Le conseil de Bib

▶ À inscrire sur votre agenda : juin-juil. – Boulogne-sur-Mer – Festival de la Côte d'Opale.
Déc. – Boulogne-sur-Mer – Fête des Guénels (betteraves sculptées).

Les bonnes **adresses** de Bib

Boulogne-sur-Mer

Le Doyen
11 r. du Doyen - 📞 03 21 30 13 08 - *fermé 2 sem. en janv. et dim. sf j. fériés* - 12,20/25 €.
Voici une adresse discrète comme on aimerait en dénicher plus souvent. Intérieur tout petit mais coquettement décoré dans des couleurs pastel, accueil convivial et cuisine recherchée mettant à l'honneur les produits de la mer.

Chez Jules
8-10 pl. Dalton - 📞 03 21 31 54 12 - www.chez-jules.fr - *fermé 2 sem. fin sept., 23 déc.-15 janv. et dim. soir sf juil.-août* - 18,30/60 €.
Si vous souhaitez une ambiance chaleureuse ou tout simplement vous régaler d'une cuisine de brasserie sans prétention mais bien réalisée, cette adresse est faite pour vous. Recettes de type moules-frites, crêpes, pâtes fraîches et pizzas dans la salle du rez-de-chaussée ou petits plats traditionnels soignés à l'étage.

Marché aux Poissons
Pl. du Marché - 📞 03 21 92 26 98.
Vingt-quatre petits stands accueillent quotidiennement les clients sous la belle structure métallique en forme de vague du quai Gambetta. Veillés par les statues grandeur nature du marin Baptiste et de son épouse Zabel, ils vendent ce que la mer offre de meilleur en poissons et crustacés : lieu noir, merlan, cabillaud, maquereau, hareng, sébaste, grenadier, coquilles Saint-Jacques... La criée, qui traite 60 000 tonnes de poisson par an, est la première de France et constitue un passage boulonnais obligé pour les touristes.

Calais

La Sole Meunière
1 bd de la Résistance - 📞 03 21 34 43 01 - www.solemeuniere.com - *fermé dim. soir et lun.* - 19,50/49,50 €.
L'enseigne dit vrai : la spécialité maison est la sole que le chef accommode de cinq façons différentes. Vous la dégusterez de préférence près des baies vitrées afin de profiter de la vue sur le port. Également, fruits de mer, fromages régionaux, chariot de pâtisseries et belle sélection de vins.

Wissant

Filer en char à voile Association AWPE
R. Arlette-Davids - 📞 03 21 85 86 78.
Le club dispose de 15 chars adultes et de 10 chars enfants. Il existe d'autres clubs pour pratiquer le char à voile, notamment à Boulogne, mais le site est tellement impressionnant que vous pouvez privilégier Wissant sans hésitation.

Normandie

N° 68

La **presqu'île du Cotentin**

Au Moyen Âge, on appelait « **île du Cotentin** » cette curieuse péninsule bordée de mer et de marais. Elle se compose de trois pays que ce circuit se propose de vous faire découvrir : **La Hague**, dont le cap tient tête à un océan parfois redoutable, le **val de Saire**, aux vastes plaines fertiles, et le « **col** » **du Cotentin**, surtout célèbre pour ses pâtures. Ce circuit peut aussi être l'occasion de partir à la découverte de **l'île anglo-normande de Guernsey**.

⮕ **Départ de Carentan**
⮕ **6 jours**
220 km

Le nez de Jobourg, un paysage à couper le souffle.

Jour 1

Consacrez le début de matinée à **Carentan**. En quittant la ville au nord, un arrêt gourmand à l'usine des **caramels Dupont d'Isigny** s'impose ! À quelques kilomètres est installé l'espace d'accueil touristique du Parc naturel régional des marais du Cotentin et du Bessin. Vous en profiterez pour suivre le sentier d'interprétation ornithologique. Gagnez ensuite **Utah Beach** où vous pourrez visiter le musée du Débarquement. Finissez la journée à **Ste-Mère-Église**.

Jour 2

Comptez une heure pour voir le musée Airborne. Juste à la sortie de Ste-Mère-Église, rendez-vous à la ferme-musée du Cotentin. En 15mn, vous êtes à **Valognes** : après le déjeuner, vous admirerez les hôtels particuliers du 18e s. de ce « Versailles normand ». À 13 km à l'ouest, **Bricquebec** abrite une imposante forteresse médiévale. Avec des enfants, repassez par Valognes pour rejoindre le parc animalier Saint-Martin à **Montaigu-la-Brisette**. Étape le soir à **Saint-Vaast-la-Hougue**.

Le conseil de Bib

▶ Au départ de Barneville-Carteret, offrez-vous une escapade sur l'île anglo-normande de Guernsey. Le dépaysement est garanti. Ici on parle anglais ! Se renseigner auprès de la compagnie de bateaux de Manche-îles-Express.

Jour 3

Aux beaux jours, il est agréable de prendre le petit-déjeuner sur le port de St-Vaast. Puis direction l'île de Tatihou (10mn de bateau), après avoir acheté à St-Vaast, de quoi y pique-niquer. Vous y passerez la matinée à visiter ses multiples jardins, ainsi que la tour Vauban. L'après-midi, retour sur la côte, à Barfleur, station balnéaire très accueillante. Au programme, sports nautiques ou baignade, escalade du phare de Gatteville et, le soir, dégustation des délicieuses « Blondes de Barfleur ». Il s'agit d'une variété de moule sauvage pêchée au large.

Jour 4

Poursuivez votre découverte du littoral. De **Fermanville**, gagnez le **cap Lévi** et son fort : le panorama est grandiose. Avant d'arriver à **Cherbourg** (à 15 km à l'ouest), faites une halte au **château des Ravalet**.

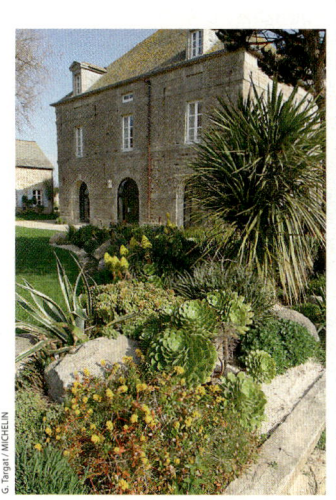

Un des jardins de l'île de Tatihou.

Consacrez le reste de la journée à la visite de Cherbourg. Vous trouverez une adresse sympathique pour dîner sur les quais.

Jour 5

Prévoyez de passer la matinée à la Cité de la Mer. Vous pouvez y déjeuner dans le majestueux hall de la gare maritime transatlantique. Ensuite, en route pour le cap de la Hague ! **Omonville-la-Petite** garde le souvenir de Jacques Prévert. À quelques kilomètres, vous plongez dans l'atmosphère unique de **Port-Racine,** le plus petit port de France en activité. De **Goury**, partez en balade sur le GR 223 qui file vers la **baie d'Ecalgrain** et **les nez de Voidries et de Jobourg** : un paysage à couper le souffle, surtout en cas de grand vent !

Jour 6

Descendez tranquillement le long de cette côte ouest du Cotentin. L'ambiance subtropicale de l'exceptionnel jardin de **Vauville** vous surprendra. Pour profiter encore de ces paysages magnifiques, vous avez le choix entre une balade dans les dunes d'Hatainville, ou sur le plateau rocheux du cap de Carteret. Finissez le voyage à **Barneville-Carteret**, petite station balnéaire familiale.

N° 68 Normandie

Aires de **service** & de **stationnement**

Barneville-Plage
Aire de Barneville-Plage – *Parking du supermarché Champion* – ☎ 02 33 04 50 44 – *Ouv. tte l'année* – P *180.*
Borne eurorelais. Payant 2 €.
Stationnement : illimité
Loisirs : Services :

Carentan
Aire de Carentan – *R. de l'Abreuvoir – Ouv. tte l'année* – P
Payant 2 €.
Stationnement : 3 €/j.
Services :
Près des plages du débarquement.

Saint-Vaast-la-Hougue
Aire de la Gallouette – *Camping de la Gallouette* – ☎ 02 33 54 20 57 – *Ouv. avr.-sept.* – P *20.*
Borne eurorelais. Payant 2 €.
Stationnement : 7 €/j.
Loisirs : Services : sèche-linge

Sainte-Mère-Église
Aire de Sainte-Mère-Église – *À l'entrée du camping municipal – Ouv. tte l'année* – P
Borne artisanale. Payant.
Stationnement : autorisé sur la place de l'église.
Services :

Siouville-Hague
Aire de Siouville-Hague – *Rte des Caps (près du carrefour avec la r. des Tamaris)* – P *30.*
Payant 2 €.
Stationnement : 48 h maxi
Services :

Tourlaville
Aire de Tourlaville – *R. des Algues* – ☎ 02 33 88 15 15 – *Ouv. tte l'année* – P *10.*
Borne raclet. Payant 2 €.
Stationnement : 24 h maxi
Loisirs : Services :

Campings

Carteret
Le Bocage
R. du Bocage-Carteret.
☎ 02 33 53 86 91
4 ha (200 empl.)
Loisirs :
Services : (juin-sept.) sèche-linge

Maupertus-sur-Mer
« Les Castels » L'Anse du Brick
18, Anse du Brick.
☎ 02 33 54 33 57
De déb. avr. à fin sept. 17 ha/7 campables (180 empl.)
Tarif : 19,60 € (2A) – pers. suppl. 7,20 €
borne artisanale 6,50 €
Loisirs : pizzeria diurne nocturne (juil.-août)
Services : sèche-linge
Agréable cadre verdoyant et ombragé dans un site sauvage

Omonville-la-Rogue
Municipal du Hable
4, rte de la Hague,
☎ 02 33 52 86 15
De déb. avr. à fin sept. 1 ha (60 empl.)
Tarif (prix 2009) : 2,45 € 1,80 € 1,80 € – (10A) 4,80 €
– 8€
Services : sèche-linge

Ravenoville
Le Cormoran
Accès : 3,5 km au NE par D 421, rte d'Utah Beach, près de la plage.
☎ 02 33 41 33 94
lecormoran@wanadoo.fr . www.lecormoran.com
De déb. avr. à fin sept. 6,5 ha (256 empl.)
Tarif : 32 € (2A) – pers. suppl. 7,50 €
borne artisanale – 32 15 € 15€
Loisirs : snack, pizzeria diurne nocturne (juil.-août)
terrain multisports, tir à la carabine
Services : sèche-linge
Belle décoration florale et arbustive

Carnet pratique

Haltes chez le **particulier**

Angoville-au-Plain

Auberge de la Guidonnerie
11, r. de l'Église – ℘ 02 33 71 06 63 – Ouv. tlj avr.-sept., w.-end oct.-mars
Ouv. mi-mars-sept.
P *5. Stationnement : 24h maxi.*
Cadre rustique pour cette auberge qui sert une cuisine normande élaborée avec des produits du terroir. Quelques spécialités : escalope normande, tarte au camembert, teurgoule. Tous les samedis de juillet et août : jambon à la broche au feu de bois.

Sideville

Ferme de l'Orimier
Lieu-dit l'Orimier
P *6.*
Philippe et Véronique, les propriétaires de cette ferme d'élevage bovin et porcin, aiment accueillir les camping-caristes. En plus du stationnement, ils offrent la possibilité des services (vidanges, électricité et eau potable. Visite de la ferme.

Les bonnes **adresses** de Bib

Barneville-Carteret

L'Hermitage
4 prom. A.-Lebouteiller, à Carteret - ℘ 02 33 04 96 29 - fermé 3 sem. en nov.-déc., janv., mar. et merc. hors sais. - réserv. conseillée en été - 16/36 €.
Une aubaine pour les amateurs de fruits de mer et poissons grillés au feu de bois ! Ce restaurant convivial vous accueille dans sa plaisante salle à manger marine ou, en saison, sur sa terrasse face au petit port de pêche. Également, quelques viandes à la carte. St-Vaast-Carentan

Dupont d'Isigny
99 rte Américaine - ℘ 02 33 71 66 66 - info@dupontdisigny.com - tlj sf w.-end 9h-12h, 14h-16h30.
Cette entreprise fondée en 1894 est installée à Carentan depuis 1995. Le produit phare reste le caramel (8 variétés différentes), mais la maison a développé sa gamme de produits et propose aussi pâtes à mâcher, bonbons tendres ou acidulés, aux fruits, à la menthe, au café… Possibilité de visiter l'usine de fabrication sur rendez-vous.

Saint-Vaast-La-Hougue

Lesdos-Allaire
23 r. des Chantiers - ℘ 02 33 54 42 13 - dégustation 9h-12h, 15h-19h.
Un ancien atelier ostréicole situé en face du port accueille cette vénérable enseigne (1878) où vous pourrez vous approvisionner en huîtres du cru de St-Vaast-la-Hougue (plates et creuses) ou seulement vous laisser tenter par une petite dégustation gorgée d'iode.

Tourlaville

Club de kayak de mer du Nord-Cotentin
Rte du Becquet - ℘ 02 33 22 59 59 - http://cotentinkayak. free.fr - tlj sf dim. et lun. 9h-12h, 14h-18h - fermé vac. de fév. et vac. de Noël.
Parmi ses nombreuses activités, ce club affilié à la FFCK propose des initiations, des stages de perfectionnement, des randonnées-découvertes en kayak de mer et de rivière. Pirogue (6 places) et wave ski. Location de matériel.

Ste-Mère-Église

Le John Steele
4 r. du Cap-de-Laine - ℘ 02 33 41 41 16 - www.aubergejohn steele.com - fermé dim. soir et lun. d'oct. à juin - 14,50/35 €.
À deux pas de l'église tristement célèbre, cette auberge rend hommage au soldat Steele. Salle à manger normande avec pierre et poutres apparentes. Cuisine régionale agrémentée de la touche personnelle du chef.

Valognes

Abbaye Notre Dame de Protection
8 r. des Capucins - ℘ 02 33 21 62 87 - http://perso.wanadoo. fr/abbaye.valognes - tlj sf lun. 10h30-12h30, 15h15-17h45, dim. 11h30-12h30, 15h15-17h30 ; lun. juil.-août et déc.
Pâtes de fruits aux arômes naturels et enrobées de chocolat fabriquées par les sœurs bénédictines sont en vente dans la boutique attenante à l'église, ainsi que des articles religieux et des produits élaborés dans des monastères et abbayes européens : pains d'épice, tisanes, confitures, cakes, miels… L'église abbatiale abrite un tableau de Laurent la Hyre (17e s.) « l'adoration des bergers » et des vitraux de Léon Zach.

N° 69

Normandie

Le sud de **la Manche**

Le sud de la Manche, c'est bien sûr le **Mont-St-Michel**, la « Merveille de l'Occident » planté au milieu du ciel et de la baie par des forces inespérées. Mais c'est aussi de nombreux espaces naturels protégés, comme les **dunes de Dragey** ou **la pointe du Groin du sud**, et au cœur du bocage normand, un arrière-pays riche d'un patrimoine architectural et artisanal, que l'on pense à **Coutances** et **Villedieu-les-Poêles**.

➲ **Départ de Granville**
➲ **6 jours**
280 km

Le Mont-St-Michel.

Jour 1

Granville, station balnéaire réputée, est d'abord une ville tournée vers la mer et fière de son histoire maritime. Vous lui consacrerez une partie de votre première journée. Quittez Granville par la D 973. À 15 km s'élève l'abbaye Sainte-Trinité de **La Lucerne-d'Outremer**, bel ensemble roman d'esprit cistercien. Regagnez la côte pour une promenade sur les **falaises de Carolles** jusqu'à la **pointe de Champeaux** : panorama grandiose sur la baie du Mont-St-Michel. Reprenez la D 911 et arrêtez-vous à la Maison de la baie de **Vains-St-Léonard**, à proximité de la pointe du Grouin du sud, point de départ de promenades sur le littoral et de traversées de la baie. Fin de la journée et nuit à **Avranches** : visite du Scriptorial et promenade au Jardin des Plantes pour voir le soleil se coucher sur le Mont.

Le conseil de Bib

▶ Pour visiter le Mont-St-Michel, privilégiez l'aire de camping-car (tarif identique au parking mais électricité et services compris) située face au camping et rejoignez le Mont en vélo.

Jour 2

Le **Mont-St-Michel** occupera à lui seul la journée. Au pied du Mont, à **Beauvoir**, vous rendrez peut-être visite aux bébés crocodiles d'Alligator Bay…

Jour 3

Dirigez vous vers **Saint-Hilaire-du-Harcouët** pour son Centre d'art sacré et son musée de la Vie monastique. Sur la route de Mortain, visitez avec les enfants un élevage de faisans à la faisanderie de la Grande Chapronnière. Profitez de la nature, très belle aux environs de **Mortain**, suivez le Circuit des cascades peintes par Courbet, puis visitez l'abbaye Blanche (12ᵉ s.). Continuez par la découverte de la collégiale St-Évroult, connue pour abriter le « Chrismale », très rare coffret du 7ᵉ s. Poursuivez votre route au nord. En suivant la vallée de la Sée, vous traverserez **St-Pois**, mais aussi **St-Michel-de-Montjoie**, haut lieu de l'extraction du granit. Un musée lui est d'ailleurs consacré. Dirigez-vous vers **Villedieu-les-Poêles** pour y passer la nuit.

Jour 4

L'artisanat est à l'honneur dans cette petite cité touristique : cuivrerie, fonderie de cloches, « Maison de l'étain » et même une andouillerie artisanale… Faites votre choix ! Après le déjeuner, quittez Villedieu par la D 924 à l'ouest. À 8 km de là, vous pouvez passer l'après-midi avec les zèbres du **parc zoologique de Champrépus**. Regagnez **Saint-Lô** sans oublier de faire un détour pour gagner l'abbaye de Hambye (fondée au 12ᵉ s.). Ces ruines majestueuses sont un havre de paix.

Jour 5

Saint-Lô, préfecture de la Manche mérite que vous lui consacriez une demi-journée. À visiter en famille, le haras national, et la ferme de Boisjugan (musée du Bocage normand). Après le déjeuner, quittez Saint-Lô par l'ouest : l'abbatiale Sainte-Trinité de **Lessay** (fin 11ᵉ s.) est le premier édifice normand entièrement voûté de croisées d'ogives. Au choix, pour finir l'après-midi, une randonnée tranquille sur un sentier d'interprétation ou la visite du **château de Pirou**, avant de pousser jusqu'au bord de la mer, à **Créances** ou **Pirou-plage**. Cette partie de la côte est touristique, vous n'aurez pas de mal à trouver une station balnéaire accueillante.

Jour 6

Rendez-vous au **château de Gratot**. Vous y croiserez peut-être la fée qui vit en ces lieux… À 5 km au sud se dressent les flèches de pierre de la cathédrale de **Coutances**, chef-d'œuvre de l'architecture gothique normande. N'hésitez pas à suivre une visite guidée qui permet d'accéder à la tour-lanterne. Ne quittez pas la ville sans avoir « perdu » une heure au Jardin des plantes, lieu idéal pour un pique-nique.

Les cuivres de Villedieu-les-Poêles.

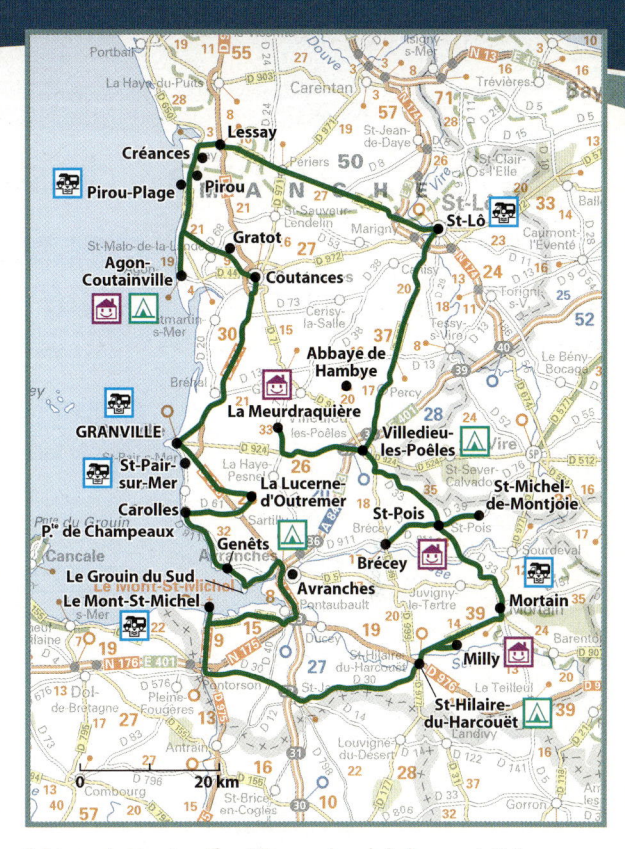

N° 69 Normandie

Aires de service & de stationnement

Granville
Aire de Granville – R. rue du Roc – ☎ 02 33 91 30 00 – Ouv. tte l'année – **P** 10.
Borne euroservices.
Stationnement : 24 h maxi, 5 €/j.

Le Mont-Saint-Michel
Aire du Mont-Saint-Michel – Rte du Mont – ☎ 02 33 60 22 10 – Ouv. de fév. à mi-nov. – **P** 150.
Borne eurorelais. Payant 2,80 €.
Stationnement : illimité. 8,50 €/j.
Loisirs : Services : WC sèche-linge
8,50 € : services, électricité et stationnement pour 24 h.

Mortain
Aire de Mortain – Pl. du Château – ☎ 02 33 79 30 30 – Ouv. tte l'année – **P** 10.
Borne eurorelais. Gratuit.
Stationnement : 48 h maxi.
Loisirs : Services : WC

Pirou-Plage
Aire de Pirou-Plage – Au bourg, sur RD 650 – Ouv. tte l'année – **P**
Borne artisanale. Payant 4 €.
Stationnement : 24 h maxi
Services :

Saint-Lô
Aire de Saint-Lô – Quai Leclerc-Hardy – Ouv. tte l'année – **P** 5.
Borne eurorelais. Payant 2 €.
Stationnement : autorisé
Services :

Saint-Pair-sur-Mer
Aire de Saint-Pair-sur-Mer – Av. Jozeau-Marigné, parking des Tennis, au centre-ville – ☎ 02 33 50 06 50 – Ouv. tte l'année – **P** 28.
Borne eurorelais.
Stationnement : 48 h maxi, 5 €/j.
Loisirs : Services : sèche-linge

Campings

Agon-Coutainville
△ Municipal le Martinet
Bd. Lebel-Jehenne, près de l'hippodrome.
☎ 02 33 47 05 20
martinetmarais@wanadoo.fr . http://perso.wanadoo.fr/campings.martinetmarais
De déb. avr. à fin oct. 1,5 ha (122 empl.)
Tarif (prix 2009) : 3,50 € 1,60 € 3,40 € – (5A) 3 €
borne flot bleu 6 €
Loisirs :
Services : sèche-linge

Genêts
△ Les Coques d'Or
14, le Bec d'Andaine.
☎ 02 33 70 82 57
contact@campinglescoquesdor.com . www.campinglescoquesdor.com
De déb. avr. à fin sept. 4,7 ha (225 empl.)
Tarif (prix 2009) : 5,70 € 2,20 € 2,20 € – (10A) 4 €
borne artisanale 3 € – 12€
Loisirs :
Services : sèche-linge

Saint-Hilaire-du-Harcouët
△ Municipal de la Sélune
Accès : 0,7 km au NO par D 976 rte d'Avranches et à dr., près de la rivière.
☎ 02 33 49 43 74
info@st-hilaire.fr . www.st-hilaire.fr
1,9 ha (90 empl.)
Loisirs :
Services :

Villedieu-les-Poêles
△ Les Chevaliers
2, Imp. Pré de la Rose, accès par centre-ville, r. des Costils à gauche de la poste.
☎ 02 33 61 02 44
contact@camping-deschevaliers.com . www.camping-deschevaliers.com
De déb. avr. à mi-oct. 1,2 ha (100 empl.)
Tarif (prix 2009) : 3,90 € 2 € 9 € – (6A) 4 €
borne eurorelais – 10€
Loisirs :
Services : sèche-linge
Cadre agréable et soigné au bord de la Sienne

Carnet pratique

🏠 Haltes chez le **particulier**

Agon-Coutainville

Ferme des Becs Plats
77, le Casrouge – Ouv. mi-mars-sept.
🅿 5.
Ferme d'élevage de canards gras qui propose de faire découvrir ses installations et le savoir-faire de ses propriétaires. L'atelier de transformation permet l'élaboration de nombreux produits : foie gras, entier frais ou mi-cuit, confit, magret, terrine, souplette… Dégustation et vente.

Brécey

Les Vergers du Val-de-Sée
📞 02 33 60 57 07 – *Tlj 10h-17h*
Ouv. tte l'année
🅿 3.
Cette ferme cidricole élabore des produits qui ont tous le « label rouge ». Après la visite du verger et de la cave, le propriétaire vous décrira le processus complet de fabrication du cidre, du pommeau et du calvados. Dégustation et vente.

Milly

La faisanderie de la Grande Chapronnière
📞 02 33 49 00 68 – *Ouv. tlj 10h-19h en juil.-août, dim en mai, juin et sept.*
Ouv. mi-avr.-sept.
🅿 5.
Comme son nom l'indique, le lieu est spécialisé dans l'élevage de faisans : une quarantaine de variétés sont présentées dans un parcours en plein air. À leurs côtés, des animaux de races normandes en voie de disparition comme le mouton d'Ouessant. Film, diaporama et galerie d'animaux naturalisés complètent la visite.

La Meurdraquière

Ferme de la Butte
Ouv. tte l'année
🅿 5.
Adhérent France Passion, ce producteur de cidre fermier accueille les camping-caristes au sein de son exploitation. Il propose de la découvrir ainsi que les produits qu'il élabore : cidre AOC, calvados et pommeau AOC. Dégustation et vente à la ferme.

🔶 Les bonnes **adresses** de Bib

Coutances

Le Secret de Coutances
25 r. Geoffroy-de-Montbray - 📞 *02 33 45 02 82 - tlj sf lun. 7h30-13h, 14h30-19h30 - fermé j. fériés.*
La clientèle se presse nombreuse dans cette boutique aux murs jaune paille et meubles de bois sombre. La pâtisserie y est en effet délicieuse. Difficile de se décider entre le Normand, crème au beurre blanc allégée de meringue et imbibée de pommeau, le Duo normand, pâte sablée et compote de pommes et rhubarbe couverte d'un gratin d'amande, les succulents chocolats et les glaces au cornet à l'ancienne.

Granville

François Olivier
20 r. Georges-Clemenceau - 📞 *02 33 50 07 87 - tlj sf merc. 7h30-20h - fermé vac. de fév., fin juin et vac. de Toussaint.*
Tout ici est fait maison, que ce soit le Jésuite, spécialité à base de pâte feuilletée et de crème mousseline, la Capucine, gâteau au chocolat noir enrobé de nougatine et fourré de fruits secs, ou les 25 variétés de chocolats. Petit salon de thé parfait pour une pause gourmande.

Le Mont-Saint-Michel

La Mère Poulard
📞 *02 33 48 42 65 - csdg@wanadoo.fr - tlj 9h-22h.*
Les célèbres biscuits de la Mère Poulard sont vendus ici, mais l'usine qui les fabrique se trouve à Saint-Étienne. Tous les produits de la marque utilisent des ingrédients de qualité – beurre et œufs frais, chocolats fins – et tous sont garantis sans additif ni conservateur. Parmi les vedettes du magasin figurent les galettes pur beurre, les sablés au chocolat noir, les cookies à l'ancienne parfumés à la vanille ou à la noisette et les palets aux amandes, à la noix de coco ou aux raisins. Sur place, vous trouverez également des caramels au beurre salé et au sel de Guérande, des macarons, des chocolats et des alcools locaux.

Villedieu-les-Poêles

La Cuivrerie Sourdine - Ets Lelégard Maître Artisan
20 r. Carnot - 📞 *02 33 61 04 26 - cuivres.lelegard@wanadoo.fr - 9h30-12h, 14h30-18h30 - fermé lun. hors sais.*
Cette boutique d'un authentique maître artisan dinandier compte parmi les adresses les plus fiables du centre-ville pour se procurer les fameuses poêles éponymes. Large choix de cuivres d'art aussi bien que de cuisine ; conseils avisés.

N° 70 — Normandie

Caen, Bayeux et le Bessin

Caen et **Guillaume le Conquérant**, Bayeux ou la **tapisserie**. Et le Bessin, à quoi l'associez-vous ? Votre connaissance de la Normandie demande à être approfondie ! Suivez cette escapade : elle vous fera revivre, le long des plages, **le débarquement** de juin 1944, et vous entraînera dans les terres généreuses et savoureuses du Bessin, celles, entre autres, du **beurre** et de la **crème d'Isigny** !

➲ Départ de Caen
➲ 6 jours
180 km

Détail de la tapisserie de Bayeux : Harold retourne en Angleterre.

Tapisserie de Bayeux XIe siècle. Avec autorisation spéciale de la ville

Jours 1 & 2

C'est par le château de Guillaume le Conquérant qu'il faut commencer la visite de **Caen**. Les remparts, qui offrent un remarquable panorama sur la ville, le musée de Normandie et le musée des Beaux-Arts occupent largement votre matinée. L'Abbaye-aux-Dames et la remarquable Abbaye-aux-Hommes sont au programme de l'après-midi. Le lendemain, visitez les vieilles rues préservées et commerçantes : les rues Saint-Pierre, Froide, Saint-Sauveur, du Vaugueux, la maison des Quatrains et le magnifique hôtel d'Escoville. Réservez votre après-midi pour une visite du Mémorial pour la paix. Si vous avez encore le temps de flâner, faites un tour au Jardin botanique ou sur les bords de l'Orne.

Jour 3

Quittez Caen par la D 515 au nord-est en direction de la mer. Votre première visite est pour le château de **Bénouville** dont l'escalier d'honneur est remarquable. Après **Pegasus Bridge**, devenu un haut lieu du souvenir (musée) pour les vétérans de la Seconde Guerre mondiale, vous arrivez à **Ouistreham-Riva-Bella**. Après un déjeuner face à la mer, gagnez **Courseulles-sur-Mer** : le Centre Juno Beach (comptez 2h) rappelle l'importance du rôle assumé par le Canada dans la guerre de 1940. À 13 km en suivant la route de la côte (D 514), vous arrivez à **Arromanches-les-Bains**. À marée basse, bien des vestiges du port artificiel sont encore visibles (dont une vingtaine de caissons « Phénix »). Au musée du Débarquement (1h30), des maquettes aident à comprendre le fonctionnement de ces gigantesques installations.

Jour 4

Reprenez la D 514 pour rejoindre **Port-en-Bessin**, pittoresque et animé, surtout lors de la criée. Ici, la coquille Saint-Jacques est reine, et les restaurants sur les quais laissent envisager des festins de poissons et de fruits de mer ! Étape suivante : les plages d'**Omaha Beach**. Plusieurs musées perpétuent la mémoire du « D Day » à **St-Laurent, Vierville et Colleville-sur-Mer** (où le cimetière américain rassemble près de 9 400 croix alignées). Poussez jusqu'à la **pointe du Hoc**, où vous aurez de belles vues sur la mer et le littoral jusqu'à la presqu'île du Cotentin. Rejoignez Isigny.

Le conseil de Bib

▶ De passage à Port-en-Bessin, n'oubliez pas de vous rendre sur les étals des pêcheurs installés sur le port.

Jour 5

Isigny-sur-Mer, le beurre, la crème : leur fabrication n'aura plus de secret après un passage par la coopérative laitière Isigny Sainte-Mère. Variante sucrée : la visite de l'usine Normandie Caramels. Par la N 13, retournez en direction de Bayeux. Faites un arrêt pour admirer l'église de **Tour-en-Bessin**. Vous consacrez l'après-midi à la découverte de **Bayeux**, et ferez étape dans cette cité pleine de charme. Votre première visite est pour la cathédrale. L'après-midi, prenez le temps de parcourir le vieux Bayeux en vous arrêtant devant les hôtels particuliers en pierre et les maisons à pans de bois.

Jour 6

Commencez la journée (avant l'affluence) avec Guillaume le Conquérant et Harold : la tapisserie de la reine Mathilde mérite que vous preniez votre temps (comptez 2h). Profitez de votre déjeuner à Bayeux pour décider de votre après-midi : visite des châteaux de Fontaine-Henry ou de Creully, de l'ancien prieuré Saint-Gabriel, ou la Route des moulins, joli circuit qui suit les vallées de la Seulles, de la Mue et de la Thue… Avant de rentrer à Caen, prévoyez 1h pour découvrir l'**abbaye d'Ardenne**, à quelques kilomètres seulement du centre de **Caen**. De retour à Caen, si vous ne l'avez pas fait à l'aller, passez quelques heures au **Mémorial**. La scénographie, particulièrement reussie, vous plonge dans la mémoire collective de 1918 à nos jours.

Dentelle de Bayeux au fuseau.

N° 70 Normandie

Aires de service & de stationnement

Arromanches-les-Bains

Aire d'Arromanches-les-Bains – R. François-Carpentier – 02 31 22 36 70 – Ouv. tte l'année – P 14.
Borne eurorelais. Payant 2 €.
Stationnement : 5 €/j.
Loisirs : Services : WC sèche-linge
Devant le camping municipal.

Bayeux

Aire de Bayeux – Pl. Gauquelin-Despallières – 02 31 51 60 60 – Ouv. tte l'année – P 10.
Borne eurorelais. Gratuit.
Stationnement : 12 h maxi.
Services : WC

Courseulles-sur-Mer

Aire de Courseulles-sur-Mer – Av. de la Libération – 02 31 37 99 26 – Ouv. avr.-sept. – P 11.
Borne eurorelais.
Stationnement : 6 €/j.
Loisirs : Services : WC sèche-linge
Près du camping de l'Hippodrome.

Hérouvillette

Aire de Hérouvillette – Av. de Caen - centre-ville – Ouv. tte l'année – P 4.
Borne eurorelais. Gratuit.
Stationnement : autorisé
Services :

Ouistreham

Aire de Ouistreham – Bd Maritime – 02 31 97 73 25 – Ouv. tte l'année – P 20.
Payant 2 €.
Stationnement : illimité.

Sainte-Honorine-des-Pertes

Aire de Sainte-Honorine-des-Pertes – Rte d'Omaha Beach – Ouv. tte l'année – P
Borne eurorelais. Payant 2,50 €.
Stationnement : 6 €/j.
Services :

Campings

Creully

Intercommunal des 3 Rivières
Rte de Tierceville, 0,8 km au NE, bord de la Seulles.
02 31 80 90 17
mairie@ville-courseulles.fr
2 ha (82 empl.)
Loisirs :
Services :
Plaisant cadre verdoyant

Isigny-sur-Mer

Le Fanal
Accès par le centre ville, près du terrain de sports.
02 31 21 33 20
info@camping-lefanal.com . www.camping-normandie-fanal.fr
De déb. avr. à fin sept. 11 ha/5,5 campables (164 empl.)
Tarif : 28,30 € (2A) – pers. suppl. 5 €
– 10€
Loisirs : pizzeria, snack
Services : sèche-linge
Cadre agréable et soigné autour d'un plan d'eau

Luc-sur-Mer

Municipal la Capricieuse
2, r. Brummel, à 200 m de la plage.
02 31 97 34 43
4,6 ha (232 empl.)
1 borne artisanale
Loisirs :
Services : sèche-linge

Port-en-Bessin

Port'Land
Chemin du Castel, 1,2 km à l'O par D 514, route de Ste-Honorine et chemin à dr. au phare - à 600 m de la plage.
02 31 51 07 06
De déb. avr. à déb. nov. 8,5 ha (256 empl.)
Tarif : 39 € (2A) – pers. suppl. 7,30 €
Loisirs : terrain multisports, parcours de santé
Services : sèche-linge
Jolie décoration florale et arbustive autour des différents étangs

Carnet pratique

Haltes chez le **particulier**

Formigny

La ferme du Lavoir
Ouv. tte l'année
P 6.
Les vergers de la ferme du Lavoir comprennent 15 variétés de pommes. M. Gaillot propose de découvrir son activité et ses nombreux produits bio (cidre fermier, jus de pomme, calvados et apéritif normand). Les places pour camping-cars ont été aménagées dans un verger !

Le conseil de Bib

▶ À inscrire sur votre agenda : oct. – Caen – Équi'days (manifestations autour du cheval).

Les bonnes **adresses** de Bib

Bayeux

Bayeux Broderie
20 r. des Cuisiniers - ☎ 02 31 51 05 81 - www.bayeux-broderie.com - tlj sf dim. 10h30-18h30.
À proximité de la cathédrale et du conservatoire de la dentelle, ce petit atelier fabrique et vend des kits à broder suivant la technique du point de Bayeux (utilisé pour réaliser la célèbre tapisserie). Visite, démonstration et petits stages, de 2h ou une journée, encadrés par la seule gardienne de cette tradition.

Cidrerie Viard
Guéron - À Bayeux prendre la D 572 dir. St-Lô, puis D 67 suivre le fléchage Cidrerie de Guéron - ☎ 02 31 92 09 15 - www.cidreviard.com - boutique : tlj sf w.-end 9h-12h, 14h-18h ; visites guidées : 1ᵉʳ avr.-10 sept. à 16h - fermé j. fériés.
Cidrerie familiale fondée en 1932. On y élabore des cidres (doux ou brut), du poiré (cidre fait avec des poires), du pommeau et du calvados à partir des fruits issus du domaine ou des vergers locaux. Le cidre Bayeux, produit phare de la maison, existe depuis sa création.

Bénouville

Café Gondrée - Pégasus Bridge
12 av. du Cdt-Kieffer - 9 km au nord de Caen par D 514 - ☎ 02 31 44 62 25 - fermé 15 nov.-8 mars - 12 €.
Un lieu chargé d'histoire et d'émotion que ce petit café authentique qui fut aux premières loges un certain jour du mois de juin 1944 et qui eut les honneurs, entre deux rafales, de devenir la première maison de la France libérée. Arlette Gondrée, qui avait 4 ans à l'époque, y prépare encore à toute heure du jour l'omelette-salade familiale, mais aussi des assiettes anglaises et des salades composées.

Caen

Café Mancel
Le Château - ☎ 02 31 86 63 64 - cafemancel.com - 10h-0h - fermé vac. de fév., dim. soir, 1ᵉʳ Mai et lun. de Pâques.
Cette enseigne, qui rend hommage au grand donateur du musée, se fait l'écho de la qualité des produits issus du terroir. Les produits normands comme ceux des pays partenaires du musée – Italie, Flandres, Hollande et Angleterre – y jouent le rôle d'ambassadeurs de l'identité culturelle, régionale et européenne.

Luc-sur-Mer

Le Hammam de la Mer
R. Guynemer - ☎ 02 31 97 32 22 - www.thalasso-normandie.com - fermé 3-23 janv.
L'originalité de ce centre de cure marine consiste à proposer un authentique hammam oriental : carreaux en terre cuite de Fès, enduits à la chaux pigmentée, mosaïques, paravents en bois sculpté, etc. Produits et accessoires de soins parfaitement assortis : parfums d'essences diverses, savon noir (à base d'olive et de laurier), argile (rassoul), gants de gommage (kassa) et pagnes (fouta). Le rituel du thé, accompagné de pâtisseries maghrébines, vient compléter ce tableau pour le moins dépaysant.

Port-en-Bessin

Le Bistrot d'à Côté
12 r. Michel-Lefournier - ☎ 02 31 22 71 34 - www.barque-bleue.fr - fermé janv., mar. et merc. du 15 sept. au 15 juin - 14,50/32 €.
Décor résolument contrasté en bleu et jaune dans cette salle à manger égayée de photos anciennes du port. Poissons et coquillages à choisir sur les grandes ardoises murales.

Les caramels d'Isigny-sur-Mer.
S. Sauvignier / MICHELIN

N° 71 — Normandie

Des Alpes Mancelles à la Suisse normande

Soyez rassuré, vous êtes en Normandie : les **Alpes Mancelles**, littéralement les **Alpes du Mans**, sont cachées à une vingtaine de kilomètres d'**Alençon** et la **Suisse normande** se découvre au **fil de l'Orne**, entre **Thury-Harcourt** et **Clécy**. Et pourtant, il y a bien quelque chose d'insolite, voire d'exotique dans leurs paysages : des collines vertes et moutonnantes, des abrupts impressionnants, de fiers pitons découpés au burin. La montagne en pleine Normandie !

➲ **Départ d'Alençon**
➲ **6 jours**
310 km

Les Alpes Mancelles depuis St-Léonard-des-Bois.

Jour 1

Commencez ce circuit par une matinée à **Alençon**, au musée des Beaux-Arts et de la Dentelle. Après le déjeuner, quittez la ville par le nord, en direction de la **forêt d'Ecouves** pour une balade sur l'un des sentiers de découverte. Rejoignez ensuite la cathédrale de **Sées**, merveille de l'architecture gothique normande. Amoureux des belles demeures et jardins à la française, vous allez être heureux : à quelques kilomètres au nord-ouest de Sées, vous avez le choix entre les **châteaux de Sassy et de Médavy** (18e s.) et leur voisin, le **château d'Ô**, magnifique bâtisse de style gothique et flamboyant. Faites un crochet par l'église de **St-Christophe-le-Jajolet**, centre d'un étonnant pèlerinage motorisé. Vous passez l'après-midi au **haras du Pin** et terminez cette journée riche en châteaux par celui de **Bourg-St-Léonard**. Argentan n'est qu'à 11 km et vous attend pour la soirée et la nuit.

Jour 2

Après une matinée à **Argentan** et une visite à l'abbaye des Bénédictines, vous saurez tout sur le « point d'Argentan », très différent de celui d'Alençon. Dirigez-vous ensuite vers **Falaise** pour une escapade en Suisse normande. Prévoyez de passer l'après-midi à Falaise : le château où naquit Guillaume le Conquérant le mérite bien ! Quittez la ville par l'ouest, direction la verte et vallonnée Suisse normande. En route, vous pouvez pique-niquer à **St-Vigor-de-Mieux** près de l'étonnante chapelle des Pommiers. Après une visite au centre d'information de la roche d'Oëtre, vous passez le reste de la journée à VTT sur un chemin de randonnée, harnaché contre une paroi rocheuse, ou dans un canoë sur l'Orne.

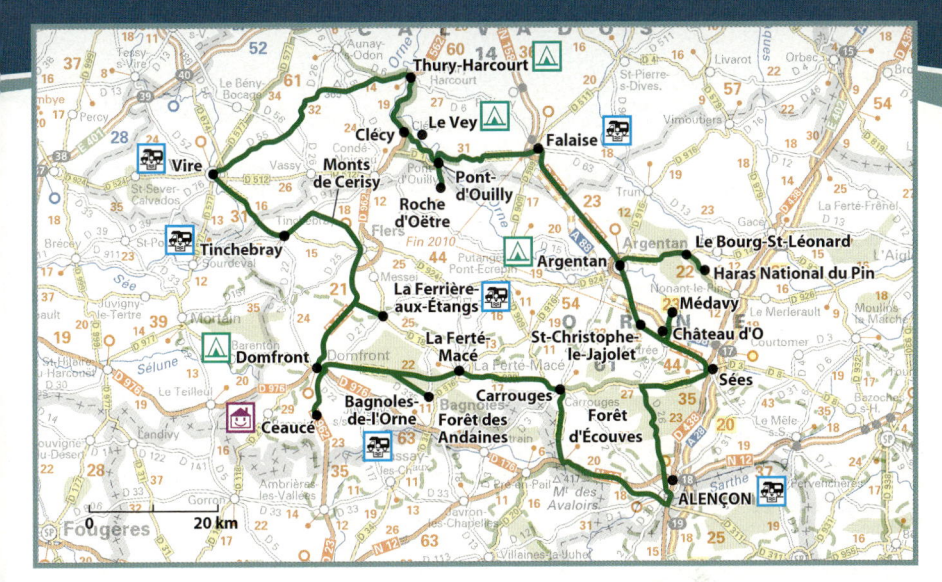

Jour 3

Les environs de **Clécy** méritent une journée de balade. De nombreux circuits balisés vous y invitent. Vous êtes fourbu ? Le musée du Chemin de fer miniature n'exigera de vous aucun effort.

Jour 4

Les jardins et les belles ruines 18e s. du **château de Thury-Harcourt** sont le point de départ pour la **boucle du Hom** au nord-ouest (circuit de 5 km). Regagnez ensuite **Vire** où vous ferez étape. Passez l'après midi à découvrir la cité, et l'andouille, célébrité gastronomique locale, peut-être au menu de votre déjeuner. La suite de la journée se passe en plein air. Les intrépides tentent le saut à l'élastique du **viaduc de la Souleuvre**. Plus sagement, vous pouvez opter pour une balade sur la voie verte qui s'en va vers **Mortain** au sud.

Jour 5

Sur la route du retour vers Alençon, admirez la très belle vue sur les dernières hauteurs de la Suisse normande du haut du **mont de Cerisy**, à 25 km à l'est de Vire. Partez pour **Domfront**. Cette cité domine le bocage où est élaboré ce **pétillant poiré** dont elle est la capitale. Admirez les maisons à colombages et la ravissante église N.-D.-sur-l'Eau. C'est **Bagnoles-de-l'Orne** qui vous accueille pour la soirée. La station propose une gamme étendue d'hébergements et un casino !

Jour 6

Outre son charmant cadre de verdure, **Bagnoles** a un intéressant musée des Sapeurs-Pompiers. Avec des enfants, n'oubliez pas le musée du Jouet de **La Ferté-Macé**, à 6 km. Avant de quitter la ville, faites provision de **délicieux macarons** pour le goûter. La **forêt des Andaines**, aménagée pour les promeneurs, est le cadre d'une jolie balade l'après-midi. Pour les activités de plein air, cap sur la base de loisirs de **La Ferté-Macé**. Votre circuit se termine par une visite du **château de Carrouges**, à 17 km à l'est, harmonieux mariage de la brique, du granit et de l'ardoise. Ses communs accueillent la Maison du parc naturel régional Normandie-Maine qui vous donnera des idées, si vous souhaitez prolonger votre séjour. Regagnez Alençon par la D 909 puis la N 12.

Base de canoës de Clécy.

N° 71 Normandie

Aires de service & de stationnement

Alençon

Aire d'Alençon – *R. de Guéramé – Ouv. avr.-oct.* – 🅿
Gratuit.
Stationnement : illimité.
Services :
Près du camping Le Guéramé

Bagnoles-de-l'Orne

Aire de Bagnoles-de-l'Orne – *R. du Prés.-Coty* – ☎ 02 33 37 87 45 – *Ouv. avr.-oct.* – 🅿
Borne eurorelais. Payant 3 €.
Stationnement : autorisé de 19h30 à 10h30.
Loisirs : Services : WC ✕ 🍽 sèche-linge
En face du camping de la Vée.

Falaise

Aire de Falaise – *Parking supermarché Champion* – ☎ 02 31 41 66 70 – *Ouv. tte l'année* – 🅿
Borne raclet. Payant 2 €.
Stationnement : autorisé
Loisirs : Services :

La Ferrière-aux-Étangs

Aire de la Ferrière-aux-Étangs – *Parking du camping* – ☎ 02 33 66 92 18 – *Ouv. tte l'année* – 🅿 7.
Borne artisanale. Payant 2 €.
Stationnement : illimité.
Loisirs :

Tinchebray

Aire de Tinchebray – *Pl. du Champ-de-Foire* – ☎ 02 33 66 60 13 – *Ouv. tte l'année* – 🅿 3.
Borne raclet. Payant 2 €.
Stationnement : autorisé
Loisirs : Services : WC ✕ 🍽

Vire

Aire de Vire – *Pl. du Champ-de-Foire* – ☎ 02 31 66 27 90 – *Ouv. tte l'année* – 🅿 300.
Borne artisanale. Gratuit.
Stationnement : 7 j. maxi
Loisirs : Services : WC ✕ 🍽 sèche-linge
Marché le vendredi.

Campings

Argentan

▲ Municipal de la Noë
34, rue de la Noé, au S de la ville, à proximité de l'Orne.
☎ 02 33 36 05 69
De déb. avr. à fin sept. 0,3 ha (23 empl.)
Tarif (prix 2009) : 2,20 € – 1,80 € – 2,40 € – (6A) 2,40 €
borne eurorelais 2 €
Loisirs :
Services : sèche-linge
situation agréable près d'un parc et d'un plan d'eau

Domfront

▲ Municipal le Champ Passais
R. du Champ Passais..
☎ 02 33 38 92 24
De déb. avr. à mi-oct. 1,5 ha (34 empl.)
Tarif (prix 2009) : 12,35 € – (2A) – pers. suppl. 2,65 €
1 borne artisanale 4,50 € – 10 25 €
Loisirs :
Services :

Thury-Harcourt

▲ Le Traspy
R. du Pont Benoît, à l'est du bourg par bd du 30-Juin-1944 et chemin à gauche.
☎ 02 31 79 61 80
Permanent 1,5 ha (92 empl.)
Tarif (prix 2009) : 18,35 € – (2A) – pers. suppl. 4,80 €
1 borne 2 € – 5 8 € – 14.40 €
Loisirs : spa
Services : sèche-linge
Au bord du Traspy et près d'un plan d'eau

Le Vey

▲ Les Rochers des Parcs
Lieu-dit la Cour.
☎ 02 31 69 70 36
De déb. avr. à fin sept. 1,5 ha (100 empl.)
Tarif (prix 2009) : 4,25 € – 2,80 € – 5,20 € – (10A) 3,50 €
– 4 10 € – 10€
Loisirs : snack canoë kayak
Services : sèche-linge

Carnet pratique

🏠 Haltes chez le **particulier**

Ceaucé

GAEC des Centaurées
La Sébaudière – Ouv. tte l'année
P 5.
Cette exploitation cidricole, adhérente à France Passion, propose de vous faire découvrir son activité et ses produits, tous issus de l'agriculture bio : cidre, poiré, jus de pomme et de poire, calvados.

Le conseil de Bib

▶ À inscrire sur votre agenda : mi-juil. – Domfront – Les Musicales de l'Orne (festival lyrique et classique).

Les bonnes **adresses** de Bib

Alençon

Au Petit Vatel
72 pl. du Cdt-Desmeulles - ☎ 02 33 26 23 78 - fermé 27 juil.- 10 août, dim. soir et merc. - 19/69 €.
Petit Vatel, mais grande satisfaction ! Voici ce que vous diraient les fidèles de ce restaurant au cadre sagement rustique. Son chef propose une cuisine traditionnelle qui s'enrichit judicieusement de quelques inspirations régionales ; un menu est même entièrement consacré aux spécialités normandes

Clécy

La Guinguette à tartine
Le Bord de l'Orne - ☎ 02 31 69 89 38 - fermé oct.-mars ; ouv. tlj en juil.-août - 7,50/19,50 €.
Tartines, plats simples mais toujours copieux, apaiseront votre faim dans une ambiance sympathique et décontractée. Cadre « guinguette » au bord de l'Orne, bénéficiant d'une grande terrasse et d'une salle à manger panoramique où l'on s'abstient de fumer. Minigolf et location de kayaks.

Domfront

Les Chais du Verger Normand
R. du Mont-St-Michel - ☎ 02 33 38 53 96 - tlj sf dim. 9h-12h, 14h-18h, sam. 9h30-12h.
Un peu oublié au profit de son cousin du pays d'Auge, le calvados domfrontais revient sur le devant de la scène depuis 1997, date à laquelle il obtint son AOC. Premier à le défendre avec ardeur, le comte L. de Lauriston, dont l'histoire est narrée lors des visites, a donné son nom aux eaux-de-vie de la maison. Parmi les alambics et divers objets d'époque, les calvados millésimés ont fière allure.

La Ferté-Macé

Maison Chatel EURL Le Goff
31 r. St-Denis - ☎ 02 33 37 11 85 - tlj sf dim. apr.-midi et lun. 7h-19h30 - à partir de 11 €.

Si vous aimez la tête de veau, les tripes (en brochettes, à la bière et aux légumes), etc., vous aurez le choix entre acheter directement ces produits dans la boutique, dont la réputation n'est plus à faire dans la ville, ou les déguster dans le petit restaurant situé juste à côté.

Sées

Le Gourmand Candide
14 pl. du Gén.-de-Gaulle - ☎ 02 33 27 91 28 - fermé vac. scol. de fév., dim. soir, mar. soir et lun. - 9,95 € déj. - 14,50/21,50 €.
La belle façade verte de ce restaurant attire l'œil. Intérieur en deux parties : une salle simple et contemporaine et un espace plus cossu avec véranda. On y propose des plats traditionnels comme la spécialité maison, la tête de veau du gourmand Candide.

Thury-Harcourt

Base de canoë-kayak
22 imp. des Lavandières - ☎ 02 31 79 40 59 - mai-sept. : 9h-18h30 - www.kcth.fr.
Ces trois bases correspondent aux principaux endroits où on pratique le canoë-kayak sur l'Orne en Suisse normande. Si la rivière est très vive à certains endroits (suivant les saisons), les zones plus calmes sont nombreuses et accessibles aux débutants. Pour les individuels, ces bases ne proposent que de la location, sur 1 ou 2j.

Vire

Danjou
5 r. A.-Halbout - ☎ 02 31 68 04 00 - tlj sf dim. apr.-midi 9h-12h, 14h-19h.
Depuis plus d'un siècle, la maison Danjou perpétue la tradition de l'andouille, contribuant largement à la renommée de cette spécialité locale. La méthode de fabrication reste la même depuis 1897, y compris le fumage au bois de hêtre. Un savoir faire reconnu, récompensé de nombreux prix et apprécié des gourmets.

N° 72

Normandie

La **Côte fleurie** et le **pays d'Auge**

La Côte fleurie et son arrière-pays, le pays d'Auge figurent parmi les « must » de la Normandie. Vous n'y pratiquerez cependant pas le même tourisme. Plaisirs de la **mer** et de la **villégiature**, agrémentés de paillette à **Deauville**, d'animation à **Honfleur** et de calme à **Cabourg**. Voyage **gastronomique et bucolique** en pays d'Auge, jalonné de **manoirs à colombage** et de **pommiers à cidre**.

➲ **Départ de Honfleur
7 jours
200 km**

Chaumière normande, caractéristique du pays d'Auge.

Jour 1

Première journée à **Honfleur**. La découverte du Vieux Bassin, de la Lieutenance et de l'étonnante église Ste-Catherine occupe la matinée. L'après-midi, la visite des maisons de Satie et du Naturospace permet d'éviter la foule qui arpente généralement les ruelles du vieil Honfleur à ces heures-là. Les hauteurs de la **Côte de Grâce** offrent aussi une alternative à la cohue tout en révélant un magnifique panorama sur l'estuaire. Enfin, le début de soirée impose de prendre un verre en terrasse sur le vieux port, pour profiter des derniers rayons du soleil embrasant l'Enclos.

Jour 2

Dirigez-vous vers **Trouville** en passant par **Cricquebœuf** et **Villerville**, deux agréables petites stations balnéaires. Vous terminerez ainsi la matinée sur la promenade Savigrac de Trouville, où vous pourrez admirer les villas qui s'égrennent le long du front de mer. Déjeunez dans la jolie rue des Bains ou le long de la Touques, boulevard Fernand-Moureaux. En empruntant le pont des Belges, vous serez à **Deauville** pour le café. Une fois dans la place, commencez par déambuler dans les rues pour repérer les plus belles villas, avant d'arpenter ensuite les planches, le long de la plage. Les amateurs de calme préféreront peut-être une excursion vers le **mont Canisy** ou, en juillet et août, une halte dans le **parc Calouste-Gulbenkian**, afin de sortir de l'animation people de la station.

Jour 3

En route vers **Cabourg**, le littoral réserve quelques surprises comme la vision des **Vaches Noires** à **Villers-sur-Mer** : la réputation de ces falaises en matière de fossiles, n'est plus à faire. Essayez de vous trouver en fin de matinée à **Houlgate** : vous pourrez ainsi flâner tranquillement dans la station avant de déguster un plateau de fruits de mer. Un peu de farniente sur la plage et l'après-midi se poursuit à **Dives-sur-Mer**, connu pour ses belles halles des 14e et 15e s. Votre périple le long de la Côte Fleurie s'achève dans le très calme **Cabourg** où vous passerez la nuit.

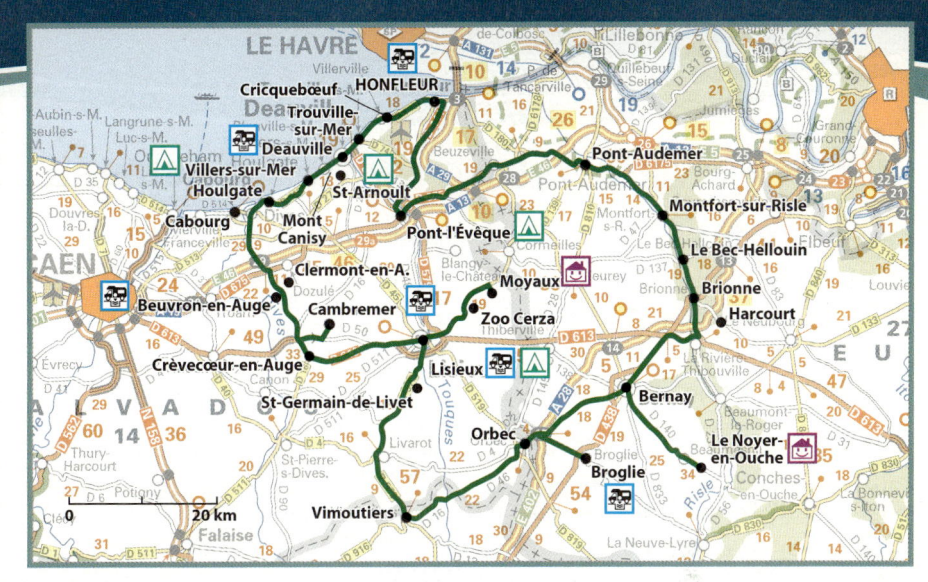

Jour 4

La jolie chapelle de **Clermont-en-Auge** et le charmant village de **Beuvron-en-Auge** constituent une agréable entrée en matière avant la découverte du château de **Crèvecœur-en-Auge**, à l'architecture si typique du pays d'Auge. Après avoir déjeuné à **Cambremer**, profitez d'une halte dans les Jardins du pays d'Auge. La journée se termine à **Lisieux** où il ne faut pas manquer de visiter la cathédrale et la basilique.

Jour 5

Tentez le matin un crochet à l'est, vers le **parc du Cerza**, avant de visiter le joli château de **St-Germain-de-Livet** et le **manoir de Coupesarte**, au sud de Lisieux. **Vimoutiers**, ville du **camembert**, s'impose pour le déjeuner. Cette découverte gastronomique peut se poursuivre à **Camembert**, plus au sud. Dans l'après-midi, n'hésitez pas à faire un détour à l'ouest pour découvrir le prieuré de **St-Michel de Crouttes**, idéal pour une petite halte à la fois digestive, bucolique et culturelle. Reprenez ensuite la route, direction **Orbec**, au nord-est, puis **Bernay**.

Jour 6

Visitez l'église abbatiale de **Bernay**, sa basilique et son musée, avant de vous rendre au **château d'Harcourt**, qu'un bel arboretum entoure. Déjeunez à **Brionne** puis consacrez votre début d'après-midi à la superbe **abbaye du Bec-Hellouin**. Filez ensuite plus à l'ouest où les circuits de randonnée de **Montfort-sur-Risle**, **Lieurey** et **Cormeilles**, ainsi que la distillerie de Cormeilles vous permettront de terminer agréablement la journée. **Pont-Audemer** paraît tout indiqué pour le soir.

Jour 7

Après avoir admiré les vitraux de l'église St-Ouen de Pont-Audemer, le voyage gastronomique en pays d'Auge mène à **Pont-l'Évêque**. La visite du musée de l'Automobile vous fera patienter jusqu'au déjeuner où bien sûr vous prendrez du pont-l'Évêque. Rentrez ensuite profiter une dernière fois des charmes de Honfleur.

N° 72 Normandie

Aires de service & de stationnement

Beuvron-en-Auge

Aire de Beuvron-en-Auge – Parking de la mairie – Ouv. tte l'année – P
Borne artisanale. Gratuit.
Stationnement : autorisé
Services :
Un des plus beaux villages de France sur le circuit de la route du cidre.

Broglie

Aire de Broglie – Sur l'ancienne gare – 02 32 44 60 58 – Ouv. tte l'année (mars-oct. : 7h-22h ; nov.-fév. : 8h30-19h) – P 6.
Borne raclet. Payant 2,50 €.
Stationnement : 5 €/j.
Loisirs : Services :
sèche-linge
Parc aquatique à visiter.

Cambremer

Aire de Cambremer – Av. des Tilleuls – 02 31 63 03 36 – Ouv. tte l'année – P 15.
Borne artisanale. Gratuit.
Stationnement : autorisé
Loisirs : Services :

Deauville

Aire de Deauville – Bd des Sports – 02 31 14 02 02 – Ouv. mars-nov. – P 8.
Gratuit.
Stationnement : 24 h maxi
Services :

Honfleur

Aire d'Honfleur – Parking du Bassin-est – 02 31 81 88 00 – Ouv. tte l'année – P 100.
Borne artisanale. Payant 7 €.
Stationnement : autorisé
Services :

Lisieux

Aire de Lisieux – Parking du Carmel – 02 31 48 18 10 – Ouv. mars-oct. – P
Borne eurorelais. Payant 2,30 €.
Stationnement : illimité
Loisirs : Services :

Campings

Lisieux

La Vallée
9 r. de la Vallée, sortie nord par D 48, rte de Pont-l'Évêque.
02 31 62 00 40
tourisme@cclisieuxpaysdauge.fr . www.lisieux-tourisme.com
De déb. avr. à déb. oct. 1 ha (100 empl.)
Tarif (prix 2009) : 15 € (2A) – pers. suppl. 3,30 €
Services :

Pont-l'Évêque

Le Stade
Accès : sortie SO par D 675 rte de Caen et D 118 à dr. rte de Beaumont-en-Auge.
02 31 64 15 03
1,7 ha (60 empl.)
Loisirs :
Services :

Saint-Arnoult

La Vallée de Deauville
Av. de la Vallée, au Sud par D 27, rte de Varaville et D 275, rte de Beaumont-en-Auge à gauche, bord d'un ruisseau.
02 31 88 58 17
De déb. avr. à fin oct. 10 ha (440 empl.)
Tarif : 9 € 12 € – (10A) 4 €
Loisirs : snack terrain multisports
Services : sèche-linge

Villers-sur-Mer

Bellevue
Rte de dives, 2 km au SO par D 513.
02 31 87 05 21
camping-bellevue@wanadoo.fr . www.camping-bellevue.com
De déb. avr. à fin oct. 5,5 ha (257 empl.)
Tarif : 20 € (2A) – pers. suppl. 6,50 €
Loisirs : pizzeria nocturne (juil.-août)
Services : sèche-linge
Situation dominante sur la baie de Deauville

Carnet pratique

Haltes chez le **particulier**

Moyaux

Les Bruyères carré
Ouv. tte l'année
P 5.
De caractère familial, cette exploitation située au cœur du Pays d'Auge produit un cidre AOC Pays d'auge, obtenu grâce au choix rigoureux des fruits et à un savoir-faire bien maîtrisé. Dégustation et vente.

Le Noyer-en-Ouche

Ferme de la Godinière
02 32 44 46 71 – *Ouv. tte l'année*
P 5.
Cette ferme se consacre à la production de pommes à cidre depuis 25 ans. La transformation des pommes est réalisée sur place pour l'obtention de cidre fermier normand. Production de calvados AOC, cru du pays de Risle qui sera vieilli en fût de chêne pendant plusieurs années. Spécialité du domaine : le godinier, apéritif à base de moult de pomme avec du calvados (mélange qui vieillira 3 ans).

Les bonnes **adresses** de Bib

Camembert

Gaec Durand
La Héronnière - 02 33 39 08 08 - *nadia.durand@wanadoo.fr - tlj sf dim. 9h-12h30, 15h-18h - fermé j. fériés.*
Pour découvrir le camembert et ses secrets de fabrication, venez visiter la ferme des Durand : ils sont les derniers à perpétuer la tradition de ce fromage fermier au lait cru, moulé à la louche. Avant de déguster ce délicieux produit du terroir, vous apprendrez tout du coulage du lait et de la mise en présure. Livarot, pont-l'évêque, crème fraîche, etc. vous seront également proposés ici. Trouville-sur-Mer.

Crêperie Le Vieux Normand
124 quai Fernand-Moureaux - 02 31 88 38 79 *- fermé 10-31 janv. et jeu. - réserv. conseillée - 10,70/21,35 €.*
Une petite adresse incontournable, toutes générations confondues. Les raisons de ce succès ? Une situation idéale face au port et à deux pas du marché aux poissons, un cadre rustique plaisant et une carte offrant le choix entre fondues, raclettes, salades et crêpes.

Beuvron-en-Auge

Auberge de la Boule d'Or
Pl. Michel-Vermughen - 02 31 79 78 78 *- fermé janv., mar. soir et merc. sf juil.-août - 21/34 €.*
La façade à colombages en épis de cette auberge est ravissante ; l'intérieur ne lui cède en rien : poutres, tommettes, meubles rustiques et cheminée où crépitent les grillades. Dans ce cadre très normand, on se régalera donc de délices fleurant bon la crème, le cidre et le calvados.

Honfleur

Le Bistrot des Artistes
14 pl. Berthelot - 02 31 89 95 90 *- fermé janv., mar. d'oct. à avr. et merc. sf juil.-sept. - 13/28 €.*
Banquettes en moleskine, objets anciens, marines et vues d'Honfleur composent le décor de ce restaurant aux airs de bistrot parisien. Les tables près de la fenêtre offrent une jolie vue sur le Vieux Bassin. Tartines, salades, dégustations d'huîtres, etc. Service à toute heure.

La Cave Normande
13 r. de la Ville et 12 quai Ste-Catherine - 02 31 89 38 27 *et 02 31 89 49 28 - hiver : 10h-12h30, 14h30-19h ; sais. 9h-22h - fermé janv. et mar. en hiver.*
Une bonne adresse pour trouver des calvados haut de gamme et remplir son coffre de cidre, pommeau et poiré. Accueil sympathique et conseils judicieux.

Houlgate

Auberge de la Ferme des Aulnettes
Rte de la Corniche - 2,5 km à l'est d'Houlgate par D 163 - 02 31 28 00 28 *- fermé 30 nov.-5 fév. sf w.-end et vac. scol. - 16/55 €.*
Ne passez pas à côté d'un repas dans le jardin de cette auberge normande, ou au coin de la cheminée, dès les premiers frimas. Spécialités régionales et cuisine traditionnelle, préparées avec de beaux produits bien frais, d'ici et de Bretagne. Un menu attrayant.

Pont-l'Évêque

Calvados Père Magloire
Rte de Trouville - 02 31 64 30 31 *- www.pere-magloire.com.*
Avec son bonnet rayé et son costume normand, le père Magloire est désormais connu de tous, et pas seulement des amateurs de calvados. La distillerie qui porte son nom, nichée en plein cœur du pays d'Auge, occupe une superbe maison à colombages entourée de vergers. Les visiteurs viennent y découvrir le musée où est expliquée la méthode traditionnelle de distillation dans le fameux alambic à repasse, et explorer la boutique où est entreposée une gamme complète de calvados prestigieux parmi lesquels se cachent quelques très vieux millésimes.

N° 73

Normandie

Côte d'Albâtre et pays de Caux

Il suffit d'apercevoir les impressionnantes **falaises de craie** qui dominent la Manche entre **Le Tréport** et **Le Havre** pour comprendre d'où vient le terme de Côte d'Albâtre. Il suffit de s'y promener pour comprendre pourquoi à **Étretat** ou à **Fécamp**, elles attirent tant ! Quant au **pays de Caux**, arrière-pays préservé et paisible, si cher à Maupassant, il séduit par ses manoirs isolés, ses colombiers et ses jardins amoureusement soignés.

➲ Départ de Dieppe
➲ 8 jours
450 km

La falaise d'Aval, à Étretat.

S. Sauvignier / MICHELIN

Jour 1

Consacrez cette première journée à **Dieppe** en commençant par entreprendre l'ascension de la falaise depuis **le Pollet**. Vous n'en goûterez que mieux la saveur d'un déjeuner quai Henri-IV ! L'après-midi sera consacrée à la découverte du château-musée, de la ville, du port et de la plage.

Jour 2

Le circuit se poursuit par la visite des ruines de la forteresse d'**Arques-la-Bataille**, au sud-est de Dieppe, puis celle du **château de Miromesnil**. Faites ensuite une halte au parc floral William-Farcy d'**Offranville**, avant de bifurquer plein sud en direction du **château de Bosmelet** et de son potager. Leur succèdent les clos du jardin Agapanthe à **Grigneuseville**, et le vallon fleuri du jardin de Bellevue, à **Beaumont-le-Hareng**.

Jour 3

Dès le matin, perdez-vous dans la très belle **forêt d'Eawy** : elle compte de nombreux sentiers de randonnée. Pique-niquez-y et prenez ensuite l'A 29, qui vous mènera non loin de **Clères** et de son parc zoologique. Ce dernier abrite une foule d'espèces menacées. Prenez le temps de les découvrir avant de gagner en fin de journée **Forges-les-Eaux** (à l'est), via Buchy et Bosc-Bordel. Direction **Eu**, non sans flâner d'abord un peu dans **Forges**. En remontant vers le nord, une étape à **Neufchâtel-en-Bray** s'impose, pour faire provision de neufchâtel, le plus ancien des fromages normands. En reprenant la route, n'hésitez pas à bifurquer vers **Mesnières-en-Bray** pour en visiter le château, puis filez vers la **forêt d'Eu** pour y pique-niquer et vous y promener.

Jour 4
Consacrez cette journée à la visite des trois villes sœurs : Eu, Le Tréport et Mers-sur-Mer. À **Eu**, ne manquez pas la collégiale Notre-Dame, le château et la chapelle du Collège. Promenez-vous ensuite au **Tréport** et franchissez la Bresle pour vous aventurer dans la charmante **Mers**, déjà picarde. Retournez ensuite vers Dieppe par la côte.

Jour 5
Un tour de roue vers l'ouest vous mènera à **Varengeville-sur-Mer**, où se trouve le très beau parc floral du bois des Moustiers. L'après-midi, poursuivez votre itinéraire côtier en passant par **Veules-les-Roses** et par les valleuses. N'hésitez pas à faire un crochet au **cap Fagnet**, juste au nord de Fécamp pour profiter d'un superbe point de vue sur la ville.

Jour 6
Fécamp : consacrez votre matinée à la visite de l'abbatiale de la Trinité et du palais Bénédictine. Après une pause-déjeuner sur le quai Bérigny, le musée des Terre-Neuvas ne manquera de vous intéresser. En milieu d'après-midi, vous pouvez reprendre la route, en suivant la côte, pour rallier **Étretat**, en vous ménageant des haltes à **Yport** et à **Vaucottes**.

Jour 7
Les **falaises d'Amont et d'Aval** à Étretat constituent un fabuleux but d'excursion avant la visite du Clos Lupin. L'après-midi, le circuit continue en direction du Havre. N'hésitez pas à vous arrêtez en chemin au bout de la **valleuse de Bruneval**, elle offre un beau panorama sur **Le Havre**, la cité portuaire où vous dormirez.

Jour 8
Visitez le musée Malraux et l'appartement témoin qu'Auguste Perret, l'architecte de la reconstruction du Havre après la guerre, proposait aux Havrais (réservation préalable à l'office de tourisme). Promenez-vous aussi du côté des docks. Partez à la découverte de l'arrière-pays cauchois en remontant jusqu'au sud de Fécamp vers l'**abbaye de Valmont** et les jardins d'Art et d'Essai de **Normanville**. Continuez par Cany et Cany-Barville. **St-Valery-en-Caux** vous accueillera pour la nuit. Paressez sur la plage de St-Valery, suivez le sentier des douaniers et déjeunez dans le quartier des quais. Le circuit vous ramène ensuite à Dieppe, non sans faire un détour par la **vallée du Dun**.

Normandie

Aires de service & de stationnement

Clères
Aire de Clères – R. Edmond-Spalikowski (côté du Mont-Blanc) – 02 35 33 23 31 – Ouv. Pâques-oct. – P 10. Gratuit.
Stationnement : 72 h maxi
Loisirs : Services :

Dieppe
Aire de Dieppe – Quai de la Marne – 02 35 06 60 70 – Ouv. tte l'année – P 50.
Borne artisanale. Gratuit.
Stationnement : 7 €/j.
Loisirs : Services : sèche-linge

Étretat
Aire d'Étretat – R. Guy-de-Maupassant – Ouv. tte l'année – P
Borne raclet. Payant.
Stationnement : 24 h maxi. 5 €/j.
Services :

Forges-les-Eaux
Aire de Forges-les-Eaux – Bd Nicolas-Thiessé – 02 35 90 52 10 – Ouv. tte l'année – P 40.
Borne artisanale. Gratuit.
Stationnement : 48 h maxi. 6 €/j.
Loisirs : Services :

Le Tréport
Aire du Tréport – R. Pierre-Mendès-France – 02 35 50 55 20 – Ouv. tte l'année – P 42.
Borne artisanale. Gratuit.
Stationnement : 7 €/j.
Loisirs : Services :
Près du camping municipal Les Boucaniers.

Veules-les-Roses
Aire de Veules-les-Roses – Av. Jean-Moulin – 02 35 97 61 42 – Ouv. tte l'année – P 15.
Borne eurorelais. Payant 3 €.
Stationnement : 48h maxi..
Services : sèche-linge

Campings

Saint-Martin-en-Campagne
Domaine les Goélands
R. des Grèbes, 2 km au NO, à St-Martin-Plage.
02 35 83 82 90
domainelesgoelands@orange.fr . www.lesdomaines.org
De déb. mars à mi-nov. 3 ha (154 empl.)
Tarif : 3,50 € 11,50 € – (16A) 3,50 €
Loisirs : terrain omnisports
Services :

Saint-Valéry-en-Caux
Municipal Etennemare
Hameau d'Etennemare, au SO de la ville.
02 35 97 15 79
servicetourisme@ville-saint-valery-en-caux.fr
Permanent 4 ha (116 empl.)
Tarif (prix 2009) : 14,45 € (2A) – pers. suppl. 2,95 €
Loisirs :
Services :

Toussaint
Municipal du Canada
R. de Rouen, 0,5 km au NO par D 926, rte de Fécamp et chemin à gauche.
02 35 29 78 34
mairie.toussaint@wanadoo.fr . www.commune-de-toussaint.fr
De mi-mars à mi-oct. 2,5 ha (100 empl.)
Tarif (prix 2009) : 2,50 € 1,20 € 2,10 € – (6A) 2,80 €
Services :

Vittefleur
Municipal les Grands Prés
61, Grande-Rue, 0,7 km au N par D 10, rte de Veulettes-sur-Mer.
02 35 97 53 82
mairie-de-vittefleur@wanadoo.fr
De déb. avr. à fin sept. 2,6 ha (100 empl.)
Tarif (prix 2009) : 13,08 € (2A) – pers. suppl. 3,51 €
Loisirs :
Services :
Au bord de la Durdent

Carnet pratique

Haltes chez le **particulier**

Amfreville-les-Champs

La ferme au Fil des Saisons
Rte de Yémanville – ☎ 02 35 56 41 46 – Merc., vend. 14h-19h, sam. 9h30-12h, 14h-19h
Ouv. tte l'année
🅿 5.
Cette ferme change au cours des saisons. En famille, vous y découvrirez canards, volailles, vaches et toutes autres sortes d'animaux. Ernest, Albert, Albertine et Linette, les ânes de la ferme seront ravis de vous accueillir. Dégustation et vente des produits de la ferme : cidre, jus de pomme, confitures, volailles…

Saint-Crespin

La ferme du Manoir de Camp
🅿 2.
Cette ferme qui tient son nom d'un ancien camp romain, est exploitée par Élisabeth et Raynald Clapisson. Ils élèvent un troupeau de chèvres angora afin de récolter leurs toisons qui une fois tranformées donnent du Mohair. À la boutique vente de produits réalisés par des artisans à partir de la laine.

Saint-Saire

La ferme du Clos du Bourg
195, r. de la Source – ☎ 02 32 97 10 74 – Lun.-sam. 9h-12h, 14h-18h, fermé dim.
Ouv. avr.-sept.
🅿 3.
C'est dans un cellier reconstruit avec des matériaux traditionnels (bois, torchis) selon une architecture typiquement normande que deux cidriculteurs vous accueillent. Ils vous présentent leurs activités et vous font découvrir leur production de cidre fermier, de pommeau, de calvados AOC, de vinaigre de cidre et de jus de pomme. Dégustation et vente.

Les bonnes **adresses** de Bib

Dieppe

Le Sully
97 quai Henri-IV - ☎ 02 35 84 23 13 - fermé de mi-janv. à mi-fév., mar. soir et merc. - réserv. conseillée le w.-end - formule déj. et dîner 12 € - 14/32 €.
Ce restaurant familial abrite trois salles différentes : la première de style « rétro » avec sa véranda côté port, la deuxième contemporaine, la dernière rustique, agrémentée de pierres et poutres apparentes et d'une collection de cuivres. Les produits de la mer ont les honneurs de la carte.

Armement Legros
54 r. du Dauphin-Louis-XI - ☎ 02 35 84 82 85 - à partir de 14h - fermé sept.-juin sf j. fériés.
Monsieur Legros organise des sorties de pêche ainsi que des promenades en mer (40mn) au cours desquelles vous profiterez d'une vue imprenable sur les falaises dieppoises. Il est possible de louer son matériel pour la pêche en mer.

Eu

L'Éden 1
2 r. St-Laurent - ☎ 02 35 50 38 87 - fermé déc.-fév - promenade en mer : 7 à 12,50 € ; pêche : 53,50 €.
À bord de l'Éden ou de l'Étoile filante, vous aurez la possibilité de faire une promenade en mer, le long du littoral ou jusqu'à Dieppe (excursion avec étape), mais aussi des sorties de pêche. Les horaires peuvent varier en fonction de la météo et des marées.

Fécamp

Palais Bénédictine
110 r. Alexandre-Le-Grand - ☎ 02 35 10 26 10 - fermé janv., 1er Mai et 25 déc.
Cet extraordinaire bâtiment à l'architecture exceptionnelle mariant les styles gothique et Renaissance fut construit à la gloire de la Bénédictine. Outre la visite de la distillerie et des caves consacrées à la célèbre liqueur, vous découvrirez un musée renfermant de belles pièces d'art sacré, une collection de plantes et d'épices du monde entier et un espace dédié à l'art contemporain.

St-Valéry-en-Caux

La Boussole
1 r. Max-Leclerc - ☎ 02 35 57 16 28 - fermé janv.-fév., lun. et mar. - 12,80/24,80 €.
Joliment agencé dans une maison à colombage bleu marine, ce restaurant, face au port, semble entièrement dédié aux charmes et aux saveurs de l'océan. Deux salles à l'ambiance « cosy », avec chaises bistrot et tables en bois. Plateaux de fruits de mer en été et beaucoup de spécialités de poissons.

N° 74 Normandie

L'estuaire de **la Seine**

En visitant **Rouen**, vous allez prendre la mesure – et peut-être même la démesure – de l'architecture sacrée. Discrètement tapies entre verdure et falaises, les **abbayes normandes** vous feront découvrir les premiers pas du monachisme et parcourir le **Parc naturel des Boucles de la Seine normande**. Vous longerez la Seine, suivrez ses méandres, traverserez la **forêt de Brotonne** et le **marais Vernier**, vous laissant porter jusqu'au débouché de son estuaire, **Le Havre**.

➲ **Départ de Rouen**
➲ **5 jours**
300 km

L'abbaye de Jumièges.

Jour 1

Découvrez **Rouen**, « Ville d'art et d'histoire », en commençant par la visite de la cathédrale. Vous pouvez ensuite parcourir les rues animées du vieux Rouen, admirer ses innombrables façades à colombages, ses multiples églises et les monuments du centre. Remémorez-vous aussi le souvenir de Jeanne d'Arc, son procès et l'emplacement de son bûcher, place du Vieux-Marché où, le samedi matin, se tient un agréable marché. Après avoir déjeuné sur place, vous choisirez, selon vos centres d'intérêt, entre les différents musées de Rouen : peinture au musée des Beaux-Arts, arts décoratifs au musée de la Céramique, ferronnerie du musée Le Secq des Tournelles, archéologie au musée départemental des Antiquités.

Jour 2

Cette journée se place sous le signe des abbayes qui jalonnent la rive droite de la Seine, en aval de Rouen. La première, celle de **St-Martin-de-Boscherville**, mérite le détour pour sa très belle église et son domaine abbatial. La suivante, **Jumièges**,

Le conseil de Bib

▸ À Rouen, stationnement autorisé sur les quais bas, rive gauche en bord de Seine, sauf en octobre et novembre (fête foraine) et place du Boulingrin toute l'année.

338

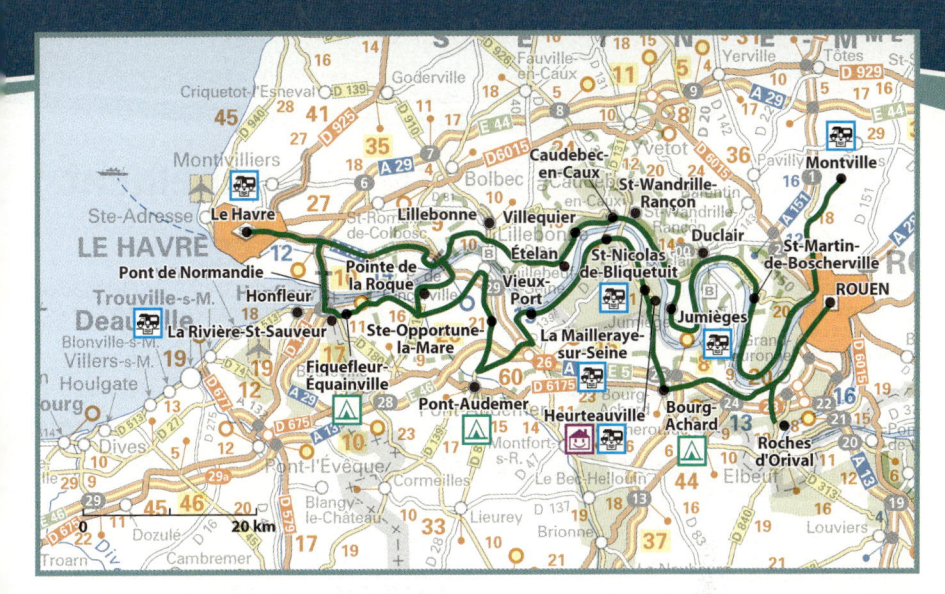

impressionne par la splendeur de ses ruines. Entre les deux, prenez le temps de suivre quelques sentiers de randonnées aux abords de **Duclair**. Vous terminerez votre tournée par la visite du cloître et de l'église de **St-Wandrille**, avant de faire étape à **Caudebec-en-Caux**.

Jour 3

Partagez votre matinée entre l'église Notre-Dame de Caudebec et le musée Victor-Hugo de **Villequier**, puis occupez agréablement votre après-midi au **château d'Ételan** et à **Lillebonne**. Rejoignez ensuite Le Havre. Une flânerie dans le centre du Havre afin de s'imprégner du style architectural d'Augustin Perret. Une halte au musée Malraux, renommé pour sa collection de toiles d'Eugène Boudin et pour la donation Senn Foulds, précédera un déjeuner pris vers le marché couvert. Après la passionnante visite guidée de l'appartement témoin Auguste-Perret (s'inscrire au préalable), vous quittez Le Havre en empruntant le pont de Normandie pour profiter d'une soirée à **Honfleur**.

Jour 4

La découverte du **Parc naturel des Boucles de la Seine** débute par le **marais Vernier**, au point d'observation de **Ste-Opportune-la-Mare**, plus en amont de l'estuaire. Poussez jusqu'à **Quillebeuf** et revenez-en par la pointe de la Roque. De beaux sentiers pédestres balisés n'attendent ensuite que vous, aux abords de **Foulbec**, **Conteville** et **St-Sulpice-de-Grimbouville**, de l'autre côté de la Risle. Le soir, faites route au sud-est et ralliez **Pont-Audemer**.

Jour 5

Après avoir admiré les vitraux de l'église St-Ouen, tournez le dos à Pont-Audemer et regagnez les berges de la Seine pour découvrir **Vieux-Port**, **Vatteville-la-Rue** et **N.-D.-de-Bliquetuit**, où se trouve la maison du parc. Là, vous trouverez toutes les informations voulues sur les différents sentiers de randonnée de la **forêt de Brotonne**. Revenez vers Rouen en suivant les méandres, ou bien coupez directement vers l'est par l'A 13, afin de rejoindre les **Roches d'Orival**, au nord d'Elbeuf. Ils offrent une vue dégagée sur la Seine.

Le marais Vernier.

339

N° 74 Normandie

Aires de service & de stationnement

Le Havre

Aire du Havre – Bd Clemenceau – ☎ 02 35 19 45 45 – Ouv. tte l'année – P 20.
Borne flot bleu. Payant 5 €.
Stationnement : autorisé
Loisirs : Services :
Au bord de la plage et du port de plaisance.

Heurteauville

Aire « les Cerisiers » – 55, quai Édouard-Salmon – ☎ 06 13 56 05 06 – Ouv. avr.-oct., le reste du temps sur réservation. – P 12.
Borne artisanale. Payant 3 €.
Stationnement : 5€/j.
Loisirs : Services :
En bord de Seine, emplacements délimités de 60 m².

Jumièges

Aire de Jumièges – Au bourg – ☎ 02 35 37 24 15 – Ouv. tte l'année – P 10.
Borne artisanale. Payant 3 €.
Stationnement : autorisé
Loisirs : Services :

La Mailleraye-sur-Seine

Aire de La Mailleraye-sur-Seine – Quai Paul-Girardeau – ☎ 02 35 37 12 04 – Ouv. tte l'année – P 20.
Borne raclet. Payant 1,50 €.
Stationnement : autorisé
Loisirs : Services :

Montville

Aire de Montville – ☎ 02 32 93 91 00 – Ouv. tte l'année – P 8.
Borne eurorelais. Payant 3 €.
Stationnement : autorisé
Loisirs : Services :
À visiter le musée des sapeurs-pompiers de France.

La Rivière-Saint-Sauveur

Aire de La Rivière-Saint-Sauveur – Chemin du Banc – ☎ 02 31 98 70 06 – Ouv. tte l'année – P 5.
Borne eurorelais. Payant 5 €.
Stationnement : autorisé
Loisirs : Services :

Saint-Nicolas-de-Bliquetuit

Aire de Saint-Nicolas-de-Bliquetuit – Cale du Bac – ☎ 02 35 96 21 53 – Ouv. tte l'année – P 12.
Borne raclet. Payant 2 €.
Stationnement : autorisé
Services :

Campings

Bourg-Achard

Le Clos Normand
235, rte de Pont-Audemer, sortie ouest.
☎ 02 32 56 34 84
1,4 ha (85 empl.)
Loisirs :
Services :
Cadre verdoyant et fleuri

Fiquefleur-Équainville

Domaine Catinière
Rte d'Honfleur, 1 km au S de Fiquefleur par D 22, entre deux ruisseaux.
☎ 02 32 57 63 51
info@camping-catiniere.com . www.camping-catiniere.com

De déb. avr. à fin sept. 3,8 ha (130 empl.)
Tarif : 27,50 € (2A) – pers. suppl. 6 €
Loisirs :
Services :

Pont-Audemer

Municipal Risle-Seine - Les Étangs
19, rte des Étangs - Toutainville, 2,6 km au NO, près de la base nautique.
☎ 02 32 42 46 65
camping@ville-pont-audemer.fr . http://www.ville-pont-audemer.fr/tourisme/
De mi-mars à mi-nov. 2 ha (61 empl.)
Tarif : 16,50 € (2A) – pers. suppl. 3,10 €
5 16,50 € – 10.5€
Loisirs : (bassin)
Services :

Carnet pratique

Haltes chez le **particulier**

Heurteauville

Le Clos des Citots
Rte de la Mailleraye – 02 35 37 92 59 – Ouv. tte l'année — **P** 5.
Situé à 100 m du bac de Yainville, ce cidriculteur qui exploite 15 variétés de pomme vous propose de découvrir sa production : cidre bouché fermier (médaille de bronze au concours agricole de Paris), cidre en vrac, jus de pomme, poiré, pommeau. Dégustation et vente.

Les bonnes **adresses** de Bib

Jumièges

Auberge des Ruines
17 pl. de la Mairie - 02 35 37 24 05 - www.auberge-des-ruines.fr - fermé 15-28 fév., 16-29 août, 23 déc.-4 janv., lun. soir et jeu. soir du 15 nov. au 15 fév., dim. soir, mar. et merc. - 18/62 €.
Juste à côté des ruines, cette auberge rustique tenue par un jeune couple sympathique ponctuera agréablement votre visite. La cuisine qu'ils y servent est inventive et leur carte attrayante, même si elle est un peu chère. La formule-déjeuner est intéressante.

Duclair

Le Bistrot du Siècle
75 r. Jules-Ferry - 02 35 37 62 36 - fermé 25 déc.-1er janv. dim. et lun. - formule déj. 10 € - 17/22 €.
Ce petit bistrot, qui jouit d'une bonne réputation locale, cultive la convivialité. Deux salles au choix : l'une, rustique, est décorée d'affiches anciennes, l'autre est en véranda. La cuisine privilégie les grillades cuites au feu de bois. Également quelques plats réunionnais.

Le Havre

La Halle aux Poissons
Quartier St-François, quai de l'Île - tlj 14h30-19h.
On ne vient pas dans ces halles pour leur architecture, mais pour leur marée hyper-fraîche et l'atmosphère extraordinaire qui y règne. Cet ensemble de 21 box en béton desservant chacun un bateau différent sert d'escale aux pêcheurs de la côte normande qui ramènent leurs prises du petit matin. L'ambiance est plus qu'animée et certains viennent même ici sans rien avoir à acheter…

Pissy-Pôville

Les Vergers du Quesnay
740 Le Quesnay - 02 35 91 51 08 - jplambard@aol.com - tlj sf dim. 9h-12h, 14h-19h.
C'est dans un cadre rustique et authentique que l'on peut goûter et acheter les bons produits à base de pommes des Vergers du Quesnay. Propriétaire de 10 ha plantés de pommiers, Monsieur Lambard élabore du jus de pomme, des eaux-de-vie, des apéritifs, du vinaigre et surtout du cidre bouché, médaillé de bronze en 2000 et 2004 au Salon de l'agriculture.

Rouen

La Toque d'Or
11 pl. du Vieux-Marché - 02 35 71 46 29 - fermé merc. hors sais. - 10 € déj. - 15/43 €.
Bien située face à la place du Vieux Marché, cette belle demeure à colombages, typiquement normande, abrite en fait deux restaurants en un. Au rez-de-chaussée une grande salle cossue propose des menus raffinés (mention spéciale à la tête de veau sauce gribiche) et à l'étage, une formule grill plus simple mais correcte.

Chocolatier Auzou
163 r. du Gros-Horloge - 02 35 70 59 31 - 9h30-19h15, dim. 9h30-13h, lun. 14h-19h15 ; juil.-août : tlj sf dim - fermé 1er janv. et 1er mai.
Parmi les spécialités de ce célèbre pâtissier : le Pavé Rouennais (praline en coque de nougatine), les Larmes de Jeanne d'Arc (amandes grillées nougatinées enrobées de chocolat), les Zouzous d'Auzou (friandise) et les célèbres macarons de Grand'Mère Auzou. Il vous fera en outre assister au turbinage des larmes de Jeanne d'Arc et découvrir, au fond du magasin, le laboratoire où se fabrique le chocolat.

Faïencerie Augy-Carpentier
26 r. St-Romain - 02 35 88 77 47 - tlj sf dim. 9h-19h, lun. 10h-18h. Visite de l'atelier sur RV.
Le dernier atelier de fabrication artisanale de faïence à Rouen. Créations originales et reproductions de nombreux motifs traditionnels, bleus ou polychromes, comme le lambrequin ou la corne d'abondance.

N° 75

Pays-de-la-Loire

Douceur **angevine** et **Saumurois**

Au pays de l'**Anjou blanc** – Baugeois et Saumurois – ponctué de châteaux et d'abbayes, les grands vignobles s'épanouissent. Comme au Moyen Âge, dans le secret des **caves troglodytiques**, les **grands crus** vieillissent doucement…

➲ Départ d'Angers
➲ 7 jours
190 km

Habitation troglodytique dans le Saumurois.

Jours 1 & 2

Que vous arriviez de Nantes ou de Paris, vous passez au pied de l'énorme forteresse noire et blanche, et c'est donc par elle qu'il convient de commencer la découverte d'**Angers**, la ville du bon roi René. À l'intérieur du château, vous voici devant la tenture de l'Apocalypse dont vous ne pouvez manquer d'admirer la composition et la fraîcheur des coloris. Face au château, une visite s'impose à la Maison du vin de l'Anjou ; conseils, dégustations et vente vous sont proposés. Pour déjeuner, vous trouverez, aux alentours, tout ce qu'il faut sans trop vous écarter. La vieille ville (n'oubliez pas qu'Angers est « Ville d'art et d'histoire ») mérite bien que vous lui consacriez encore votre journée pour visiter la cathédrale, le logis Pincé, le logis Barrault (musée des Beaux-Arts) ou la galerie David-d'Angers. Vos pas vous conduisent, par des rues animées, vers les commerces nombreux, les boutiques chic et les antiquaires. Vous pouvez, suivant la saison, vous rendre au Salon des vins de Loire, au printemps ou en automne, et faire vos choix de cave ; en été, profitez des beaux parcs et jardins qui font d'Angers la vitrine de l'horticulture angevine. À 8 km au nord-est, par la route du Mans, à St-Barthélemy-d'Anjou, le château de Pignerolle et le musée européen de la Communication vous attendent.

Jour 3

Ce matin, cap au nord, en direction du **Plessis-Macé** pour admirer l'étonnante galerie suspendue du château. Rendez-vous ensuite au **Lion-d'Angers** pour y déjeuner, puis visiter son Haras national… S'il fait beau, faites escale aux jardins de Montriou en vous rendant (D 74) au blanc château « toituré de bleu » du Plessis-Bourré.

Jour 4

Direction Saumur. Mais arrêtez-vous à l'élégant **château de Montgeoffroy**. À Beaufort-en-Vallée, prenez la direction des Rosiers-sur-Loire ; traversez la Loire et passez par **Gennes**, pour visiter la belle **église de Cunault**. Vous arrivez à **Saumur** par **St-Hilaire-St-Florent**, où vous pouvez vous arrêter, le temps d'une visite-dégustation des caves champignonnières. Après le déjeuner, prévoyez une visite de l'École nationale d'équitation. En réservant, vous pourrez assister à l'une des reprises du **Cadre noir**.

Jour 5

Saumur est aussi célèbre pour sa cavalerie et ses vins pétillants ou tranquilles que pour ses champignons. Mille choses à découvrir (le château, les musées, les vieilles maisons) et mille choses à goûter occupent amplement cette journée qui vous paraîtra bien courte. Profitez-en pour déguster des mets inattendus : pommes tapées, galipettes (plat à base de champignon) ou alors carrément une canette fermière rôtie au saumur-champigny. Ici, la table est divine !

Jour 6

En milieu d'après-midi, vous pouvez choisir de partir plus tôt pour une visite de **Montso-** reau (et son château) et **Candes-St-Martin** (sa collégiale) ; sinon quittez Saumur en début de soirée, pour vous rendre à l'**abbaye de Fontevraud**. Outre son prestige (c'est le plus vaste ensemble monastique de France), l'abbaye est également réputée pour ses concerts et spectacles qui vous inciteront, sans doute, à y passer la soirée.

Jour 7

En partant de bonne heure, vous pouvez visiter le matin l'impressionnant **château de Brézé**, de façon à vous trouver à **Doué-la-Fontaine** suffisamment tôt dans la journée pour y déjeuner et profiter pleinement du magnifique **parc zoologique** installé dans un site troglodytique remarquable. Prévoyez de le quitter à temps pour ne pas manquer la dernière visite du **château de Brissac-Quincé** avant de revenir à Angers.

Le conseil de Bib

▶ De passage à Doué-la-Fontaine, si vous voulez visiter le zoo, sachez qu'il y a un parking pour les camping-cars avec possibilité d'y passer la nuit.

Bouteilles de Saumur et de Bourgueil.

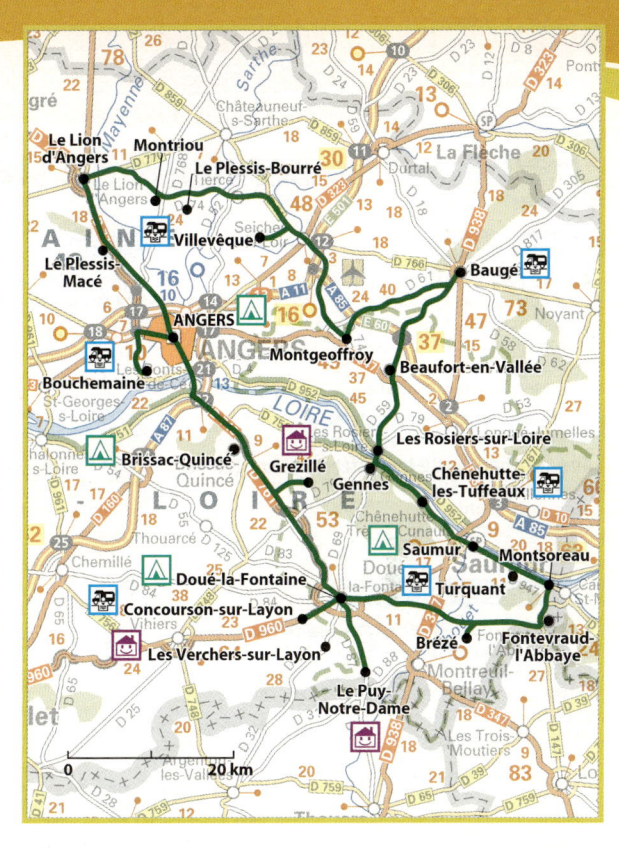

N° 75 Pays-de-la-Loire

Aires de service & de stationnement

Bouchemaine

Aire de Bouchemaine – 25 r. Chevrière – 02 41 22 20 00 – Ouv. tte l'année – P 35.
Borne artisanale. Payant 3 €.
Stationnement : 7 €/j.
Loisirs : Services :
Ancien camping municipal.

Chênehutte-les-Tuffeaux

Aire de Chênehutte-les-Tuffeaux – R. des Bateliers – Ouv. tte l'année – P
Gratuit.
Stationnement : autorisé
Services :

Concourson-sur-Layon

Aire de Concourson-sur-Layon – Rte de Vihiers – 02 41 59 11 59 – Ouv. tte l'année – P
Borne artisanale. Gratuit.
Stationnement : 24 h maxi
Loisirs : Services :
Au bord du Layon.

Turquant

Aire de Turquant – À l'entrée du village – 02 41 38 11 65 – Ouv. tte l'année – P 10.
Borne artisanale. Gratuit.
Stationnement : autorisé
Loisirs : Services :

Villevêque

Aire de Villevêque – R. du Loir – Ouv. tte l'année – P 6.
Borne euroservices. Payant.
Stationnement : autorisé
Loisirs : Services :
Au bord du Loir.

Baugé

Aire de Baugé – Chem. du Pont-des-Fées – Ouv. tte l'année – P 10.
Borne artisanale. Payant 3 €.
Stationnement : autorisé
Services :

Campings

Angers

Lac de Maine
Av. du Lac de Maine, 4 km par D 111, rte de Pruniers, près du lac (accès direct) et à proximité de la base de loisirs.
02 41 73 05 03
De fin mars à mi-oct. 4 ha (163 empl.)
Tarif (prix 2009) : 21 € (2A) – pers. suppl. 3,10 €
borne artisanale – 28 21 €
Loisirs : snack spa
Services :
Transport en commun pour centre d'Angers, à 300 m.

Brissac-Quincé

L'Étang
Rte de St Mathurin, 2 km par D 55 rte de St-Mathurin et chemin à dr., bord de l'Aubance et près d'un étang.
02 41 91 70 61
De mi-mai à mi-sept. 3,5 ha (150 empl.)
Tarif : 18 € (2A) – pers. suppl. 3 €
borne artisanale – 13,5€
Loisirs : snack (découverte en saison)
Services : sèche-linge
emplacements spacieux et confortables, sur les terres d'une ancienne ferme.

Doué-la-Fontaine

Municipal le Douet
Accès : sortie NO par D 761, rte d'Angers et chemin à dr., attenant au parc des sports au bord du Doué.
02 41 59 14 47
1er avr.-30 oct. 2 ha (148 empl.)
Tarif (prix 2009) : 5,62 € – (10A) 3,50 €
Loisirs :
Services : (15 juin-15 sept.)

Saumur

L'Île d'Offard
Bd de Verden, accès par centre-ville.
02 41 40 30 00
De déb. mars à mi-nov. 4,5 ha (258 empl.)
Tarif : 31,50 € (2A) – pers. suppl. 6 €
– 10 31,50 €
Loisirs : brasserie diurne
Services : sèche-linge
situation agréable à la pointe de l'Île avec vue sur le château.

Carnet pratique

Haltes chez le **particulier**

Grézillé

La ferme du Bois Madame
Lieu-dit Le Bois Madame – Ouv. avr.-oct.
P 6.
Cette ferme propose des balades en calèches. De 2h à la journée, ces dernières partent à la découverte de la région : coteaux et bords de Loire, sites troglodytes. Visite de la ferme et animations autour du cheval.

Le Puy-Notre-Dame

Champignonnières Saint Maur
1, r. du Château, lieu-dit Sanziers – ℘ 02 41 40 36 47 – Ouv. avr.-oct.
P 5.
Ces ex-carrières de tuffeau (16e s.) sont aujourd'hui exploitées pour la culture du champignon (pleurotes, champignons de Paris, shii-takés) et la conservation du vin. Visite de la champignonnière, petit musée évoquant l'histoire de ces caves et la vie troglodyte, chapelle d'images et art populaire du monde souterrain. Vente de champignons frais.

Le Puy-Notre-Dame

Domaine de la Rénière
1, r. de la Cerisaie - Lieu-dit les Caves – ℘ 02 41 52 26 31 – Ouv. tte l'année
P 6.
Ce domaine est exploité par la famille Gay depuis plusieurs générations (elle possède des actes notariés datant de 1631). C'est tout ce savoir-faire, acquis au fil du temps, que l'on retrouve dans les vins du domaine. À découvrir les AOC en Saumur, en Saumur Champigny et en cabernet de Saumur. Dégustation et vente au caveau.

Les Verchers-sur-Layon

Domaine Percher
20 rte du coteau - Savonnières – ℘ 02 41 59 76 29 – Ouv. tte l'année
P 3.
Situé sur la route touristique du vignoble d'Anjou, le domaine vous propose ses vins. Quatre générations de savoir-faire en ont fait des produits très prisés par les connaisseurs. Anjou blanc, coteaux du Layon, rosé de Loire et Anjou sont en dégustation et vente au caveau du domaine.

Les bonnes **adresses** de Bib

Angers

Le Trianon
7 r. Lenepveu - ℘ 02 41 87 44 39 - www.galloyer.com - tlj sf lun. 8h30-19h30, dim. 8h30-13h.
Cette pâtisserie a opté pour un luxueux décor gréco-romain. Une manière comme une autre de mettre en valeur les créations maison que sont, entre autres, le Carroussel au chocolat et à l'orange, le Vivaldi ou encore le Métis dont le parfum chocolaté se marie fort bien avec la crème brûlée à la vanille.

Maison du Vin de l'Anjou
5 pl. Kennedy - ℘ 02 41 88 81 13 - www.vinsvaldeloire.fr - d'avr. à fin sept. : tlj sf dim. apr.-midi et lun. matin 9h-13h, 14h-19h ; de déb. oct. à fin mars : tlj sf dim. et lun. 10h30-12h30, 15h-18h - fermé 15 janv.-15 fév., 1er janv., 1er Mai et 25 déc.
Située au centre d'Angers, près du château, cette maison au cadre lumineux vous présente une large palette de vins d'Anjou et de Saumur, à déguster sur place, ainsi que de la documentation. Pour commencer idéalement la route touristique du vignoble de l'Anjou.

Brissac-Quincié

Le Haut Tertre
1 pl. du Tertre - ℘ 02 41 91 79 95 - lehautertre@wanadoo.fr - fermé dim. soir - formule déj. 6,90 € - 40 €.
Dans ce petit restaurant, à la fois sobre et élégant, vous serez bien accueilli. La convivialité et la proximité du château de Brissac en font une étape idéale pour se restaurer sans se ruiner. Cuisine de produits frais

Doué-la-Fontaine

La Ferme d'Antan - Maison de la Rose
94 bis rte de Cholet - ℘ 02 41 50 98 79 - www.histoirederose.com - 10h-12h, 14h-19h.
Distillerie artisanale aménagée dans une maison centenaire. L'eau de rose étant la spécialité de la maison, vous découvrirez au cours de la visite de vieux alambics et un jardin planté de 3 000 rosiers. Petit écomusée de la ferme (animaux en liberté) et boutique de produits à base de rose.

Saumur

Les Caves Louis de Grenelle
20 r. Marceau - ℘ 02 41 50 17 63 - sais. : tlj 9h30-18h30 ; hors sais. : tlj sf w.-end 9h30-12h, 13h30-18h - fermé j. fériés.
À 12 mètres sous terre, dans cette ancienne carrière de tuffeau creusée au 15e s. en plein cœur de Saumur, se perpétue un savoir-faire ancestral : depuis 1859 s'y élaborent selon la méthode traditionnelle crémants de Loire et saumurs bruts. Quatre millions de bouteilles reposent dans ces caves ! Visite guidée suivie d'une dégustation commentée.

N° 76 — Pays-de-la-Loire

Au fil de la Sarthe et de la Mayenne

Combien de voyageurs pressés ont traversé **Laval** sans prendre le temps de s'y arrêter ? Et combien d'autres associent **Le Mans** aux seules 24 heures et aux rillettes ? Il est temps pour eux de découvrir en profondeur cette région bordée par la **Sarthe** et la **Mayenne,** et au nord par les **Alpes Mancelles**. Et pour vous ?

➲ **Départ de Laval**
➲ **7 jours 235 km**

Voûte des anges musiciens de la cathédrale St-Julien du Mans.

Jour 1

La découverte de **Laval** occupera une bonne partie de cette première journée. Car outre son vieux château et ses vénérables maisons à pans de bois, la ville qui a vu naître des personnalités telles que le Douanier Rousseau ou Alfred Jarry, a bien d'autres atouts à dévoiler : un magnifique ensemble de retables (église N.-D.-des-Cordeliers), de nombreux hôtels particuliers, de surprenants bateaux-lavoirs et d'agréables croisières sur la Mayenne… Quittez la ville à l'est par la D 32. À 33 km, **Evron** possède l'une des plus belles églises de la Mayenne. Terminez cette journée par un circuit dans les bois des environs : la route offre de jolis points de vue. C'est à **Sainte-Suzanne** (8 km au sud) que vous faites halte pour la nuit.

Jour 2

Consacrez 2h à la découverte de **Sainte-Suzanne**, « la perle du Maine ». Montez au sommet de la tour pour embrasser la vue sur la campagne alentour. Renseignez-vous sur les « visites théâtralisées » : elles peuvent être un plus, notamment pour les enfants. Piquez au sud jusqu'à **Sablé-sur-Sarthe**. Cette petite ville qui doit son nom au sable venu de la Loire, et qui en assurait le transit fluvial, est très agréable. Dominée par le château des Colbert, elle se visite à pied ou en bateau.

Jour 3

Aujourd'hui direction Le Mans par l'agréable vallée de la Sarthe via **Solesmes**, **Parcé-sur-Sarthe** et **Noyen-sur-Sarthe**. À Solesmes, les amateurs de **chants grégoriens** et de chants tout court se rendront à l'un des offices de l'abbaye. Autre mélodie au Mans si vous arrivez pendant les Vingt-quatre heures : le vrombissement des moteurs, les cris de la foule, le crissement des pneus, l'odeur d'huile vous viennent à l'esprit… Mais **Le Mans**, ce n'est pas uniquement le sport mécanique. Le Mans est d'abord une Ville d'art et d'histoire, et il y a ici bien des choses à voir, à humer ou à goûter. Avant de pénétrer dans la cathédrale St-Julien, faites une balade dans la Cité Plantagenêt riche de ruelles tortueuses coupées d'escaliers, de maisons à pans de bois, de logis Renaissance et même de gracieux hôtels du 18e s. N'oubliez pas de descendre sur les quais voir l'enceinte romaine au ton rose si caractéristique. La Cité Plantagenêt est animée de boutiques variées et de nombreux restaurants qui vous permettent de faire votre choix pour le déjeuner. L'après-midi vous plonge dans le riche passé de la ville avec la visite du musée d'Histoire et d'Ethnographie (maison de la Reine Bérengère) et le musée de Tessé. L'été, profitez de l'animation des spectacles de rue du « Mans fait son cirque » (juillet) et le soir des projections de « La Nuit des Chimères », qui animent la Cité Plantagenêt.

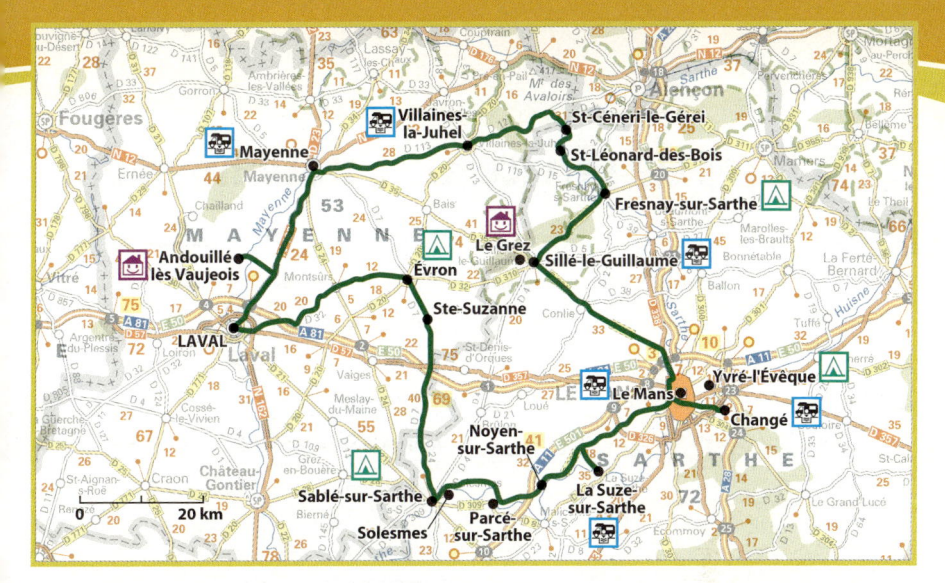

Jour 4

Si ce quatrième jour est un dimanche, vous pouvez flâner au marché des Jacobins, histoire de vous mettre en appétit. Un déjeuner à bord du bateau Le Mans peut vous faire découvrir la Sarthe. L'après-midi pourrait s'achever par une visite à l'**abbaye de l'Épau** (4 km à l'est) ou la découverte du circuit automobile de vitesse et de son musée de l'Automobile de la Sarthe (140 véhicules).

Jour 5

Direction **Sillé-le-Guillaume**. Faites un rapide petit tour de la ville avant de filer pique-niquer et passer l'après-midi dans la **forêt de Sillé**. Au milieu de la forêt, l'étang du Defais est aménagé en base de loisirs. Rejoignez votre étape du soir, **Fresnay-sur-Sarthe**, à 17 km au nord-est.

Jour 6

Au programme de cette journée au grand air, les **Alpes Mancelles** et leurs charmants petits villages, **St-Léonard-des-Bois et St-Céneri-le-Gérei** en tête. Randonnées en vélo ou à pied, canoë-kayak et pêche sur la Sarthe… à vous de choisir. Vous pouvez vous diriger en fin de journée vers **Jublains** (environ quarante kilomètres à l'ouest), votre étape pour la nuit.

Jour 7

Prévoyez 3h pour la visite de **Jublains**. À 12 km, **Mayenne** vous attend pour déjeuner et pour une après-midi sur la Mayenne à bord d'un bateau électrique, ou une randonnée sur le chemin de halage qui rejoint **Laval** au sud.

N° 76 — Pays-de-la-Loire

Aires de **service** & de **stationnement**

Changé

Aire de Changé – Près de la base nautique, r. du Bac – ☏ 02 43 53 20 82 – Ouv. tte l'année – P
Borne raclet. Gratuit.
Stationnement : autorisé
Loisirs : Services :

Le Mans

Aire du Mans – Quai Am.-Lalande – Ouv. tte l'année – P 6.
Borne raclet. Gratuit.
Stationnement : autorisé
Loisirs : Services :
Près du Vieux Mans et au bord de la Sarthe.

Mayenne

Aire de Mayenne – Quai Carnot – ☏ 02 43 30 21 21 – Ouv. tte l'année – P 2.
Borne eurorelais. Gratuit.
Stationnement : 24 h maxi
Loisirs : Services : sèche-linge

Sillé-le-Guillaume

Aire de Sillé-le-Guillaume – Pl. de la Gare – ☏ 02 43 52 15 15 – Ouv. tte l'année – P
Borne raclet.
Stationnement : autorisé..
Loisirs : Services :

La Suze-sur-Sarthe

Aire de la Suze-sur-Sarthe – Au centre-ville – ☏ 02 43 77 30 49 – Ouv. tte l'année – P 10.
Borne eurorelais. Gratuit.
Stationnement : 3 €/j.
Loisirs : Services :
Au bord de la Sarthe.

Villaines-la-Juhel

Aire de l'Étang des Perles de Villaines-la-Juhel – Au site des Perles – Ouv. tte l'année – P 10.
Borne eurorelais. Gratuit.
Stationnement : autorisé
Loisirs : Services :
À Villaines prendre la dir. de Gesvres, à env. 2 km tourner à droite au site des Perles

Campings

Évron

Municipal de la Zone Verte
Bd du Mar.-Juin, sortie O, bd du Maréchal-Juin.
☏ 02 43 01 65 36
camping@evron.fr . www.camping-evron.fr
3 ha (92 empl.)
1 borne eurorelais
Loisirs : parcours sportif
Services :

Fresnay-sur-Sarthe

Municipal Sans Souci
R. du Haut-Ary, 1 km à l'ouest par D 310 rte de Sillé-le-Guillaume.
☏ 02 43 97 32 87
camping-fresnay@wanadoo.fr
De déb. avr. à fin sept. 2 ha (90 empl.)
Tarif (prix 2009) : 9,20 € (2A) – pers. suppl. 2,50 €
Loisirs :
Services :
beaux emplacements délimités en bordure de la Sarthe

Sablé-sur-Sarthe

Municipal de l'Hippodrome
Allée du Québec, sortie S en dir. d'Angers et à gauche, attenant à l'hippodrome.
☏ 02 43 95 42 61
camping@sable-sur-sarthe.fr . www.tourisme.sablesursarthe.fr
De fin mars à déb. oct. 2 ha (84 empl.)
Tarif (prix 2009) : 12,16 € (2A) – pers. suppl. 2,51 €
Loisirs :
Services : sèche-linge

Yvré-l'Évêque

Le Pont Romain
Lieu-dit la Châtaigneraie
☏ 02 43 82 25 39
De déb. mars à fin oct. 2,5 ha (80 empl.)
Tarif : 20 € (2A) – pers. suppl. 3,60 €
14 – 15€
Loisirs :
Services : sèche-linge

Carnet pratique

Haltes chez le **particulier**

Andouillé

La ferme du Theil
Le Theil – Ouv. lun.-jeu. 17h-19h, vend. 14h-19h, sam. 9h-17h
Ouv. tte l'année
P 5.
Cette ferme vous accueille pour vous faire découvrir ses produits cidricoles : cidre du Maine, Pommeau, poiré, vinaigre de cidre et jus de pomme. Visite de l'exploitation, dégustation et vente.

Le Grez

Ferme de La Villière
Lieu-dit La Villière – Ouv. mi-avr.-mi-oct.
P 5.
Adhérente France passion, la ferme pédagogique de La Villière propose la découverte de son activité basée principalement sur l'élevage de moutons. La transformation de la laine vous amènera à découvrir la tonte, le filage et les produits qui en sont issus. Visite guidée et table d'hôtes sur réservation.

Les bonnes **adresses** de Bib

Évron

La Toque des Coëvrons
4 r. des Prés - ☎ 02 43 01 62 16 - fermé 1er-15 mars, 1er-15 août, dim. soir, merc. soir et lun. - 17/32 €.
Le chef de cette aimable adresse, toqué de recettes traditionnelles, mitonne de goûteux petits plats. La jolie salle à manger rustique a été rafraîchie.

Laval

La Braise
4-6 r. de la Trinité - ☎ 02 43 53 21 87 - fermé 1 sem. à Pâques, 1 sem. en août, dim. et lun. - réserv. conseillée - formule déj. 18 € - 17/30 €.
Cette maison du vieux Laval a su se faire une clientèle grâce son plaisant décor de bric et de broc – four à pain, meubles d'épicerie anciens, collection de carafes… sa cuisine concoctée avec les produits du marché, ses brochettes de viandes et de poissons grillées dans la cheminée et son excellent accueil.

Abbaye de la Coudre
R. St-Benoît - ☎ 02 43 02 85 85 - 10h-12h, 14h-17h, dim. et lun. 14h-17h.
La boutique propose les produits fabriqués par les communautés monastiques : le fromage de la Trappe affiné dans les caves voûtées de l'Abbaye, des entremets, confitures, confits de bière et de vin, liqueurs, biscuits, chocolats, miel, nougat, caramels… Espace librairie religieuse, icônes, livres, CD, cassettes.

Le Mans

L'Etna
37 r. des Ponts-Neufs - ☎ 02 43 24 18 28 - fermé dim. et lun. - 20/45 €.
Niché dans une rue piétonne du vieux Mans, ce restaurant italien abrite deux salles, l'une réservée aux pizzas, l'autre aux meilleurs plats de la Botte. Le décor est typique : plafond drapé, tons orangés et petit jardin intérieur. Les viandes sont excellentes.

À la Rouelle de Veau

15 r. du Dr-Leroy - ☎ 02 43 28 30 45 - tlj sf dim. 8h-12h45, 15h-19h15, lun. 8h-12h30 - fermé 1 sem. en juin et 2 sem. en juil.
Dans leur magasin typique des années 1950, M. et Mme Harel proposent des charcuteries traditionnelles maison : boudin noir, andouillette, langue de bœuf, saucisses, rillons, etc. Le produit phare ? Les rillettes, bien sûr, présentées sous forme de pains aux morceaux maigres plus ou moins gros afin de satisfaire les goûts de chacun.

Sablé-sur-Sarthe

La Nouvelle Maison du Sablé
38 r. Raphaël-Elizé - ☎ 02 43 95 01 72 - 9h-12h30, 14h-19h, dim. 10h-13h.
C'est tout le petit monde du sablé qui s'offre à vous dans cette avenante boutique à la façade vert d'eau de style Art déco et aux murs cassis. Le biscuit rond et doré est toujours fabriqué artisanalement selon la recette de 1932 dont la maison est dépositaire.

Croisières Saboliennes
Quai National - ☎ 02 43 95 93 13 - mars-oct.
Les croisières organisées sur le bateau Sablésien II (74 personnes maximum) peuvent être accompagnées d'un repas ou même d'un goûter, et leur durée évolue en fonction du parcours choisi… Une façon originale de découvrir les beaux paysages de la Sarthe.

Sillé-le-Guillaume

Le Bretagne
Pl. de la Croix-d'Or - ☎ 02 43 20 10 10 - fermé fin-juil.-mi-août, 24 déc.-2 janv., sam. midi d'oct. à mars, vend. soir et dim. soir - 16/50 €.
Les diligences ont depuis longtemps déserté cette bâtisse qui leur servait de relais jadis. Cette maison, situé en centre-ville, propose une cuisine simple et bien tournée d'un bon rapport qualité/prix.

N° 77

Pays-de-la-Loire

La **Vendée** et le **Marais poitevin**

*Q*ue privilégier ? **L'histoire** avec la **guerre de Vendée** conduite de 1793 à 1796 contre les armées de la République ? L'écomusée du **Puy-du-Fou** rafraîchira vos souvenirs scolaires et le musée d'histoire de la ville de **Cholet** les approfondira ! **La nature** ? Pour cela, il suffira de vous laisser glisser en barque sur les eaux vertes du **Marais mouillé** ou de le parcourir à pied, le long de prés bordés de saules…

➲ **Départ de Fontenay-le-Comte**
➲ **5 jours 270 km**

Embarquement pour la Venise verte dans le Marais mouillé.

Paysage du Marais poitevin.

Jour 1

Vous ferez assez vite le tour de **Fontenay**, une ville paisible marquée par la Renaissance. Fontenay se trouve entre le **Marais poitevin** et la **forêt de Mervent-Vouvant**. Vous pourrez aller au sud de Fontenay, à **Maillezais** (12 km) pour une balade en barque sur la **Venise verte** dans le **Marais mouillé**. Si la randonnée vous passionne, vous vous aventurerez au nord de Fontenay dans la forêt et visiterez les villages de **Mervent** et de **Vouvant**. De là, poursuivez par le **bocage vendéen**, jusqu'à **Mouilleron-en-Pareds**, patrie de Clemenceau et du maréchal de Lattre. Vous visiterez ainsi le musée des Deux-Victoires. Passez ensuite par **Pouzauges** (moulins) puis arrêtez-vous pour la nuit aux **Herbiers**.

Jour 2

Au château du **Puy-du-Fou**, vous plongerez au cœur d'une aventure historique dont vous apprécierez les différents spectacles. Revenez éventuellement

Le conseil de Bib

▶ N'hésitez pas à vous rendre au Puy-du-Fou : un parking adapté à nos véhicules avec services et stationnement de plusieurs centaines de places est disponible toute l'année.

le soir assister à la fameuse Cinéscénie.

Jour 3

Avant de rejoindre **La Roche-sur-Yon**, faites un petit crochet par **Cholet**. La ville garde en mémoire les terribles guerres vendéennes, leurs massacres et leurs incendies. La première insurrection éclata ainsi sur la place Rougé le 4 mars 1793. La visite du musée d'Art et d'histoire de Cholet vous permettra de comprendre l'histoire de la ville et celle des guerres de Vendée. Un parcours très instructif ! À visiter également, le musée du Textile puisque Cholet est aussi la ville des mouchoirs. Rejoignez ensuite **La Roche-sur-Yon**, qui mêle découverte historique et plaisirs de la plage. Dans cette ville élevée au 19e s., visitez le haras national, et le musée, qui renferme des œuvres de peintres régionaux et d'artistes contemporains. Partez ensuite plein sud sur la route des **moulins de Vendée**, avant un arrêt à **Mareuil-sur-Lay** pour une dégustation des « fiefs vendéens », vins de la région qui gagnent à être connus. Vous êtes tout près de **Luçon** et du **Marais poitevin**, où vous passerez la nuit.

Jour 4

Entrez à **Luçon**, petite ville de Vendée où Richelieu, tout juste nommé évêque, prononça ses premiers prêches. De là, descendez dans le **Marais desséché**, à **Chaillé-les-Marais**. Ancienne île du golfe du Poitou qui domine la plaine autrefois immergée, ce village est le premier à avoir été asséché. Du belvédère (place de l'Église) se dégage une belle vue sur le marais, d'où émergent, sur la gauche, les anciens îlots d'Aisne et du Sableau.

Jour 5

À **St-Denis-du-Payré**, profitez des heures matinales pour observer les oiseaux de la réserve naturelle grâce aux longues-vues proposées. Après la visite de l'abbaye bénédictine de **St-Michel-en-l'Herm**, vous arriverez à **L'Aiguillon-sur-Mer** pour déguster huîtres et moules. À **La Tranche-sur-Mer**, les sportifs pourront hisser la voile et dériver sur une planche, tandis que les amateurs d'histoire partiront pour **St-Vincent-sur-Jard**, petite ville où Clemenceau se retira à la fin de sa vie (visitez sa maison remplie de souvenirs). Continuez le voyage jusqu'aux **Sables-d'Olonne**, la plus grande station balnéaire de Vendée.

Moulin vendéen de Rairé.

Pays-de-la-Loire

N° 77

Aires de service & de stationnement

Fontenay-le-Comte

Aire de Fontenay-le-Comte – *Av. du Gén.-de-Gaulle* – 02 51 53 41 30 – *Ouv. tte l'année* – P
Borne raclet. Gratuit.
Stationnement : autorisé
Loisirs : Services :

La Meilleraie-Tillay

Aire de la Meilleraie-Tillay – *R. des Ombrages* – 02 51 65 82 13 – *Ouv. avr.-oct.* – P 6.
Payant 2 €.
Stationnement : autorisé
Services :

La Roche-sur-Yon

Aire de la Roche-sur-Yon – *Bd d'Italie – Ouv. tte l'année* – P
Borne raclet. Gratuit.
Stationnement : autorisé
Loisirs : Services :
Au bord de l'Yon

La Tranche-sur-Mer

Aire de la Tranche-sur-Mer – *Bd de la Petite-Hollande (derrière la salle omnisport Albert-Barthomé)* – 02 51 30 37 01 – *Ouv. tte l'année* – P 20.
Borne euroservices. Payant 2,50 €.
Stationnement : autorisé
Services :
Près des Floralies

Les Epesses

Aire du Puy-du-Fou – *Parking du Parc du Puy-du-Fou* – *Ouv. tte l'année* – P
Borne artisanale. Payant.
Stationnement : autorisé. 5 €/j.
Services :
Navette gratuite pour le parc d'attractions

Vendrennes

Aire de Vendrennes – *Rte de l'Océan* – 02 51 66 08 22 – *Ouv. mars-oct.* – P 6.
Borne artisanale. Payant 3 €.
Stationnement : autorisé
Loisirs : Services :

Campings

L'Aiguillon-sur-Mer

La Cléroca
La Cléroca, 2,2 km par D 44, rte de Grues.
02 51 27 19 92
camping.lacleroca@wanadoo.fr . www.camping-la-cleroca.com
De déb. juin à mi-sept. 1,5 ha (60 empl.)
Tarif : 24,80 € (2A) – pers. suppl. 4,50 €
borne artisanale – 2 8 € – 8 €
Loisirs : terrain multisports
Services :

Cholet

Centre Touristique Lac de Ribou
Accès : 5 km au sud-est par D 20, rte de Maulevrier et D 600 à dr..
02 41 49 74 30
info@lacderibou.com . www.lacderibou.com
De déb. avr. à fin sept. 5 ha (162 empl.)
Tarif : 22 € (2A) – pers. suppl. 2,65 €
1 borne artisanale 5,25 € – 14 €
Loisirs : nocturne
Services : sèche-linge
à 100 m du lac (accès direct)

Pouzauges

Le Lac
Accès : O : 1,5 km par D 960 bis, rte de Chantonnay et chemin à dr..
02 51 91 37 55
campingpouzauges@tele2.fr . www.campingpouzauges.com
Permanent 1 ha (50 empl.)
Loisirs :
Services :
à 50 m du lac, accès direct

Les Sables-d'Olonne

Les Roses
R. des Roses, à 400 m de la plage.
02 51 33 05 05
info@chadotel.com . www.chadotel.com
De déb. avr. à déb. nov. 3,3 ha (200 empl.)
Tarif : 31 € (2A) – pers. suppl. 5,80 €
– 80 31 €
Loisirs :
Services : sèche-linge

Carnet pratique

Haltes chez le **particulier**

Beaulieu-sous-la-Roche

Helix Gourmet
Lieu-dit L'Augisière – ℘ 02 51 98 22 54 – Mars-déc. vend. 10h-18h, juil.-août : visite lun. et vend.
P 4.
Au cœur du bocage vendéen, cette ferme d'héliciculture produit des escargots « Helix Aspersa ». Escargots cuisinés en frais ou en bocaux. Visite de l'exploitation et vente sur place.

Rosnay

Domaine de la Vieille Riboulerie
Le Plessis – ℘ 02 51 30 59 54 – Lun.-sam. 8h-12h, 14h-19h Ouv. tte l'année
P 3.
Le domaine de la Vieille Riboulerie s'étend sur 18 ha de vignes. Il produit des vins des Fiefs vendéens, du Mareuil blanc et Mareuil rosé. Dégustation et vente dans la cave spécialement aménagée pour les visiteurs.

Les bonnes **adresses** de Bib

Cholet

Les Halles Couvertes
℘ 06 74 97 87 24 - tlj sf dim. et lun. 6h-13h30.
Du fleuriste à l'épicerie fine, en passant par les classiques des marchés (boucherie, triperie, poissonnerie, primeurs, produits italiens…), on trouve tous les commerces sous ces halles couvertes. C'est un vrai plaisir de flâner, de goûter ici un fruit, là un morceau de charcuterie, tout en échangeant quelques mots au détour d'un étal.

Fontenay-le-Comte

Le Capt'ain
35 r. du Port - ℘ 02 51 69 02 10 - lecaptain.sm@wanadoo.fr - fermé 2 sem. en fév. et déb. août, dim. et j. fériés - 9,50/25 €.
Les habitants de la région connaissent bien cette brasserie au sage décor marin (filets de pêche suspendus au plafond) et savent que les spécialités de brochettes – viandes ou poissons – sont complétées, en saison, par plus de vingt recettes de moules, proposées à des prix défiant toute concurrence !

La Roche-sur-Yon

St-Charles
38 r. de Gaulle - ℘ 02 51 47 71 37 - mail@restaurant-stcharles.com - fermé 3 sem. fin juil.-déb. août, sam. midi, lun. soir et dim. - 18/35 €.
Décor évoquant la Nouvelle-Orléans et ambiance jazz caractérisent cette petite adresse « branchée » du centre-ville, où sont parfois organisés des concerts. La cuisine, au goût du jour, est sensible au rythme des saisons. En été, quelques tables sont dressées à l'extérieur.

Les Halles
R. des Halles - ℘ 02 51 47 47 47 - mairie@ville-larochesuryon.fr - tlj sf dim. et lun. 8h-12h30.
Ces halles modernes se répartissent sur deux niveaux. Vous trouverez au rez-de-chaussée les 13 poissonniers et marchands de crustacés, qui s'approvisionnent à la criée des Sables-d'Olonne et, au sous-sol, tous les autres commerces alimentaires : primeurs, bouchers, charcutiers, boulangers, etc.

Les Sables-d'Olonne

L'Affiche
21 quai Guinée - ℘ 02 51 95 34 74 - fermé janv., dim. soir et lun. - 14/31 €.
Vous ne pourrez pas rater ce petit restaurant sur le port de pêche : sa façade jaune soleil est lumineuse ! Son décor simple est soigné et la carte variée, avec évidemment une dominante de poissons et fruits de mer.

La Poissonnerie Pilote
Quai Franqueville - juil.-août : 7h30-12h30, 14h-19h30 ; dim. 7h30-12h30 ; sept.-juin : lun.-sam. : 7h30-12h30, 14h-19h.
À peine sortis des bateaux, poissons, coquillages et crustacés sont en vente sur les étals de ces marchands regroupés sur l'un des quais du port de pêche. Il ne vous reste plus qu'à mitonner tout cela et à se régaler.

Le Kifanlo-Organisme de Culture, d'Étude et d'Action Maritimes
48 r. Parisse - ℘ 02 51 95 53 11 - inscription à l'Office du tourisme ; horaires selon marées.
Ce superbe chalutier typiquement sablais, construit en 1955 et classé en 1981, est capable d'embarquer 12 personnes pour des stages de découverte du milieu marin (classes de mer, découvertes ornithologiques, clubs de plongée, etc.).

Vouvant

Auberge de Maître Pannetier
8 pl. du Corps-de-Garde - ℘ 02 51 00 80 12 - www.maitre-pannetier.com - fermé 15 déc.-15 janv. - 12/30 €.
Adresse pratique pour une étape dans ce village médiéval. La salle à manger située au rez-de-chaussée offre un cadre rustique ; celles aménagées dans la cave voûtée accueillent des petits repas privés. Cuisine au registre traditionnel.

N° 78 — Pays-de-la-Loire

Sur les pas des **gabelous**

Les **marais salants** forment un immense quadrillage délimité par de petits talus de terre argileuse. À **Guérande** et **Noirmoutier**, pour le plus grand plaisir de nos papilles, les paludiers ont repris les grands râteaux plats pour écumer le sel blanc à la surface puis reformer les caractéristiques **mulons**. Sur les pas des gabelous, vous rencontrerez aussi **Nantes**, une ville riche en art et en chlorophylle !

➲ **Départ de Saint-Gilles-Croix-de-Vie**
➲ **6 jours**
260 km

Saunier collectant le sel.

Jour 1

St-Gilles est un actif port de pêche de la côte vendéenne. Les bateaux multicolores sont amarrés, prêts à partir pour la pêche à la sardine, au homard et au thon. Quittez St-Gilles en direction du nord, en longeant le front de mer et une partie de la **forêt des Pays de Monts** jusqu'à la station balnéaire de **St-Jean-de-Monts**. Dotée d'immenses plages de sable, cette station est idéale pour des vacances familiales. Déjeunez dans l'un des agréables restaurants de St-Jean. Pour gagner ensuite **Noirmoutier**, renseignez-vous sur les horaires des marées afin d'emprunter à l'aller ou au retour l'étonnant **passage du Gois**. Sur cette île où règne une atmosphère de bout du monde, vous humerez les mimosas et retrouverez le geste ancestral du saunier.

Jour 2

Après avoir passé la nuit sur l'île, regagnez le continent pour partir à la découverte de **Pornic** et de la **Côte de Jade**. Rendez-vous jusqu'à la pointe rocheuse de **St-Gildas**. Profitez encore de la côte pour déjeuner, puis gagnez l'intérieur des terres pour visiter la Planète sauvage, un parc animalier inspiré des safaris. À **St-Philbert-de-Grand-Lieu**, la Maison du lac vous dévoilera tout sur les oiseaux de la réserve naturelle du lac. Enfin, amateurs de

La pointe de St-Gildas.

canards et poulets noirs, **Challans**, au sud, vous attend avant de rejoindre **Nantes**.

Jours 3 & 4

Pour bien débuter la découverte de **Nantes**, commencez par la cathédrale et ses gisants, puis gagnez le château et ses douves herbeuses. Vous voici dès le départ au cœur de l'histoire nantaise. Poursuivez en flânant dans les rues qui entourent Ste-Croix, un quartier sympathique où vous ne tarderez pas à repérer un endroit où déjeuner en plein air. Pour la promenade digestive, direction l'ancienne île Feydeau et ses hôtels d'armateurs. Et si c'est samedi, un brin de lèche-vitrine sera un doux prétexte à visiter les alentours de la place Royale, dont le beau passage Pommeraye aux nombreuses boutiques. Si le soleil frappe un peu, vous terminerez votre balade du côté des terrasses de la place du Commerce, à moins que vous ne préfériez visiter le musée Dobrée ou les ombrages du distingué cours Cambronne. Après une bonne nuit, saisissez la fraîcheur matinale pour découvrir les splendeurs du musée des Beaux-Arts. Pour le déjeuner, gagnez la gare

Le conseil de Bib

▶ Pour un séjour à Nantes, faites halte au camping « le Petit Port ». Arrêt du tramway pour le centre-ville devant l'entrée.

fluviale pour une croisière sur l'Erdre. Consacrez le reste de votre après-midi à la visite d'un musée (Jules-Verne, Maillé-Brézé, Muséum d'histoire naturelle) ou au farniente dans le jardin des Plantes, assurément un des plus riches du pays.

Jour 5

En route pour **La Baule**, n'hésitez pas à vous arrêter à **St-Nazaire** pour vous plonger dans l'ambiance des paquebots de croisière de l'Escal'Atlantic. Montez également sur les toits de l'ancienne base sous-marine pour contempler l'ensemble du bassin de St-Nazaire. **Les plages de La Baule ou du Pouliguen** vous attendent pour le reste de la journée. Terminez celle-ci par une promenade au coucher du soleil, le long de la côte sauvage, jusqu'à **Batz-sur-Mer**.

Jour 6

Placée sous le signe du sel, cette journée commence par un rendez-vous avec un paludier de « Terre et Sel », à **Pradel**. Il vous fera découvrir les marais salants de la **presqu'île de Guérande**. Arrangez-vous pour déjeuner dans la cité du même nom et flânez dans sa ville close. Les sentiers de découverte du **Parc naturel régional de la Grande Brière** occuperont ensuite tout votre après-midi (possibilité de balades équestres ou en chaland).

N° 78 Pays-de-la-Loire

Aires de service & de stationnement

Challans
Aire de Challans – *Bd de Ceinture – Ouv. tte l'année – P 15.*
Borne artisanale. Gratuit.
Stationnement : autorisé
Services :
Ancienne caserne des pompiers

L'Herbaudière
Aire de l'Herbaudière – *Pl. Roger-Ganachaud – 02 51 35 99 99 – Ouv. tte l'année – P 15.*
Borne raclet. Payant 2 €.
Stationnement : 7 €/j.
Loisirs : Services : sèche-linge
Bordure de plage

Paimbœuf
Aire de Paimbœuf – *Quai Sadi-Carnot – 02 40 27 50 50 – Ouv. tte l'année – P 6.*
Borne artisanale. Gratuit.
Stationnement : 48 h maxi
Loisirs : Services :

Piriac-sur-Mer
Aire de Piriac-sur-Mer – *Lieu-dit Le Lérat – 02 40 23 50 19 – Ouv. tte l'année – P 30.*
Payant 5 €.
Stationnement : 48 h maxi
Loisirs : Services : sèche-linge

Saint-Gilles-Croix-de-Vie
Aire de Saint-Gilles-Croix-de-Vie – *R. Rabalette – 02 51 55 79 75 – Ouv. tte l'année – P 35.*
Borne artisanale. Payant.
Stationnement : 72 h maxi
Loisirs : Services :

La Turballe
Aire de la Turballe – *Bd de la Grande-Falaise – 02 40 11 88 00 – Ouv. tte l'année – P 6.*
Borne flot bleu. Gratuit.
Stationnement : autorisé
Loisirs :
Près du camping municipal Les Chardons Bleus.

Campings

Nantes
Le Petit Port
21, bd du Petit-Port, bord du Cens.
02 40 74 47 94
Permanent 8 ha (200 empl.)
Tarif (prix 2009) : 3,80 € 2,65 € 9,40 € – (16A) 3,80 €
– 13,5 €
Loisirs :
Services : sèche-linge

Noirmoutier-en-l'Île
Municipal le Clair Matin
Accès : à 200 m de la plage des Sableaux.
02 51 39 05 56
Déb. avr. à Toussaint 6,5 ha (276 empl.)
Tarif (prix 2009) : 18,75 € (10A) – pers. suppl. 2,90 €
1 borne artisanale
Loisirs :
Services : (été)

Le Pouliguen
Municipal les Mouettes
45, bd de l'Atlantique.
02 40 42 43 98
De fin mars à fin oct. 4,7 ha (220 empl.)
Tarif (prix 2009) : 17,10 € (2A) – pers. suppl. 4,40 €
borne eurorelais 2 €
Loisirs :
Services : (juil.-août)

Sion-sur-l'Océan
Municipal de Sion
Av. de la forêt.
02 51 54 34 23
De déb. avr. à fin oct. 3 ha (173 empl.)
Tarif (prix 2009) : 28,30 € (2A) – pers. suppl. 5,60 €
– 20 10,10 € – 13,6 €
Loisirs :
Services :
à 350 m de la plage (accès direct)

Carnet pratique

Haltes chez le **particulier**

Givrand

L'auberge du Rocher
Chemin des Landes - Le Rocher – 📞 *02 51 54 59 04 – Ouv. tlj sf dim. soir*
Fermé janv.
🅿 *5. Stationnement : 24h maxi.*
Auberge au cadre agréable où les repas sont servis dans une salle à manger au style rustique. On y sert une cuisine typiquement vendéenne. Anguilles et cuisses de grenouilles, grillées de mojettes, cassolettes de la mer et caillebotes sont les plats les plus appréciés.

Saint-Étienne-du-Bois

Domaine des Îles
Chemin des Îles – Merc.-vend. 18h30-20h, sam. 8h-12h
Ouv. tte l'année
🅿 *5.*
Installé depuis 1985, Pierre Pénisson et ses fils sont réputés dans le Nord-Vendée pour la qualité de leurs vins. Ils exploitent un domaine de 55 ha dont ils produisent différents vins (gros plant, muscadet, grolleau rosé, pinot d'Aunis et pétillant des îles). Visite guidée du vignoble et de la cave, tous les mardis après midi en juillet et août.

Les bonnes **adresses** de Bib

Challans

Les Halles
📞 *02 51 49 79 74 - mar. mat., vend. mat. et sam. mat.*
Plus de 300 commerçants installés sous les belles halles contemporaines (1982) et alentour : ce marché est le plus fréquenté de Vendée le mardi. On y rencontre une très forte majorité de producteurs, dont des poissonniers, des boulangers, des pâtissiers, des charcutiers, des fromagers, des volaillers et tant d'autres.

Nantes

Le Bistrot des Enfants Terribles
4 r. Fénelon - 📞 *02 40 47 00 38 - fermé sam. midi, dim. et lun. - réserv. conseillée - 12/38 €.*
Restaurant « cosy » et convivial, salle agrémentée de cheminées des 16e et 17e s., de miroirs et de banquettes. Madame sert tandis que Monsieur officie derrière les fourneaux, pour le plus grand plaisir des clients. Ses joues de cochon caramélisées aux graines de sésame, ses terrines maison et ses Saint-Jacques à la sauce morille sont absolument délicieux.

Debotté-Gautier
9 r. de la Fosse - 📞 *02 40 48 23 19 - tlj sf dim. et lun. 9h-19h15.*
Magnifique chocolaterie, datant de 1850, et classée monument historique. Gourmands de tous les pays, salivez devant les macarons, les berlingots nantais ou les vieux pavés… La brûlerie d'à côté appartient au même propriétaire.

Bateaux Nantais
Quai de la Motte-Rouge - 📞 *02 40 14 51 14 - tlj 9h-23h.*
Découvrez l'Erdre, « la plus belle des rivières de France » selon François 1er, à bord de ces bateaux panoramiques à l'occasion d'un déjeuner ou d'un dîner. La nuit, sous le feu des projecteurs, la promenade revêt un caractère féerique.

Noirmoutier-en-l'Île

Coopérative Agricole de Noirmoutier
Rte du Champ-Pierreux - Le Petit Chessé - 📞 *02 51 35 76 76 - coop-noirmoutier@terre-net.fr - tlj sf dim. 9h-12h, 14h-18h, sam. 9h-12h - fermé 12 nov.-mars.*
Ici, les stars restent les pommes de terre : on cultive un grand nombre de variétés telles la sirtema, la rarissime bonnotte, la lady christ, l'aminca, la roseval ou la charlotte. La coopérative vend également fleur de sel, salicornes et mogettes de Vendée, sans oublier les chips noirmoutrines que les enfants adorent.

Pornic

La Fraiseraie
ZI Les Terres-Jarries - 📞 *02 40 82 08 21 - www.lafraiseraie.com – d'avr. à oct. : tlj sf dim. 9h-12h30, 14h30-19h ; magasin ouv. sur le port en sais. estivale : 9h-21h30.*
De mi-mai à mi-août, les particuliers viennent cueillir les fraises sur le site de production. Le reste de l'année, ils dégustent sorbets, confitures et sirops issus de la transformation du fruit, disponibles sur place ou dans l'une des sept boutiques de la région (à Pornic, salon de thé-crêperie pl. du Petit-Nice). En été, possibilité de visite des ateliers de confiture.

St-Gilles-Croix-de-Vie

La Crêperie
4 r. Gautté - 📞 *02 51 55 02 77 - fermé 7-21 mars, 3-16 oct., lun. hors sais. sf vac. scol. - 9,90 €.*
La façade est un peu austère, mais l'intérieur de cette maison du 17e s. est joli et chaleureux : tomettes anciennes, tables en bois, chaises en fer forgé, voiles, cordages et tableaux contemporains. En cuisine, la pâte est battue à la main et les galettes préparées sous vos yeux. Agréable terrasse abritée à l'arrière.

Picardie

N° 79

Vallées **picardes**, entre **Amiens** et la côte

Amiens, la baie de Somme et le **parc du Marquenterre, Le Touquet-Paris-Plage** : cette escapade en Picardie est variée. Elle vous convie à la découverte de l'une des plus vastes cathédrales gothiques, vous engage à observer des milliers d'oiseaux migrateurs, des chevaux Henson, des phoques veaux marins, et vous somme de vous poser dans une station balnéaire très chic avant de repartir explorer la **vallée de l'Authie**. Patrimoine, nature, détente et plateaux de fruits de mer…

➲ Départ d'Amiens
➲ 7 jours
350 km

La baie de Somme depuis le petit port du Crotoy.

Jours 1 & 2

Commencez votre immersion en Picardie par **Amiens** et sa cathédrale gothique, un des plus vastes édifices gothiques jamais élevés ! Elle pourrait contenir en effet deux fois Notre-Dame-de-Paris. Vous flânerez ensuite dans les rues piétonnes du centre-ville où vous remarquerez entre autres la maison du Sagittaire, le baillage et le beffroi. Après le déjeuner, complété par des **macarons**, la spécialité de la ville, gagnez les **hortillonnages**, que vous découvrirez en barque. Le soir, appréciez la gastronomie picarde dans un restaurant du cru, puis assistez à une pièce de théâtre à la comédie de Picardie. Ne manquez pas, en saison, les illuminations de la cathédrale. Le lendemain, visitez le jardin archéologique de Saint-Acheul, puis déambulez dans le quartier Saint-Leu où vous pourrez assister à un spectacle de marionnettes. Rejoignez ensuite la maison de Jules Verne ou le musée de Picardie (archéologie, art médiéval, peinture), selon vos goûts. Terminez par le parc zoologique.

Jour 3

D'Amiens, gagnez le **parc préhistorique de Samara**, puis longez la Somme jusqu'à **Long**. Traversez ensuite le fleuve pour rejoindre **Saint-Riquier** et

358

découvrir sa magnifique église gothique. Vers l'ouest, découvrez **Abbeville**, sa collégiale Saint-Wulfran et son musée Boucher-de-Perthes. Traversez le Vimeu pour atteindre la petite station d'**Ault** et ses falaises escarpées, sur la côte. Remontez ensuite vers le nord, par **Cayeux-sur-Mer** et la Maison de l'oiseau et de la baie de Somme, jusqu'à **Saint-Valery**, où vous trouverez facilement à faire étape.

Jour 4
Le matin, appréciez l'ambiance du port de **Saint-Valery-sur-Somme**, la digue-promenade et la ville haute. Après déjeuner, faites le tour de la **baie de Somme**, jusqu'au petit port du **Crotoy**. Prolongez jusqu'au **parc du Marquenterre**, grande réserve ornithologique.

Jour 5
Dans le Ponthieu, appréciez **Crécy-en-Ponthieu** et sa forêt, puis rejoignez la **vallée de l'Authie**, plus au nord, pour visiter l'abbaye et les jardins de **Valloires**. Après un rapide passage à **Berck**, poursuivez vers **Le Touquet-Paris-Plage**, station élégante et boisée, pour profiter de la plage en fin d'après-midi. Ambiance « vacances » garantie pour cette étape au Touquet : plages, dunes, vent, forêt de pins, randonnées, balades architecturales, sorties élégantes, casino, char à voile, speedsail. La gamme d'activités nautiques, sportives et de détente est large et les enfants sont particulièrement gâtés (Aqualud, clubs de plage, et parc de Bagatelle à 10 km). Le calendrier des festivités est chargé en toute saison. Ne partez pas sans avoir dégusté la fameuse **soupe de poisson** du Touquet.

Jour 6
Du Touquet, remontez le paisible cours de la Canche jusqu'à **Montreuil-sur-Mer**, où de succulentes tables vous attendent. Dans l'après-midi, continuez votre chemin via Hesdin et Frévent, puis retrouvez l'Authie à **Doullens**.

Jour 7
Partez de Doullens dans la matinée pour découvrir les **grottes-refuges de Naours**. Après la pause déjeuner, continuez vers le sud pour visiter le **château de Bertangles** et revenir ensuite à Amiens.

Petit aperçu de la faune du parc du Marquenterre : oiseaux et chevaux Henson.

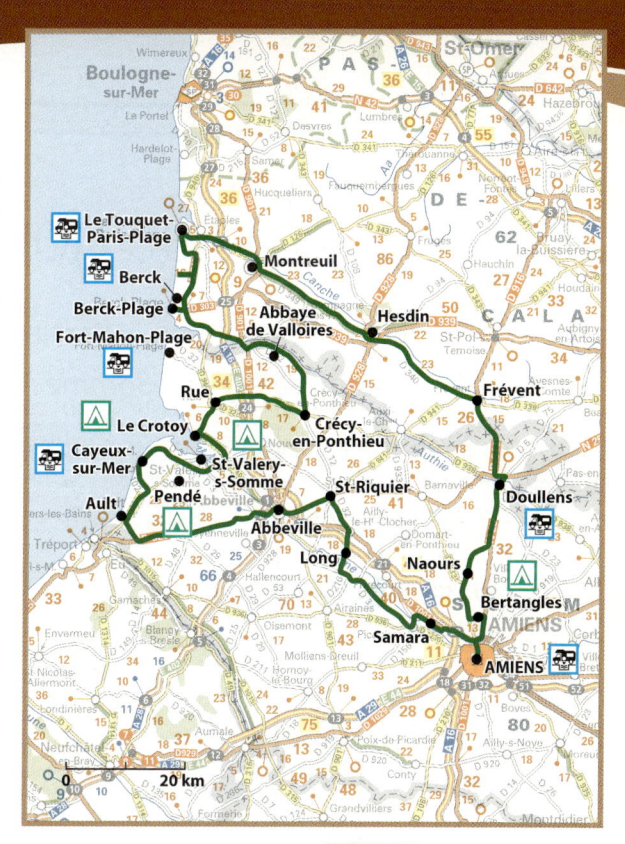

Picardie

Une Voie Verte au goût de sel

➲ **Du Crotoy à Saint-Valery-sur-Somme : 24 km**

Du Crotoy à Saint-Valery-sur-Somme, voici une occasion rare et tonique de vous dégourdir les jambes : une piste cyclable de 24 km vous entraîne de la plage célèbre où Blériot effectua ses premiers décollages, jusqu'à la pointe du Hourdel. Entre les deux, un passage insolite dans l'univers vivifiant des mollières, les prés-salés picards.

La piste n'est pas réduite, sachez-le, au seul cadre de la baie. Vers le nord, elle conduit aux portes du fameux parc ornithologique du Marquenterre et, depuis peu, jusqu'à Fort-Mahon, une dizaine de kilomètres plus haut. Vers le sud, elle poursuivra bientôt sa route jusqu'à Cayeux et Ault pour faire, à terme, sa jonction avec la Seine-Maritime voisine…

Le plus singulier, le plus valorisant tronçon du réseau cyclable de la baie est à l'évidence celui qui, au départ du port du Crotoy, vous emmènera observer sans vous mouiller les prairies submersibles qui forment l'essentiel du delta picard. Au cours des premiers kilomètres, vous évoluerez alors sur un étrange territoire, fait de champs de salicorne brouté par des moutons tout terrain, sillonné de petites rivières salées, truffé, surtout, d'une multitude – deux cents, dit-on – de huttes de chasse au canard quasi-

Échappées belles

ment insoupçonnables. Dissimulées dans le sol à marée basse, elles n'émergent, à marée montante, que parce qu'elles sont bâties comme de gros flotteurs.

La piste amorce ensuite une grande courbe qui, pour quelques kilomètres, fera perdre de vue la baie. On la retrouve heureusement dès les abords de Saint-Valery, avant et après le franchissement du canal de la Somme. De là, une piste cyclable remonte d'ailleurs jusqu'à Abbeville.

Changement d'univers, en effet, avec la traversée du port de plaisance, puis tout au long de la digue-promenade de Saint-Valery. Il faudra attendre la sortie de la station pour retrouver, sur piste asphaltée cette fois, l'univers particulier de la baie. Halte recommandée à la passionnante Maison de l'Oiseau : elle vous dira tout sur les espèces qui nichent ou qui transitent par ces lieux. Façon de boucler la boucle, il ne vous restera plus, ensuite, qu'à rejoindre la pointe du Hourdel fermant la partie sud de l'estuaire. Là, et notamment sur le bord de la véloroute menant à Cayeux, peut-être aurez-vous le privilège de déceler à l'œil nu quelques-uns des phoques (une centaine) qui occupent les bancs de sable du large.

Sauf récupération automobile à cet endroit, il faudra bien revenir au moins sur Saint-Valery. Profitez-en pour visiter, là-haut, la vieille ville et ses reliques médiévales : la porte fortifiée sous laquelle passa Jeanne d'Arc, prisonnière des Anglais, en route pour son bûcher de Rouen. Avec un peu de chance et un zeste d'anticipation, vous pourriez même, après cela, retourner au Crotoy par la voie ferrée touristique que vous avez dû apercevoir à l'aller ! Le petit train à vapeur qui, aux beaux jours, assure le tour de la baie ne devrait pas refuser d'embarquer vos montures.

Au milieu de la baie de Somme

N° 79 Picardie

Aires de service & de stationnement

Amiens

Aire du Parc des Cygnes – 111, av. des Cygnes – 03 22 43 29 28 – Ouv. avr.-oct., 30 nov.-23 déc. – P 5.
Stationnement : 24h maxi. 11 €/j.
Services :
Aire du camping, accès au centre-ville par le chemin de halage ou par bus.

Berck-Plage

Aire de Berck – Accès plage sud – Ouv. tte l'année – P 40.
Borne artisanale. Gratuit.
Stationnement : autorisé
Loisirs : Services :
Plage à 100 m.

Cayeux-sur-Mer

Aire de Cayeux-sur-Mer – R. Faidherbe – Ouv. tte l'année – P 30.
Payant 3 €.
Stationnement : 24h maxi.. 5 €/j.
Loisirs : Services :

Doullens

Aire de Doullens – R. du Pont-à-l'Avoin – Ouv. tte l'année – P 4.
Borne artisanale. Gratuit.
Stationnement : autorisé
Services :

Fort-Mahon-Plage

Aire de Fort-Mahon-Plage – Centre-ville, proche de la plage – Ouv. tte l'année – P 50.
Gratuit.
Stationnement : 7 €/j.
Loisirs : Services :

Le Touquet-Paris-Plage

Aire du Touquet – Parking du Club nautique, à l'estuaire de la Canche – Ouv. tte l'année – P
Borne eurorelais. Payant 2 €.
Stationnement : 6.50 €/j.
Loisirs : Services :
Navette pour le centre-ville.

Campings

Bertangles

Le Château
R. du Château.
03 60 65 68 36 et 03 22 93 68
camping@chateaubertangles.com . http://www.chateaubertangles.com
De fin avr. à déb. sept. 0,7 ha (33 empl.)
Tarif : 3,65 € 2,50 € 3,70 € – (6A) 3 €
Loisirs :
Services :
Dans un verger, près du château

Le Crotoy

Les Aubépines
800 r. de la Maye, 4 km au N par rte de St-Quentin-en-Tourmont et chemin à gauche.
03 22 27 01 34
contact@camping-lesaubepines.com.www.camping-lesaubepines.com
De déb. avr. à fin oct. 2,5 ha (196 empl.)
Tarif : 29,50 € (10A) – pers. suppl. 5,50 €
Loisirs :
Services :

Pendé

La Baie
R. de la Baie, 2 km au N, à Routhiauville, r. de la Baie.
03 22 60 72 72
Avr.-15 oct. (107 empl.)
Tarif : 15,50 € (6A) – pers. suppl. 3,30 €
Loisirs :
Services :

Saint-Valéry-sur-Somme

Le Walric
Rte d'Eu, sortie O par D 3, rte d'Eu.
03 22 26 81 97
info@campinglewalric.com . www.campinglewalric.com
De déb. avr. à déb. nov. 5,8 ha (263 empl.)
Tarif (prix 2008) : 28,50 € (6A) – pers. suppl. 7 €

Loisirs : snack
Services : sèche-linge

Les bonnes **adresses** de Bib

Amiens

La Queue de Vache
51 quai Bélu - ☎ 03 22 91 38 91 - fermé lun. - 7,50/15,80 €.
Au rez-de-chaussée, un sympathique bar à vins et quelques tables. À l'étage, salle de restaurant chaleureusement décorée de publicités et d'affiches anciennes, et réchauffée l'hiver par un feu de cheminée. Terrasse au bord de la Somme. Restauration simple. Concert de jazz le 1er mardi de chaque mois.

Marché sur l'eau
Les maraîchers des hortillonnages, aussi appelé hortillons, vendent leurs produits chaque sam. mat., pl. Parmentier. Une fois par an, le 3e dim. de juin, le marché se déroule comme autrefois. Les hortillons, en costumes, arrivent dans leur barque traditionnelle à fond plat, pour déposer et vendre leurs fleurs et leurs légumes à quai.

Atelier de Jean-Pierre Facquier
67 r. du Don - ☎ 03 22 92 49 52 ou 03 22 39 21 74 - tlj sf dim. 14h-18h30, sam. 10h-12h, 14h-18h - fermé 1 sem. en été.
M. Facquier donne vie, devant vous, à des personnages traditionnels ou à des créations, faits de morceaux de bois, et joue parfois avec leurs formes. Habillée par sa femme dans des tissus choisis avec soin, chaque pièce, unique, est un bijou d'artisanat.

Abbeville

L'Escale en Picardie
15 r. des Teinturiers - ☎ 03 22 24 21 51 - fermé vac. de fév., 17 août-4 sept., dim. soir, jeu. soir, lun. et soirs j. fériés - 21/70 €.
Voilà l'escale idéale pour déguster poissons et fruits de mer ! Ici tout est bien frais, préparé avec soin et servi avec beaucoup de gentillesse. Au coin du feu, vous apprécierez cette petite halte gourmande avant de repartir sur les routes.

Cayeux-sur-Mer

Le Parc aux Huîtres
Le Hourdel - ☎ 03 22 26 61 20 - www.leparcauxhuitres.com - fermé 2 sem. en janv., mar. et merc. en hiver - 13,60/32 €.
Rien de tel que cette petite adresse pour vous régaler de fruits de mer et de poissons. Toutes les tables bénéficient de la vue sur le port de pêche du Hourdel et le va-et-vient des petits chalutiers.

Berck-sur-Mer

La Verrière
Pl. du 18-Juin, à Berck-Plage - ☎ 03 21 84 27 25 - 20/50 €.
Cet élégant restaurant a pris ses quartiers dans l'ancienne gare routière de la ville. Avec ses baies vitrées et sa cuisine ouverte, il joue la transparence. Sa carte au goût du jour vous permettra de découvrir de nouvelles saveurs. En sortant, les joueurs pourront aller au casino.

Le Succès Berckois
31 r. Carnot - ☎ 03 21 09 61 30 - www.succesberckois.com - tlj sf lun. mat. et merc. 9h30-12h30, 14h30-19h ; nocturnes en juil.-août - fermé 1 sem. en fév. et 1 sem. vac. de la Toussaint.
Cette maison familiale fabrique toujours artisanalement berlingots et sucettes. Également, un espace de découverte pour tout savoir sur le sucre : fabrication devant le client, vidéo, expositions thématiques, présentation de sculptures en sucre, documentation, etc.

Le Crotoy

La Marinière
27 r. de la Porte-du-Pont - ☎ 03 22 19 13 93 - fermé 10 janv.-3 fév. - réserv. conseillée - 12/35 €.
Sympathique restaurant situé dans une rue commerçante de la station. En cuisine, le chef mitonne produits de la mer et bons petits plats aux accents régionaux.

Centre équestre Le Val de Selle
5 r. des Jardins - ☎ 03 22 27 79 15
Promenades à cheval en bord de mer (de 1h à 3h) et randonnées équestres accompagnées à la journée.

Le Touquet-Paris-Plage

Aux Cours des Halles
112 r. de Metz - ☎ 03 21 05 00 83 - tlj sf merc. (sf vac. scol.) 7h-13h, 15h-20h - fermé janv.
La diversité et la fraîcheur des produits sont les points forts de ce marchand de primeurs qui va chercher ses fruits et légumes trois fois par semaine au M.I.N. de l'Homme, cousin nordique du marché de Rungis. Outre les particuliers, il fournit quelque 270 restaurants de la région : quel meilleur gage de qualité ?

Centre de Char à Voile
Base nautique Sud - front de mer - ☎ 03 21 05 33 51 - 10h-12h, 14h-17h.
La belle plage du Touquet est un terrain idéal pour découvrir ce sport surprenant sur plus de 15 km de sable fin. Vous bénéficierez des conseils de Bertrand Lambert, quintuple champion du monde et recordman de vitesse (151,55 km/h).

St-Valéry-sur-Somme

Club de kayak de mer et de va'a de la Baie des Phoques
23 r. de la Ferté - ☎ 03 22 60 08 44 ou 06 08 46 53 34 - http://baiedesphoques.org - fermé nov.-mars - 18 à 50 €.
Accessibles à tous, randonnées en kayak ou en pirogue, accompagnées par un moniteur. Découverte de la baie de Somme et des phoques.

N° 80 — Picardie

Le temps des **cathédrales**

C'est en **Picardie** que l'**art gothique** a pris son essor et sa démesure. À **Soissons**, **Laon**, **Noyon**, vous allez découvrir parmi les plus belles cathédrales. Commencées il y a plus de 800 ans, ces réalisations aux **dimensions époustouflantes**, constituèrent une révolution architecturale et des prodiges de technologie. Mais que tant de grandeur ne vous tétanise pas pour autant !

➲ **Départ de Compiègne**
➲ **6 jours**
300 km

Compiègne Château de Pierrefonds.

La chambre Napoléon Ier, château de Compiègne.

Jour 1

Compiègne, capitale impériale, vous ouvre les portes de son imposant palais, à l'intérieur duquel vous pourrez visiter les **appartements historiques**, le musée du Second Empire et le musée de la Voiture et du Tourisme. Baladez-vous ensuite dans la ville et entrez dans le musée de la Figurine historique. Plus tard, mêlez la nature et l'histoire en sillonnant la vaste **forêt de Compiègne**. La clairière de l'Armistice abrite le célèbre wagon du maréchal Foch. Mille possibilités de randonnées sont offertes. Le soir, la généreuse table compiégnoise saura vous rassasier.

Jour 2

Poursuivez vers le nord jusqu'à l'**abbaye d'Ourscamp**s, fondée en 1129 par les Cisterciens. La vie monastique s'y perpétue depuis le 17e s. Puis partez en direction de **Noyon**, patrie de Jean Calvin, à qui est dédié un musée. Vous visiterez la cathédrale, la plus ancienne des cathédrales gothiques, bâtie au 12e s. Et si c'est la

Le conseil de Bib

➲ Une grande brocante a lieu à Compiègne, le dernier dimanche du mois, cours Guynemer, au bord de l'Oise.

saison, vous profiterez des fruits rouges dont Noyon est la capitale ! Reprenez la route vers **Coucy-le-Château-Auffrique**, superbe cité fortifiée qui vous replonge dans l'ambiance médiévale grâce aux ruines de son imposant château. En été, ne manquez pas le son et lumière, les vendredi et samedi soirs.

Jour 3

Profitez de la matinée pour découvrir la giboyeuse forêt de **Saint-Gobain** et les édifices qui s'y cachent ou qui la bordent : l'église de Septvaux, le prieuré fortifié du Tortoir, l'abbaye de Prémontré. Ralliez ensuite **Laon** pour déjeuner. La cathédrale se dresse avec ses cinq tours ornées de colossales figures de bœufs. Vous apprécierez sa visite. L'abbaye St-Martin et la chapelle des Templiers, les portes fortifiées et les rempart méritent également d'être vus.

Jour 4

Direction le sud-est jusqu'à **Corbeny**, d'où vous partirez découvrir le **Chemin des Dames**, enjeu de terribles combats durant la Première Guerre mondiale. Voyez la caverne du Dragon et le fort de la Malmaison, puis dirigez-vous vers **Soissons**, où vous visiterez la cathédrale et l'**ancienne abbaye Saint-Jean-des-Vignes**.

Jour 5

Le matin est consacré à la découverte du donjon de **Septmonts** (6 km au sud de Soissons), de **Braine**, puis de **Fère-en-Tardenois**, aux confins de la Champagne. Faites une escapade à **Chateau-Thierry**, ancienne place forte des comtes de Champagne. Visitez la maison natale de Jean de La Fontaine et le petit musée qui lui est consacré. Ne quittez pas Chateau-Thierry sans déguster une coupe de champagne Pannier. Par la D 975, vous traverserez la **forêt de Retz** pour gagner **Villers-Cotterêts** et le château François Ier.

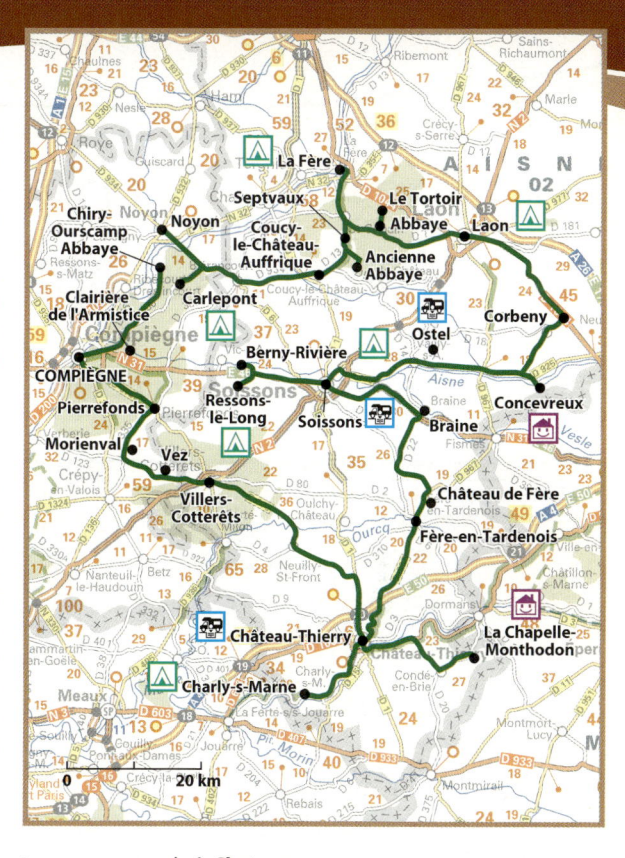

Jour 6

Après avoir rejoint **Morienval** (église du 12e s.) et le petit village de **Vez**, profitez de l'après-midi pour découvrir le **château de Pierrefonds**, revisité par Viollet-le-Duc au 19e s. De là, revenez enfin à Compiègne.

Ancienne abbaye St-Jean-des-Vignes et son cloître à Soisson.

Picardie

Voie Verte «chlorophylle» en forêt de **Compiègne**

➲ *Compiègne-Pierrefonds-Compiègne : 26 km*

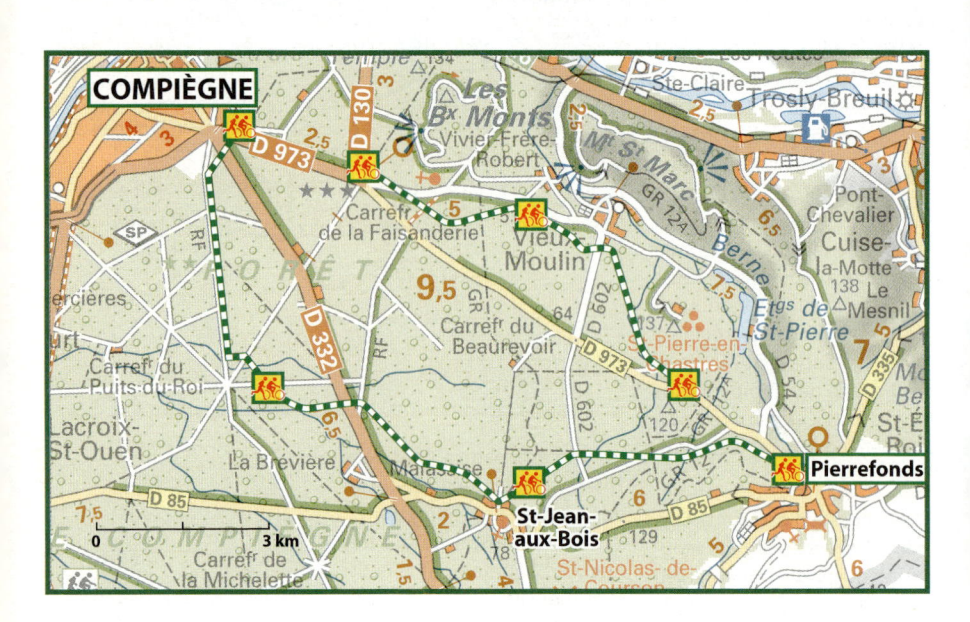

Il serait dommage de manquer cette escapade facile : elle est sur le tracé de votre périple picard ! De Compiègne à Pierrefonds, elle emprunte une piste forestière sans dénivelé et asphaltée tout du long. Au total, ce joli périple donne, à Pierrefonds, un accès direct au château-chef-d'œuvre de Viollet-le-Duc. Sans bouchons ni soucis de parkings, évidemment.

Au départ du centre-ville de Compiègne, il suffit de rejoindre le carrefour Royal, au bout de l'avenue du même nom. Parking sans problème sur place et location de vélos. De là, deux pistes s'enfoncent dans la forêt, menant à Pierrefonds par des tracés différents.

Conseil d'ami : à l'aller, choisissez plutôt celle de gauche. Filant plein est, à travers le massif, c'est la plus courte (11,3 km) et la plus roulante. Un peu moins directe (14,5 km, direction sud), la seconde offre la possibilité, au retour, de couper en deux la balade avec une halte de charme à Saint-Jean-aux-Bois.

Échappées belles

Cap initial sur Pierrefonds, donc, dans un calme voluptueux, bercé seulement du chant des oiseaux et du chuintement de l'asphalte sous les pneus de vos VTC. On peut rouler la tête en l'air. La piste n'est pas très large mais la circulation y est agréablement fluide : à peine si l'on croise de temps à autre un couple en roller ou un fondeur à l'entraînement.

Côté faune, en revanche, c'est le moment d'ouvrir les yeux. Vous êtes dans l'une des plus belles forêts de France et les occasions sont nombreuses de surprendre, ici ou là, le passage éclair d'un « gros gibier ». Pour ses royaux ou illustres pratiquants d'antan, Louis XV et plus tard Napoléon III, la forêt était avant tout une réserve de chasse. Le voyage aller ne sera pas long (une heure, ou à peine plus) ; prenez donc le temps de vous arrêter et de profiter de l'intimité des lieux. Le tunnel de verdure, de toute façon, vous accompagnera jusqu'à la divine surprise de Pierrefonds. Sortant juste du couvert en fin de parcours, la Voie Verte vous fera directement plonger sur l'étang dans lequel se mirent joliment les tours fortifiées du château ! Visite culturelle ou pause-déjeuner au choix, selon priorité ou emploi du temps…

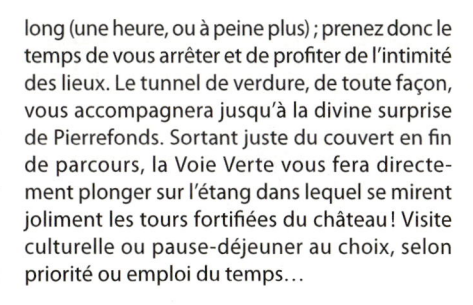

Le retour ne présentera pas plus de difficultés. Escortée tout du long du même couvert de hêtres et de chênes, la piste musarde d'abord jusqu'au village-clairière de Saint-Jean-aux-Bois (à voir, l'abbatiale bénédictine du 13e s., protégée d'une enceinte fortifiée). D'où elle reprend ensuite résolument la direction de Compiègne. À la différence du cheminement aller presque secret, la piste asphaltée évolue ici au milieu de vastes allées forestières. On profitera à plein de ces longs moments de liberté : les derniers kilomètres du parcours côtoient une route trop rectiligne et sont les moins festifs du périple.

Le conseil de Bib

▶ Renseignez-vous toujours sur la météo avant de partir. Vents forts et foudre sont un réel danger en forêt.

N° 80 Picardie

Aires de service & de stationnement

Château-Thierry
Aire de Château-Thierry – RN 3, Station-service Intermarché – Ouv. tte l'année
Borne flot bleu. Payant 3 €.
Services :

Ostel
Ostel Étape – 28, r. du Château – ☎ 03 23 72 90 88 – Ouv. tte l'année –

Borne artisanale. Payant.
Stationnement : 12 €/j.
Services : sèche-linge

Soissons
Aire de Soissons – R. Ernest-Ringuier – Ouv. tte l'année –
Borne artisanale. Gratuit.
Stationnement :
Services :

Campings

Berny-Rivière
La Croix du Vieux-Pont
R. de la Fabrique, 1,5 km au S sur D 91, à l'entrée de Vic-sur-Aisne, bord de l'Aisne.
☎ 03 23 55 50 02
info@la-croix-du-vieux-pont.com . www.la-croix-du-vieux-pont.com
Permanent 20 ha (520 empl.)
Tarif : 24,50 € (6A) – pers. suppl. 6,50 €

Loisirs : crêperie jacuzzi discothèque (plage) poneys terrain omnisports
Services : institut de beauté
Nombreuses activités nautiques : piscines, rivière et étang

Carlepont
Les Araucarias
870 r. du Gén.-Leclerc, sortie SO par D 130 rte de Compiègne.
☎ 03 44 75 27 39
camping-les-araucarias@wanadoo.fr . www.camping-les-araucarias.com
De fin mars à fin déc. 1,2 ha (60 empl.)
Tarif : 2,75 € 1,50 € 3 € – (10A) 3 €
– 3 13,50 €
Loisirs :
Services :
Une grande diversité de plantations orne la partie campable

Charly-sur-Marne
Municipal des Illettes
Rte de Pavant, au sud du bourg, à 200 m du D 82 (accès conseillé).
☎ 03 23 82 12 11
mairie.charly@wanadoo.fr . www.charly-sur-marne.fr
De déb. avr. à fin sept. 1,2 ha (43 empl.)
Loisirs :
Services :

La Fère
Municipal du Marais de la Fontaine
Av. Auguste-Dromas, par centre-ville vers Tergnier à dr., au complexe sportif, près d'un bras de l'Oise.
☎ 03 23 56 82 94
Avr.-sept. 0,7 ha (26 empl.)
Tarif (prix 2008) : 2 € 1,50 € 2 € – (10A) 3 €
Services :

Laon
Municipal la Chênaie
Allée de la Chênaie, de la gare prendre direction SO : 4 km, accès par chemin près de la caserne Foch, à l'entrée du faubourg Semilly, à 100 m d'un étang.
☎ 03 23 20 25 56
aaussel@ville-laon.fr . www.ville-laon.fr
De déb. mai à fin sept. 1 ha (35 empl.)

Services :

Ressons-le-Long
La Halte de Mainville
18 rte du Routy, sortie NE du bourg.
☎ 03 23 74 26 69
lahaltedemainville@wanadoo.fr . www.lahaltedemainville.com
De mi-janv. à mi-déc. 5 ha (153 empl.)
Loisirs :
Services :

Carnet pratique

🏠 Haltes chez le **particulier**

La Chapelle-Monthodon

Champagne Sourdet-Diot
Hameau de Chézy – 📞 *03 23 82 46 18 – lun.-vend. 9h30-12h, 13h30-17h30*
Ouv. tte l'année
🅿 *5.*
Adhérents France Passion, les propriétaires se font un plaisir d'accueillir les camping-caristes et de leur faire découvrir leurs champagnes : champagne brut tradition, cuvée Prestige et cuvée de Réserve. Dégustation et vente au caveau.

Concevreux

Ferme pédagogique de Concevreux
1, pl. de l'Église – Ouv. avr.-sept.
🅿 *5.*
En compagnie du propriétaire, vous découvrez le milieu agricole de façon pédagogique. Les animaux de la ferme, le jardin, le métier d'agriculteur : tout est passé en revue. Dégustation et vente des produits de la ferme.

Les bonnes **adresses** de Bib

Château-Thierry

Auberge Jean de La Fontaine
10 r. des Filoirs - 📞 *03 23 83 63 89 - infos@auberge-jean-de-la-fontaine.com - fermé 2 sem. en déc. - 15/25 €.*
Les nombreuses peintures sur bois de la petite salle à manger illustrent les plus belles œuvres de Jean de La Fontaine. Que vous soyez rat de ville, rat des champs, loup, agneau, cigale ou fourmi, vous apprécierez pareillement la cuisine traditionnelle du chef. Ces leçons gustatives valent bien un fromage, sans doute…

Compiègne

Le Palais Gourmand
8 r. du Dahomey - 📞 *03 44 40 13 13 - fermé 1er-7 mars, 2-23 août, 24-28 déc., dim. soir et lun. - 18/22 €.*
Maison de ville datant de 1890, façade turquoise assez voyante, enfilade de salons au cadre Art nouveau, lumineuse véranda… Dans ce décor où s'entrechoquent les styles et les époques, un personnel particulièrement attentionné vous servira de goûteux plats traditionnels. Carte régulièrement renouvelée.

« Les Picantins »
15 r. Jean-Legendre - 📞 *03 44 40 05 43 - ouv. mar. 14h-19h, merc.-vend. 9h-12h30, 13h30-19h, w.-end 9h-18h30 - fermé 2 sem. en janv.-fév., juil., lun. et mar. mat.*
Ce chocolatier-pâtissier a associé son nom à celui de la célèbre confiserie compiégnoise composée de noisettes grillées, nougatines et chocolat, que vous pourrez bien sûr déguster sur place puisque la maison fait aussi office de salon de thé. Ambiance tranquille et accueil sympathique.

Coucy-le-Château

La Ferme des Michettes
Champs - 2,3 km de Coucy-le-Château-Auffrique par D 934 rte de Blérancourt - 📞 *03 23 52 77 26 - www.lesmichettes.com - fermé lun., mar. et le soir - réserv. obligatoire - 27 €.*
Ce bâtiment contemporain, flanqué d'un grand parking, abrite une auberge atypique dans un cadre à mi-chemin entre rustique et moderne. Menu unique, à volonté, avec cochon farci cuit à la broche dans le monumental four à bois, légumes assortis et vin rouge au tonneau. Après-midi dansant pour éliminer les calories !

Laon

Bistrot Le Saint-Amour
45 bd Brossolette - 📞 *03 23 23 31 01 - palaon@orange.fr - fermé 23-29 fév., 21-28 avr., 4-17 août, sam. midi, lun. soir et dim. sf j. fériés - 13/16 €.*
Un petit bistrot d'amour, tout simple et qui vous séduira si vous n'avez pas peur de jouer des coudes. Formule express et cuisine « bistrotière » dans l'air du temps.

Soissons

Chez Raphaël
7 r. de St-Quentin - 📞 *03 23 93 51 79 - chez.raphael@wanadoo.fr - fermé de fin fév. à déb. mars, 9-23 août, sam. midi, dim. soir et lun. - 20/42 €.*
Une carte saisonnière et deux menus à prix doux renouvelés chaque semaine au gré du marché sont les atouts maîtres de Raphaël Barthélemy qui compose une cuisine de tradition « gorgée de tous les parfums de nos campagnes et de toutes ses couleurs ». Intérieur d'esprit bistrot dans une belle maison bourgeoise.

Cynodrome
10 bd Branly - 📞 *03 23 73 18 92 - jackyfollet@wanadoo.fr - dim. ttes les 2 sem. 14h - fermé oct.-avr.*
De toute l'Europe, des lévriers viennent concourir sur cette piste de 450 m. Bals et animations sont organisés les jours de Grands Prix dans une ambiance bon enfant. Un spectacle rare à ne pas manquer. Le public peut assister aux entraînements.

N° 81

Picardie

Terres de **bâtisseurs**

Beauvais, **Amiens**, **Senlis**, **Chantilly** : d'une ville à l'autre, les hommes ont construit sur ces terres des cités royales, des cathédrales éblouissantes, joyaux de l'art gothique et d'élégants villages de pierres et de briques. Cette escapade vous fait traverser plusieurs siècles d'architecture.

➲ *Départ de Beauvais*
➲ *4 jours*
360 km

Le château de Chantilly.

Jour 1

Commencez par découvrir **Beauvais**. Si pour beaucoup, Beauvais évoque à présent un aéroport, il est bon de rappeler que cette ville abrite un chef-d'œuvre gothique, sa cathédrale, dont le chœur culmine à 68 m. N'oubliez pas non plus sa manufacture de tapisseries, toujours en activité et dont la tradition remonte au Grand siècle. Les alentours sont également très riches : vous visiterez ainsi le **château de Troissereux** (par la D 901). L'après-midi, vous sillonnerez **le pays de Bray**, via le très beau village fleuri de **Gerberoy**. Toujours plus au nord, visitez à **Poix-de-Picardie**, l'élégant **château de Rambures** puis les petites villes typiquement picardes d'**Airaines** et de **Picquigny**. Poursuivez jusqu'à **Amiens** pour y passer la nuit.

Jour 2

La journée sera consacrée à la découverte d'**Amiens**, capitale de la Picardie. Assaillie par un déluge de fer – près de 12 000 obus – en 1918, lors de la bataille de Picardie, incendiée en 1940 lors de la bataille de la Somme, la ville aligne de nombreuses bâtisses sans grâce, que domine l'immense vaisseau de la cathédrale, miraculeusement épargné. Pourtant, ragaillardi par la solide gastronomie picarde, quelques macarons dans les poches, vous ne tarderez pas à découvrir les bonheurs d'une promenade dans les entrelacs de la Somme, les petites mai-

Dans le charmant village de Gerberoy.

sonnettes du quartier St-Leu, puis les surprenants jardinets sur l'eau des hortillons… Jules Verne, à qui la cité voue un culte, avait prévu la conquête spatiale et vantait l'amour qu'il fallait porter à Amiens. Vous serez convaincu qu'il avait des dons de prospective.

Jour 3

Quittez Amiens, direction le sud de la Somme. Découvrez le site médiéval et l'église de **Folleville**, puis **Montdidier**, où vous déjeunerez. Dans l'Oise, jetez un coup d'œil à l'abbaye de **Saint-Martin-aux-Bois** et à la tour de l'église de **Ravenel**. Poussez jusqu'à **Clermont** et rendez-vous à **Senlis**. Traversé de vieilles ruelles joliment conservées, le centre de Senlis, ville royale, se vit telle une promenade à travers les siècles. Les rois des deux premières dynasties franques résidèrent volontiers ici, attirés par le gibier des forêts avoisinantes. Vous visiterez la cathédrale, l'ancien château royal, place du parvis, et le musée de la Vanerie. Si vous avez une journée de plus, allez jusqu'à l'**abbaye de Chaalis**, à la lisière de la **forêt d'Ermenonville**, et, avec les enfants, passez une journée à la **Mer de Sable** ou le Parc Astérix, avant de rejoindre Chantilly.

Jour 4

Passer une journée à **Chantilly**, c'est évidemment évoquer l'histoire de France et le monde du cheval. La visite du château, sans doute une des grandes curiosités de notre patrimoine, vous fera découvrir une extraordinaire collection d'art. Aux abords du champ de courses, les grandes écuries laissent rêveur : logement super standing pour cheval grande classe. Pour vous remettre, faites donc un tour dans le parc ou aux **étangs de Commelles**, dans la forêt toute proche, largement aménagée pour des balades en famille. En sortant de la forêt par **Coye-la-Forêt**, vous serez à 2 km de la N 16, qui mène, à gauche, vers **Luzarches**, un des plus anciens villages de France, qui possède une église du 12e s. entièrement restaurée. De là, vous n'avez qu'un saut de puce à effectuer le long de l'Ysieux pour atteindre l'**abbaye de Royaumont**, pure merveille du Moyen Âge qui vous régalera aussi bien les yeux que les oreilles : renseignez-vous sur les nombreux concerts de musique classique qui y sont donnés. En regagnant **Beauvais,** arrêtez-vous dans la petite ville médiévale de **St-Leu-d'Esserent** pour admirer son église, autre modèle de pureté romane.

Le conseil de Bib

▶ Pour les enfants, prévoir une journée complète pour la visite du parc Astérix ou celle de la Mer de Sable.

N° 81 Picardie

Aires de service & de stationnement

Amiens
Aire du Parc des Cygnes – *111, av. des Cygnes – Ouv. avr.-oct. –* 🅿
Borne artisanale. Payant 5 €.
Stationnement : 24 h maxi.. 11€/j.
Services :
Accès au centre-ville par bus ou en vélo par le chemin de halage.

Beauvais
Aire de Beauvais – *R. Aldebert-Bellier – Ouv. tte l'année –* 🅿 *20.*
Borne euroservices. Gratuit.
Stationnement : autorisé.
Loisirs : Services :
Proche du camping municipal

Conty
Aire de Conty – *R. du Marais –* ☏ *03 22 41 66 55 – Ouv. tte l'année –* 🅿 *20.*
Borne artisanale. Gratuit.
Stationnement :
Services :

Hondainville
Aire d'Hondainville – *ZA La Croix-Blanche –* ☏ *06 86 92 81 98 – Ouv. tte l'année –* 🅿
Borne artisanale. Payant.
Stationnement : autorisé. 8 €/j.
Services :
Aire privée

Senlis
Aire de Senlis – *Station Total, N 17/N 330 – Ouv. tte l'année*
Borne eurorelais. Payant 5 €.
Services :

Campings

Nesles-la-Vallée
Parc de Séjour de l'Étang
Sortie E par D 64, rte d'Isle-Adam et chemin à gauche.
☏ 01 34 70 62 89
brehinier1@hotmail.com . www.campingparcset.com
1er mars-31 oct. 6 ha (165 empl.)
Tarif : 9 € – (9A) 4,10 €
Loisirs :
Services :
Emplacements confortables autour d'un pittoresque et paisible étang

Poix-de-Picardie
Municipal le Bois des Pêcheurs
Sortie O par D 919, rte de Formerie, bord d'un ruisseau.
☏ 03 22 90 11 71
camping@ville-poix-de-picardie.fr . www.ville-poix-de-picardie.fr
Avr.-sept. 2 ha (135 empl.)
Tarif : 12 € (6A) – pers. suppl. 2 €
Loisirs :
Services : sèche-linge
Cadre arbustif

Saint-Leu-d'Esserent
Campix
Sortie N par D 12 rte de Cramoisy puis 1,5 km par rue à droite et chemin.
☏ 03 44 56 08 48
campix@orange.fr . www.campingcampix.com
De déb. mars à fin nov. 6 ha (160 empl.)
Tarif : 5,50 € 5,50 € – (6A) 3,50 €
Loisirs :
Services :
Dans une ancienne carrière ombragée, dominant le bourg et l'Oise

Le conseil de Bib
▶ À inscrire sur votre agenda : juin (3e dim.) – Amiens – Marché sur l'eau.

Carnet pratique

Les bonnes **adresses** de Bib

Airaines

Relais Forestier du Pont d'Hure
Rte d'Oisemont - 5 km à l'ouest d'Airaines - ☎ *03 22 29 42 10 - lepontdhure@wanadoo.fr - fermé 2-17 janv., 26 juil.-13 août et mar. - 17/37 €.*
Que diriez-vous d'une grillade ou d'une pièce rôtie au feu de bois ? Dans ce chalet en lisière de forêt, la cheminée crépite pour le bonheur des convives, qui apprécient l'atmosphère agreste de cette chaleureuse salle à manger.

Beauvais

Ristorante La Sardegna
128 r. de Paris - ☎ *03 44 02 61 60 - fermé 3 sem. en août, sam. midi, lun. soir, dim., 1er janv. et 25 déc. - 18/42 €.*
Roulés de poivron rouge et fromage fondu à la crème d'ail et d'anchois, tournedos d'espadon à la grille avec céleri et concombre au saumon, gnocchi sardes : le chef a emporté de sa Sardaigne natale des recettes plus alléchantes les unes que les autres. Salle à manger rénovée dans des tons gris et mauve, terrasse d'été.

Aux Goûters Champêtres
Au Hameau - parc du château de Chantilly - ☎ *03 44 57 46 21 - tlj sf mar. 12h-18h - fermé de mi-nov. à déb. mars.*
Toits de chaume, colombages et verdure composeront le délicieux décor champêtre de votre « goûter » estampillé terroir : confit de canard, foie gras, terrine de cerf, cidre, confitures ou miel de la région ou de Picardie, pain d'épice à l'orange, délicieuses tartes garnies de pommes ou de fraises…

Plan d'eau du Canada- Base nautique municipale
R. de la Mie-au-Roy - ☎ *03 44 45 33 93 - www.beauvais.fr - 25 mars-9 mai : 8h-20h30 ; 10 mai-9 sept. : 8h-22h ; 10 sept.-14 oct. : 8h-20h30 ; 15 oct.-24 mars : 8h-18h30 - fermé baignade de sept.-juin ; location bateaux : 15 mai-1er oct.*
Ce site de 45 ha comprenant un plan d'eau de 36 ha et de nombreux espaces verts est très apprécié des Beauvaisiens. Location d'Optimists, dériveurs, canoës, kayaks, planches à voile… On peut également y pratiquer la marche, la course à pied ou le VTT.

Chantilly

La Capitainerie « Les Cuisines de Vatel »
Au château - ☎ *03 44 57 15 89 -www.restaurantfp-chantilly.com - fermé mar. et le soir - réserv. conseillée - 22/28 €.*
Difficile de trouver lieu plus prestigieux que ce restaurant installé sous les voûtes ancestrales des cuisines de Vatel. C'est dans un cadre plaisant (cuivres, porcelaines, vieux fourneaux, cheminée d'origine) que l'on vous dévoilera les secrets de la crème chantilly… Formule brasserie ; les menus changent au fil des saisons.

Crillon

La Petite France
7 r. du Moulin - ☎ *03 44 81 01 13 - fermé 21-28 fév., août, dim. soir, lun. soir et mar. - 21 € déj. - 26/34 €.*
Cette avenante petite auberge située sur la route de Gisors abrite deux salles à manger campagnardes aux tables bien dressées. Les habitués y apprécient une cuisine traditionnelle et notamment la tête de veau ravigote, « la » spécialité maison.

Gerberoy

Hostellerie du Vieux Logis
25 r. du Logis-du-Roy - ☎ *03 44 82 71 66 - fermé vac. de fév., vac. de Noël, du lun. soir au vend. de nov. à fév, mar. soir, dim. soir et merc. en sais. - 24/46 €.*
Cette maison à colombages cadre bien avec le décor de ce pittoresque village de Gerberoy. Salle à manger à charpente avec son imposante cheminée en brique. Essayez le menu sucré ou le « barbecue médiéval ». Salon de thé l'après-midi, en terrasse l'été.

Senlis

La Vieille Auberge
8 r. Long-Filet - ☎ *03 44 60 95 50 - www.lavieilleauberge-senlis.com - fermé 11-20 juil., 1er janv., 25 déc., dim. soir et mar. - 15,50/31,50 €.*
L'enseigne n'est point trompeuse : les murs de cette sympathique auberge datent de 1588 ! En salle, tons chauds et mobilier de style anglais. Dans l'assiette, cuisine au goût du jour et viandes rôties. Et pour les beaux jours, plaisante terrasse aménagée sur l'arrière.

St-Leu-d'Esserent

Base de loisirs
R. de la Garenne - ☎ *03 44 56 77 88 - fév.-nov. : 10h-19h - 6,50 €.*
50 hectares de nature apprivoisée pour petits et grands. Côté détente : baignade, pique-nique et parc animalier. Les nombreuses activités nautiques (école de voile, catamaran, planche à voile, kayak) séduiront les sportifs. Une petite faim ? Profitez de la vaste aire de pique-nique ou de l'espace de restauration rapide.

St-Paul

Parc Saint-Paul
N 31 - 8 km à l'O de Beauvais par N 31 - ☎ *03 44 82 20 16 - avr.-sept. : 10h-18h (19h en juil.-août) - 15 € (enf. 13 €).*
Parc d'attraction installé sur 15 ha de verdure et de plan d'eau. Toute la famille pourra s'amuser avec les 33 attractions (les plus téméraires choisiront la Tour Descente Extrême ou le Wild Train) et les 2 spectacles proposés. Plusieurs points de restauration sur place.

N° 82 — Poitou-Charentes

Douceurs du **Poitou**

Avec ses paysages de landes ou de « **brandes** » comme ils disent ici, ses prés traversés par la **Vienne** ou la **Gartempe**, ses moutons, ses chèvres dont le lait est utilisé pour la fabrication du **chabichou**, ses fresques, ses **lanternes des morts**, ses châteaux et ses **églises romanes**, le Poitou semble incarner l'image d'une douce France ou le cher pays de l'enfance…

➲ **Départ de Poitiers**
➲ **7 jours**
440 km

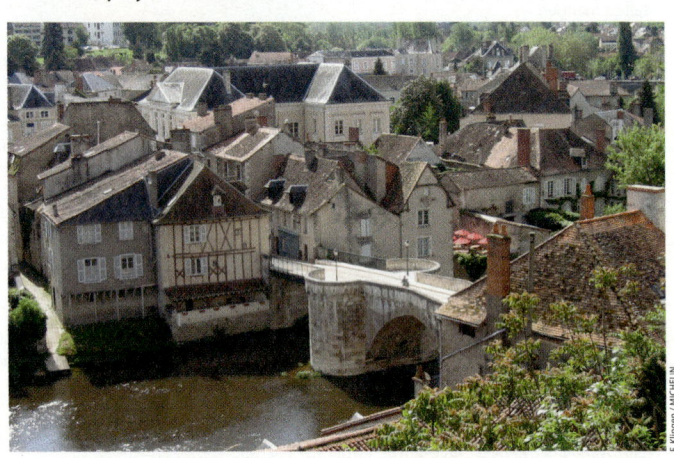

Montmorillon et la Gartempe.

Jours 1 & 2

Commencez par **Poitiers** car vous serez tout de suite séduit par sa jeunesse et son dynamisme culturel. Des chemins pentus vous entraînent à la découverte d'une floraison d'églises romanes : N.-D.-la-Grande, St-Hilaire-le-Grand, la cathédrale St-Pierre sont à voir absolument. La découverte du vieux Poitiers vous occupera toute la journée. Le lendemain, rendez-vous au Futuroscope. Là laissez-vous guider par vos enfants dans la « planète » du virtuel, du cinéma en 3D ou dynamique, des jeux interactifs et restez au moins le soir pour les féeries nocturnes. Si le temps d'attente vous a fait rater une attraction importante, profitez des heures matinales du lendemain pour devancer la foule.

Le conseil de Bib

▶ L'été, assistez à l'une des polychromies sur la façade de l'église N.-D.-la-Grande à Poitiers. Les jeux d'éclairage rappellent qu'au Moyen âge, les églises étaient parées de couleurs.

Jour 3

Pour découvrir la Vienne, prenez la direction de Chauvigny. Passez le pont à **Bonnes** pour admirer la vue sur le **château de Touffou**, son joli crépi rose et son parc surplombant la Vienne. Gagnez ensuite **Chauvigny** et ses cinq châteaux en ruines pour assister à un spectacle de fauconnerie en saison. Vous trouverez à vous restaurer dans ce lieu charmant.

Jour 4

Consacrez le temps qu'elles méritent aux fresques bibliques (11e s.) de l'**abbaye de St-Savin** ; elles vous saisiront par leur beauté et leur force.

Plus au nord, le magnifique village d'**Angles-sur-l'Anglin** est construit sur un coteau. Parcourez ses ruelles pentues et les ruines imposantes de son château surplombant la rivière. Passez la Gartempe au nord pour gagner la ville thermale de **La Roche-Posay,** dont les eaux sont particulièrment réputées pour les soins de la peau. Finissez votre journée à **Châtellerault**, où vous trouverez un bon choix de restaurants.

Jour 5

Promenez-vous dans le centre de **Châtellerault**, sur les traces de Descartes dont on peut voir la maison familiale ; continuez avec l'église St-Jacques qui accueillait autrefois les pèlerins, puis visitez la Manu et son musée Auto Moto Vélo. Passez ensuite par l'église romane de **Lencloître** et le **château de Coussay**, ancienne propriété de Richelieu, pour rejoindre la ville de **Loudun** où naquit le premier journal imprimé en France. Vous êtes ici aux portes de la **région ligérienne** : l'architecture et le paysage s'en ressentent. Revenez par **Moncontour** plus au sud, où Coligny et son armée protestante furent vaincus par le duc d'Anjou, le futur Henri III. Regagnez Poitiers à 38 km au sud-est pour repartir à la découverte du sud du Poitou.

Jour 6

À 8 km au sud de Poitiers, l'**abbaye de Ligugé** vous permet de faire connaissance avec la personnalité marquante de saint Martin et une communauté monastique très travailleuse. Dirigez-vous ensuite vers **Nouaillé-Maupertuis**, qui possède une très belle abbaye romane. La ville est par ailleurs restée célèbre pour la bataille dite « de Poitiers » (1356) au cours de laquelle le roi de France Jean le Bon fut défait par le Prince Noir, fils du roi d'Angleterre Édouard III. Gagnez **Civaux** et sa remarquable nécropole mérovingienne. Vous êtes tout près des cités poitevines de **Lussac-les-Châteaux** et **Montmorillon**. Jetez un coup d'œil à la première, prévoyez quelques heures pour musarder dans la Cité du livre de la seconde, et ne manquez surtout pas de goûter à ses célèbres macarons. Vous ferez étape à **Montmorillon**.

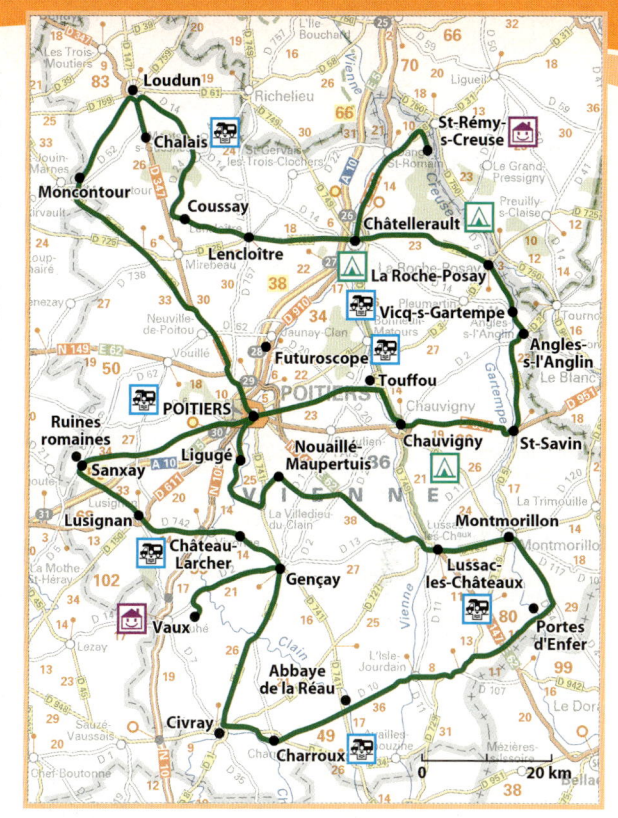

Jour 7

Vous partirez en exploration aux **Portes d'Enfer**, à 16 km au sud ; sortez vos chaussures de marche pour une promenade le long d'une rivière fougueuse. Une cinquantaine de kilomètres plus loin, au sud-ouest, passez par les vestiges de l'**abbaye de La Réau** et ceux, plus riches, de **Charroux**. Pour cette dernière, puis pour la magnifique église **St-Nicolas de Civray**, comptez une bonne heure. Après Gençay, prévoyez de vous arrêter à **Lusignan**, fondée, selon la légende, par la fée Mélusine. Puis gagnez le site archéologique de **Sanxay** avant de vous diriger sur Poitiers.

N° 82 Poitou-Charentes

Aires de service & de stationnement

Angliers
Aire de la Briande – N 147 – Ouv. tte l'année – P 7.
Borne euroservices. Gratuit.
Stationnement : autorisé
Loisirs : Services : WC

Charroux
Aire de Charroux – Parking de l'Abbaye – Ouv. tte l'année – P 20.
Borne euroservices. Payant 2 €.
Stationnement : illimité
Loisirs : Services :

Château-Larcher
Aire de Château-Larcher – Derrière le château, au bord de l'étang, à côté du stade – Ouv. tte l'année – P 10.
Borne artisanale. Payant 2 €.
Stationnement : autorisé
Services : WC

Lussac-les-Châteaux
Aire de Lussac-les-Châteaux – Place de l'Amitié-entre-les-Peuples – 05 49 48 40 33 – Ouv. tte l'année – P 5.
Borne artisanale. Gratuit.
Stationnement : autorisé
Loisirs : Services :

Poitiers
Aire de Poitiers – r. du Porteau – Ouv. tte l'année – P
Borne flot bleu. Payant 2 €.
Stationnement : autorisé
Services :

Vicq-sur-Gartempe
Aire de Vicq-sur-Gartempe – Rte de la Roche-Posay – 05 49 86 22 65 – Ouv. mai-sept.
Borne artisanale. Gratuit.
Services :

Campings

Châtellerault
Le Relais du Miel
La Valette, rte d'Antran, sortie N, D 910 rte de Paris, puis rocade à gauche en dir. du péage de l'A 10 et à dr. par D 1 rte d'Antran, près de la Vienne (accès direct), Par A 10, sortie N° 26 Châtellerault-Nord et D 1 à gauche, rte d'Antran.
05 49 02 06 27
camping@lerelaisdumiel.com . www.lerelaisdumiel.com
De mi-juin à fin août 7 ha/4 campables (80 empl.)
Tarif : (prix 2009) : 25 € (2A) – pers. suppl. 5 €
20 25 €
Loisirs :
Services :
sèche-linge
Dans les dépendances d'une demeure du 18ᵉ s.

Chauvigny
Municipal de la Fontaine
R. de la Fontaine, sortie N par D 2, rte de la Puye et à droite, rue de la Fontaine, bord d'un ruisseau.
05 49 46 31 94
camping-chauvigny@cg86.fr . www.chauvigny.fr
De mi-avr. à fin sept. 2,8 ha (102 empl.)
Tarif : (Prix 2009) 2,25 € 1,60 € 1,60 € – (5A) 2,60 €
borne artisanale – 5 6 €
Loisirs :
Services :
sèche-linge lave-vaisselle
Jardin public attenant, pièces d'eau

La Roche-Posay
Le Riveau
Route de Lésigny, à 1,5 km par D 5, bord de la Creuse.
05 49 86 21 23
info@camping-le-riveau.com . www.camping-le-riveau.com
De fin mars à mi-oct. 5,5 ha (200 empl.)
Tarif : 21,90 € (2A) – pers. suppl. 5,60 €
borne artisanale– 20 7 €
Loisirs : canoë, barque
Services :
sèche-linge
Belle délimitation des emplacements

Carnet pratique

🏠 Haltes chez le **particulier**

Saint-Rémy-sur-Creuse

La ferme des Granges
Les Granges – ℘ *05 49 85 92 12* – *Ouv. tte l'année*
🅿 *4. Stationnement : 24h maxi.*
Cette ferme-auberge est proche du site troglodyte de St-Rémy et de sa forteresse médiévale. Les produits de la ferme (canards gras et dérivés) sont servis dans la salle à manger aménagée dans une grange aux pierres apparentes.

Vaux-en-Couhé

La ferme des Autruches
Les Pâtureaux – *Ouv. tlj en Juil.-août, le w.-end en avr., juin et sept.*
🅿 *5.*
Ici on élève des autruches, des nandous et des émeus. La ferme propose des promenades au milieu des animaux, la découverte de la salle d'incubation et de la nursery.

Les bonnes **adresses** de Bib

Châtellerault

La Ferme St-Jacques
15 av. Kennedy - ℘ 05 49 21 01 77 - fermé 2 sem. en hiver, 3 sem. en août, lun. soir et dim. - formule déj. 13,50 € - 26/35 €.
Cette sympathique auberge jouit d'une solide réputation. On y propose des plats traditionnels et surtout des spécialités de fruits de mer ou de viandes rôties à faire oublier les régimes amaigrissants ! Décoration très champêtre : pierres apparentes, mobilier rustique et objets paysans.

Chauvigny

Souffleurs de verre
R. St-Martial (cité médiévale) - ℘ 05 49 55 03 31 - perllose@aol.com - 10h-12h, 14h-19h - fermé 1er-15 janv.
Les souffleurs de verre vous accueillent dans leur atelier où vous pourrez découvrir leurs dernières créations et tout savoir de cet art ancestral. Une visite magique de 45 minutes.

Loudun

Maison de Pays du Loudunais
Aire de repos de la Briande (D 347 rte de Poitiers) - ℘ 05 49 98 84 10 - loudun.pa@orange.fr - 10h-18h30 - fermé 3 sem. en janv.
Véritable vitrine de la production gastronomique locale, la Maison de Pays du Loudunais expose aussi les travaux des artisans de la région. On y trouve par ailleurs toutes les informations touristiques importantes.

Lusignan

La Base de Loisirs de Vauchiron
Au bord de la Vanne, près du camping - ℘ 05 49 43 30 08 - juil.-août.
Parce que les estivants aiment prendre un bain de soleil au bord de la Vonne, cette base de loisirs est équipée pour répondre à leurs attentes. Pêche, minigolf, jeux pour enfants, aire de pique nique… Parmi les activités nautiques proposées, on notera la présence d'une école de canoë-kayak.

Montmorillon

Lucullus et Hôtel de France
4 bd de Strasbourg - ℘ 05 49 84 09 09 - www.le-lucullus.com - fermé 12 nov.-5 déc., dim. soir et lun. sf j. fériés - 20/49 €.
Halte bienvenue dans une rue animée située au cœur de la ville. Couleurs ensoleillées, décor contemporain, tables rondes, chaises en rotin et cuisine gourmande au restaurant. Formule plus simple côté bistrot.

Poitiers

Le Bistro de l'Absynthe
36 r. Carnot - ℘ 05 49 37 28 44 - fermé sam. midi et dim. - réserv. conseillée - 9/36 €.
Au milieu de vieilles plaques publicitaires, d'une carte du Tour de France 1952 et d'anciens siphons pour les sodas, vous dégusterez des petits plats du terroir comme les rognons de veau au vieux vinaigre ou un filet de sandre au coulis d'asperges, après vous être régalé du foie gras maison parfumé au porto et au cognac.

Marché Notre-Dame
Pl. Charles-de-Gaulle.
Ce marché est le plus important de toute la ville. On y trouve au total 33 commerces (fromager, poissonnier, primeur, boucher, charcutier, épicier, volailler, boulanger, crémier…) auxquels viennent s'ajouter les étals extérieurs, dont le nombre varie selon la saison. Parking souterrain de plus de 700 places.

Rannou-Métivier
30 r. des Cordeliers - ℘ 05 49 30 30 10 - www.rannou-metivier.com - tlj sf dim. 9h-19h, sam. 8h30-19h, lun. 13h45-19h.
Maison renommée depuis de nombreuses années pour ses macarons. Autres tentations : le gâteau Bonne Mémé (pâte d'amande sur pâte feuilletée), la Visitandine (génoise aux amandes), l'Octogone (sablé amandes aux écorces d'orange confite) ou les chocolats. Salon de thé (l'Éden) à l'étage. Vous trouverez également une boutique Rannou-Métivier à Montmorillon, la boutique mère.

N° 83 — Poitou-Charentes

Découverte des Deux-Sèvres

En parcourant les Deux-Sèvres, vous découvrirez plusieurs chefs-d'œuvres de l'**art roman poitevin**, quelques spécialités très locales comme le **baudet du Poitou** aux longs poils, la coque noire du **tourteau fromager** et la **liqueur d'angélique**. Vous pourrez aussi atteindre le « **nombril du monde** » à Pougne-Hérisson. Alors, d'accord pour une découverte des Deux-Sèvres ?

➲ **Départ de Niort**
➲ **4 jours 330 km**

Le château de St-Loup-Lamairé.

Jour 1

Ancienne cité de la draperie, de la mégisserie (art de préparer les cuirs) et de la chamoiserie, **Niort** est aujourd'hui la ville des mutuelles. Montez au sommet de son imposant donjon, avant de faire une promenade dans ses vieilles rues et dans les parcs longeant la Sèvre Niortaise. Partez ensuite à la découverte des **tumulus de Bougon**, monumentales sépultures datant du néolithique. En gagnant Melle, faites une halte à **Celles-sur-Belle** pour son abbaye renommée, et une autre, au **château de Javarzay** dont une partie est consacrée à Jean-François Cail, grand industriel et inventeur, natif de la petite ville proche de Chef-Boutonne. Arrivé à **Melle**, admirez son église St-Hilaire bâtie dans le plus pur style roman poitevin (voir le cavalier du portail gauche) et ses anciennes mines d'argent des rois francs.

Le conseil de Bib

▶ À Niort, ne manquez pas de goûter l'angélique, plante aromatique dont les tiges sont confites, cuites (confiture) ou distillées (liqueur), ni le tourteau fromagé, délicieux gâteau au fromage de chèvre et de vache.

Jour 2

Rejoignez **Aulnay** et son église, autre chef-d'œuvre de l'art roman poitevin, placée sur le chemin de Compostelle, et prenez le temps d'en décrypter les remarquables sculptures. Vient ensuite la rencontre du **baudet du Poitou**, cet âne aux yeux tendres dont la race, menacée d'extinction, fut sauvée grâce à la création de l'asinerie de

Dampierre-sur-Boutonne. Ne manquez pas pour autant de jeter un œil à la fameuse galerie à caissons du **château de Dampierre**. L'après midi, continuez en compagnie des animaux, visitez **Zoodyssée**, le parc animalier de la **forêt de Chizé**, avant de vous embarquer, depuis les **ports d'Arçais, Le Vanneau ou Coulon**, pour une visite en barque du **Marais poitevin** (divers parcours et durées).

Jour 3

Dirigez vous vers **St-Maixent-l'École**, célèbre pour son école militaire. En poursuivant au nord, gagnez Parthenay où vous grimperez dans l'ancienne citadelle pour une agréable balade surplombant le cours du Thouet, avant de redescendre dans la rue de la Vau-St-Jacques, sur les traces des pèlerins de Compostelle. Arrêtez-vous en centre-ville pour déjeuner. Comptez l'après-midi pour parcourir la **vallée du Thouet** avec la découverte d'**Airvault**, petite ville tranquille baignée par le Thouet et dont l'église romane présente un portail typiquement poitevin. Les amateurs de monuments découvriront avec intérêt le **château de St-Loup-Lamairé** et ses très beaux jardins à la française (remarquez la collection de fruitiers). Ou encore l'église **St-Jouin-de-Marnes**. Dans la plus grande tradition de l'architecture romane poitevine, sa façade est ornée de voussures sculptées et d'un pignon triangulaire, alors que l'intérieur est composé de trois nefs. Stationnez aux alentours de Thouars.

Jour 4

À **Thouars**, puis au **château d'Oiron**, l'art contemporain sera au rendez-vous. Gagnez ensuite **Argenton-Château**. Vous trouverez à déjeuner dans cette ville au cadre bucolique. Descendez dans la vallée de l'Ouère, au **lac d'Hautibus**, où est aménagée une belle base de loisirs. Un petit tour par **Bressuire**, important marché agricole, avant d'atteindre « le nombril du monde » du conteur Yannick Jaulin : **Pougne-Hérisson**. Son Jardin des histoires vous fait entrer dans un univers imaginaire, à la fois drôle et décalé. Le retour vers Niort s'effectue par le **château de Coudray-Salbart**, une imposante forteresse du 13e s. édifiée par les seigneurs de Parthenay. Regagnez Niort.

Le baudet du Poitou.

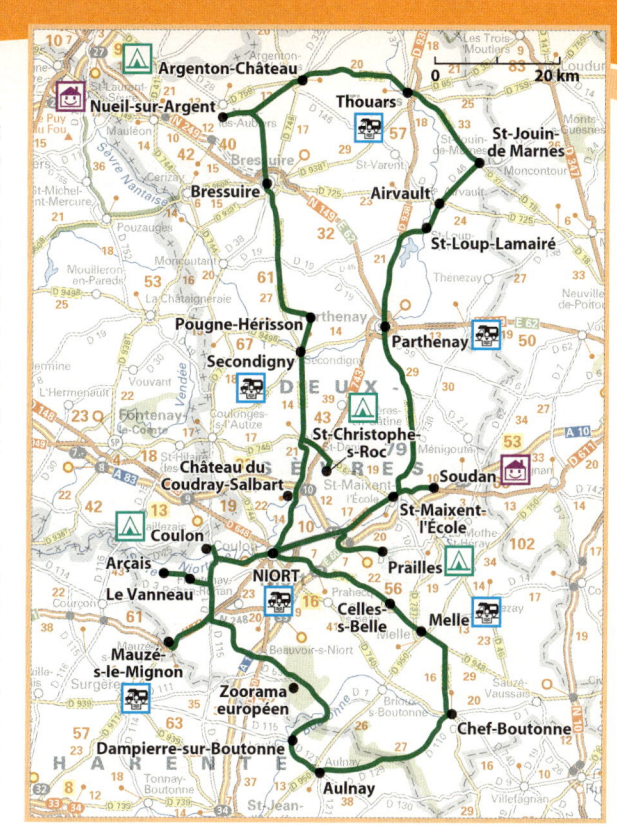

N° 83 Poitou-Charentes

Aires de service & de stationnement

Mauzé-sur-le-Mignon
Aire de Mauzé-sur-le-Mignon – Rte de St-Hilaire, Le Port – Ouv. tte l'année – P 10.
Borne flot bleu. Payant 2,50 €.
Stationnement : autorisé
Services : WC

Melle
Aire de Melle – Proche camping – 05 49 27 00 23 – Ouv. avr.-nov. – P 2.
Gratuit.
Stationnement : autorisé
Loisirs : Services :

Niort
Aire de Niort – Rue de Bessac – Ouv. tte l'année – P 25.
Payant.
Stationnement : 7 €/j.
Services :
Proche du centre-ville et de la Sèvres.

Parthenay
Aire du Bois Vert – R. de Boisseau, base de Loisirs Pierre-Beaufort – 05 49 96 90 53 – Ouv. tte l'année – P 10.
Borne artisanale. Payant.
Stationnement : 8 €/j.
Services : WC

Secondigny
Aire de Secondigny – D 748 – Ouv. tte l'année – P 20.
Borne artisanale. Gratuit.
Stationnement : autorisé
Loisirs : Services : WC

Thouars
Aire de Thouars – Rue Félix-Gelusseau, parking sous les remparts – Ouv. tte l'année – P 7.
Borne artisanale. Gratuit.
Stationnement : autorisé
Services : WC

Campings

Argenton-Château
Municipal du lac d'Hautibus
R. de la Sablière, à l'O du bourg, (accès près du rond-point de la D 748 et D 759).
05 49 65 95 08
mairie-argentonlesvallees@neuf.fr
De déb. avr. à fin sept. 1,5 ha (64 empl.)
Tarif : (Prix 2007) 2,05 € – 1,70 € – 1,90 € – (6A) 2,35 €
Loisirs :
Services : sèche-linge
à 150 m du lac avec accès direct (site pittoresque)

Coulon
La Venise Verte
178 rte des Bords de Sèvre, à 2,2 km par D 123, rte de Vanneau, bord d'un canal et près de la Sèvre Niortaise.
05 49 35 90 36
accueil@camping-laveniseverte.com . www.camping-laveniseverte.fr
De déb. avr. à fin oct. 2,2 ha (140 empl.)
Tarif : 29 € (2A) – pers. suppl. 6 €
borne artisanale 5 € – 13€
Loisirs : snack canoë
Services : lave-vaisselle
terrain qui fait d'importants efforts écologiques.

Prailles
Le Lambon
Plan d'eau du Lambon, au SE à 2,8 km.
05 49 32 85 11
lambon.vacances@wanadoo.fr . www.lelambon.com
De déb. mai à fin sept. 1 ha (50 empl.)
Tarif : 12 € (2A) – pers. suppl. 4,50 €
borne artisanale
Services : sèche-linge
à 200 m de la base nautique

Saint-Christophe-sur-Roc
Intercommunal du Plan d'Eau
Rte de Cherveux, au SO à 1,5 km par D 122.
05 49 05 21 38
plandeau.cherveux@orange.fr
15 avr.-15 oct. 1,5 ha (66 empl.)
Tarif : 12,50 € (10A) – pers. suppl. 3 €
Services : (juil.-août)
À 100 m d'un plan d'eau

Carnet pratique

Haltes chez le **particulier**

Nueil-les-Aubiers

Auberge de Regueil
Lieu-dit Regueil – 05 49 65 42 56 – Fermé vac. févr. et 2 sem. en sept.
P *5. Stationnement : 24h maxi.*
Cette auberge propose une cuisine de terroir élaborée avec les produits de la ferme. Spécialités : jambon à l'os et pintade au cidre. Repas sur réservation.

Soudan

Les ruchers de Fare et Api
05 49 06 55 57 – Ouv. tte l'année
P *3.*
Située en lisière de forêt, dans une ancienne tuilerie, la ferme apicole de monsieur Viellard possède 50 ruches. Cet apiculteur passionné vous fera découvrir son travail, le monde des abeilles et ses produits (miel, pollen, hydromel et vinaigre de miel). Dégustation et vente.

Les bonnes **adresses** de Bib

Airvault

Le Domaine de Soulièvres
Parce qu'il est proche de la ville et de ses commerces, tout en étant suffisamment isolé dans son écrin de verdure, ce bel espace de prairies et de bois constitue une destination de choix pour les amateurs de randonnées au grand air, de pêche, de tennis ou tout simplement de pique-nique.

Argenton-Château

Le Lac d'Hautibus
Entre la ville et les ruines de l'ancien château, le lac artificiel d'Hautibus créé en 1969 constitue l'un des atouts majeurs du patrimoine touristique local. La variété d'activités proposées (randonnées, pêche, canoë, kayak, etc.) complète harmonieusement un bel ensemble de sites historiques et naturels à visiter.

Bressuire

Les Conviviales d'Automne
Au Foirail de la Chaize – 05 49 65 10 27 - www.paysbocage bressuirais.com.
Si vous avez la chance d'être de passage dans la région la 42e semaine de l'année (en octobre), ne passez pas à côté des Conviviales d'Automne, la foire internationale aux bestiaux qui invite chaque année des éleveurs de pays différents. Trois jours de folklore et de découverte culinaire, du vendredi au dimanche.

Melle

Singulier Pluriel
3 r. Émilien-Traver - 05 49 29 10 30 - singulier-pluriel@wanadoo.fr - juil.-août : tlj sf dim. 10h-12h30, 14h30-18h30 ; le reste de l'année : tlj sf dim. et lun. 10h-12h30, 14h30-18h.
La chasse aux souvenirs faisant figure de passage obligé lors des vacances, cette boutique constitue une véritable aubaine. Entre produits du terroir et artisanat local, on trouvera un vaste choix d'idées cadeaux pour faire plaisir… ou se faire plaisir !

Niort

La Table des Saveurs
9 r. Thiers - 05 49 77 44 35 - tablesaveurniort@wanadoo.fr - fermé dim. sf j. fériés - 17/45 €.
Voisin des halles, cet ancien magasin de tissus (fin 19e s.) se drape de couleurs chaleureuses sur deux étages et propose une appétissante carte de plats au goût du jour. Mention spéciale pour les desserts chocolatés !

Les Halles
13 pl. des Halles - 05 49 24 29 66 - www.halles-de-niort.fr - tlj sf lun. 6h-13h30.
Magnifiques halles classées dont l'architecture de style Baltard est remarquablement bien conservée. 80 commerçants y proposent des produits de qualité : poissons, huîtres, pain, fromage, champignons, olives, charcuteries, spécialités créoles et méditerranéennes, etc. Également, un bar pour se restaurer sur place.

Baubeau
Les Halles - 05 49 29 32 30 - jeu., sam. 8h-13h.
Ce producteur artisanal célèbre pour ses tourteaux fromagés se rend chaque jeudi et samedi matins sous les halles de Niort où son stand fait étalage de spécialités toutes plus goûteuses les unes que les autres : gâteau moelleux d'Ensigne parfumé à la fleur d'oranger, gâteau sec, galette au beurre, brioche et tourteau dont la version de base, faite de fromage de brebis frais à 35 % de matière grasse, de sucre, d'œufs et de farine, s'inspire d'une recette du 15e s. Si vous êtes gourmand, vous testerez aussi la délicieuse version au chèvre.

Pôle Régional des métiers d'Art
56 r. St-Jean - 05 49 17 10 55 ou 05 49 17 10 66 - www.metiers-dart.com - tlj sf lun. et mar. 10h-12h45, 14h-19h - fermé j. fériés.
Niort est le siège du Pôle régional des métiers d'Art et le point de rencontre et d'accueil de nombreux créateurs de la région Poitou-Charentes. Tous les deux mois, une nouvelle exposition (bijouterie, sculpture, ébénisterie…) se tient dans la vitrine du Pôle régional. Entrée libre.

N° 84 — Poitou-Charentes

L'air du large entre La Rochelle et l'île de Ré

La Rochelle, Rochefort, Brouage, St-Martin-de-Ré : ces lieux chargés d'histoire et soumis aux caprices de l'océan permettront aux rêveurs de guetter, face à la mer, l'apparition d'un trois-mâts revenant des « isles ». Vaine attente ? Qu'importe, il fait si bon demeurer sur ce lumineux littoral aux immenses plages de sable fin, que parsèment des marais à la faune protégée.

➲ Départ de Rochefort
➲ 7 jours
300 km

Le vieux port de la Rochelle.
F. Giraudon / OT La Rochelle

Jour 1

Rochefort sera votre port d'attache. Il y règne un parfum de voyage dû au passé maritime de la ville et à l'écrivain Pierre Loti dont la maison a été transformée en musée. Le quartier de l'arsenal occupera une bonne partie de votre journée.

Jour 2

Partez pour la **réserve naturelle des marais de Moëze**, puis à **Brouage**, ville fortifiée au beau milieu des marais, avant de gagner **Marennes** et le **bassin de la Seudre**, la principale région ostréicole de France. Vous n'aurez alors qu'une envie : déguster quelques huîtres accompagnées d'un vin blanc local ! Découvrez ensuite les cabanes colorées des ostréiculteurs et les parcs d'élevage où engraissent les huîtres, dans un vaste paysage traversé d'oiseaux migrateurs. Revenez sur Rochefort ou ses environs.

Jour 3

Quittez Rochefort par la N 137 à l'est pour passer le pont suspendu de **Tonnay-Charente** et profiter des vues sur la vallée. À **St-Jean-d'Angély**, ville d'histoire, flânez au milieu des demeures à pans de bois des 15e et 16e s. et des vieux hôtels restaurés des 17e et 18e s. Prochaine étape de votre voyage, **Surgères**, important centre laitier, réputé pour son beurre. Allez admirer les étranges cavaliers de l'église Notre-Dame. Sur la route de La Rochelle, l'École nationale d'industrie laitière et des industries agroalimentaires possède un magasin de vente proposant un très grand choix de beurres.

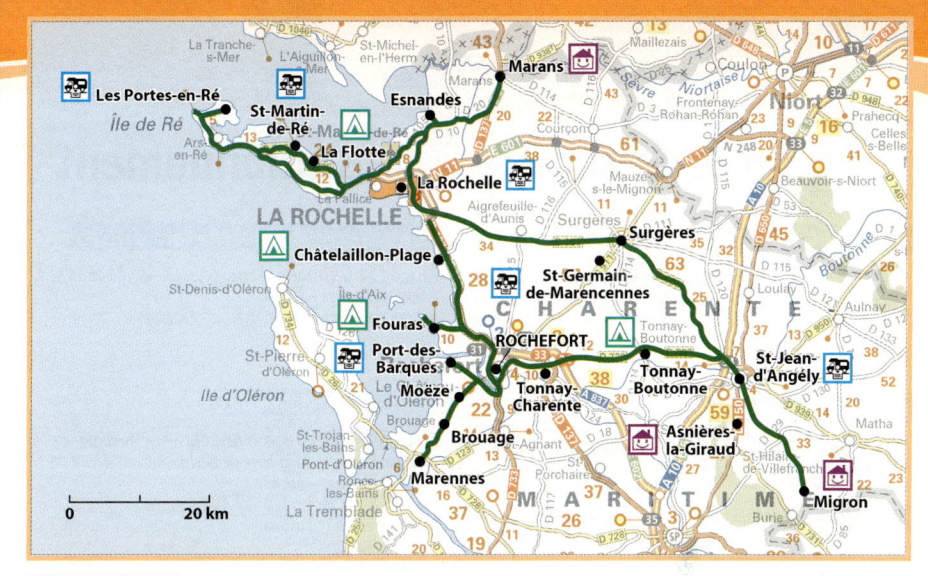

Jours 4 & 5

Commencez par une promenade sur le port de **La Rochelle**, dominé par de robustes tours médiévales. Continuez dans les parcs rochelais et sous les arcades blanches du quartier ancien afin d'embrasser du regard la beauté de cette cité. Faites du shopping au marché, qui se tient tous les matins jusqu'à 13h, ou dans les agréables boutiques du centre. Ensuite, choisissez parmi les nombreux monuments et musées : les coquillages superbement présentés et l'exceptionnelle collection archéologique du Muséum d'histoire naturelle, la peinture rochelaise au musée des Beaux-Arts, la faïence rochelaise et la porcelaine chinoise au musée d'Orbigny-Bernon, l'histoire des relations entre La Rochelle et les Amériques au musée du Nouveau-Monde… Dînez sur le port. Le lendemain, découvrez l'univers nautique de La Rochelle avec la Ville-en-Bois et le port des Minimes, que l'on peut rejoindre grâce à un bus de mer. Le Musée maritime et le superbe aquarium de La Rochelle raviront grands et petits.

Jours 6 & 7

Allez jusqu'à **Esnandes**, la ville des bouchots, ces fameux piquets de bois sur lesquels engraissent les moules. Vous y ferez une jolie promenade ponctuée de la découverte d'une église à l'allure de forteresse. Et puis, en route pour **Ré**, une île préservée qui ne peut que ravir les amoureux de nature. Une fois encore, optez pour le vélo ! Ré dispose de nombreuses pistes cyclables et d'itinéraires touristiques balisés. C'est le meilleur moyen de découvrir les paysages de l'île : plages de sable blanc bordées de forêts de pins, marais salants, parcs à huîtres, charmants villages aux maisons blanches parées de roses trémières, et un terroir de vignes et de légumes primeurs. Visitez la partie est de l'île le premier jour : les fortifications de St-Martin-de-Ré, l'abbaye des Châteliers et le fort de la Prée. Le lendemain matin, attaquez la partie ouest : faites provision de sel à **Loix**, puis pédalez autour du **Fier d'Ars** où se trouve la **réserve naturelle de Lilleau des Niges** pour y observer les oiseaux du marais, avant de repartir pour le **phare des Baleines**. S'il n'y a pas de montagnes sur cette île, le vent – fréquent – sait très bien les remplacer pour les cyclistes. Tenez-en compte pour calculer vos étapes. L'après-midi, de retour sur la côte, arrêtez-vous à **Châtelaillon-Plage** pour profiter de sa promenade en front de mer. Et, toujours en fonction du temps, allez étendre votre serviette sur sa superbe plage de sable. À **Fouras** et **Aix**, même programme : détente absolue.

N° 84 Poitou-Charentes

Aires de service & de stationnement

Port-des-Barques
Aire de Port-des-Barques – Rte des Anses – ☏ 05 46 84 80 01 – Ouv. tte l'année – P 25.
Gratuit.
Stationnement : 8 €/j.
Loisirs : Services :

Les Portes-en-Ré
Aire des Portes – Parking de la Patache – Ouv. tte l'année – P 10.
Stationnement : 24 h maxi
Loisirs : Services :

La Rochelle
Aire de la Rochelle – Avenue Jean-Moulin – Ouv. tte l'année – P
Payant 5 €.
Stationnement : 5 €/j.
Loisirs : Services :

Saint-Germain-de-Marencennes
Aire de St-Germain – Place St-André – ☏ 05 46 68 81 12 – Ouv. tte l'année – P 10.
Borne artisanale. Gratuit.
Stationnement : autorisé
Services : WC

Saint-Jean-d'Angély
Aire de Saint-Jean-d'Angély – En bordure de la Boutonne, proche de la base de loisirs – ☏ 05 46 32 26 16 – Ouv. tte l'année – P 15.
Borne raclet. Payant 2 €.
Stationnement : autorisé
Loisirs : Services :

Saint-Martin-de-Ré
Aire de Saint-Martin-de-Ré – Rue du Rempart – Ouv. tte l'année – P 6.
Borne raclet. Payant 4,50 €.
Stationnement : autorisé
Loisirs : Services :

Campings

Châtelaillon-Plage
L'Océan
Av. d'Angoulins, à 1,3 km au nord par D 202, rte de la Rochelle et à dr..
☏ 05 46 56 87 97
campingocean17@free.fr . www.campingocean17.com
3 ha (94 empl.)
Loisirs : salle d'animations (plan d'eau)
Services : sèche-linge
joli plan d'eau paysagé

La Flotte
La Grainetière
Rte de Saint-Martin-de-Ré. À l'O du bourg, près de la déviation, accès conseillé par la déviation.
☏ 05 46 09 68 86
lagrainetiere@orange.fr . www.la-grainetiere.com
De déb. avr. à fin sept. 2,3 ha (150 empl.)
Tarif : 32 € (2A) – pers. suppl. 8 €
10 26 €
Loisirs :
Services : sèche-linge

Fouras
Municipal le Cadoret
bd de Chaterny, côte Nord, bord de l'Anse de Fouras et à 100 m de la plage.
☏ 05 46 82 19 19
Permanent 7,5 ha (511 empl.)
Tarif (prix 2009) : 24,60 € (2A) – pers. suppl. 5 €
Loisirs : snack, pizzeria
Services : sèche-linge lave-vaisselle

Rochefort
Le Bateau
R. des Pêcheurs-d'Islande, près de la Charente, par rocade Ouest (bd Bignon) et rte du Port-Neuf, bord d'un plan d'eau et près du centre nautique.
☏ 05 46 99 41 00
De déb. fév. à fin oct. 5 ha/1,5 campable (86 empl.)
Tarif (prix 2009) : 18 € (2A) – pers. suppl. 4,30 €
– 84 18 € – 18 €
Loisirs : snack jacuzzi
Services : lave-vaisselle

Carnet pratique

🏠 Haltes chez le **particulier**

Asnières-la-Giraud

Les raisins de l'Abbaye
17, chemin de l'Abbaye – ✆ 05 46 59 17 36 – Ouv. tte l'année
🅿 3.
La famille Mahé cultive la terre et la vigne à Asnières-la-Giraud depuis plusieurs générations. Typiquement charentaise, leur exploitation élabore des produits de qualité : Pineau des Charentes blanc et rosé, du cognac, du pétillant et du jus de raisins, que vous découvrirez au caveau de dégustation.

Marans

La Ferme Ouvrard
Cabane des Roches – ✆ 05 46 01 07 76 – Fermé dim.
Ouv. tte l'année
🅿 3.
Adhérente France Passion, la ferme Ouvrard propose aux camping-caristes de découvrir sa fabrique de fromages lors d'une visite guidée. Dégustation et vente de tome de vache au lait cru, de fromage frais aromatisé, et de lait cru.

Migron

Écomusée du Cognac
Le Logis des Bessons – ✆ 05 46 94 91 16 – Mi-avr.-mi-sept. ouv tlj.
Ouv. tte l'année
🅿 5.
Installé sur une exploitation viticole familiale, l'écomusée retrace l'histoire du cognac. Spectacle audiovisuel, musée du vigneron charentais, ancienne distillerie et initiation à la découverte des arômes du cognac en font une halte incontournable. Dégustation et vente de pineau et de cognac.

Le conseil de Bib

▶ À inscrire sur votre agenda : mi-juil. – La Rochelle – les Francofolies.

Les bonnes **adresses** de Bib

Ars-en-Ré

La Cabane des Sauniers
Rte de la Prée - ✆ 05 46 41 25 72 - www.sel-de-mer.com - hors sais. : tlj sf dim. 9h30-12h, 14h-17h, sam. 10h-12h15 ; en sais. : tlj 9h30-20h - fermé j. fériés hors sais.
Cette petite cabane installée sur le parking de la coopérative des sauniers abrite une boutique spécialisée dans le sel. Conditionnées dans des sachets en plastique ou en toile, dans les bocaux ou des boîtes, la fleur de sel, le gros sel et les sels fins aromatisés n'attendent que de figurer en bonne place dans votre cuisine.

Fouras

La Halle aux légumes et la Halle aux poissons
Pl. du Marché - ✆ 05 46 84 60 11 - 8h-13h ; halle aux poissons : juil.-août 17h-19h.
Les deux bâtiments sont situés dans la rue principale de Fouras. La halle aux légumes a élargi son offre depuis sa création en 1930 et accueille 18 bancs spécialisés en viandes, charcuteries ou produits régionaux… Le complexe voisin abrite sous sa belle charpente classée 13 stands de poissons, coquillages et crustacés.

La Rochelle

Le Boute-en-Train
7 r. des Bonnes-Femmes - Centre-ville - ✆ 05 46 41 73 74 - fermé 26 août-9 sept., dim. et lun. - formule déj. 9 € - 27 €.
Près des halles, ce charmant restaurant sert une cuisine de marché. Détail amusant, des dessins d'enfants ornent les murs de sa salle bistrot… À vos crayons pour compléter la collection… Les grands descendront à la cave voûtée pour choisir leur vin.

Rochefort

Le Palais du Chocolat
25 av. Charles-de-Gaulle – ✆ 05 46 87 40 71 - tlj sf dim. et lun. mat. 9h-12h30, 15h-19h.
M. Paillé, maître pâtissier-chocolatier a ouvert dans la rue commerçante sa deuxième boutique, véritable paradis pour les gourmets et les gourmands. Parmi une gamme étendue de spécialités, découvrez le Compostelle en version cake, à base de raisins et de cognac, ainsi que les bonbons Aziadé et le chocolat l'Hermione.

St-Jean-d'Angély

Marché
Pl. du Marché - merc. et sam. 8h-12h30 ; dim. : pl. André-Lemoyne.
De belles halles du 19e s. accueillent 48 commerces, auxquels viennent s'ajouter des étals extérieurs. À retenir : le charcutier Chagnaud (grillon charentais, farci campagnard), le fromager Paul Georgelet, spécialiste du chèvre sous toutes ses formes, et le biscuitier Franck fabricant de gâteau charentais, macarons…

N° 85 Poitou-Charentes

Balade en **Charentes**

Si vous aimez la diversité, cette escapade est pour vous : de la **plaine**, des **marais**, la **côté atlantique**, une île, **Oléron**, des villes, **Angoulême**, **Cognac**, **Saintes**, de la bande dessinée, des églises romanes, des citadelles, de l'alcool fort, des huîtres… Un dénominateur commun ? Vous êtes toujours en **Charentes** !

➲ **Départ d'Angoulême**
➲ **6 jours**
380 km

Promenade à vélo, sur l'île d'Oléron

Jour 1

Angoulême est aujourd'hui la capitale mondiale de la bande dessinée et la ville porte l'empreinte de son festival, depuis les peintures reproduites sur ses murs jusqu'aux plaques de ses rues en forme de bulles de BD. Amateurs, vous visiterez le Centre national de la bande dessinée et de l'image, et le musée du Papier « Le Nil ». En fin de matinée, partez découvrir les **sources de la Touvre**, et profitez, en saison, d'une visite guidée des **grottes du Queroy**. Continuez par **La Rochefoucauld** : s'y dresse un superbe château Renaissance (ne manquez pas son escalier à vis et son petit boudoir). C'est dans cette ville commerçante, à l'origine des fameuses « charentaises », que vous trouverez de bonnes adresses où déjeuner. Gagnez **St-Amant-de-Boixe** pour sa très belle église et son logis abbatial ou arrêtez-vous au théâtre gallo-romain de **St-Cybardeaux**, situé dans un cadre campagnard. Faites ensuite étape à Cognac.

Jour 2

À **Cognac**, vous vous initierez dans la matinée à la distillation de l'eau-de-vie en visitant le fabuleux Musée des arts du Cognac et l'un des célèbres chais, en bordure de Charente. Après être passé par l'**abbaye de Fontdouce** et sa remarquable salle capitulaire, rejoignez **Saintes** où vous ferez étape. C'est là que commence l'approche des joyaux de l'art saintongeais. L'Antiquité y est très présente, avec l'arc de Germanicus et les arènes ; le Moyen Âge aussi, avec l'abbaye aux Dames et l'église St-Eutrope ; quant aux autres siècles, ils sont évoqués au travers des collections de peintures et de faïences conservées dans les divers musées de la ville. Partez ensuite vers **La Roche-Courbon** que l'écrivain Pierre Loti appelait « le château de la Belle au bois dormant », avant d'arriver à **Rochefort** où vous ferez étape pour la nuit. Dans cette ville bâtie au 17e s. autour d'un arsenal, vous pourrez notamment visiter la Corderie royale, un bâtiment de 374 m de long situé au cœur d'un jardin, et un musée au décor éclectique et exotique, aménagé dans la maison de Loti.

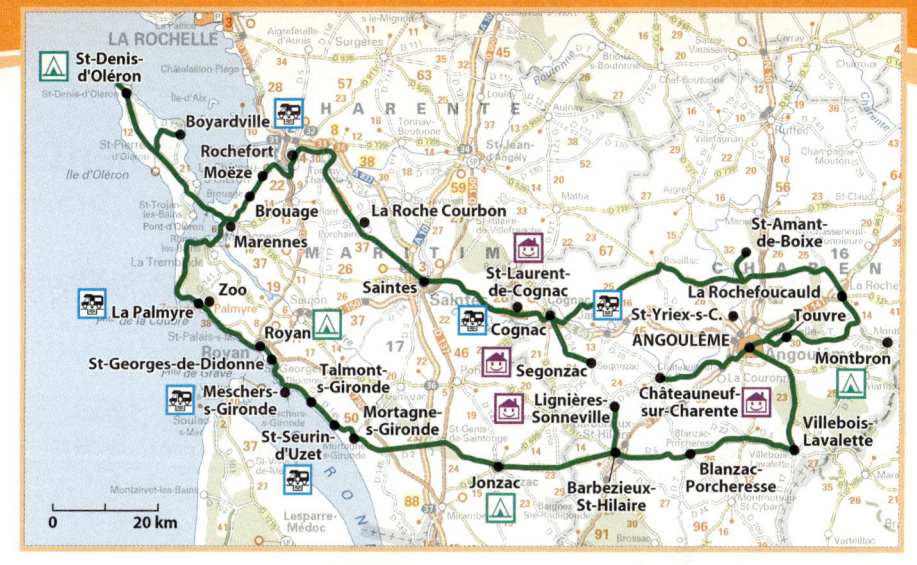

Jour 3

Partez à la découverte des marais, vastes étendues solitaires, afin de rendre une petite visite aux oiseaux de la **réserve de Moëze**. Continuez ensuite par une inoubliable promenade sur les remparts de **Brouage**, citadelle esseulée au beau milieu des marais. Gagnez **Marennes**, où vous prendrez le temps de déguster des huîtres dans l'une des cabanes du marais ou dans un lieu plus protocolaire ! Tâchez de profiter de la marée basse pour accéder au **fort Louvois**, puis passez la nuit à **Oléron**.

Jour 4

Oléron mérite en soi, surtout s'il fait beau, une journée de balade à pied ou à vélo, et de baignade. Reliée au continent par un viaduc, la plus grande des îles de France après la Corse a su gardé ses caractères d'insularité. Vous ne manquerez pas d'aller à Fort Boyard, au sommet du phare de Chassiron et dans l'une des nombreuses cabanes d'ostréiculteurs, pour déguster sur place quelques huîtres d'Oléron !

Jour 5

De retour sur le continent, suivant le temps qu'il fait, et l'envie que vous aurez de vous baigner, vous passerez un ou deux jours à descendre le long de la Grande Côte. Traversez la **forêt de la Coubre** sans manquer le **zoo de La Palmyre**, considéré comme l'un des plus beaux de France. Stations balnéaires et plages de sable s'enchaînent avec nonchalance : **St-Palais-sur-Mer**, **Royan**, **St-Georges-de-Didonne**, **Meschers-sur-Gironde**. Arrêt obligatoire à **Talmont-sur-Gironde**, pour son église plantée au bout d'une presqu'île, avec au premier plan les cabanes de pêcheurs perchées sur pilotis… Profitez de la situation exceptionnelle de quelques restaurants surplombant l'océan pour dîner face au soleil couchant.

Jour 6

Gagnez **Pons**. Vous y verrez un rarissime hôpital du 12e s. qui servait d'étape aux pèlerins de Compostelle, et leur donnait l'occasion de souffler avant de reprendre la route. Si vous avez des enfants, faites un détour par le château des énigmes : il propose un amusant parcours-jeu. En saison, flânez à **Jonzac**, ville thermale dédiée au **pineau des Charentes** et au **cognac**. Et de Barbezieux, allez à **Blanzac** qui possède une belle église de style roman, avant de revenir à Angoulême par le village médiéval de **Villebois-Lavalette**.

N° 85 Poitou-Charentes

Aires de service & de stationnement

Boyardville
Aire de Boyardville – Parking du Port – ☎ 05 46 76 51 02 – mi-mars-mi-avr. – P 100.
Borne eurorelais. Payant 4 €.
Stationnement : 5 €/j.
Loisirs : Services :

Chenac-Saint-Seurin-d'Uzet
Aire de Chenac-St-Seurin-d'Uzet – Le Port, en bordure du chenal – Ouv. tte l'année – P 5.
Borne artisanale. Payant.
Stationnement : 6 €/j.
Loisirs : Services :

Cognac
Aire de Cognac – Place de la Levade – ☎ 05 45 82 56 05 – Ouv. juin-oct. – P 4.
Borne raclet. Gratuit.
Stationnement : autorisé
Services :

Meschers-sur-Gironde
Aire de Meschers-sur-Gironde – Rte des Salines, port de Plaisance – ☎ 05 46 39 71 00 – Ouv. tte l'année – P 10.
Borne flot bleu. Payant 3 €.
Stationnement : 7 €/j.
Services :

La Palmyre
Aire des Corsaires – Av. de l'Atlantique – Ouv. tte l'année – P 60.
Borne eurorelais. Payant.
Stationnement : 6 €/j.
Loisirs : Services :

Saint-Yrieix-sur-Charente
Aire de Saint-Yrieix-sur-Charente – Rue du Plan-d'Eau, La Grande Prairie – ☎ 05 45 38 60 67 – Ouv. avr.-oct. – P 8.
Borne artisanale. Gratuit.
Stationnement : autorisé
Loisirs : Services :

Campings

Jonzac
Les Castors
8 rue de Clavelaud, à 1,5 km par D 19, rte de Montendre et chemin à droite.
☎ 05 46 48 25 65
De mi-mars à mi-nov. 3 ha (115 empl.)
Tarif : 4,40 € 4,90 € – (10A) 5 €
borne eurorelais 3,50 €– 14 18,80 €
Loisirs : (petite piscine) terrain multisports
Services : sèche-linge

Montbron
« Les Castels » Les Gorges du Chambon
Le Chambon, à 4,4 km par D 6, rte de Piégut-Pluviers, puis à gauche 3,2 km par D 163, rte d'Ecuras et chemin à droite, à 80 m de la Tardoir (accès direct).
☎ 05 45 70 71 70
De mi-avr. à mi-sept. 28 ha/7 campables (120 empl.)
Tarif : 30,85 € (2A) – pers. suppl. 8,25 €
borne artisanale – 2 14 €
Loisirs :
Services : sèche-linge
Joli cadre verdoyant et boisé autour d'une ancienne ferme restaurée et paysagée

Royan
Campéole Clairefontaine
À Pontaillac, allée des Peupliers à 400 m de la plage.
☎ 05 46 39 08 11
De déb. juin. à fin sept. 5 ha (290 empl.)
borne artisanale – 10 –
Loisirs : snack
Services : sèche-linge

Saint-Denis-d'Oléron
Les Seulières
1371 rte des Seulières, Les Huttes, à 3,5 km, rte de Chaucre, à 400 m de la plage.
☎ 05 46 47 90 51
De déb. avr. à fin oct. 2,4 ha (120 empl.)
Tarif (prix 2009) : 18 € (2A) – pers. suppl. 4 €
Loisirs :
Services : sèche-linge

Carnet pratique

🏠 Haltes chez le **particulier**

Châteauneuf-sur-Charente

Ferme Bagatelle
Rte de Roullet - Bagatelle – Ouv. tte l'annnée
🅿 *5.*
Les propriétaires seront heureux de vous faire découvrir leur exploitation (vignes, céréales et élevages) Accueil chaleureux.

Lignières-Sonneville

Domaine du Mardi Gras
Lieu-dit le Mardi Gras – Ouv. tte l'année
🅿 *5.*
Le domaine du Mardi Gras est au cœur de la Grande-Champagne du Cognac. C'est sur ce terroir qu'il élabore des vins mousseux « méthode traditionnelle ». À découvrir : le brut Jean-Luc Chevrou et le Flirt (cocktails à base de cognac et de coco, goyave et framboise).

Saint-Laurent-de-Cognac

Domaine du Calumet
9, r. des Distilleries - Le Buisson – 📞 *05 45 82 40 11 – Mar.-sam. 9h-12h, 14h30-18h30*
Ouv. tte l'année
🅿 *3.*
Située au cœur de l'appellation « Borderies », cette exploitation viticole et arboricole propose la visite du site et la découverte de ses produits : pommes, pineau des Charentes et vins en dégustation et vente sur place.

Segonzac

Michel Forgeron
Chez Richon – 📞 *05 45 83 43 05 – Ouv. tte l'année*
🅿 *5.*
Michel Forgeron vous fait découvrir ses Cognac (Vieille Réserve et Hors d'Âge) et ses Pineau des Charentes (blanc et rosé). Dégustation, vente.

🚴 Les bonnes **adresses** de Bib

Angoulême

Preuve par Trois
5 r. Ludovic-Trarieux - 📞 *05 45 90 07 97 - fermé dim. - formule déj. 14 €.*
Cette boutique située au cœur de la vieille ville séduira autant les « chineurs » que les gourmands. Cuisine simple, légère et conviviale à midi, scones, pâtisseries maison et thé à l'heure du goûter : régalez-vous avant avant de faire un tour dans sa petite brocante.

Cognac

La Cognathèque
8 pl. Jean-Monnet - 📞 *05 45 82 43 31 - www.cognatheque.com - juil.-août : 9h30-19h ; reste de l'année : tlj sf dim. 9h30-19h - fermé 1ᵉʳ Mai.*
Pas moins de 500 références de cognac et de pineau des Charentes sont réunies dans ce magasin, sélectionnées chez les producteurs et auprès des négociants. Presque tous les millésimes de 1930 à nos jours sont représentés, et certaines bouteilles, comptant plus de 100 ans de garde, sont de vrais produits de collection.

Marennes

Découverte des parcs à huîtres de Marennes-Oléron en bateau
Embarquement : Port de la Cayenne - 📞 *05 46 85 20 85 - mai-sept. : tlj sf sam. à 14h30 - 9,50 €.*
Un équipage sympathique vous propose de découvrir à bord d'un bateau les parcs à huîtres de Marennes-Oléron, ponctués de cabanes ostréicoles colorées. Pensez donc à emporter votre appareil photo…

Saintes

Le Bistrot Galant
28 r. St-Michel - 📞 *05 46 93 08 51 - www.lebistrotgaland.com - fermé dim. sf le midi les j. fériés et lun. - 16/33 €.*
Le chef Patrick Aumon élabore en fonction du marché une cuisine pleine d'inventivité et de saveurs que vous savourerez dans l'une des lumineuses salles à manger de la maison. À vous le croustillant de grenadier aux artichauts et jus à la barigoule ou la salade de cailles confites et légumes au vinaigre balsamique !

Les Santons
Pl. Bassompierre - 📞 *05 46 74 23 82 - juil.-août : 13h30-20h, w-end en juin et déb. sept. - fermé lun - 12 à 42 €.*
Une visite de la ville ne serait pas complète sans une promenade en santon, petit bateau électrique à piloter soi-même en toute sécurité… Idéal pour découvrir Saintes au fil de l'eau, de façon originale.

St-Pierre-d'Oléron

Les Délices d'Oléron
Carrefour Gendarmerie - RD 734 - 📞 *05 46 75 29 67 - fév. et avr., mai-juin : 10h-13h, 15h-19h ; mars et sept. : 10h-13h, 15h-19h sf juil.-août 9h-20h - fermé 3 dernières sem. janv., dim.-lun. et j. fériés hors sais.*
Cette boutique présente un large choix de produits régionaux : vins, pineaux, cognacs, condiments, confitures, sels et quelques réalisations originales (pâté de ragondin au cognac, sablé aux algues).

N° 86 — Provence-Alpes-Côte d'Azur

De la **cité des Papes** à la **Camargue**

Avignon, **les Alpilles, Aigues-Mortes, Arles, Nîmes** : pas de doute, vous êtes en **Provence**. Sous un ciel d'un bleu intense, le vert des pins et des cyprès se mêle à celui de la garrigue et des feuilles d'oliviers. Plus au sud, les immenses étendues lacustres ou « sansouires » au sol craquelé se déroulent, dessinant le profil de la **Camargue**, entre une manade de taureaux et quelques flamands roses.

➲ **Départ d'Avignon**
➲ **6 jours 255 km**

Ferrade en Camargue.

Jour 1

Dans la cité des Papes, **Avignon**, il est des étapes obligées ! Le Palais des Papes, bien entendu, que vous visiterez dès votre arrivée. Un petit tour au Rocher des Doms qui réserve un beau point de vue et il faudra déjà penser à déjeuner. L'un des restaurants avec terrasse aux alentours du Palais semble tout indiqué, pour rester dans le quartier. Car ensuite, vous rejoindrez le musée du Petit Palais qui abrite de somptueuses collections, dont des toiles italiennes du 13e au 18e s. Enfin, dernier incontournable : le pont Saint-Bénezet, plus connu sous le nom de pont d'Avignon. Le soir, vous pourrez opter pour un dîner-croisière sur le Rhône ou une table en ville. Quittez Avignon par le sud pour rejoindre Arles, sans oublier de faire étape sur les sites incontournables de **St-Rémy** et des **Baux-de-Provence**.

Jours 2 & 3

Arles va vous faire tourner la tête ! Première étape, le théâtre antique et les arènes, qui ne devront pas vous faire oublier le déjeuner dans l'un des restaurants du quartier. En guise de balade digestive, une promenade le long du quai, en direction du musée de l'Arles et de la Provence Antiques. Là, vous verrez notamment des sarcophages provenant des **Alyscamps**, où vous vous rendrez avant un dîner bien mérité. Rien de tel qu'un bon steak de taureau, la spécialité locale, pour vous remettre d'aplomb. Le lendemain s'annonce hétéroclite : l'église Saint-Trophime et la Fondation Van-Gogh le matin, suivi d'un déjeuner ensoleillé à la terrasse de l'un des restaurants postés à proximité de l'agréable place du Forum. Gardez l'après-midi pour découvrir le musée Réattu et sa donation Picasso. Partez enfin vers **la Camargue** aux multiples facettes. D'abord celle des marais, maîtrisée par l'homme, avec la découverte du domaine du Vigueirat, dans la **Crau** humide ; après avoir rejoint le delta par le **bac de Barcarin**, découvrez en fin d'après-midi celle des salines à **Salin-de-Giraud**.

Jour 4

Commencez la journée en arpentant les sentiers du domaine non endigué de **la Palissade** (possibilité de randonnée accompagnée à cheval d'avril à octobre), avant de profiter de l'immense plage de **Piémanson**, près de l'embouchure du Grand Rhône. Après un pique-nique sur la plage, consacrez l'après-midi à la découverte de la faune et de la flore au domaine de **la Capelière,** ou des traditions de la « bouvine », au domaine de **Méjanes**. Visitez ensuite le Musée camarguais, consacré aux mœurs et coutumes locales, puis dans la foulée le **château d'Avignon**, avant de vous offrir une bonne nuit.

Jour 5

Consacrez la matinée à vous promener sur les sentiers du **parc ornithologique du Pont-de-Gau**, l'occasion unique de faire connaissance avec les oiseaux aperçus de loin dans les étangs. Vers midi, partez arpenter les ruelles des **Saintes-Maries** dont les maisons blanches se blottissent autour de l'imposante église fortifiée. Dès le printemps, vous déjeunerez les pieds dans le sable dans l'un des restaurants de plage, avant de gagner, par le pont de Sylvereal ou le bac du Sauvage, la belle cité fortifiée d'**Aigues-Mortes**. Vous y flânerez, puis irez déguster quelques tellines et une soupe de poissons en guise de dîner sur le port du **Grau-du-Roi**. Le retour vers Arles s'effectuera par l'étang de Scamandre, tout envahi de roselières, et **Saint-Gilles**, où vous détaillerez, dans la lumière du couchant, les sculptures du portail de l'abbatiale, chef-d'œuvre du roman provençal.

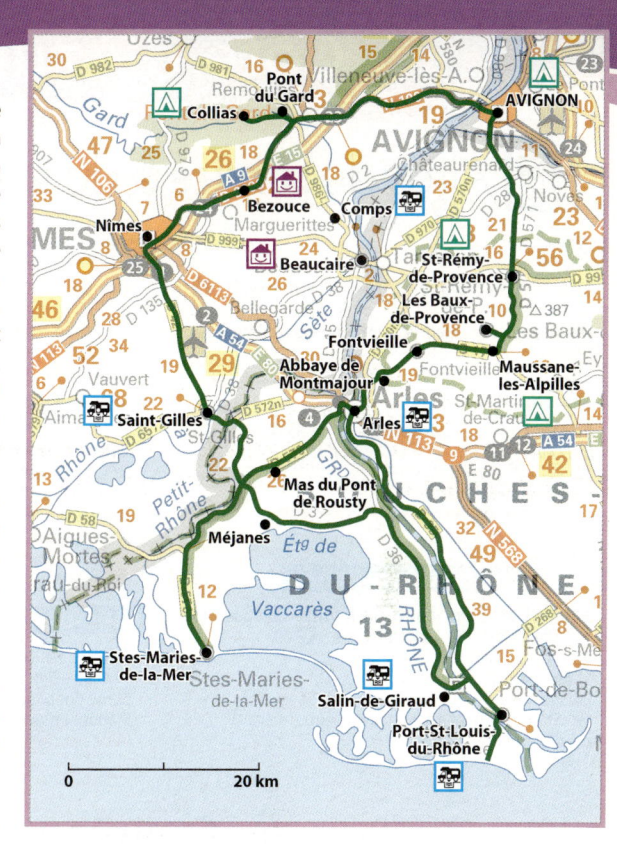

Jour 6

La journée est consacrée à **Nîmes**, la « Rome française », que vous parcourrez des arènes au temple de Diane, en passant par la Maison carrée. Suivez le tracé des remparts, dont le vestige le plus impressionnant est la fameuse tour Magne. Le Castellum, où aboutissaient les eaux puisées dans la fontaine de l'Eure, près d'Uzès, sera un excellent prélude à la découverte, en fin d'après-midi, du majestueux **Pont du Gard**, partie la plus spectaculaire d'un aqueduc qui courait dans la garrigue sur près de 50 km !

N° 86 Provence-Alpes-Côte d'Azur

Aires de **service** & de **stationnement**

Arles

Aire d'Arles – *Quai du 8-Mai-1945 – Ouv. tte l'année* – 🅿
Borne eurorelais. Gratuit.
Stationnement : autorisé sur parking à proximité.
Services :

Comps

Aire de Comps – *Pl. des Arènes* – ☎ 04 66 74 50 99 – *Ouv. tte l'année* – 🅿 30.
Gratuit.
Stationnement : 3 €/j.
Loisirs : Services :
Au bord du Gardon

Port-Saint-Louis-du-Rhône

Aire de Port-Saint-Louis-du-Rhône – *Quai Bonnardel* – ☎ 04 42 86 90 00 – *Ouv. tte l'année* – 🅿 60.
Gratuit.
Stationnement : 48h maxi. 5 €/j.
Loisirs : Services :
Stationnement obligatoire avenue de la 1re DFL, proche du port

Saint-Gilles

Aire de Saint-Gilles – *Quai du canal – Ouv. tte l'année* – 🅿 35.
Payant 3 €.
Stationnement : autorisé
Loisirs : Services :

Saintes-Maries-de-la-Mer

Aire de Saintes Maries de la Mer – *Parking de la plage-Est* – ☎ 04 90 97 82 55 – *Ouv. tte l'année* – 🅿 80.
Borne artisanale. Gratuit.
Stationnement : 8,50 €/j.
Loisirs : Services : sèche-linge
En bord de mer.

Salin-de-Giraud

Aire de Salin-de-Giraud – *R. de la Bouvine* – ☎ 04 90 49 47 00 – *Ouv. avr.-oct.* – 🅿 12.
Borne flot bleu. Payant 2 €.
Stationnement : autorisé
Services :

Campings

Avignon

⛺ Le Pont d'Avignon
10 chemin de la Barthelasse, sortie NO rte de Villeneuve-lès-Avignon par le pont Édouard-Daladier et à dr., dans l'île de la Barthelasse.
☎ 04 90 80 63 50
De déb. mars à fin oct. 8 ha (300 empl.)
Tarif : 26,90 € 👫🚗⚡ (2A) – pers. suppl. 4,75 €
Loisirs : snack
Services : sèche-linge

Collias

⛺ Le Barralet
6 chemin du Grès, à 1 km par D 3 rte d'Uzès et chemin à dr.
☎ 04 66 22 84 52
De déb. avr. à mi-sept. 2 ha (120 empl.)
Tarif (prix 2009) : 22 € 👫🚗⚡ (2A) – pers. suppl. 6,50 €
borne raclette
Loisirs : pizzeria terrain omnisports, canoë
Services :

Maussane-les-Alpilles

⛺ Municipal les Romarins
Rte de St-Rémy-de-Provence, sortie N par D 5.
☎ 04 90 54 33 60
De mi-mars à mi-oct. 3 ha (144 empl.)
Tarif (prix 2009) : 23 € 👫🚗⚡ (2A) – pers. suppl. 4,40 €
Loisirs :
Services :

Saint-Rémy-de-Provence

⛺ Mas de Nicolas
Quartier Lavau, sortie N rte d'Avignon puis 1 km par D 99 (déviation) rte de Cavaillon, à dr. et r. Théodore-Aubanel à gauche.
☎ 04 90 44 17 13
De mi-mars à fin oct. 4 ha (140 empl.)
Tarif (prix 2009) : 24 € 👫🚗⚡ (2A) – pers. suppl. 7 €
borne artisanale 5 €
Loisirs : hammam jacuzzi
Services :

Carnet pratique

Haltes chez le **particulier**

Beaucaire

Mas des Tourelles
4294, rte de Bellegarde – ☎ 04 66 59 19 72 – Ouv. tte l'année
🅿 *5.*
Le Mas des Tourelles produit des vins en Costières de Nîmes, des vins de Pays d'Oc et des vins Pays du Gard appréciés aussi bien en France qu'en Europe. Le propriétaire vous propose également de voir des reconstitutions archéologiques de caves à l'époque gallo-romaine et de goûter à des vins élaborés selon des procédés propres à cette époque.

Bezouce

Domaine de la Patience
RN 86 – Fermé dim.
Ouv. tte l'année
🅿 *3.*
Située à 5 minutes du Pont-du-Gard, cette exploitation viticole accueille les camping-caristes. Dégustation et vente des produits issus du domaine : vin des Costières de Nîmes, vins de pays, huile d'olive et tapenade.

Les bonnes **adresses** de Bib

Arles

Les Étoffes de Romane
10 bd des Lices - ☎ 04 90 93 53 70 - nov.-mai : mar.-vend. 9h30-13h, 14h-19h, sam. 9h30-13h30, 15h30-19h.
Tissus provençaux (habillement et ameublement).

Le Criquet
21 r. Porte-de-Laure - ☎ 04 90 96 80 51 - fermé de fin déc. à fin fév. et merc. - 17 € déj. - 22/25 €.
Préférez la salle à manger de ce petit restaurant voisin des arènes : avec ses pierres apparentes et ses poutres, elle a davantage de charme que la terrasse. Tranquillement attablé, vous pourrez y savourer la bourride du jeune chef et autres spécialités.

Avignon

Le Grand Café
Cours Maria-Casarès, la Manutention - ☎ 04 90 86 86 77 - fermé janv., dim. et lun. sf juil.-août - réserv. conseillée - 20/34 €.
Cette ancienne caserne adossée aux contreforts du palais des Papes est devenue un lieu incontournable de la vie locale. Avignonnais et touristes s'y retrouvent pour découvrir une cuisine inventive aux accents provençaux. Agréable terrasse, calme et fraîche en été.

Distillerie de la liqueur de Saint-Michel-de-Frigolet
26 r. Voltaire - ☎ 04 90 94 11 08 - www.frigoletliqueur.com - 9h-12h, 14h-18h - fermé w.-end sf sur réservation pr les groupes.
Cette distillerie détient la recette du Frigolet, encore appelé élixir du père Gaucher, son créateur. On y produit aussi de l'eau-de-vie de poire Williams, du marc de Provence ou des confiseries à la liqueur Frigolet. La visite des lieux est très intéressante : découverte du « secret » de fabrication de l'élixir (composé de 30 plantes) et petit musée de l'Alambic.

Les Baux-de-Provence

Mas de la Dame
RD 5 - ☎ 04 90 54 32 24 - 8h30-19h - fermé 1er janv. et 25 déc.
Cette propriété du 16e s. immortalisée en 1889 par Van Gogh est une des rares exploitations à produire à la fois du vin (rouges et rosés sous l'appellation « Les Baux-de-Provence », deux vins blancs AOC coteaux-d'aix-en-provence).

Salin-de-Giraud

Restaurant Chez Juju
Rte de Vaccarès, D 36C - 6 km au nord-est par D 36 et D 36C - ☎ 04 42 86 83 86 - fermé merc. soir et jeu. ; hors sais. sur réserv. - 10 €.
Les habitués ne viennent pas ici pour le décor, très simple, mais pour l'assiette. Loup, sole ou pageot, on s'intéresse avant tout au poisson. Dès qu'on a choisi sa pièce, celle-ci est pesée, grillée (flambée à la table sur demande) et servie avec un plat de riz, à la bonne franquette.

N° 87

Provence-Alpes-Côte d'Azur

Merveilles naturelles du **Vaucluse**

Les couleurs de cette escapade ? Jaune comme les genêts au pied des **dentelles de Montmirail**, noir comme la **truffe du Vaucluse**, blanc comme le sommet enneigé du **mont Ventoux**, bleu comme la lavande de **Sault** ou rouge comme l'ocre du village de **Roussillon** et du colorado de **Rustrel**. Une gamme de couleurs qui ne saurait être complète sans la lumière d'un soleil, ici, très généreux.

➲ *Départ de Carpentras*
➲ *4 jours*
205 km

Roussillon, village perché du Lubéron dont les murs rougissent au soleil.

Jour 1

De bon matin, promenez-vous dans les ruelles de la vieille ville de **Carpentras**, que vous quitterez pour les paysages échancrés des **dentelles de Montmirail**, avec un arrêt au pittoresque village de **Malaucène**. En mai-juin, lorsque les genêts, très abondants, illuminent les collines de leurs fleurs jaunes, les paysages des dentelles sont sublimes. Offrez-vous un déjeuner de terroir dans un village des environs. N'oubliez pas que vous êtes dans un pays de truffe et de bon vin (gigondas). Profitez de l'après-midi pour vous promener sur les sentiers balisés, au cœur des vignes du fameux **muscat de Beaumes-de-Venise**.

Jour 2

Aujourd'hui, entamez l'ascension du **mont Ventoux** voisin (les grands sportifs s'y mesureront à vélo). Sachez que le mont Ventoux est classé par l'Unesco comme « réserve de biosphère ». À tous, le sommet réserve un panorama exceptionnel… pour peu que l'air soit assez transparent ! Offrez-vous une longue promenade sur les sentiers balisés du Géant

Fruits confits de la confiserie Bono, à Carpentras

de Provence (en ski de fond ou en raquettes l'hiver !), puis passez la nuit aux alentours.

Jour 3

Partez à la découverte de **Sault**, berceau de la distillation industrielle. Le matin, visitez la Ferme des lavandes et son conservatoire botanique, puis faites vos emplettes à la Maison des producteurs. Déjeunez terroir dans un restaurant ou une ferme-auberge. L'après-midi, découvrez l'exposition lavande du Centre de découverte de la nature, faites un tour à la distillerie du Vallon et à la savonnerie Brunarome. Option plein air : suivez la boucle pédestre de 4 km, « Chemins des lavandes ».

Jour 4

Longez les **gorges de la Nesque**, pour atteindre dans la matinée les impressionnantes carrières d'ocre du **Colorado de Rustrel**, aux portes du Luberon. Plusieurs circuits vous permettront d'y découvrir les cheminées des fées, le Sahara, le cirque de Barriès, la cascade, et la rivière de sable, émouvants résultats de l'œuvre conjointe de l'activité humaine (arrêtée en 1956) et de l'érosion. Grimpez ensuite au **Mourre Nègre**, le point culminant du Lubéron avant de consacrer l'après-midi à sillonner la **montagne du Luberon**. Vous déjeunerez dans l'un de ses villages perchés avant d'en savourer les charmes. En rejoignant Bonnieux, faites une halte à **Apt, capitale du fruit confit et de l'ocre** (elle conserve la seule usine d'exploitation de l'ocre encore en activité). Ne manquez pas **Bonnieux**, **Roussillon** (où l'ocre est aussi roi) et **Gordes**, avec ses calades et son village des Bories. En fin d'après-midi, offrez-vous une dernière échappée à **Fontaine-de-Vaucluse**, où l'on visite l'étonnante résurgence de la Sorgue, au terme d'un mystérieux parcours souterrain sous le plateau de Vaucluse.

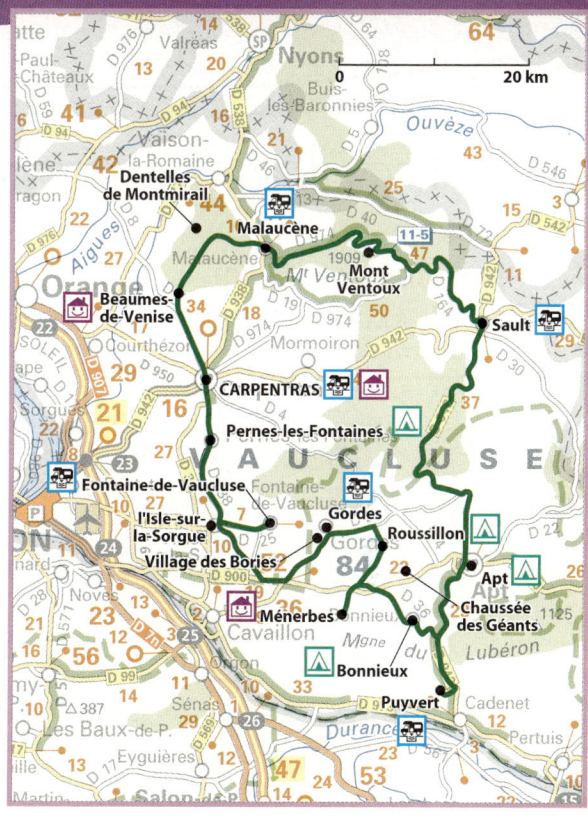

Le conseil de Bib

▶ Le Vaucluse est la terre de prédilection de la truffe noire. La saison est marquée par l'ouverture, mi-novembre, du marché aux truffes de Carpentras. Jusque début mars, vous y verrez vendeurs et négociants chuchoter leurs prix autour des sacs de jute. Autre grand marché aux truffes à Richerenches.

Nougat et lavande.

Provence

Pistes couleur lavande

➲ **D'Apt à Castellet : 12 km**
➲ **Véloroute « Luberon à vélo » : 109 km**

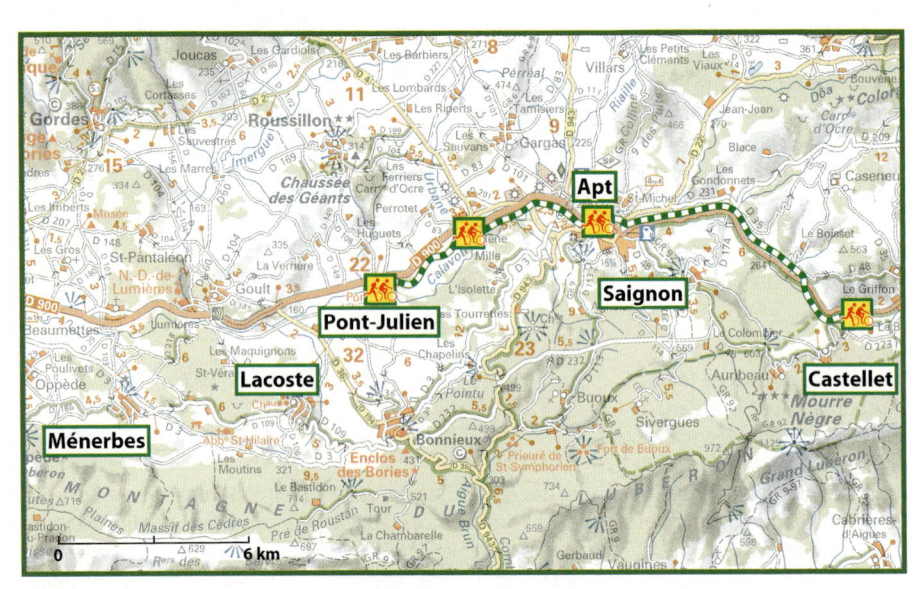

Sur une vingtaine de kilomètres, une Voie Verte court en fond de vallée, de part et d'autre de la ville d'Apt. Mais elle n'est pas la seule. Le parcours balisé « Luberon à Vélo » propose tout autour plus de 100 km de véloroute, visitant, de Cavaillon à Forcalquier, les villages-joyaux du pays de Giono.

En bonne logique, on évitera simplement de programmer la balade aux heures ou aux mois les plus chauds. Les deux saisons idéales, en Provence, restent le printemps et l'automne… avec une préférence affirmée pour une mise en route matinale ! Concernant la Voie Verte, on empruntera facilement un parcours simple depuis le Pont Julien, à moins de 10 km à l'ouest d'Apt. Pas de problème de parking à proximité du superbe ouvrage pré-cité, moins encore de dénivelé. La piste, réalisée sur une ancienne voie ferrée, remonte insensiblement le Calavon, souvent à sec en été. Les sautes d'humeur brutales du cours d'eau, en d'autres temps, n'ont jamais eu raison du fameux pont romain ! Après un petit parcours en garrigue, la voie réservée vous fera contourner Apt en balcon pour vous diriger ensuite plein est.

Toujours en bordure du Calavon, la piste, bien ombragée, vous mènera au terme de la courte

Échappées belles

étape, à l'intersection des deux villages de Castellet et de Saint-Martin-de-Castillon.
Envie d'en faire plus ? Cela tombe bien, vous pouvez parfaitement rejoindre, depuis là comme de tout autre endroit de cette vallée des merveilles, le circuit du « Luberon à vélo ». Grâce à cet itinéraire en véloroute, le Vaucluse a établi en quelques années sa réputation enviée de département cyclable.

Nettement plus sportif, mais conçu aussi pour limiter au maximum les côtes et dénivelés, le parcours balisé vous donnera accès au chapelet de villages qui parsème, à mi-pente, les flancs de collines et de montagnes du Parc naturel régional du Luberon. Un choix à faire, évidemment, en fonction de sa forme, de son temps libre… et des ardeurs du soleil. On pourra opter pour une seule liaison entre deux villages (Lacoste et Ménerbes, Castellet et Saignon, Saint-Michel-de-l'Observatoire et Forcalquier, par exemple) ou s'offrir en trois jours, si la forme est là, l'intégrale des 109 km. Et même, pourquoi pas, le tour complet du massif du Luberon ! 236 km de petites routes peu fréquentées, qu'il suffit, pour ne pas souffrir des quelques incontournables dénivelés (200 m maximum par jour), de scinder en petites étapes.

Évidemment, il ne s'agit plus ici de Voies Vertes. Même à faible circulation, la véloroute suivie est à partager avec des usagers motorisés, et donc à pratiquer avec les précautions qui s'imposent. Mais le principe a ses avantages. Plus vivant parfois qu'une piste dite « en site propre », plus pratique pour se ravitailler, et donnant toujours accès au cœur même des villages visités, l'itinéraire permet des jonctions plus faciles et conviviales avec les conjoints et amis camping-caristes. L'utile et l'agréable, en quelque sorte…

Le conseil de Bib

▶ Pour préparer précisément votre parcours à vélo en Luberon :
www.veloloisirluberon.com

En Luberon

M. Bonduelle / Michelin

N° 87 Provence-Alpes-Côte d'Azur

Aires de service & de stationnement

Carpentras

Aire de Carpentras – Bd de la Pyramide – ☎ 04 90 60 84 00 – Ouv. tte l'année – P 8.
Borne artisanale. Gratuit.
Stationnement : 48 h maxi
Loisirs : Services : sèche-linge
Stationnement parking de la Porte d'Orange.

Fontaine-de-Vaucluse

Aire de Fontaine-de-Vaucluse – Av. Robert-Garcin – ☎ 04 90 20 31 79 – Ouv. tte l'année – P 80.
Borne artisanale. Gratuit.
Stationnement : 3 €/j.
Loisirs : Services :

Gordes

Aire de Gordes – R. de la Combe – Ouv. tte l'année – P
Borne raclet. Gratuit.
Stationnement : 5 €/j.
Services :

Malaucène

Aire de Malaucène – Av. Charles-de-Gaulle (près de la gendarmerie) – ☎ 04 90 65 20 17 – Ouv. tte l'année – P 5.
Borne eurorelais. Payant.
Stationnement : autorisé
Loisirs : Services :

Puyvert

Aire de Puyvert – Parking Super U, rte de Lauris – ☎ 04 90 08 40 73 – Ouv. tte l'année – P 5.
Borne eurorelais. Gratuit.
Stationnement : 48 h maxi
Services :
Parking fermé la nuit

Sault

Aire de Sault – Parking P3, rte de Ferrassières (près du cimetière) – ☎ 04 90 64 02 30 – Ouv. tte l'année – P
Borne eurorelais. Gratuit.
Stationnement : autorisé
Services :
15 août : fête de la lavande.

Campings

Apt

Les Cèdres
Accès : sortie NE par D22, rte de Rustrel.
☎ 04 90 74 14 61
De mi-fév. à mi-nov. 1,8 ha (75 empl.)
Tarif : 14,50 € (2A) – pers. suppl. 2,30 €
1 borne raclet 4 €
Loisirs : mur d'escalade
Services :
réfrigérateur, congélateur

Bonnieux

Municipal du Vallon
Rte de Ménerbes, sortie sud par D 3, et chemin à gauche.
☎ 04 90 75 86 14
De mi-mars à fin oct. 1,3 ha (80 empl.)
Tarif (prix 2009) : 21,50 € (2A) – pers. suppl. 3,80 €
Services :

Pernes-les-Fontaines

Municipal de la Coucourelle
391, av. René-Char, à 1 km par D 28, rte de St-Didier, au complexe sportif.
☎ 04 90 66 45 55
De déb. avr. à fin sept. 1 ha (40 empl.)
Tarif (prix 2009) : 3,50 € 3,20 € – (10A) 2,80 €
borne flot bleu
Loisirs :
Services :
cadre arbustif

Roussillon

Arc-en-Ciel
Rte de Goult, à 2,5 km au sud-ouest par D 105 et D 104.
☎ 04 90 05 73 96
De mi-mars à fin oct. 5 ha (70 empl.)
Tarif (prix 2009) : 16,50 € (2A) – pers. suppl. 4 €
Loisirs :
Services :
agréable site dans une pinède

Carnet pratique

Haltes chez le **particulier**

Beaumes-de-Venise

Domaine Bouletin
Ouv. tte l'année
P 5.
Le domaine Bouletin s'étend sur 33 ha plantés des meilleurs cépages régionaux (grenache, syrah, mourvède et cinsault). À l'abri des Dentelles de Montmirail et du Mont Ventoux, il bénéficie d'un micro-climat favorisant une culture de qualité. Produits élaborés au domaine : muscat de Beaumes-de-Venise, Vacqueras, côtes-du-Rhône et côtes-du-Ventoux.

Bonnieux

Château Les Eydins
Rte du Pont Julien – Ouv. tte l'année
P 5.
Le château Les Eydins est un domaine viticole de 20 ha, exploité par Serge Seignon. Quatrième génération de viticulteur, passionné par la nature, il décide en 2000 de passer à l'agriculture biologique. Depuis, les vins (AOC côtes-du-Luberon) élaborés au château sont régulièrement primés. Dégustation et vente.

Carpentras

Le Mas des Oiseaux
689, chemin de Bacchus – Fermé janv.
P 5.
Cette exploitation viticole familiale s'étend sur 40 ha dont 2 ha sont plantés de cerisiers. La production du domaine se fait majoritairement en AOC côtes-du-Ventoux, le reste en raisins de table pour des jus de fruits. À découvrir : les cuvées « des Litornes rouge », « Du Mas des Oiseaux » et « Le Merle blanc ».

Ménerbes

Le Parc aux Escargots
Quartier les Grès – ☎ 04 90 72 22 26 – Ouv. mai-oct.
P 5.
Voici un étonnant élevage de gastéropodes que les propriétaires seront ravis de faire visiter. Pour tout apprendre sur les différents stades d'évolution, on vous propose une visite commentée avec vidéo qui sera suivie d'une dégustation d'esgargotine, spécialité maison.

Les bonnes **adresses** de Bib

Beaumes-de-Venise

Domaine de Fenouillet
Allée St-Roch - ☎ 04 90 62 95 61 - tlj sf dim. 9h-12h, 14h-19h.
Cette maison qui pratique l'agriculture raisonnée propose une belle gamme de vins : côtes-du-ventoux blanc, rosé et rouge, beaumes-de-venise, muscat et marc de muscat de Beaumes-de-Venise. Le domaine vend également de l'huile d'olive provenant du moulin familial situé à quelques kilomètres.

Carpentras

Marché aux truffes
Pl. Aristide-Briand - de mi-nov. à mi-mars : vend. 9h.
C'est l'un des plus importants du Vaucluse. Le vendredi précédant le 27 novembre, pour l'ouverture, défilé de confréries bachiques et de la truffe, puis l'Amicale truffe passion offre à tous la brouillade truffée.

Confiserie Bono
280 allée Jean-Jaurès - ☎ 04 90 63 04 99 - tlj sf dim. 9h-12h30, 14h15-18h - fermé juin et j. fériés.
Cette maison créée en 1925 perpétue la tradition des maîtres confiseurs de Provence. Outre les fruits confits, fabriqués artisanalement, vous trouverez un grand choix de confitures dont une, délicieuse, au citron. Belle présentation des produits : coffrets, vanneries, poteries…

Crillon-le-Brave

Le Vieux Four
Au village - ☎ 04 90 12 81 39 - fermé 15 nov.-1er mars, lun. et le midi en sem. - 26 €.
C'est dans l'ancienne boulangerie du village qu'est venue s'établir cette jeune cuisinière dynamique. Elle vous accueille dans le fournil, dont elle a conservé le vieux four, ou sur la terrasse, installée sur les remparts. De là, vous pourrez voir le mont Ventoux.

Sault

André Boyer
Pl. de l'Europe - ☎ 04 90 64 00 23 - 7h-19h - fermé 3 sem. en fév.
La boutique d'André Boyer est une adresse incontournable, qui perpétue les traditions artisanales de fabrication. Miel de lavande et amandes de Provence constituent les matières premières nobles qui entrent dans l'élaboration du nougat blanc tendre ou du nougat noir croquant, sans oublier macarons et petites galettes à la farine d'épeautre.

Maison des producteurs
R. de la République - ☎ 04 90 64 08 98 - Pâques-1er nov. : 9h30-12h30, 14h-19h ; hors sais. : vac. scol. et w.-end - avr.-11 nov. et w.-end jusqu'au 25 déc.
Coopérative des producteurs de lavande et de petit épeautre du pays de Sault. Plantes aromatiques, huiles essentielles, miel, nougat, huile d'olive.

Provence-Alpes-Côte d'Azur

Marseille au centre !

Marseille en avant-centre, la **Côte Bleue** et ses cabanons, ailière gauche, **Cassis et les calanques**, ailières droites, un milieu très offensif occupé par l'élégante **Aix**, et une défense menée par les imposantes **montagnes Sainte-Victoire et Sainte-Baume**. Avec cette équipe gagnante, impossible de ne pas être séduit comme l'ont été en leur temps, Cézanne, Zola, Pagnol et tant d'autres…

➲ **Départ de Marseille**
➲ **5 jours**
220 km

La calanque de Port-Miou.

Jours 1 & 2

Rien à voir à **Marseille** ? Allons donc ! Une semaine suffirait à peine pour découvrir la cité phocéenne et vous disposez seulement de deux jours. Prêt ? Partez ! Première bonne nouvelle : ce séjour s'effectue de préférence à pied, un atout certain quand on a goûté aux joies de la circulation marseillaise (infernale !). Grimpez tout d'abord les **ruelles du Panier**, sous lesquelles dorment les fondations grecques de Massalia. Poussez jusqu'à la **Vieille Charité**, ancien hospice abritant le musée d'Archéologie méditerranéenne et le musée des Arts africains, océaniens, amérindiens. Revenez sur le **Vieux Port** pour déjeuner sur l'une des terrasses du seul quai ensoleillé à cette heure (côté mairie). Au menu ? Poissons grillés, voire la sacro-sainte bouillabaisse, bien qu'elle soit devenue chère, peuchère. Filez ensuite au musée d'Histoire de Marseille. Installé au rez-de-chaussée d'un centre commercial, il abrite de précieux vestiges gallo-romains, essentiels pour comprendre la ville. En fin d'après-midi, remontez **la Canebière** pour aboutir **cours Julien**, le fief « alternatif » (les graffitis) et « créateur » (les boutiques). Originales, les pièces restent en général abordables, pas de quoi menacer votre budget dîner. Dans ce quartier, les petites tables sympathiques abondent, les bars de fin de soirée aussi. Le lendemain, vous

Le conseil de Bib

▶ Le stationnement à Carro est le plus pratique et le plus sûr pour la visite de Marseille. Transport en commun par le TER, ligne 7.

serez tout près pour filer écouter les joutes orales qui animent le marché aux poissons, **quai des Belges**. Rejoignez ensuite le musée Cantini, qui rassemble des œuvres du 20e s., avant d'aller saluer la vierge dorée qui coiffe **N.-D.-de-la Garde**. Et là, si vous avez prévu votre pique-nique, descendez à pied jusqu'au Vallon des Auffes, où vous pourrez aussi piquer une petite tête aux beaux jours. Autrement, revenez vers le cours d'Estienne-d'Orves, où les terrasses en piazza offrent l'embarras du choix pour déjeuner. Allez ensuite visiter la basilique Saint-Victor avant une promenade dans le **parc du Pharo** ou bien embarquez pour les **îles du Frioul**. Au retour, offrez-vous l'une des tables en vue de la jeune garde de la cuisine créative marseillaise : version raffinée chez « Une table, Au sud » ou ambiance bistrot au « Café des Épices ». Achevez votre soirée au jazz bar « La Caravelle ». Depuis le balcon, la vue sur le port est imprenable. Au terme de ces deux jours, vous n'avez pas eu le temps de faire tout ce que vous vouliez. Il faudra revenir !

Jour 3

Aujourd'hui l'après-midi sera balnéaire : cap sur les criques et les anciens hameaux de pêcheurs de la **Côte Bleue**, à une trentaine de kilomètres à l'est de Marseille. **Niolon** attirera les plongeurs, tandis que les minuscules plages de **la Redonne** permettront d'attraper quelques oursins, voire des « pourpres » (poulpes). Baignades plus tranquilles à **Carry-le-Rouet**, **Sausset-les-Pins** ou **Carro** avant de mettre cap au nord et de s'attarder en soirée dans les rues d'**Aix-en-Provence** bordée de magnifiques hôtels particuliers.

Jour 4

Après une nuit de repos, partez sur les traces de **Cézanne**. De l'atelier des Lauves aux carrières de Bibémus, en passant par le **Jas de Bouffan**, l'emblématique montagne **Sainte-Victoire** apparaît en toile de fond. Consacrez l'après-midi à ses sentiers, parfois escarpés, qui ouvrent, depuis la **Croix de Provence**, sur un superbe panorama. Vos pieds auront bien mérité ensuite de se reposer pour la nuit.

Jour 5

De bon matin, faites halte au couvent royal de **Saint-Maximin** (41 km à l'est en direction de Brignoles), pour ensuite partir en excursion dans le massif de la **Sainte-Baume**, qui attire aussi bien les pèlerins que les randonneurs et les fans de varappe. Là, dans le bucolique **parc de Saint-Pons**, vous pique-niquerez à la fraîche, sous quelque ombrage, avant de retrouver la mer à **La Ciotat** et de parcourir **la route des Crêtes**. À **Cassis** enfin, vous embarquerez sur l'une des navettes qui partent à la découverte des somptueuses **calanques**. Au retour, dîner de poissons et coquillages dans l'un des restaurants du port.

Provence-Alpes-Côte d'Azur

N° 88

Aires de service & de stationnement

Auriol
Aire d'Auriol – Supermarché Casino, sortie du village – Ouv. tte l'année sf dim. – 🅿
Borne flot bleu. – Payant 2 €.
Stationnement : autorisé
Services :

Carro
Aire de Carro – port de Carro – ☎ 04 42 41 39 39 – Ouv. tte l'année – 🅿 80.
Borne artisanale. Gratuit.
Stationnement : 6 €/j.
Loisirs : Services :

Cuges-les-Pins
Aire de Cuges-les-Pins – Vallon de la Ribassie – ☎ 04 42 73 84 18 – Ouv. tte l'année – 🅿 20.
Borne artisanale. – Payant 1.50 €.
Stationnement : 3 €/j.
Loisirs : Services :

Gréasque
Aire de Gréasque – Parking du musée de la mine Puits Hély d'Oissel – ☎ 04 42 69 77 00 – Ouv. tte l'année – 🅿 14.
Borne artisanale. Gratuit.
Stationnement : 48 h maxi
Services :

Campings

Aix-en-Provence
Chantecler
41 av. du Val Saint André.
☎ 04 42 26 12 98
info@campingchantecler.com . www.campingchantecler.com
Permanent 8 ha (240 empl.)
Tarif : 24,20 € (2A) – pers. suppl. 6 €
borne artisanale
Loisirs : snack
Services : sèche-linge
vue sur la Montagne-Ste-Victoire

Cassis
Les Cigales
Rte de Marseille
☎ 04 42 01 07 34
De mi-mars à mi-nov. 2,5 ha (250 empl.)
artisanale
Loisirs :
Services : sèche-linge
Idéal pour la visite de la ville et point de départ pour la découverte des Calanques.

La Couronne
Municipal L'Arquet
Chemin de la Batterie, à 1 km au S, à 200 m de la mer.
☎ 04 42 42 81 00

De déb. mars à fin sept. 6 ha (330 empl.)
Tarif : 25 € (2A) – pers. suppl. 5,10 €
1 borne artisanale 9,80 €
Loisirs :
Services : sèche-linge

Puyloubier
Municipal Cézanne
Chemin Philippe-Noclercq, sortie E par D 57.
☎ 04 42 66 36 33
camping@le-cezanne.com . www.le-cezanne.com
De déb. avr. à mi-nov. 1 ha (50 empl.)
Tarif : 6 € 2 € 3 € – (6A) 3 €
borne artisanale– 8 €
Loisirs :
Services :
Au pied de la Montagne Ste-Victoire

Sanary-sur-Mer
Campasun Parc Mogador
167, chemin de Beaucours.
☎ 04 94 74 53 16
mogador@campasun.eu . www.campasun.eu
De mi-fév. à mi-nov. 3 ha (180 empl.)
Tarif : 45 € (2A) – pers. suppl. 8,50 €
borne eurorelais 5 €
Loisirs : snack, pizzeria
Services :

Carnet pratique

Haltes chez le **particulier**

Saint-Maximin-la-Sainte-Baume

Domaine Saint-Jean-le-Vieux
Rte de Bras – Ouv. lun.-sam. 8h-12h30, 14h-19h
Ouv. tte l'année
P 5.
Chez les Boyer, être vigneron est une affaire de famille. Installée depuis 1660 à Saint-Maximin-la-Ste-Baume, au cœur du Var, chaque nouvelle génération a tiré le meilleur parti du terroir dont elle a hérité. En 1977, la famille Boyer crée la cave de Saint-Jean-Le-Vieux. Aujourd'hui, dans les vignes comme dans les chais, les frères Pierre et Claude Boyer sauront vous parler avec passion et vous faire découvrir leur vin.

Les bonnes **adresses** de Bib

Cassis

La Maison des Vins - La Maison des Coquillages
Rte de Marseille - ☏ 04 42 01 15 61 - tlj sf dim. 9h-12h30, 14h30-19h30, dim. 9h-12h30 - fermé j. fériés en hiver.
Le vignoble de Cassis couvre environ 170 ha et se compose de 13 domaines où prime le blanc (80 % de la production). La Maison des Vins vend les bouteilles de 11 d'entre eux, ainsi qu'une sélection de crus hexagonaux. De septembre à juin, vente de coquillages et plateaux de fruits de mer à la boutique voisine (Maison des Coquillages).

Le Mas de l'Olivier
2 r. de la Ciotat - ☏ 04 42 01 92 41 - tlj 10h30-12h30, 15h-18h30, lun. 15h-18h30 ; janv. : vend.-dim. 10h30-12h30, 14h30-18h.
Cette petite boutique située dans une ruelle du centre-ville propose des herbes de Provence, des huiles d'olive soigneusement sélectionnées, plusieurs variétés d'olives, de l'anchoïade, de la tapenade et un joli rayon de friandises. Savons, tissus colorés, poteries, bois d'olivier et huiles essentielles complètent l'offre.

Marseille

La Cantine du Marseillais
13 r. Glandevès - M° Vieux-Port - ☏ 04 91 33 66 79 - fermé 3 sem. en août, lun. soir, mar. soir, merc. soir et dim. - 12/18 €.
Au cœur du centre commerçant, cette petite adresse toute neuve met la Méditerranée à l'honneur, avec une cuisine qui navigue de l'Espagne à la Grèce, de l'Italie à la Provence. Sur les tables défilent artichauts, supions, parlourdines et rougets, arrosés de vins du Sud. Une bonne escale déjeuner entre deux boutiques.

La Maison du Pastis
108 quai du port - M° Vieux-Port - Hôtel-de-Ville - ☏ 04 91 90 86 77 - en sais. : 10h-19h ; hors sais. : tlj sf lun. 11h-14h, 15h-18h.
Cette boutique exiguë jouit d'un emplacement privilégié sur le Vieux Port. À l'intérieur, dans un désordre « organisé », alcools anisés connus ou non, pastis artisanaux et absinthes se côtoient sur des rayonnages en bois blanc. Des produits régionaux haut de gamme s'ajoutent aux spiritueux : huiles d'olive, tapenades, etc.

Four des Navettes
136 r. Sainte - M° Vieux-Port - ☏ 04 91 33 32 12 - 7h-20h.
Point de Chandeleur sans « navette » qui protégera la maison de la maladie et des catastrophes ! Dans la plus ancienne boulangerie de la ville, bénie à cette occasion, on achète ce biscuit parfumé à la fleur d'oranger dont on garde jalousement la recette depuis deux siècles. On y trouve aussi du chocolat à la lavande qui fleure bon la Provence, des canistellis, des croquants aux amandes, des pompes à l'huile d'olive, des gibassiers et toute une gamme de pains spéciaux.

La Compagnie de Provence
1 r. Caisserie - ☏ 04 91 56 20 94 - tlj sf dim. (sf en été) 10h-13h, 14h-19h, vend.-sam. 10h-19h - fermé j. fériés.
En maître des lieux, le savon de Marseille est ici présenté sous différentes formes : liquide, gel douche, ficelé avec du chanvre, accompagné d'huiles pour le bain, de linge de toilette… Le tout installé dans une boutique flambant neuf sentant divinement bon !

Roquevaire

Moulin à huile de la Cauvine
Quartier de la Cauvine - entre St-Jean-de-Garguier et St-Estève - ☏ 04 42 04 09 30 - tlj sf dim. 9h-19h - fermé j. fériés.
Un vrai paysage de carte postale entoure cette ferme plantée au milieu des oliviers, des vergers et des champs de légumes. Vous pourrez y remplir votre panier de fruits et légumes de saison, tous les mardis et les vendredis. À noter : l'huile d'olive fabriquée ici, vendue à prix attractif, a obtenu plusieurs médailles.

N° 89 — Provence-Alpes-Côte d'Azur

Antibes et l'arrière-pays varois

Le long d'une côte rocheuse et découpée, les routes en corniche surplombent le bleu profond de la **mer méditerranée**. Le **cap d'Antibes** accueille yachts et navires de plaisance, tandis que la foule d'estivants se serre sur les plages. À l'animation du littoral, où l'affluence peut dérouter, s'oppose le charme préservé des terres, avec ses villages perchés, tel **Gourdon**, les impressionnantes **gorges du Loup**, ses artisans d'art et le souvenir de tous les artistes que la côte a inspirés.

➲ **Départ d'Antibes**
➲ **7 jours**
410 km

Le village perché de Gourdon.

Jour 1

En déambulant dans les charmantes ruelles de la vieille ville d'**Antibes**, vous ne manquerez pas le marché provençal quotidien (excepté le lundi hors saison) très animé. Amateurs de yachts, faites un tour au port où, passées les embarcations traditionnelles se trouvent des géants des mers. De là, vous aurez une vue sur le Fort carré qui se visite. Si vous voulez rapporter de la céramique, projetez-vous à **Vallauris** qui n'oublie pas Jean Marais. L'après-midi, rendez-vous à **Biot**, réputé pour ses artisans verriers et moins connu pour ses céramiques.

Jour 2

En ce deuxième jour, premier arrêt à **Cagnes** où la maison de Renoir sert de cadre à un musée consacré à sa vie d'artiste peintre. Grimpez ensuite au **Haut-de-Cagnes**, pour arpenter les ruelles qui mènent au château. Une tout autre ambiance vous attend à **Saint-Paul-de-Vence**, où la foule bat le pavé sur les traces des peintres et artistes qui élirent domicile ici. Les amateurs d'art moderne se dirigeront sans hésiter vers la fondation Maeght. À **Vence**, vous pourrez souffler, retrouvant le calme d'une vieille ville lovée derrière ses remparts.

Jour 3

Suivez sans crainte le Loup ! À **Tourrettes**, capitale de la violette, vous pourrez faire quelques emplettes dans les petites boutiques artisanales. **Le Bar-sur-Loup**, où l'on cultive l'oranger, ne manque pas d'air du haut de sa colline. Enfin, **Gourdon**, superbe village perché en gardien des gorges, vous accueille en beauté. Faites un arrêt dans la cité avant de rejoindre le **plateau de Caussols**, lunaire et truffé d'avens qui créent un univers très particulier. À **Saint-Cézaire**, la visite de grottes aménagées vous permettra de découvrir l'envers de ce décor. Pour finir, faites un saut à **Cabris**.

Jour 4

Poursuivez le parcours des **Préalpes provençales**, adossées aux sommets alpins et coupées de gorges abruptes, qui forment une palette de couleurs et de senteurs où les roses, le jasmin et les violettes se disputent la faveur aux oliviers et aux agrumes. **Grasse** doit une partie de sa renommée à cette richesse, et vous devez absolument commencer par visiter une parfumerie avant d'aller flâner dans la ville. Poursuivez votre escapade varoise en regagnant **Draguignan**.

Jour 5

Après une promenade dans la vieille ville de Draguignan, rendez-vous au musée des Arts et Traditions populaires de moyenne Provence. En route à travers ces paysages vallonnés et boisés, commencez par la visite de l'**abbaye cistercienne du Thoronet**. Dirigez-vous ensuite vers le paisible village de **Cotignac**, étonnamment niché au cœur d'une falaise.

Jour 6

De bon matin, en passant par Villecroze, rendez-vous à **Tourtour**. Étiré sur la crête d'une colline, ce village a conservé son allure médiévale. **Aups** mérite un arrêt, particulièrement les jours de marché (mercredi et samedi) : vous pourrez alors vous approvisionner en produits du terroir (miel, olives, etc.). Les amateurs de faïence apprécieront **Varage**, où il est possible de visiter des ateliers. Enfin, **Barjols** offre une halte rafraîchissante avec ses nombreuses fontaines et son quartier du Réal.

Jour 7

Le vieux **Brignoles** invite à la flânerie, mais ceux qui souhaitent une approche plus culturelle, se rendront au modeste musée du Pays brignolais. Cheminant à travers le vignoble, si vous envisagez de goûter ou d'acheter des côtes-de-provence, vous aurez le choix entre **Le Luc** ou **Les Arcs**. Si le temps ne vous est pas compté, rejoignez la côte à **Sainte-Maxime** et retournez à Antibes via **Fréjus**, **Saint-Raphël** et **Cannes**.

Pétales de roses de Grasse.

N° 89 Provence-Alpes-Côte d'Azur

Aires de **service** & de **stationnement**

Les Arcs
Aire du cellier des Archers – *Quartier des Laurons, cave coopérative* – 04 94 73 30 29 – *Ouv. tte l'année* – P 30.
Borne artisanale. Gratuit.
Stationnement : autorisé
Loisirs : Services :

Brignoles
Aire de Brignoles – *Parking supermarché Casino* – 04 94 37 31 00 – *Ouv. tte l'année* – P
Borne flot bleu. Payant 2 €.
Stationnement : autorisé
Services :

Caille
Aire de Caille – *Chemin de la Plaine* – 04 93 60 31 51 – *Ouv. tte l'année* – P 3.
Borne flot bleu. Payant 4 €.
Stationnement : illimité
Services :

Draguignan
Aire de Draguignan – *Parking de l'Intermarché, av. Pierre-Brossolette* – 04 94 68 18 19 – *Ouv. tte l'année* – P 4.
Borne flot bleu. Payant 2 €.
Stationnement : 24h maxi.
Loisirs : Services :

La Gaillarde
Aire Chez Marcel – *Rte Nationale 98* – 06 14 51 33 73 – *Ouv. tte l'année* – P
Payant 3 €.
Stationnement : 15 €/j.
Loisirs : Services :
Commune de Roquebrune-sur-Argens.

Ramatuelle
Aire de Ramatuelle – *Rte de la Bonne-Terrasse* – 04 98 12 66 66 – *Ouv. mars-nov.* – P 50.
Borne artisanale. Payant.
Stationnement : 7,50 €/j.
Loisirs : Services : sèche-linge

Campings

Antibes
Le Rossignol
Accès : 3 km au N par D 6007 et av. Jules-Grec à gauche.
04 93 33 56 98
De fin mars à fin sept. 1,6 ha (111 empl.)
Tarif : 23,60 € (10A) – pers. suppl. 5 €
1 borne artisanale
Loisirs :
Services :

Auribeau-sur-Siagne
Le Parc des Monges
635, chemin du Gabre, à 1,4 km au NO par D 509, rte de Tanneron.
04 93 60 91 71
De fin avr. à fin sept. 1,3 ha (54 empl.)
Tarif (prix 2009) : 28,50 € (2A) – pers. suppl. 4,90 €
1 borne artisanale 7 €
Loisirs :
Services :
Au bord de la Siagne

La Bocca
Ranch-Camping
Chemin St-Joseph, 1,5 km au NO par D 9 puis bd de l'Esterel à dr..
04 93 46 00 11
De mi-avr. à déb. oct. 2 ha (130 empl.)
Tarif : (Prix 2007) 6 € 3 € 17 € (6A)
Loisirs : (petite piscine)
Services :

Vence
Domaine de la Bergerie
1330, chemin de la Sine, 4 km à l'O par D 2210, rte de Grasse et chemin à gauche.
04 93 58 09 36
De fin mars à mi-oct. 30 ha/13 campables (450 empl.)
Tarif (prix 2009) : 28 € (2A) – pers. suppl. 5 €
1 borne artisanale 4 €
Loisirs : parcours sportif
Services :
Ancienne bergerie joliment restaurée

Carnet pratique

Les bonnes **adresses** de Bib

Antibes

Marché Provençal
Il a lieu tous les matins (sauf le lundi hors saison) le long du cours Masséna. Les producteurs, souvent de la région, vendent fruits et légumes, confitures, épices, olives, fromages de chèvre, etc. Également, stands proposant spécialités corses et provençales, dont la fameuse socca niçoise, sans oublier les fleurs.

La Bonne Table
44 bd Albert-1er - ℘ 04 93 34 43 08 - fermé nov. ; ouv. midi et soir en sais. (à partir d'avr.) ; déj. seult en hiver - formule déj. 15 € - 21/27 €.
Pas loin du Musée d'Archéologie, sur un boulevard accédant au front de mer, petit restaurant familial où l'on vient faire des repas traditionnels en compagnie d'une clientèle souvent assez âgée, fidélisée de longue date par la sagesse des menus proposés. Salle à manger dans les tons jaunes, décorée de toiles évoquant la Provence.

Aups

Moulin à huile Gervasoni
91 montée des Moulins - ℘ 04 94 70 04 66 - avr.-sept. : 10h-12h, 14h30-19h ; juil.-août : 9h30-12h30, 14h-19h - fermé lun. sf juil.-août.
Moulin du 18e s. où, depuis 3 générations, on fabrique de l'huile d'olive vierge extra – plusieurs fois primée lors de concours agricoles – en respectant la tradition et une sélection de produits régionaux (tapenade, anchoïade, savons à l'ancienne, tissus provençaux, etc.). Dégustations et visite guidée avec vidéo sur la fabrication de l'huile.

Fréjus

Les Micocouliers
34 pl. Paul-Albert-Février - ℘ 04 94 52 16 52 - patrick.loidreau@wanadoo.fr - 10 € déj. - formule déj. 11 € - 11/26 €.
Ce restaurant situé sur la place, face au groupe épiscopal, est décoré dans un esprit rustique s'accordant bien avec la cuisine provençale du patron. Agréables terrasses d'été et d'hiver.

Grand Café de l'Estérel
14 pl. Agricola - ℘ 04 94 51 50 50 - cafe.esterel@online.fr - fermé dim. - 15 €.
Une formule menu unique à prix plancher, énoncée sur un écriteau et chaque jour renouvelée, s'emploie à satisfaire votre appétit à l'heure du déjeuner dans cette brasserie aussi sympathique que populaire.

Cave des Cariatides
53 r. Sieyès - ℘ 04 94 53 99 67 - juil.-août : tlj sf dim. apr.-midi 9h30-19h30 ; reste de l'année : tlj sf dim. et lun. 9h30-13h, 15h30-19h30 - fermé 15 j. en mars, 15 j. en nov., apr.-midi des j. fériés.
Derrière l'entrée monumentale de cet hôtel particulier du 17e s., dont la porte est encadrée de deux cariatides soutenant un entablement de style baroque, se cache depuis soixante ans une cave à vins et spiritueux. Elle recèle non seulement les grands vins de Provence, mais aussi une belle gamme de whiskies, cognacs et armagnacs, liqueurs fines et apéritifs.

Grasse

Galimard - Studio des Fragrances
5 rte de Pégomas - rd-pt des 4-Chemins - ℘ 04 93 09 20 00 - Séances 10h, 14h, 16h - fermé j. fériés sf de déb. mai à fin sept. et dim. d'oct. à avr.
Stages de création de parfums organisés par le célèbre parfumeur grassois : durant deux heures vous aurez le plaisir de composer vous-même votre parfum (dont la formule sera ensuite conservée en vue d'une nouvelle commande) et de repartir avec l'odorant flacon et un diplôme signé du maître-parfumeur. Séduisant !

Fragonard - Usine Historique
20 bd Fragonard - ℘ 04 93 36 44 65 - 9h-18h30 ; nov.-janv. : 9h-12h30, 14h-18h30.
Fondée en 1926, l'Usine historique continue de créer parfums, savons, cosmétiques en associant le respect de la tradition et les techniques de production les plus modernes. La visite, guidée et gratuite, vous fera découvrir ces procédés de fabrication. Le musée retrace 5 000 ans d'histoire des parfums et permet d'admirer une superbe collection d'objets s'y rapportant. Boutique de vente à prix d'usine.

Ramatuelle

Domaine du Bourrian et domaine de Pin-Pinon
2496 chemin du Bourrian - 83580 Gassin - ℘ 04 94 56 16 28 - www.domainedubourrian.com - mars-oct. : 8h-12h, 14h30-19h ; janv.-fév. : 8h-12h, 14h-18h ; nov.-déc. : 8h-12h, 13h-17h - fermé dim. et j. fériés.
Depuis trois générations, la famille Chapelle gère ce domaine viticole (l'un des plus vieux de la presqu'île de Saint-Tropez) installé sur le site d'un ancien village gallo-romain. Il produit, avec le domaine de Pin-Pinon, des vins de pays des Maures et des AOC côte-de-provence. Visite d'un chais plus que centenaire et dégustation.

Vallauris

Le Clos Cosette
1 av. du Tapis-Vert - ℘ 04 93 64 30 64 - 12,50 € déj. - 23,50/34 €.
En dépit d'une apparence extérieure assez banale, ce restaurant du centre-ville abrite un vrai salon d'accueil spacieux. À côté, la salle à manger offre le charme des murs en pierre sèche rehaussé de dessins et de tableaux. Cuisine traditionnelle, variant au gré des produits du marché.

Provence-Alpes-Côte d'Azur

N° 90

Les **Hautes-Alpes** de Vauban

Dans chaque vallée et hauteur des **Alpes du Sud**, Vauban, tirant partie de ces situations stratégiques, a laissé des témoignages exceptionnels de l'architecture militaire du Grand Siècle que ses successeurs ont renforcé. De la **vallée de Briançon**, à la **haute Ubaye**, cet itinéraire vous en présente un étonnant panorama.

➲ **Départ de Gap**
➲ **7 jours**
375 km

Le fort de Tournoux, accroché à la montagne.

Jour 1

Enfoui dans les Hautes-Alpes, **Gap** est un point de départ idéal pour découvrir la région. Au sud, sur la route Napoléon, se trouve **Tallard** qui vaut pour son château et son église, mais aussi pour les vignobles qui l'entourent. On en tire un bon petit vin blanc de pays. Longeant la Durance, passé Remollon, vous ne rêvez pas, ce sont bien des roches que vous voyez : il s'agit des étonnantes **demoiselles coiffées de Théus** que vous pourrez aller admirer de près. Apparaît ensuite le **barrage de Serre-Ponçon** dont vous découvrirez l'histoire au Muséoscope du Lac. Continuez sur la D 900B, puis prenez à droite la D 900 pour atteindre **Seyne**, où vous ferez étape, après avoir visité son église romane et sa citadelle due à Vauban.

Jour 2

Revenez sur la D 900B et dirigez-vous vers **le Lauzet** qui borde **la vallée de l'Ubaye**. Arrêtez-vous dans ce petit village pour aller voir le pont romain. Ensuite, direction **Barcelonnette** qui est riche d'une histoire empreinte d'exotisme. Une promenade dans ses rues permet de s'en rendre compte. On y admire des demeures étonnantes, dont l'une, la villa La Sapinière, abrite le musée de la Vallée. Une visite s'impose si vous voulez connaître l'histoire de l'Ubaye. En route pour le haut Ubaye, vous verrez le **fort de Tournoux**, accroché aux parois de la montagne. **Saint-Paul-sur-Ubaye** est un charmant village. De là, vous pouvez partir pour de petites randonnées. Plus loin, le pont du Châtelet semble écarter les parois de la montagne, puis, tout au bout de la route, voici le village de **Maurin** et son église isolée. Revenez à Saint-Paul et grimpez au **col de Vars**, tout en prairies et rochers. Sur l'autre versant apparaît **Guillestre**, base de randonnées ou de balades dans le **Guillestrois**. Vous vous promènerez dans le village et y passerez tranquillement la soirée avant un repos bien mérité.

Jour 3
Parti de Guillestre, faites une première halte à la citadelle de **Mont-Dauphin**. Dirigez-vous ensuite vers **L'Argentière-la-Bessée** : arrêtez-vous à l'office de tourisme pour récupérer la documentation qui répertorie les nombreux cadrans solaires que compte la **Vallouise**, avant d'entrer dans cette vallée où vous finirez la journée. Juste avant Vallouise, ne manquez pas de visiter la **Maison du Parc national des Écrins**.

Jour 4
Promenez-vous dans la ville haute de **Briançon**, cité sentinelle enfermée dans les fortifications de Vauban, et voyez au passage le cadran solaire de la place d'Armes. Arrêtez-vous au musée de la Mesure du temps, ou bien visitez la Maison du **Parc national des Écrins** si la nature vous attire davantage. Partez vous ressourcer dans la **vallée de la Clarée**, qui recèle des hameaux préservés. Admirez les fresques de **Val-des-Prés**, puis celles de la chapelle **Notre-Dame-des-Grâces** à Plampinet. Poursuivez jusqu'à Névache avant de revenir à Briançon. Si vous avez un peu de temps devant vous, faites un crochet par **Montgenèvre**, poste frontière avec l'Italie.

Jour 5
Dirigez-vous vers **Cervières** et le col de l'Izoard. En redescendant, vous retrouvez des fresques à Arvieux et découvrez **Château-Queyras**, perché à l'entrée de la vallée du Guil. Rendez-vous ensuite à **Saint-Véran** (en passant par Molines, site idéal pour des randonnées nature), plus haut village d'Europe. Entre les fustes, les toits de lauzes et les cadrans solaires, vous voilà immergé dans la tradition queyrassine. Revenez à la D 947 pour traverser la **combe du Queyras** et arriver à Guillestre.

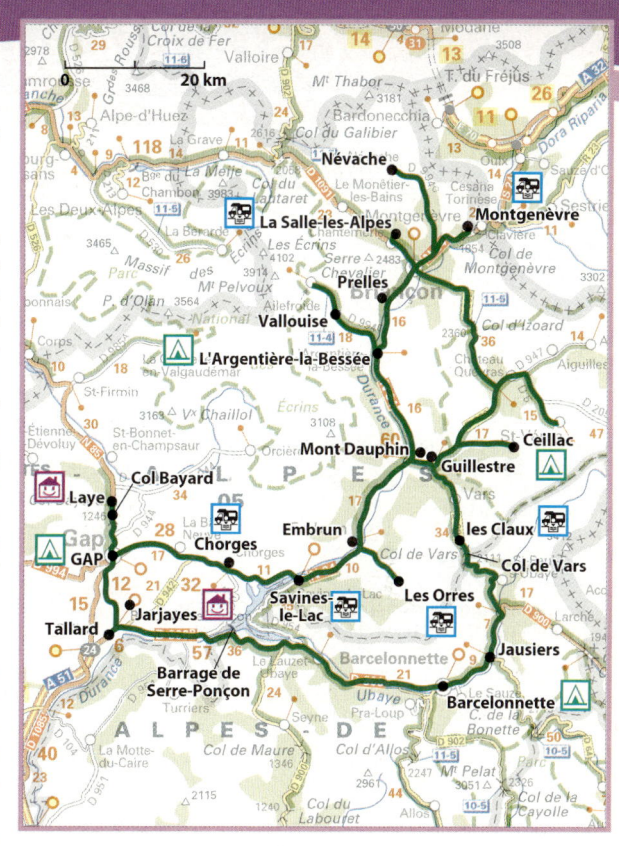

Jour 6
De **Guillestre**, prenez la direction d'**Embrun**. L'office de tourisme vaut le détour car il est installé dans des chapelles qui conservent de superbes fresques. Deux autres édifices incontournables : la cathédrale au magnifique portail et la Tour Brune qui offre une terrasse panoramique. De retour sur les bords du lac de Serre-Ponçon, voilà **Savines**. Ce village a été reconstruit après l'immersion de son site initial lors de l'édification du barrage. De là partent des excursions en bateau. Sur l'autre rive, **Chorges** vous met sur le chemin de Gap.

Jour 7
De retour à **Gap**, il vous reste à visiter la vieille ville et le Musée départemental, où sont conservés des pièces de collection datant de la période romaine, ainsi que de beaux meubles sculptés. L'après-midi, allez vous promener dans le domaine de Charance.

N° 90 Provence-Alpes-Côte d'Azur

Aires de **service** & de **stationnement**

Chorges
Aire de Chorges – Pl. du champ-de-Foire – ☎ 04 92 50 60 30 – Ouv. tte l'année – P 15.
Gratuit.
Stationnement : 24 h maxi
Services : WC

Les Claux
Aire de Vars Les Claux – Parking P5, Les Plans – Ouv. tte l'année – P
Borne flot bleu. Gratuit.
Stationnement : autorisé
Services : WC

Montgenèvre
Aire de Montgenèvre – À la sortie de la ville – ☎ 04 92 21 92 88 – Ouv. 15 déc.-15 avr. et 15 juin-31 août – P 200.
Borne artisanale.
Stationnement : 10 €/j.
Loisirs : Services :
À proximité de la télécabine du Chanvet.

Les Orres
Aire des Orres – Lieu-dit Pramouton, parking Champs-Lacas – ☎ 04 92 44 00 40 – Ouv. tte l'année – P 15.
Borne flot bleu. Payant 3 €.
Stationnement : autorisé
Loisirs : Services :
Navette gratuite jusqu'au départ des pistes de ski.

La Salle-les-Alpes
Aire de la Salle-les-Alpes – Chem. de Preras, le Bez-Serre-Chevalier 1400 – ☎ 06 88 64 41 76 – Ouv. tte l'année – P 15.
Payant 3 €.
Stationnement : 8 €/j.
Loisirs : Services : WC sèche-linge
Accès par carte magnétique à retirer à l'OT.

Savines-le-Lac
Aire de Savines-le-Lac – Centre-ville – Ouv. tte l'année – P
Borne artisanale. Gratuit.
Stationnement : autorisé
Loisirs : Services :

Campings

L'Argentière-la-Bessée

Les Écrins
Av. Pierre Sainte, 2,3 km au sud par N 94 rte de Gap, et D 104 à dr.
☎ 04 92 23 03 38
De mi-avr. à mi-sept. 3 ha (120 empl.)
Tarif (prix 2009) : 15,30 € (2A) – pers. suppl. 4,60 €
borne artisanale 2 10 € – 10€
Loisirs :
Services : (juil.-août) GB
près d'un plan d'eau et d'un stade d'eau vive

Barcelonnette

Le Fontarache
Les Thuiles-Basses, à 7 km de Barcelonnette, près de l'Ubaye.
☎ 04 92 81 90 42
De déb. juin à déb. sept. 6 ha (150 empl.)
Tarif : 19 € (2A) – pers. suppl. 4 €
borne artisanale 4 €
Loisirs :
Services :

Ceillac

Les Mélèzes
La Rua des Reynauds.
☎ 04 92 45 21 93
De déb. juin à déb. sept. 3 ha (100 empl.)
Tarif : 5,50 € 6,50 € – (10A) 3 €
Loisirs :
Services : GB
site et cadre agréables au bord du Mélezet

Gap

Alpes-Dauphiné
Rte Napoléon, à 3 km sur N 85, rte de Grenoble.
☎ 04 92 51 29 95
De déb. avr. à fin oct. 10 ha/6 campables (185 empl.)
Tarif : 6,10 € 7,50 € – (6A) 3 €
borne artisanale
Loisirs : pizzeria
Services : GB

Carnet pratique

Haltes chez le **particulier**

Jarjayes

La Ferme de la Madeleine
Rte de Luye sur la D 900 B près de Lettret. – ☎ 04 92 54 10 63 – Fermé mi-nov-déb.-janv.
P 5.
La ferme de la Madeleine produit des fruits qu'elle vend au fil des saisons ou qu'elle transforme en jus et en liqueurs roboratives. Ici on goûte avant d'acheter : les jus de pomme, de poire et de tomate sont incomparables, l'eau de vie de cerise est une exclusivité de la maison, « l'hysope sauvage », du nom du précieux petit arbrisseau guérit-tout, est une merveille pour la santé et le petafouere – un joli mot du terroir que vous expliquera le patron – facilite la digestion.

Laye

Laiterie du Col Bayard
10 km au N de Gap par N 85. – ☎ 04 92 50 50 06 – Fermé mi-nov-déc., mar. soir, merc. soir, jeu. soir et lun. sf vac. scol. et j. fériés
P 5.
Prenez de la hauteur ! En dehors des sentiers battus, vous trouverez ici un restaurant de fromages, une boutique de produits régionaux et une fromagerie à visiter. Le tout regroupé dans une grande salle simple et accueillante…

Les bonnes **adresses** de Bib

Barcelonnette

Le Passe-Montagne
Rte du Col-de-la-Cayolle - ☎ 04 92 81 08 58 - fermé juin, oct.-20 déc., le midi en hiver, mar. et merc. sf vac. scol. - 19/27 €.
Ambiance conviviale et cadre rustique alpin en ce petit chalet à l'orée d'une pinède. Cuisine régionale : montagnarde l'hiver et provençale l'été.

Briançon

Le Panier Alpin
48 Grande-Rue - ☎ 04 92 20 54 65 - www.panieralpin.com - juil.-août : 9h-19h30 ; reste de l'année : tlj sf lun. et dim. 9h-12h, 15h-19h, fermé 15-30 mai et 15 oct.-30 nov.
Ce magasin vend les produits d'une cinquantaine d'artisans locaux. Résultat : des rayons abondamment garnis de charcuteries de montagnes, fromages fermiers, bière de Briançon, vins, liqueurs de plantes, sirops et vinaigres de Provence, miels, confiture à la louche, biscuits et plats cuisinés…

Château-Ville-Vieille

La Maison de l'artisanat
Charpenel - ☎ 04 92 46 75 06 ou 04 92 46 80 29 - queyras.meubles@artisanat.com - été : 10h-19h ; hors sais. : 14h-18h - fermé 25 déc. et 1er janv.
Comme l'indique l'enseigne, cette maison, ouverte en 1989, se veut la vitrine de la production artisanale du Queyras. Une visite s'impose pour découvrir meubles traditionnels, jouets en bois, bijoux, cuir, poteries, charcuteries, pâtisseries, liqueurs et alcools.

Gap

Le Tourton des Alpes
1 r. des Cordiers - ☎ 04 92 53 90 91 - fermé 15 j. en sept. - 13,50/22,50 €.
Un passage obligé pour découvrir cette spécialité locale ! Le tourton, sorte de beignet fourré de divers ingrédients, est à l'honneur dans cette maison. Alors, n'hésitez pas à descendre les quelques marches pour vous installer dans cette ancienne cave voûtée.

Névache

Commanderie de St-Antoine
Ville-Haute - ☎ 04 92 21 27 63 - juin-sept. 9h-12h30 et 14h-19h.
C'est dans l'ancienne commanderie des hospitaliers de Saint-Antoine qu'est venu s'installer le descendant d'une grande famille d'apothicaires et de sommeliers ayant exercé leur art à la cour des ducs de Savoie. Les recettes familiales de liqueurs de génépi, genévrier, Saint-Pierre, ratafia ou de vinaigre de thym, d'ail et de rose sont conservées dans de vieux livres. Élaborées strictement à base de plantes, toutes ces préparations ont des vertus médicinales, mais surtout un goût extra-ordinaire et inoubliable.

Vallouise

Bière des Alpes L & L Alphand
Place du village - ☎ 04 92 23 20 00 - brasserie.alphand@wanadoo.fr.
Avec de l'eau de source de montagne, des ingrédients sélectionnés, de la passion et un cahier des charges très strict, les frères Alphand ont créé une bière de champions, de plus en plus demandée par les restaurateurs, les bars et les magasins d'alimentation. Pour conserver sa grande qualité, la production reste artisanale et limitée. Quoi qu'il en soit, cela vaut la peine de se déplacer pour boire au comptoir une bière blanche l'été, ambrée l'hiver, ou brune en toutes saisons, dans une vraie maison de pays, non loin des sommets. À quand la prochaine médaille ?

N° 91 Provence-Alpes-Côte d'Azur

Petits pays entre Alpes et Provence

Le **Diois**, pays de vignes, de fruits et de lavande auquel la ville de Die a donné son nom, tapi au creux de montagnes et de hautes collines. Le **pays du Buëch**, injustement ou heureusement méconnu. Ses vertes vallées sont des oasis où les hommes ont préservé la nature et le sens de l'accueil. On passe ici des Alpes à la Provence, et le ciel bascule dans le turquoise. Enfin **les Baronnies**, autre pays de moyenne montagne, où s'épanouissent l'olivier et la lavande. Le charme authentique du Midi en trois pays !

➲ **Départ de Die**
➲ **5 jours**
320 km

Le village perché de Saint-May, dans les Baronnies.

Jour 1

Le début de ce circuit tranquille et bucolique, au départ de **Die** (que vous visiterez plutôt en en fin de séjour), vous mène au très médiéval **Châtillon-en-Diois**. Édifié autour d'un château disparu qui lui donna son nom, ce village a conservé son allure du Moyen Âge. De là, faites un tour au nord afin de ne pas manquer le superbe **cirque d'Archiane**. Ces magnifiques falaises ferment une vallée entaillée dans la montagne de Gladasse. Si vous pouvez y aller en fin d'après-midi, quand le soleil déclinant dore la roche nue, c'est encore plus beau ! De retour à Châtillon, continuez sur la D 539 : vous traverserez les **gorges des Gats** (avant la route, terminée en 1865, il fallait passer plusieurs gués, les « gats », pour remonter ce défilé), puis le village de **Glandage** qui possède une petite église romane. Prenant la N 75 vers le sud,

Le conseil de Bib

▶ À Die, goûtez la fameuse clairette, un des grands mousseux de France, produit à partir de cépages nobles : clairette et muscat.

412

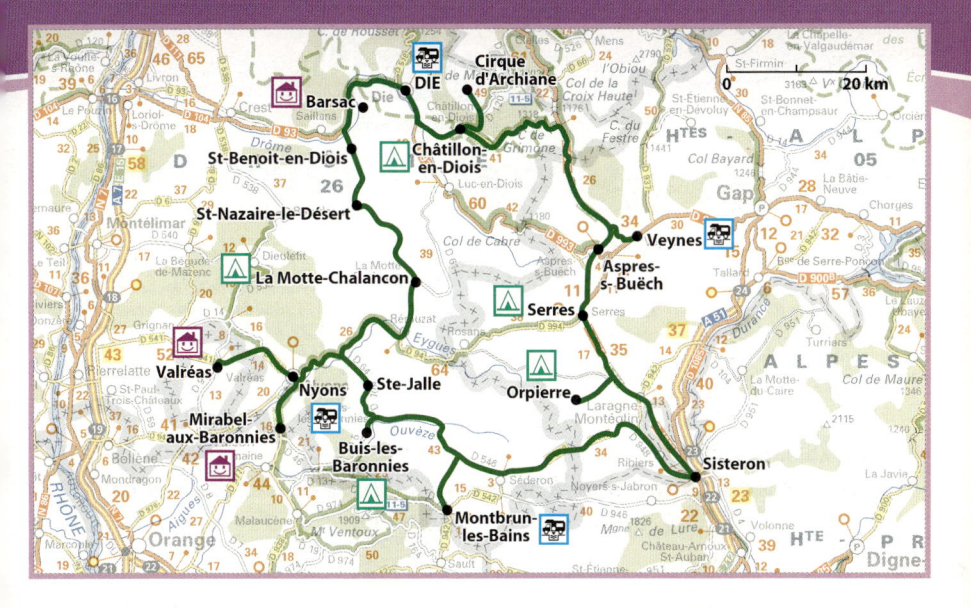

vous atteindrez **Lus-la-Croix-Haute**, station la plus élevée du Bochaine. Ensuite, vous entrez dans le **pays du Buëch** : à **Aspres-sur-Buëch**, l'ambiance est déjà provençale. Même chose à **Serres** où vous passerez la nuit. Cette cité semble surveillée par le **rocher de la Pignolette**. Notez que la promenade qui y mène est facile.

Jour 2

Prenez la direction de **Lagrand** et **Eyguians** et faites un saut à **Orpierre**. Ce petit village, coincé au fond de sa clue est un vrai bonheur pour les fans d'escalade ! Rejoignez ensuite **Sisteron**. Là, visitez la citadelle : elle offre une vue plongeante sur la ville basse, que vous arpenterez ensuite, et qui est située dans une clue impressionnante de la Durance. Enfin, avant de vous poser, rendez-vous au musée Terre et Temps, très instructif, qui fait partie de la Réserve géologique de Haute-Provence.

Jour 3

Direction **les Baronnies** : sortez de Sisteron au Nord-Est (D 948) et traversez les impressionantes **gorges de la Méouge**. La D 542 puis la D 546 conduisent à **Saint-Auban-sur-l'Ouvèze**, village fortifié. Un peu plus à l'est, vous arrivez à **Buis-les-Baronnies**. Au cours de votre promenade, arrêtez-vous à la Maison des plantes aromatiques pour éveiller vos sens. Après un passage par **Sainte-Jalle** (au nord de Buis par la D 108), pétulante petite ville conservant quelques vestiges de ses remparts, vous empruntez la D 64 jusqu'à **Sahune**. Cette route vous fait descendre dans les **gorges de l'Eygues**. Ouvrez les yeux, cela vaut vraiment le coup ! C'est ensuite **Saint-May**, perché au-dessus des gorges, puis **Rémuzat**. **La Motte-Chalancon**, votre étape pour la nuit, vous réserve une agréable flânerie dans ses calades.

Jour 4

Dirigez-vous vers **Saint-Nazaire-le-Désert**, village bien nommé entouré d'immenses espaces parsemés de lavande. Après une pause, voire une baignade dans les **gorges de la Roanne**, prenez de la hauteur à **Saint-Benoît**, avant d'atteindre Die.

Jour 5

Cette dernière journée permet enfin de visiter **Die**, ville richement dotée en vestiges des périodes romaine et médiévale. Maintenant que vous n'avez plus à conduire, c'est peut-être le moment de vous offrir un petit verre de clairette sur une terrasse ensoleillée ou ombragée, selon la période de l'année…

N° 91 Provence-Alpes-Côte d'Azur

Aires de service & de stationnement

Die

Aire de Meyrosse – Av du Maréchal Leclerc – 04 75 22 03 03 (OT) – Ouv. tte l'année sf gel – P 20.
Borne artisanale. Gratuit.
Stationnement : illimité.
Loisirs : Services :
Proche du centre ville

Montbrun-les-Bains

Aire de Montbrun-les-Bains – Parking du centre commercial Coccinelle – Ouv. tte l'année – P
Borne flot bleu. Payant 2 €.
Stationnement : autorisé
Services :

Nyons

Aire de Nyons – Promenade de la Digue (ancien camping de Nyons) – 04 75 26 50 00 – Ouv. tte l'année – P 20.
Borne artisanale.
Stationnement : 4 €/j.
Loisirs : Services :
Près du parc de loisirs aquatique Nyonsoleïado.

Veynes

Aire de Veynes – Pl. du 19-Mars-1962 – 04 92 58 10 32 – Ouv. mars-nov. – P 5.
Borne artisanale. Gratuit.
Stationnement : 48h maxi.
Loisirs : Services :
sèche-linge

Campings

Buis-les-Baronnies

Domaine de la Gautière
La Gautière, 5 km au sud-ouest par D 5, puis à dr.
475280268
De déb. avr. à fin sept. 6 ha/3 campables (40 empl.)
Tarif : 5 € 5,80 € – (10A) 4,60 €
borne artisanale – 11 €
Loisirs :
Services :
En grande partie sous les oliviers

Châtillon-en-Diois

Le Lac Bleu
Quartier la touche, 4 km par D 539, rte de Die et D 140, de Menglon, chemin à gauche, avant le pont.
04 75 21 85 30
De déb. avr. à fin sept. 9 ha/3 campables (90 empl.)
Tarif : 25,20 € (2A) – pers. suppl. 5,80 €
borne raclet – 13 7 € – 7€
Loisirs : pizzeria
Services :

La Motte-Chalancon

Le Moulin
Accès : sortie S par D 61, rte de Rémuzat et à droite après le pont.
04 75 27 24 06

De déb. juin à fin sept. 1,2 ha (48 empl.)
Tarif (prix 2009) : 15,50 € – (20A) 4,90 € – pers. suppl. 3 €
Loisirs :
Services :
Au bord de l'Ayguebelle

Orpierre

Les Princes d'Orange
Le Flonsaine, à 300 m du bourg et à 150 m du Céans.
04 92 66 22 53
De déb. avr. à mi-oct. 20 ha/4 campables (100 empl.)
Tarif : 27,60 € (2A) – pers. suppl. 7,30 €
borne artisanale 4 € – 10 13,50 € – 13,5 €
Loisirs : pizzeria
Services :

Serres

Domaine des Deux Soleils
Av. des Pins, à 0,8 km par D 1075, rte de Sisteron puis 1 km par rte à gauche, à Super-Serres.
04 92 67 01 33
De mi-avr. à fin oct. 26 ha/12 campables (72 empl.)
Tarif (prix 2009) : 21,25 € (2A) – pers. suppl. 3,50 €
Loisirs : snack
Services :

Carnet pratique

Haltes chez le **particulier**

Barsac

Domaine de Magord
Ouv. tte l'année
P 5.
Au pied du village, cette exploitation s'étend sur 10 ha de muscat blanc à petits grains et de clairette blanche. Elle produit de la Clairette, du Crémant et des Coteaux de Die que vous pourrez découvrir au caveau de la propriété.

Mirabel-aux-Baronnies

Domaine du Chêne Vert
Lieu-dit Les blaches – Ouv. tlj 9h-19h
Ouv. tte l'année
P 5.
On produit ici des vins AOC Côte de Rhône, des vins de pays rouge, rosé et blanc, des huiles AOC Nyons, des fruits et leurs produits dérivés (jus de fruit, confitures). Visite guidée du domaine, dégustation et vente sur place.

Valréas

Domaine de Lumian
Rte de Lumian – 06 08 09 96 86 – Ouv. tte l'année
P 6.
Le domaine de Lumian est situé dans l'enclave des Papes en Drôme provençale. Sur cette exploitation de 30 ha, Gilles Phetisson y cultive vignes, oliviers et lavandes depuis plus de 25 ans. Il a aménagé un espace services pour camping-cars et il sera ravi de vous faire découvrir sa production (AOC Côtes du Rhône, Côtes du Rhône Valréas, villages et jus de raisin).

Les bonnes **adresses** de Bib

Buis-les-Baronnies

Bernard Laget
Pl. aux Herbes - 04 75 28 12 01 ou 04 75 25 16 42 - bernard.laget260@orange.fr - tlj sf dim. 9h-19h, hors sais. mar.-sam. 8h30-12h, 15h30-18h - fermé janv.-fév. et j. fériés.
Vous trouverez dans cette boutique des plantes aromatiques, des huiles essentielles, des infusions, des épices rares, des produits cosmétiques naturels, etc.

Châtillon-en-Diois

Aloa'venture
Les Chaussières - 04 75 21 13 63 - www.aloaventure.com.
Pour découvrir la région sportivement. Avec le concours de moniteurs diplômés, descendez le Rio Sourd et les Écouges en canoë-kayak, explorez les grottes du massif de Pellebit ou escaladez le vallon de Baïn en toute sécurité. Formules à la demi-journée ou à la journée.

Die

Cave de Die Jaillance
Av. de la Clairette - 04 75 22 30 15 - www.jaillance.com - 9h-12h, 14h-19h - fermé 1er janv. et 25 déc.
Par le choix et la qualité des bouteilles qu'elle propose, cette adresse séduira tous les amateurs de clairette de Die, mais aussi de crémant de Die et de vins de Châtillon-en-Diois. Pour les néophytes, la visite guidée des caves suivie d'une dégustation sera l'occasion de les découvrir.

Sisteron

Richaud et Badet
Parc d'activités Val Durance, 7 allée des Chênes - 04 92 61 13 63 - lun. 8h-12h, 14h-16h15, mar.-vend. 8h-12h, 14h-17h, sam. 9h-12h - fermé j. fériés.
Ne passez surtout pas à côté du fleuron culinaire de Sisteron : les pieds et paquets, dont la recette se transmet depuis plusieurs générations dans cette entreprise familiale reprise depuis 1989 par un ancien ouvrier de la maison. Les Sisteronais ne parlent que de ça !

Serres

Base de loisirs de Germanette
Rte de Sisteron - 3 km au sud de Serres par D 1075 puis D 50^A - 04 92 67 03 77 - juin-sept. : tlj sf w.-end à partir de 10h.
Ce très joli plan d'eau entouré d'aires de pique-nique propose de nombreuses activités nautiques. Les enfants s'y sentiront comme « des poissons dans l'eau » grâce aux animations qui leur sont dédiées : initiation à la mouche fouettée, jeux aquatiques, spectacles de clowns, etc. Baignade gratuite jusqu'à 7 ans.

Provence-Alpes-Côte d'Azur

N° 92

La **Haute-Provence**, de la **Durance** au **Verdon**

Le spectacle grandiose des **gorges du Verdon** est sans égal en Europe. Le Verdon traverse les plateaux des Préalpes en un canyon vertigineux de 700 m de profondeur. Ses **eaux turquoises** font le bonheur des amateurs de randonnée et de **canoë**. Quant à la **Durance**, rivière fantasque aujourd'hui domptée, elle nourrit les vallées, les colorant de bleu **lavande** et de vert **olivier**…

➲ **Départ de Digne-les-Bains**
➲ **5 jours 300 km**

Les somptueuses gorges du Verdon.

Jour 1

Le premier jour est consacré à **Digne-les-Bains**. Après avoir parcouru la vieille ville, visitez le riche musée Gassendi qui regroupe les domaines artistique, scientifique et historique. L'après-midi, rendez-vous au musée-promenade de la Réserve géologique de Haute-Provence qui permet de mieux comprendre la physionomie de la région.

Jour 2

Une fois parti de Digne, capitale des « Alpes de la lavande », ce n'est que débauche de couleurs et de senteurs de lavande. La N 85 (en direction du sud) vous offre de belles curiosités comme le **château de Malijai** où passa Napoléon lors de son retour de l'île d'Elbe. Plus près de la Durance, voici **les Pénitents des Mées**, étranges rochers travaillés par l'érosion. Ils semblent veiller sur le cours tumultueux de la rivière. Faites une petite pause à **Oraison**, qui propose un parcours de fontaines rafraîchissant, avant de reprendre la route jusqu'à **Valensole**. Le Parc régional du Verdon s'ouvre à vous ! Vous arrivez ensuite à **Riez**, fameux pour ses colonnes romaines, son miel et sa lavande (les champs des environs en sont couverts).

Le conseil de Bib

▶ La route longeant les gorges du Verdon est très étroite mais pas inaccessible : camping-caristes, adaptez votre conduite !

Jour 3

Quittant Riez au nord-est, par la D 952, préparez-vous à deux jours d'émerveillement ! Consacrez la matinée à **Moustiers-Sainte-Marie**, réputé pour sa faïence, en commençant par visiter le musée qui vous dévoilera tout sur cet artisanat. Après avoir fait le tour des boutiques et du village, 30mn de montée vous mèneront à la **chapelle Notre-Dame-de-Beauvoir**, nichée entre les deux falaises qui surplombent **Moustiers**. Faites une pause-déjeuner avant de vous engager sur la D 952, au fil des belvédères (panoramas assurés), vers **La Palud-sur-Verdon**. À la **Maison des gorges du Verdon**, vous aurez un aperçu « théorique ». Si vous voulez « vivre » les gorges, poursuivez votre route jusqu'au Point Sublime. De là, part le sentier de découverte des Lézards, qui réserve une agréable balade (1h30 à 3h) dans la fraîcheur du Verdon. Votre journée s'achève à **Castellane**.

Jour 4

De bon matin, promenez-vous dans le village ou, si vous voulez le voir de haut, montez (1h AR) à la chapelle Notre-Dame-du-Roc. Rejoignez ensuite **Comps-sur-Artuby**, ancienne seigneurie templière, pour le déjeuner. De nouveau au bord des falaises, vous assistez à la rencontre des eaux du Verdon et de son affluent l'Artuby du haut des Balcons de la Mescla. De quoi combler les amateurs de paysages grandioses ! Et cela continue avec, cette fois la bien nommée, **Corniche Sublime**. Elle donne accès aux plus impressionnants points de vue sur le canyon. Pour vous remettre de vos émotions avant de rejoindre Moustiers, faites une pause à **Aiguines**, village serein qui voit passer la rivière au sortir de ses gorges. Revenez à **Castellane**.

Jour 5

Après une nuit passée à Castellane, en remontant le cours du Verdon (D 955), vous arriverez au **barrage de Chaudanne**. Par un petit détour au point de vue de Blaron, savourez la superbe vue sur le lac de Castillon. Retour par le col de la Blache pour atteindre le **barrage de Castillon** puis **Saint-Julien-du-Verdon**. Profitez des activités proposées autour du lac avant d'aller à **Barrême** où passa un certain empereur qui cherchait à retrouver son trône. Continuez sur la **route Napoléon** qui ramène à Digne-les-Bains. Au passage ne manquez pas de jeter un coup d'œil à la clue de Chabrières.

Les gorges du Verdon depuis le col d'Illoire.

N° 92 Provence-Alpes-Côte d'Azur

Aires de service & de stationnement

Castellane
Aire de Castellane – *Parking de la Boudousque* – ☎ 04 92 83 60 07 – *Ouv. tte l'année* – P 25.
Borne artisanale. Gratuit.
Stationnement : 5 €/j.
Loisirs : Services :
Sèche-linge

Digne-les-Bains
Aire de Digne-les-Bains – *Av. des Thermes – Ouv. tte l'année* – P 50.
Borne eurorelais. Gratuit.
Stationnement : autorisé
Services :
Idéal pour les curistes.

Gréoux-les-Bains
Aire de Gréoux-les-Bains – *Chemin de la Barque – Ouv. tte l'année* – P 85.
Borne artisanale.
Stationnement : 30 j. 6 €/j.
Services :
Ancien camping municipal : idéal pour les curistes.

Riez
Aire de Riez – *Au centre du village – Ouv. tte l'année* – P
Borne artisanale. Gratuit.
Stationnement : autorisé
Services :

Saint-André-les-Alpes
Aire de Saint-André-les-Alpes – *Grand-Rue, parking des Ferrailles* – ☎ 04 92 89 02 04 – *Ouv. tte l'année* – P 10.
Borne flot bleu. Payant 3 €.
Stationnement : autorisé
Loisirs : Services :

Sainte-Croix-du-Verdon
Aire de Sainte-Croix-du-Verdon – *Lac de Sainte-Croix* – ☎ 04 92 77 84 10 – *Ouv. avr.-15 oct.* – P 20.
Borne artisanale. Gratuit.
Stationnement : 6 €/j.
Loisirs : Services :

Campings

Les Mées
Municipal de la Pinède
Accès : à l'E du bourg.
☎ 04 92 34 33 89
courrier@mairie-lesmees.fr
Mi-juin-mi-janv. 1 ha (50 empl.)
Tarif (prix 2009) : 6,72 € – (10A) 3,36 €
Services :

Mézel
La Célestine
Rte de Manosque, 3 km par D 907, bord de l'Asse.
☎ 04 92 35 52 54
lacelestin@wanadoo.fr . www.camping-lacelestine.com
De déb. mai à fin sept. 2,4 ha (100 empl.)
Tarif (prix 2009) : 4,50 € – 4,50 € – (10A) 3,90 €
Loisirs : quad
Services :

Moustiers-Sainte-Marie
Manaysse
Quartier Manaysse, 0,9 km par D 952, rte de Riez.
☎ 04 92 74 66 71
camping.manaysse@free.fr . www.camping-manaysse.com
De déb. avr. à fin oct. 1,6 ha (97 empl.)
Tarif (prix 2009) : 3,30 € 3,30 € – (10A) 3,30 €
borne artisanale – 60 10,70 €
Loisirs :
Services :

Valensole
Oxygène
Lieu-dit : Les Chabrands-Villedieu, 19 km par D 6, rte de Manosque et D 4, rte d'Oraison, à 300 m de la Durance (accès direct), accès conseillé par D 4. Par A 51 sortie 18. ☎ 04 92 72 41 77
sarloxygene@libertysurf.fr . www.camping-oxygene.com
De mi-avr. à mi-sept. 2,5 ha (100 empl.)
Tarif (prix 2009) : 22 € (2A) – pers. suppl. 5 €
borne artisanale
Loisirs :
Services :

Carnet pratique

Haltes chez le **particulier**

Les Mées

GAEC des Varzelles
Lieu-dit Les Varzelles – ☏ 04 92 34 05 91 – Ouv. tlj 8h-20h Ouv. tte l'année
P 5.
La famille Sauvy, producteurs aux Mées depuis 30 ans, propose à ses visiteurs, des produits fleurant bon la Provence : huile d'olive AOC de Haute-Provence, tapenades, olives, pistou et tomates confites. Le savoir-faire, acquis pendant de longues années, a permis l'élaboration de produits plus insolites comme la confiture d'olive ou des huiles d'olive aromatisées aux cèpes, aux morilles ou aux truffes.

Les bonnes **adresses** de Bib

Castellane

Ruchers Apijouvence
Le Cheiron - ☏ 04 92 83 61 43 - meurantjacques@wanadoo.fr - juil.-août : visite 15h30 ; vente tte l'année à partir de 9h.
Trois générations travaillent ensemble dans cette entreprise familiale qui propose pas moins de 155 sortes de miel ! Au cours de la visite du site (en juillet-août), ces apiculteurs passionnés se feront un plaisir de vous conter l'histoire de ce produit aux mille vertus. Ne repartez pas sans un pot de fameux miel de lavande.

Aqua Viva Est
12 bd de la république - ☏ 04 92 83 75 74/06 82 06 92 92 - www.aquavivaest.com - 9h-19h - fermé de fin. oct. à déb. avr.
Rafting, canoë-kayak, canyoning, hydrospeed, randonnée pédestre ou aquatique et parcours aventure : cette école vous convie à une découverte originale et ludique des gorges du Verdon, des vallées du Var, de la Tinée et de la Vésubie. Encadrement assuré par des guides brevetés d'État (demi-journée ou stages plus longs).

La Main à la Pâte
5 r. de la Fontaine - ☏ 04 92 83 61 16 - fermé 2 mois en hiver - 9/23 €.
Salades et pizzas sont au programme de cette maison située dans une ruelle de la vieille ville. L'ambiance est plutôt décontractée dans ses deux salles aux couleurs chaudes et provençales.

Digne-les-Bains

Saveurs et Couleurs
7 bd Gassendi - ☏ 04 92 36 04 06 - fermé dim. et lun. 8h30-12h30, 14h30-19h30.
De bons produits typiquement régionaux vous attendent en cette boutique : calissons Manon, fruits confits, miels, macarons des Baronnies, olives, tapenade, artichaunade, huiles d'olive, vinaigres, etc. Alcools (liqueur de génépi, apéritifs locaux), vins, tissus provençaux, sachets de lavande et savons élargissent l'offre.

Oraison

Moulin Paschetta-Henry
6 av. Charles-Richaud - ☏ 04 92 78 61 02 - tlj sf dim. 8h30-12h, 14h-18h30 - fermé 2 sem. en janv. et j. fériés.
La famille Paschetta-Henry reçoit depuis 1922 la production des oléiculteurs de la région. Boutique aménagée dans une jolie cave voûtée jouxtant l'atelier de fabrication : confitures, terrines, apéritifs locaux, amandes, savons à l'ancienne, etc.

Moustiers-Ste-Marie

Faïence Bondil
Pl. de l'Église - ☏ 04 92 74 67 02 - bondilfaïencier@wanadoo.fr - 9h30-13h, 14h-19h - visite de l'atelier réservée à la clientèle : lun.-jeu. 10h-12h - fermé 25 déc.
Faïences réalisées à la main selon les méthodes traditionnelles qui ont fait le renom de Moustiers depuis 1668. À voir : une très belle collection de lampes crées par Jean-Pierre Bondil.

Faïencerie Lallier
Quartier St-Jean - ☏ 06 33 08 68 28 - lallier-moustiers@orange.fr - tlj sf w.-end 9h-12h, 13h30-17h30 - fermé j. fériés et vac. de Noël.
La visite commentée des ateliers vous fera découvrir toutes les étapes de fabrication des faïences, de la création des pièces d'argile jusqu'à la dernière cuisson. Salle d'exposition et boutique proposant 700 modèles ornés de décors traditionnels ou plus originaux.

N° 93

Rhône-Alpes

Lyon et les étangs de la Dombes

Au nord-est de Lyon, la **Dombes** doit sa physionomie originale et son charme très particulier à la présence d'environ un **millier d'étangs** qui parsèment sa surface. Les **fermes en pisé**, les **châteaux en carrons** (briques rouges) et les villages fleuris agrémentent les vastes paysages que survolent toutes sortes d'**oiseaux** venus pêcher ou se reposer sur les étangs.

➲ **Départ de Lyon**
➲ **5 jours**
195 km

Symbole de la région, la tour du Plantay surveille les vastes étangs de la Dombes.

Jours 1 & 2

En arrivant à **Lyon**, stationnez au camping, à Dardilly, et adoptez sur place les transports en commun ou le vélo si vous ne redoutez pas les montées de Fourvière et de la Croix-Rousse. Vous verrez, c'est un bon conseil ! Commencez par consacrer votre matinée aux **rues, traboules et cours du quartier St-Jean**, puis montez à **Fourvière**, pour visiter la basilique et le site archéologique. Le soir, vous n'avez que l'embarras du choix pour trouver un « bouchon » (dans le Vieux-Lyon, sur la Presqu'île du côté de l'Opéra, ou vers la rue Mercière). La vie culturelle est très animée, de la musique lyrique aux groupes underground. Renseignez-vous à l'office de tourisme ou dans les magazines gratuits (dans les bars). Le lendemain, si c'est un dimanche, profitez du marché de la place des Tapis à la **Croix-Rousse**, afin de vous imprégner de l'ambiance presque villageoise du quartier avant d'y déambuler. Sinon, rendez-vous aux halles de Lyon, véritable centre gastronomique de la ville. L'après-midi laissera un peu de repos à vos jambes, avec l'incontournable découverte des musées, au moins ceux des Beaux-Arts et des Tissus. N'hésitez pas à revenir à Lyon, pour un séjour plus long qui vous donnera la possibilité d'ajouter à votre découverte quelques incontournables de l'atmosphère lyonnaise : les boutiques hétéroclytes du Vieux-Lyon ; les achats de soie ou de charcuterie ; le **parc de**

Le conseil de Bib

▶ Découvrez Lyon de façon originale et écologique : Vélo'V propose un système de location de vélos en libre-service.

la **Tête d'Or**, avec les attraits de sa grande roseraie (l'été), de ses belles serres et de son parc animalier ; la Cité internationale et son architecture d'avant-garde.

Jour 3

Dirigez-vous vers le musée de l'Automobile de **Rochetaillée**, cité fière des tours féodales de son château. Vous êtes tout près du restaurant de Paul Bocuse à **Collonges**. Autre château, autre temps, rendez-vous ensuite à **Fléchères**, superbe bâtiment du 17e s. dont l'architecture et les fresques sont riches de significations. Arrivé à **Ars**, admirez le contraste entre la petite église de l'humble et saint curé d'Ars et l'étendue de sa célébrité, symbolisée par la basilique qui englobe aujourd'hui le frêle bâtiment. Le souvenir d'un autre grand homme vous attend à **Châtillon-sur-Chalaronne** : saint Vincent de Paul y séjourna. Profitez-en pour visiter la vieille ville et l'apothicairerie. Faites halte ici.

Jour 4

Vous passez par l'église très typique de **Sandrans**, avant de vous consacrer à la découverte combinée des oiseaux et des dizaines d'**étangs de la Dombes**. Omniprésents, changeant d'aspect en fonction des saisons : ces étangs sont embrumés à l'automne (c'est d'eux que viendrait le brouillard lyonnais), recouverts de glace en hiver et resplendissants avec les beaux jours. Le magnifique **parc ornithologique de Villars-les-Dombes**, à visiter en famille, vous permettra une approche plus serrée de leurs habitants ailés, mais aussi d'un grand nombre d'oiseaux du monde entier (prévoyez au moins 2h sur place). Vous y trouvez ce qu'il faut pour déjeuner ou pique-niquer. Passez par l'abbaye N.-D.-des-Dombes, fondée au 19e s., connue pour sa contribution à l'assainissement de la région ; un coup d'œil sur le **château de Montellier** et vous voici à **Pérouges**.

Jour 5

Consacrez une partie de votre matinée à profiter du charme de **Pérouges**, petite ville médiévale. Ses ruelles, enserrées dans des fortifications, sa place pavée, ont un charme fou, au point de servir de décor à des films historiques. Déjeunez, puis reprenez la route en direction de Lyon en faisant une halte à **Montluel**.

Guignol est, lui, le symbole de Lyon.

N° 93 — Rhône-Alpes

Aires de service & de stationnement

Saint-Paul-de-Varax
Aire de la base de loisirs – *SE : 2 km par D 708* – ☏ 04 74 42 50 13 – *Ouv. tte l'année* – 🅿
Borne artisanale. Payant.
Stationnement : autorisé
Loisirs : Services :

Sandrans
Aire de Sandrans – *Sortie nord du bourg par D2 – Ouv. tte l'année* – 🅿
Borne raclet. Payant.
Stationnement : autorisé
Loisirs : Services :

Trévoux
Aire de Trévoux – *Chemin de halage – Ouv. tte l'année* – 🅿 5.
Payant 2 €.
Stationnement : autorisé
Services : sèche-linge
En bord de Saône.

Villars-les-Dombes
Aire de Villard-les-Dombes – *Sortie sud sur D1083, proche de la réserve naturelle des Dombes – Ouv. tte l'année* – 🅿
Borne eurorelais. Gratuit.
Stationnement : 24 h maxi

Campings

Ars-sur-Formans
Municipal le Bois de la Dame
Chemin du Bois-de-la-Dame, 0,5 km à l'O du centre bourg, près d'un étang.
☏ 04 74 00 77 23
mairie.ars-sur-formans@wanadoo.fr
De déb. avr. à fin sept. 1 ha (103 empl.).
Tarif (prix 2009) : 13,65 € (10A) – pers. suppl. 1,85 €
Loisirs :
Services :

Bourg-en-Bresse
Municipal de Challes
5 allée du centre nautique, sortie NE par rte de Lons-le-Saunier.
☏ 04 74 45 37 21
camping-municipal-bourgenbresse@wanadoo.fr
De déb. avr. à mi-oct. 1,3 ha (120 empl.).
Tarif (prix 2009) : 14,70 € (2A) – pers. suppl. 3,60 €
20 13,40 €
Loisirs : snack
Services :
Emplacements agréablement ombragés

Châtillon-sur-Chalaronne
Municipal du Vieux Moulin
R. Jean-Jaurès, sortie sud-est par D 7 rte de Chalamont, bord de la Chalaronne, à 150 m d'un étang (accès direct).
☏ 04 74 55 04 79
campingvieuxmoulin@orange.fr . www.camping-vieuxmoulin.com
De déb. mai à fin sept. 3 ha (140 empl.).
Tarif (prix 2009) : 4,60 € 2,50 € 4 € – (10A) 4 €
borne flot bleu – 17 19,70 €
Loisirs :
Services :
Cadre verdoyant et ombragé en bordure de rivière

Dardilly
Indigo Lyon
Porte de Lyon, par A 6 : sortie Limonest.
☏ 04 78 35 64 55
Permanent 6 ha (150 empl.).
Tarif (prix 2009) : 25,20 € (2A) – pers. suppl. 4,40 €
borne artisanale 4 €
Loisirs : snack
Services : sèche-linge
Transports en commun pour le centre de Lyon.

Villars-les-Dombes
Municipal les Autières
Av. des Nations, sortie SO, rte de Lyon et à gauche.
☏ 04 74 98 00 21
5 ha (238 empl.).
Loisirs : snack
Services :
Cadre agréable au bord de la Chalaronne

Carnet pratique

Haltes chez le **particulier**

Anse

Domaine Saint-Cyr
Les Pérelles – ☎ 04 74 60 23 69 – Lun.-sam. 10h-12h, 15h-19h, dim. 10h-12h30
Ouv. tte l'année
P 5.
Ce domaine offre une superbe vue sur le vignoble des Pierres dorées, que vous pourrez admirer depuis l'espace convivial mis à disposition des visiteurs. Une gamme de plus de dix vins et une sélection de crus y sont à découvrir. Le plus : « la planche du randonneur » avec jambon fumé, saucisson sec, fromage de chèvre, reblochon fermier, pain et une « raisonnable » de Beaujolais Saint-Cyr, à déguster sur place ou dans votre camping-car.

Blacé

Domaine des Maisons Neuves
Ouv. tte l'année
P 5.
Le domaine de Maisons-Neuves, 11 ha au cœur du Beaujolais-Village, est transmis de mère en fille depuis cinq générations. On y élabore de grands vins souvent primés au concours général agricole de Paris (médailles d'or, d'argent et de bronze). Visite et dégustation dans la cave au milieu des foudres en chêne. Possibilité de mâchons beaujolais (pain et charcuterie).

Les bonnes **adresses** de Bib

Ambérieux-en-Dombes

Auberge des Bichonnières
Rte d'Ars-sur-Formans - 11 km à l'ouest de Villars-les-Dombes par D 904 - ☎ 04 74 00 82 07 - www.aubergedesbichonnieres.com - fermé 15 déc.-15 janv., dim. soir de sept. à juin, lun. sf le soir en juil.-août et mar. midi - réserv. obligatoire - 24/32 €.
Cette ancienne ferme typique de la Dombes est une étape plutôt agréable pour se restaurer autour de spécialités régionales concoctées par le jeune chef. Plusieurs menus vous permettront de les découvrir, attablé en terrasse aux beaux jours.

Lyon

Le Mercière
56 r. Mercière - ☎ 04 78 37 67 35 - www.le-merciere.com - réserv. conseillée - 14 €déj. - formule déj. 12,60 € - 26,50/45 €.
Vieille maison pittoresque à débusquer dans une « traboule » (passage) s'ouvrant sur l'une des rues de bouche les plus animées de la ville. Cuisine traditionnelle cent pour cent régionale servie dans l'atmosphère typique des bouchons lyonnais.

Chez Disagn'Cardelli - Petit musée fantastique du Guignol
6 r. St-Jean, Vieux Lyon St-Jean - ☎ 04 78 37 01 67 - www.lamaisondeguignol.fr - 11h-13h, 14h30-19h, dim. 11h-13h, 15h-18h ; lun. apr.-midi 14h30-19h - fermé 1er janv., 1er Mai et 25 déc.
Au sous-sol, le Petit musée fantastique de Guignol vous révélera l'univers passionnant des marionnettes lyonnaises, automates et autres boîtes à musique en vente à la boutique. La visite est audio-guidée en plusieurs langues (anglais, espagnol, japonais, etc.) et auto-illuminée sur le passage. À voir également le nouveau spectacle de marionnettes traditionnelles lyonnaises (se renseigner pour les horaires).

La Maison des Canuts
10-12 r. d'Ivry - ☎ 04 78 28 62 04 - www.maisondescanuts.com - tlj sf dim. et lun. 10h-18h30 ; visite guidée : 11h et 15h30 - fermé j. fériés.
Il n'y a qu'ici que vous pourrez voir fonctionner les métiers à tisser la soie. La visite de l'atelier permet de découvrir la fabrication du fameux velours de Lyon, et d'admirer de vieilles machines, dont un « Jacquard » d'avant 1804. On vous y racontera le cycle du ver à soie ainsi que la vie des Canuts au 19e s.

Pérouges

Auberge du Coq
R. des Rondes - ☎ 04 74 61 05 47 - www.membres.lycos.fr/aubergeducoq - fermé fév., dim. soir, mar. midi d'avr. à nov. et dim. soir, lun., mar. de déc. à avr. - 15,90/45 €.
Dans une ruelle pavée de galets, ce restaurant évoque les échoppes d'autrefois. Le patron, un italien gourmand natif de Pérouges, défend à sa table quelques belles spécialités comme le gâteau de foies blonds à la crème d'écrevisses, les grenouilles fraîches ou le poulet fermier aux morilles... à découvrir.

Sandrans

Auberge de la Voûte
Le Village - ☎ 04 74 24 53 50 - www.laubergedelavoute.fr - fermé janv., mar. soir et merc. - 12 €déj. - 19/41 €.
Très prisée dans la région, cette petite auberge à l'ancienne n'essaiera pas de vous bluffer avec une décoration extravagante. Les habitués savent bien qu'ici l'important se trouve dans l'assiette. Au menu, gibier ou poissons frais selon la saison, cuisinés à partir de produits locaux essentiellement.

N° 94 — Rhône-Alpes

Des **monts du Forez** au **Pilat**

*P*ays des hautes chaumes, des **jasseries** et de l'estive, les **monts du Forez** ou « montagnes du Soir » offrent des paysages contrastés, assombris par les noirs bois de sapins. Mais au-dessus, souvent masqués par les brumes et les nuages, les sommets étonnent par leurs vastes landes dénudées paraissant abandonnées. Ces étranges paysages devenant presque lunaires sous certains éclairages contrastent avec celui, généreux, du **massif du Pilat**, à l'est de **Saint-Étienne**.

➲ **Départ de Roanne**
➲ **6 jours**
300 km

Indissociables des paysages foréziens, les jasseries et leur large toiture de chaume.

Jour 1

Le Forez, ce sont des plaines et des monts, un parc naturel et des routes sinueuses. Pour le découvrir, partez de **Roanne**, ville du textile et de la gastronomie. Vous découvrirez deux sites l'après-midi : **Ambierle**, ancien prieuré de Cluny, avec église et musée à la clé, et **St-Haon-le-Châtel**, avec ses remparts et ses manoirs Renaissance. Si vous ne voulez pas revenir vers la haute gastronomie de Roanne, vous trouverez à vous restaurer dans ce village (goûtez le bon petit rosé régional). Du **barrage de la Tache** partent quelques sentiers vers les **monts de la Madeleine**.

Jour 2

En descendant les gorges roannaises de la Loire, vous arrivez à **St-Jean-St-Maurice**. L'abside romane de l'église de St-Maurice possède de belles fresques du 13ᵉ s. ; pour le coup d'œil, profitez aussi du donjon et de sa vue sur les gorges. Regagnez **Villerest**, petit bourg médiéval dont le musée de l'Heure et du Feu retrace l'histoire du feu domestique à travers les âges. Passez la soirée sur l'espace réservée aux camping-cars (belle vue sur le barrage et son étendue d'eau)

Jour 3

St-Germain-Laval et **Pommiers**, petits villages sympathiques, méritent un arrêt, le temps d'une balade dans leurs ruelles. Vous passez ensuite par **Boën** (château de la vigne et du vin) avant de repartir en promenade dans la patrie d'Aimé Jacquet à **Sail-sous-Couzan** ; une forteresse y dévoile un joli panorama sur la plaine forézienne. Terminez par le plus étonnant des châteaux, qui n'en est pas un : c'est le prieuré fortifié du pic de **Montverdun**.

Jour 4

Le château de la **Bastie-d'Urfé** et sa grotte de rocaille méritent que vous leur consacriez une bonne partie de la matinée. Rejoignez ensuite **Champdieu**, et ne manquez pas la visite de son église du 14ᵉ s. Gagnez **Montbrison**, pour un petit tour sur les boulevards qui suivent le tracé des anciens remparts de cette charmante ville, puis **Montrond-les-Bains**, la cité thermale de la Loire, où l'on soigne obésité et diabète. Faites étape pour la nuit à **Poncins**.

Jour 5

Vous arrivez au cœur du Forez avec Feurs, très prospère au temps des Gaulois, et qui donna son nom à la région. On y trouve un musée consacré à l'archéologie gallo-romaine. Ensuite, direction St-Etienne où vous attend la suite d'un séjour presque tout en ville, en culture et… en contrastes. **St-Étienne**, sa vieille ville, son musée d'Art Moderne et les constructions de Le Corbusier dans la cité de Firminy : le mélange ne saurait vous laisser indifférent. Restez-y déjeuner, puis plongez-vous dans le passé industriel qui marque encore les villes de **St-Chamond** où l'on fabrique des engins blindés et **Rive-de-Gier**. Prenez la direction de **Vienne** et **St-Romain-en-Gal**, dont les entrepôts romains faisaient pâlir d'envie l'antique Lugdunum : le passionnant Musée gallo-romain en ressuscite le souvenir. Prenez le temps de parcourir **Vienne** à pied.

Jour 6

Aujourd'hui changement complet de décor. Dirigez-vous très tôt vers **le Pilat**. La nature y est généreuse sur le chemin qui vous mène d'abord à **Condrieu** puis à **Pélussin**. Au **crêt de l'Œillon**, profitez bien de la vue sur la vallée du Rhône. Après une agréable étape à l'auberge de Colombier-sous-Pilat, continuez votre route panoramique vers le **crêt de la Perdrix** : une table d'orientation vous permet de décrypter les paysages environnants. Les **pics du Mézenc** s'offrent à vous. Si la saison s'y prête, prenez le temps d'une descente à ski au **Bessat**. Sinon, offrez-vous une balade au **gouffre d'Enfer**. L'endroit est grandiose.

Rhône-Alpes

Aires de service & de stationnement

Fontanès

Aire de Fontanès – *R. Fontanesium, parking des tennis municipaux – Ouv. tte l'année –* P
Borne artisanale. Gratuit.
Stationnement : autorisé
Loisirs : Services :

Les Noës

Aire des Noés – *Pl. du centre-bourg – Ouv. tte l'année sf gel –* P *3.*
Borne artisanale. Gratuit.
Stationnement : illimité
Loisirs : Services :
Site agréable et calme

Planfoy

Aire du Vignolet – *Lieu-dit « le Vignolet » – Ouv. tte l'année –* P *10.*
Borne flot bleu. Payant 2 €.
Stationnement : autorisé
Services :
Idéal pour un départ en randonnée.

Roanne

Aire du port – *Quai de l'Île – Ouv. tte l'année –* P *10.*
Borne flot bleu. Payant.
Stationnement : illimité
Loisirs : Services :
Jetons disponibles avec carte de crédit

Saint-Victor-sur-Loire

Aire du lac de Grangent – *R. du Lac, à la base nautique – Ouv. tte l'année –* P *50.*
Borne flot bleu. Gratuit.
Stationnement : autorisé
Loisirs : Services :
Accès direct au lac

Villerest

Aire du Grézelon – *Rte de Seigné – Ouv. tte l'année sf gel –* P *20.*
Borne flot bleu. Payant.
Stationnement : 3 €/j.
Loisirs : Services :
Superbe vue sur le barrage

Campings

Cordelle

Le Mars
Accès : 4,5 km au S par D 56 et chemin à dr..
04 77 64 94 42
1,2 ha (65 empl.)
Loisirs : snack, pizzeria nocturne
Services :
Agréable situation dominant les gorges de la Loire

Feurs

Municipal du Palais
Rte de Civens, sortie N par D 1082 rte de Roanne.
04 77 26 43 41
De déb. avr. à fin oct. 9 ha (385 empl.)
Tarif : 2,60 € 2,30 € 2,80 € – (10A) 3,10 €
1 borne eurorelais 2,50 €
Loisirs :
Services :

Montbrison

Le Bigi
Lieu-dit Vinols, 2 km par D 113 rte de Lérigneux.
04 77 58 06 39
De mi-avr. à mi-oct. 1,5 ha (37 empl.)
Tarif : 14,50 € (2A) – pers. suppl. 3,50 €
borne artisanale 6 €
Loisirs :
Services :

Saint-Galmier

Val de Coise
Rte de la Thiery, 2 km par D 6 rte de Chevrières et chemin à gauche, bord de la Coise.
04 77 54 14 82
De mi-avr. à mi-oct. 3,5 ha (100 empl.)
Tarif (prix 2009) : 19,10 € (2A) – pers. suppl. 5,40 €
borne sanistation 1 €
Loisirs :
Services :

Carnet pratique

Haltes chez le **particulier**

Ambierle

Domaine de la Martinière
04 77 65 69 43 – Ouv. tte l'année
4. Stationnement : illimité.
Le domaine produit des vins AOC « côte roannaise » en rouge et rosé, et des produits de salaisons à partir de porcs fermiers élevés en plein air. Dégustation et vente sur place.

Renaison

Auberge du Barrage
Lieu-dit La Tâche – 04 77 64 41 23 – Fermé déc. à mi-mars, mar. et mer. sf juil.-août
Ouv. tte l'année
5. Stationnement : 24 h maxi.
Cette auberge située au bord d'un ruisseau et en lisière de forêt, vous reçoit, selon la saison, dans l'une de ses deux salles à manger rustiques ou en terrasse. Le chef, un enfant du pays parti 15 ans aux Antilles, prépare une cuisine du terroir (grenouilles, fritures…) rehaussée d'épices antillaises.

Les bonnes **adresses** de Bib

Feurs

La Boule d'Or
42 r. René-Cassin - 04 77 26 20 68 - fermé 16 janv.-1er fév., 1er-24 août, dim. soir, merc. soir et lun. - 19/58 €.
Située à la sortie de la petite ville, sobre bâtisse abritant trois salles à manger colorées où se déguste une solide cuisine traditionnelle. Terrasse de poche ombragée.

La Chapelle-Villars

La Petit'Auberge
Au bourg - 04 74 87 89 20 - fermé lun. sf juil.-août - 12/27 €.
Seul commerce du petit village, cette auberge fait aussi office de bar, épicerie et dépôt de pain. Ambiance campagnarde et cuisine bénéficiant d'une solide réputation dans les environs : foie gras maison et genouilles, savoureux plats en sauce… Aux beaux jours, les repas peuvent être servis sous le préau en bois.

Roanne

Pralus
8 r. Charles-de-Gaulle - 04 77 71 24 10 - www.chocolats-pralus.com - tlj sf dim. et lun. 9h-12h, 14h-19h.
Cette adresse est devenue célèbre grâce à ses pralulines, brioches au beurre agrémentées de praline, d'amandes et de noisettes. Elles existent en deux tailles : 300 g et 600 g.

St-Étienne

Chocolat Weiss
8 r. du Gén.-Foy - 04 77 21 61 09 - www.weiss.fr - tlj sf dim. 9h-19h - fermé 1er janv., Pâques, Ascension, 14 Juil. et 15 août.
Depuis 1882 Weiss est le temple du chocolat stéphanois et compte parmi ses clients les plus grands noms de la cuisine française et internationale qui apprécient particulièrement son savoir-faire artisanal mis au service du cacao grand cru. Savourez, entre autres, napolitains, nougamandines et nougastelles.

Corne d'Aurochs
18 r. Michel-Servet - 04 77 32 27 27 - www.cornedaurochs.fr - 16/36 €.
À quelques encablures de l'hôtel de ville, voici un bistrot comme on les aime vraiment. Derrière sa façade en bois il héberge une foule de vieux objets tant décoratifs qu'utilitaires : fouets de cuisine, chromos, affiches de la fête du livre… Cadre propice à créer une ambiance joyeuse, dûment attisée par l'inaltérable bonne humeur du maître des lieux. Côté assiette, vous aurez droit à une généreuse cuisine de bouchon lyonnais. Alors, avis aux amateurs !

St-Pierre-de-Bœuf

Espace Eau Vive
Av. du Rhône - 04 74 87 16 09 - www.espaceeauvive.com - 9h-18h.
Aménagé par la Compagnie nationale du Rhône, ce stade long de 700 m et à débit variable est idéal pour découvrir ou pratiquer à tous niveaux les sports d'eau vive : canoë, kayak, raft, nage en eau vive, ainsi que l'hydrospeed, pour descendre la rivière à la nage, et le « hot-dog ». À tester absolument : la « sherpa », une trottinette tout terrain.

Villerest

Base de Loisirs
Juin-sept.
Passage obligé des estivants en quête de jeux aquatiques, le Parc de la Plage propose des activités destinées à toute la famille : location de pédalos, initiation à la voile, etc. Rien ne vous empêche toutefois de vous attabler tranquillement au snack et de commander un rafraîchissement.

N° 95

Rhône-Alpes

L'Ardèche et ses merveilles

On ne présente plus le célèbre **Pont d'Arc**, monumentale arche naturelle qui offre une entrée grandiose à l'une des plus imposantes curiosités naturelles du Midi, ni même l'**aven d'Orgnac** et ses immenses salles décorées de concrétions. La majeure partie des **gorges de l'Ardèche** a été constituée en réserve naturelle en 1980 et l'ensemble, érigé en Grand Site d'intérêt national en 1993. En les parcourant, vous verrez que l'intérêt national est aussi le vôtre !

➲ **Départ d'Aubenas**
➲ **8 jours**
440 km

Sésame incontournable des gorges de l'Ardèche : le Pont d'Arc.

Jour 1

D'Aubenas, vous dominez l'Ardèche et vos premiers pas dans les vieilles rues vous donnent envie de vous lancer sur les routes, histoire de voir si le reste est aussi beau. Si vous aimez les sensations fortes, lâchez-vous à Aérocity sur un des toboggans géants de ce parc d'attractions. Retour au calme et aux charmes de l'ancien en passant à **Largentière**, puis **Joyeuse** où vous ferez étape.

Jour 2

Toujours plus au sud : **Les Vans** vous révèlent la nature méridionale avec sa blancheur de calcaire. Après être passé par **Barjac**, vous entrez dans le « ventre » de l'Ardèche : l'**aven d'Orgnac** recèle de splendides concrétions. Pour vous réhabituer à la lumière et prolonger encore un peu le souvenir de ce que vous y avez vu, déjeunez sur place. Vous êtes à proximité d'un des plus beaux sites des gorges de l'Ardèche à découvrir : le **Pont d'Arc**. Suivez le fil de l'eau, depuis la route qui surplombe la rivière, ou en canoë. Stationnez à **Vallon-Pont-d'Arc**.

Jour 3

Ruines et petites églises pour votre passage à **Bourg-St-Andéol** (voir son émouvant palais des Évêques) et à **St-Montan**, où vous pourrez déjeuner. La route de la **gorge de la Ste-Beaume** est spectaculaire. Elle débouche sur les paysages naturels du plateau des Gras et de la dent de Rez. Les routes étroites traversent paysage rude et assoiffé : entre rocher et architecture, **Alba-la-Romaine** et son château semblent se confondre avec la montagne. Faites-y étape.

Jour 4

Ancienne capitale du Bas-Vivarais, **Villeneuve-de-Berg** se rejoint par une nationale sans surprise. Parcourez ses ruelles, puis gagnez le village perché de **Mirabel**, pour achever votre panorama de ce pays de tuiles et de roche. Passez ensuite par **Vals-les-Bains**, où vous déjeunerez et goûterez l'eau minérale du même nom. Rejoignez **Privas**.

Jour 5

Avant de repartir pour ce tour du Vivarais, faites une petite promenade dans Privas, capitale du **marron glacé**. Les routes du Vivarais sont étroites et sinueuses, soyez prudents et savourez les paysages. Poursuivez dans les plaisirs de la gastronomie en allant à **St-Pierreville** où le châtaignier est roi. Faites demi-tour et, sur la route de **St-Agrève**, vous trouverez à déjeuner dans la **vallée de l'Eyrieux**. Arrêtez-vous au château de **Rochebonne**. Il ne reste que des fortifications en ruine, mais c'est à ne pas manquer. Arrivé à **St-Agrève**, admirez la vue sur le **mont Chiniac**. Faites étape ici pour la nuit.

Jour 6

Rejoignez **Lalouvesc** par la charmante D 214. Le village perpétue la mémoire de saint Jean-François Régis, « l'apôtre du Vivarais », mort ici en 1640. Pour un repas gastronomique, gagnez le restaurant du chef étoilé Régis Marcon à **St-Bonnet-le Froid**, à 11 km à l'ouest. Revenez ensuite sur vos pas pour atteindre **Lamastre**, d'où un petit train part pour la visite sans effort des **gorges du Doux**. C'est un voyage à ne pas rater ! Faites étape à **Lamastre**.

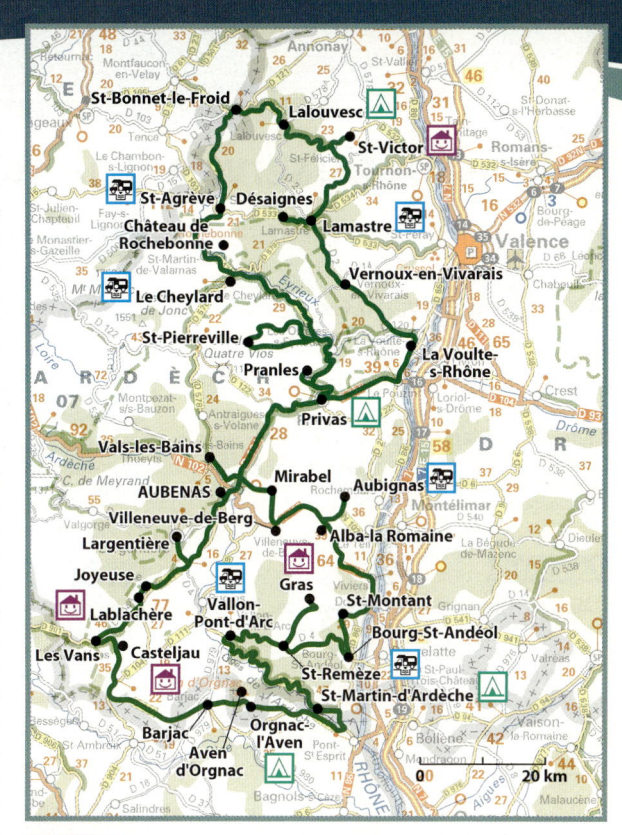

Jour 7

Commencez par la découverte de **Désaignes**, situé sur la route qui mène de St-Agrève à Lamastre. Ce petit bourg médiéval, serré derrière son enceinte, vous ravira. Retrouvez ensuite ruines et fortifications à **Vernoux-en-Vivarais**, situé entre l'Eyrieux et le Doux, puis les modes de culture régionaux, à l'écomusée des Terrasses. Faites halte pour la nuit à **La Voulte-sur-Rhône**.

Jour 8

Consacrez le début de votre journée aux collections de fossiles du musée paléontologique. Puis revenez vers la corniche de l'Eyrieux : le musée du Haut-Vivarais protestant, au **Bouschet-de-Pranles**, rappelle quelques pages terribles des guerres de religion qui ont marqué la région. Avant de rejoindre **Privas**, découvrez aussi l'intéressant **moulin de Pranles** avec sa mécanique ancienne et ses différentes fabrications. Après le déjeuner, offrez-vous un ultime bol d'air en empruntant à pied le chemin qui mène au **mont Toulon**. Ce dernier domine la ville et offre un beau point de vue.

Le conseil de Bib

▶ Ne quittez pas la région sans avoir fait une descente en canoë sur l'Ardèche !

N° 95 — Rhône-Alpes

Aires de service & de stationnement

Aubignas
Aire d'Aubignas – N 102 – Ouv. tte l'année – P 5.
Borne eurorelais. Gratuit.
Stationnement : autorisé
Services : WC

Le Cheylard
Aire du Cheylard – Chem. de Lapra, parking magasin Super U – 04 75 29 74 44 – Ouv. tte l'année – P 20.
Borne eurorelais. Payant 2 €.
Stationnement : autorisé
Services :

Lamastre
Aire de Lamastre – Place Pradon – Ouv. tte l'année – P 20.
Borne raclet. Payant 3,20 €.
Stationnement : autorisé
Loisirs : Services :

Saint-Agrève
Aire de Saint-Agrève – Route du stade – Ouv. tte l'année – P
Borne eurorelais. Payant.
Stationnement : autorisé
Services : WC

Saint-Remèze
Aire de Saint-Remèze – Ouv. mi-mars-mi-nov. – P 10.
Borne artisanale. Gratuit.
Stationnement : 48 h maxi
Services :
Stationnement devant la cave coopérative.

Vallon-Pont-d'Arc
Aire de Vallon-Pont-d'Arc – Chemin du Chastelas – Ouv. tte l'année – P 10.
Borne artisanale. Gratuit.
Stationnement : 48 h maxi, 7 €/j.
Services : WC

Campings

Lalouvesc
Municipal le Pré du Moulin
Chemin de l'Hermuzière.
04 75 67 84 86
mairie.lalouvesc@inforoutes-ardeche.fr . http://www.lalouvesc.com
De déb. mai à fin sept. 2,5 ha (70 empl.)
Tarif : 11,25 € (2A) – pers. suppl. 1,85 €
Loisirs :
Services :

Orgnac-l'Aven
Municipal
Au N du bourg par D 217, rte de Vallon-Pont-d'Arc.
04 75 38 63 68
info@orgnacvillage.com . www.orgnacvillage.com
De déb. juin à fin août 2,6 ha (150 empl.)
Tarif : 14 € (2A) – pers. suppl. 3,50 €
Loisirs :
Services :

Privas
Ardèche Camping
Bd de Paste, 1,5 km par D 2 rte de Montélimar, bord de l'Ouvèze.
04 75 64 05 80
jcray@wanadoo.fr . www.ardechecamping.fr
De déb. avr. à fin sept. 5 ha (166 empl.)
Tarif : 26 € (2A) – pers. suppl. 6,50 €
Loisirs : snack
Services :

Saint-Martin-d'Ardèche
Le Pontet
Lieu-dit le pontet, Accès : E : 1,5 km par D 290 rte de St-Just et chemin à gauche.
04 75 04 63 07
contact@campinglepontet.com . www.campinglepontet.com
De déb. avr. à fin sept. 1,8 ha (100 empl.)
Tarif (prix 2009) : 22,40 € (2A) – pers. suppl. 5,20 €
borne artisanale 3 €– 9€
Loisirs : snack
Services :

Carnet pratique

🏠 Haltes chez le **particulier**

Casteljau

Domaine de Cassagnole
Lieu-dit Les Tournaires – ☏ 04 75 39 04 05 – Caveau : ouv. tlj en juil.-août
Fermé janv.-févr.
🅿 3.
Le vignoble du domaine de Cassagnole est situé en bordure du Chassezac. Très bien exposé et composé de plusieurs cépages (merlot, syrah, cabernet sauvignon, grenache) il élabore d'excellents vins comme la cuvée « Audrey » en rouge, « Simon » en rosé et « Madame » en blanc. Caveau de dégustation et vente au domaine.

Gras

Domaine le Bréchon
Ouv. tte l'année
🅿 4.
Dans un cadre typique de l'Ardèche méridionale, une vieille famille paysanne vous ouvre les portes de son domaine. Rémy vous parlera de l'agriculture d'hier et d'aujourd'hui, de l'histoire du pays et vous fera découvrir son activité de vigneron. Visite de la cave agrémentée d'une dégustation des vins du domaine (Côtes du Vivarais, coteaux de l'Ardèche).

Lablachère

La ferme Théâtre
RD 104, Lieu-dit Notre-Dame – ☏ 04 75 36 42 73 – Fermé dim. soir en juil.-août
Ouv. tte l'année
Lieu insolite que cette ferme où l'on a aménagé, dans une salle voûtée, une salle de spectacle. Tout au long de l'année, des animations y sont organisées. Sur la propriété, les camping-caristes trouveront les services dont ils ont besoin. Boutique de produits du terroir, sélectionnés par le propriétaire des lieux.

Saint-Victor

Ferme auberge de Corsas
Lieu-dit Corsas – ☏ 04 75 06 69 30 – Ouv. tte l'année
🅿 3. Stationnement : 24h maxi.
C'est dans une ferme datant de plusieurs siècles, restaurée dans le respect des lieux, que les visiteurs sont accueillis sur réservation (pour le repas). Vous pourrez y déguster des plats savoureux qui varient suivant la saison et l'inspiration de la cuisinière. Ils vous seront servis au choix, dans l'agréable salle à manger aménagée dans une ancienne écurie ou sur la terrasse avec vue sur la campagne.

Les bonnes **adresses** de Bib

Aubenas

Maison Sabaton
Chemin de la Plaine - par la rte de Montélimar. Accès à la boutique par le hall d'entrée de la fabrique. - ☏ 04 75 87 83 87 - sabaton@wanadoo.fr - tlj sf sam. (sf en déc.) 8h-12h30, 13h30-18h30.
La famille Sabaton cultive son savoir-faire depuis 1907 : difficile de trouver mieux dans la région en matière de marrons glacés et de fruits confits… Fort de son succès, l'entreprise s'est dotée d'une fabrique ultra-moderne. À l'accueil, une vidéo évoque la réalisation de la crème de marrons et des marrons glacés.

Privas

Clément Faugier
Chemin du Logis-du-Roy - ☏ 04 75 64 07 11 - www.clement-faugier.fr - tlj sf w.-end 8h15-11h45, 13h45-17h30 (vend. 16h30).
Cette usine ardéchoise fabrique, depuis 1882, des produits à base de marrons (crème, purée, marrons glacés, au cognac, au sirop), qu'elle vend ensuite individuellement ou présentés dans un joli panier cadeau. À voir, le petit musée et une vidéo expliquant les secrets de fabrication.

St-Agrève

Domaine de Rilhac
2 km au sud-est de St-Agrève par D 120, D 21, puis rte secondaire - ☏ 04 75 30 20 20 - www.domaine-de-rilhac.com - fermé 20 déc.-10 mars, mar. soir, jeu. midi et merc. - 23/70 €.
Arrêtez-vous au Domaine de Rilhac pour profiter du calme et du charmant décor de cette ancienne ferme ardéchoise joliment rénovée. Ravissante salle à manger tournée sur le Gerbier-de-Jonc. Cuisine dans l'air du temps.

St-Étienne-de-Fontbellon

Le Petit Ardéchois
Rte d'Alès - quartier des Champs - ☏ 04 75 89 11 79 - tlj sf dim. 9h-19h - fermé j. fériés.
Cette petite entreprise artisanale implantée à 4 kilomètres du centre d'Aubenas fabrique ses 25 sortes de nougats selon les méthodes traditionnelles, dans des bassines et poêlons en cuivre. À goûter : le nougat aux marrons, aux myrtilles, au miel de lavande ou aux amandes de Provence. Visite et dégustation gratuites.

N° 96

Rhône-Alpes

Balade au cœur de la **Drôme**

Montélimar et ses nougats, **Tain** et son hermitage divin, le **facteur cheval** et son palais idéal, **St-Marcellin** et son fromage : c'est dire la popularité des cette région, moins connue sous les appellations de **Tricastin** et de **Valentinois**. Par son climat et sa végétation, elle annonce la Provence, avec ses rangées de mûriers, ses oliviers, ses vignes, sa multitude de vergers. Place au soleil !

➲ **Départ de Montélimar**
➲ **7 jours**
330 km

Pêchers en fleurs près de Mirmande.

Jour 1

Prenez le temps de découvrir la vieille ville de **Montélimar**, l'étonnant musée de la Miniature ainsi que la spécialité locale de nougats (les visites de fabriques se font de préférence le matin). Déjeunez en ville. Puis empruntez la route du sud, en direction de **Viviers**, où vous vous arrêterez pour apprécier cette élégante ville ecclésiastique. Encore, plus au sud, la centrale nucléaire et la ferme aux Crocodiles de Pierrelatte offrent un complet dépaysement ! Les enfants apprécieront la ferme, uniquement. Faites étape à **La Garde-Adhémar**.

Jour 2

Prenez, dans la matinée, le temps de découvrir ce village perché, avec son église, son petit jardin de plantes aromatiques, sa chapelle et gagnez, au sud, l'abbatiale de N.-D. d'**Aiguebelle**. Repassez par La Garde-Adhémar pour y déjeuner. Vous êtes dans la **région du Tricastin**, dont l'évêché fut autrefois **St-Paul-Trois-Châteaux**. Rendez donc visite à sa cathédrale, à la **Maison de la truffe** et aux découvertes du musée d'Archéologie tricastine. Prenez ensuite la direction de **St-Restitut**, où vous pouvez visiter au choix une église, et une grande cave à vin, le Cellier des Dauphins. Ensuite, soit vous avez le temps de faire un saut à **Grignan**, où résida Madame de Sévigné, soit vous rentrez à Montélimar.

Jour 3

Vous allez maintenant entrer dans les **Préalpes drômoises**, avec ses villages perchés et ses champs de lavande. Arrêtez-vous à **La Bégude-de-Mazenc**, puis à **Le Poët-Laval**, petite merveille médiévale, ancienne commanderie de Malte. Poursuivez l'excursion à **Dieulefit**, centre artisanal et touristique très actif, où vous pourrez bien déjeuner. Faites un tour à **Soyans** et son petit musée de l'Œuf. De là, rendez-vous dans la **forêt de Saoû**, nichée au pied d'impressionnantes falaises, pour une balade ombragée. Vous pouvez faire étape au **Poët-Célard**.

Jour 4

Cette belle journée parmi les collines passe par **Mirmande**, **Marsanne**, et la vue superbe du **donjon de Crest**. Avant de rejoindre Valence, terminez par une visite au jardin des Oiseaux, à **Upie**.

Jour 5

Profitez de la matinée dans la vieille ville de **Valence** qui vit passer nombre de noms illustres, dont Bonaparte. Déjeunez en ville (la grande gastronomie fait hésiter entre Anne-Sophie Pic, en ville, et Michel Chabran, à Pont-de-l'Isère), puis prenez la direction de **Romans-sur-Isère** où vous visiterez l'étonnant musée international de la Chaussure. C'est peut-être l'occasion de faire quelques emplettes en ville, qui reste une capitale de la chaussure. Découverte de La Sône, le long des rives de l'Isère, à faire en

À l'abbatiale de St-Antoine-l'Abbaye.

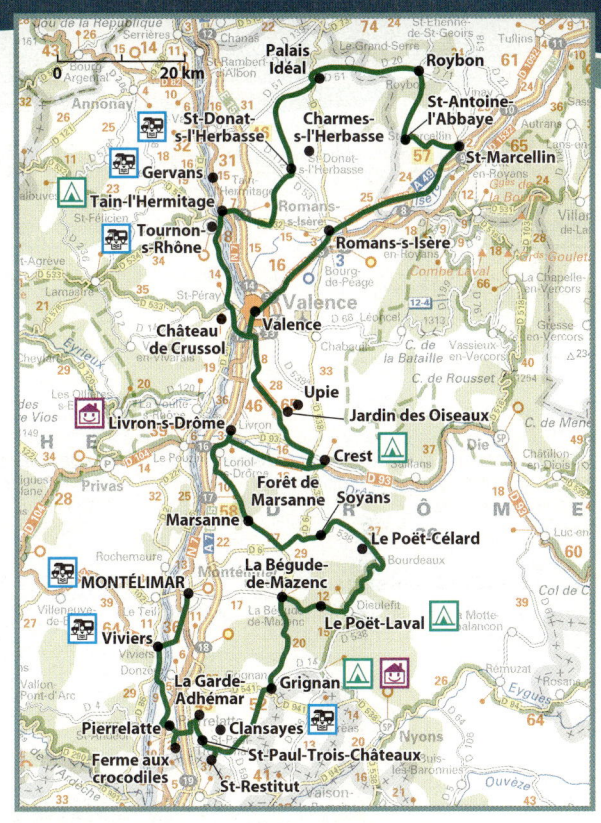

bateau à roue. Pour conclure cette belle journée, il vous reste à rejoindre **St-Marcellin**, pour en goûter le fromage. Dormez au grand calme à proximité de **St-Antoine-l'Abbaye**.

Jour 6

Faites un tour à l'amusant Jardin ferroviaire de **Chatte**, puis gagnez le site surprenant de **St-Antoine**, honorant par une vaste abbaye les reliques de l'égyptien du désert. La route vous amène ensuite à observer les façades de galets de **Roybon**, puis vous arrivez enfin à **Hauterives**. Ici, il faut impérativement aller visiter le **Palais idéal du facteur Cheval**, œuvre tout droit sortie des rêves d'un préposé des Postes.

Faites étape à proximité dans la **vallée de la Galaure**.

Jour 7

Si vous aimez les animaux, dirigez-vous vers les Mille et Une Cornes de **Charmes-sur-l'Herbasse** (attention aux horaires hors saison) ; à défaut, préférez les paysages du **défilé de St-Vallier** pour rejoindre **Tain**. Dégustez-y, outre votre déjeuner, un verre d'hermitage qui se passe de tout commentaire. Accordez une petite visite à la ville. Pour retrouver **Valence**, empruntez la route panoramique qui vous mène, pour finir, aux ruines du **château de Crussol**, forteresse perchée au-dessus de la vallée. Le cadre est grandiose.

N° 96 Rhône-Alpes

Aires de service & de stationnement

Clansayes

Aire de Toronne – D 133 – 06 89 51 07 77 – Ouv. tte l'année – P 11.
Payant 3,50 €.
Stationnement : 10 €/j.
Loisirs : Services :

Gervans

Aire de Gervans – Rue de l'École – Ouv. tte l'année – P 5.
Borne artisanale. Gratuit.
Stationnement : autorisé
Loisirs : Services :

Saint-Donat-sur-l'Herbasse

Aire de Saint-Donat-sur-l'Herbasse – Près du gymnase – Ouv. tte l'année – P
Gratuit.
Stationnement : autorisé
Loisirs : Services :

Tournon-sur-Rhône

Aire de Tournon-sur-Rhône – Quai Farconnet, en face de la poste – 04 75 07 83 83 – Ouv. tte l'année – P
Gratuit.
Stationnement : autorisé
Loisirs : Services :
Marché samedi matin.

Viviers

Aire de Viviers – Allée du Rhône, à côté de la capitainerie du port – Ouv. tte l'année – P 3.
Borne eurorelais. Payant 2 €.
Stationnement : 4 €/j.
Services :

Montélimar

Aire du domaine du Bois de Laud – Chem. des Sauviers – Ouv. tte l'année – P 15.
Borne artisanale. Payant.
Stationnement : 48h maxi. 4 €/j.
Services : sèche-linge

Campings

Crest

Les Clorinthes
Quai Soubeyran, sortie sud par D 538 puis chemin à gauche après le pont, près de la Drôme et du complexe sportif.
04 75 25 05 28
clorinthes@wanadoo.fr . www.lesclorinthes.com
De déb. avr. à mi-sept. 4 ha (160 empl.)
Tarif (prix 2009) : 22,10 € (2A) – pers. suppl. 5,80 €
borne artisanale
Loisirs : pizzeria, snack diurne
Services :

Grignan

Les Truffières
1100, chemin Belle-Vue-d'Air, quartier Nachony, 2 km par D 541, rte de Donzère, D 71, rte de Chamaret à gauche et chemin.
04 75 46 93 62
1 ha (85 empl.)
Loisirs : snack
Services :
Cadre boisé

Le Poët-Laval

Municipal Lorette
Quartier Lorette, 1 km par D 540, rte de Dieulefit.
04 75 91 00 62
De déb. mai à fin sept. 2 ha (60 empl.)
Tarif : 14,40 € (2A) – pers. suppl. 3,20 €
Loisirs :
Services :
au bord du Jabron

Tain-l'Hermitage

Municipal les Lucs
24, av. Roosevelt, sortie SE par N 7, rte de Valence, près du Rhône.
04 75 08 32 82
De mi-mars à mi-oct. 2 ha (98 empl.)
Tarif (prix 2009) : 17 € (2A) – pers. suppl. 2,50 €
10 17 €
Loisirs :
Services :

Carnet pratique

Haltes chez le **particulier**

Grignan

Domaine de Montine
La Grande Tuilière – Ouv. tte l'année
P 5.
Ancienne ferme du château de Grignan, rendu célèbre par la marquise de Sévigné, le domaine s'étend sur 70 ha de vignes et de chênes truffiers. Il élabore des vins d'appellations « coteaux du Tricastin », « côte du Rhône » et « côte du Rhône, cru Vinsobres ». De fin novembre à début mars, week-end « truffes » avec visite du marché aux truffes de Richerenches, cavage, repas aux truffes.

Livron-sur-Drôme

La ferme de l'autruche drômoise
Domaine des Bruyères – 04 75 62 82 33 – Fermé mi-sept.-mars
P 5.
Ce domaine s'est spécialisé dans l'élevage d'autruche pour sa production de viande (steak, saucisson, rôti…), la production de plumes, pour les costumes de spectacle, la peau, pour sa qualité en maroquinerie et les œufs, pour la reproduction.

Les bonnes **adresses** de Bib

Crest

La Tartine
13 r. de la République - 04 75 25 11 53 - www.latartine-restaurant.new.fr - mar.-vend. 12h-14h, sam. à partir de 19h - formule déj. 11,50 € - 16/28 €.
Presque caché au cœur de la vieille ville, ce petit restaurant fait le bonheur des papilles grâce à sa cuisine élaborée avec des produits souvent « bio » et toujours frais. Et aussi le bonheur des yeux lorsque les artistes locaux exposent leurs tableaux et photographies. Peu de places, sachez donc garder le secret…

Dieulefit

Picodon Cavet
Quartier Graveyron - à 1,5 km de Dieulefit sur la D 540 direction Montélimar - 04 75 91 82 00 - www.picodoncavet.fr - tlj sf dim. 9h-12h, 14h-18h, sam. 9h-12h.
La maison Cavet fabrique toujours ce fromage de chèvre de la forme d'un palet suivant des méthodes proches de la recette née au 14e s., le respect de l'hygiène en plus. Découvrez le picodon AOC (au manteau blanc), le picodon Dieulefit (au manteau bleu) et autres produits du terroir valant également le détour.

Montélimar

Escobar Pâtissier-Confiseur-Chocolatier-Glacier
2 pl. Léopold-Blanc - 04 75 01 25 53 - www.nougats-escobar.com - 9h30-12h30, 14h-19h, dim. et j. fériés 8h-13h - fermé j. fériés en juin, juil. et août.
Ce pâtissier-chocolatier, sacré meilleur ouvrier de France en 1982, appartient au cercle restreint des « vrais » artisans montiliens. Son gâteau aux trois chocolats est un « must » et sa recette de nougat est jalousement gardée. Découvrez les créations « maison » comme les nougats orange, citron, praliné ou encore café et noix.

Nougat Diane de Poytiers

99 av. Jean-Jaurès - 04 75 01 67 02 - www.diane-de-poytiers.fr - atelier : été : 9h-12h, 14h-18h ; hiver : tlj sf w.-end 9h-12h, 14h-17h ; magasin : 9h-12h30, 14h-19h. Visites guidées et commentées tte l'année - fermé 1er janv. et 25 déc.
Depuis trois générations, la même famille est aux commandes de cet atelier artisanal (le plus ancien de la ville). Visite guidée dévoilant toutes les étapes de la fabrication du nougat (recette datant des fondateurs) cuit dans des chaudrons d'époque. Dégustation gratuite et vente dans la boutique attenante.

Roussas

Domaines Bour
Domaine de Grangeneuve - 04 75 98 50 22 - www.domainesbour.com - 9h-12h30, 14h-19h, dim. et j. fériés 10h-12h30, 14h30-19h - fermé 1er janv. et 25 déc.
Considéré comme l'un des plus beaux de la région, le domaine Bour doit sa réputation à sa production de vins rosés, appréciés par de grands chefs. En vedette, la Cuvée de la Truffière et la Cuvée Vieilles Vignes, régulièrement médaillées au Concours général agricole de Paris. Dégustation-vente dans un caveau à l'ancienne.

Valence

Le Bistrot des Clercs
48 Grande-Rue - 04 75 55 55 15 - 21/31 €.
Situé dans une rue piétonne du vieux Valence, ce restaurant aux airs de brasserie fait le bonheur des valentinois, et il n'est pas rare de devoir attendre un peu pour qu'une place se libère. On comprend vite pourquoi, dès lors qu'on a goûté à la formule bistrot… Vous aurez sûrement envie d'y revenir.

N° 97

Rhône-Alpes

Vive le **Beaujolais** !

Lyon, dit-on, est arrosé par trois fleuves : la Rhône, la Saône et… le Beaujolais. Cette boutade tendrait à accréditer l'idée d'un **Beaujolais** uniquement **viticole**. Alléchante, cette idée est cependant incomplète pour présenter une région qui ne cesse de valoriser son patrimoine et ses paysages contrastés : au nord, la **montagne** y est souvent sauvage, image renforcée par les sombres bois de sapins Douglas, tandis qu'au sud, les lumineux villages du **pays des Pierres Dorées** vibrent aux premières caresses du soleil.

➲ **Départ de Villefranche-sur-Saône**
➲ **4 jours**
240 km

Vignoble du Beaujolais.

Jour 1

Rien de plus naturel que de prendre **Villefranche-sur-Saône**, capitale du Beaujolais, comme port d'attache pour ces quatre jours de découverte des vignobles, vins et vieilles pierres de la région. Vous parcourez un inextricable lacis de petites routes où vous n'aurez aucun mal à vous perdre, même si les lieux que vous visitez sont extrèmement proches les uns des autres. Commencez par **Belleville**, ancienne bastide aujourd'hui centre viticole, dont l'église du 12e s. possède d'intéressants chapiteaux. Un peu plus loin, à la sortie de **Cercié**, prenez la D 68^E pour gagner le vieux bourg de **Corcelles**. De là, prenez à gauche la D 9. Le **château fort de Courcelles** a été édifié au 15e s. pour défendre la frontière entre la Bourgogne et le Beaujolais. Son grand cuvier du 17e s. compte parmi les plus beaux de la région.

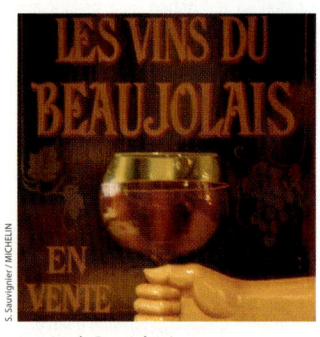

Les vins du Beaujolais !

Jour 2

Vous entrez dans la région des grands crus en prenant la direction de **Villié-Morgon** et de **Fleurie**, dont vous traversez les vignobles. Parmi les producteurs du cru les domaines Marcel Lapierre et Jean-Marc Burgaud sont des valeurs sûres. Plusieurs sentiers pédestres bien balisés partent du centre du village de Villié-Morgon pour grimper à l'assaut des collines. Le vin, c'est le palais, mais c'est aussi une culture, mise à l'honneur par le « Hameau du vin » et sa « gare », à **Romanèche-Thorins**. Le village partage avec Chénas le territoire de l'**appellation moulin-à-vent**, la plus ancienne du Beaujolais, reconnue dès le 18e s. Les enfants pourront demander à aller au parc zoologique et d'attractions Touroparc de Romaneche. Vous ferez étape le soir vers **Juliénas** ou **Beaujeu**.

Jour 3

Capitale historique du Beaujolais, **Beaujeu** vous permet de faire quelques emplettes. Après cet arrêt, montez voir le panorama du **mont Brouilly** sur les vignobles du Beaujolais et la plaine de la Saône. Sans quitter de vue les vignobles, il est temps d'aller visiter quelques beaux sites architecturaux. Faites une halte au **prieuré de Salles-Arbuissonnas-en-Beau-**

Le conseil de Bib

▶ Favorisez les haltes chez les viticulteurs. L'accueil y est cordial et la découverte des produits, parfois étonnante, est toujours de qualité.

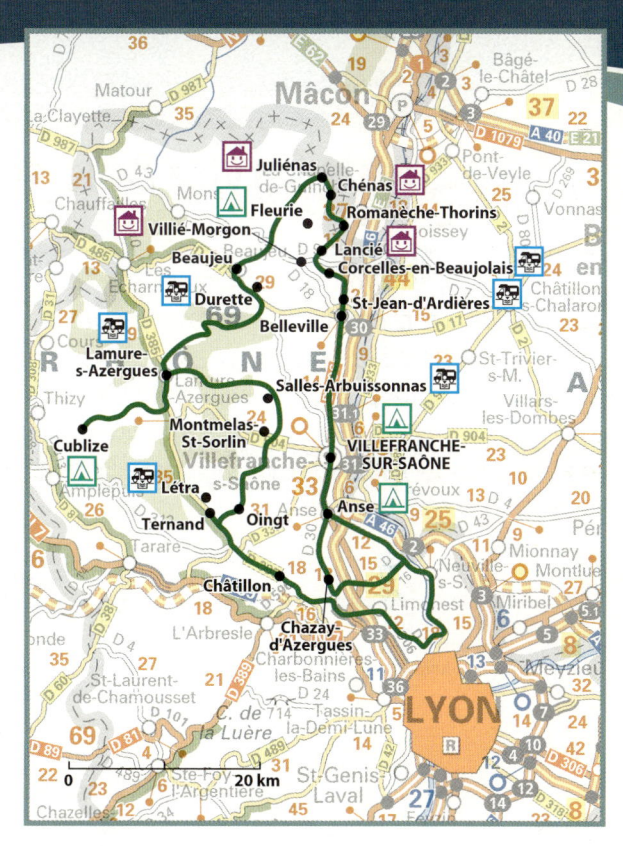

jolais, fondé au 10e s. Passez devant les **châteaux de Montmelas-St-Sorlin** et de **Jarnioux**, puis gagnez le charmant village d'**Oingt,** véritable bijou du pays des Pierres dorées.

Jour 4

Pour terminer tranquillement votre séjour, passez par **Ternand** et son joli panorama, puis prenez la direction de **Châtillon** où vous attend une forteresse du 12e s. Retournez ensuite à **St-Jean-des-Vignes**, dont le musée géologique ouvre l'après-midi. Puis rejoignez **Villefranche** par les charmants villages de **Chazay-d'Azergues** et **Anse**. Ou continuez votre périple en regagnant Lyon.

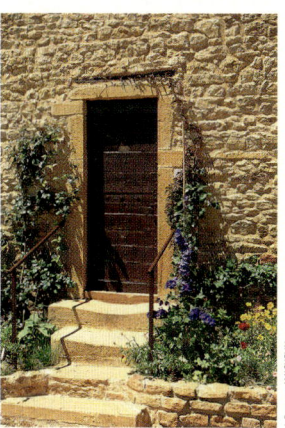

Porte d'une maison du village de Oingt, au pays des Pierres dorées..

N° 97 Rhône-Alpes

Aires de service & de stationnement

Corcelles-en-Beaujolais
Domaine des Riottes – *Rue de la Mairie* – ☏ 04 74 69 69 06 – *Ouv. tte l'année* – P 3.
Gratuit.
Stationnement : autorisé

Lamure-sur-Azergues
Aire de Lamure-sur-Azergues – *Ouv. tte l'année* – P
Borne flot bleu. Payant 2€.
Stationnement : autorisé
Services : WC

Létra
Aire de Létra – *Cave des Vignerons de Doury* – ☏ 04 74 71 30 52 – *Ouv. tte l'année* – P
Gratuit.
Stationnement : autorisé
Services :

Régnié-Durette
Aire de La Haute-Ronze – *Rue du Bourg* – *Ouv. tte l'année* – P
Gratuit.
Stationnement : autorisé
Aire chez un viticulteur.

Salles-Arbuissonnas-en-Beaujolais
Domaine du Breuil – *Rue du Breuil* – *Ouv. tte l'année* – P
Borne euroservices. Gratuit.
Stationnement : autorisé

Saint-Jean-d'Ardières
Domaine de Ferrière – *rte des Rochons* – ☏ 04 74 66 18 92 – *Ouv. tte l'année* – P 5.
Borne artisanale. Gratuit.
Stationnement : 24 h maxi.
Exploitation vinicole et exposition de matériel agricole.

Campings

Anse
Les Portes du Beaujolais
Av. Jean-Vacher, sortie SE, rte de Lyon et 0,6 km par chemin à gauche avant le pont, au confluent de l'Azergues et de la Saône.
☏ 04 74 67 12 87
campingbeaujolais@wanadoo.fr . www.camping-beaujolais.com
De déb. mars à fin oct. 7,5 ha (198 empl.)
Tarif : 15 € (2A) – pers. suppl. 4,40 €
Loisirs : snack
Services :

Cublize
Intercommunal du Lac des Sapins
Accès : S : 0,8 km, bord du Reins et à 300 m du lac (accès direct).
☏ 04 74 89 52 83
camping@lacdessapins.fr . www.lac-des-sapins.fr
De déb. avr. à fin sept. 4 ha (155 empl.)
Tarif (prix 2009) : 16,50 € (2A) – pers. suppl. 3 €
borne artisanale
Loisirs : terrain omnisports
Services :

Fleurie
Municipal la Grappe Fleurie
R. de la Grappe Fleurie, 0,6 km au S du bourg par D 119E et à dr.
☏ 04 74 69 80 07
De mi-mars à mi-oct. 2,5 ha (96 empl.)
Tarif (prix 2009) : 16,50 € (2A) – pers. suppl. 6 €
borne artisanale – 15€
Loisirs :
Services : sèche-linge
Au cœur du vignoble

Villefranche-sur-Saône
Municipal de la Plage
Accès : SE : 3,5 km.
☏ 04 74 65 33 48
jpcally@villefranche.net . campingvillefranche@wanadoo.fr
De fin avr. à fin sept. 2 ha (127 empl.)
Tarif : 15,30 € – pers. suppl. 3,60 €
Loisirs : (plage)
Services :
Emplacements agréablement ombragés, près de la Saône et d'un plan d'eau

438

Carnet pratique

Haltes chez le **particulier**

Chénas

Cave du château de Chénas
La Bruyère, 3,5 km au nord-est de Fleurie par D 68. – ☎ 04 74 04 48 19 – Fermé 11 Nov.
Ouv. tte l'année
P 5.
C'est dans le cadre magnifique du château de Chénas que fut constituée en 1934 cette association de viticulteurs qui compte aujourd'hui 275 adhérents. Le domaine de 280 ha produit plusieurs AOC (le vignoble de Chénas donne naissance à deux grands vins : moulin-à-vent et chénas) élevés sous de superbes voûtes du 17ᵉ s.

Juliénas

Domaine Matray
Lieu-dit Paquelet – ☎ 04 74 04 45 57 – Fermé sept. (vendanges)
P 3.
Issu d'une famille de vignerons depuis cinq générations, Lilian Matray exploite le domaine familial avec passion. Avec Sandrine son épouse, il maîtrise l'ensemble de la chaîne de production de ses produits (travail de la vigne, vinification et commercialisation). À découvrir : cru Juliénas, sa cuvée spéciale en Juliénas et « Perle rose » vin pétillant élaboré suivant la méthode traditionnelle.

Lancié

Domaine du Penlois
Le Penlois – ☎ 04 74 04 13 35 – Fermé 2 sem. août et pendant les vendanges
P 5.
C'est avec passion que la famille Besson exploite plus de 19 ha de vignes. On y vinifie des vins de caractère en Beaujolais villages, Juliénas, Morgon et Beaujolais blanc. Dégustation et vente au domaine.

Villié-Morgon

Domaine des Souchons
Morgon-le-Bas – Fermé vac. scol. de fin d'année
P 5.
Ce domaine existe à Morgon depuis 1752. Adhérent France Passion, Serge Condemine-Pillet vous présente son exploitation qui s'étend sur 13 ha et les produits qu'il vinifie en cru Morgon et en Beaujolais village.

Les bonnes **adresses** de Bib

Beaujeu

Huilerie Beaujolaise « Mireille et Jean-Marc »
29 r. des Écharmeaux - ☎ 04 74 69 28 06 - tlj sf dim.-lun. 9h15-13h, 15h-19h - fermé 2 sem. déb. janv. et j. fériés.
La vieille meule en pierre de cette huilerie du 19ᵉ s. continue de broyer les fruits secs (noix, noisettes, pignons de pin, amandes, noix de pécan, pistache, etc.) et quelques graines oléagineuses pour en tirer les huiles vierges les plus fruitées qui soient. Visite de l'atelier possible et dégustations.

Belleville

Le Buffet de la Gare
Pl. de la Gare - ☎ 04 74 66 07 36 - fermé 3 sem. en août - réserv. conseillée - 11/20 €.
Ce restaurant a du cachet avec son décor « vieux bistrot », ses banquettes, ses meubles en bois et ses vieilles affiches. On y sert d'appétissantes recettes régionales et un menu du jour, dans une ambiance chaleureuse et bon enfant.

Régnié-Durette

Auberge Vigneronne
Au bourg - 5 km au sud de Beaujeu par D 78 - ☎ 04 74 04 35 95 - fermé mar. soir d'oct. à avr. et lun. - formule déj. 11 €- 17/28 €.
Près de l'église, derrière une belle façade en pierre dont la porte arbore un magnifique vitrail, restaurant traditionnel complété d'un caveau de dégustation. Deux chaleureuses salles à manger typiquement beaujolaises, dont une avec cheminée, et terrasse d'été.

Villié-Morgon

Marcel Lapierre
Les Chênes - ☎ 04 74 04 23 89 - lun.-vend. 8h30-11h30, 13h30-17h - sur RV.
Marcel Lapierre est un gastronome exigeant et un homme apprécié. Son domaine familial est conduit de manière traditionnelle. Le vignoble couvre quelque 11 ha encépagés de gamay et cultivés sans désherbant ni engrais chimique. Les vendanges se font à la main, avec un tri rigoureux des raisins. La vinification et l'élevage ont lieu en fûts et en cuves de bois.

Domaine Jean-Marc Burgaud
Morgon-le-Haut - ☎ 04 74 69 16 10 - sur RV.
Jean-Marc Burgaud exploite un vignoble de 17,5 ha répartis sur trois appellations : beaujolais-villages, régnié et morgon. Encépagé de gamay noir, son domaine est conduit selon des méthodes traditionnelles : les vendanges sont manuelles, et la vinification se fait avec macération des raisins entiers en cuves bétons, de six à quinze jours. Les vins sont ensuite élevés en cuves ou en foudres de bois, de six à douze mois.

N° 98 — Rhône-Alpes

Le **Vercors** et l'**Oisans**

Forteresse dressée au-dessus de **Grenoble**, le **Vercors** est devenu le plus grand **parc régional des Alpes du Nord**. On y accède par des gorges étroites au fond desquelles bouillonnent rivières et torrents bordés de falaises spectaculaires. Plus secret et plus sauvage, l'**Oisans** marque l'entrée du **Parc des Écrins**, et frappe lui aussi par sa démesure. Tous deux méritent d'être sillonnés avec attention !

➲ **Départ de Grenoble**
➲ **6 jours**
350 km

Paysage vers la combe Laval, dans le Vercors.

Jour 1

Grenoble s'étend sur une plaine située au confluent des massifs de la Chartreuse, de Belledonne et du Vercors. Leurs hautes falaises et leurs piémonts forestiers sont si proches que partout dans Grenoble, il est possible de les apercevoir. Commencez la visite de la ville par une ascension à la Bastille (où vous pourrez déjeuner). L'ascension peut se faire à pied, en via ferrata ou plus simplement avec le téléphérique. De là, vous avez une bonne vue d'ensemble du centre-ville et des montagnes. Des sentiers de randonnée rejoignent le Parc naturel de la Chartreuse. Sur ce même versant, se trouvent le Musée dauphinois et le Musée archéologique de l'église Saint-Laurent dans le vieux quartier de la rive gauche de l'Isère. Rive droite, la ville du 18ᵉ s. et du 19ᵉ s. prend possession de la plaine jusqu'au moderne hôtel de ville et son parc magnifique. L'incontournable reste le musée de Grenoble, l'un des plus prestigieux musées d'Europe qui accueille d'importantes collections d'art contemporain, dont des œuvres de Matisse.

Jour 2

Départ de Grenoble par le nord-ouest pour gagner **Sassenage**. Son château du 17ᵉ s. ne se visite pas régulièrement, mais vous pouvez prendre le temps de profiter de son agréable parc ou des **grottes des Cuves** toutes proches. Remontez les **gorges d'Engins** jusqu'à **Lans-en-Vercors** par la D 531. Vous y trouverez la Maison du **Parc naturel régional du Vercors**. Vous rejoindrez ensuite **Villard-de-Lans**, terme de cette deuxième étape. Si le temps est clair, une petite virée s'impose à Cote 2000.

Jour 3

Laissez-vous tenter par la route vertigineuse des **gorges de la Bourne**. La remarquable **grotte** de **Choranche** est un exemple de ces phénomènes d'érosion interne propres à la structure karstique du massif du Vercors. Vous rejoindrez ensuite **Pont-en-Royans** où, après la visite du musée de l'Eau, vous goûterez **les ravioles**, spécialité locale. Franchissez le pont Picard pour admirer sur l'autre rive les maisons postées en aplomb de la rivière. La basse vallée de la Bourne rejoint **St-Nazaire-en-Royans**, annoncé par son pont-viaduc. Vous faites étape ici.

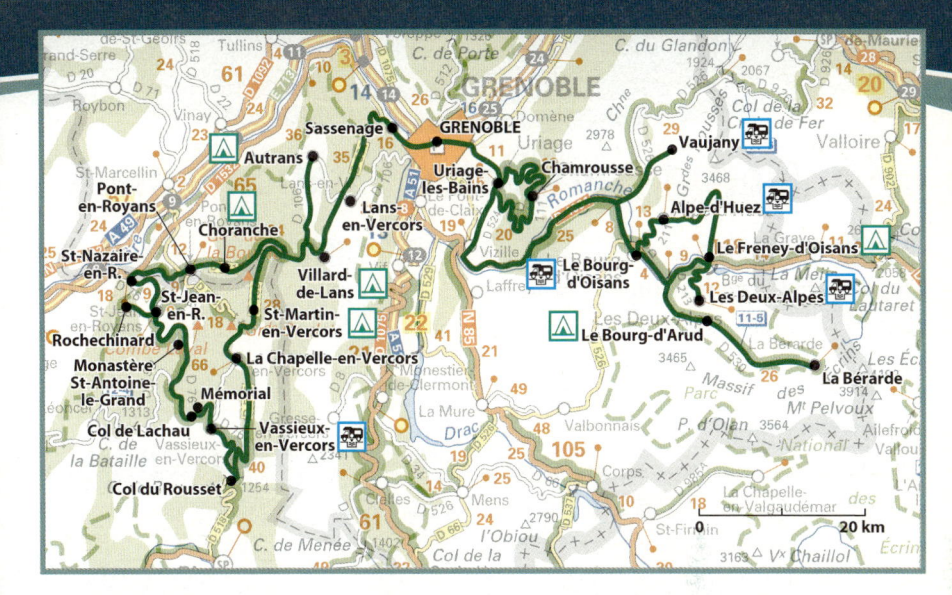

Jour 4

Rejoignez **Saint-Jean-en-Royans** par la D 209 et le village

Le conseil de Bib

▶ L'accès au plateau du Vercors se fait par des routes étroites et parfois à encorbellement (3,50 m). Propriétaires de capucine, soyez très vigilants !

de **Rochechinard**, site bucolique au pied des falaises de Combe Laval. Faites un détour vers le remarquable monastère orthodoxe de **St-Antoine-le-Grand** décoré de fresques (D 54 puis à St-Laurent, D 239). La route de Combe Laval entre Saint-Jean-en-Royans et le **col de la Machine** constitue un des parcours les plus aériens de France. Au **col de Lachau**, le **mémorial du Vercors** rappelle que cette région fut le théâtre de violents combats en 1944. L'histoire est omniprésente à **Vassieux** et le musée de la Préhistoire du Vercors évoque les peuples du paléothique qui avaient leur résidence d'été dans le massif. Vous pouvez, avant le col du Rousset, retourner sur Grenoble en traversant le plateau du Vercors et la **réserve naturelle des Hauts-Plateaux**, aux paysages sauvages. Vous pouvez aussi pousser jusqu'au **col du Rousset** pour la vaste vue sur la plaine du Diois. La route

du retour passe par de hauts lieux de la Résistance au passé tragique : **grotte de la Luire, La Chapelle-en-Vercors**...

Jour 5

Après avoir rejoint **Grenoble**, partez à la découverte du massif de l'**Oisans**. Le deuxième massif de France est aussi plus secret et plus sauvage que le Mont-Blanc, son brillant rival. Allez jusqu'à **Uriage-les-Bains** et jusqu'à **Chamrousse**, la station favorite des Grenoblois. Depuis Uriage, reprenez la direction **Le Bourg d'Oisans** via **Vizille** (N 91). Point de départ des alpinistes, le bourg est aussi fréquenté par les cyclistes qui se mesurent aux cols prestigieux et à la montée de l'Alpe-d'Huez.

Jour 6

Cap sur **Les Deux-Alpes**, accessible en hiver pour le ski. Les plus téméraires pourront finir la découverte de la région en se rendant à **La Bérarde**, haut lieu de l'alpinisme en France.

N° 98 Rhône-Alpes

Aires de service & de stationnement

Le Bourg-d'Oisans
Aire de Bourg d'Oisans – Av. Aristide-Briand, parking du supermarché Casino – 04 76 79 15 57 – Ouv. tte l'année – P
Borne flot bleu. Payant 2,20 €.
Stationnement : autorisé
Loisirs : Services :

Les Deux-Alpes
Aire des Deux-Alpes – Le Village – Ouv. tte l'année – P
Borne flot bleu. Payant.
Stationnement : autorisé
Loisirs : Services :

Vassieux-en-Vercors
Aire de Vassieux-en-Vercors – Lieu-dit le Fond d'Hurle – Ouv. mai-nov. – P 10.
Borne raclet. Payant 2 €.
Stationnement : autorisé
Loisirs : Services :

Vaujany
Aire de Vaujany – Ouv. tte l'année – P 15.
Borne eurorelais. Gratuit.
Stationnement : 48 h maxi
Loisirs : Services :
Électricité 5 €/24h, situation idéale pour les amateurs de sports d'hiver.

Campings

Autrans
Au Joyeux Réveil
Le château, sortie Nord-Est par rte de Montaud et à droite.
04 76 95 33 44
De déb. mai à fin sept. 1,5 ha (100 empl.)
Tarif (prix 2009) : 34 € (2A) – pers. suppl. 5 €
– 16 30 €
Loisirs :
Services :

Le-Bourg-d'Arud
Le Champ du Moulin
Bourg d'Arud, sortie Ouest par D 530.
04 76 80 07 38
De mi-déc. à mi-sept. 1,5 ha (80 empl.)
Tarif : 24,70 € (2A) – pers. suppl. 5,40 €
borne artisanale – 15 19,40 € – 19.4€
Loisirs : snack, le soir uniquement
Services :

Choranche
Le Gouffre de la Croix
La Combe-Bernard, au SE du bourg, rte de Chatelas, bord de la Bourne.
04 76 36 07 13
De déb. mai à mi-sept. 2,5 ha (52 empl.)
Tarif (prix 2009) : 20,75 € (2A) – pers. suppl. 4,50 €
Loisirs :
Services :
cadre sauvage et boisé au fond de la vallée

Le Freney-d'Oisans
Le Traversant
Accès : S : 0,5 km par D 1091 rte de Briançon.
04 76 80 18 84
Permanent 1,5 ha (67 empl.)
Tarif : 22,50 € (2A) – pers. suppl. 5,50 €
borne artisanale 4 €
Loisirs :
Services :

Saint-Martin-en-Vercors
La Porte St-Martin
Le village, sortie N par D 103.
04 75 45 51 10
De fin avr. à fin sept. 1,5 ha (66 empl.)
Tarif : 14,80 € (2A) – pers. suppl. 4,50 €
borne artisanale
Loisirs : (petite piscine)
Services :

Villard-de-Lans
L'Oursière
Accès : sortie N par D 531, rte de Grenoble.
04 76 95 14 77
De déb. déc. à fin sept. 4 ha (186 empl.)
Tarif : 24 € (2A) – pers. suppl. 5 €
borne artisanale 5 € – 42 15 €
Loisirs :
Services :

Carnet pratique

Les bonnes **adresses** de Bib

Chamrousse

Maison de la Montagne de Chamrousse
42 pl. de Belledonne - ☎ 04 76 59 04 96 - tte l'année pour les groupes ; déc.-avr. et juil.-août : pour individuels.
Via ferrata, alpinisme, escalade, VTT et randonnées à thème (découverte de la faune montagnarde, histoire locale, écologie, etc.) ; sorties en skis ou raquettes à neige.

Grenoble

La P'tite Ferme
3 r. Jean-Jacques-Rousseau - ☎ 04 76 54 21 90 - laptiteferme@wanadoo.fr - fermé dim. et lun. - réserv. conseillée le soir - 9/28 €.
Adresse très sympathique que ce bistrot à vins ! Le décor est tout simple, mais peu importe car l'essentiel est dans l'impressionnante carte des vins aux nombreuses références de toutes les couleurs et de toutes les régions. Cuisine traditionnelle.

Café de la Table Ronde
7 pl. St-André - ☎ 04 76 44 51 41 - www.cafetableronde.com - fermé 1er-15 janv. - formule déj. 10 € - 23/33 €.
Le reflet des habitués, accoudés autour du zinc animé et des photos dédicacées de Sarah Bernhardt, Raymond Devos et bien d'autres personnalités s'interpelle dans les grands miroirs accrochés aux murs, au-dessus des banquettes de moleskine. Cuisine régionale de type brasserie. La partie cabaret se veut l'un des derniers bastions de la chanson à texte d'expression française : concerts les jeudi, vendredi et samedi.

À l'Abeille d'Or
3 r. de Strasbourg, quartier Étoile - ☎ 04 76 43 04 03 - tlj sf dim. et lun. 9h30-12h30, 14h30-19h30 - fermé 1 sem. en fév.
Le décor du magasin est le même qu'à l'époque de sa création par les grands-parents des actuels propriétaires. Vous y trouverez, outre le matériel d'apiculture, 14 variétés de miel, du pollen, de la gelée royale, du pain d'épice, des sucres d'orge, des réglisses, des thés au détail, des confitures, des condiments originaux, etc.

Christian Bochard
19 r. Lesdiguières - ☎ 04 76 43 02 23.
Monsieur Bochard est inventeur de chocolats, et ses modèles et marques les plus originaux sont déposés. Il en va ainsi du Mandarin, une demi-clémentine confite associée à une crème au chocolat parfumée au Grand Marnier. Glaçon de Chartreuse, glacier de Sarennes, pâtes de fruits, pain d'épice… Un régal : l'adresse n'est à éviter sous aucun prétexte !

La Noix de Grenoble-Desany
6 bis pl. Grenette - ☎ 04 76 03 12 20 - tlj sf dim. 9h-19h, lun. 14h-19h - fermé 2 sem. en janv. et j. fériés.
Ce confiseur chocolatier propose plusieurs spécialités locales : noix de Grenoble, gâteaux aux noix, Galets du Drac, Chartreuse, liqueurs… Découvrez également, dès l'arrivée des beaux jours, la soixantaine de glaces aux parfums différents.

Les Deux-Alpes

La Petite Marmite
70 av. Muzelle - ☎ 04 76 80 50 02 - lapetitemarmite@aol.com - fermé 30 avr.-16 juin - 13/22 €.
Nombre d'habitués fréquentent ce petit restaurant et son agréable terrasse sous pergola. Le décor sympathique, l'accueil chaleureux et le service efficace y vont de compagnie avec une cuisine régionale goûteuse (nombreuses spécialités maison à découvrir).

St-Christophe-en-Oisans

La Cordée
Rte de la Bérarde - ☎ 04 76 79 52 37 - www.la-cordee.com - 13 €déj. - 9/19 €.
À la fois bar-tabac, épicerie, hôtel et restaurant, ce lieu de vie fondé en 1907 a reçu des générations de guides de haute montagne, randonneurs et touristes. Dans un décor paraissant immuable, la patronne met des livres à disposition, organise des rencontres avec leurs auteurs et propose une sympathique cuisine régionale.

Uriage-les-Bains

Remise en forme aux Thermes d'Uriage
Pl. de la Déesse-Hygie - ☎ 04 76 89 29 00 - www.grand-hotel-uriage.com.
Au cœur de la chaîne de Belledonne, l'institut d'hydrothérapie thermale d'Uriage vous propose une remise en forme dans un site privilégié. Hôtel de caractère, tourisme et gastronomie agrémenteront votre séjour. Aux alentours, tennis en terre battue, golf et équitation. Repos garanti.

Villard-de-Lans

Auberge des Montauds
Bois-Barbu - ☎ 04 76 95 17 25 - montauds.tripod.com - fermé 15 avr.-1er Mai et nov.-15 déc. - 19/28 €.
L'établissement, juché sur les hauteurs de Villard, s'avère très calme : la route s'arrête après l'auberge et laisse place à la nature. Copieuse cuisine traditionnelle et montagnarde à déguster au coin du feu ou en terrasse l'été.

Barroud'Âne en Vercors
Rte de Villevieille, les Girards - ☎ 04 76 95 58 42 - www.ane-et-rando.com - avr.-nov. : 9h-17h sur RV.
Pour profiter des joies de la randonnée, même avec de jeunes enfants, rien de tel que la compagnie d'un âne. Après avoir chargé les paniers sur le dos de l'animal, docile bien qu'un peu farceur, on pourra partir pour une longue balade en toute légèreté. Au retour, brossage et étrillage scelleront cette amitié.

N° 99 Rhône-Alpes

Chambéry, Aix-les-Bains et le **lac du Bourget**

Cette escapade vous convie à parcourir les **massifs des Bauges et de la Chartreuse** jusqu'aux rives du **lac du Bourget**. Le plus grand lac naturel de France éclaire de ses eaux miroitantes les berges parfois assombries par les massifs qui l'entourent et dégage une douce langueur, celle-même qui séduisit **Lamartine**.

➲ **Départ de Chambéry**
➲ **7 jours**
300 km

Vue du sommet du Charmant Som, dans le massif de la Chartreuse.

Fr. Isler / MICHELIN

Jour 1

Avant de gagner les hautes terres, ne manquez pas à **Chambéry** les visites du château (visites guidées seulement) et du Musée savoisien. Elles vous éclaireront sur le patrimoine que vous allez rencontrer. Les amateurs d'art se rendront également au musée des Beaux-Arts. Quittez la ville à l'est par la D 912 en direction du **Parc naturel du massif des Bauges**. Traversez une bonne partie du parc pour rejoindre **Lescheraines**, petit village qui a conservé tout son caractère.

Jour 2

Vous repartez vers le sud en direction du **Châtelard** où se trouve la Maison du parc naturel, puis par la D 60 vers **La Compôte**. Dans ce village, les fermes sont habillées de balcons à « tavalans ». Vous verrez, c'est aussi surprenant que beau ! Remontez le vallon de **Bellevaux**, enchanteur. De retour sur la D 911, prenez la direction de **St-Pierre-d'Albigny**. Profitez-en pour aller visiter la **forteresse de Miolans**. Isolée, cette dernière domine la Combe de Savoie.

Jour 3

Sortez de St-Pierre-d'Albigny et prenez la N 6 vers **Aiguebelle**. À **Chamousset**, suivez la direction d'**Allevard** (D 925), ancienne station thermale. Vous vous trouvez sur les contreforts du **massif de Belledonne** et face à vous s'étire le **massif de la Chartreuse** que vous allez bientôt rejoindre. Observez bien les côteaux. Une quantité de petits châteaux parfois excentriques égayent une plaine vouée à la circulation. Rejoignez **Goncelin** par la D 525, et repassez l'Isère pour visiter le **château du**

Touvet et son parc à la française. L'été, ne manquez pas l'ascension par le funiculaire de Montfort à **Saint-Hilaire du Touvet** (au sud du Touvet sur la N 90). Sinon, rejoignez **St-Pierre-de-Chartreuse**.

Jour 4

Vous pouvez le matin prendre la direction du sud pour rejoindre le **col de Porte**, puis **les Bergeries** ; c'est le point de départ d'une belle marche de 30mn jusqu'au **Charmant Som**, célèbre belvédère des Alpes. De retour à Saint-Pierre, traversez les **gorges du Guiers-Mort** (D 520B) pour rejoindre le couvent de la Grande-Chartreuse et son musée situé en amont à **La Correrie**. Vous rejoindrez ensuite **Les Échelles**, plus au nord.

Jour 5

Les Échelles doivent leur célébrité à leur position jadis stratégique, mais surtout aux **grottes et galeries souterraines de l'ancienne route sarde**. La visite des grottes est incontournable avant de continuer en direction du **lac d'Aiguebelette** et de poursuivre jusqu'à **Aix-les-Bains**.

Jour 6

La visite d'**Aix-les-Bains** vous ramène à la grande époque des stations thermales. Ne manquez pas le musée Faure qui présente des œuvres de Pissarro, Cézanne, Rodin. Rejoignez ensuite **Grésy-sur-Aix**, puis par la D 911 et la D 31, le spectaculaire **pont de l'Abîme** qui enjambe le Chéran. Par la D 5 et la D 31 remontez vers **Alby-sur-Chéran**. Ce joli village accueille un musée de la Cordonnerie. La D 3 vous emmène au nord-ouest à **Rumilly**.

Jour 7

La campagne n'est ici que tranquilles vallons et douces collines, magnifiques au printemps. Vous pourrez l'apprécier en suivant la D 16 et la D 116 jusqu'au **château de Montrottier** avant d'arpenter les vertigineuses **gorges du Fier** sur des passerelles suspendues. Un réseau de petites départementales vous permet de rejoindre Rumilly. De là, remontez la D 14 qui suit le Fier jusqu'à son confluent avec le Rhône. L'ambiance est tout autre dans cet espace resté sauvage aux abords du plus grand lac naturel de France. Vous êtes en **Chautagne**, voie de passage depuis l'époque romaine. Vous longez les marais en suivant la D 991 jusqu'à **Ruffieux**. Ici, mûrit le raisin qui servira à la fabrication d'un **vin de Savoie** réputé : le chautagne. Prenez la D 904 en direction de **Culoz** et avant le franchissement du Rhône, prenez à gauche la D 921 jusqu'à **Chanaz**, point de départ de croisières sur le canal et **le lac du Bourget**. Vous longerez le lac par la D 18 en vous arrêtant sur le **site archéologique de Portout**. Après Conjux, retrouvez **l'abbaye de Hautecombe**, sépulture des princes de Savoie. Retour à Chambéry par **Le Bourget-du-Lac**.

N° 99 Rhône-Alpes

Aires de service & de stationnement

Allevard
Aire d'Allevard-les-Bains – Av. des Bains – 04 76 97 50 24 – Ouv. avr.-nov. – 6.
Borne artisanale. Gratuit.
Stationnement : 48h maxi. 3 €/j.
Loisirs : Services :

Chambéry
Aire de Chambéry – Av. Marius-Berroir – Ouv. tte l'année –
Gratuit.
Stationnement : autorisé
Services :

Le Bourget-du-Lac
Aire du Bourget-du-Lac – Sentier du camping – Ouv. tte l'année – 20.
Borne artisanale. Payant.
Stationnement : 7,50 €/j.
Loisirs : Services :
Face au camping.

Saint-Pierre-de-Chartreuse
Aire de Saint-Pierre-de-Chartreuse – Parking du bourg – 04 76 88 60 18 – Ouv. tte l'année – 10.
Borne raclet. Payant 2 €.
Stationnement : 24 h.
Loisirs : Services :

Bourgneuf
Aire de Bourgneuf – Pl. des Commerces – 04 79 36 42 22 – Ouv. tte l'année – 20.
Borne flot bleu. Payant 1.50 €.
Stationnement : autorisé
Loisirs : Services :

Serrières-en-Chautagne
Aire de Serrières-en-Chautagne – Pl. de la Mairie – 04 79 63 70 13 – Ouv. mars-nov. –
Borne flot bleu. Gratuit.
Stationnement : autorisé
Loisirs : Services :

Campings

Aix-les-Bains
International du Sierroz
Bd Robert Barrier, 2,5 km au NO, bd Robert-Barrier.
04 79 61 21 43
De mi-mars à mi-nov. 5 ha (290 empl.)
Tarif : 21,92 € (10A) – pers. suppl. 4,20 €
borne artisanale 7 € – 25 21,92 €
Loisirs :
Services : sèche-linge
cadre boisé, proche du lac

Lescheraines
Municipal l'Île
Base de loisirs les îles du Chéran, 2,5 km par D 912, rte d'Annecy et rte à droite, à 200 m du Chéran.
04 79 63 80 00
De mi-avr. à fin sept. 7,5 ha (250 empl.)
Tarif (prix 2009) : 16,20 € (10A) – pers. suppl. 3,80 €
Loisirs :
Services : sèche-linge
Au bord d'un plan d'eau, entouré de montagnes boisées

Rumilly
Le Madrid
Rte de Saint-Félix, 3 km au SE par D 910 rte d'Aix-les-Bains puis D 3 à gauche et D 53 à dr., à 500 m d'un plan d'eau.
04 50 01 12 57
De déb. avr. à fin oct. 3,2 ha (109 empl.)
Tarif (prix 2009) : 19,90 € (10A) – pers. suppl. 3,60 €
borne artisanale 3 € – 4 10 €
Loisirs : snack
Services : sèche-linge cases réfrigérées

Saint-Alban-de-Montbel
Base de Loisirs du Sougey
le Sougey, 1,2 km, à 300 m du lac.
04 79 36 01 44
De déb. mai à mi-sept. 4 ha (159 empl.)
Tarif (prix 2009) : 24,60 € (2A) – pers. suppl. 3,70 €
Loisirs :
Services : sèche-linge

Carnet pratique

Haltes chez le **particulier**

Arbin

Domaine Genoux
Chemin de Mérande – Ouv. tte l'année
P 5.
Ce domaine vinicole est situé sur le site gallo-romain d'Arbin. Après la visite commentée du vignoble et des chais aménagés dans l'ancien château des seigneurs de Mérande, étape au caveau pour une dégustation de « Mondeuse Arbin ».

Les bonnes **adresses** de Bib

Aix-les-Bains

La Royale
2 r. Albert-1er - 04 79 35 08 84 - tlj sf dim. apr.-midi 9h-12h30, 14h30-19h - fermé 1er-15 fév. et 1er-15 juil.
Ce confiseur chocolatier propose différentes spécialités maison : les Grélons de la Dent du Chat, les Glaçons du Revard, les Roseaux du Lac, les Perles du Lac, la Bûche des Bauges, les Noix de Savoie ainsi que des pâtes d'amandes et des pâtes de fruits.

Les Platanes
Au petit port - 04 79 61 40 54 - www.espacepetitport.com - fermé nov.-janv. - formule déj. 10 € - 20/45 €.
Proche du lac, voici le fief d'un fou de jazz ! Vous aurez peut-être la chance de dîner au rythme des concerts du vendredi ou du samedi en dégustant les spécialités : poissons du lac (lavaret, omble chevalier) ou cuisses de grenouilles fraîches. Aux beaux jours, terrasse ombragée de platanes.

Chambéry

Le Savoyard
35 pl. Monge - 04 79 33 36 55 - 14/28 €.
Située dans un quartier animé au cœur de la ville, cette grande bâtisse, avec son enseigne lumineuse verte, ne passe pourtant pas inaperçue. On y trouve une salle de restaurant soignée, en plus d'une jolie terrasse fleurie. Parking privé.

Confiserie Mazet
2 pl. Porte-Reine - 04 79 33 07 35 - tlj sf dim. 8h30-12h30, 14h-19h, lun. 14h-18h30 - fermé j. fériés.
L'enseigne de cette belle boutique a plus de 180 ans, le même âge que sa spécialité la plus renommée, le Mazet, un bonbon acidulé aux extraits naturels de fruits. Les Ducs de Savoie et la Tomme de Savoie aux myrtilles figurent parmi les quelques 70 variétés de chocolats et confiseries fabriqués sur place.

Le Bourget-du-Lac

La Grange à Sel
La Croix Verte - 04 79 25 02 66 - www.lagrangeasel.com - fermé janv., dim. soir et merc. - 27/76 €.
C'est une ancienne grange à sel avec sa façade couverte de vigne vierge, agrémentée d'une terrasse arborée et d'un jardin fleuri. Vieilles pierres et poutres apparentes, petits salons et cheminée. Gourmets et gourmands, le chef vous régalera de ses spécialités.

Croisières sur le lac – Compagnie des bateaux du lac du Bourget et du haut-Rhône
Le Grand Port - 04 79 63 45 00 - www.gwel.com - bateaux promenade à partir de 12 € ; bateaux restaurant à partir de 29,70 €.
Croisières d'une heure ou à la journée complète sur le lac du Bourget, le canal de Savières et le Haut-Rhône, avec ou sans restauration à bord. Croisières dégustations et cocktail ou séminaire.

Rumilly

Boîte à Sel
27 r. du Pont-Neuf - 04 50 01 02 52 - fermé 20 juil.-15 août, dim. soir et lun. soir - 12,50/29 €.
Ce restaurant de la petite capitale de l'Albanais propose un décor volontairement épuré et une cuisine traditionnelle. Accueil aimable.

St-Pierre-de-Chartreuse

Auberge du Cucheron
Au col - 3 km au nord par D 512 rte du col - 04 76 88 62 06 - aubergeducucheron@wanadoo.fr - fermé 1 sem. au printemps, 21 oct.-7 nov., 25 déc., dim. soir, mar. et merc. - réserv. conseillée - 11 € déj. - 18/29 €.
Avec sa décoration d'ensemble un brin désuète (mais en cours de rafraîchissement) cet établissement transpire la nostalgie et le charme d'un autre temps. Le jeune couple qui a repris l'affaire ne ménage pas ses efforts pour offrir une seconde vie au très beau site. Cuisine traditionnelle et spécialités montagnardes.

N° 100 — Rhône-Alpes

À l'assaut du **Mont-Blanc**

Impérial dans son manteau d'hermine, le **massif du Mont-Blanc** règne sans partage sur les Alpes. Son étendue et la succession des vallées qui le caractérise interdisent toute vision globale. Mais vous aurez une bonne idée de sa beauté en arpentant le **vallée de Chamonix**. Suivez bien notre escapade !

➲ **Départ d'Annecy**
➲ **7 jours**
150 km

Le massif du Mont-Blanc.

Jour 1

Petite ville ouverte sur son lac, **Annecy** est la destination idéale pour un premier contact avec la Savoie. Le matin, longez les rives du Vassé depuis le centre Bonlieu en direction du pont des Amours et abordez les ruelles de la vieille ville par son cadre le plus représentatif, le palais de l'Île. L'après-midi, en montant jusqu'au château-musée, vous pouvez profiter d'un magnifique panorama sur la ville. L'Observatoire des lacs alpins est l'occasion de s'initier aux sciences naturelles, sur un parcours ludique et vivant. Le musée présente quant à lui des œuvres d'art contemporain sur la thématique de la montagne. En fin d'après-midi, visitez la roseraie et le parc de l'hôtel Impérial.

Jour 2

Partez à la découverte du lac en débutant par la rive est. Après **Veyrier**, contemplez la silhouette fortifiée du **château de Menthon-St-Bernard** et appréciez le calme de **Talloires**. À **Sévrier**, ne manquez pas de rendre visite à la célèbre fonderie de cloches Paccard.

Jour 3

Quittez Annecy par la D 909 de préférence le matin pour voir les sommets sous la lumière du soleil levant. Vous longez comme hier, le lac jusqu'à Veyrier, puis **Menthon-St-Bernard.** Là vous pourrez visiter le château du fondateur des célèbres hospices du Grand-St-Bernard. Rejoignez la D 909 au col de Bluffy et prenez à droite vers **Alex** (Fondation Salomon), la Nécropole nationale des Glières, puis **Thônes** au cœur

Le conseil de Bib

▶ Pour l'aiguille du Midi, privilégiez une visite matinale. La foule est moins nombreuse et la lumière, plus propice.

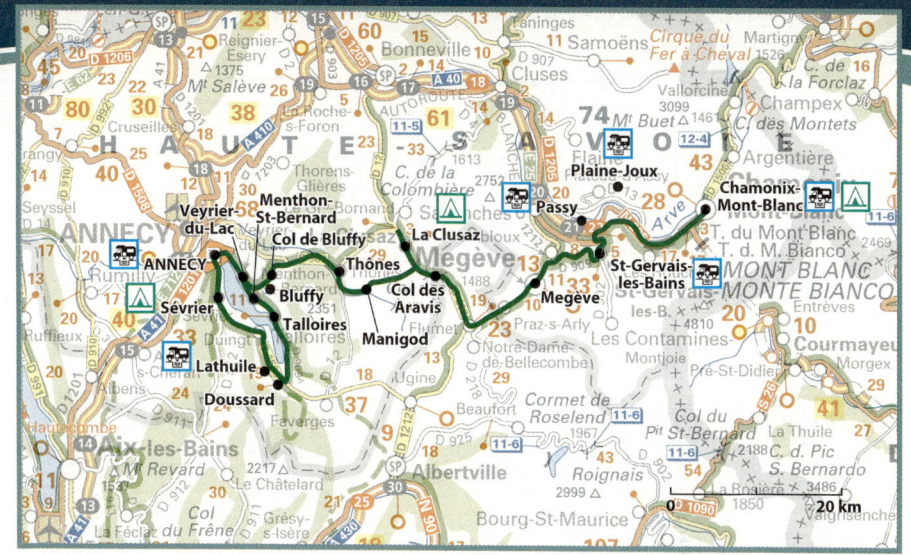

du massif des Bornes-Aravis. Dans ces vastes prairies de vert cru, les troupeaux paissent en nombre : vous êtes au **pays du reblochon**. Vous visiterez le musée du Pays et le musée du Bois et de la Forêt situé dans une ancienne scierie.

Jour 4

Départ le lendemain vers le sud pour la vallée secrète de **Manigod** ; empruntez la D 2, puis la D 16 qui franchit le col de la **Croix-Fry**. Vous serez impressionnés par les vastes fermes perdues dans les alpages. À l'intersection avec la D 909, prenez à droite jusqu'au **col des Aravis** (1 498 m) d'où s'étend une vue magnifique sur le massif du Mont-Blanc. Les plus courageux se rendront jusqu'à la **Croix de Fer** (2h de marche) d'où le panorama est encore plus grandiose. Vous pouvez alors faire demi-tour pour gagner **La Clusaz** qui fut l'une des premières stations de sports d'hiver. Si vous avez le temps, rejoignez le minus-cule, mais charmant, **vallon des Confins**, à quelques kilomètres à l'est de La Clusaz.

Jour 5

Rejoignez **Le Grand-Bornand** par la D 4. Ici, le paysage est d'une extrême douceur. Dans le village, vous pourrez visiter l'église et la Maison du patrimoine installée dans une ferme de 1830. Franchissez **le col de la Colombière** (D 4) et arrêtez-vous à la chartreuse du Reposoir, beau couvent du 18e s. établi dans un site magnifique. À **Cluses**, vous pourrez visiter le musée de l'Horlogerie et du Décolletage, puis direction **Saint-Gervais** et **Chamonix** via **Megève**.

Jour 6

Ce sixième jour sera réservé aux montées à **l'aiguille du Midi** et à la mythique traversée de la **vallée Blanche** par le téléphérique. Nous vous conseillons de faire une halte au premier tronçon du téléphérique de l'aiguille du Midi (plan de l'Aiguille), pour vous acclimater et observer **la vallée de Chamonix et le massif des Aiguilles-Rouges**. Projeté ensuite en quelques minutes à 3 500 m d'altitude, vous découvrirez l'ensemble dantesque du massif du Mont-Blanc. Et par temps de grand beau, un panorama inoubliable de l'arc alpin. Si vous avez le temps et que vous avez pris toutes les précautions d'usage pour une randonnée, vous pourrez réaliser la traversée Plan de l'Aiguille/Montenvers et rejoindre ainsi la **mer de Glace**. Le train du Montenvers relie aussi la vallée à ce site.

Jour 7

Restez à **Chamonix** pour visiter le Musée alpin qui retrace l'histoire de la ville au travers de gravures et d'objets traditionnels. Vous pouvez à pied, au départ des Praz, monter en forêt jusqu'à la buvette de la Floria. Vous y serez bien accueilli et vous dégusterez, face au **mont Blanc**, les plus fameuses **tartes aux myrtilles** de la vallée.

Rhône-Alpes

Voie verte « grand écran » sur le lac d'**Annecy**

⮕ *D'Annecy à Ugine : 50 km*

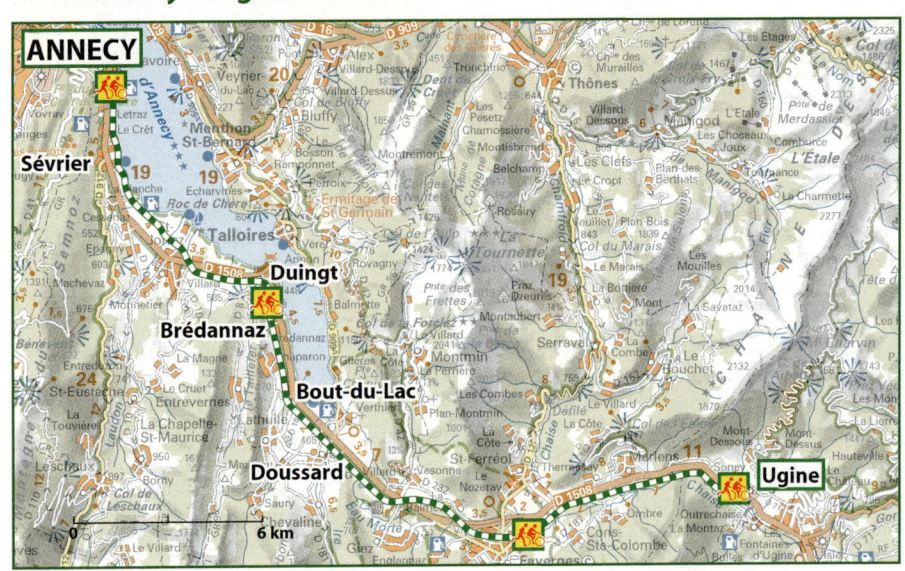

Au point de départ de votre escapade motorisée en Haute-Savoie, la piste cyclable la plus cinématographique de France vous tend les bras pour une exceptionnelle sortie « carte postale » : 10, 20, 30 km ou plus en roue libre, en aller simple ou en formule aller-retour. À pied comme à vélo, spectacle grand angle garanti !

Réalisée, dès 1976, sur une voie ferrée « recyclée », c'est l'une des premières pistes cyclables touristiques de France. Sûrement la plus panoramique et la plus réputée : aux beaux jours de l'été, elle peut enregistrer jusqu'à 10 000 passages de vélos et rollers. Pas de risque d'être bousculé pour autant, elle offre assez de place pour ça. Poussant au-delà du bout du lac, elle s'étire désormais sur près de 50 km jusqu'aux abords d'Ugine, bien décidée à rejoindre Albertville dès les prochaines années…

On peut l'emprunter, évidemment, par l'un ou l'autre bout. Mieux vaudra, depuis Annecy, la prendre à hauteur de l'aire des Marquisats (voir page suivante), à moins qu'on ne préfère la rejoindre à Sévrier, quelques kilomètres plus loin, où l'on évitera tout problème de parking. Dès Beau-Rivage, en revanche, l'enchantement

Échappées belles

commence, sublimé par le miroir de l'eau et le somptueux vis-à-vis du Mont Veyrier et des Dents de Lanfon.

La piste est un confortable ruban d'asphalte – interdit, bien sûr, aux motorisés – qui permet de découvrir en toute tranquillité l'ensemble des communes, des lieux-dits et des curiosités qui jalonnent la rive ouest du lac, connu comme le plus pur d'Europe.

Première sur la liste, la linéaire station de Sévrier, d'abord, avec ses hôtels et ses villas à vue imprenable, ses plages, ses estacades, ses cygnes et ses roselières aux airs bucoliques. Puis Saint-Jorioz, où la piste s'écarte un temps du lac pour revenir flirter avec lui à l'approche de Duingt. Impossible d'y manquer la pause photo auprès de son romantique château-promontoire ! Un tunnel touristique et éclairé, long de 190 m, vous attend là, avec, à la sortie, un étonnant coup de zoom sur le Petit Lac d'Annecy. Sa vasque émeraude, enchâssée entre le col de la Forclaz et la crête de Taillefer vous saute littéralement au visage. Reste à poursuivre, par Brédannaz, puis Bout-du-Lac et Doussard, en direction de Marlens.

C'est à travers prés et bois que le ruban de macadam, peu à peu moins fréquenté, s'étirera désormais, en ligne presque droite, sous les contreforts du massif des Bauges. On pourra continuer jusqu'à Ugine, à ceci près qu'il sera difficile, dans ce cas, de faire l'aller-retour dans la journée. La solution ? Vous faire récupérer en fin d'étape par votre conjoint ou un ami campingcariste. Vous n'auriez alors qu'à bifurquer, au retour, en direction de la rive droite du lac. En version motorisée cette fois, Talloires et Menthon-Saint-Bernard vous mettront directement sur la route de votre escapade savoyarde.

Le conseil de Bib

▶ Journée nationale des Voies Vertes en septembre.
www.af3v.org

Autour du lac d'Annecy

N° 100 Rhône-Alpes

Aires de service & de stationnement

Annecy
Aire d'Annecy – R. des Marquisats, parking du Colmyr – 04 50 33 88 88 – Ouv. tte l'année – P 10.
Borne artisanale. Gratuit.
Stationnement : autorisé
Loisirs : Services : sèche-linge

Chamonix-Mont-Blanc
Aire de Chamonix – Parking du Grépon – 04 50 53 75 26 – Ouv. 15 fév.-30 sept. – P 80.
Borne artisanale. Gratuit.
Stationnement : 10 €/j.
Loisirs : Services : WC sèche-linge
Navette gratuite pour le centre-ville.

Lathuile
Aire de Lathuile – Rte de la Porte, Hameau du Bout-du-Lac – Ouv. juin-août – P 10.
Borne artisanale. Payant 2 €.
Stationnement : 3 €/j.
Services : WC

Passy
Aire de Passy – Av. de Marlioz, parking de Super U – Ouv. tte l'année – P
Borne flot bleu. Payant 2 €.
Stationnement : autorisé
Services : WC sèche-linge

Plaine-Joux
Aire de Plaine-Joux – Rte de Plaine-Joux – Ouv. tte l'année sf gel – P 20.
Borne flot bleu. Payant 2 €.
Stationnement : 5 €/j.
Services : WC

Saint-Gervais-les-Bains
Aire de Saint-Gervais-les-Bains – Av. du Mont-d'Arbois – 04 50 47 75 66 – Ouv. tte l'année – P
Borne raclet. Payant 2 €.
Stationnement : 10 €/j.
Services :
En contrebas de la patinoire, proche du centre-ville

Campings

Chamonix-Mont-Blanc
L'Île des Barrats
185, chemin de l'Île des Barrats, au SO de la ville, à 150 m de l'Arve.
04 50 53 51 44
campingiledesbarrats74@orange.fr . www.campingdesbarrats.com
De mi-mai à mi-sept. 0,8 ha (56 empl.)
Tarif : 30 € (2A) – pers. suppl. 6,10 €
borne artisanale
Loisirs :
Services : sèche-linge

La Clusaz
FranceLoc Le Plan du Fernuy
Rte des Confins.
04 50 02 44 75
sernuy@franceloc.fr . www.campings-franceloc.fr
Permanent 1,3 ha (60 empl.)
Tarif (prix 2009) : 28 € (2A) – pers. suppl. 6,50 €
Loisirs :
Services : (juil.-août) GB sèche-linge
Belle piscine d'intérieur et site agréable au pied des Aravis

Sévrier
Au Cœur du Lac
3233, rte d'Albertville.
04 50 52 46 45
info@aucoeurdulac.com . www.campingaucoeurdulac.com
De déb. avr. à fin sept. 1,7 ha (100 empl.)
Tarif : 25,10 € (2A) – pers. suppl. 4,30 €
– 15 21,50 €
Loisirs : diurne kayak
Services : GB
Situation agréable près du lac (accès direct)

Carnet pratique

Les bonnes **adresses** de Bib

Annecy

L'Atelier Gourmand
2 r. St-Maurice - ☎ 04 50 51 19 71 - www.atelier-gourmand.net - fermé 6-14 janv., dim. soir, mar. midi et lun. - 19 €.
Ici, plaisir des yeux et du palais sont au rendez-vous. Peintre à ses heures, le patron, quand il est aux fourneaux, nous régale… Et dans la salle décorée avec soin, les amateurs de gastronomie française dégusteront ses mets, entourés de ses toiles d'inspiration italienne.

Au Fidèle Berger
2 r. Royale - ☎ 04 50 45 00 32 - tlj sf dim. et lun. 9h15-19h - fermé 2 sem. en nov. et les j. fériés.
Ce salon de thé, confortable et chic, est devenu une institution locale au fil des ans. Les Annéciens viennent y déguster de savoureuses pâtisseries maison accompagnées d'un thé, d'un café ou d'un bon chocolat chaud. Difficile de résister après avoir vu en vitrine la fontaine de chocolat qui aguiche les gourmands.

La Fermette
8 r. Pont-Morens, vieille-ville - ☎ 04 50 45 01 62 - 9h-19h - fermé lun.-merc. en janv. et nov.
Charmante boutique de produits régionaux : miels, confitures, bonbons, vins, liqueur de génépi, marc, crozets, charcuteries, fromages, objets artisanaux. Vous pourrez également mordre à pleines dents dans un sandwich chaud garni, par exemple, de reblochon ou de raclette.

Meyer le Chocolatier d'Annecy
4 pl. St-François - ☎ 04 50 45 12 08 - tlj sf dim. et lun. 9h-12h30, 14h-19h.
Ne manquez pas cette chocolaterie renommée : les savoyards viennent de la région entière y acheter les très fameux Roseaux du Lac fourrés au café, à la praline ou à la liqueur (douze parfums différents), la Frolanche du Peliahu ou encore le Palais de l'Isle.

Chamonix-Mont-Blanc

L'Alpage des Aiguilles
91 r. Joseph-Vallot - ☎ 04 50 53 14 21 - www.alpesgourmet.com - 9h-20h - fermé 2 mai-15 juin et 1er oct.-15 déc.
Cette boutique – une pure merveille – regorge d'alléchants produits régionaux. D'un côté, des paniers abondamment remplis de saucisses, jambons et saucissons ; de l'autre, des fromages exceptionnels comme le beaufort d'été, particulièrement généreux en goût. Pour accompagner ces mets de qualité, il ne vous restera plus qu'à choisir une bonne bouteille dans le cellier de la séduisante adresse.

Les P'tits Gourmands
168 r. du Dr-Paccard - ☎ 04 50 53 01 59 - 7h-19h45.
C'est effectivement le rendez-vous des « p'tits gourmands » ! Pâtisserie, chocolatier et salon de thé : les propriétaires de l'établissement marient avec un égal bonheur ces 3 activités pour le plus grand plaisir des touristes, tout autant que des Chamoniards. Les gâteaux au chocolat, l'amandine aux myrtilles du pays, les tartes aux fruits de saison, les excellents chocolats maison… les invitent à ne plus en ressortir !

La Clusaz

Les Airelles
33 pl. de l'Église - ☎ 04 50 02 40 51 - www.clusaz.com - fermé 24 avr.-22 mai et 13 nov.-10 déc. - 20/30 €.
Cet établissement situé à deux pas de l'église vous fait promesse d'une escale à la fois conviviale et gourmande dans une salle à manger habillée de boiseries et réchauffée par une grande cheminée. Recettes savoyardes.

Megève

Les Marronniers chez Maria
18 imp. le Chamas - ☎ 04 50 21 22 01 - fermé de mai à mi-juin, 3 sem. en oct. et mar. hors sais. - 9/22 €.
Installée dans un chalet rustique, en plein centre de la station, cette crêperie a eu la bonne idée d'étoffer un peu sa carte. Ainsi, en plus de ces recettes à base de farine de froment ou de sarrasin, on peut y manger des salades, des omelettes, et sur commande, se régaler d'une marmite surprise, la spécialité maison.

Au Crochon
2748 rte Nationale - ☎ 04 50 21 03 26 - megeve-decor@aliceadsl.fr - 9h-12h, 14h-18h30 - fermé dim. en inter-sais. et sais. hiver, j. fériés sf 14 Juil. et 15 août.
Pour les amoureux d'objets en bois fait main, le choix risque d'être cornélien ! Du bac à fleurs ou du moule à beurre, de la paire de sabots (pour grand-mère) ou du tonnelet (pour grand-père), de la luge ou des raquettes, qu'emporterez-vous dans vos valises ?

Thônes

Coopérative agricole des Producteurs de Reblochon
Rte d'Annecy - ☎ 04 50 02 05 60 - www.reblochon.thones.com - vente au détail : tlj (sf dim. hors vac. scol.). Visite de la fabrication : tlj sf w.-end à partir de 9h30.
Que diriez-vous d'un en-cas de fromage, pour couper la faim qui vous tenaille au milieu d'une journée vécue au grand air ? Cette coopérative fabrique des Reblochons de manière artisanale, et les affine directement dans ses caves où règne une température constante de 12°. Leur visite s'accompagne d'une dégustation dont vous apprendrez à connaître les subtiles variations d'aspect et de goût.

Index des localités

A

Abbeville...359
Abreschville...................................253
Agen..66
Agon-Coutainville........................321
Aignan..299
Aigueperse.....................................79
Aigues-Mortes.............................391
Aiguines.......................................417
Ainay-le-Vieil...............................153
Ainhoa..59
Airaines..370
Aire-sur-l'Adour.............................55
Aire-sur-la-Lys.............................311
Airvault...379
Aix-en-Othe.................................161
Aix-en-Provence..........................401
Aix-les-Bains................................445
Ajaccio..191
Alba-la-Romaine.........................428
Albi...280
Alby-sur-Chéran..........................445
Aldudes..61
Alençon..326
Aléria...191
Alès..216
Alet-les-Bains......................228, 231
Alex..448
Allassac..249
Ambert...82
Ambierle..............................424, 427
Amboise.......................................141
Amfreville-les-Champs................337
Amiens..................................358, 370
Amnéville....................................261
Amou..54
Ancy-le-Franc..............................113
Andernos-les-Bains.......................41
Andlau..31
Andorra la Vella..........................295
Andouillé.....................................349
Anduze..................................217, 220
Angers..342
Angoulême..................................386
Angoville-au-Plain......................317
Annecy...448
Anse..423
Antibes...404
Apt..395
Aramits...63
Arbin...447
Arbois...................................203, 205
Arcachon................................41, 50
Arçais...379
Arc-en-Barrois.............................175
Arc-et-Senans..............................195
Ardentes......................................149
Ardes-sur-Couze............................87
Aregno...182
Argelès-Gazost............................285
Argentan......................................326
Argenton-Château......................379
Argenton-sur-Creuse..................149
Argent-sur-Sauldre.....................145
Arlay...202
Arlempdes.....................................94
Arles-sur-Tech.............................225
Armentières................................307
Arnac-Pompadour......................249
Arnay-le-Duc.................................99
Arques..311
Arreau..285
Arromanches-les-Bains..............322
Arrou..159
Ascain..58
Asnières-la-Giraud......................385
Aspres-sur-Buëch........................413
Aubazine......................................249
Aubenas.......................................428
Auberive......................................175
Aubigny-sur-Nère........................145
Aubusson.....................................240
Aubusson-d'Auvergne..................83
Auch...298
Audierne......................................127
Aulnay..378
Ault..359
Aumetz..261
Aups...405
Aurillac..90
Autun...99
Auvillar..280
Auxerre..113
Avallon...109
Avelin...309
Avène...277
Avignon.......................................390
Avignonet-Lauragais..................288
Avranches....................................318
Ax-les-Thermes...........................295
Azay-le-Ferron.....................149, 151
Azay-le-Rideau............................135

B

Bagnères-de-Bigorre..................285
Bagnères-de-Luchon..................285
Bagnoles-de-l'Orne.....................327
Bagnols-les-Bains........................216
Bailleul...307
Bains-les-Bains............................270
Baixas...225
Banyuls..224
Barbizon.......................................207
Barcaggio....................................187
Barcelonnette.............................408

DONNEZ DU RELIEF À VOS VOYAGES !

Nouvelles cartes Départements Relief image satellite

344 DEPARTEMENTS France 344

MICHELIN

Aude, Pyrénées-Orientales

Relief image satellite

1 cm = 1,5 km

Carte précise et détaillée
- Sélection des plus beaux sites
- Suggestions d'itinéraires
- Plans de ville : Carcassonne, Perpignan
- Nouvelle numérotation des routes nationales et départementales

Avec les nouvelles cartes Michelin, voyager est toujours un plaisir :
- Nouveau ! Carte Départements à relief image satellite
- Nouveau ! Carte Région en papier indéchirable
- Qualité des informations routières, mises à jour chaque année
- Richesse du contenu touristique : routes pittoresques et sites incontournables
- Maîtrise de l'itinéraire : votre route selon vos envies

www.cartesetguides.michelin.fr

MICHELIN
Une meilleure façon d'avancer

Index des localités

Barèges 285	Bennecourt 211	Boulogne-sur-Mer 310
Barjac 428	Bénodet 127	Bourbon -l'Archambault................ 74
Barjols 405	Bénouville 322	Bourbonne-les-Bains 175, 268
Bar-le-Duc 257	Berck-sur-Mer 359	Bourganeuf 241
Barneville-Carteret 315	Bergues 307	Bourges 152
Barr 31	Bertangles 359	Bourg-Saint-Andéol 428
Barrême 417	Berzé-la-Ville 102	Bourgueil 137, 139
Barsac 415	Besançon 195	Boussagues 277
Bar-sur-Aube 161	Besse-et-Saint-Anastaise............. 86	Bouxwiller................................. 31
Bar-sur-Seine 161	Bétharram 62	Bouzigues 233
Bassoues 301	Betz-le-Château........................139	Bouzy 181
Bastia 186, 188	Beuvron-en-Auge 331	Bramabiau 221
Bastide-Clairence 58	Beynac 71	Brantôme 70
Batz-sur-Mer 355	Béziers 233	Brassempouy 54, 57
Baume-les-Messieurs 203	Bezouce 393	Braux 169
Baux-de -Provence....................390	Biarritz 58	Brécey 321
Bavella (col de).........................190	Bidart 58	Bressuire 379
Bayeux 323	Bigorre-Les-Maziaux.................... 95	Brest..122
Bayonne 58	Billom 82	Breteuil 210
Bay-sur-Aube 175	Billy 75	Briançon 409
Bazas.. 51	Biot..404	Briare 145
Beaucaire 393	Biscarosse 50	Bricquebec 314
Beaugency 144	Bitche 253	Brienne-le-Château 165
Beaujeu 437	Bize-Minervois 233	Briey 261
Beaulieu-en-Rouergue.................281	Blacé 423	Brignogan 122
Beaulieu-sous-la-Roche 353	Blesle 97	Brignoles..................................405
Beaulieu-sur-Dordogne 249	Blois...140	Brinay 153
Beaulieu-sur-Loire 147	Boën 424	Brioude 95
Beaumes-de-Venise............397, 399	Boeschepe................................307	Brissac-Quincé 343
Beaumont-de-Lomagne 280	Bonaguil 67	Brive-la-Gaillarde......................248
Beaune 99	Bonifacio 190	Brouage 382
Beauvais...................................370	Bonlieu 198	Brousse-le-Château....................276
Bédarieux.........................233, 277	Bonneval 157	Broxeele 309
Belgodère 182	Bonnieux 397, 399	Bruniquel 281
Belhade 51	Bordeaux 44	Bugeat 241
Belin-Béliet 51	Bort-les-Orgues 244	Buis-les-Baronnies 413
Belle-Île 131	Bort-l'Étang 83	Bujaleuf 241
Belleville 436	Bouges 148	Busset 79

Index des localités

C

- Cabourg 330, 331
- Cabris 405
- Cadillac 45
- Caen 322
- Cahors 303
- Cahuzac-sur-Vère 283
- Calais 311
- Calvi 182
- Cambo-les-Bains 59
- Came 58
- Camembert 331
- Campsas 283
- Cancale 117
- Cannes 405
- Cap-Ferret 41
- Carantec 123
- Carcassonne 228
- Cardesse 65
- Carentan 314
- Cargèse 183
- Carlux 71
- Carnac 131
- Carpentras 397, 399
- Carrouges 327
- Carry-le-Rouet 401
- Cassel 307
- Cassis 401
- Casteljau 431
- Castellane 417
- Castelnau-Bretenoux 303
- Castelnaud 71
- Castelnaudary 229
- Castelnau-de-Guers 235
- Castelnau-de-Lévis 280
- Castres 289
- Caunes-Minervois 229
- Caussens 301
- Cayeux-sur-Mer 359
- Caylus 281
- Cazeneuve 51
- Ceaucé 329
- Celles-sur-Belle 378
- Centuri 187
- Chaalis 371
- Chablis 115
- Chabris 148
- Chaillé-les-Marais 351
- Challans 355
- Châlons-en-Champagne 179
- Chalon-sur-Saône 103
- Chalosse, pays 54
- Châlus 237
- Chambéry 444
- Chambolle-Musigny 99
- Chambord 140
- Chamonix-Mont-Blanc 449
- Chamousset 444
- Champagnole 203
- Champfromier 199
- Chamrousse 441
- Chanaz 445
- Chanteloup 141
- Chanteuges 95
- Chantilly 371
- Chaource 161
- Charleville-Mézières 168
- Charlieu 103
- Charmes-sur-l'Herbasse 433
- Charny 112
- Charolles 103
- Chârost 153
- Charroux 78
- Chartres 157
- Chassenon 237
- Château-Chalon 203
- Château-Chervix 237
- Château-Chinon 108
- Château de Vayres, Fronsac ... 45
- Châteaudun 156
- Châteaugay 85
- Château Lafite Rothschild 45
- Château-Landon 207
- Château Margaux 45
- Châteaumeillant 153
- Château Mouton Rothschild ... 45
- Châteauneuf-de-Randon 217
- Châteauneuf-sur-Charente .. 389
- Châteauneuf-sur-Loire 145
- Château-Queyras 409
- Château-Regnault 169
- Châteauroux 148
- Château-Thierry 178, 365
- Châteauvillain 175
- Château Yquem 45
- Châtelaillon-Plage 383
- Châtel-de-Neuvre 75
- Châteldon 79
- Châtelguyon 83
- Châtellerault 375
- Châtel-Montagne 79
- Châtenois 35
- Châtillon-en-Diois 412
- Châtillon-sur-Broué 165
- Châtillon-sur-Chalaronne 421
- Châtillon-sur-Marne 178
- Chaudes-Aigues 90
- Chaumeil 245
- Chaumont 175
- Chaumont-sur-Loire 141
- Chauvigny 374
- Chaux-des-Prés 201
- Chazay-d'Azergues 437
- Chénas 439

Index des localités

Chénérailles 241
Chenonceaux 135
Cherbourg 315
Cherrueix 121
Cheverny 143
Chevreuse 210
Chinon 135
Chorges 409
Ciron 149
Cissac-Médoc 43
Civaux 375
Clairac 67
Clairvaux 161
Clairvaux-les-Lacs 198
Clères 334
Clermont-en-Argonne 179
Clermont-Ferrand 82, 87
Cléry-St-André 144
Clos-Lucé 141
Cluses 449
Coiffy-le-Haut 175, 177
Colleville-sur-Mer 323
Collioure 224
Collonges 421
Collonges-la-Rouge 249
Colmar 31, 37
Colombé-le-Sec 163
Colombey-les-Deux-Églises 161
Compiègne 364
Comps-sur-Artuby 417
Concarneau 127
Concevreux 369
Concèze 251
Condom 299, 301
Condrieu 425
Contrexéville 270
Coray 129
Corbeny 365

Corcelles 436
Cordes-sur-Ciel 281
Cormatin 102
Cormeilles 331
Corrèze 245
Corte 191
Coucy-le-Château-Auffrique 365
Couiza 229
Coulanges-la-Vineuse 113
Coulommiers 206
Cour-Cheverny 141
Courseulles-sur-Mer 322
Coussac-Bonneval 237
Coutances 319
Coye-la-Forêt 371
Cramant 179
Crécy-en-Ponthieu 359
Crest 433
Crocq 241
Cucugna 229
Culoz 445
Curemonte 249
Cusset 79

D

Dambach-la-Ville 35
Dampierre 210
Dampierre-sur-Boutonne 379
Daoulas 123
Dax 54, 57
Deauville 330
Desvres 311
Die 412
Dieppe 334
Dieulefit 432
Digne-les-Bains 416
Dijon 98
Dinan 117
Dinard 117

Disneyland Resort Paris 207
Dives-sur-Mer 331
Divonne-les-Bains 199
Domfront 327
Dommery 169
Domrémy-la-Pucelle 269
Doneztebe 59
Donzenac 249
Dormans 178
Douaumont 261
Doucier 198
Doué-la-Fontaine 343
Doullens 359
Draguignan 405
Dreux 157
Dunkerque 307
Dun-sur-Auron 155
Duras 67
Duravel 305
Durban-Corbières 229

E

Eauze 299, 301
Ébreuil 78
Effiat 79
Égreville 207
Élancourt 210
Elne 224
Embrun 409
Épernay 179
Épernon 157
Épinal 269
Erbalunga 186
Ercé-près-Liffré 121
Ermenonville 371
Erquy 117
Espelette 59
Espira-de-Conflent 225
Estaing 287

ACCESSOIRES AUTO

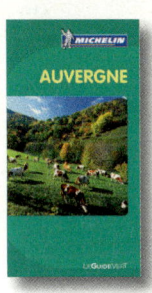

GUIDES

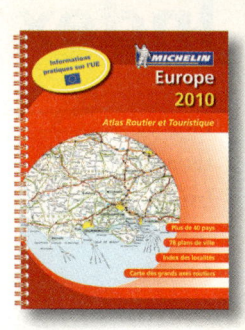

SPORTS & LOISIRS

CARTES

HABILLEMENT

ENTREZ DANS LA BOUTIQUE MICHELIN

En quelques clics, retrouvez plus de 400 produits Michelin : de l'accessoire auto à l'habillement en passant par les cartes et guides ou les articles de sports et de loisirs. Faites vous plaisir et commandez sur la boutique Michelin : www.michelin-boutique.com. Expédition partout dans le monde, paiement sécurisé.

MICHELIN
Une meilleure façon d'avancer

Index des localités

Étain 261
Étretat 335
Étroussat 78
Etsaut 63
Eu 335
Évisa 183
Evron 346
Évry-le-Châtel 161
Eymoutiers 241

F

Falaise 326
Fanjeaux 229
Farinole 188
Faugères 233
Fayl-Billot 174
Fay-sur-Lignon 95
Fécamp 335
Felletin 240
Figeac 303
Flavigny-sur-Ozerain 109
Fléchères 421
Fleurie 436
Florac 217
Foix 294
Folleville 371
Fontainebleau 207
Fontaine-de-Vaucluse 395
Fontenay 151
Fontenay-le-Comte 350
Fontevraud 343
Font-Romeu 225
Forges-les-Eaux 334
Formigny 325
Fougères-sur-Bièvre 141
Freiburg im Breisgau 37
Fréjus 405
Fresnay-sur-Sarthe 347
Frespech 66
Frethun 313
Frontignan 232
Fumay 169
Fumel 66

G

Gaillac 280, 283
Galéria 183
Gallardon 157
Ganges 220
Gap 408
Garein 51
Gaujacq 54
Gelos 62
Génolhac 216
Gérardmer 265
Géraudot 165
Gerberoy 370
Gertwiller 31
Ghyvelde 309
Gien 145
Giffaumont-Champaubert 165
Girolata 183
Givet 169
Givrand 357
Gordes 395
Goulles 247
Gourdon 404
Gourette 63
Graçay 148
Grandchamp 113
Granges-sur-Lot 67
Granville 318
Gras 431
Grasse 405
Graulhet 289
Gravelines 307
Grenade 280
Grenoble 440

Grésy-sur-Aix 445
Grézillé 345
Grignan 432, 435
Guebwiller 37
Guéhenno 131, 133
Guentrange 261
Guérande 355
Guéret 241
Guillestre 408
Guilvinec 127
Guimaëc 125
Guînes 311

H

Hackenberg 261
Hadol 271
Hagetmau 54
Haguenau 31
Hardelot-Plage 311
Hasparren 58
Haux 49
Haybes 169
Hérépian 277
Heurteauville 341
Hondschoote 307
Honfleur 330, 339
Hostens 51
Houdan 211
Houjarray 211
Houlgate 331
Hourtin-Carcans 40
Huisseau-sur-Cosson 143

I

Ille-sur-Têt 225
Irancy 113
Irouléguy 59
Isigny-sur-Mer 323
Issoire 87
Issoudun 153

Index des localités

J
Jaligny 75
Jarjayes 411
Joigny 112
Jonzac 387
Jublains 347
Juliénas 437, 439
Jumièges 338
Jurançon 65

K
Kaysersberg 31
Kerguéhennec 131

L
Labassère 287
Labastide-d'Armagnac 55
La Baule 355
La Bérarde 441
Lablachère 431
La Bourboule 86
La Bresse 265
Lacanau 40
La Canourgue 273
La Chaise-Dieu 95
La Chaldette 217
La Chapelle-d'Angillon 145
La Chapelle-en-Vercors 441
La Chapelle-Monthodon 369
La Chaux-de-Fonds 194
La Cheppe 179
La Ciotat 401
La Clayette 103
La Clusaz 449
Lacroix-sur-Meuse 259
Ladaux 49
La Ferté-Bernard 156
La Ferté-Loupière 112
La Ferté-Macé 327
La Ferté-St-Aubin 145
La Garde-Adhémar 432
La Godivelle 87
Lagrasse 231
L'Aiguillon-sur-Mer 351
Lajoux 199
Lalobbe 173
La Loge des Gardes 79
l'Alpe-d'Huez 441
Lamalou-les-Bains 277
Lamballe 117
La Meurdraquière 321
Lamotte-Beuvron 145
La Motte-Chalancon 413
Lamoura 199
Lampaul-Guimiliau 123
Lancié 439
Langeais 135
Langres 174
Lanteuil 251
Lanuéjols 216, 223
Laon 365, 368
Lapalisse 75
La Palmyre 387
La Palud-sur-Verdon 417
La Pesse 199, 201
La Puisaye 159
Larchant 207
La Roche-Bernard 131
La Roche-Courbon 386
La Rochefoucauld 386
La Roche-Guyon 211
La Rochelle 383
La Roche-Posay 375
La Rochepot 99
La Roche-sur-Yon 351
La Romieu 299
Laroquebrou 91
La Roque-Gageac 71
Larressingle 299
Larrivière 55
Larroque-Toirac 303
Laruns 63
La Salvetat-sur-Agout 277
Lascaux, grotte 71
Lastours 229, 237
La Tieule 275
La Tour-d'Auvergne 86
La Tranche-sur-Mer 351
Lautrec 289
Laval 346
Lavardin 156
Lavaudieu 95
Lavaur 289
Lavoûte-Chilhac 95
Lavoûte-Polignac 95
Laye 411
Le Bar-sur-Loup 404
Le Blanc 149
Le Boulou 224
Le Bourg d'Oisans 441
Le Bourget-du-Lac 445
Le Conquet 122
Le Creusot 99
Le Crotoy 359
Lectoure 299
Le Faouët 129
Le Grau-du-Roi 391
Le Grez 349
Le Havre 335
Le Malzieu 217
Le Mans 347
Le Mas-d'Azil 294
Le Mesnil-Saint-Père 165
Le Mont-Dore 86, 89
Le Mont-Saint-Michel 116, 318
Le Noyer-en-Ouche 333
Le Plessis-Macé 342
Le Poët-Laval 432

Index des localités

Le Pont-de-Montvert 217	Lods 195	Marquèze 51
Le Puy-en-Velay 94	Lombez 289	Marsal 252
Le Puy-Notre-Dame 345	Longwy 261	Marseille 400
Les Angles 225	Lons-le-Saunier 202	Martres-Tolosane 289
Lescar 63	Loubressac 302	Marvejols 217
Lescheraines 444	Loudun 375	Mas-d'Agenais 67
Lescun 63	Lourdes 284	Matemale 225
Les Deux-Alpes 441	Lozari 188	Mauléon 63
Les Échelles 445	Lucey 259	Mauriac 91, 244
Les Eyzies-de-Tayac 71	Luçon 351	Mayenne 347
Les Mées 419	Lusignan 375	Mazamet 289
Les Riceys 161	Lus-la-Croix-Haute 413	Mazaye 89
Les Rousses 199	Lussac-les-Châteaux 375	Meaux 206
Les Sables-d'Olonne 351	Lussault-sur-Loire 141	Megève 449
Lessay 319	Lux 107	Mehun-sur-Yèvre 153
Les Thons 271	Luxeuil-les-Bains 269	Meisenthal 253
Les Vans 428	Luynes 135	Melgven 129
Les Verchers-sur-Layon 345	Luzarches 371	Melle 378
Le Touquet-Paris-Plage 359	Luz-Saint-Sauveur 285	Melun 207
Le Tréport 335	Lyon 420	Mende 216
Le Vigan 221		Ménerbes 399
Levroux 148	**M**	Menetou-Râtel 147
Lézignan-la-Cèbe 233	Macinaggio 187	Menthon-St-Bernard 448
Libourne 45	Mâcon 102	Merceuil 101
Lignières 153	Maîche 195	Merckeghem 307
Lignières-Sonneville 389	Maintenon 157	Mercurey 107
L'Île-Rousse 187, 188	Maisoncelle-et-Villers 173	Mesnières-en-Bray 335
Lille 306	Malaucène 394	Metz 256, 261
Limoges 236	Malestroit 131	Meursault 99
Limoux 228	Manigod 449	Meymac 245
Lion-d'Angers 342	Mantes-la-Jolie 211	Meyronne 302
L'Isle-Jourdain 289	Marans 385	Meyrueis 221, 273
Livron-sur-Drôme 435	Marciac 299	Mézières-en-Brenne 149
Loches 135	Marcilhac-sur-Célé 303	Migron 385
Loches-sur-Ource 163	Marcillac-la-Croisille 245	Mijoux 199
Locmariaquer 131	Marennes 387	Millau 272
Locronan 127	Mareuil-sur-Lay 351	Milly 102, 321
Loctudy 127	Maringues 83	Milly-la-Forêt 207
	Marmande 67	

Index des localités

Mirabel 429
Mirabel-aux-Baronnies 415
Mirande 298
Mirecourt 269
Mirepoix 294
Mireval 232
Mogues 169
Moirans-en-Montagne 201
Moirax 67
Moissac 280
Molsheim 31
Monceaux-sur-Dordogne 247
Moncontour 375
Monein 65
Monflanquin 67
Monistrol-d'Allier 95
Monnet-la-Ville 205
Montaigu-la-Brisette 314
Montauban 281
Montbard 109
Montbenoît 194
Montbrison 425
Montbrun 237
Montceau-les-Mines 103
Mont-de-Marsan 55
Montélimar 432
Montesquieu-Volvestre 289
Montfort-en-Chalosse 55
Montfort-l'Amaury 211
Montgenèvre 409
Monthermé 169
Montier-en-Der 165
Montignac 73
Montluçon 75
Montluel 421
Montmorillon 375
Montpellier 232
Montreuil-sur-Mer 359

Montrichard 135
Montrond-les-Bains 425
Montsoreau 343
Moret-sur-Loing 207
Morez 198
Moriani-Plage 188
Morienval 365
Morimond 175
Morlaix 123
Mortain 319
Morteau 194
Mouilleron-en-Pareds 350
Moulins 74
Moustiers-Sainte-Marie 417
Mouthier-d'Ahun 241
Mouzon 169
Moyaux 333
Mugron 57
Mulhouse 36
Munster 265
Murat 93
Murat-le-Quaire 86
Muret 289
Murol 86
Murviel-lès-Béziers 235

N

Nailhac 73
Nancy 256
Nantes 355
Narbonne 233
Nasbinals 217
Nay 62
Nérac 67
Neuf-Brisach 37
Neufchâtel-en-Bray 334
Niedermorschwihr 31
Nîmes 391
Niolon 401

Index des localités

Niort 378
Nizas 235
Nogent 175
Nogent-le-Roi 157
Nogent-le-Rotrou 157
Noirlac 153
Noirmoutier (île de) 354
Nonza 187
Nouaillé-Maupertuis 375
Noyers 113
Noyon 364
Nueil-les-Aubiers 381
Nuits-Saint-Georges 99

O

Obermorschwihr 39
Obernai 31
Oger 179, 181
Oingt 437
Oisly 143
Oléron (île d') 387
Olliergues 83
Olmet 85
Omonville-la-Petite 315
Ondres 53
Oradour-sur-Glane 237
Oraison 416
Orcival 87
Ordonnac 43
Orléans 144
Ornans 195
Orpierre 413
Orthez 63
Ottmarsheim 36
Ottrott 35
Ouistreham-Riva-Bella 322

P

Palasca 188
Palluau-sur-Indre 148

Index des localités

Palombaggia 190
Pamiers 294
Paray-le-Monial 103
Parnac 305
Passa 227
Patrimonio 187, 189
Pau 62
Penne-d'Agenais 66
Périgueux 70
Pérouges 421
Perpignan 224
Peyrat-le-Château 241
Peyrelevade 240
Pézenas 233
Phalsbourg 253
Piana 183
Picquigny 370
Piémanson 391
Pierrefonds 365
Pigna 182
Pinet 233
Piney 165
Pirou-Plage 319
Pissos 51
Plainfaing 267
Plombières-les-Bains 269, 270
Plougastel-Daoulas 123
Plougonven 123
Plouigneau 125
Poisson 107
Poitiers 374
Poligny 202
Pomarède 67
Pommard 99, 101
Poncins 425
Pons 387
Pont-à-Mousson 256
Pontarlier 194

Pont-Audemer 331, 339
Pont-Aven 127
Pont-de-Gau 391
Pont du Gard (le) 391
Ponte-Leccia 187
Pont-en-Royans 441
Ponte-Nuovo 187
Pontgibaud 83
Pont-l'Abbé 127
Pont-l'Évêque 331
Port-Coton 131
Port-Dienville 165
Port-Donnant 131
Port-en-Bessin 323
Port Navalo 131
Porto 183
Porto-Vecchio 190
Port-Racine 315
Port-Royal-des-Champs 210
Pougne-Hérisson 379
Pousthomy 276
Pouzauges 350
Pradelles 97
Prades 225
Prény 259
Prissé 107
Privas 429
Propriano 191
Provins 206
Prunet-et-Belpuig 225
Puilaurens 229
Pupillin 203, 205

Q

Quarré-les-Tombes 111
Quéribus 229
Queyssac-les-Vignes 251
Quézac 93
Quiberon 131

Quillebeuf 339
Quimper 126
Quimperlé 127
Quincy 153, 155

R

Rabastens 280
Rambouillet 210
Randan 79
Rauzan 45
Ré (île de) 383
Reims 178
Renaison 427
Rennes 116
Reuilly 153
Revin 169
Rhune, montagne 58
Ribeauvillé 31
Rieux 289
Riez 416
Rilhac-Lastours 239
Riom 83
Riom-ès-Montagnes 91
Riquewihr 31
Roanne 424
Rocamadour 302
Rochechinard 441
Rochechouart 237
Rochefort 382, 387
Rochefort-en-Terre 131
Rocroi 169
Rogliano 187
Rohrbach-lès-Bitche 253
Romanèche-Thorins 437
Romanée-Conti 99
Romans-sur-Isère 433
Roquefort-sur-Soulzon 273
Roscoff 122
Rosnay 353

Roubaix 306
Rouen 338
Roussillon 395
Roybon 433
Ruffieux 445
Rumilly 445
Rustrel 395
Ruynes-en-Margeride 90

S

Sabazan 299
Sablé-sur-Sarthe 346
Sabres 51
Saillagouse 227
Sail-sous-Couzan 424
Saint-Affrique 276
Saint-Agrève 429
Saint-Aignan 135
Saint-Alban-sur-Limagnole 217
Saint-Amand-Montrond 153
Saint-André-d'Allas 73
Saint-Antoine-l'Abbaye 433
Saint-Antoine-le-Grand 441
Saint-Antonin-Noble-Val 281
Saint-Auban-sur-l'Ouvèze 413
Saint-Avold 252
Saint-Bertrand-de-Comminges ...285
Saint-Bris-le-Vineux 115
Saint-Cast-le-Guildo 117
Saint-Céré 303
Saint-Cézaire 405
Saint-Chély d'Apcher 217
Saint-Chinian 233, 235
Saint-Christophe-en-Briannais ...103
Saint-Christophe-le-Jajolet 326
Saint-Cirq-Lapopie 303
Saint-Crépin 277
Saint-Crespin 337
Saint-Denis-du-Payré 351

Saint-Dié-des-Vosges 264
Saint-Dizier 165
Sainte-Anne-d'Auray 131
Sainte-Croix-du-Mont 45
Sainte-Enimie 273
Sainte-Eulalie-de-Cernon 273
Sainte-Lucie-de-Tallano 186
Sainte-Marie-aux-Mines 264
Sainte-Marie du-Lac 165
Sainte-Maxime 405
Sainte-Menehould 179
Sainte-Mère-église 314
Saint-Émilion 45
Saintes 386
Saintes-Maries-de-la-Mer 391
Sainte-Suzanne 346
Saint-Étienne 425
Saint-Étienne-de-Baïgorry 59
Saint-Étienne-du-Bois 357
Saint-Félix-Lauragais 288
Saint-Ferréo 229
Saint-Florent 187, 188
Saint-Flour 90
Saint-Gaudens 289
Saint-Genest-l'Enfant 85
Saint-Gérand-le-Puy 77
Saint-Germain-en-Laye 211
Saint-Gervais 449
Saint-Gilles-Croix-de-Vie 354
Saint-Gobain 365
Saint-Gravé 133
Saint-Guénolé 127
Saint-Guilhem-le-Désert 221
Saint-Hilaire-du-Harcouët 318
Saint-Hippolyte-du-Fort 220
Saint-Jean-d'Angély 382
Saint-Jean-de-Côle 70
Saint-Jean-de-Luz........................ 58

Saint-Jean-de-Minervois 233
Saint-Jean-de-Monts 354
Saint-Jean-des-Vignes 437
Saint-Jean-du-Gard 217
Saint-Jean-Pied-de-Port 59
Saint-Jean-St-Maurice 424
Saint-Jouin-de-Marnes 379
Saint-Junien 237
Saint-Just de Valcabrère 285
Saint-Justin 55
Saint-Lambert 210
Saint-Laurent-de-Cognac 389
Saint-Léger-en-Yvelines 211
Saint-Léonard-de-Noblat 241
Saint-Leu-d'Esserent 371
Saint-Lizier 295
Saint-Lô 319
Saint-Macaire 45
Saint-Maixant 49
Saint-Maixent-l'École 379
Saint-Malo 117
Saint-Marcellin 433
Saint-Martin-aux-Bois 371
Saint-Martin-d'Arberoue 61
Saint-Martin-de-Fenollar 224
Saint-Martin-du-Canigou 225
Saint-Maurice-sur-Moselle ..265, 267
Saint-Maximin 401
Saint-Maximin-la-Sainte-Baume.403
Saint-Menoux 74
Saint-Mihiel 257
Saint-Nazaire 355
Saint-Nazaire-le-Désert 413
Saint-Nectaire 86
Saint-Nicolas-de-Bourgueil 139
Saint-Nicolas de Civray 375
Saint-Omer 311
Saint-Outrille 148

Saint-Paul-de-Vence 404
Saint-Paul, parc d'attraction
  (Oise)..................................373
Saint-Pée-sur-Nivelle 59
Saint-Pey-d'Armens 49
Saint-Philbert-de-Grand-Lieu....354
Saint-Pourçain-sur-Sioule 75
Saint-Priest-en-Murat................. 77
Saint-Raphël 405
Saint-Rémy-de-Provence 390
Saint-Rémy-sur-Creuse 377
Saint-Restitut..........................432
Saint-Riquier..........................358
Saint-Romain-en-Gal 425
Saint-Saire 337
Saint-Savin 374
Saint-Sernin 276
Saint-Sever 55
Saint-Sylvestre-Cappel..............309
Saint-Urcize 217
Saint-Vaast-la-Hougue 314
Saint-Valery-en-Caux................335
Saint-Valery-sur-Somme 359
Saint-Véran 409
Saint-Victor 431
Saint-Vigor-de-Mieux 327
Saint-Vincent-sur-Jard 351
Saint-Wandrille 339
Saissac 229
Salers 91
Salies-de-Béarn 63
Salies-du-Salat 289
Salin-de-Giraud 391
Salins-les-Bains 195
Salles-Arbuissonnas-
  en-Beaujolais 437
Salles-Lavauguyon 237
Salperwick 313

Samadet 55
Samois-sur-Seine....................207
Sancerre 145
Sanchey 270
Sancoins 153
Sandillon 147
Sandrans 421
Sanguinet 50
San-Martino-di-Lota................186
San Michele de Murato 187
Sant'Antonino 182
Santec 125
Sare 59
Sarlat-la-Canéda 71
Sarrebourg 252
Sarreguemines 252
Sartène 191
Sassenage 440
Saulieu 109
Sault 395
Saumur 343
Sausset-les-Pins......................401
Sauveterre-de-Béarn 63
Sauveterre-de-Guyenne 45
Sauveterre-la-Lémance 67
Savines-le-Lac........................409
Schirmeck 264
Sedan 168
Sées 326
Segonzac 389
Ségur-le-château 249
Sélestat 31
Semur-en-Auxois 109
Senlis 371
Senones 264
Sens 112
Septmonts 365
Serre-Ponçon 408

Sète......................................232
Sévérac-le-Château............273, 275
Sévrier..................................448
Sideville................................317
Signy-l'Abbaye 169
Sillé-le-Guillaume...................347
Simserhof..............................253
Sisteron................................413
Sizun....................................123
Soissons................................365
Solesmes...............................346
Solignac................................237
Sorges 73
Soturac.................................305
Soudan.................................381
Souillac................................302
Soulac-sur-Mer 40
Soustons 50
Souvigny 75
Strasbourg 30
Suippes 179
Sully 145
Super Lioran 91
Surgères 382
Sylvanès...............................277

T

Talloires...............................448
Talmont-sur-Gironde 387
Tanlay 113
Tarascon-sur-Ariège 295
Tarbes 284
Tardinghen 313
Termes-d'Armagnac................299
Thann 265
Thiers 83
Thiviers 70
Thoiry 211
Thônes 448

Thouars 379	Varenne-en-Argonne 179	Villerest 424
Thoury 75	Vassieux 441	Villers-Cotterêts 365
Thury-Harcourt 327	Vatteville-la-Rue 339	Villers-le-Lac 195
Tonnerre 113	Vaucouleurs 257	Villers-sur-Mer 331
Toucy 113	Vaudrey 197	Villesavin 141
Toul 257	Vauville 315	Ville-sur-Arce 163
Toulouse 288	Vaux 377	Villié-Morgon 436, 439
Tour-en-Bessin 323	Vaux-le-Vicomte 207	Villiers-Saint-Benoît 113
Tournus 103	Vence 404	Villy-la-Ferté 168
Tourrettes 404	Vendôme 156	Vimoutiers 331
Tours 134	Vendresse 169	Vinça 225
Tourtour 405	Vensac 40	Viscomtat 85
Treignac 245	Verdon-sur-Mer 40	Vitré 116
Troo 156	Verdun 260	Vittel 268, 270
Trouillas 227	Vernoux-en-Vivarais 429	Viviers 432
Trouville 330	Versailles 210	Vœgtlinshoffen 39
Troyes 160, 164	Vertus 181	Volnay 99
Tulle 245, 249	Vétheuil 211	Volvic 83
Turckheim 31	Veyrier-le-Lac 448	Vosne-Romanée 99
Turenne 249	Vézelay 108	Vougeot 99
	Vichy 78	Vouvray 139
U	Vic-sur-Seille 252	Vouziers 179
Uriage-les-Bains 441	Vic-sur-Sère 90	Vuillafans 197
Urville 163	Vienne 425	Vulcania 83
Ussé 135	Vieux-Boucau-les-Bains 50	
Ussel 244	Vieux-Port 339	**W**
Uzerche 249	Vieux-Viel 121	Waldersbach 264
Uzeste 51	Vigeois 249	Wast 310
	Villandry 135	Watten 307
V	Villard-de-Lans 440	Weil am Rhein 37
Valence 433	Villars-les-Dombes 421	Westhalten 39
Valensole 416	Villebois-Lavalette 387	Wimereux 310
Valeyrac 43	Villedieu-les-Poêles 319	Wissant 310
Vallauris 404	Villefort 216	
Vallon-Pont-d'Arc 428	Villefranche-sur-Saône 436	**Y**
Vallouise 409	Villeneuve-de-Berg 429	Yssingeaux 95
Valognes 314	Villeneuve-sur-Lot 67	
Valréas 415	Villequier 339	**Z**
Vannes 130		Zeiterholz 261
Vannes-le-Châtel 269		Zonza 190

Notes

# ViaMichelin

Clic je choisis, clic je réserve !

Domaine de Mesperleuc
Rue de la Mer
29710 Pouldreuzic

depuis|vers|via
cette adresse

+ infos   Réserver

RÉSERVATION HÔTELIÈRE SUR

www.ViaMichelin.com

Préparez votre itinéraire sur le site ViaMichelin pour optimiser tous vos déplacements. Vous pouvez comparer différents parcours, sélectionner vos étapes gourmandes, découvrir les sites à ne pas manquer...
Et pour plus de confort, réservez en ligne votre hôtel en fonction de vos préférences (parking, restaurant...) et des disponibilités en temps réel auprès de 100 000 hôtels dans le monde (indépendants ou chaînes hôtelières).

- **Pas de frais de réservation**
- **Pas de frais d'annulation**
- **Les meilleurs prix du marché**
- **La possibilité de sélectionner et de filtrer les hôtels du guide MICHELIN**

MICHELIN
Une meilleure façon d'avancer

Notes

Notes

Au Printemps, profitez...
d'offres exclusives
dans 1000 restaurants*

Prix mitonnés

Ateliers découverte

Menus spéciaux

et bien d'autres surprises...

Le Printemps du guide MICHELIN

France — HOTELS & RESTAURANTS

*Offres proposées dans les restaurants partenaires du Printemps du guide MICHELIN sur présentation du pass Privilège inséré dans le guide France.

MICHELIN
Une meilleure façon d'avancer

Notes

Notes

Notes

Manufacture française des pneumatiques Michelin
Société en commandite par actions au capital de 304 000 000 EUR
Place des Carmes-Déchaux - 63000 Clermont-Ferrand (France)
R.C.S. Clermont-Fd B 855 200 507

**Toute reproduction, même partielle et quel qu'en soit le support,
est interdite sans autorisation préalable de l'éditeur.**

© Michelin, Propriétaires-éditeurs.

Compogravure : Nord Compo, à Villeneuve d'Ascq
Impression et brochage : G. Canale & C. Spa à Borgaro Torinese
Dépôt légal : Janvier 2010
Imprimé en Italie - 01/2010